資本與意識形態

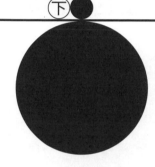

CAPITAL ET
IDÉOLOGIE

THOMAS
PIKETTY

著 托瑪‧皮凱提

譯 徐麗松　陳郁雯
　　陳秀萍
　　黃明玲

目次（下冊）

第三部

二十世紀的鉅變

10 │ 所有權社會的危機

　　在本書前兩部分中，我們研究了各個三重功能社會（此種社會奠基於教士－貴族－第三等級的三級區分，以及財產權與地方層級治理權之間的盤根錯結）如何轉型為所有權社會（建立在財產權與治理權的嚴格區分之上，前者最大特色為人人皆可享有，後者則由中央集權國家所壟斷）。我們也檢視了歐洲採取私有財產權制的殖民強國，以及它們之間的對抗如何影響了世界上其他地區三級社會的變化。在以下的第三部中，我們將分析二十世紀如何撼動這種不平等的結構。從1914年6月28日的塞拉耶佛暗殺事件到2001年9月11日發生在紐約的九一一事件，這個世紀的一大特徵便是期盼一個更公正的世界與更平等的社會，以及對過去留下的不平等體制提出各種基進轉型計畫。然而蘇維埃共產主義（1917-1991年）悲慘的成果令此等期盼遭受打擊，也是造成如今的幻滅感與面對不平等議題時的某種宿命觀點的原因之一。但這是可以克服的，條件無他，只需重新拾起這段歷史的線索並充分學習其中的教訓。此外（或許該說更重要的是），二十世紀標誌了殖民主義的終結，並促成許多社會與文化的接觸，而他們過去幾乎對彼此一無所知，交流的面向大多側重於國際關係與軍事統治。在這一章中，我們會先檢視1914至1945年間發生的所有權社會危機。接

著在下一章中，我們將研究第二次世界大戰後建立的社會民主主義國家之承諾與局限。再來，我們將分析共產社會與後共產主義社會的狀況，最後再分析二十世紀末、二十一世紀初的超級資本主義社會與後殖民主義社會。

重新思考二十世紀上半葉的「鉅變」

　　放眼不平等體制之歷史，在 1914 到 1945 年間，不論就各國內部或是國際而言，全球貧富不均的結構所經歷的變化顯然是最快速也最劇烈的。在戰爭前夕的 1914 年，私有財產制創造的繁榮就和殖民制度豐碩的成果一樣顯得無可質疑也不可動搖。此時各歐洲強權的勢力正處於巔峰，而他們清一色既是私有財產制國家又是殖民母國。當時英國人和法國人在海外擁有的金融資產規模之大，是後來的時代乃至今日都難以望其項背的。到了大約三十年過後的 1945 年，私有財產已不存在於蘇聯實施的共產體制中，其後的中國與東歐國家也是如此。在那些名義上依然號稱實行資本主義，實質上正過渡到社會民主主義的國家裡，私有財產的重要性也大不如前；這些國家會同時實施國有化政策、公共教育與醫療制度，以及對高額所得與資產實施的高累進稅制，只是搭配的方式各有所不同。很快地，各個殖民帝國走向崩解。舊有的歐洲民族國家走向自我毀滅，他們的天下則被共產主義與資本主義的全球意識形態競爭所取代，而代表這兩種思維的便是幅員遼闊、自成大陸的兩個強國：蘇聯與美國。

　　本章將先衡量二十世紀上半葉歐美國家所得與資產不均大幅縮減的程度，更重要的是衡量 1914 到 1945 年間私有財產在這些國家中萎縮到什麼程度。我們將會看到，戰爭造成的物質破壞對於上述變化的影響十分微小，即使對受創最深的國家而言仍然不可忽視。私有財產的萎縮毋寧是眾多政治決策下的結果；這些決策往往在倉促之中做成，不過他們共同的目的就是減少私有財產的社會支配力，例如：徵收海外資產、收歸國有、控制租金與不動產價格，或藉由通貨膨脹、對私人財產課徵特別稅、直接拋

棄債務等方法降低公共債務壓力。我們也會分析二十世紀上半葉創設的高度累進稅制扮演了何種關鍵角色；這種累進稅制對高額所得與資產課以70至80%的最高稅率，且持續到1980年代為止。從現在回望過去，各種跡象都顯示這個歷史性的制度創新是幫助二十世紀改善貧富不均的重要力量。

最後，我們將研究讓這一歷史轉折成為可能的政治與意識形態條件，尤其是對私有財產與市場經濟態度的「鉅變」（grande transformation）。對此，卡爾‧博蘭尼（Karl Polanyi）曾在1944年的同名著作中加以分析（這本指標性的著作寫於轉型發生當下，我們稍後將再討論）。[1] 確實，1914到1950年間制定的各種金融、法律、社會與財稅決策是為了因應特定事件所產生的思維所致。那段時期特有的、十分混亂的政治變遷在它們身上留下了印記，這些決策也見證當時各執政黨如何試圖應付一些史無前例、往往也猝不及防的狀況。更重要的是，這些決策也反映社會大眾對於私有財產體系、其正當性、其創造富裕繁榮及避免戰爭與危機的能力，在認知上發生既深且久的轉變。對私有制資本主義的質疑自十九世紀中已漸漸醞釀，到一次大戰、布爾什維克革命與1930年代的大蕭條陸續爆發之後，質疑的聲音才集結成多數意見。經歷這些震撼之後，人們再也無法重拾1914年以前的主流意識形態。這種思維基本上將私有財產視為近乎神聖，並且對全面競爭──不論發生在個人或國家之間──的好處抱持著絕對信仰。在這種情形下，當時的執政者不得不找出新的道路，具體而言，歐洲國家提出的是不同形態的社會民主主義國家或社會主義國家，美國則推出新政。若想分析二十一世紀初的現在的一些發展，這些歷史啟示的重要性不言可喻，何況自二十世紀末以來，某種新所有權主義（néopropriétariste）的意識形態正日益壯大。這或許一部分可歸因於蘇維埃共產主義的潰敗，不過歷史的遺忘以及經濟學與史學的分家也是原因之一，此外也因為二十世紀中推出的社會民主主義方案有所不足，而當務之急就是立刻清點缺失（參見第十一章）。

貧富差距大減與私有財產的萎縮（1914-1945 年）

我們可以將所有權社會在 1914 到 1945 年間的衰落視為三重挑戰下的結果：一是信奉私有財產至上的歐洲社會內部的貧富差距所帶來之挑戰，這導致十九世紀末和二十世紀上半葉先是出現反私有制論述，繼而有共產主義與社會民主主義等反私有制體制之興起；二是外部的貧富差距挑戰，這與殖民統治遭受質疑以及當時愈演愈烈的獨立運動有關；最後是民族主義與身分認同的挑戰，這導致歐洲強權之間的競爭愈來愈激烈，最終陷入 1914 到 1945 年間因戰爭與種族清洗造成的自我毀滅。這三種深層思想危機（共產主義與社會主義興起、殖民主義的黃昏、民族主義與種族主義的高漲）以及特定事件發展路徑的結合，正是如此澈底的質疑與轉變之所以會出現的原因（針對這三項挑戰，可參閱第五章）。

在開始探討當時的運作機制，以及回頭討論使這些變遷成為可能的長期政治與意識形態轉變之前，第一件重要的工作便是衡量這段時期社會經

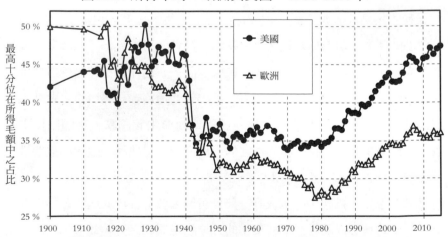

圖10.1. 所得不均：歐洲與美國，1900-2015年

1900 至 1910 年間，西歐國家最高十分位（即所得最高的前 10％）的占比平均為國民所得毛額的 50％左右，接著在 1950 至 1980 年間下降為 30％左右，2010 至 2015 年間又回升至 35％以上。美國貧富差距再度擴大的情況較為嚴重，2010 至 2015 年間該國最高十分位的占比約為 45 至 50％，超越 1900 至 1910 年間的水準。來源與數據：參見 piketty.pse.ens.fr/ideologie

濟不平等的大幅改善以及私有財產萎縮的程度。讓我們先從所得不均開始（參見圖10.1）。從十九世紀到二十世紀初，乃至第一次世界大戰爆發初期，最高十分位（即所得最高的前10%）的占比大約是歐洲所得毛額的50%。接著在1914至1945年間，此占比一路直線墜落，1945至1950年間開始穩定保持在所得毛額的30%左右，直到1980年為止。如此一來，歐洲的貧富差距原本在1914年前明顯高於美國，經過「光輝的三十年」（Trente Glorieuses）之後已低於美國的水準；「光輝的三十年」介於1950年與1980年間，其特點便是罕見的高經濟成長率（歐洲與日本尤甚），貧富差距也處於歷史低點。1980年後美國貧富不均再度惡化的程度顯然比大西洋這端更嚴重，這也讓美國在二十世紀末、二十一世紀初擠下歐洲，登上貧富差距之首，與二十世紀初的情況正好相反。

　　如果檢視歐洲內部各種不同的情況，會發現兩件事：其一，所有可取得資料的國家在1914到1945-1950年間都出現貧富差距大為縮小的情形；其二，1980年後各國貧富差距再度擴大的程度有極大的差異（參見圖10.2

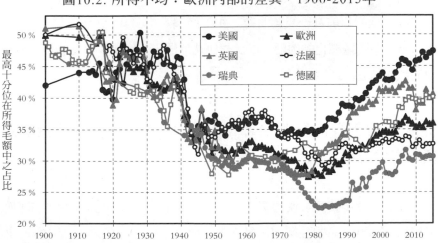

圖10.2. 所得不均：歐洲內部的差異，1900-2015年

1900到1910年間，西歐國家最高十分位（即所得最高的前10%）的占比平均為國民所得毛額的50%左右，接著在1950到1980年間下降至30%左右（瑞典甚至低於25%），2010到2015年間又回升至35%以上（英國甚至超過40%）。在2015年，英國與德國的水準高於歐洲平均值，法國與瑞典則低於平均值。來源與數據：參見 piketty.pse.ens.fr/ideologie

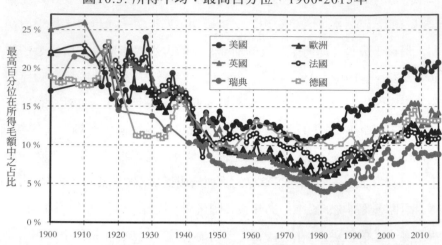

圖10.3. 所得不均：最高百分位，1900-2015年

1900 到 1910 年間，西歐國家最高百分位（即所得最高的前 1%）的占比平均為國民所得毛額的 20 至 25% 左右，接著在 1950 到 1980 年間下降到 5 至 10%（瑞典甚至低於 5%），2010 到 2015 年間又回升到 10 至 15% 左右。美國貧富差距回升的速度比其他國家快得多，最高百分位的占比在 2010 到 2015 年間達到 20%，超越 1900 到 1910 年間的水準。來源與數據：參見 piketty.pse.ens.fr/ideologie

及 10.3）。舉例來說，英國與美國的軌跡最為接近，而瑞典的貧富差距始終是最小的，德國與法國則介於兩者之間。[2] 如果我們檢視最高百分位（而非最高十分位）的占比，會得到相同的結論，而且依照這個指標，過去幾十年間美國的超前甚至更為明顯。在下面幾章中，我們會再討論1980年後貧富差距普遍惡化的問題，以及為何在歐洲國家與美國身上會觀察到不同的軌跡與先後順序。

從歐洲的所有權絕對主義（propriétarisme）到美國的新所有權主義

談到這裡，讓我很快的釐清一點：所得不均在2000到2020年間的確再度衝上高點，尤其在美國，最高十分位占了所得毛額的45至50%，最高百分位則占了約20%，幾乎和歐洲在1900至1910年間的水準一樣高（最高十分位約占50%，最高百分位約占20至25%，英國甚至更高），然

而這不代表上述兩種形態的不均擁有完全相同的結構。在美好年代（1880-1914年）的歐洲，所得不均的高低反映所有權社會的程度。當時的高額所得幾乎清一色為資產孳生的所得（租金、利潤、股利、利息⋯⋯等），是因為財富高度集中的現象被打破、巨額資產被瓦解，才導致高額所得在所得毛額中的占比急速減少，古典形態的所有權社會因而消失。

在2000到2020年間的美國，造成貧富不均的原因則略為不同。高額資本利得在社會階層的最頂層始終扮演著關鍵性的角色，加上美國的財富集中度自1980年之後大幅提高，更加深其重要性。不過美國的資產集中度始終比1880到1914年的歐洲稍微低了一點，而且在二十一世紀初的今日，造成美國所得高度不均的原因之一是另一項因素，亦即自1980年代以來，相較於最低薪的員工，企業領導人與主管的高額薪資出現爆炸性的成長。與高薪爆炸現象主要涉及的人士常常宣傳的一種信念相反，我們完全看不出來這種形式的不平等何以較前一種不平等更加「公正」或「與表現相襯」（méritée）。前面已提及美國人享有高等教育的情形呈現巨大落差，而這和官方各種成就主義式的說詞毫無關係（參見導論圖0.8），在下一章中，我們將看到高額薪資的飆升進一步反映兩件事，一是這些企業內部缺乏適當的制衡力量，二是累進稅制的調節作用正在萎縮。簡單來說，不論從社會經濟視角或政治與意識形態視角來看，以運作機制與發展過程而言，2000到2020年間的美國新所有權社會與1914年以前的所有權社會並不完全相同。

至於財富集中度的變化，首先我們要提醒各位，財富集中度向來都比所得不均更嚴重。在二十世紀初期、1914年前的歐洲，前10%最富有的人持有的財富高達私有財產總額的90%左右，其後分別在戰間期與二戰結束後下滑，1980至1990年間達到50至55%，接著開始回升（參見圖10.4）。[3] 換句話說，當財富集中達到史上最低點時，這個最低點卻相當於所得不均曾達到的最高點。最高百分位的占比也是如此（參見圖10.5）。[4] 此外，我們能取得的資料也可能導致我們低估過去數十年間高額資產占比

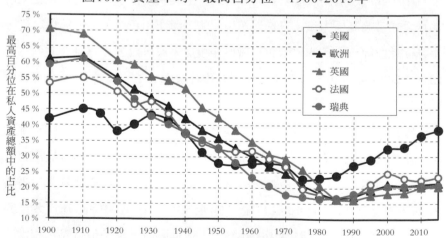

圖10.4. 資產不均：歐洲與美國，1900-2015年

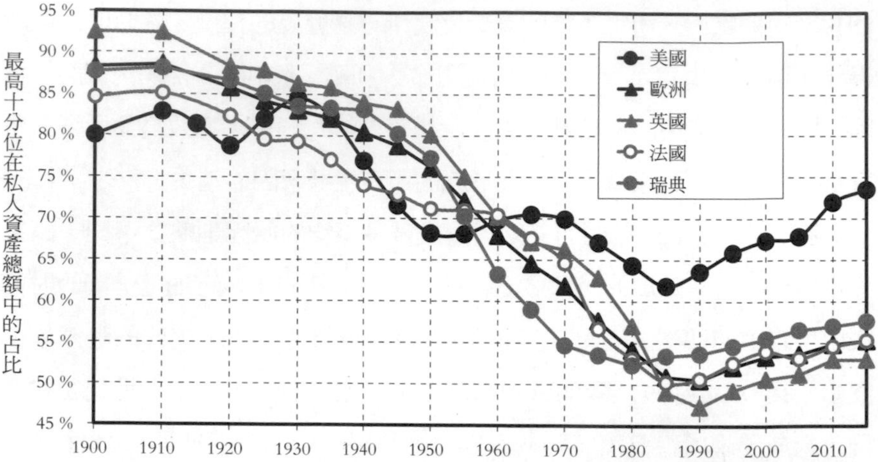

1900 到 1910 年間，西歐國家私人資產（含不動產、商業與金融資產，扣除債務）最高十分位（即最富有的前 10%）的占比約為總額的 90%左右，之後逐漸下降到 1980 到 1990 年間的 50 至 55%左右，此後便開始回升。美國回升的速度比其他國家快得多，2010 至 2015 年間該國最高十分位的占比接近 75%，也與 1900 到 1910 年間的水準相近。來源與數據：參見 piketty.pse.ens.fr/ideologie

圖10.5. 資產不均：最高百分位，1900-2015年

1900 到 1910 年間，西歐國家私人資產最高百分位（即最富有的前 1%）的占比約為總額的 60%左右（法國為 55%，英國為 70%），之後下降到 1980 到 1990 年間的 20%以下，此後便開始回升。美國資產不均回升的速度比其他國家快得多，2010 至 2015 年間該國最高百分位的占比接近 40%，也與 1900 到 1910 年間的水準相近。來源與數據：參見 piketty.pse.ens.fr/ideologie

回升的程度，而弔詭的是，（號稱屬於大數據時代的）二十一世紀初的資料反而比前一個世紀更不精確，原因既在於資產的跨國分布，也在於避稅天堂的增加，更在於各國政府缺乏政治決心來建立必要的資訊透明。[5]

　　然而有兩項事實看來相當明確。其一，過去數十年間，美國資產集中度的增長比歐洲快得多。其二，雖然有些不確定之處，2000到2020年間資產集中的嚴重度似乎比美好年代的歐洲稍微好一些。根據最新獲得的資料，2010年代美國私人資產最高十分位的占比介於總額的70至75%之間，雖然數值相當高，但還是低於1900到1910年前後法國、瑞典與英國介於85至95%的高水準（參見圖10.4）。在2010年代，美國最高百分位的占比接近40%，相較之下，1900到1910年間的法國、瑞典與英國則在55至70%之間（參見圖10.5）。然而，由於各國變化速度相當快，在未來數十年間，90%較不富有的群體所持有的占比仍然有可能繼續減少（由於後50%較貧窮人口持有的占比幾近於零，這實際上大致等同於「資產持有型中產階級」所持有的占比；資產持有型中產階級意指介於第50個至第90個百分位數的人口）。如此一來，美國可能會達到和十九世紀、二十世紀初的歐洲相同的超高資產集中度，而且不只如此，還會出現前所未見的勞務報酬不均，屆時美國的新所有權主義會比美好年代的歐洲奉行的所有權絕對主義更加不平等。不過以上只是可能的發展路徑之一，因為正如我們後面會看到的，在我們所處的二十一世紀初，並非沒有機會看到美國建立新形態的重分配平臺。

所有權社會的終結，不變的薪資不平等

　　關於歐洲，我們將側重於1914年到1970年代之間出現的財產去集中化現象，關注其規模與歷史特性（參見圖10.4與10.5）。具體而言，在1900到1910年間，法國私人資產最高百分位的群體本身便持有總額的55%，在瑞典則為60%，在英國為70%，然而到了1980年代，這三個國家

的最高百分位占比卻不超過15至20%，其後在2000到2020年間回升到20至25%左右（實際上也許更多一點）。最高額資產的占比如此大幅萎縮，令人難以置信，畢竟在一次大戰爆發之前沒有任何跡象顯示可能有此變化。以可取得適切資產數據的歐洲國家而言，整個十九世紀到1914年為止，所有國家財富集中的程度都高得驚人，而且在1914年之前的數十年間，財富集中度不但不斷增加，速度還愈來愈快。[6]有些國家的財稅資料可供研究十九世紀末葉的狀況，其結果也呈現相同的趨勢，例如我們觀察到，德國在1870年代到1914年之間受到資本利得頂層的帶動，所得集中度不斷升高。[7]十九世紀末葉至二十世紀初期，薪資確實有些微成長，比十九世紀上半葉到1860年之前幾乎完全停滯（甚至後退）的情形好得多。這段工業化的黑暗時期對於催生社會主義運動倒是貢獻匪淺。[8]只不過在1870到1914年間，貧富差距始終非常嚴重，資產與資本利得的集中度甚至繼續成長，直到第一次世界大戰開打為止。[9]

　　從更廣泛的角度來說，所有可取得的資料都告訴我們，在十八世紀與先前的數百年間，資產集中的情況同樣非常嚴重；在當時的三重社會裡，財產權往往和貴族與教會等菁英人士擁有的治理權相互牽連，難以區分。有些研究同意十五到十八世紀之間歐洲社會的資產集中度持續升高，而隨著財產權的鞏固，這個趨勢也一直延續到十九世紀（法國的繼承資料顯示有此情形，英國與瑞典的資料亦同）。然而這類以十九世紀前的時代為對象的比較很難百分之百確立，一方面是因為可取得的資料通常都是針對特定城鎮或領地，未必能涵蓋所有貧窮人口，另一方面則是因為過去的「財產」概念本身就和一些法定特權與管轄權限連結在一起，而這些特權是難以量化的。無論如何，這些不完美的資料告訴我們，十五到十八世紀的資產集中度明顯高於二十世紀的水準。[10]

　　二十世紀發生財產集中度大減的狀況，是從未發生過的歷史大事，其重要性不可小覷。的確，資產的分配依然非常不平均，但是在現代社會的歷史中，我們頭一次看到後90%較不富有的社會群體持有財產總額中相當

可觀的一部分（數十個百分點，甚至將近一半）。[11] 這些新的有產階級所擁有的通常是自己的住宅或一間小公司，對他們來說，這份資產並不足以維生，而是附加在勞動帶來的主要收入之外，像是某種形式的成就或是承認他們已辛苦掙得某種地位。相反地，高額資產在資產總額中占比大跌的情形，尤其是最高百分位占比的直線下降（大體而言在二十世紀的歐洲降到只剩三分之一），意味著富有到可以只靠不動產或金融資產過活的人變得比較少了。因此這代表財產的本質及其社會意義發生了整體性的轉變。這並不是一件平凡無奇的事，因為在財產走向分散與菁英換血的過程中，經濟成長正逐漸加快，二十世紀下半葉的成長速度更是有史以來最快的。我們必須試著更深入理解這件事。

　　還要補充的是，財產的去集中化（財產利得自然連帶受到影響）是二十世紀歐洲所得不均得以減緩的主要原因。以法國為例，我們發現其勞務所得不均（包含薪資及非薪資性質的執業所得）在二十世紀並無明顯改善。除了一些短期或中期的變動，前10%勞務所得最高的群體的占比始終維持在勞務所得毛額的25至30%左右，要解釋整體所得的不均為何會改善，只能歸因於資本利得不均的大幅減少（參見圖10.6）。[12] 如果檢視最高百分位的占比，也會看到相同的狀況：以二十世紀法國的勞務所得而言，此一數值在5至8%之間浮動，變化趨勢並不明顯，相較之下資本利得最高百分比的占比則大幅下降，導致整體所得最高百分位的占比也下降了（參見圖10.7）。

　　關於二十世紀勞務所得不均毫無改變的看法，實在不應過度渲染。如果不單看金錢的面向，而是也同時考慮薪資位階與就業穩定性的變化，社會法與工會法的演進，尤其是人們享有醫療、教育或退休金等基本善（biens fondamentaux）的情形如何改變，就會得到一個結論：勞務所得的不平等，尤其是不同受薪階級之間的差距，在二十世紀大為減少（稍後將再討論）。只是從狹義的、金錢上的收入差距來看——就生活條件及人際之間的權力關係來看，這個問題有其重要性——勞務所得差距依然相對穩

圖10.6. 所得與財產不均，法國，1900-2015年

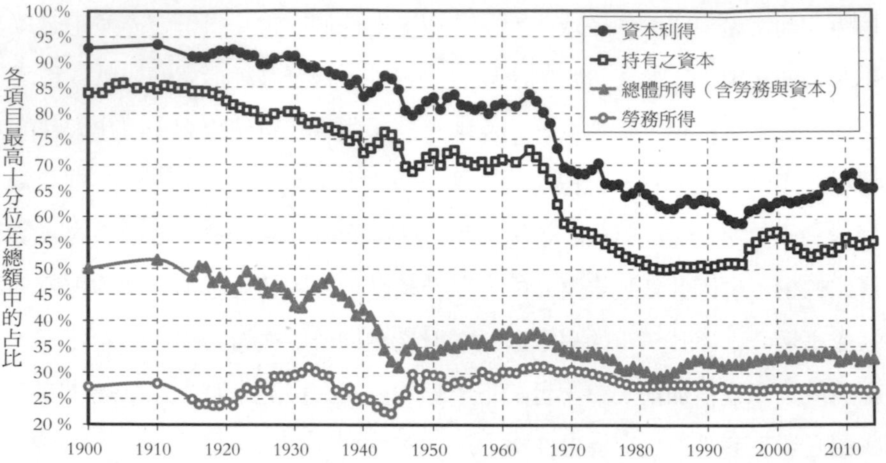

1900 到 1910 年間，資本利得（租金、利潤、股利、利息等）最高的前 10% 群體占據資本利得總額的 90 至 95% 左右；勞務所得（薪資、非薪資性質的執業所得、年金）最高的前 10% 群體占據勞務所得毛額的 25 至 30% 左右。二十世紀貧富差距的改善完全是拜資產的去集中化所賜，勞務所得的差距則幾乎沒有變化。來源與數據：參見 piketty.pse.ens.fr/ideologie

圖10.7. 最高百分位：所得vs.財產，法國，1900-2015年

1900 到 1910 年間，資本利得（租金、利潤、股利、利息等）最高的前 1% 群體占據總額的 60% 左右；持有資本（扣除債務之不動產、營業及金融資產）最多的前 1% 群體占據總額的 55% 左右；總體所得（含勞務與資本）最高的前 1% 群體占據總額的 5 至 25% 左右；勞務所得（薪資、非薪資性質的執業所得、年金）最高的前 10% 群體占據勞務所得毛額的 5 至 10% 左右。長期來看，貧富差距的改善完全是拜資產的去集中化所賜。來源與數據：參見 piketty.pse.ens.fr/ideologie

定，而整體所得差距之所以能夠縮小，完全是靠著財產及相關所得的去集中化。我們所掌握關於其他歐洲國家的所有數據也指向相同結論。[13]

拆解私有財產的萎縮（1914-1950年）

現在讓我們試著更深入理解可以解釋上述各種變遷的機制，尤其是關於歐洲所有權社會的消失。資產去集中化的過程前前後後跨越了二十世紀的大半歲月（從1914年到1970年代），但除此之外，首先值得注意的是最令人措手不及也最驚人的現象，亦即私有財產整體價值的劇烈萎縮，這件事發生在1914到1945-1950年間，而且速度非常之快。

在十九世紀末、二十世紀初，私人資本發展十分蓬勃。在法國和英國，私人所持有的不動產、營業與金融資產（扣除債務）的整體市場價值相當於七至八年的國民所得，在德國則相當於六年左右（參見圖10.8）。這些財產也包含位在殖民帝國領土或全世界各地的海外資產。美好年代是跨國

圖10.8. 歐洲的私有財產，1870-2020年

在1870到1914年間的西歐，私有財產（扣除債務之不動產、營業及金融資產）之市場價值接近六至八年的國民所得，其後在1914到1950年大幅減少，1950到1970年間約為二至三年的國民所得，之後在2000到2010年間回升到五至六年的國民所得（德國的水準最低，原因主要是不動產及股票增值較少）。來源與數據：參見 piketty.pse.ens.fr/ideologie

投資的絕佳時機，而我們前面已經看到，這些投資在一次大戰前夕的法國已高達一年的國民所得，在英國將近兩年，德國則是不到半年份。站在歷史的比較觀點來看，這些數額已經相當可觀，然而按照當時歐洲的常態來看可能會被認為還不夠高（參見第七章圖7.9）。

此外，我們會發現英、法兩殖民強權握有的龐大跨國投資與德國規模較小的海外資產之間的差距幾乎等同於整體資產的差距。由這一點可清楚看出，所有權主義、殖民主義和更廣泛的經濟關係與財產勢力的國際化之間，有著極重要的關連。除了海外資產以外，當時的私人財產可分為規模不相上下的兩部分：一半是不動產與農地（後者的比例後來大為衰減）；另一半則是營業資產（工坊、倉庫等），所有人可能是直接持有，也可能透過金融資產（公、私股票及債券、各類投資）持有。

在此要先釐清，這項指標——私有財產的市場價值與國民所得之比例——理論上無法提供任何關於財產持有不均的資訊。不過，它能幫助我們比較不同時空下私有財產的整體重要性，以及不同社會中的財產關係。當然，比值高可證明過去為了累積生產資本曾進行大量投資，例如開墾及改良土地、建造房舍及廠房、增加各種機器設備。實際上，比值高亦可代表法律與政治制度提供私人取得財產的機會相當多，例如提供取得殖民地財富、自然資源、公債債券，甚至是專利與知識的可能性。更重要的是，財產的市場價值反映對未來的獲利以及各種利潤的期待。對一項生產資本而言，資產增值的多寡取決於當時的政治體制提供給所有權人的權利保障有多強，以及他們對權利的存續是否有信心。無論如何，這項指標提供一種角度來衡量特定社會中私有財產的支配力：比值低代表原則上只需要數十年的積蓄就能躋身有產階級（至少可以成為中等程度的資產持有者）；相反地，比值高代表有產階級與零資產的人之間的鴻溝更難跨越。[14]

關於這一點，令人意想不到的是，根據初步估算，在美好年代各個所有權社會中觀察到的高資產增值率竟然和整個1700到1914年的情形不相上下。自十七世紀末、十八世紀初以來，許多人曾做過資產總價值的估算，

包括英國與法國的佩提（William Petty）、金恩（Gregory King）、沃邦
（Sébastien Le Prestre de Vauban）與博瓦吉貝爾（Pierre Le Pesant de
Boisguilbert 或 Boisguillebert），到了法國大革命時期，估算變得更加精細
（拉瓦節〔Antoine Lavoisier〕貢獻尤深），其後又經過整個十九世紀眾多學
者的改良（如柯洪〔Patrick Colquhoun〕、季芬〔Robert Giffen〕、佛維爾
〔Alfred de Foville〕及寇爾森〔Clément Colson〕）。[①] 如果我們把這些估算全
部拿來相互對照，會發現在整個十八和十九世紀，私有財產的總價值大致
上都相當於六到八年的國民所得，和後來的時代相比高得驚人。[15] 儘管財
產的性質在此一時期有了一百八十度的轉變（特別是農地的重要性衰退，
不動產、工業資產與跨國資產的地位提升），資產家的富裕卻一如往常。
珍・奧斯汀和巴爾札克的小說情節發生在1790到1830年間，完美描繪出
財富如何順應時代。不論作品中提及的財富是來自地產、遙遠的海外投資
還是債券，只要財富的價值穩定，能帶來符合期望的所得水準以及隨之而
來的社交門票就行了（參見第五章）。將近一個世紀過後，當普魯斯特在
1913年出版《往斯萬家那邊》（*Du côté de chez Swann*）時，財富的形態再度
改頭換面，但不論指的是金融投資，還是小說家喜歡在夏天造訪的卡堡
（Cabourg）大飯店，依舊顯得堅不可摧。

　　然而一切將一夕改變。在一次大戰期間與1920年代初期，私有財產
的總價值真的「一瀉千里」，之後在1920年代稍有起色，接著再度於1930
年代的經濟危機期間、二次大戰及戰後初期向下墜落，以至於到了1950
年，法國與德國私有財產的價值最多相當於兩年的國民所得。英國萎縮的

---

① 譯注：威廉・佩提，1623-1687年，英國政治經濟學家、統計學家。葛雷哥利・金恩，
　　1648-1712年，英國統計學家。賽巴斯蒂安・勒普雷斯特・德・沃邦，1633-1707年，法
　　國軍事工程師。勒沛桑・博瓦吉貝爾，1646-1714年，法國經濟學家。安端・拉瓦節，
　　1743-1794年，法國化學家、生物學家、統計學家。派翠克・柯洪，1745-1820年，蘇格
　　蘭商人、法官、經濟學家。羅伯特・季芬，1837-1910年，英國統計學家。艾佛烈・
　　德・佛維爾，1842-1913年，法國經濟學家、統計學家。克雷蒙・寇爾森，1853-1939
　　年，法國經濟學家。

幅度沒有那麼明顯，但依然十分可觀：1950 年代時，英國的私有財產價值很少超過三年的國民所得，然而在 1910 年代初期卻超過七年。不論是上述哪一個國家，私有財產的價值都在數十年間少了一半到三分之二（參見圖 10.8）。

　　若要解釋萎縮的原因，我們必須考慮好幾個因素。我在過去幾本著作中已經從量化的角度加以解析，此處我將只簡述主要的結論，並著重於梳理這些變化發生時的政治與意識形態背景。[16] 我必須特別指出，一般而言，要衡量不同時期的財產變遷，可取得的資料來源相當多（包括不動產與股票價格之紀錄，建物、土地與事業之普查等等），儘管有其不足之處，仍可幫助我們確立主要的數值範圍。精確而言，住宅、建物、工廠和各類財產在兩次大戰期間遭受的物質破壞（尤其是 1944 到 1945 年的幾場大轟炸，為時不若 1914 到 1918 年的戰役那麼長，波及的地理範圍卻更廣，運用的科技殺傷力也更強）只能解釋一小部分的財產損失：以法、德而言介於四分之一到三分之一（已經相當可觀），英國方面也只多了幾個百分點。

　　其他部分的縮減則歸因於影響力不相上下的兩大組因素，我們將一一檢視，而就法國和德國私有財產與國民所得的比值而言，這兩組因素分別造成三分之一強的總縮減量（以英國而言則分別造成近半數的縮減量）。其中一組因素是一些徵收與國有化作為，更廣泛地說，還包括一些刻意要減少資產家手中私有財產價值與社會支配力的政策（例如租金管制或要求企業與員工代表分享權力）。另一組因素則是 1914 到 1950 年間私人投資與相關獲利的低落，主因是一大部分私人儲蓄出借給政府支應戰爭所需，接著又因通貨膨脹與其他原因而化為廢紙。

徵收、制裁性質之國有化與「混合經濟」

　　讓我們從徵收開始。最具代表性的例子之一就是俄羅斯獲得的外國投資（尤其是法國人的投資）。在一次大戰以前，法蘭西共和國與帝俄之間

的聯盟具體表現在俄國政府與眾多私人事業（例如鐵路事業）龐大的對外借款。鋪天蓋地的媒體宣傳（其中有些是沙皇政府私下買通所為）讓法國的存款戶和資產家相信法俄情誼穩固，投資可長可久。1917年爆發布爾什維克革命之後，新的蘇維埃政府決定全數拋棄這些債務、債權與財產，認為這些事物只會延長沙皇政權的壽命（這也不完全錯）。1918到1920年間，英、法、美三國組成的軍隊向俄國北部進發，希望掐熄革命的火焰，但未能成功。

而在這段時期的末尾，納瑟（Gamal Abdel Nasser）於1956年決定將蘇伊士運河收歸國有，因此必須徵收英、法股東的股權，而這些股東自1869年運河啟用以來一直是運河的所有人，也從中獲取股利與權利金。按照老習慣，英國和法國打算發動遠征軍，取回屬於他們的財產。但是美國擔心後進國家會因此落入蘇聯手中（尤其是剛獨立的國家，他們往往熱衷於實施國有化〔兼徵收〕，涉及前殖民母國時尤其如此），選擇拋棄這兩個歐洲盟國。面對蘇聯與美國同時施加的壓力，英、法兩個前殖民強權只能撤回軍隊，面對眼前昭然若揭的事實：那個屬於財產權至上與殖民主義的舊世界已成為過去。

海外資產的徵收最能清楚說明二十世紀上半葉全球經歷的政治與意識形態鉅變。從1914年到1950年代，受到種種社會與政治抗爭以及重大軍事衝突的影響，人們關於財產權的觀念澈底改變。過去所確立的財產權，在1914年時顯得牢不可破，到了1950年代卻讓位給一種社會意識與工具性更強的觀念，將生產資本與投資視為應為發展、正義或國家獨立而服務。這類財產徵收不只對消弭國家間的不平等貢獻匪淺（因為前殖民地或債務國終於能掌控自己的國家），也有助於減少歐洲國家社會內部的不平等，因為正如我們檢視巴黎繼承紀錄時所見，海外資產是頂級富豪鍾愛的投資類型之一（參見第四章表4.1）。如果與德國相比，一次大戰前英、法兩國所得不均的狀況特別嚴重，其中一大因素便是富有的英、法資產階級由海外取得的投資獲利。由此可知，歐洲社會內部的不平等體制與涉及殖

民地及國際層面的外部不平等結構之間有著密切的關連。

　　此外，國有化——有時實為國有化兼徵收——之浪潮也出現在歐洲，但各國的規模有所不同。整體而言，1930年代的經濟危機及隨之而來的種種災禍強烈撼動了私有制資本主義的信仰。1929年10月由華爾街股市崩盤揭開序幕的經濟大蕭條，讓富裕國家遭受前所未見的無情打擊。1932年，不管在美國或德國，英國或法國，失業率都高達工業勞動人口的四分之一。傳統的「自由放任」（laissez-faire）與公權力不干涉經濟活動的原則從此地位一落千丈，儘管每個十九世紀國家莫不將之奉為圭臬，而且很大程度上直到1930年代初期還是如此。幾乎所有國家都開始轉向更強的干預主義。政府和輿論自然開始要求金融與經濟領域的菁英負起責任，因為他們在積累財富的同時，卻將所有人推向懸崖。人們開始思考「混合形態」的經濟體（économie mixte），亦即在傳統的私有財產形態以外，讓企業或多或少成為公有財產，或者至少加入十分嚴格的管制，並由政府重新掌控金融體系及私有制資本主義的整體狀態。

　　另一方面，在法國等國家，這種懷疑私有制資本主義的普遍風氣在1945年時變得更加濃厚，因為大批經濟界菁英被懷疑曾在1940到1944年和德國占領者私相授受，獲得不義之財。正是在這種火藥味濃厚的氣氛下，解放政府開始大力推動國有化，尤其是針對銀行業、煤礦及汽車工業。而其中兼具制裁性質的雷諾工廠國有化即是知名的一例。1944年9月，雷諾的老闆路易‧雷諾（Louis Renault）涉嫌通敵而遭逮捕，工廠便被臨時政府接手，並於1945年1月收歸國有。[17]亦應一提的是，依1945年8月15日之命令實施的國家團結稅（impôt de solidarité nationale）同樣帶有制裁性質。這項累進特別稅的課稅對象包括資本及占領期間的增值，僅課徵一次，但由於稅率極高，這天外飛來一筆的額外負擔令納稅人感到沉重無比。這項稅捐包含兩部分，一部分是針對所有資產在1945年6月4日的估算價值所課徵的特別稅，其中高額資產的稅率可達20%，另一部分則是針對所有1940到1945年的資本利得所課徵的特別稅，其中最高額者可課徵

高達100%的稅率。[18]

　　國有化政策在許多歐洲國家都扮演關鍵性的角色，促成了1950至1970年間的龐大公部門。我們也會在下一章回頭討論一些國家，尤其是德國、瑞典和大多數的北歐國家，如何在二次大戰後建立起新的企業組織與治理形態。新形態主要指大幅減少股東在經營會議中的投票權，相應地，員工選出的代表（亦可能為中央或地方自治團體）則獲得新的投票權。這段經驗十分有意義，因為它凸顯資本的市場價值與其社會價值的脫鉤。具體而言，各種跡象都顯示上述政策實施後，這些國家的企業股票增值幅度減少了（而且此現象一直延續到今日），但並未因此損及經濟活動的熱度與成長，而是正好相反：那些讓員工高度參與訂定企業長期策略的德國或瑞典企業，整體生產力反而因此更加旺盛。[19]

　　最後，除了上述國有化政策與新的企業權力分享形態之外，大多數歐洲國家在1914到1950年之間都針對不動產與金融市場實施了不同的管制政策，實質上壓縮了資產持有者的權利及其財產的市場價值。其中最具代表性的例子就是在1914到1918年的戰亂中發展起來的租金凍漲機制。這類機制在二次大戰結束後再度蓬勃發展，以致在1950年的法國，租金的實質價值掉到不及1914年的五分之一，連帶使不動產價格大跌至幾近同一水平。[20]這段時期在大多數歐洲國家中都可觀察到相似的政策。由於私有財產與資產差異造成的不平等，這些政策也反映了人們對其正當性產生態度上的巨大變化。當時通貨膨脹非常嚴重，為1914年以前所未見，實質薪資始終無法恢復戰前水準之情形也所在多有，在這樣的背景下，有房有地的資產階級還能繼續踩在工人與前線歸來的中下階級的背上大賺其錢，叫人難以接受。許多國家正是在這樣的背景下發展出各種新規範來管控租金、強化房客權利並保護房客不被驅趕，其手段包括延長租約期間、規定租金長期不變，以及建立房客對房屋的優先承買權，有時價金還可便宜不少。在最大膽的版本中，相關機制有時與那些意在打擊龐大地產、促進財產轉移以利農業開發的土地改革十分接近（例如前面提及的愛爾蘭與

西班牙政策，參見第五章）。大體而言，撇開所有附加規範的影響，1950
到1980年間不動產價格的低落自然可使新的社會群體更容易擁有房產，
也更容易促成資產的分散。[21]

私人儲蓄、公共債務與通貨膨脹

現在讓我們來看看私人投資低落、通貨膨脹與公共債務如何影響
1914到1950年間私有財產的萎縮。首先我們要注意到，在戰爭期間與
1930年代，非重點發展的民間產業的投資額非常低，以致這些產業往往連
汰換老舊設備都做不到。[22]第二項應該關注的事實，則是在1914到1945
年間，私人儲蓄有一大部分被拿來支撐為挹注軍費而提高的公共債務。

在一次大戰爆發前夕的1914年，英國、法國與德國的公共債務約為
國民所得的60至70%，在美國則低於國民所得的30%。二次大戰爆發之
後，在1945到1950年間，美國的公共債務達到國民所得的150%，德國達
到180%，法國達到270%，英國則達到310%（參見圖10.9）。還要特別指
出的是，若非一次大戰期間欠下的債務有一部分已被1920年代的通貨膨
脹侵蝕，原本的總額可能會更高，此一情形在德國尤其明顯，法國則較輕
微。為了支撐1914到1945-1950年間公共債務的成長，各國存戶幾乎只能
將大筆存款用於購買國庫債券和各種政府債券，無法投資於一般項目（不
動產、工業或跨國事業）。英國、法國、德國的資產家也不得不逐步售出
可觀的海外資產，以湊足政府需要商借的數額，他們也許一部分是出於愛
國心，但顯然也期待做成一樁好生意。政府信誓旦旦，保證原則上除了本
金之外還會支付豐厚的利息，這也是十九世紀習以為常的事，從不曾有任
何差錯。也有些狀況幾近強迫借款，尤其在戰爭期間，政府會要求銀行持
有大量公債，同時採取措施，設定利率上限。

不過，這些借給國家的存款和資產事實上很快就像日光下的白雪，消
失殆盡，而資產家得到的「信誓旦旦」也被其他更迫切之要務所取代。實

圖10.9. 起伏不定的公共債務，1850-2020年

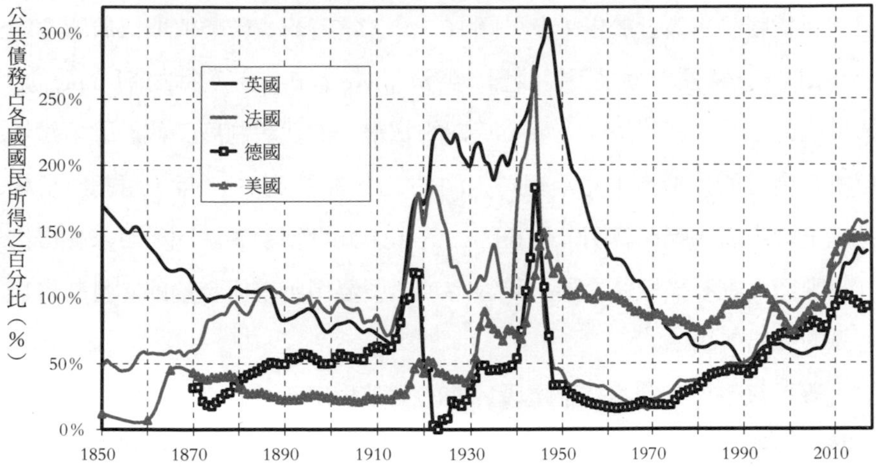

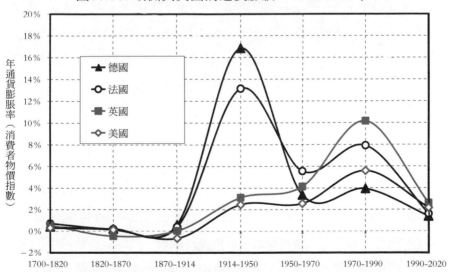

公共債務在兩次世界大戰結束後大幅增加，1940到1950年間達到150至300%的國民所得，其後德國與法國的債務急遽下降（債務取消、通膨率高），英國與美國則呈現緩降（通膨較低、經濟成長）。公共資產（尤其不動產及金融資產）在不同時期的起伏較和緩，通常維持在國民所得的100%左右。來源與數據：參見 piketty.pse.ens.fr/ideologie

圖10.10. 歐洲與美國的通貨膨脹，1700-2020年

十八至十九世紀的通貨膨脹率幾乎為零，進入二十世紀後開始增加。1990年後每年約在2%之譜。1914到1950年間，法國與德國的通貨膨脹特別嚴重，1970年代的英、法、美三國則平穩許多。注解：德國1914到1950年間的平均通膨率為17%左右，其中並未計入1923年的惡性通貨膨脹。來源與數據：參見 piketty.pse.ens.fr/ideologie

際上，當時最重要的機制之一就是印鈔票和調高物價。在十八和十九世
紀，通貨膨脹率幾近於零（參見圖10.10）。當時的貨幣價值取決於所含的
金、銀成分，購買力幾乎不曾改變。英鎊（livre sterling）與金法郎（franc-or）
皆是如此；金法郎是法國大革命時期的貨幣，取代舊制度時代的圖爾鎊，
但所含金屬的比例幾乎完全相同，從1726年維持到1914年，可謂所有權
主義未曾中斷的絕佳證明，也正因如此，十九世紀初的法國小說家在提供
詳細數額、細膩描繪社會階層界線時，才會混用英磅與金法郎，且常常無
意識的交錯使用。[23]

戰爭幾乎是立刻終結了這段長期的貨幣穩定。1914年8月開始，主要
交戰國暫停了本國貨幣與黃金的兌換。1920年代雖有過不少重新引入金本
位制的嘗試，但都未能熬過1930年代的經濟危機。[24]整體而言，在1914
到1950年間，法國每年的通貨膨脹率平均超過13%（相當於物價漲為一百
倍），德國則達到17%（相當於物價上漲超過三百倍）。[25]英、美兩國由於
受戰爭傷害較輕微，政治動盪也比較小，通貨膨脹率明顯較低：1914到
1950年間每年平均不過3%。儘管如此，這依然代表度過幾乎波瀾不興的
兩個世紀之後，物價仍然漲為三倍。不過以英國而言，這樣的漲幅仍不足
以抵消戰爭帶來的沉重債務，這也是為什麼1950至1970年間英國的公共
債務始終居高不下，後來是靠著1970年代的通貨膨脹（每年在10至20%
之間）才解決問題。

在法國與德國，事情發展的速度快得多。1950年代初期，兩國龐大
的公共債務便下降到低於國民所得的30%，相較之下，幾年前還超過國民
所得的200%（參見圖10.9）。1945到1948年間，法國連續四年的年通貨
膨脹率都超過50%。不知不覺間，法國的公共債務就減少到所剩無幾，比
1945年對私人資產課徵特別稅的效果更釜底抽薪。問題是與此同時，數百
萬小存戶也因通貨膨脹而失去一切，導致後來1950年代老年人的常態性
貧窮問題更加難解。[26]

在德國，由於1920年代的惡性通膨使整個國家與社會關係陷入嚴重

混亂，人們更加留心調高物價對社會帶來的衝擊，在 1949 到 1952 年間追求加速消除債務之時，他們也採取更周全的做法。具體而言，剛成立的德意志聯邦共和國針對私人資產制定了數種不同的累進特別稅，資產所有人在數十年間都有繳納之義務，其中有些稅捐一直實行到 1980 年代。[27] 最後，西德受益於 1953 年的倫敦會議，得以凍結外債，後來在 1991 年兩德統一時更被完全取消。外債的取消再加上其他措施，尤其是 1952 年實施的特別稅，讓西德得以致力於 1950 與 1960 年代的重建工作，也使他們可運用於社會福利支出與基礎建設投資的盈餘大為增加。[28]

結清過往，打造正義：針對私人資本的特別稅

值得注意的是，一次大戰之後，許多歐洲國家為了減少公共債務，已經嘗試過對私人資產課徵特別稅，例如 1919 到 1923 年間的義大利、捷克斯洛伐克、奧地利與匈牙利都是如此，其中針對最高額資產的稅率可達到 50%。這些挖富人口袋的行動（以稅收來說）規模最大也最有效的當屬日本在 1946 至 1947 年間實施的特別稅，對於最龐大的資產課徵高達 90% 的稅率。法國 1945 年通過的國家團結稅也屬同一性質，雖然稅收是供總預算使用（而非專門用於償還債務）。[29]

相較於通貨膨脹讓所有人的現金都縮水了一定比例，從最窮到最有錢的人都無法倖免，這類私人資產特別稅的好處在於具有分配負擔的彈性，一方面因為稅率會隨財產規模而有所不同（絕大多數情形下，極小型的資產可完全豁免，中等資產的稅率在 5 至 10% 之間，大型資產的稅率則為 30 至 50%，甚至更高），另一方面是因為這些稅賦通常適用於各種私人資產，不論是房產、土地或是營業與金融資產。實際上，通貨膨脹無異於一種資產累退稅。手上只擁有少許現金（鈔票或銀行存款）的人會遭到迎頭痛擊，而那些擁有龐大資產的人由於大部分配置於不動產、營業資產或金融投資組合（最高額的資產屬於此類），大多不受物價上漲的影響，除非同時存

在租金或資產價格凍漲等其他措施。金融資產方面,債券及其他固定收益投資會受到通貨膨脹影響,公債本身也首當其衝;不過富豪最常持有的股票、公司持分及其他變動收益投資通常不會因通貨膨脹而失血,因為它們的價值往往會隨著物價的全面上漲而提高。更廣泛地說,通貨膨脹的問題在於得利或損失的分布相對隨機,端視一個人是否成功在正確的時間把財富投注在正確的資產上。通貨膨脹象徵一個社會正面臨難解的分配戰爭,例如這個社會也許想要擺脫歷史遺留下來的某些債務,卻又無法開誠布公的討論各自應付出多少代價最適當,因此寧可仰賴起起伏伏的物價與投機操作。這麼做最大的風險就是激發強烈的不公平感。

　　從這個角度看,就不難明白為何這麼多國家都曾嘗試施行私有財產特別稅,希望能減輕1914至1918年以及1939至1945年間因戰爭產生的公共債務壓力。在此無意美化這些歷史經驗,當時負責執行的行政機關沒有經過萬全的準備,而且那個時代也不具備現在擁有的資訊科技。儘管如此,這些稅捐還是發揮了作用,短時間內幫忙減輕了不少公共債務,也讓社會重建與經濟成長之路走得格外順遂,在日本與德國尤其如此。從德國的例子可以清楚看見,1949到1952年間開始實施並延續到1980年代的各項私人資產特別稅,減輕公共債務的效果顯然比1920年代的惡性通膨好得多,而且不論從經濟還是社會與民主的觀點來看都是如此。

　　除了技術與行政層面,最後要特別指出的是,這些歷史經驗也凸顯了政治與意識形態的深刻轉變。在人類漫長的歷史中,從最久遠的古代到現在,一定能找到許多取消公共債務或私人債務的例子。不過必須等到二十世紀,才會出現實施範圍如此廣泛、課徵方式又如此精密的私人財產累進稅制。在中世紀與現代歐洲,主權者只懂得偶爾調整錢幣的金屬含量以紓解債務。[30]到了十八世紀末的法國大革命時期,人們開始正式討論針對所得與資產的累進稅率表,1793到1794年間甚至短暫施行過一套強迫借貸制度,對最高額所得施加高達70%的稅率。古今對照,這套制度彷彿預告了未來在二十世紀兩次世界大戰之後許多國家將施行的政策。[31]但這樣是

不夠的。由於未能及早向特權階級課稅，舊政權其實累積了相當可觀的公共債務，相當於當時一年的國民所得，算入賣掉的職位或官位的價值，甚至可能達到一年半的水準；販賣職位或官位是國家立刻獲取現金的一種手段，代價則是未來可由人民身上課徵的收入，因此也屬於一種債務。最後，法國大革命催生了一套稅制，終結了貴族與教士的特權，但是它完全採用比例制，背棄了累進制的理想。靠著1797年頒布施行的「三分之二破產券」（banqueroute des deux tiers），加上指券（assignat）——由革命政府所發行的紙鈔——嚴重貶值，公共債務因而大為減少，比特別稅的幫助更大。因此之故，法國政府1815年時擁有的債務才會如此少（低於國民所得的20%）。[32]

1815到1914年間，歐洲社會進入一段長期崇拜私有財產且貨幣十分穩定的時期，當時連不清償債務這種想法都會被視為不可思議，更是絕對的禁忌。各歐洲大國當然都有極嚴格的規矩，遇到向另一個大國收取戰爭賠款時更是如此，對世界其他國家當然也不在話下。不過一旦債務確定，不論是法國在1815年要繳給各反法同盟國或1871年要繳給普魯士的賠款，還是中國、鄂圖曼土耳其帝國或摩洛哥對英、法的賠款，要讓事情順利圓滿，最要緊的是按金本位的計算一次付清，否則就輪到大砲出動了。歐洲國家之間很可能會威脅發動戰爭，並投下大量資源備戰。然而，遇上有該還的債，這些信奉所有權至上的強權們便停止針鋒相對，一致同意債務人應尊重債權人的財產權。舉例來說，這就是為什麼1875年土耳其試圖拖欠款項會導致歐洲的金融巨頭與各國政府立刻聯合出手，希望付款恢復正常，並於1878年要求鄂圖曼政府簽下《柏林條約》。相對來說，延遲還款的問題在十八世紀還是很常見（例如普魯士1752年時便拒絕向英國返還西利西亞戰爭的借款），雖然已愈來愈少發生。[33]法國大革命時期的政府拋棄各種債權債務之後，延遲還款的問題就不存在了，這個反覆掙扎後才做出的決定，事實上帶領歐洲進入私有財產權與貨幣最穩定的一段高峰期。

英國是個特別具有討論價值的案例。經歷拿破崙戰爭之後，該國在

1815年時的公共債務超過國民所得的200%。當時真正統治這個國家的是一小群資產階級，他們將直接受惠於以下這項政策：他們決定接下來的一整個世紀中，英國納稅人（由於當時以間接稅為主，主要影響的是中下階層家庭）所繳納的近三分之一稅金都要用來支付這筆戰爭欠款及其利息（受惠最多的會是之前借錢給政府打仗的人，尤其有利於財富分配最頂層的1%人口）。這個歷史經驗告訴我們，利用基本預算盈餘來消除如此龐大的公共債務在技術上確實可能。在1815到1914年間，英國的基本預算盈餘平均為國民所得的2至3%，而當時的總稅收不超過國民所得的10%，投注於教育的資源總計不超過國民所得的1%。然而很難說這種運用公帑的方法對國家未來發展而言是不是最佳策略。無論如何，最大的問題是這種做法有一個缺點，就是極度緩慢。1850年，英國還擁有超過國民所得150%的公共債務，到了1914年依然高達70%。基本預算盈餘儘管可觀，也只足夠支付利息，若要減少本金，必須等國民所得成長到產生效果（英國的成長率倒是相對高：每年成長超過2%達一世紀）。近來之研究顯示，在1815年到1914年間，支付債務明顯加深了英國的貧富不均與財富集中。[34]

二十世紀戰爭債務的經驗告訴我們，事情的處理方式可以不同。在法國與德國的例子中，1945到1950年間還高達二至三倍國民所得的公共債務，可以在幾年間就減少到不足為懼，英國所費的時間則不超過二十年，雖然相較於隔壁的法、德花的時間更長，但從另一個角度來看，已經比1815到1914年間的速度快了（參見圖10.9）。經過時間的沉澱之後再回頭看，顯然儘快清除債務的策略比較可取：要是當年採用了英國十九世紀的策略，歐洲國家從1950到2050年（或更久）都得支付沉重的利息給老資產階級，而無法改善社會不平等，也必須犧牲教育與基礎建設支出，即便這些投資將在戰後帶來意想不到的經濟成長。但在決策的當下，這些絕對都是難以取捨的問題，因為身負龐大公共債務的社會必須在兩種基本上都可接受的正當性之間做出抉擇，一種是早已確立的所有權的正當性，另一

種正當性則屬於非資產階級的社會群體，他們重視的事物與需求不同（常見的例子是訴諸未來發展的社會及教育投資）。我們之後會再回頭談談從這些經驗中可以吸取什麼教訓，以幫助解決公共債務在二十一世紀造成的問題（請參見第十六章的歐洲案例）。

從資產萎縮到持續分散化：累進稅的作用

前面我們分析了導致1914年到1945-1950年間歐洲私有財產總價值大跌的幾種機制。造成此一變化的原因眾多（包含戰爭破壞、徵收與通膨），是這些因素的影響綜合起來才導致私人資本與國民所得的比值一落千丈，在1945到1950年左右跌到谷底，接下來的數十年間漸漸回升，直到2010至2020年間仍是如此（參見圖10.8）。現在我們必須進一步瞭解為何隨著資產額整體下滑，資產集中度也同時大幅減少，而這個現象是從1914到1945年間開始，一直持續到1970至1980年間為止。儘管在1980至1990年間又出現上升趨勢，長期而言，資產走向分散──尤其是最高百分位占比的大幅縮減──始終是最不可忽視的改變（參見圖10.4及10.5）。

為什麼1914到1950年間資產規模整體縮減的同時，資產結構也持續走向分散化呢？理論上，我們可以想像第一波縮減時，所有類型的資產都受到等比例的影響，對於最高十分位或最高百分位並未造成真正的衝擊。我們前面已指出，許多因素皆可解釋為何高額資產縮水的速度會特別快，其中海外資產的徵收對頂級富豪的打擊最大（其持有海外資產比例較高），而且為了清償公共債務（或實施制裁性稅捐）課徵的私人資本特別累進稅本質上就是以資產頂層為主要對象。

除了這些特定因素以外，還有一項影響較全面的機制。在一次大戰結束後以及戰間期，擁有大筆收入與資產的人都必須面對一套常態性且愈來愈強勢的累進稅制度，亦即一套對所得與資產高於其他人的族群一律課以更高稅率的稅制。好幾個世紀以前人們早已多次討論這個議題，尤其在

十八世紀與法國大革命時期，但這類制度始終不曾大規模且常態性的實施。大多數歐洲國家以及美國、日本都發展出兩種形態的累進稅：一種累進稅是針對整體所得（亦即不同類別所得的總和，如：工資與薪俸、非薪資之執行業務所得、年金、租金、股利、利息、權利金、各類利潤與盈餘等），另一種累進稅是針對各種財產之繼受（亦即針對各類資產的移轉，包含不動產、營業或金融資產，原因可為死亡或贈與，依不同制度而定）。[35] 對高額所得與龐大資產長期課以達數十個百分點的超高稅率，這在歷史上是頭一遭，而且所有國家幾乎是同時施行。

圖10.11及10.12所顯示的是1900至2018年間美、英、日、德、法等國適用於巨額所得及遺產的稅率變化，我們可以藉此對當時變動的程度有個初步概念。[36] 1900年時，各國適用於高額所得或遺產的稅率低於10%；1920年時，高額所得的稅率提高到30至70%之間，高額遺產的稅率則在10到40%之間。最高稅率在1920年代短暫的平和時期曾略微下降，到了1930至1940年間又重新攀升，在1932年小羅斯福當選總統、開始推行新政後的美國尤其明顯。當時有四分之一勞動人口遭受失業打擊，又需要更多財源才能挹注大型工程及新的社會政策，在此背景下，要求最優勢的族群貢獻力量顯得理所當然，何況在先前的數十年間（尤其在「咆哮的二○年代」），這些人自己大發利市，卻將國家推入危難之境。1932到1980年間，美國高所得群體適用的稅率平均為81%。同一時期，高額遺產適用的稅率為75%。[37] 在英國，大蕭條也導致社會對經濟與金融菁英的強烈質疑，該國在1932年到1980年間對高額所得課徵的稅率平均為89%，對高額遺產則為72%（參見圖10.11及10.12）。

在法國，當參眾兩院終於通過法案，於1914年7月15日公布實施累進所得稅，當時最高的稅率只有2%。長期以來，第三共和的政治與經濟菁英一直拒絕改革，因為他們認為這種做法有害且不適合像法國這樣已經非常平等的國家，由此可見其偽善與認知錯誤之深（參見第四章）。接著，最高稅率在戰爭期間開始提高，1920年時增加到50%，1924年時為

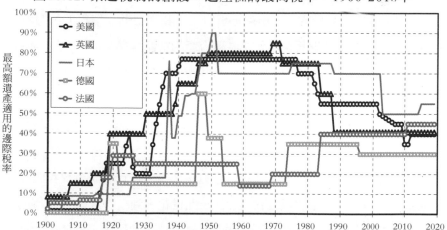

圖10.11. 累進稅制的創設：所得稅的最高稅率，1900-2018年

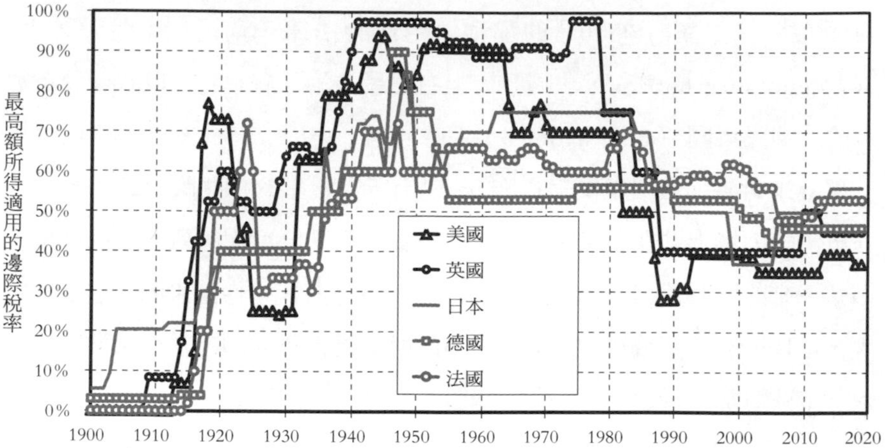

1900 到 1932 年間，美國對最高額所得課徵的邊際稅率平均為 23％，1932 至 1980 年間為 81％，1980 至 2018 年間為 39％。在同樣的區間內，英國施行的最高稅率分別為 30％、89％、46％，日本為 26％、68％、53％，德國為 18％、58％、50％，法國則為 23％、60％、57％。累進度的高峰出現在二十世紀中，以美國與英國為最。來源與數據：參見 piketty.pse.ens.fr/ideologie

圖10.12. 累進稅制的創設：遺產稅的最高稅率，1900-2018年

1900 到 1932 年間，美國對最高額遺產課徵的邊際稅率平均為 12％，1932 至 1980 年間為 75％，1980 至 2018 年間為 50％。在同樣的區間內，英國施行的最高稅率分別為 25％、72％、46％，日本為 9％、64％、63％，德國為 8％、23％、32％，法國則為 15％、22％、39％。累進度的高峰出現在二十世紀中，以美國與英國為最。來源與數據：參見 piketty.pse.ens.fr/ideologie

60%，到了1925年甚至提高到72%。令人特別吃驚的是，1920年6月25日頒布、將稅率訂在50%的那項決定性的法律，竟是在「藍天議會」（Chambre bleu horizon，法國歷史上右派最多的一屆議會）以及屬於多數派的「國民集團」（Bloc national）手中通過，亦即支持此案的多數票很大一部分來自戰前最嚴屬反對實施2%以上所得稅率的那些議會黨派。這些在政治角力場上站在右派的議員之所以會一百八十度大轉彎，主因就是大戰留下來的財政爛攤。儘管大家開口閉口老是打出「德國來賠」這張神主牌，但是所有人都很清楚，不找到新的財源是行不通的。當時由於物質匱乏加上政府加印鈔票，導致通貨膨脹來到戰前從未見過的高峰，工人的薪水一直無法回復到1914年的購買力，數波失業潮先後在1919年5月至6月與1920年春天爆發，幾乎癱瘓全國，在這種情勢下，政治色彩最後幾乎不再重要。找到財源乃當務之急，沒有人認為擁有高所得的人可以置身事外。政治與社會情勢如此緊繃，加上1917年爆發布爾什維克革命，眾多法國社會主義工人運動勢力又大加聲援，累進稅正是在此一背景下發生本質上的改變。[38]

在效果上，這些強烈的財稅變動不但強化、更延長了資產頂層在1914到1945年間受到的其他衝擊。事實上，我們目前能取得的所有資料都顯示，這項劇烈的財稅革新便是各種資產的整體水準為何下跌，同時讓資產分配持續分散化的主要因素之一。同時，這項財稅因素也讓我們更明白為何資產不均的減緩是漸進性的，是因為所得稅的日益強大一步步削弱了所得，也就削弱了儲蓄力及重振資產規模的能力，加上巨額資產移轉的情形經過世代傳承及多次移轉之後已愈來愈少見，差距才得以逐漸拉近。

近來根據戰間期及二次大戰後巴黎繼承檔案所進行的研究讓我們得以一窺此一過程在個人層次的實況。[39]從十九世紀末到一次大戰爆發為止，前1%資產最龐大的巴黎富豪靠著財產所得（股利、利息、租金等）而享有的平均生活水準是當時平均薪資的三十至四十倍之多。和所得稅一樣，他們所繳納的遺產稅也不超過5%，他們只需要從財產孳息中存下一小部

分（四分之一至三分之一），就可以把一筆增值率相當高的資產移轉給下一代，讓子孫能享有相同的生活水準（這是指相對於平均薪資，而平均薪資本身也在成長）。一次大戰結束後，一切突然都變了。由於戰爭帶來的打擊（徵收海外資產、通貨膨脹、租金凍漲）與新實施的所得稅（1920年代對前1%巴黎富豪課徵的實際稅率為30至40%左右，對前0.1%的巴黎富豪則為50%以上），這個群體的生活水準滑落到平均薪資的五至十倍。在這種情況下，就算大砍開銷並辭退大批僕役（僕役人數在戰前一直很穩定，於戰間期銳減），物質上也不可能恢復1914年以前的財富規模，何況在1920年代，這個群體要繳納的遺產稅實際稅率逐步上升到10至20%，1930至1940年代則將近30%。

當然，這不代表所有受影響的家庭最終都一無所有。就像巴爾札克、高老頭和畢羅多（César Birotteau）[②] 的時代一樣，一切取決於所做的投資與獲得的報酬是否稱得上押對了寶，而這段重複經歷通貨膨脹、重建與危機的時期風險又特別高。有些人能夠賺錢並維持生活水準，相反地，有些人努力維持同樣的生活水準太久，最後發現自己揮霍財產的速度愈來愈快，因為他們沒有及時接受自己的收入已無法再支撐和戰前一樣的生活方式。可以確定的是，由於對高額所得（實際上大多是高額資產所得）及高額遺產實施了新的累進稅，這個社會群體的平均處境在1914到1950年間無可遏抑的一落千丈，之後依然持續下滑，不論他們的儲蓄率如何、適應新生活水準的速度如何，都無法再恢復之前的物質條件。

現代累進稅制如何起源於英美

在英國亦可觀察到相近的現象。讓我們回想一下1909到1911年間因

---

② 譯注：為巴爾札克《人間喜劇》系列中一部小說《畢羅多興衰記》（*Histoire de la grandeur et de la décadence de César Birotteau*）的主角。

《國民補助預算案》（People's Budget）表決案而起的危機：上議院的議員們起初拒絕提高對高額所得及遺產課徵的累進稅（這些稅收將用於挹注有益工人階級的社會措施），這使他們的衰落與政治功能的終結提早到來（參見第五章）。一次大戰結束後，針對高額所得與遺產的稅率再次提高，以致英國的資產階級無法繼續在物質上維持戰前的排場。舉例來說，影集《唐頓莊園》（Downton Abbey）便重現了當年艱難的適應過程，從中亦可看到在質疑所有權體制的聲音中，愛爾蘭問題顯得愈來愈重要。不過，有鑑於英國對高額財產（實際上主要屬於資本利得，包括租金、利息、股利）課徵的稅率在1920及1930年代迅速攀升到50至60％，對遺產移轉則課以40至50％，光是略為縮減僕役人數已經不足以應付。唯一的出路就是賣掉一部分財產，而在戰間期的英國，這個做法很快就變得愈來愈普遍。

　　這項發展在歷來高度集中於少數人手中的英國大莊園之間特別明顯。1920及1930年代間，土地交易的規模之大、速度之快都創下新高，也是這個王國自1066年被諾曼第人征服以及1530年解散修道院之後從未見過的景況。[40]此一現象當然也發生在英國資產階級從十九世紀到二十世紀初在海內外積累的龐大金融投資上，從英國總資產中最高百分位的占比急劇萎縮即可看出，這些資產也在轉眼之間灰飛煙滅（參見圖10.5，亦可參考第七章圖7.9）。二次大戰後再次出現劇烈變化，因為高額所得適用的稅率超過了90％，高額遺產適用的稅率則持續數十年高達80％，而且除了英國，美國也是如此（參見圖10.11及10.12）。制定如此高的稅率顯然是為了一口氣剷除這類巨額資產，或至少設下重重關卡，使之不易延續（例如因繼承資產而享有驚人的高額孳息）。

　　整體而言，不論是針對所得或繼承，美國與英國在高度累進稅的發展上所扮演的關鍵角色特別值得我們留意。近來的研究指出，在1932到1980年間，這兩個國家不只是理論上的最高稅率攀升到前所未有的水準，連頂級富豪真正繳納的實際稅率也達到了最高峰。從1930年代到1960年代，前0.1％和前0.01％所得最高的群體所繳納的稅金總額（包括直接稅

與間接稅等各種稅捐）大約在其稅前所得的50至80%之間，對於中等階層則相當於15至30%之間，對於後50%較貧窮的人口而言則在10至20%之間（參見圖10.13）。此外，各種跡象都顯示70至80%的邊際稅率同樣對稅前所得的分配有所影響（這點基本上無法從實際稅率看出來）。事實上，這麼高的邊際稅率讓他們幾乎無法維持同樣水準的資本利得（除非大幅降低生活開銷或逐步售出部分資產），同時也大大削減了企業高層訂定天價薪酬的意願。[41]

至於遺產稅，令人十分驚訝的是德國和法國在1950到1980年間對頂級富豪實施的稅率不過20至30%，與此同時，英、美兩大國實施的卻是70到80%的稅率（參見圖10.12）。其中部分原因是德、法承受的戰爭破壞與通貨膨脹十分嚴重，所以不像英、美那麼需要利用財稅武器來改造過去遺留下來的不平等體制。[42]

同樣令人驚訝的是，德國唯一對高所得階層實施過90%稅率的時期竟是1946至1948年，當時德國的財稅政策是由盟國管制理事會（Allied

圖10.13. 美國的實際稅率與累進性，1910-2020年

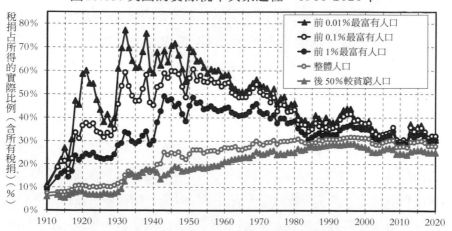

自1915至1980年，美國稅制的累進性非常強，亦即高所得人口繳納的實際稅率（含所有稅捐，以占稅前所得毛額百分比計算）明顯高於整體人口平均繳納的實際稅率（尤其是後50%較貧窮人口）。1980年後，美國稅制的累進性不高，實際稅率的落差有限。來源與數據：參見 piketty.pse.ens.fr/ideologie

Control Council）制定，實質上主導該理事會的則是美國。待1949年德國取回財稅主權後，接下來幾任政府選擇降低此稅率，並很快決定讓它維持在50至55%之間（參見圖10.11）。按照1946到1948年間的美式思維，90%的稅率完全不是為了懲罰德國菁英，因為當時英美兩國的菁英階層也適用相同的稅率。依照當時英美的主流意識形態，這些高累進性的稅賦是整體制度中不可或缺的一環，而戰後的新世界必須以這套制度為基礎，因為民選制度必須搭配強大的財稅制度，以避免民主體制再一次被金融界與寡占者的利益所綁架。這些觀念也許顯得古老且令人訝異，而且還出自英、美這兩個累進稅制從1980年代開始崩解的國家，但其依然是人類共同遺產的一部分。這些轉變讓我們再次看見政治與意識形態的發展如何影響不平等體制的動態、轉型的速度、次數與可能的岔路，也清楚指出一件事，亦即不存在平等或不平等的文化或文明本質，存在的只是彼此矛盾的社會政治路徑，而走在不同路徑上的各個社會與眾多社會群體各有各的立場，他們依據過去的經驗、遭遇過的事件與現在的勢力關係，試著建立一些關於正義的一致的想像。

從英國的例子中我們看到，累進稅與所得及資產重分配政策的橫空出世，其實是因為有十九世紀初期伴隨普選制的擴大而展開的社會與政治抗爭為其打下基礎，而隨著十九世紀末圍繞愛爾蘭問題及「不在地主」（absentee landlords）的辯論、工會運動的發展，以及後來1909到1911年間的《國民補助預算案》法案與最後貴族上議院的失勢（參見第五章），這些抗爭出現了決定性的轉向。

至於美國的狀況，我們前面曾提到從1870到1880年代開始，強烈支持種族隔離、立足南方的民主黨如何藉著為東北部工業與金融菁英貼上自私自利的標籤，並主張美國需要更公平的財富分配，嘗試將白人下層階級、小墾殖民與義大利、愛爾蘭新移民的各種期望串連起來（參見第六章）。1890年代，民粹黨（本名「People's Party」，但亦自稱「Populist Party」）推出許多候選人，其共同立場為要求把土地分給人民、給予小農

信貸，以及反對股東、資產家與大公司掌控美國政府。民粹黨人並未獲得政權，不過他們對於美國當時發展中的財稅改革運動有很大的影響力，而這股運動最終促成1913年《憲法第十六條修正案》以及聯邦所得稅的通過，接著在1916年促成聯邦遺產稅的通過。事實上，在此之前，美國憲法並未允許徵收聯邦稅，最高法院亦曾在1894年審查民主黨多數所通過的法案時提出此點。由於美國的修憲程序十分複雜（修正案必須先獲得參眾兩院三分之二多數決的同意，再經過四分之三的州批准便可生效），需要高度的群眾動員才能做到，也見證了當時全國人民對財稅正義與經濟正義的呼聲多麼強烈。這和所謂「鍍金時代」（Gilded Age）的情形雷同，當時美國工業與金融鉅子長期聚積財富，人們開始擔心洛克斐勒、卡內基和J. P. 摩根手中的龐大權力，要求更加平等的呼聲也愈來愈強烈。在一個聯邦政府向來功能有限、以關稅為主要財源的國家，能誕生這套以對所得與遺產課徵直接累進稅為核心的新聯邦稅制，各政黨發揮的動員與協調作用同樣貢獻巨大，尤其是民主黨。[43]

在十九世紀末、二十世紀初支持所得稅的國際運動方興未艾之時，美國曾是重要推手之一，這點也相當值得思考。例如美國經濟學家史利曼（Edwin Seligman）在1890到1910年間為了宣傳對整體所得課徵累進稅的好處所發表的大量著作與專論便被翻譯為各種語言，並引發熱議。[44] 統計學家威爾福‧金恩（Willford King）在1915年針對美國財富分配狀況所做的研究中（也是探討此問題的第一份論文）則憂心美國貧富不均日益擴大，也漸漸遠離草創時期的拓荒精神。[45]

1919年，美國經濟學協會主席費雪（Irving Fisher）再往前踏了一步。他選擇以貧富不均為主席就任演說的主題，並且毫不保留的告訴同仁們，財富高度集中即將成為美國經濟的主要問題，如果不加以防範，美國可能會變得和舊時代的歐洲一樣不平等（歐洲當年被視為寡頭當道、違背美國精神）。威爾福‧金恩估算出的結果讓費雪憂心忡忡。在他眼中，「2%的人口持有超過50%的財富」以及「三分之二的人口幾乎一無所有」，這些

狀況意味著「不民主的財富分配」(an undemocratic distribution of wealth)，可能會威脅美國社會的根基。費雪無意支持任意限縮利潤比或資本報酬率，他提及這些做法毋寧是為了證明不妥；在他看來，最合適的方法是對巨額遺產課以重稅。例如他提出可對傳給第一代的財產課徵相當於三分之一價值的稅賦，對第二代課徵三分之二，第三代以降甚至可以課徵到百分之百。[46]雖然這套想法沒有被採納，但從1918到1920年開始（即民主黨的威爾遜當政時），美國對所得階層的最上層實施超過70%的稅率，一舉領先所有國家（參見圖10.11）。1932年羅斯福當選總統時，知識界早已做好接受高度累進稅在美國實施的心理準備。

財稅國家與福利國家的興起

從十九世紀到1914年為止的不平等體制之所以能維持，一方面是靠著對累進稅的拒斥，二方面則因為整體稅收相對有限。相較於前幾個世紀的國家組織或同時代的鄂圖曼帝國及中國（參見第九章），十八到十九世紀的歐洲國家在財政上較為寬裕，但是與二十世紀的水準相比便顯得較為貧窮，而二十世紀正好是財稅國家大幅躍進的時期。除了累進稅的問題以外，財稅國家與福利國家的茁壯在所有權社會轉型為社會民主主義社會的過程中也扮演十分關鍵的角色。

以下說明相關重要數值範圍。若納入所有稅捐、提撥金及各種性質的強制課徵（課徵機關包含各種公共集體組織：中央政府、地方自治團體、社會安全行政機關等），則在十九世紀末、二十世紀初的歐洲及美國，總稅收相當於不到10%的國民所得，接著在1920到1930年間提高到20%左右，1950至1960年間則為30%上下，1970至1980年間相當穩定，但各國的水準差異甚大：美國維持在國民所得的30%左右，英國維持在40%，德國在45%，法國、瑞典維持在50%（參見圖10.14）。[47]然而各位也會注意到，每一個富裕國家開始發展前的稅收都只有區區10%或20%的國民所

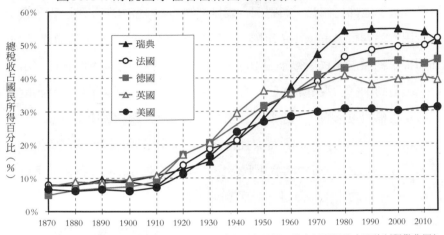

圖10.14. 財稅國家在各富裕國家的成長，1870-2015年

從十九世紀到一次大戰為止，富裕國家的總稅收（含所有稅捐、社會福利提撥金及強制課徵費用）相當於國民所得的不到10%，之後在1910年代到1970年代之間出現大幅成長，其後各國國家保持在不同水準：美國維持在國民所得30%左右，英國維持在40%，德國、法國、瑞典則在45至55%間。來源與數據：參見 piketty.pse.ens.fr/ideologie

得，而現在這些國家沒有人會提議再回到十九世紀的稅收水準。絕大多數的辯論都是圍繞著強制課徵的水準如何保持穩定，或者必要時是否稍微調降，也許有時會討論是否調升一定比例，但把財稅國家的規模縮小到四或五分之一從來不在討論之列。

　　許多研究都指出，財稅國家的茁壯不但沒有妨礙經濟成長，反而形成二十世紀歐美國家現代化進程與發展策略中的核心要素。[48]這是因為新的稅收讓國家發展不可或缺的許多支出都找到了財源，尤其是得以對教育及醫療提供大量且相對平等的投資（至少比過去增加許多也平等許多），同時也能提供高齡化社會趨勢下不可或缺的社會福利支出（例如退休年金）以及經濟衰退時用於穩定經濟與社會的重要支出（例如失業保險）。

　　如果把現有關於各歐洲國家的數據取其平均值，會發現1900年至2010年間稅收增加的原因，幾乎完全可從教育、醫療、退休金、其他移轉金與替代性收入等社會支出的提高找到答案（參見圖10.15）。[49]各位也會注意到，1910到1950年這段期間對國家角色的轉型極為關鍵。在1910年

代初期，國家的角色是負責維持秩序與保障財產權，不論在私領域、國際舞臺或殖民地都是如此，與整個十九世紀的國家樣貌並無二致。稅收幾乎完全用於治理行為的支出（軍隊、警察、司法、一般行政、基礎建設），亦即稅收總額占國民所得不過10%，治理經費就耗去8%，而其他支出只能使用不到2%的國民所得（教育支出不到1%）。在1950年代初期，歐洲已建立起福利國家的基本要素，各國稅收總額已超過國民所得30%，其中三分之二用於各式各樣的教育與社會支出，不再像過去以治理經費占最大宗。若非1910到1950年間發生政治與意識形態勢力的劇烈轉變，不可能出現如此驚人的變化，而這一切都是因為戰爭、危機與革命向所有人證明了市場自我調節的作用有其局限，以及將經濟鑲嵌[3]在社會中之必要。

各位也會注意到，在人口高齡化及整體稅收停止成長的大環境下，退休制度與醫療服務支出逐漸上升，直接導致1990至2020年間朝負債傾斜的速度略顯失控，也導致公共教育投資的停滯（甚至略為減少）（參見圖10.15）。這件事很弔詭，因為這段時期知識經濟與創新經濟正是熱門話題，而且一個年齡階層中接受高等教育的比例正在成長（這件事本身再好不過，但若是整個教育部門沒有得到適切的投資，可能會產生嚴重的人力浪費與深刻的社會挫折感）。接下來幾章中，我們會再討論這項重大挑戰，以及二十世紀末、二十一世紀初社會民主體制做出的回應有何不足。

理論上，如果強制課徵的收入接近國民所得的50%，代表公權力（無論何種形態）可以雇用半數的勞動人口，讓他們獲得和私部門相同的平均收入，動用平均水準相同的設備、空間……等等，最後製造出一半的國內產值。實際上，2000到2020年間，在西歐國家中，各全國及地方性行政機關、小學、中學、大學、醫院……等公家單位雇用的人員占工作機會總數的15至20%，私部門的職位則占80至85%。這是因為絕大多數的稅捐

---

③ 編注：「鑲嵌」（encastrement；embeddedness）是經濟學的一項概念，通常指經濟活動受到非經濟制度的約束。簡單來說，人在決策時並非總是理性，非理性的認知與行為都會影響我們的經濟行為。這時候，就會需要去考慮社會、文化等層面的影響。

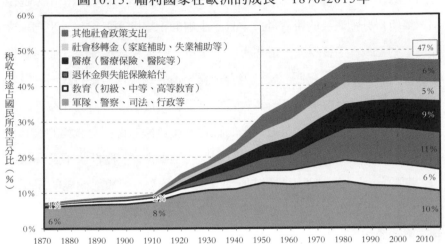

圖10.15. 福利國家在歐洲的成長，1870-2015年

2015年，西歐國家稅收平均相當於國民所得的47%，其支出用途如下：10%的國民所得用於治理行為的支出（軍隊、警察、司法、一般行政、基礎建設：如道路等）；6%用於教育；11%用於退休金；9%用於醫療；5%用於社會移轉金（不含退休金）；6%用於其他社會支出（住房補助等）。在1914年以前，治理行為的支出幾乎耗盡所有稅收。注解：本圖中呈現的是德、法、英、美與瑞典的平均值變化（參見圖10.14）。來源與數據：參見 piketty.pse.ens.fr/ideologie

與提撥金並非用於公家單位的薪餉，而是用於支付社會移轉金（退休金、社會補助等）以及向私部門購買商品與服務（建物及公共工程、設備、外部服務等）。[50] 除了稅收在國民所得中的占比（西歐為40至50%）以及公部門職位在工作機會總數中的占比（15至20%），還有第三種方法可以評估政府的地位，亦即計算政府在國家資本中的占比。依據這個標準，我們將會看到政府的占比在過去數十年間大幅下降，甚至在許多國家已成負值（參見第十二章圖12.6）。

稅捐的多樣性與累進稅制的功能

我們也發現，財稅國家與福利國家之所以能壯大，事實上是靠著各式各樣的稅捐。理論上，要取得等同於45%國民所得的稅收——這大約是西歐國家2000到2020年間的平均值——只需要課徵單一一種稅收，針對所

有類型的所得統一適用45%的比例稅率；或者課徵單一一種稅收但使用累進稅率，讓所得分配底層的稅率低於45%，上層的稅率則高於45%，平均稅率即可達到45%。[51]實際上，這些稅收不是單一一種稅收的成果，而是來自眾多稅捐與提撥金，它們形成一整套複雜、不一致、常常讓人民一頭霧水的體系。[52]這可能會不利於人們對這整套稅制的接受度，何況在激烈的財稅競爭下，移動能力最高且最優勢的社會群體負擔的稅捐有減輕的趨勢，其他群體的負擔卻漸漸加重。儘管如此，只課單一一種稅收不是解決之道，關於什麼是公平理想的稅制，我們應該深入這個複雜問題的每個細節，一一加以檢視。我們尤其需要在課徵所得流量與課徵資產存量之間找到平衡，理由既是為了正義，也是為了效率，對此我們稍後再加以討論（特別推薦參考第十一章及第十七章）。

在此我主要想指出，高度累進稅的發展與福利國家在二十世紀的茁壯，兩者具有歷史上的互補性。的確，1920至1930年間以及1960至1970年間對所得及資產頂層課徵的70至80%稅率只影響到一小部分人口（通常為1%或2%左右，有的只有0.5%）。然而各種證據都顯示，對於持續改善財產與經濟權力的極度集中，亦即美好年代歐洲的一大問題，高稅率發揮了舉足輕重的作用。若是光靠這些稅率本身絕對無法創造足夠的稅收來支持福利國家的必要經費，關鍵在於同一時間還發展出其他針對全體薪資與所得課徵的稅捐。正因結合了這兩種角色互補的稅賦（一個是為了減少貧富不均，一個是為了提供財源），才使所有權社會得以轉型為社會民主主義社會。

請各位特別注意，在1920年代到1960年代之間，不論是在歐洲或美國，平均稅率（約為國民所得的20至40%且持續成長）與所得及資產頂層所適用的稅率（往往高達70至80%，甚至更高）之間有著不小的落差。當時稅率的累進性很明確，每個社會中下階級的人都能明白，位處社會頂峰的人被要求付出最大的力量，這麼一來既有助於改善貧富不均，也能維持人民對課稅的認同。

同時，二十世紀財稅國家具備的這種雙重性質（具高度累進性、為福利國家提供財源）讓我們更明白財產集中度長期下降為何沒有妨礙投資與財產積累的步伐。二次大戰以後，生產與教育資本累積的速度比1914年之前快，其中部分原因在於這些資本現在是透過政府的管道積累，另一方面則是因為較貧窮的社會群體（他們幾乎不受累進稅影響）已經把富人減少的積累量補回來了。1990到2020年的狀況則大相逕庭（中下階級適用的平均稅率等同或高於頂層的稅率），這自然會帶來相反的效應：貧富不均走向擴大、對財稅制度的認同開始動搖、整體資本積累不振。我們會在下一章再度討論此一問題。

所有權至上的社會、累進稅與第一次世界大戰

現在讓我們進入一個特別複雜且需要小心處理的問題。1920年代開始，針對高額所得及遺產課徵70至80%稅率的累進稅制以極快的速度成為主流，但假如沒有爆發第一次世界大戰，這件事會發生嗎？從更廣的視角來看，1914年時看似堅不可摧、難以撼動的所有權社會，要是沒有1914年到1918年之間翻天覆地的動亂與毀壞，社會轉型能如此迅速嗎？大家能否想像一條歷史路徑，沒有一次大戰，而所有權社會持續掌控著歐洲與美國，甚至透過殖民統治繼續掌控全世界，不知到何年何月？

當然，要對這些「反事實」[53]的歷史問題給予明確的答案是不可能的。第一次世界大戰突然爆發，澈底打亂一切社會、經濟、政治的動態，以致我們現在很難想像沒有這場戰爭的歷史會如何發展。然而，這些提問影響了人們思考二十一世紀的重分配與貧富不均問題的方式，也能提供一些回答的線索，更重要的是讓我們不再只從決定論的角度解讀歷史。在本書的分析中，我把重心放在政治與意識形態因素對不平等體制變化的影響，以及思想的長期變化與事件造成的短期思維之間的交互作用。從這個視角出發，一次大戰是一項重大事件，打開了許多可能的發展路徑。只需要看看

所得稅最高稅率的驚人成長（見圖10.11），或私有財產的萎縮（見10.8），或海外資產的例子（參見第七章圖7.9），就能明白戰爭是以各種不同形式對所有權主義與殖民主義下的不平等體制造成沉重的打擊。貧富不均的改善與二十世紀所有權社會的終結，過程都不是一帆風順的。它們是經歷重重危機，受過新觀念洗禮與社會政治抗爭的考驗才造就的，就和大多數的重大歷史變動一樣。儘管如此，我們真的可以確定在任何假設狀況下（包括假設一次大戰沒有發生，但也許有其他危機），同樣的歷史變化都不會重演嗎？

近來有些研究強調上述戰爭經驗的重要性，尤其是大量徵兵如何影響累進稅的立法過程，並促成一次大戰後對高額所得及資產制訂近乎充公的稅率。下層階級都如此拋頭顱灑熱血，特權階級怎麼能不做出突破性的貢獻，好把戰爭製造的債務結清，也讓飽受摧殘的國家能夠重建，讓社會更加正義。有些研究甚至做出這樣的結論：要是沒有第一次世界大戰，就不會誕生高度累進稅，而二十一世紀如果沒有類似的大量徵兵經驗（目前看來不太可能發生），未來也不會再出現這麼強的累進稅。[54]

這些假設雖然有趣，但在我看來有點太狹隘也太決定論了。與其主張可以確定某種影響就是某某事件造成的，我認為比較有發展性的做法是在這些危機時刻中找尋由內部產生的、反映更深層因素的分岔點，而隨著人們如何採取行動，以及如何呼喚共同經驗與新觀念來重新定義事物的運作，這些分岔點也開啟了各式各樣可能的路徑與變化。以我們的討論來說，一次大戰並不是像火星撞地球那樣的外來事件。我們可以這麼想：一次大戰的起因（至少部分原因）在於1914年前侵蝕歐洲社會基礎的嚴重貧富差距與社會衝突。經濟問題同樣影響甚巨。例如我們之前提到過，在戰爭爆發前，海外投資為法國與英國帶來相當於國民所得5到10%的額外收入，這份可觀的收入在1880到1914年這段期間更加速成長，無可避免的令其他國家更為眼紅。就一般的觀點，英、法兩國的金融投資在1880到1914年間成長得如此迅速，讓人很難想像以這樣的速度發展下去，不論在

被控制的國家還是競爭的歐洲國家之間，怎麼可能不引爆激烈的政治衝突。[55]另一方面，這麼高額的收入不只對英、法資產家有所影響，也影響了各國執行財稅與金融政策以維持社會穩定的能力。除了非常實際的經濟利益以外，還有一個因素，亦即隨著歐洲民族國家的發展，國族認同及國族對立也愈來愈不可動搖。同時，殖民競爭助長了認同衝突，南法的法、義工人矛盾即是一例，而這些衝突讓本國人與外國人的鴻溝愈來愈深，強化國族、語言和文化的認同，最終為戰爭創造了條件。[56]

此外，1914到1918年的戰爭對所有權社會崩垮雖然具有重要影響力，卻不代表我們可以忽視同一時期的其他重大危機，好比1930年代的經濟危機與布爾什維克革命。這些重大危機發生的過程也許會不同，彼此的關連也許會改變，而分析不同國家及發展路徑的結果顯示，和其他事件相比，很難說戰爭的影響有何獨特之處。在某些情形下，1914到1918年間的戰爭具有決定性的作用，例如對法國投票通過並於1914年7月15日公布施行的所得稅法案。[57]不過事情通常更為複雜，使得戰爭與大量徵兵的作用相對降低。

以英國為例，遺產稅率與所得稅率從1909至1911年發生政治風暴之後、一戰爆發之前，就開始逐漸調高了（參見圖10.11及10.12）。上議院的沒落與戰爭或徵兵無關，一如1530年的修道院解散、1789年的法國大革命、1890至1900年前後推動的愛爾蘭土地改革，或是1911年瑞典決定不再依財產比例決定投票權（參見第五章）。在歷史上，人們曾以各種方式追求正義與平等，毋須經歷壕溝戰才會萌生渴望。日本與英國如出一轍：他們在1914年以前就已發展出累進稅制，並以所得頂層為主要目標（參見圖10.11及10.12）。日本會如此發展的部分原因與他們特有的思考方式有關，而這些思考方式源自其歷史特殊性，其中許多要素都比一次大戰的影響力更大（參見第九章）。

論社會與意識形態抗爭對所有權主義衰落的影響

我們在前面已看到，從1880年代開始，美國社會對財稅正義的呼喚與群眾動員已愈來愈強烈。1913年終於通過《憲法第十六條修正案》之前所經歷的漫長過程，與1914到1918年間的戰爭沒有太大關連，而在1919年費雪的演說中，或1932年羅斯福談到加強累進稅、減少財產集中度與富豪支配力時，似乎都沒有提及一次大戰的影響。一般而言，我們不應放大一次大戰在美國造成的政治動盪，儘管對歐洲來說無疑是一大創傷。對大多數美國人而言，1929到1933年間的經濟大蕭條對國家的衝擊反倒更大。比起法國北部壕溝戰的故事，史坦貝克（John Steinbeck）在《憤怒的葡萄》（*Grapes of Wrath*）中敘述奧克拉荷馬州的農工與受剝削的佃農如何受苦，還有加州的營地與種植園中惡劣的勞雇關係，讓人更瞭解新政與羅斯福政府的累進稅制為何會誕生。我們也可以合理推論，即便一次大戰沒有發生，只要有1929年的經濟危機（或同類型的金融危機）就足以產生同樣的力量，讓歷史轉向新政（或類似發展）。同理，雖然1939到1945年的歐戰無疑對新一批支持實施富人稅的論述是一大助力，1942年的《勝利稅法》（Victory Tax Act，其最高稅率來到91%）即是一例，[58]但事實上，這樣的轉變早在羅斯福執政的時代、在1930年代發生經濟危機時就已起步。

同樣值得注意的是1917年布爾什維克革命產生的重大影響。資本主義菁英們因此徹底修改了自己對財產重分配與財稅正義議題的立場，這一點在歐洲尤其明顯。在法國1920年的辯論中，原本在1914年時拒絕實施2%稅率所得稅的各政黨突然態度丕變，投票支持對所得頂層課以60%的稅率，而辯論中被大力強調的一點便是對革命的恐懼，因為當時總罷工已經快要遍地開花，而且大多數社會主義運動分子選擇支持蘇聯及莫斯科領導的新共產國際。[59]與財產被全面徵收的可能性相比，累進稅霎時間顯得沒那麼可怕了。1945到1948年法國發生近乎叛亂的大罷工（1947年最嚴重），也引發同樣的反應。在所有害怕共產革命的人眼中，強化累進稅與

建立社會安全制度的傷害簡直不痛不癢。當然也許有人會說，俄國革命本身就是一次大戰的產物。儘管如此，就算沒有革命，沙皇政體也不太可能永遠延續下去。戰爭在歐洲投票權擴大的過程中也扮演極重要的角色。舉例來說，英國、丹麥和荷蘭在1918年施行男性普選制，瑞典、義大利和比利時則是在1919年施行。[60]不過如同前面的例子，即使沒有戰爭，類似的演變還是非常可能會發生，也許是因為別的危機，抑或是受其他群眾集體動員所致。

我們前面曾經提到社會抗爭對瑞典的影響。正是因為有瑞典的工人與社會民主主義運動，透過1890到1930年間的高度群眾動員，已經發展過頭的絕對所有權體制（有時在市鎮選舉中，一個有錢選民擁有的投票權可以比所有住民的投票權加起來還多）才能轉型為社會民主主義體制，具備充滿前瞻性的福利國家體系以及高度的累進稅制。瑞典並未參與的一次大戰對上述變遷的影響應是微乎其微。但值得注意的是，瑞典在一次大戰期間及1920年代的累進稅率相對溫和（20至30%左右）。要到更晚的1930年代及1940年代，等社會民主派的執政基礎穩固之後，對高額所得與遺產課徵的稅率才提高到70至80%，並繼續維持到1980年代為止。[61]

義大利提供了另一個走出獨特歷史路徑的例子。1921至1922年建立的法西斯政權並累進稅無甚好感。在整個戰間期，義大利適用於高額所得的稅率始終被壓在相對低的水準（20至30%左右），到了1945至1946年卻突然躍升至超過80%；當時的背景是法西斯政權垮臺、義大利共和國成立，共產主義與社會主義政黨大受歡迎。墨索里尼政府甚至在1924年決定一口氣廢除所有繼承相關的稅賦，與所有其他國家的做法背道而馳，之後於1931年恢復課徵，但稅率是極低的10%。二次大戰後，高額遺產適用的稅率一下子提高到40至50%。[62]這證明了政治動員（或缺乏政治動員）才是導致稅制與貧富不均變遷的最大因素。

一言以蔽之：所有權社會的終結主要是政治與意識形態轉型的結果。關於社會正義、累進稅、所得與資產重分配的思考與辯論，在十八世紀與

法國大革命時期本已十分蓬勃，十九世紀末、二十世紀初開始再度於大多
數國家中引發熱議，其背後的因素包括工業資本主義帶來的高度財富集
中，加上教育進步以及觀念與資訊的廣為傳播。正是因為有這樣的思想變
遷，加上種種軍事、金融與政治危機（部分為貧富不均造成的矛盾所致），
才促成不平等體制的轉型。社會動員與社會抗爭扮演了極重要的角色，政
治與意識形態的變遷也是，此外還有一些基於各國歷史的特殊因素，與此
同時，世界各地的經驗愈來愈容易串連與分享，這也可能使行動的方式與
衝突事件可以快速散播開來。未來的情形約莫也會是如此。

論市場鑲嵌於社會的必要性

　　1944年，博蘭尼在《鉅變》一書提出一項權威性分析，說明在他看來
十九世紀相信市場自我調節能力的意識形態如何導致1914年後歐洲社會
的傾圮，並最終導致經濟自由主義的死亡。現在我們知道，所謂死亡只是
暫時的。1938年，自由派經濟學家與知識分子聚集於巴黎，準備下一步的
行動。他們十分明白1914年以前的自由派學說已經失敗，對於計畫經濟
與集體主義的成功則感到憂心，極權主義（即便當時這個詞還不太流行）
隱然將帶來的衝擊更令他們不知所措，而這群人聚會的目的是思考需要哪
些條件才能讓他們提議命名為「新自由主義」（néolibéralisme）的主張得以
東山再起。事實上，這場「華特・李普曼研討會」（colloque Walter
Lippmann，李普曼是一位美國作家，這場巴黎聚會的起因與他有關）的與
會者所持的立場相當不同，有些人支持社會民主主義，有些則較支持回歸
原汁原味的經濟自由主義，海耶克即是如此；他是在1970與1980年代啟
發皮諾契（Augusto Pinochet）與柴契爾夫人的人物之一，稍後我們會再提
及。[63]在此之前，讓我們先多花些時間閱讀博蘭尼，若要分析所有權社會
的崩潰，他的敘事再精準不過。[64]

　　1940年到1944年間，當博蘭尼在美國撰寫《鉅變》時，歐洲正無可

挽救的衝向自我毀滅與種族滅絕之路，對市場自我調節的信仰則跌到谷底。對這位匈牙利經濟學家與歷史學家而言，十九世紀文明建立在四大支柱之上：強權的勢力均衡、金本位制、自由派政府，以及自我調節的市場。博蘭尼特別指出，當人們把對供需調節作用的絕對信仰毫無限制的運用在勞動市場上，會如何製造出嚴重的問題；在勞動市場上，均衡價格（即薪資）會牽連到生活條件與人類的存續。要降低供給、提高價格，必須有一部分人類消失才行，在愛爾蘭和孟加拉發生饑荒時，英國資產家想到的解決之道幾乎就是如此。1944年時，博蘭尼相信民主社會主義（而非共產社會主義）可能會成功，他認為市場經濟應該鑲嵌在社會中，這句話的意思，以勞動市場來說，就是薪資的形成、接受專業技能訓練的機會、對勞動力流動性可能加諸的限制，以及是否要有共同經費支付的額外津貼（complément de salaire），這些都應該在市場之外，透過政治與社會協商議定。[65]

　　土地與自然資源市場也有相同的鑲嵌問題，土地和自然資源可供應的數量有限且不穩定，而且我們不能夠幻想靠市場力量之間的供需調節就足以保證社會的合理使用。何況讓土地或自然資源的「第一個」持有者擁有所有權力不怎麼合理，保障他們的權力到永遠更是沒有道理。[66]最後，關於跟國家財政密切相關的貨幣市場，博蘭尼指出對市場自我調節的信仰，加上市場範圍的擴張和經濟關係普遍貨幣化，是如何使現代社會變得極度脆弱。這種脆弱在戰間期的動盪混亂中展露無遺。這是因為當一個經濟體變得完全依靠市場與貨幣，金本位制崩潰與貨幣體系解體的後果便難以估算，並在1920年代徹底暴露。當有些社會群體整體變得貧窮，有些投機者卻享有大筆錢財入袋，這使得要求政府強硬且能一手掌控的呼聲愈來愈大，在德國尤其如此。資本流失讓許多國家的政府一蹶不振，崩潰的狀況與速度都是十九世紀所未見，法國就是一例。

帝國的競爭與歐洲均衡的崩潰

最後，博蘭尼指出，過去人們對於歐洲強權間的勢力均衡同樣抱持自我調節的意識形態。1815到1914年間，人們以為只要歐洲強國的規模和力量彼此相近，而且在維護私有財產制、金本位制與海外殖民統治上立場一致，如此一來就應該足以保障資本的永久積累以及歐陸與世界的富裕繁榮。這種寄望於均衡競爭的心態在三個「帝國社會」（德國、法國、英國）之中尤其強烈。這幾個國家都打算把自己的領土與資金基礎，以及文化與文明模式統統拓展到全球，但卻沒有發覺追求權力的意志讓他們對社會不平等視而不見，而這些不平等會由內而外侵蝕他們的社會。[67]如同博蘭尼所言，把競爭自我調節的理論原則拿來這樣應用是完全站不住腳的。英國在1904年與法國簽訂協約，共享埃及與摩洛哥，又於1906年與俄羅斯簽訂另一份協約，這次是為了共享波斯。與此同時，德國則加強與奧匈帝國的聯盟。在此之後，這兩大相互仇視的勢力集團終於面對面，全面對抗指日可待。

此處也要特別強調人口反轉的顯著影響。確實，數個世紀以來，西歐重要民族國家的人口規模都沒有太大變化。這件事卻對十五到十八世紀之間的軍事競爭、中央集權的提早形成及各種金融與科技創新有所助益（參見第九章）。儘管如此，在這幅整體圖像中出現了數次大幅反轉（參見圖10.16）。在十八世紀，法國的人口遠多於其他歐洲國家，部分解釋了該國的軍事與文化力量。具體而言，1800年前後，法國的人口（約有三千萬人）比德國（不超過兩千萬人）多出一半，而且德國當時還沒統一。[68]在這樣的情勢下，拿破崙謀畫建立一個飄著法國國旗的歐洲帝國。接著法國人口出現長達一個半世紀接近完全停滯的狀況（1950年時勉強達四千萬人），其原因尚未完全釐清，但似乎與大革命時期的去基督教化運動（déchristianisation）以及提早使胎兒生產的技術精進有關。[69]相反地，德國在十九世紀經歷人口的加速成長，還依照建立帝國的計畫實現了政治上

圖10.16. 歐洲強權的人口狀態與勢力均衡

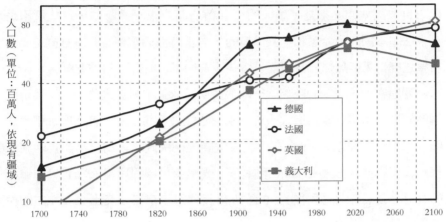

數個世紀以來，德、英、法、義等國的人口規模一直相當穩定：這四個國家1820年的人口都在兩至三千萬人左右，2020年的人口則在六至八千萬人左右。然而相對位置的大幅反轉經常出現：1800年時，法國的人口比德國多出一半（三千一百萬對兩千兩百萬）；1910年時，德國的人口比法國多出一半（六千三百萬對四千一百萬）。根據聯合國的資料，到2100年，英國與法國可望成為其中人口最多的國家。來源與數據：參見 piketty.pse.ens.fr/ideologie

的一統。到了1910年，德國的人口已經比法國多出一半：超過六千萬德國人對上大約四千萬法國人。[70] 雖然這不是兩國反覆爆發軍事衝突的唯一原因，但人口規模反轉顯然會使人起心動念。

　　一次大戰結束後，法國覺得他們為普法戰爭（1870-1871年）報了一箭之仇，並要求德國支付巨額賠款。這件事大家都知道，只是我們通常忽略了具體的數額及其意義。而德國被正式求償的數額實在是高得令人難以置信。依照1919年《凡爾賽和約》的決議以及1921年賠償委員會確定的條款，德國應償還一千三百二十億金馬克，超過德國1913年國民所得的250％以上，約等於德國1919至1921年間國民所得的350％（因為兩個時點之間債務有減少）。[71] 值得注意的是，這和海地1825年時被索求的債務金額與國民所得的比例非常接近（約為300％），而海地一直苦苦背負這筆債務到1950年（參見第六章），最大的差別在於不論從歐洲或全世界來看，德國的國民所得都高得多。站在法國政府的角度，這個金額十分站得住腳。1871年戰敗之後，法國立刻支付了七百五十億金法郎，相當於其國民

所得的30%，而一次大戰造成的損失遠比這個數額高。法國與英國的談判代表也強調他們必須為了龐大的公共債務而要求一些賠款，這些債務是英、法向本國的資產家和存款戶借的，而當時他們都相當有誠意償還，也希望這麼一來能無愧於當初要求這些人資助軍費時許下的神聖誓言。

　　問題在於，要求的數額讓德國陷於必須永遠依附於戰勝國、尤其是法國的處境。不需要成為偉大的統計學家也能理解這一點（包括理解德、法的人口差距正在擴大），而在兩次大戰間，德國政治人物非常認真的向選民解釋條約的意義。在4%的利率下，光是支付國民所得三點五倍的債務的利息，就意味著德國從1920到1930年代每年都必須交出15%左右的產值，而這樣還償還不到本金。法國政府不滿於還款的速度，又失望於德國不起眼的海外資產（包括德國貧瘠的殖民地在內，英法盟軍在1919到1920年間已加以占領並隨即瓜分），遂在1923到1925年間派遣軍隊占領魯爾（Ruhr），打算直接從煤礦場和工廠收取利益。普魯士軍隊不也是一直占領法國到1873年，直到1871年的戰爭賠款全部繳清為止嗎？這個比較不太能成立，一方面是因為1920年代的德國飽受戰爭摧殘，與1870年代法國相對繁榮的狀態不可同日而語，另一方面則因為這次要求的金額是之前的十倍不只。但這種比較獲得許多法國人民的支持，因為他們同樣飽受戰火蹂躪。占領魯爾幾乎沒有得到任何好處，除了加深德國人的不滿，而當時德國正陷入惡性通膨之中，生產額始終比1913年低了30%。德國的債務最終在1931年被取消，當時全世界已被大蕭條襲捲，所有還債的可能性都已消失殆盡。現在大家都知道，這一切只是為納粹統治與第二次世界大戰鋪了一條路。

　　法國這種緊咬不放的行為最荒謬的一點，也被當時英美思想最清明的觀察家大力譴責的，就是到了1920年代，法國的政治經濟菁英終於發覺，支付這麼龐大的金額可能會造成對法國經濟不利的後果。[72]事實上，為了每年要償還相當於15%生產額的數額，德國每一年的貿易出超（excédent commercial）都必須達到所生產財富的15%：這只是一個經濟學上的算法

而已。但是這麼高的德國貿易出超可能會妨礙法國重啟工業生產，如此一來甚至還會影響工作機會的創造並提高工人失業率。在十九世紀，各國支付軍事賠款時不會想到此類問題，支付賠款被視為國家之間單純的財務移轉，而各國必須自行負責搞定國內的資產家、存款戶和納稅人。

　　但是當時代變化，各國經濟體和各類產業活動彼此關係變得十分緊密，彼此處於競爭關係，要吸引同一批跨國買家，事情就相當不同了。人們發覺讓他們的商業夥伴進行這種財務移轉可能會對某些產業領域帶來負面效應，包括經濟活動面、就業面，甚至最後會損害到勞動及工人階層。然而促進產業發展、完全就業及就業品質，還有提高國民生產額的水準，正是當時各國政府愈來愈重視的目標。因此，如果一個社會一心想著如何提升國內生產額與就業機會，甚至不惜不斷累積對世界各國的貿易出超且絕不動用，那麼對鄰國要求戰敗賠款絕對沒有任何好處（因為這樣會導致鄰國的購買量減少）。一個高度推崇生產與勞動的世界，在意識形態與政治上和奠基於財產與財產所得的世界十分不同。1914到1945年間崩垮的那個世界，是一個失控的殖民主義與所有權至上的世界，在這個世界裡，菁英們滿腦子想的是如何讓殖民地交出更不合理的貢賦，卻不明白促成社會和解需要什麼條件。[73]

從天價軍事賠款到新的戰爭秩序

　　德國必須支付相當於三倍國民所得的賠款是一件很重要的事，因為這樣才符合前例，故而在英國債權人眼中完全合理，對法國債權人更是不在話下，另一方面則因為它將這個體制推向臨界點。這件事讓相當多德國人相信，工業－殖民時代的民族之所以能生存無非是靠著國家的軍事力量，唯有強大的政權才能讓人民抬頭挺胸。今日當我們重讀《我的奮鬥》（*Mein Kampf*），最令人齒冷的倒不是病態的反猶思想，這是大家都知道也預期得到的；最可怕的其實是希特勒分析國際關係時極度理性的那一面，以及選

舉的過程如何迅速讓這類分析與挫敗感成為主流。這本書的一開頭便道盡一切：「德意志民族若是不能將他的子孫團結為一個國家，就無權從事任何殖民主義政治活動。」

再往下看，希特勒將兩種殖民主義做了清楚的區分，一種是商業與金融型殖民主義，可讓一個民族因為從遙遠海外獲得的利潤而變得富有，另一種是大陸與土地型殖民主義，採取這種殖民主義的民族可以真正投資在自身身上並發展農業與工業。希特勒排斥第一種模型，亦即英、法帝國的模型，它就像「以尖頂撐住的金字塔」，本國的領土很小（以法國而言還有衰退中的人口，書中不斷重提此事）卻試圖從遠方面積廣大的殖民地攫取利益，形成一種在希特勒眼中十分脆弱的不對稱關係。在他看來，美國的力量正好相反，是以遼闊的領土為基礎，且這片領土只屬於一個國家，上頭居住的民族同質性不如德意志民族高，但同樣與日耳曼和薩克遜有著深厚的淵源。他因此下了一個結論，領土型的殖民策略比商業金融型好，對於人口大爆炸的德國來說更是如此。為了確保整體的融合，必須要在歐洲進行領土擴張，而非只在喀麥隆，因為「神絕不會」要求「看到一個民族擁有比另一個民族大五十倍以上的領土」（此處暗指俄國）。

這部作品於 1924 年在獄中寫成，當時魯爾正被法國占領，後於 1925至 1926 年間以兩卷形式出版，再過幾年之後，國家社會主義黨將於 1933年掌權。這在本書中，希特勒更表現出對社會民主派、受到良好教育的菁英人士、如驚弓之鳥的布爾喬亞階級與所有和平分子的憎恨，這些人竟聲稱國家的安泰要靠宗教懺悔與國際主義，實則唯有武力與重整軍備能讓一個統一的民族及其國家在現代工業世界中存活。[74] 對此，我們不得不說希特勒對於歷史的教訓以及歐洲崛起的經驗理解得相當透澈；實際上，從1500 年到 1914 年，歐洲的崛起無疑是靠著軍事與殖民統治的力量以及大砲政治（參見第九章）。希特勒之厭惡法國——這個人口衰退中的國家要求德國支付一筆可恥的賠款（書中一再重複賠款金額），誓讓德國翻不了身——更深層的原因在於這個占領國帶來「成群的黑鬼」，他們一路「東

玩西鬧」到萊茵河畔（指的大概是他聽人談起或在路上遇到的殖民地軍隊）。他在這本書裡也反覆提及出現「歐洲的黑人共和國」的可能。[75]除了這些對黑人與猶太人的驚人之語，他最主要的目標是說服讀者相信國際主義者與和平主義者不過是一群愛做夢的膽小鬼，德國人唯有澈底統一在一個強大的國家之下才可能重新振作起來。最後他再一次譴責德國膽小的領導者，因為他們在1923到1924年間未能繼續戰鬥，拿著槍站起來對抗法國人的占領。作為本書的總結，他向讀者宣布，國家社會主義黨現在已準備好要完成它的歷史任務。最令人膽寒的自然是這套策略大獲成功，直到最終遇上了更強的軍事與機械力量。[76]

1927年，評論家班達（Julien Benda）在他的《學者的背叛》（*La Trahison des clercs*）中指責學者階級——神父、博學之士與知識分子皆包含在內——屈服於民族主義、種族主義與階級主義的激情。在他看來，學者們花了超過兩千年的時間學習如何節制政治激情以及戰鬥與統治的衝動（他甚至指明是「從蘇格拉底和耶穌以降」），卻無法阻擋死亡驅力以及歐洲自二十世紀初以來空前高漲的認同對立，甚至自己就是始作俑者。雖然班達對德國的神職人員與教授特別不滿，認為他們在一次大戰的號角一響起、民族主義一抬頭時就率先放棄，但其實全歐洲的學者階級都是他譴責的對象。

1939年，人類學家兼語言學家杜梅齊勒（Georges Dumézil）出版《日耳曼的神話與神祇》（*Mythes et Dieux des Germains*）。這本「比較解釋論文」（essai d'interprétation comparative）④ 分析了古日耳曼神話與印歐文化的宗教觀念與表現方式之間的關連。杜梅齊勒因此書身陷爭議，在最激烈的1980年代，他被指責是納粹的同路人，或至少是個共犯，試圖靠人類學正當化來自東歐的武勇精神。事實上，杜梅齊勒是一位傾向君主制的保守派法國人，很難找到他和希特勒主義或親德派的淵源。在這本書中，他試圖

---

④ 譯注：此即《日耳曼的神話與神祇》的副書名。

證明古日耳曼神話中的三級社會意識形態很早以前就出現結構上的失衡，原因是戰士階級過於肥大且缺乏真正的祭司與知識分子階級（相反的例子則是印度，在印度基本上都是由婆羅門統治剎帝利〔kshatriya〕）。[77]

在戰間期發表這種回顧三級社會邏輯的論述也許顯得不太尋常。這些回顧再次凸顯人們需要為不平等的結構及其變遷找尋解釋，就此處而言，也包括解釋歐洲新戰爭秩序的興起。同時，這些回顧提醒我們，所有權至上的意識形態其實一直都在利用三級社會的口吻證明不平等的合理性。歐洲的經濟起飛和他們優秀且和平的所有權制度沒有太大關係，[78]和歐洲國家維持國際秩序以保護自身利益的能力較有關係，而他們的做法除了訴諸戰爭壓制與軍事統治之外，同時也訴諸歐洲所謂思想與文明教化上的優越性。

所有權社會的衰落與民族國家的超越

讓我們整理一下。十九世紀歐洲所有權社會誕生時，承諾的是個人將獲得解放、社會將獲得和諧，因為所有人都有權擁有財產，而國家將提供保護，不再像古代三重功能社會下的不平等就規範在法律中。大體而言，歐洲的所有權社會靠著軍事、科技與金融的力量征服了世界，而各國是在當年歐洲內部的競爭之中獲致這些力量的。歐洲所有權社會的衰落起源於兩重失敗：其一，從1880年到1914年，這些社會的貧富差距與財富集中度達到比它們宣稱已超越的舊制度社會更極端的程度；其二，歐洲民族國家最後走上自我毀滅之路，地位也被其他國土遍及整個大陸的強國所取代，而這些強國的制度設計依循的是新的政治與意識形態計畫。

《極權主義的起源》（*Les Origines du totalitarisme*）是漢娜‧鄂蘭（Hannah Arendt）於1945至1949年間以難民身分於美國撰寫完成的著作。在這本1951年出版的書中，她試著瞭解歐洲社會自我毀滅的原因。和博蘭尼一樣，鄂蘭認為1914到1945年的崩解可視為1815到1914年間歐洲資本主義

因放任且不加調節而產生種種矛盾的結果。她特別強調，歐洲的民族國家某種程度上已被遍及全球的工業與金融資本主義的國際化發展所超越，而這套資本主義正是它們自己催生的。由於規模擴及全球，且貿易往來、資本積累與工業成長使國際化達到前所未有的程度，歐洲國家已無法控制與調節各種經濟力量及其對社會的影響。對鄂蘭來說，歐洲社會民主派在戰間期最大的弱點就是他們一直沒有充分理解超越民族國家的必要。從某個角度來看，他們是唯一不懂的一群。長期以來，英、法兩個殖民帝國——它們在1880到1914年間都處於加速擴張期——都抱持著殖民意識形態，而這種思維方式本身就是超越民族國家的。這類政治形式提供的是一種讓交易與全球資本主義能在龐大的帝國共同體中運作的組織方式，而帝國共同體是由位階分明的中央與各殖民地所組成，並懷抱著一種文明教化的思維。然而這些殖民帝國已經走到即到被獨立主義的離心力逐步摧毀的臨界點。

　　對鄂蘭來說，布爾什維克黨與納粹的政治計畫之所以成功，原因在於兩者的核心都是企圖建立後民族國家時代的新國家形態，而這種形態則是配合全球化經濟的各種面向所設計的：蘇維埃式國家擁有跨歐亞大陸的廣大領土，將泛斯拉夫主義和全球性的共產主義彌賽亞思想（messianisme communiste）冶於一爐；納粹主義國家則是一個面積廣如歐洲的帝國（Reich），建立在泛日耳曼主義之上，並計畫打造一個種族有別、位階分明的世界，再由最有能力的人領導。這兩套計畫保證為人民建造一個沒有階級的社會，所有的敵人都會被消滅，唯一的差別在於納粹的「民族共同體」（Volksgemeinschaft）讓德國人覺得自己可以成為（全球各地的）工廠老闆，而布爾什維克主義則主張未來每個人都是工人（全球無產階級的一員）。[79]相反地，社會民主派的失敗可說是源自他們無法思考新的聯邦形式，一味捧著表面上的國際主義，然而現實中，他們的政治計畫與他們想要建立的福利國家與財稅國家依舊局限在民族國家的狹隘框架中。[80]

　　從鄂蘭的鋪陳可知，她的分析顯然是衝著十九世紀末、二十世紀上半

葉發生在法國、德國、英國的社會主義運動、社會民主主義運動以及工黨
運動。更有意思的是，對於理解戰後的社會民主主義社會與二十世紀末、
二十一世紀初的同類政治運動，她的分析依然一針見血。這套分析也可與
1945 到 1960 年間的辯論相對照，除了關於建立歐洲經濟共同體的討論以
外，也包括法國如何從殖民帝國轉型為民主聯邦的問題，而當時許多西非
領導者都了然於心，像塞內加爾和象牙海岸這類迷你「民族國家」要在全
球資本主義下發展出行得通的社會福利模式，可能會遇上哪些困難（參見
第七章）。更重要的是，鄂蘭的分析也映照出今日歐盟的明顯缺陷。歐盟
為掌控對資本主義的調節與建立新的社會正義、財稅與環保規範所做的微
薄努力，目前幾乎一無所成，也一再被指控總是讓經濟活動中最有錢與最
有權的人占盡便宜。

不過，關於所謂聯邦主義的形式與內涵，鄂蘭的立場留下很大的討論
空間，這也使我們更加瞭解後來發生的一些困難。她指的是以改善不均、
超越資本主義為目標的聯邦主義，或者相反，是以防止被推翻、將經濟自
由主義訂入憲法的聯邦主義？這本書出版之後，鄂蘭對美國模式表現出愈
來愈強烈的信心，認為這是唯一真正以尊重個人權利為基礎的政治計畫，
相對地，歐洲的政治發展很可能會困在一種盧梭式和羅伯斯比爾式
（robespierriste）的，對全體意志與社會正義的追求中，而這麼做幾乎無可
避免的會走向極權主義。這項觀點在她的《論革命》（*Essai sur la révolution*）
中表達得特別清晰；這本書出版於冷戰時期的 1963 年，鄂蘭在書中嘗試
揭露法國大革命的本質，並為美國獨立革命平反，因為在她看來，歐洲知
識分子不該忽視美國革命，他們眼中只有平等，不夠關注自由。[81] 她會對
歐洲抱持強烈的懷疑態度，應該與個人經歷及時代背景有很大的關係，而
我們很難確定 1975 年逝世的鄂蘭會如何看待 2019 年的美國與歐盟。儘管
如此，她對實現社會民主主義的可能性做出如此悲觀的論證，最終與 1944
年另一位知名的歐洲難民海耶克在《通往奴役之路》（*La Route vers la
servitude*，英文書名：*The Road to Serfdom*）中採取的立場相同。海耶克解釋，

基本上所有從社會正義出發的政治計畫都會頭也不回的走向集體主義與極權主義。他撰寫此書時住在倫敦，這些話是特別針對即將在1945年大選後取得政權的英國工黨而發。現在看來，他的判斷顯得十分嚴苛，幾乎可說不恰當，對一個數十年後竟去支持皮諾契的軍事專制政體的人而言更是如此。

聯邦聯盟（union fédérale）：在民主社會主義與有秩序的自由主義（ordolibéralisme）之間

針對聯邦主義以及如何超越民族國家的種種辯論與模糊地帶，為我們的探問帶來豐富的啟發。從中我們也更明白何以關於聯邦主義的討論在1930與1940年代十分蓬勃，後來竟如此難以開花結果。好比1938年，英國人發起聯邦聯盟運動（mouvement Federal Union），並迅速在全國各地成立數百個分部，他們認為組成聯邦是避免戰爭之道。[82] 在他們提出的各種計畫中，有英國本土與殖民地之間建立起的民主聯邦聯盟，有英美之間的聯盟，也有歐洲各民主國家為對付納粹主義而建立的聯盟。1939年，紐約記者兼評論家斯垂特（Clarence Streit）在他的《即刻聯盟》（ *Union Now* ）一書中提出一項跨大西洋兩岸的聯盟計畫，將由十五個國家組成，由一個依人口比例選出代表組成的眾議院（House of Deputies）與一個擁有四十名成員的參議院（Senate）治理（包含美國八名、英國四名、法國四名、其餘十二個國家各擁有兩名）。他甚至在1945年提出一個全球聯盟的計畫，該聯盟將擁有一個全民普選的大會（全世界九大區域將被畫分為五十個選區，歐洲大國可擁有超額席次），再由大會選出一個主席與一個四十名成員的諮議會，主要負責解除核武與一部分自然資源重分配的事務。[83] 1945年通過的《聯合國憲章》中規定了一個由各國代表組成的大會，和一個由五位擁有否決權的常任理事以及十位大會選出的代表所組成的安全理事會，[84] 就是受到這類1930到1940年代極為熱烈的辯論的直接影響。

這個時期，人們清楚察覺到往昔的殖民時代只剩夕陽餘輝，而剛過去的1929年經濟大蕭條證明經濟體之間的相互依存，以及建立新集體調節機制的必要，同時，新的航空路線也大大拉近兩地的距離。[85] 這樣的大環境讓許多人開始想像未來世界的全新政治組織形態。

從這個角度來看，英國的聯邦聯盟運動及其所引起的種種討論特別具有啟發性。發起這項運動的年輕人同樣將聯邦主義視為一種讓各獨立運動更快實現又能建立和平政治框架的方法，而很快地，一些大學重量級人物也加入行列，例如貝佛里奇（William Beveridge，1942年發表關於社會保險的知名報告，對1948年工黨建立國民健保署〔National Health Service〕有所貢獻）與羅賓斯（Lionel Robbins，立場更偏自由派）。該運動啟發邱吉爾於1940年6月提出成立「法英聯盟」（Union fédérale franco-britannique），但遭當時逃亡至波爾多的法國政府拒絕，他們寧可把所有的權力交給貝當（Pétain）。撇開有幾位政府官員寧可正式「成為納粹的一省也不願變成英國的領地」，我們不得不承認邱吉爾提議的聯盟計畫中，除了要建立堅不可摧的軍事同盟，並將可動用的陸、海、空軍澈底整合起來以外，組織面的內容始終相對模糊。

有意思的是，1940年4月有一群英國與法國大學學者聚集在巴黎，共同研討聯邦聯盟的運作如何可能。他們先由法英聯盟的規模開始，再擴大到整個歐洲，但並未達成共識。經濟自由主義濃度最高的觀點是由海耶克所主張，當時他已離開維也納，1931年起在倫敦政經學院教書（將他網羅過來的是羅賓斯）。他提倡一個純粹的經濟聯盟，以競爭原則、自由貿易與貨幣穩定性為基礎。羅賓斯的立場與他相當接近，不過他還思考到商品自由貿易與人員自由流動若是不足以幫助分散財富與減少不平等，應如何建立一套聯邦預算以及聯邦遺產稅。

其他成員所持觀點則更接近民主社會主義，首先是社會保險的信徒貝佛里奇，還有社會學家伍頓（Barbara Wootton），伍頓提議制定聯邦所得稅與遺產稅，最高稅率要超過60%，再配合所得上限及最高繼承額的制

度。在一份不同意見紀錄上可以看出，與會學者對聯邦聯盟計畫之經濟與社會內容意見分歧，但是大家又期盼能儘快成立一個軍事聯盟。伍頓在1941年的著作《社會主義與聯盟》（*Socialism and Federation*）以及1945年的《計畫下的自由》（*Freedom under Planning*）中進一步詳細說明其主張。海耶克在1944年出版《通往奴役之路》的部分原因則是為了回應伍頓，同時他也強調，這本書可能會害他在這次入籍的新國家失去不少朋友，但他認為一定要警告大眾小心他眼中英國工黨與各種集體主義者所帶來的危險。在這本書中，他也警告要提防瑞典的社會民主派，那是當時進步主義者的新寵；他提醒大家，納粹的經濟唯意志論（volontarisme économique）當年也大受歡迎，直到人們發現它會侵害各種自由（現在看來又是一個禁不起考驗的判斷）。[86] 以上種種關於聯邦聯盟運動的辯論在歐洲各地產生迴響。舉例來說，當時被墨索里尼囚禁在牢獄之中的基進共產主義者斯皮內利（Altiero Spinelli）便受到啟發，因而在1941年寫下《倡議自由統一的歐洲宣言》（*Manifeste pour une Europe libre et unie*），又稱《文托泰內宣言》（*Manifeste de Ventotene*，文托泰內即他被囚禁的那座島嶼）。[87]

　　這些關於聯邦主義的辯論與模糊之處至關重要，因為我們至今仍未脫離這些辯論與不確定性。所有權社會的衰落帶出一個核心問題，亦即哪一個政治層級最適合進行資本主義的調控，最能超越資產強弱的左右？從我們選擇在跨國架構下安排經貿關係與財產勢力關係的那一刻起，很顯然地，必須發展一種精密規畫且超越民族國家的形式，才能真正跨出所有權至上的資本主義社會。一切的問題繫於這樣的計畫應該採取何種形式，具體內容又該是什麼。在接下來幾章中，我們會看到戰後各政治運動提出的答案及種種局限。除了聚焦於歐洲之外，我也將更廣泛檢視冷戰時期（1950-1990年）與後共產主義時期（1990-2020年）為組織全球化經濟而成立的經貿條約架構。

11 | 社會民主主義國家：
　　未竟的平等

　　前面我們探討了一戰前夕看似繁榮且堅若磐石的所有權社會如何在1914到1945年間土崩瓦解，以致資本主義國家雖然依舊打著同一塊招牌，實際上已在1950到1980年間轉為社會民主主義國家，亦即以不同方式結合以下幾種措施，包括國有化、公共教育體系、醫療和退休制度，以及對高額所得及財產課徵累進稅。儘管社會民主主義社會的成功無可否認，但是從1980年代開始，他們漸漸感到力不從心。尤其從這個時候開始，幾乎各國的貧富差距都在逐漸擴大，但是他們卻不知該如何面對。

　　在這一章裡，我們將聚焦於上述挫敗之原因。首先，長期以來，建立新形態的企業權力分享與企業社會共有（propreté sociale）的嘗試僅出現在少數國家（尤其是德國與瑞典），而且從來沒有真正發揮最大的可能性，即便它們是超越私有財產制與資本主義的方案中最具可行性的一種。其次，社會民主主義未能有效回應要求享有教育平等與知識平等的強烈需求，這個問題在中小學教育革命進展到高等教育革命時更加明顯。最後，我們會分析社會民主主義對稅（尤其是累進財產稅）的思考有何局限。具體而言，社會民主主義未能成功打造新的跨國聯邦形式，使主權能夠共享，並實現社會正義與財稅正義。事實上，隨著自由貿易與資金自由流通

協議取代全球化經濟的一切管制（而社會民主政體未能提出替代方案，甚至繼續鼓勵簽訂協議），在二十一世紀初的現在，國家之間的激烈競爭嚴重損害社會契約及人們對租稅制度的認同，進而損害了二十世紀社會民主主義國家的立足點。

論歐洲社會民主主義社會的多元形態

1950年到1980年是社會民主主義的黃金時期。在這段時期，所得不均的程度明顯低於歷史上的其他時期，且不管在美國、英國、法國、德國、瑞典、日本，還是絕大多數我們能取得適切數據的歐洲或非歐洲國家都是如此（參見第十章圖10.1及10.2）。低度不均的原因一部分來自戰爭造成的破壞，而相對於家徒四壁的人，財產多的人在戰爭中失去得更多。不過更重要的原因在於出現一套租稅與社會政策，讓人們得以建設比過去所有社會都更平等、更繁榮的社會，我們可以泛稱其為「社會民主主義社會」。

首先要釐清的是，此處使用的「社會民主主義社會」（société sociale-démocrate）與「社會民主主義」（social-démocratie）這兩個概念應以相對廣義的方式理解。它們是用來描述一套政治實踐與制度，其目的是促成私有財產制及資本主義的社會鑲嵌，二十世紀眾多歐洲與非歐洲的非共產主義國家所實施的就是這類制度，不論他們在實施的過程中是否明確使用「社會民主主義」這個詞彙來指稱。嚴格說起來，只有瑞典有過一個正式的社會民主主義政黨（即瑞典社會民主工人黨）且幾乎不曾間斷的從1930年代初期執政到2000至2020年間（1991至1992年發生瑞典銀行危機後曾有幾次政黨輪替，由所謂「布爾喬亞」政黨上臺執政，稍後會再討論）。瑞典是社會民主主義的模範國家，這套具重大歷史意義的制度模式在這裡實驗得最為澈底。更有意思的是，瑞典在1910至1911年進行政治改革之前曾是一個嚴重貧富不均、奉行所有權至上的納貢選舉制社會，投票權集中在一小群資產家手中的程度更是前所未見地高（參見第五章）。瑞典也是在

1950至2000年間課稅最重、社會支出最高的國家，雖然法國到2000至2020年間已和他們並駕齊驅。整體而言，租稅國家與福利國家的茁壯即是本書使用的「社會民主主義社會」概念最具代表性的指標（參見第十章圖10.14及10.15）。

在德國，自十九世紀末以來，社會民主黨曾以其眾多積極支持者而成為史上第一個大型社會民主主義政黨，然而二次大戰結束後，社民黨卻少有連續執政的機會。不過社民黨深深影響了德國福利國家的建立，甚至1949到1966年間曾數度執政的德國基督教民主聯盟也以「社會市場經濟」（économie sociale de marché）為其官方基本立場。此一立場實際上主要指的是承認社會保險的重要地位，以及股東與工會應以某種方式共享權力。如果再考慮到社民黨於1959年的《高德斯堡黨綱》（Godesberg Program）中不再提及任何關於國有化和馬克思主義的字眼，我們可以推出一個結論，即德國戰後兩大政黨的政策綱領出現某種程度的合流：它們一致尋求可以讓歷經納粹肆虐的國家重建起來的新發展模式，而我們可以將之歸類為一種社會民主主義模式。儘管如此，這兩大黨之間依然存在許多實質差異，例如針對社會安全制度的用度及其組織，不過這還是代表他們共同接受一個新的一般性架構，其主要特徵是高稅捐負擔與高社會支出；所謂高水準主要是指相對於一次大戰之前的租稅與社會制度，那是沒有任何政治運動會提倡恢復的制度（不論在德國或其他歐洲國家都是如此）。類似的情況在瑞典也可看到（「布爾喬亞」政黨1991年執政後並未徹底推翻社會民主工人黨建立的福利國家），其他戰後出現強大社會民主主義政黨的中歐及北歐國家也是如此（例如奧地利、丹麥或挪威）。

我們也會將英國、法國及其他歐洲國家在二次大戰後所發展的各種福利國家模式定性為（廣義的）社會民主主義模式，雖然守護這些模式誕生的各國工黨、社會主義政黨或共產主義政黨並未正式為自己貼上「社會民主主義」的標籤。英國的工黨（Labour Party）有其獨特的歷史，它主要源自英國的工會（trade unions）運動、費邊社會主義（socialisme fabianiste）

運動及議會運動。[1]工黨的模式更是誕生在特殊的政治實踐與歷史之下，因為工黨在1945年取得議會絕大多數席次，國民健保署與英國福利國家的各項基礎也在首相艾德禮（Clement Attlee，1945-1951）任內完成設置。儘管後來遭受質疑（尤其是1980年代柴契爾夫人率領的保守黨），到了2000至2020年間，英國的福利與租稅國家依然發展得相當厚實——以稅收而言約占國民所得的40%，雖然低於德國、法國和瑞典（45至50%左右），卻比美國高得多（不過30%）。

　　在法國，自從1920年的圖爾大會（congrès de Tours）之後，社會主義運動便長期分為兩派，一派是支持蘇聯的法國共產黨，另一派是社會黨，傾向不採取蘇維埃主義形式的民主社會主義。1936年，這兩個政黨與基進黨（parti radical）合組成人民陣線（Front populaire），展開聯合執政。[2]接著在解放政府時期，他們發揮了重大影響力，讓社會安全體系能在1945年建立；這套體系部分受到全國抵抗運動委員會（Conseil national de la Résistance）1944年通過的綱領所啟發。他們同樣影響了國有化政策以及工會在集體協商、薪資等級與工作組織（organisation du travail）上被賦予的新角色。1981年左派聯盟勝選後，社會黨與共產黨再次聯合執政。過去在法國社會中，「社會民主主義」一詞經常背負著死守中間路線的汙名，原因一部分源於社會黨和共產黨之間的競爭（有時則是口水仗），因為當時德國社民黨早已不推行國有化，而國有化又是1981年競選政見的主軸，以致「社會民主主義」常被視為一種對於超越資本主義不再有任何真正企圖心的立場。儘管如此，法國二戰之後實施的社會安全與財稅制度依然屬於歐洲社會民主主義社會這個大家族的一支。[3]

美國的《新政》：打折的社會民主主義

　　我們也可將1932年施行羅斯福「新政」（New Deal）後，乃至1960年代詹森政府「向貧窮宣戰」（War on Poverty）大旗之下的美國社會安全體

系，都歸類為（非常廣義的）「社會民主主義」。與歐洲的同類社會相比，靠著民主黨的力量在二十世紀中期發展起來的美國社會民主主義社會卻是一種打了折扣的社會民主主義，其原因正是我們需要進一步瞭解的。具體來說，美國的課稅水準與社會支出在1950到1980年間迅速與歐洲國家拉開距離，與十九世紀及二十世紀初的狀況截然不同（參見第十章圖10.14）。尤有甚者，美國從未建立全民健康保險制度，而這在戰後的歐洲卻是常態。1965年通過的聯邦醫療保險（Medicare）和聯邦醫療補助（Medicaid）兩項公共政策是專為超過六十五歲以上人士與極貧窮的家庭所設計，令沒有窮到適用聯邦醫療補助又不夠有錢到能負擔私人保險的受薪階級落入毫無保險的處境。不過，關於聯邦醫療保險是否要普及化，亦即是否適用於全國人口的爭論，在2010年代中期又捲土重來，而這樣的改革依然有可能在未來的某一天實現。[4]美國的聯邦社會安全體系自1935年以來同樣有退休金與失業保險制度，與大多數歐洲國家相比雖然給付金額較少，卻實施得更早。如同上一章所述，在1932到1980年間，美國的所得稅與遺產稅累進性其實比大多數歐洲國家都高。美國就累進稅制而言比歐洲更平等，在福利國家方面卻比較缺乏企圖心，這件事顯得相當弔詭，我們也將仔細檢視。

　　許多非歐洲國家也在1950到1980年間發展出可與歐洲社會民主主義制度歸於同一類的社會安全體系。拉丁美洲即是一例，尤其是阿根廷，雖然隨著國家與時期不同，制度的差異也相當大。[5]也有些人傾向將眾多獨立不久的新國家算作民主社會主義陣營的一員，好比1950到1980年間的印度。不過我們必須強調一點，就像大多數南亞和非洲國家一樣，印度的課稅水準向來相對不高（約為國民所得的10至20%，有時甚至低於10%），不只如此，1980及1990年代的整體趨勢還繼續下降（稍後將再論及）。因此我們很難將這些情形視為與歐洲的社會民主主義社會相同。在未來幾章中，我們也會探討共產社會與後共產主義社會的特殊狀況，以及人們對社會民主主義國家的認知受到何種影響。從更大的架構來看，本書

將於第四部詳細分析歐美及其他國家的選民結構與「社會民主派」聯盟的變遷，如此一來，我們將會更清楚這些相異的發展路徑與政治建構各有何特殊之處。

論社會民主主義社會之局限

在此只想指出一點：世界多數的大型區域，無論是採取社會民主主義的歐洲地區、美國、印度或中國，在1980年以後都出現貧富不均回升的變化，前10%所得最高的群體在所得毛額中的占比都明顯提高，後50%所得較低者的占比則顯著減少（見圖11.1）。[6]在這幅世界全圖之中，1980到2018年間貧富不均惡化程度最輕的確實是歐洲社會民主主義社會。若然，則歐洲的社會民主主義模式似乎比其他模式（尤其是美國薄弱的社福體制）更能抵擋1980年代之後全球化經濟造成的貧富不均惡化趨勢。同樣值得注意的是，包括歐洲在內，此一時期的不均程度與過去有極為明顯的落差，尤其是相較於1914到1950年間的下降期以及1950至1980年間的停滯期（亦可參見第十章圖10.1及10.2）。然而，有鑑於租稅與社福制度的競爭愈來愈激烈——對此歐洲社會民主主義政府其實要負極大責任，而試圖發展可行的社會安全模式的非洲、亞洲及拉美國家也因此面臨許多困境——1980年代後期的不平等趨勢並非不可能繼續擴大下去。如果再考慮到大多數舊大陸國家都於2000至2020年間遇上一波新的民族主義與反移民浪潮，就能明白歐洲的社會民主主義若是沉溺於現有的成果與往日的榮光，恐怕要付出極大代價。

此外，我們不應誇大1950至1980年間的貧富均等。舉例來說，如果檢視法國（相對可代表西歐的變化）與美國的狀況，會發現後50%較貧窮人口在國民所得中的占比顯然持續低於前10%富人（見圖11.2）。在二十世紀初的法國，前10%富人握有所得毛額的50至55%左右，而後50%較貧窮人口的占比則是前者的四分之一（約為所得毛額的13%）。前者的人

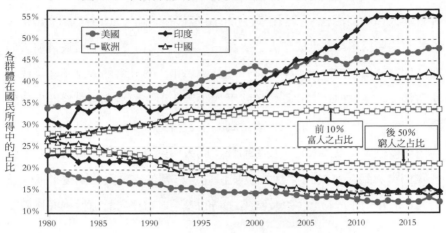

圖11.1. 高所得與低所得的分歧，1980-2018年

在全球各大地區，最高十分位（前10%所得較高者）的占比都逐漸增加：1980年的數值介於27至34%之間，2018年介於34至56%間。後50%較貧窮群體的占比則逐漸減少：過去介於20至27%之間，現在介於12至21%。高所得與低所得的分歧是一普遍現象，但各國程度不同：印度和美國的分歧比在中國和歐洲（歐盟）更明顯。來源與數據：參見 piketty.pse.ens.fr/ideologie

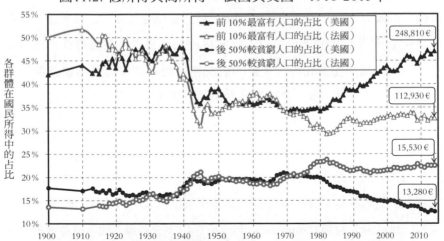

圖11.2. 低所得與高所得：法國與美國，1910-2015年

2010到2015年間，美國的所得不均超越了該國在1900至1910年間的水準，同一時期，法國（及歐洲）的不均卻減緩了。不過這兩個國家的貧富不均依舊十分嚴重：儘管人數只有五分之一，前10%富人在所得毛額中的占比始終比後50%較貧窮人口的占比高得多。本圖的所得指的是2015年各群體的平均年所得（依購買力平價計算），單位為歐元。來源與數據：參見 piketty.pse.ens.fr/ideologie

數理論上是後者的五分之一，這代表前10%富人的平均所得大約是後50%較貧窮人口的二十倍。這個倍數在2010年代是八倍：2015年，前10%富人的平均所得平均為每成年人十一萬三千歐元左右，對後50%較貧窮人口而言則為一萬五千歐元。由此可知，社會民主主義社會即使比美好年代的所有權社會或其他地方的社會模式更加平等，但在經濟面與金錢面上依然階級鮮明。美國方面，我們所觀察到的倍數接近二十倍：最高十分位的平均所得接近二十五萬歐元，後半部較貧窮人口則為一萬三千歐元左右。稍後我們會看到，在2010年代，稅賦和社會移轉性支付對美國後半部較貧窮人口的幫助十分微小（以及歐美之間的差距其實來自計算稅捐與移轉支付前的所得差距）。

公有制、社會共有制、暫時性所有制

　　由於上述種種原因，我們有必要重新探討社會民主主義社會的成果與局限。社會民主主義制度，不論是法律制度（尤其是公司法與勞動法）、社會保險制度、教育制度或財稅制度，往往都是在戰後的非常時期（有的則是在1930年代的經濟危機下）倉促實施的，也從來都沒有真正經過完整一致的規畫。尤其在絕大多數的情況下，每個國家都是仰賴自身的經驗，很少依靠其他國家。經驗傳播和相互學習的現象有時影響甚巨，所得與遺產累進稅最高稅率的飆升便是一例，不過在社會政策與法律制度上便少見得多。

　　首先我們要把焦點放在財產制度的問題上。為了簡化，我們可以說有三種方法能超越以私有財產為基礎的公司制度以及無所不能的股東。第一種方法是透過公有制（propriété publique）：由中央政府、地方自治團體（大區、省、市鎮等）或由政府控制的機構成為企業的所有人，以此取代私人股東。第二種方法是透過社會共有制（propriété sociale）：受雇員工參與企業經營管理，和私人股東（必要時亦可包括政府股東）共享權力，甚至可

能將所有私人股東排除於經營權之外。最後一種方法我建議可稱為「暫時性所有制」（propriété temporaire）：最富有的私人所有權人必須每年將財產的一部分交給集體組織，好讓財富能夠流通，並稀釋私有財產與經濟權力的集中度。好比累進財產稅就是一種可採取的形式，它能提供財源，讓每個年輕成年人獲得一筆全民基金（dotation universelle en capital），我們後續將加以分析（參見第十七章）。

摘要一下：公有制是藉由政府所有權人的力量來平衡私人所有權人的力量；社會共有制的目的是分享企業中的權力與對生產手段的控制；暫時性所有制幫助私人財產流通，並防止持續持有過於龐大的財產。

所有能取得的歷史資料都告訴我們，這三種超越私有財產權的形式是彼此互補的。換言之，必須將公有制、社會共有制與暫時性所有制結合起來，才能真正永久超越資本主義。蘇維埃式共產社會嘗試過幾乎只靠公有制，也讓幾近所有的企業和不動產都高度集中在國家手中，最後一敗塗地。社會民主主義社會則發展出比較平衡的做法，某種程度上讓三者並行，然而每一次都不夠大膽也不夠一致，在社會共有與暫時性所有的實施上尤其明顯。人們太常把焦點放在國有化與國有財產，直到共產國家垮臺後，這類選項終於被拋棄，卻沒有被任何真正符合公有制意涵的政策所取代，最後往往連超越私有財產制這件事本身也幾乎被社會民主派徹底拋棄。

必須強調的是，整體而言，這三種超越私有財產制的方法中的每一種都可以化為許多形式，提供一個又一個充滿無窮可能性的歷史、社會與政治實驗場。本研究尋求的絕非討論的終結，反而是希望有助於開啟討論，並充分展現其複雜性。舉例來說，公有制可以有很多種形式，民主程度與參與程度或許有高有低，端視我們如何規畫公有企業的治理方式，例如使用者、公民及不同關係人在經營會議或監事會中的代表程度，抑或相關政府機關與公共自治團體對董事的任命和監管方式。公有制擁有充分的立論基礎，而且已證明在許多部門常比私有制更理想，好比體育、醫療或教育，不過前提是相關企業與政府機關的治理方式有利於資訊透明，並且能快速

回應公民與使用者的需求。至於暫時性所有制（還有全民基金），我們可
以透過好比各種形式的累進財產稅來實現，而這些形式目前還未獲得充分
的實驗，我們稍後會再詳加討論。最後，社會共有制和員工－股東間的權
力分享也可以有各種不同的組織形式，其中不少歐洲國家實施的幾種制度
從1950年代一直延續到現在。以下就讓我們從這些制度談起。

分享權力，建立社會共有制：未完成的歷史

德國與瑞典，亦可擴及歐洲的德語系與北歐社會民主主義社會（尤其
是奧地利、丹麥與挪威），這些國家在共同經營制（cogestion）上走得最遠。
共同經營制是一種特殊形式的企業社會共有制，也是一種讓員工與股東分
享權力的制度。開始之前讓我們先釐清一點：共同經營制本身並非最終目
的，也可以被超越；我們只是必須從這個重要的歷史經驗出發，才能更瞭
解往後有哪些可能。

德國的情形特別有意思，主要是因為對歐洲的社會民主主義來說，德
國的社會模式與產業模式十分重要。[7]1951年頒布的法律首次對大型鋼鐵
與煤炭企業課予義務，規定他們在經營會議上保留一半的席次與表決權給
員工代表（一般是由工會推出的候選人中選出）。具體而言，這代表員工
董事可以投票決定所有的企業策略（頭一項即是領導團隊的任命與罷免，
財務報表的批准也是），也有權查閱那些股東選出的董事可查閱的文件。
接著，1952年頒布的法律強制規定所有大型企業（鋼鐵與煤炭業以外的各
種事業）必須保留三分之一席次給員工代表。這兩項在基民黨總理艾德諾
（Konrad Adenauer，任期為1949-1963年）執政時通過的法律中也有一些條
款涉及企業委員會與工會代表在集體協商中的角色，尤其是與薪資、工作
組織與專業培訓等問題有關的集體協商。

接著，隨著1969年到1982年間社會民主派入主西德政府（先有布蘭
特〔Willy Brandt〕，後有施密特〔Helmut Schmidt〕），這些法規進一步獲

得深化。經過辯論之後誕生的是1976年關於共同經營制的重要法律，其主要架構至今未變，而這部法律將保留半數席次與表決權給員工代表的義務擴大適用於所有員工數超過兩千人的企業（員工數介於五百人至兩千人的企業則需保留三分之一）。不論員工代表是否持有公司資本，都不影響這些席次和表決權的額度。在採取員工入股制（可能是以個人身分入股，或透過退休基金或其他集體組織入股）的情形下，也許在經營會議上會多獲得一些席次，就有機會翻轉多數派的結構。採取少數官股制（actionnariat public minoritaire）的情形也是如此。[8]

在此必須強調一點，這套自1951至1952年以及1976年立法施行後便具有法律位階及強制性的制度之所以會誕生，最大的因素是德國工會自十九世紀末至二十世紀初的強力動員，以及相當特殊的歷史發展。雖然現在這些規定在德國廣泛被接受，連雇主也是如此，但我們不應忘記當初德國股東和企業主也曾大力反對，是經過激烈的社會與政治抗爭之後才成功要求他們遵守。就這些抗爭發動時的歷史背景來看，當時員工和股東間的勢力關係相較於常態而言沒有那麼不對稱。更重要的是，正是因為一戰結束後、1918到1922年間那種十分不尋常（有時在暴動邊緣）的氣氛，才使德國的工會運動在與雇主協商關於企業委員會、工會代表及薪資定價等事項的新權利時首次獲致成功，而這些規定後來被納入1922年針對集體協商與員工代表的新法之中。

也是由於工會運動與社會民主派的施壓，1919年的《威瑪憲法》規定的財產概念才會比所有過去的憲法文件更具社會意識，工具性也強得多。具體而言，《威瑪憲法》明定財產權的行使條件與限制交由法律規範，財產權從此不再被視為自然權利或神聖權利。條文中明確規定，在符合「共同體利益」的前提下，可依據法律規定之要件進行徵收與國有化。土地制度與土地之分配同樣由法律規範，並明確規定所依循的社會性目的。[9]1949年的《基本法》（Loi fondamentale）也有類似的規定，明確指出財產權只有在有助於集體的公共福利時才具有正當性。條文中明確提及生產工具的社

會化，其規範方式為共同經營等措施開啟了可能性。[10]縱使有些條文的表達方式顯然有討論與改善的空間，這仍是一項大刀闊斧的憲法與法律創新。[11]在許多國家，關於企業權力分享以及更廣泛的、關於如何重新定義財產制與財富重分配的討論中，事實上經常遇到有人主張不合憲與（理應絕對且不受限的）財產權受到侵犯的論點（且至今依然）。

德國1922年立法保障的工會權在1933到1945年間遭到凍結，納粹垮臺後，在盟軍占領時期恢復了效力。當時德國正開始重建，重新站上有利位置的工會在1945到1951年間與鋼鐵業及能源業的雇主進行協商，取得一些新的權力，特別是在企業管理機關中的對等參與權。這些透過協商與抗爭取得的新權力被直接寫入1951年的法律中。從這個角度來看，1952年的立法在德國各工會聯盟（尤其是德國工會聯合會）眼中是一場騙局，甚至是開倒車。[12]這部法律將（非鋼鐵業或煤炭業之）員工參與經營會議的比例限制在三分之一（依經營會議規模不同，實際上不過二至三席），但各工會積極爭取的是讓員工與股東代表權各半的原則能普遍適用。此外，這部法律還將體力勞動型員工代表和非體力勞動型員工代表的選舉區分開來，在工會眼中，這是在分化和削弱員工的選票。

德國共同經營制的成功與局限

整體而言，德國共同經營制主要的局限之一，就是在沒有額外的員工入股制或官股制時，讓對等參與便變得像是個圈套。事實上，遇到票數相同的情形時，擁有決定性一票的是股東選出的董事，在任命公司領導團隊或決定投資、召募策略時便是如此。這張關鍵票握在會議主席手上，而主席一向都是股東代表。另一個需要考慮的重點則是德國企業大多不是由單一經營會議負責領導（大多數國家是如此），而是採取二元制，由監事會和董事會共同為之。員工代表在監事會中擁有半數席位，但是由於股東有票數上的優勢，他們可以任命任何中意的人選進入董事會，也就是領導公

司營運的組織。德國各工會反覆提出且目前尚未完全實現的訴求之一，就是董事會也應該適用對等制，亦即員工代表可以決定半數的領導團隊成員，而非只能決定人事與人力資源董事（在德國大企業裡，此一職位通常是由工會代表擔任，這項做法即與其他多數國家明顯不同）。從這些討論可以看出，我們不應該把目前為止實驗過的社會共有制與共同經營制視為定案。相反地，這是一段還在前進的歷史，而且離終點還很遠，因為這些制度還未發展得夠深、夠久。

至於瑞典，根據1947年制定的法律（1980年及1987年都曾增修），所有員工人數超過二十五人的企業都要在經營會議中保留三分之一席次。[13] 瑞典的企業是由單一的經營會議所領導，而這樣的代表比例雖居於少數，但有時對營運的管控比德國監事會的對半制更有力（比起瑞典的經營會議，監事會離企業的實質管理更遠）。此外，瑞典法規適用的企業規模比德國小更多（德國法只涉及員工數超過五百人的企業，範圍極為有限）。在丹麥和挪威，在員工超過三十五人與五十人的企業裡也必須保留三分之一的席次給員工。[14] 奧地利的席位比例也是三分之一，但法規僅適用於超過三百位員工以上的企業，適用範圍因而十分有限（與德國不相上下）。

不論德語系國家和北歐國家從二次大戰後實施到現在的共同經營制有何局限，一切可取得的資料都告訴我們，這些新規定讓員工和股東的權力關係重新達到某種平衡，也讓相關企業的經濟與社會發展更加和諧，最終也更加有效率（至少相較於員工在經營會議中完全沒有代表的情形）。尤其是工會能一起決定企業的長期策略，並因此獲得所有必要的資訊與文件，員工便更容易對公司有參與感，整體生產力也變得更強。員工參與經營會議也有助於減少薪資差距，更有助於控制不讓管理階層的薪資像有些國家一樣失速飆漲。具體來說，自1980年代以來，德國、瑞典、丹麥的企業高層只能接受他們的薪資成長就是無法像在英、美國家那樣一飛沖天，但這麼做似乎沒有損及相關企業的生產力或競爭力，甚至恰恰相

反。[15]

　　至於批評員工在經營會議中位居少數可能導致他們為股東的單方決定做擔保，並傷害工會的戰鬥力，這樣的說法則沒有道理。當然，共同經營制應該持續改善，也應該被超越。縱使如此，所有在經營會議中引進員工代表的國家也實施了集體協商制度，讓員工在企業各委員會、工會代表團或其他單純由員工組成、負責與企業領導階層直接協商僱傭與薪資條件的組織中擁有代表（不論這些企業高層的任命是否獲得員工董事的支持）。在瑞典，自從1930及1940年代社會民主派開始掌權之後，工會首先投入的就是建立這些勞資協商組織。也是透過這類組織，一套真正的薪資規約才得以建立起來，尤其是確立保證薪資的水準（一般是以月薪的形式來取代十九世紀盛行的按件或按日計酬）與不受任意資遣的保障（這點同樣可使員工更願意長期為公司投注心力），這點幾乎在所有已發展國家都是如此，包括經營會議中未設置員工代表的國家在內。[16] 簡單地說，在經營會議中取得更多席次，就多一個發揮影響力的管道。當產業與工會進入衰退期時更能凸顯其意義，也讓我們更容易理解1980及1990年代之後德語系國家與北歐國家的經濟與社會模式為何具有更強的韌性。[17] 一言以蔽之，經過漫長的發展過程，共同經營制是最完備也最為穩定的形式之一，藉由這種形式，十九世紀中以來在各種工會、工人與政治抗爭下所打造的勞資關係，得以從二十世紀中開始成為一種制度化的新權力關係。[18]

德語系國家與北歐國家共同經營制的緩慢傳播

　　讓我們整理一下。在德語系國家與北歐國家（尤其是德國、奧地利、瑞典、丹麥和挪威），員工代表在企業（至少是最大型企業的）經營會議中的席次與表決權比例為三分之一到二分之一，且此一比例與是否持有資本完全無關。以德國、亦即研究這些問題的先驅為例，該國從1950年代初期便開始實施這套制度，然而直到2010年代為止，即便德語系國家與

北歐國家的社會與產業模式之成功廣受肯定，兼具高生活水準、高生產力與較低的貧富差距，其他國家卻未跟隨他們的腳步。不管是英國或美國，法國、義大利或西班牙，日本、加拿大還是澳洲，私人企業還是繼續遵守相同的股份公司規則。換言之，在這些國家中依然透過股東大會選任所有董事，遵守「一股一票」的原則，沒有為員工設置任何代表（少數情況為純諮詢性質的代表，並無表決權）。

　　法國在2013年通過一項法律，規定員工超過五千人以上的企業必須在經營會議十二個席次中為員工保留一席，打開了改變的契機。不過與德語系及北歐國家實施的制度相比，法國的新規定極為保守（不論從員工董事或適用的企業對象來看皆是如此）。[19]當然我們不排除這類制度在2020年代會擴大適用，不只是在法國，在英、美也是如此──這兩個國家最近曾就相當大膽且創新的法案進行討論，並為工黨及民主黨領袖所採納。假如上述三個國家的法案施行了，傳播到世界更多地方的條件也許就齊備了。只不過到了2019年，如果不算法國2013年引進的寥寥幾席，權力分享與共同經營的制度還是幾乎僅存於德語系與北歐國家。這些制度直到現在還是德語系與北歐資本主義的正字標記，而非英美資本主義的（也不是法國、拉丁國家或日式資本主義的）。假如與一次大戰後及戰間期迅速廣傳的高度累進稅相比，該如何解釋這項制度傳播範圍為何這麼小，速度又這麼緩慢？

　　第一個解釋是，當員工未持有任何公司資本，給予他們相當分量的投票權，幾乎是從根本撼動私有財產的概念，而這種撼動總是引起股東與業主們特別激烈的反對。對於財產應有一定程度之普及性這樣的理論性主張，即便經濟面上相對保守的政黨也不難接受。法國的戴高樂主義運動便支持參與經營的概念（此概念同時包含員工入股制與依照利潤指數性發放薪資獎金的可能性，但未包含表決權）。英國保守派和美國共和黨則長期支持大眾持股（actionnariat populaire），例如1980年代柴契爾政府推行的民營化政策。但是改變將持有資本與自由處分財產的權力（這種權力在古

典的財產權定義下是絕對的）連結起來的規範，並將表決權賦予未持有任何資本的人，這種種作為在觀念上會造成極大的不安，從某個角度來看甚至比累進稅制的刺激更大。不論德國或北歐國家，都是靠著特定的歷史條件，加上工會運動和社會民主派政黨的強力動員，才得以推動轉型並重新制定財產法與公司法。

第二個解釋是第一個解釋的補充，它正是要說針對這些法規的實施，其他國家的政治與社會力量不像德國和北歐國家那樣堅定，原因則與各個國家自身的政治與意識形態發展有關。在法國的脈絡下，一般認為社會主義運動長期偏好實施國有化（例如1970年代左派聯盟政綱以此為基礎），對共同經營制也興趣缺缺，原因在於法國社會主義抱持國家主義（étatisme）的意識形態，與工會運動的連結又很薄弱。事實上，從1981年到1986年，政府沒有推行任何在私人企業中設置員工董事的措施，雖然在這段期間社會黨明明握有國民議會的絕對多數。工會代表在薪資與勞動條件協商中的作用增強了，在其他領域中也實行了有助權力下放與提高參與度的措施（例如地方自治團體獲得極大的自由），然而企業決策權專屬於股東的連結依然沒有被打破。相反地，1982年關於國有化的重要立法企圖補足當年解放時期的國有化政策，幾乎將所有銀行業和重要工業集團都納入公部門，如此一來政府便可任命自己中意的董事而非股東中意的人選。換言之，法國的社會黨認為政府和高級公務員可以介入全國所有經營會議，員工代表卻不能有一席之地。

到了1986至1988年，戴高樂派與自由派政黨重返執政，此時環境已有所不同，柴契爾與雷根正推動民營化與去管制化，共產集團正逐漸解體，政府因此大量售出1945年和1982年時收歸國有的企業。而在社會黨執政時期，1988至1993年、1997至2002年以及2012至2017年等歷屆議會也延續了部分民營化運動路線，但是德語系與北歐模式的共同經營制仍然沒有實施，除了2013年曾公布過一項遲來又保守的法律。[20]法國的社會黨與共產黨者原本可以在1945至1946年強制實行共同經營制，卻寧願為

其他目標而奮鬥，例如國有化和社會安全制度。

　　然而，我們不能確定這種對共同經營制興趣缺缺的狀況，是否可歸因於法國工會主義之不振。從一個角度來看，法國歷來的工人運動確實不如德國或英國來得強盛且有組織，與政黨的關係也沒有那麼緊密。[21] 儘管如此，工會和社會動員在法國政治史上依然十分關鍵（尤其在 1936 年、1945 年、1968 年、1981 年、1995 年和 2006 年）。另一方面，德語系與北歐模式的共同經營制在英國也沒有比較普及，雖然工黨從成立之初就一直和英國強大的工會運動並肩同行。為何英、法都興趣缺缺，最可靠的解釋是法國社會黨和英國工黨人士長期以來都認為，只有靠國有化以及讓國家持有大企業才能真正改變權力關係並超越資本主義。法國的情形顯然就是如此（由 1981 年政綱可得知），不過英國也完全符合。工黨在 1918 年的黨綱中透過知名的「黨綱第四條」確立以生產工具的公有化為主要目標（至少解讀起來是如此）。工黨的政策規畫更許諾要在 1980 年代推行新一波的國有化，並讓公部門無限擴張，直到 1995 年布萊爾（Tony Blair）的新工黨成功將所有關於財產制度的內容從第四條中刪除為止。[22]

社會黨、工黨、社會民主派：交錯的路徑

　　從這個角度看，德國社民黨倒像是個例外。相較於英、法政黨一直等到 1989 至 1991 年蘇聯垮臺才不再將國有化設定為重要的政策內容，德國的社會民主派早在 1950 年就扛起共同經營制的原則，並於 1959 年的高德斯堡黨綱中拋棄了國有化政策。有意思的是戰間期的狀況並非如此：在 1920 及 1930 年代，德國社民黨和英、法同類政黨一樣，都將國有化視為政策核心，對共同經營制也沒什麼興趣。[23] 雖然事情在 1945 到 1950 年間有了改變，原因也是德國特殊的政治與意識形態發展所致。除了戰間期社民黨和德國共產黨水火不容所遺留的影響，[24] 1950 年的西德社會民主派也亟欲與東德的共產黨和國有財產制畫清界線。納粹政權下過度肥大的國家

權力造成的創傷經驗想必也讓社民黨和德國大眾把國有化政策與國有財產制拒於門外，或者至少讓工人自治（autogestion）的做法顯得加倍有吸引力。[25]

　　無論如何，值得玩味的是即便國有化綱領在1990年代初期被拋棄了，法國社會黨與英國工黨依然沒有將共同經營制列入政策規畫。1990到2010年間，他們看起來已經不再懷有任何一絲改變財產制的意願。私有制資本主義與「一股一票」原則似乎已成為他們無法跨越的地平線，至少對當時來說是如此。不過他們持續推動一些民營化政策，並支持資金流通自由化與減稅競賽，對制度轉型仍有貢獻。[26]以法國而言，共同經營制最終藉著2013年的保守立法回到舞臺前排，與一些工會對共同經營制的疾呼有極大的關係（尤其是法國工人民主聯盟），更因為德國工業愈來愈亮眼的成就。2000年代末、2010年代初，幾乎人人都在談德國和德國的經濟模式，有些地方也相當有道理。在這種氛圍下，法國的股東和雇主變得愈來愈難向共同經營制說不，也很難把員工出席經營會議容易掀起風波當成理由。[27]相較於德語系國家和北歐國家已實施數十年的做法，2013年跨出的那一步雖然顯得畏縮，卻充分反映當時政治與意識形態上的抵抗力道，也反映這類學習和實驗的過程往往展現出濃厚的國家特色。

　　以英國來說，由於需要找尋對抗不平等惡化的新途徑，加上2015年工黨黨魁換人（部分原因是對布萊爾派與國內嚴重貧富不均的不滿），導致不過幾年的時間，一套針對這些問題的新政治議程便發展成形了。我們除了看到一種對國有化問題更開放的取向（國有企業再次被視為適合某些產業採用，例如交通運輸或自來水服務，與前一段時期相比展現出某種實用主義色彩），也看到他們開始提倡一種具英國特色的新的勞動法與企業治理體系。在經營會議中加入員工代表的想法在英美國家人氣愈來愈高，我們也發現近年來原先對此抱持懷疑的美國民主黨人開始大力搖旗，甚至某些英國保守派也是。之所以會如此，顯然也與這種社會性措施不需花費半毛公帑有關，尤其在不均惡化、赤字上升的時代，這一點更難能可貴。

基於以上種種原因，不管是好理由或壞理由，未來這幾年的辯論焦點很可能會繼續圍繞著上述問題，而我們目前無法斷言改變何時會發生，又會如何發生。

從共同經營制的歐盟指令到「2x+y」法案

不過在討論這些新的展望之前，我們必須強調一點：前面簡要提及的政治意識形態發展路徑是人們實際走過的。還有許多路徑是原本有可能卻未曾走過的，因為和不平等體制的歷史一樣（一般而言），財產制的歷史也有許多可能的分岔點，不能從線性和決定論的觀點來思考。

其中特別值得研究的是英國在1977到1978年曾辯論過的「2x+y」法案。第一位工黨首相威爾遜（Harold Wilson）在1975年請求歷史學者布洛克（Alan Bullock）擔任主席，集結法學者、工會主義者與雇主組成委員會做成研究報告，而該委員會在1977年交出他們的結論。這份報告是為了因應歐洲共同體執委會的請求，因為當時執委會在德國為主的壓力下希望能通過一份關於公司法的歐洲指令。在執委會1972年發表的草案中，所有員工超過五百人的企業都必須在經營會議中設置至少三分之一的員工董事。1983年和1988年又分別推出新的指令草案，但因為沒有在成員國中取得足夠的多數票，最後都未被採用。[28]我們之後會再討論歐洲的決策規範，這些規範讓此類共同政策幾乎不可能通過（包括法律制度以及社福與財稅制度的改革），唯有大力推動組織的民主化才有改變的可能性。不過很有意思的是，歐洲在1970與1980年代卻踏出相對大膽的一步，開始提倡一種歐洲式的員工與股東權力分享模式。

總之，布洛克帶領的委員會在1977年向英國工黨政府建議採納所謂「2x+y」制度。[29]具體而言，在所有員工超過兩千人的企業裡，股東和員工各自可以選出x位經營會議成員，最後再由政府任命y個獨立董事，他們在股東和員工票數相同時可以發揮決定性的作用。舉例來說，經營會議可

以由五位股東、五位員工和兩位政府代表組成。x和y的數值可以依公司
章程而定，但不變的是「董事會」（英美以「board of directors」稱呼企業的
經營會議）是唯一有權進行最重大決策的機關（如領導團隊的任命與罷
免、批准財務報表、分配股利等）。一如預期，股東們和整個倫敦都跳起
來反對這個提案，因為它撼動了私有制資本主義下的固有觀念，很可能還
超越了德國和瑞典的共同經營制。工會主義分子和大部分的工黨人士熱烈
贊成這項提案，看起來沒有任何妥協的空間。[30]1978年初秋，於1976年取
代威爾遜上臺的新工黨首相卡拉漢（James Callaghan）認真考慮要訴諸全
面改選，而當時民調顯示工黨占上風。最終他決定再等一年。在1978到
1979年間那個「不滿的冬天」（Winter of Discontent），通貨膨脹令民怨沸
騰，一場場社會抗爭讓整個國家動彈不得。柴契爾夫人帶領的保守黨最終
贏得了1979年的大選，法案也就此長眠。

共同經營制之外：檢討社會共有制與權力分享

　　在本書第四部中，我們將會再度討論如何以歷史教訓為基石，結合社
會共有制和暫時財產制的要素，發展一種屬於二十一世紀的新參與式社會
主義（參見第十七章）。此處我只想簡單指出社會共有制——亦即企業中
的權力分享——有可能以不同於德語系或北歐式的共同經營制形態出現，
它的故事距離完結也還很遠，從近來許多制度提案與討論即可見一斑。

　　總的來說，最重要的問題之一，就是如何克服德國共同經營制下股東
一定會得到的多數優勢。布洛克委員會提出的「2x+y」方案就是一種解方，
不過它需要國家在其中扮演一定的角色，這種做法在超大型的企業中也許
行得通（地方或全國性公共團體可取得少數股東的地位），一旦要實施在
數十萬中小企業身上，可能會產生問題。[31]總的來說，德國制度的一大缺
點就是只適用於大型組織（超過五百名員工者），北歐共同經營制的優點
則是適用範圍比較廣（依不同情形可能為超過三十人、三十五人或五十

人）。由於多數受雇員工是在小型企業工作，設計可適用於所有企業的制度是非常重要的，不論採取何種形式。[32]

除了「2x+y」方案以外，一個輔助性的方案是鼓勵採用員工入股制，透過增加相當數量的員工董事（與是否持有資本無關），或許就能創造條件，讓企業領導團隊的主流勢力改頭換面。舉例來說，數位民主黨參議員於2018年提出的幾份法案便打算規定美國企業必須在經營會議中保留30至40%的席次給員工選出的代表。[33]對美國來說，通過這樣的立法將會是一項革命性的舉措，因為美國從未制定過類似性質的法律，不過美國倒是擁有某種員工入股制的傳統，即便財產集中度的上升已導致資產持有型中產階級的力量在過去數十年間大為縮減。或許一些對巨額所得及資產較嚴苛的財稅政策，加上推廣員工入股制的鼓勵措施（兩者正好相對）可以共同鞏固資產持有型中產階級的力量。[34]有些方案，好比我們前面曾提過的累進財產稅與全民基金，或許也有助於改變多數派的構成及權力關係，並使參與和影響經濟活動的能力更加平均。當然，設立員工董事在美國大致上還是一個理論性假設，因為在政治與意識形態上，援引在德語系與北歐國家成效良好的共同經營制，甚至援引外國的任何做法，往往都無法引起太多關注。不過別忘了，限制大股東的權力是英美悠久（也幾乎被遺忘）的傳統：在十九世紀初，英國與美國公司便常對持分高於一定門檻者，設定表決權的上限（參見第五章）。

英國近年來的討論中也浮現一些可以超越既有共同經營模式的新路線。例如有一群法學者在2016年發表了一份《勞動法宣言》（*Labour Law Manifesto*），其中部分被工黨正式納入政策綱領。其宗旨是希望重新審視勞動法和公司法的大部分內容，希望能提高員工的參與度並改善勞動條件與酬勞，同時讓整體的經濟與社會效能更高。具體來說，《宣言》中主張立即讓員工代表在經營會議中享有兩個席次（約占20%）。最早的版本更主張要讓董事從員工和股東共組的大會中選出。[35]換言之，每個員工都被視為企業的一分子，擁有和股東相同的地位，是企業發展的長期參與者。

在此定位下，員工在負責選出董事的員工股東合組大會中享有投票權。這篇《宣言》最初主張讓員工在合組大會中享有20%的表決權，並設想這個百分比會漸漸提高（也許可到50%或更高）。此外也主張對所有企業實施這些規定，不分其規模大小，即便最小型的企業也一樣，這一點與其他國家的經驗有重大差異，可望讓經營的參與普及到所有員工。

在《宣言》起草者心目中，這套制度的意義在於它讓潛在的董事人選不得不同時顧及員工與股東。被合組大會選出的董事不再只代表其中一群人的利益，而必須依照兩方的期望與資訊提出其長期策略。一旦員工手中也持有部分股權，不論屬於個人或透過集體組織持有，關係的動態就可能產生新的變化。[36]

合作社與員工自治：資本、權力與表決權

最後讓我們來談談目前對合作社治理的反省，亦包含更廣泛的非營利組織之治理方式；這類非營利性質的協會或基金會在許多領域都具有舉足輕重的地位，包括教育、醫療、文化、大學與媒體。談到合作社，過去他們在發展上最大的限制便是處處綁手綁腳。最傳統的合作社形式便是每個社員都擁有同等的表決權。對一些希望成員平等合作且會給予每個成員相似收益的事業計畫來說，合作社也許是最合適的做法。在歷史上，我們也看到許多合作社式的組織能在平等的基礎上妥善管理共有的自然資源。[37]

但是在許多其他狀況下，這種做法會讓事情變得十分棘手，尤其當一個新的投資項目需要一筆資金，而這個項目牽涉許多特殊的個人特質的時候。不論對大型事業計畫或非常小的企業都可能因此遇上難題。好比有一個人開了一間咖啡廳或是有機食品店，投入了五萬歐元積蓄做為營業資金。假設這家企業有三位員工：一位是創辦人，另外兩名員工是受僱來工作的，並未投資於這家企業。在一個完全平等的組織之下，這三名員工各自都有一票。那兩個新聘進來的員工也許一週前才進入這家企業，或者打

算離開去實現自己的計畫，他們在各種決策上都可能讓創辦人處於弱勢，而創辦人不只把他的積蓄投入事業裡，也許還包含多年來珍視的夢想與理念。像這樣的組織方式或許適合某些狀況，但硬要套在所有人身上就顯得既不公平也沒有效率。每個人的期望和路線都天差地別，各種可能的權力分享形式應該要能對應此種多樣性，而非扼殺它。在下一章中，我將回頭探討這個對共產與後共產社會十分關鍵的問題（參見第十二章）。

從更廣泛的角度來說，對於那些需要更多員工、資本結構也較多元的事業計畫來說，讓投資更多的人擁有更多表決權並不奇怪，只要員工依然能在決策機關中擁有代表（可依照德式共同經營制規範選出代表，或透過員工股東合組大會選出），並盡一切努力來減少資產不均以及創造參與社會經濟生活的平等條件。為持有企業資本超過一定門檻或擁有數種不同投票身分的人設定投票權上限也是一種做法。[38]

舉例來說，近來有人建議立法創設「非營利媒體事業」這種形態，其中最主要的捐贈人投票權有其上限，而較小額捐贈人（記者、讀者、群眾募資捐贈人〔crowdfunder〕等）的投票權即可相對提升。也就是說我們可以規定例如個人持份超過資本10%者，只有三分之一持份可擁有表決權。[39]其背後的想法是這樣的：讓一位捐助一萬歐元的記者或讀者擁有比捐助一百歐元的人擁有更多票，雖然看似合理，但我們要避免把所有選票都給予口袋深不見底、一口氣送上「拯救」報社所需的一千萬歐元的捐贈人。某種程度上，這是一種介於傳統股份公司與基金會、協會等各種非營利組織之間的形態，前者本於「一股一票」原則，後者則無法因捐款而獲得投票權（至少無法直接獲得）。

這類模式起初是針對媒體業以及資金來源屬於（無法取回的）捐款的事業形態所設計的，其他產業部門的合作社亦可採用，如果投資於事業的資本是可取回的，這種模式同樣可以適用。縱觀而論，我們沒有必要一味在單純的合作社模式（一人一票）與單純的股權制模式（一股一票）之間比較高下。重要的是新的混合模式必須經過大規模的具體實驗。關於員工

自治的討論總是激起人們的熱切期待，1970年代的法國便是如此。不過這些討論往往停留在口號的層次，幾乎不曾有結果，因為討論總是無法化為明確的提案。[40]在提倡這些新制度時，必須同時進行非營利組織稅制的改造。在大多數國家中，與捐助相關的稅捐優惠讓最富有的人享有不成比例的好處，而他們對慈善、文化、藝術、教育、有時亦包括政治性活動的愛好實質上是受到中下階層納稅人的補助。在本書第四部，我們會再討論如何基於更民主、更強調參與性的思維來運用上述優惠措施，讓每位公民可擁有一筆相同數目的金額，用來資助自己選擇的非營利事業計畫，所涉及的產業別也可以是目前尚未規範到的（例如媒體或永續發展，參見第十七章）。

讓我們整理一下。從十九世紀到一次大戰為止，主流意識形態將私有財產與所有權人的各項權利視為神聖不可侵犯。接著從1917年到1991年，關於財產形態的討論被蘇聯共產主義與美國資本主義的二元對立所凌駕，導致論述與思想上受到一定程度的箝制，彷彿不是支持國家無限制的持有更多企業，就得支持採取股權制的私人企業才是解決一切問題的唯一方法。由此我們更能理解，共同經營制和員工自治等替代方案為何無法獲得應有的探索與深化。自從蘇聯一崩垮，再度開啟一段對私有財產全面信仰的時期，而我們其實尚未完全從中脫離，不過已開始明顯看出這種信仰就要走到盡頭。並非因為蘇維埃主義是個災難，我們就可以不再思考財產制和超越之道。財產與權力的具體形式依然需要且永遠需要再造。現在該是我們回溯這段歷史的時候了，我們尤其應該重新從德語系與北歐國家共同經營制的經驗出發，將這些經驗普遍應用，並擴大適用到可行、創新且具參與式精神的員工自治制思維之上。

社會民主主義、教育與美國優勢的終結

接下來我們要討論的是社會民主主義社會在二十一世紀初的現在所面

臨的重大挑戰之一，亦即取得專業技能資格、接受教育訓練、尤其是接受高等教育的問題。整體而言，除了財產制的問題以外，還必須注意教育在不平等制度史上扮演的重要角色，以及一國之內或國際性的社會與經濟不平等結構的變遷。其中有兩點特別值得我們關注。首先，二十世紀大部分的時間裡，美國在教育上明顯領先西歐與世界各國。這個情形可回溯至十九世紀初乃至建國伊始，很大程度也解釋美國在二十世紀的生產力與平均生活水準為何常常超越其他國家不少。美國的優勢到了二十世紀末已經消失，取而代之的是同樣空前的教育階層化現象，亦即中下階層和進入資源最豐厚的大學的人之間出現明顯的教育投資落差。除了美國的例子，我還會聚焦於從中小學教育革命進入高等教育革命的過程，而沒有一個國家能以令人完全滿意的方式回應其間產生的不平等難題。這是1980年之後貧富差距普遍升高的部分原因，也可解釋社會民主主義模式以及支撐此一模式的選舉聯盟為何會失靈。

讓我們從美國的優勢談起。在1950年代初期，德國和法國的勞動生產力只有美國的50%，英國則低於美國水準的60%。到了1960及1970年代，德、法的水準超過英國，並在1980年代末追上美國。此後，德、法的生產力自1990年代初期開始保持在與美國不相上下的水準，而英國的水準則落後大約20%（參見圖11.3及11.4）。

關於上述變遷需要再做一些說明。首先須強調的是，圖11.3及11.4中對勞動生產力的衡量尺度是將GDP除以該年份該國就業人口的總工時，而這種做法還有非常大的改善空間。就連「生產力」的概念本身也充滿問題，需要更精確的界定。有時這個詞彙彷彿意味著必須不斷生產更多東西，但如果最終造成地球變得不適合生存，生產力也會變得毫無意義。這就是為什麼我強烈建議不要使用GDP的概念進行推論，而是最好使用國內生產淨額，亦即扣除資本（含自然資本）的折舊與耗損之後的數額，這在目前可取得的官方國民所得統計中很少採用。其實這不影響我們此處所關心的國別比較，不過在分析二十一世紀的全球生產體系與不平等體制時

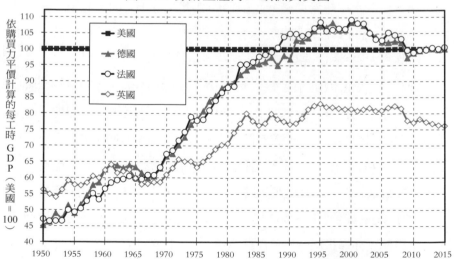

圖11.3. 勞動生產力，1950-2015年（單位：2015年歐元）

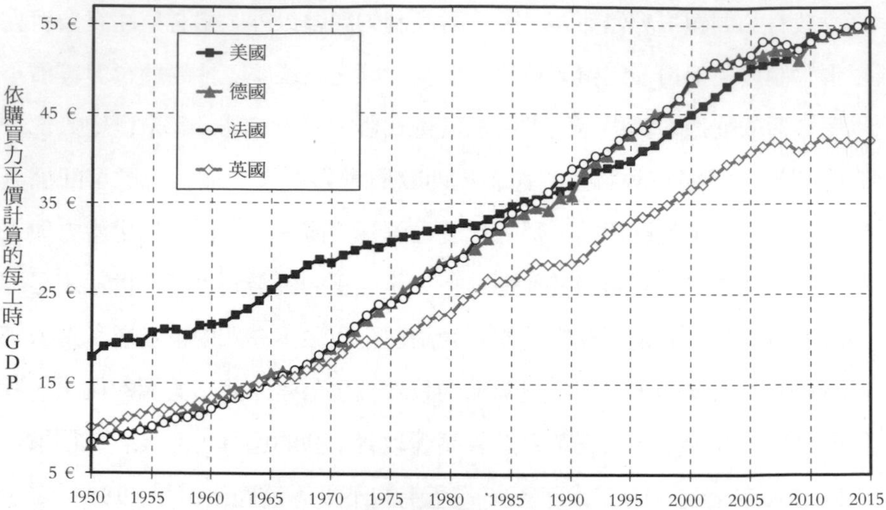

如依每工時 GDP 計算（單位為 2015 年的定值歐元，依購買力平價計算），德國與法國的勞動生產力從 1950 年的 8 歐元成長為 2015 年的 55 歐元。德國與法國在 1985 至 1990 年間趕上（或略為超越）美國的水準，英國則依然落後 20%。來源與數據：參見 piketty.pse.ens.fr/ideologie

圖11.4. 勞動生產力：歐洲與美國

如依每工時 GDP 計算（單位為 2015 年的定值歐元，依購買力平價計算），1950 年時西歐國家的勞動生產力是美國的二分之一。德國與法國在 1985 至 1990 年間趕上（或略為超越）美國的水準，英國則依然落後約 20%。來源與數據：參見 piketty.pse.ens.fr/ideologie

便會產生重大影響（參見第十三章）。

其次，要以百分之百可靠又可比較的方式衡量不同國家的工時，是一件相對複雜的任務。當然，自1960及1970年代以來已有許多針對每週工時、假期等項目的調查，不過這些調查在時間與空間上很少完全重疊，關於更早期的調查更加稀少也較不完整。此處採用的是各國際統計研究機構彙整的工時資料序列。這是我們能取得最好的估計值，但精確度則必須保守看待。我們必須銘記在心（自然也有充分文獻記載）的重要事實是，在1970年代初以前，西歐和美國等各個國家的人均工時幾乎沒有不同（每位就業者每年工作一千九百至兩千小時），從1980及1990年代開始則出現顯著落差。2010年代中期，德、法每位就業者每年工作時數在一千四百至一千五百小時之間，相較之下，英國則接近一千七百小時，美國接近一千八百小時。這些差距反映德、法的工作週數較短、假期較長。[41]

我們也注意到工時下降是長期且普遍的趨勢（英國亦然，但程度低於美國），而這也是很合理的。隨著生產力提升，人們自然會花較少時間工作，利用生活水準改善後的餘裕來關心家庭、子女與朋友，來探索世界與他人，來從事休閒娛樂與陶冶自我。我們可以這麼想：這其實就是科技進步與經濟發展的目的，而整體來說，德、法的發展路徑比英美國家更能達成改善生活品質的普遍目標。然而，工時減少的理想速度與組織方式的問題極端複雜，我們不可能在此解決。工時漸漸走向調降是一個高度政治性的過程，而且永遠與社會衝突及每個國家獨有的意識形態變遷有關。[42] 在此僅指出一點：如果缺乏全國性立法，或缺乏涉及全國或至少某一部門全體員工的集體協商，在歷史上要找到工時大幅減少的例子簡直難如登天。[43]

無論如何，不論大家怎麼看待每個國家制定的每週工時或有薪假長短，在此我想強調的重要事實是，在1950年代初期，德國與法國的平均勞動生產力（依每工時GDP計算）是美國的二分之一，1985至1990年以後則大致相同，與此同時，英國的勞動生產力卻落後了20%左右。現有數

據的局限也許會稍微影響上述比較結果的走向，但撇開這個問題，這些數值的大小仍有參考價值。[44]

　　最後要釐清的是，此處使用的生產力概念儘管還有非常多不完備與令人不滿意之處，卻比單純的市場生產力（productivité marchande）概念來得細膩。具體來說，公部門和非營利事業部門的產值在GDP的計算中會被列入生產成本，這代表人們預設為了獲得相關服務而用來支付教師或醫師酬勞的稅捐、補助與捐款等同於社會賦予他們的「價值」。這很可能會導致我們略為低估公部門範圍較廣的國家的GDP（相對於相關服務係由私人企業提供且往往較昂貴的國家），不過偏誤的程度還是比直接忽略非市場性部門的結果低得多。

美國，率先提供小學與中學教育的國家

　　讓我們回到美國的優勢與1950年代後優勢不再的問題（參見圖11.3及11.4）。首先要注意的是，歐洲的生產力在二十世紀中相對於美國十分低落，這項事實其實更早以前就已存在。兩者的差距的確因為兩次世界大戰造成生產設施的摧毀與制度解體而加劇，不過重要的是這個差距在十九世紀末、二十世紀初就已經非常大。法國與德國的GDP或人均（或每就業者的）國民所得是1900至1910年間美國水準的60至70%。英國的差距則比較小，大約是美國的80至90%。不過事實上，雖然第一波工業革命時奠定的優勢（尤其是英國在全球紡織業上的主宰地位）讓英國在十九世紀大多數時間都是全世界生產力最強的國家，但到了1900至1910年間，歷經一戰前數十年間土地的加速流失，英國的生產力已經明顯被美國超越。

　　所有能取得的資料都顯示，這些由來已久、持續且不斷增長（至少到1950年代為止）的生產力差距主要源於美國在勞工教育上的優勢。十九世紀初，美國的人口規模與歐洲相比非常小，但是美國人上學的比例比較高。我們所取得的資料主要來自人口調查，其中顯示小學教育的就學率

（此處定義為五至十一歲男女兒童進入小學就讀的百分比）在1820年代時接近50%，1840年代時為70%，1850年代時超過80%。如果排除黑人人口，則自1840年代之後，白人的小學教育就學率幾近百分之百（在上述年齡層中超過90%）。與此同時，英國、法國和德國的小學教育就學率介於20至30%之間。必須等到1890至1910年間，這三個國家的小學教育就學率才能像超過半個世紀前的美國一樣，達到幾乎百分之百的普遍性。[45] 美國在教育上的進步一部分源於宗教傳統與新教的影響（十九世紀上半葉的瑞典和丹麥亦未落後美國太多），然而還有其他更特定的因素。好比十九世紀中葉的德國在小學教育就學率上稍微領先英、法，但遠遠不如美國。美國的進步也與涉及移民的某種經典現象有關，而這種現象至今依然存在。具體而言，與當時的歐洲人相比，十八或十九世紀移民美洲的人教育程度平均較高，對子女的教育投資也較多，即便出身自同一地區或宗教背景相同的人也是如此。

　　美國在教育上比歐洲進步，小學教育就學率自1820至1850年間便明顯領先，與此同時，男性投票權擴張的速度也比較快。托克維爾（Alexis de Tocqueville）在1835年便曾提及兩者的關聯，他認為教育普及與土地所有權分散是兩種讓「民主精神」在美國欣欣向榮的基本推力。[46] 事實上，現有的資料顯示，成年白人男性參與美國總統大選投票的比率從1824年的26%成長到1832年的55%，再到1844年的75%。[47] 當然，女性與黑人長期被排除於選舉權人之列（後者直到1960年代為止）。儘管如此，同樣是選舉權的普及，在歐洲必須等到十九世紀末甚至二十世紀初才會出現這樣的發展。[48] 地方選舉投票率同樣快速成長，並反過來讓地方稅挹注學校經費一事獲得更強的政治後盾。

　　更重要的是，在二十世紀大部分的時間中，美國都保持在教育領先的態勢。1900至1910年間，歐洲國家才剛達成全民接受小學教育的目標，美國已經進展到中等教育的普及化。事實上，中等教育就學率——定義為十二至十七歲兒童（不分男女）進入中等教育機構就讀的百分比——1920

年代時已達到30%，1930年代時達到40至50%，到了1950年代末、1960年代初則接近80%。換言之，二次大戰才剛結束，美國幾乎已經實現全民接受中等教育的目標。[49]與此同時，英國與法國的中等教育就學率介於20至30%，德國則恰好達到40%。必須等到1980年代，這三個國家的中等教育就學率才能達到美國1960年代初期的八成水準。相反地，日本追上美國比較快：其中等教育就學率於1950年代達到60%，於1960年代末、1970年代初超越80%。[50]

　　有意思的是，歐洲人批評教育投資匱乏的聲浪從十九世紀末開始就愈來愈強，尤其在英國與法國。許多觀察家開始認識到這兩個殖民強權在全世界的領導地位岌岌可危。除了教育普及化承載著明顯的道德與教化意義，當時一個相當新穎的觀念也變得愈來愈流行，亦即教育水準對未來的經濟繁榮具有關鍵作用。其實回頭來看，發生在化學業、鋼鐵業、電業、汽車業、家用電器等產業，從1880到1940年逐漸向外傳播的第二波工業革命，對於教育訓練的要求顯然是更高的。在第一波工業革命中，尤其是煤炭業與紡織業，只需要依靠相對機械化操作的勞動力即可，上面再配置一些負責管理的工頭，以及幾位熟悉新式機器和生產流程的工程師與負責人。同時，這一切都強烈仰賴許多國家的、資本密集的、殖民主義的組織來安排原物料的供應以及全球性的任務與角色分工（參見第九章）。在第二波工業革命中，產業變得亟需更多識字且能夠掌握製造流程（需受過技術與數學教育）、閱讀設備操作手冊或類似能力的勞動力。正是此一因素讓美國在1880到1960年間逐漸超越英國與法國在新產業部門中的地位，剛踏上國際舞臺的德國與日本也緊跟在後。

　　十九世紀末、二十世紀初的英國與法國過於相信自己的優勢與能力可以充分應付教育帶來的新挑戰。在法國，1870至1871年普法戰爭挫敗帶來的創痛發揮決定性的作用，加速了教育政策的發展。第三共和政府在1880年代通過幾項針對義務教育與小學經費歸屬中央支應的法律，對於就學率的提升有確實且正面的影響。不過事實上這些立法來得相當晚，一直

到識字率與小學就學率花了極長的時間慢慢進步之後才制定，而這兩項指標自十八世紀即已開始提升，十九世紀時漸漸加快。[51]

在英國，對於國家欠缺教育投資的擔憂自十九世紀中開始浮現。不過這個國家的政治與經濟菁英對此幾乎不擔心，堅信英國的繁榮興盛首先建立在工業與金融資本的積累與堅實的所有權主義制度之上。近來的研究也指出英國1851年的普查結果有操弄的痕跡，試圖盡量縮小教育上與其他國家（尤其是美國與德國）之間日益擴大的落差。1861年，一份國會的正式報告驕傲的宣布，未滿十一歲的孩童幾乎全部都接受教育了，數年後卻被一份田野調查拆穿，其調查結果顯示只有不到半數的孩童是如此。[52]

1865年，美國南北戰爭由北方獲勝之後，人們的觀念開始改變。如同1871年普魯士對法國的勝利，北方的勝利主要被英國與法國的菁英詮釋為教育水準優越的戰果。然而從預算的統計數據看來，直到一次大戰前，英國的教育投資持續呈現顯著落後。1870年，美國的教育公共支出（含各級教育與各公共自治團體）占超過0.7%的國民所得，法國則低於0.4%，英國低於0.2%。1910年，美國的教育公共支出達到1.4%，法國則為1%，英國為0.7%。[53]作為對照，我們要提醒各位，在1815至1914年間，英國每年將國民所得的2至3%用在支付利息給公債的持有者，這凸顯所有權至上的意識形態與教育問題獲得的重視有多麼大的落差（參見第十章）。同樣值得注意的是，1980至2020年間，歐洲主要國家的教育公共支出約為國民所得的6%（參見第十章圖10.15）。由此可以看出二十世紀走過的路產生了多大的影響，以及在教育部門日益茁壯的普遍態勢下，各國的分歧與社會群體間的不平等可能扮演多麼重要的角色。話說回來，英國的制度始終有很強的社會與經濟階層化現象，好比屬於菁英的私人教育機構與三教九流皆收的公立中小學之間的落差，這點有助於解釋生產力的落後，儘管自1990年代末、2000年代初以來，英國在預算上也做了一些努力。[54]

1980 年後美國下層階級的脫隊

　　美國曾率先讓全民接受小學及中等教育，到二十世紀初為止，所得與財產分配上也明顯比歐洲均等。他們如何在 1980 年代之後變成已發展國家中貧富差距最大的國家，導致過去創造成功的基礎現在竟陷入危殆？我們將會看到教育發展路徑是其中的關鍵因素，尤其美國一進入高等教育普及化的時代，極度嚴重的教育階層化現象便隨之而來。

　　當然，我們不應太誇大美國的平等傳統有多深。美國與平等之間的關係一直都很曖昧：某些面向上比歐洲平等，其他面向則更加不平等，就蓄奴傳統而言尤其如此。此外，我們前面已提到美國的「社會民主主義」在意識形態上根植於某種社會本土主義：長期以來，民主黨對黑人採取種族隔離主義的同時，卻對白人採取平等主義（參見第六章）。在第四部，我們將回頭討論二十世紀到二十一世紀初美國與歐洲選舉聯盟的變遷。我們會特別分析上述差異在多大程度上能夠解釋為何美國的福利國家與租稅國家發展不如歐洲蓬勃，以及對未來的歐洲而言，類似的種族或民族兼宗教性因素是否可能發揮相似的作用。

　　縱使如此，1950 年代美國的貧富差距依然接近或低於法國等國家的水準，平均生產力卻高出一倍多（連帶影響生活水準）。相反地，到了 2010 年代，美國的貧富不均變得比他國嚴重許多，生產力方面的優勢也完全消失（參見圖 11.1 至 11.4）。歐洲國家（尤其是德、法兩國）能從生產力落後到迎頭趕上，並非如此難以想像之事。既然這些國家在戰後開始發展厚實的財稅資源，並悉數投入教育領域，以及影響更廣的社會支出和公共基礎建設，教育與經濟的落後自然而然能夠改善。美國貧富不均惡化的原因需要更深入挖掘。尤其值得注意的是，1950 年代時美國後 50% 較貧窮人口享有的生活條件高於歐洲的同類群體，但是到了 2010 年代，狀況有了一百八十度的轉變。

　　首先要釐清一點：美國下層民眾的（相對）高生活水準大跌的原因很

多，不能僅以教育制度的改變一筆帶過。從社會安全體系到薪資定價與取得工作機會之機制都有影響。首先我要強調，下層民眾的生活水準用「崩潰」來形容確實一點也不為過。從1960年代直到1980年為止，後50%較貧窮人口在所得毛額中的占比約為20%，到了2010至2015年間，前述占比幾乎被砍半，只剩不超過12%。前1%富人的占比變化則相反：從僅僅11%成長到超過20%（參見圖11.5）。作為比較，請注意雖然1980年後歐洲的貧富差距也擴大了，其中最高百分位的占比大幅增加，後半數貧窮人口的占比則減少，而在經濟成長普遍走弱的時空背景下，人們對此絕不會一無所感，然而就數值大小而言不可同日而語。尤其是歐洲後50%較貧窮人口在所得毛額中的占比依然明顯高於前1%富人（參見圖11.6）

同樣值得注意的是這兩個分處世界兩端、幅原相近的地區，亦即美國（2015年人口約為三點二億）與西歐（約有四點二億人），彼此的發展程度與平均生產力相近，卻呈現如此巨大的分歧，這絕對不是想當然爾的事。具體來說，受到語言與文化同質性甚高之影響，美國的勞動力流動性較

圖11.5. 美國低所得人口占比之下滑，1960-2015年

美國後50%所得較低人口在所得毛額中的占比從1970年代的20%左右降到2010年代的12-13%。同一時期，前1%所得較高人口的占比從所得毛額的11%增加到20至21%。來源與數據：參見piketty.pse.ens.fr/ideologie

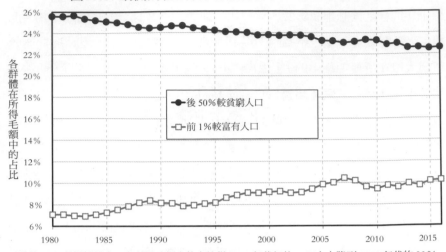

圖11.6. 歐洲的低所得與高所得人口，1980-2016年

西歐後 50%所得較低人口在所得毛額中的占比從 1980 年代初的 26%左右降到 2010 年代的 23%。
同一時期，前 1%所得較高人口的占比從所得毛額的 7%增加到 10%。來源與數據：參見 piketty.pse.
ens.fr/ideologie

強，而一般皆認為這項因素有助於拉近所得水準。同時，美國擁有聯邦稅制（尤其是聯邦所得稅與遺產稅）與眾多社會政策（尤其退休與醫療相關政策），而歐洲並非如此。很顯然地，有其他作用相反的因素發揮更大的影響力，而這些因素與歐洲各民族國家內部推行的社會、租稅與教育政策有關。[55]

現在大家都知道，1980 年後美國貧富差距的爆炸主要是因為空前飆升的超高額所得，尤其是眾所周知的「前1%」。具體來說，要讓前1%富人在所得毛額中的占比超過後50%較貧窮人口的占比，其必要條件與充要條件為前者的平均所得超過後者的五十倍以上。而真實情況正是如此（參見圖11.7）。1980 年時，前1%富人的平均所得約為後50%較貧窮人口的二十五倍（前1%富人的人均年所得約為四十萬美元，後50% 人口的人均年所得則為一點五萬美元）。2015 年，前1%富人的平均所得超過後50%較貧窮人口的八十倍：前者約為一百三十萬美元，後者則依然是一點五萬美元左右（此處所有金額皆依2015 年的定值美元計算）。

不過「前1%」的飆升還不是最重要的，最值得注意的現象無疑是後50%較貧窮人口占比的下墜。這件事也不是想當然爾的：前1%富人占比的提高本該損及的是緊接在後的前10%富人群體，也可能損及再接下來的40%群體（至少一部分）；然而事實是，前1%占比的提高幾乎完全只犧牲到後50%的貧窮人口。令人格外吃驚的是，我們發現自1960年代末以後，美國後50%群體的購買力便幾乎完全停滯。在計算稅捐與社會移轉性支付之前，後50%群體的平均所得於1960年代末期便已位於每人每年一萬五千美元左右的水準，到了2010年代末期，亦即過了半世紀，還是大約位於此一水準（以2015年美元計算）。這並不尋常，因為美國的經濟與社會在這段期間已經歷巨大的社會經濟轉型（平均生產力更大為提升）。此外，在金融體系走向鬆綁的大環境下，這樣的所得變化只會讓最貧窮家庭的負債愈來愈重，也讓銀行體系愈來愈脆弱，最終導致2008年的金融危機。[56]

如果我們把稅捐和社會移轉性支付考慮進來，會發現後50%較貧窮

圖11.7. 美國的低所得與高所得人口，1960-2015年

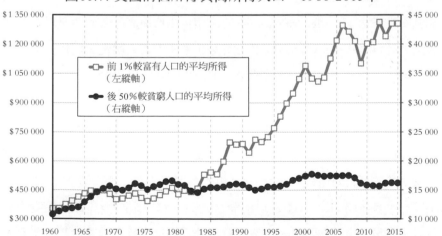

1970年，後50%較貧窮人口的平均所得為每成年人每年一萬五千兩百美元，前1%較富有人口則為四十萬零三千美元，為前者的二十六倍。2015年，後50%較貧窮人口的平均所得為每成年人每年一萬六千兩百美元，前1%較富有人口則為一百三十萬零五千美元，為前者的八十一倍。所有金額都依2015年的美元計算。來源與數據：參見 piketty.pse.ens.fr/ideologie

圖11.8. 美國的低所得與高所得人口，1960-2015年

以 2015 年定值美元為單位，從 1970 到 2015 年，後 50%較貧窮人口在計算稅捐和社會移轉性支付前的年平均所得都停滯在一萬五千美元左右。計算稅捐（含間接稅）與現金補助（含食物券）後仍是如此，因為稅捐和現金補助幾乎可以相抵。如果納入以醫療公共支出提供的實物補助，則 2010 至 2015 年間的年平均所得會提高到兩萬美元。來源與數據：參見 piketty.pse.ens.fr/ideologie

人口的處境只有輕微改善（參見圖11.8）。[57]首先，假設只考慮包括食物券（food stamps）在內的現金補助（transfert monétaire），讓我們檢視在此條件下得出的結果；食物券在嚴格意義下不能稱為現金補助，不過它比大部分實物補助（transfert en nature）的使用自由度更高。我們會發現，考慮稅捐與社會移轉性支付之後的平均所得並未產生太大變化，這代表後50%較貧窮人口繳納的稅捐（多為間接稅）幾乎等同所獲得的現金補助（包含食物券）。[58]

如果現在再納入公共醫療保險制度（聯邦醫療保險與聯邦醫療補助）的相關補貼以及相應的住院費用，會看到後50%群體納入稅捐和社會移轉性支付後的所得有所提升，從1970年的一萬五千美元提升到2015年的兩萬美元（參見圖11.8）。不過以這麼長的時間跨度來說，提升的幅度十分有限，詮釋上也相當困難。當然，有鑑於平均餘命普遍愈來愈長（不過美國延長的幅度較歐洲小，尤其是下層階級），這五千美元與醫療支出有關的「額外所得」多少有助改善人們的生存條件。不過這筆額外的社會移轉

性支付多少也反映美國醫療服務成本的上升，亦即實際上的醫事人員的酬勞、藥廠的利潤……等等在過去數十年間水漲船高的費用。具體來說，後50% 群體多獲得的五千美元大約相當於屬於前10% 高所得群體的醫療服務供應者一週的稅前所得，對於屬於前1% 高所得群體的醫療服務供應者而言則相當於大約一天的稅前所得。由此可見，此一措施的重分配效果有限。我們也發現，如果除了現金補助之外還想要納入實物補助，便會面臨許多詮釋上的困難。[59]

論法律、租稅、教育制度對初級所得不均的影響

無論如何，當初級所得（亦即計算納稅與社會移轉性支付前的所得）的分配出現如此劇烈的變化，只靠一種社會移轉性支付政策（不論是現金或實物支付）顯然不足以一勞永逸地解決問題。當後50% 較貧窮人口的初級所得占比在四十年間減少將近一半，而前1% 富人的占比則相應增加一倍（參見圖11.5）時，還認為只靠事後實施重分配政策就能對抗這樣的變遷，無異於自欺欺人。當然，這類重分配政策是不可或缺的，但我們更應該關心哪些政策才有助於改變所得的初級分配，亦即法律、財稅與教育制度需要哪些深層的改造，才能讓後50% 較貧窮人口獲得酬勞較好的工作並擁有自己的資產。

整體而言，我們必須特別注意一件事：歷史上出現的各種不平等體制，其差異最主要在於如何決定資源的初級分配。不論是對三重功能社會還是蓄奴制社會、殖民地社會還是所有權主義社會，都是如此。同樣地，從二十世紀到二十一世紀初陸續出現的各類社會民主主義社會、共產主義社會、後共產主義社會或新所有權主義社會亦無二致。舉例來說，雖然美國變得比歐洲更貧富不均，也只是因為美國的初級所得分配比較不均等。假設我們計算前10% 較富有人口與後50% 較貧窮人口平均所得的比值，藉此比較美國與法國納入稅捐與社會移轉性支付前後的不均程度，會發現

因稅捐與社會移轉性支付減少的所得差距在兩國的比例不相上下（美國甚
至多一些），而且整體的貧富差距可以完全透過納入稅捐與社會移轉性支
付前的落差得到解釋（參見圖11.9）。[60] 換句話說，我們至少應該同等重
視「前分配」（prédistribution）的政策（亦即會影響初級不均水準的政策）
以及「再分配」的政策（亦即有助減少特定初級不均水準下可支配所得不
均程度的政策）。[61]

　　由於社會安全制度的複雜以及現有資料的限制，我們很難分毫不差地
量化各種制度性措施所扮演的角色，來解釋初級不均在不同時空下的差
異。不過將主要機制描繪出來會很有助益。法律制度扮演的角色至關重
要，尤其是勞動法與公司法。我們已經指出集體協商、工會與更廣泛的相
關法規與制度在薪資定價上的重要作用。在德國式與北歐式的共同經營制
下，在經營會議中設置員工代表有助於抑制高層主管薪酬的飆升，更廣泛
地說，也讓薪資級距變得更接近且更不容易被任意決定。[62] 若要解釋不同
時代與國家間薪資不均的差異，最低薪資其及演變也是一項關鍵要素。在

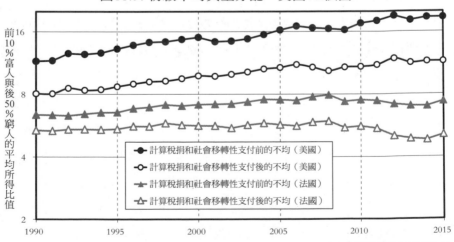

圖11.9. 初級不均與重分配：美國vs.法國

在法國，最高十分位（前10%所得最高者）與後半部（後50%所得較低者）的稅捐和社會移轉性支
付前平均所得比由1990年的6.4提高到2015年的7.4。在美國，同樣的比值由11.5提高18.7。在這
兩個國家中，納入稅捐與現金補助（含食物及住房補助）之後，所得差距可減少約20至30%。注
解：本圖是依據每成年人年所得的分布。來源與數據：參見 piketty.pse.ens.fr/ideologie

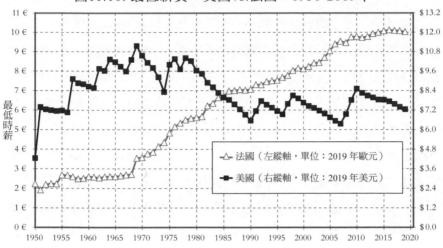

圖11.10. 最低薪資：美國vs.法國，1950-2019年

依 2019 年的購買力換算，美國的聯邦最低薪資從 1950 年的每小時 4.25 美元提高到 2019 年的 7.25 美元，而法國的全國最低薪資（1950 年稱為跨行業保障最低薪資〔smig〕，1970 年後稱為法定最低薪資〔smic〕）則由 1950 年的每小時 2.23 歐元提高到 2019 年的 10.03 歐元。兩個縱軸皆依據購買力平價計算（2019 年為 1.2 美元對 1 歐元）。來源與數據：參見 piketty.pse.ens.fr/ideologie

1950 及 1960 年代，美國的最低薪資遠勝世界其他國家。1968 至 1970 年間，聯邦最低薪資相當於每工時超過十美元（現值）。1980 年後，由於未定期重新定價，導致聯邦最低薪資的實質水準逐漸被侵蝕，到了 2019 年時僅存七點二美元，相當於半世紀前的30%。對一個太平無事且經濟正盛的國家來說，這個現象並不尋常。此一反轉見證美國受到 1970 年代以來政治與意識形態動盪的影響有多深。與此同時，法國的最低薪資從 1960 年代的區區每小時三歐元提升到 2019 年的十歐元（參見圖 11.10），與平均勞動力成長的幅度相當（參見圖 11.3）。

　　許多研究皆指出，美國最低薪資的下跌與 1980 年代低薪人口的脫隊現象高度相關，而這個年代正是員工協商權普遍衰微的時期。此外，相較於全國生產力的普遍水準，聯邦最低薪資嚴重縮水，好幾個州因此著手將州內的最低薪資調到相對較高的水準，而此舉並未打擊到就業率。例如加州的最低薪資在 2019 年為每小時十一美元，預計 2023 年前將逐步調升至十五美元。同樣地，美國 1930 年代到 1960 年代之間的聯邦最低薪資相當

高，加上高生產力與高教育水準，既幫助減少薪資差距，還能同時保持極佳的就業率。近來的研究也顯示，聯邦最低薪資在1960年代擴大適用於高度需要非裔美籍勞動力之產業（尤其是農業，該部門在1938年制度實施時被排除在外，部分原因源於南部各州民主黨人士的敵視），這件事大大有助於改善黑人員工與白人員工之間的薪資落差與薪資差別待遇。[63]

有意思的是，不少歐洲國家建立全國最低薪資的時代都相當晚。好比英國是在1999年，德國在2015年。過去這些國家只依靠企業或產業層級的薪資協商，這種做法或許可獲得相當高的最低薪資，但不同的產業部門會有所差異。就業結構的轉型，尤其是工業界工作機會的萎縮、經濟活動重心逐漸位移至服務業，加上工會的成立趨於保守，導致1980年代後集體協商的範圍日益狹窄。這顯然是愈來愈多人呼籲制定聯邦最低薪資的原因之一。[64]這項制度工具雖不可或缺，卻無法取代薪資協商與企業或產業部門內的權力分享，而且未來也許會發展出新的協商或分享形式。

除了法律制度與勞動法、公司法，其次要強調的是租稅制度也可以對初級不均造成決定性的影響。遺產稅顯然就是一例，資產累進稅以及可藉此獲得財源的全民基金也是。這些租稅措施可從結構面上減少新世代的資產不均，也讓世代之間的投資機會更加均等，未來的勞動所得便會更加均等。也許沒有那麼明顯，但累進所得稅並非只影響稅後的所得不均而已，對初級不均（亦即計算稅捐及社會性移轉支付前）的影響同樣很大。首先，高額所得累進稅會抑制儲蓄力集中的可能性，從而讓財產較不易集中於分配階層的頂端，而且可以反過來提升中下階層儲蓄與擁有資產的能力。

此外，1930到1980年間對高額所得課徵極高的70至90%稅率（尤其美國與英國，參見第十章圖10.11）造成的主要影響之一應是終結了高層主管猶如天價的高薪現象。相反地，1980年代這些稅率的大幅下降應是超高所得一飛沖天的關鍵。事實上，如果檢視1980年後所有已發展國家的上市公司高層主管薪酬的變化，會發現稅率的變化是最具解釋力的重要因素，遠比產業領域、企業規模與績效更能說明觀察到的差異。[65]其中涉及

的機制與高層薪資定價模式的轉變以及高層的協商權力有關。對一名公司高層來說，永遠很難確定不同的利益關係人（直屬部下、其他員工、股東、薪酬委員會成員）是否會相信為他大幅調薪（例如加一百萬美元）是非做不可的事。在1950及1960年代，英美大企業的管理高層不太有興趣爭取這類加薪，而各利益關係人也較無意接受，因為無論如何，增加的薪水80至90%都要直接上繳國庫。1980年代開始，遊戲規則完全改變了，各種跡象都顯示管理高層們開始大費周張試圖說服相關人士為他們不斷加薪到天際，而且要成功也沒有那麼難，因為要客觀衡量一名高層對公司的個人貢獻有多少不是容易的事，而且薪酬委員會的組成往往不脫近親繁殖。不過，這套解釋的好處，是能說明何以這麼難在現有的資料中，辨認出管理高層的酬勞與該企業績效（或該經濟體生產力）之間有任何具統計上顯著性的關係。[66]

美國生產體系日益集中於超大型公司手中，這個情況從1980年開始便出現於各個產業領域（不只在資訊科技業），這也有助強化各領域龍頭企業高層人士的協商權力，也讓他們更有能力壓縮中低薪階層，提高私部門附加價值中的利潤占比。[67]這樣的變遷反映反托拉斯政策既薄弱又無法與時俱進，更重要的是歷任政府缺乏調整相關政策的政治意志，原因包括普遍傾向放任主義的意識形態風氣、國際競爭白熱化，或許還包括政治獻金制度愈來愈向大集團及其高層的利益傾斜（參見第十二章）。

高等教育就學機會與新一波的全球教育與社會階層化

最後，或許該說更重要的是，除了法律與租稅制度，教育制度對初級不均的形成具有至關重要的影響力。長期而言，不論在一國之內或國際之間，接受教育訓練的機會與知識的普及化是幫助改善貧富不均的首要因子。由於技術進步與就業結構轉型，生產體系對教育水準的要求愈來愈高。如果教育機會的供給未能和前述變化達成平衡，例如假設有一些社會

群體享有的教育投資停止成長或日益萎縮，另一群人享有的教育資源卻日益增加，兩個群體間的就業與薪資落差便可能擴大，不論當前的法律或財稅制度有多麼理想。

話說回頭，各種資料都顯示美國自1980年代以後所得不均惡化之所以特別嚴重，主因在於教育投資不均日益擴大。1950及1960年代時，美國是第一個達成全民接受中學教育的國家。到了1980年代，大多數西歐國家與日本都加入了美國的行列。這些國家隨後都踏入高等教育大眾化的時代，亦即新世代中接受高等教育的比例愈來愈高。2010年代中期，美國及所有西歐國家的第三階段教育就學率（scolarisation tertiaire，此處定義為十八至二十一歲年輕人進入高等教育機構就讀的百分比）都達到或超過50%，日本與韓國則已接近60至70%。[68]這代表教育與象徵秩序的徹底翻轉：自古至今，只有一小群天之驕子得以享受高等教育（直到二十世紀初以前都不超過1%，1960年代前不超過10%）；現在富裕國家的年輕世代多數都能享有，也漸漸擴大到全國人口大多數都能享有。這個過程還是現在進行式：依照世代交替速度，目前美國與歐、亞先進國家成年人口中擁有高等教育文憑的百分比在30至40%之間，要達到50至60%則需要再過數十年。

教育翻轉帶來了新的國際與國內不平等。美國在1980年代失去教育上的優勢。許多研究皆指出美國教育投資趨緩如何導致文憑因素造成的薪資不均從1980及1990年代開始惡化。[69]同樣值得注意的是，中小學教育的經費在美國雖然絕大部分都來自政府（其實所有已開發國家皆是如此），但是由地方籌措的比例特別高。教育經費特別仰賴地方財產稅（property tax）的稅收，由於各地方的富裕程度不同，可能會導致可觀的落差。相較之下，歐洲與亞洲國家的中學小教育經費通常是由中央負責的全國性事務，美國的中等教育普及度因此比其他國家略為低了一些。幾乎所有人都會念到高中畢業，不過水準與資源可以天差地別。

除此之外，近來的研究顯示美國的高等教育受教機會優先取決於家長

的所得。具體而言，2010年代中期，底層家庭的孩子進入大學的比率介於20至30%，愈往富有家庭走，比率愈近乎直線成長到超過90%（參見導論圖0.8）。雖然其他國家可取得的同類數據非常破碎，本身就是個大問題，但這些數據所呈現的曲線斜率沒有那麼大。無獨有偶，一些比較子女與父母所得位置的研究也證明，相較於歐洲國家，尤其是北歐國家，美國的曲線斜率特別大（因此代間流動性也特別低）。[70]各位也會注意到，在過去數十年間的美國，子女與父母在所得階層中的位置的代間相關性以驚人的速度成長。[71]這種社會流動性顯著減少的狀況不僅結結實實的推翻了「成就主義」和機會平等等理論性說詞，更見證美國的教育與社會體系出現極端的階層化現象。這也證明讓此類政治意識形態論述接受系統性的實證評估是一件非常重要的事，但目前可取得的資料來源未必都能構成理想的歷史比較基礎。

美國的高等教育就學機會優先取決於家長的所得，可從數個角度予以解釋。其中一個原因是前階段的階層化帶來的影響：如果中小學教育就相當不平等，出身貧寒的孩子在分數上便較難以達成那些菁英取向的大學要求的入學條件。這也反映了1980年代以後，進入大學深造的私人成本在美國已高到不可思議的程度。一般而言，雖然所有已開發國家中小學教育的經費幾乎都只來自政府，高等教育的經費來源組成卻有極大的差異。在美國，私人經費的占比介於60至70%，在英國、加拿大與澳洲將近60%，在法國、義大利與西班牙則平均在30%左右——他們的註冊費通常比英美國家低廉，也比德、奧地利、瑞典、丹麥與挪威低了10%——這幾國的基本原則是高等教育幾乎一律免費，和中小學教育並無二致（參見圖11.11）。[72]

以美國為例，大量的私人挹注讓美國發展出非常多頂尖大學（這讓學校有能力吸引一群最優秀的學者與外國學生），同時也導致高等教育體系的階層化變得非常嚴重。事實上，如果把整個高等教育部門可動用的所有資源（不分公家或私人）加在一起，則美國在教育上依然超越其他國家。[73]問題是過去數十年間，頂尖大學可運用的資源與政府撥給最困窘的

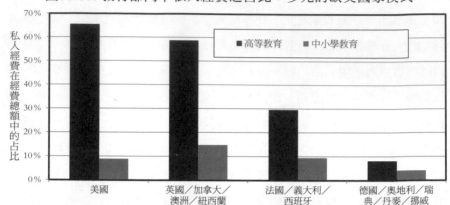

圖11.11. 教育部門中私人經費之占比：多元的歐美國家模式

在美國，私人經費占高等教育經費總額（含私人與公家）的65%，在中小學教育經費總額中則占9%。各國高等教育的私人經費占比差異非常大，可分為英美模式、南歐模式與北歐模式，然而不論在哪個國家，中小學教育的私人經費占比都相當低（依2014至2016年數據）。來源與數據：參見piketty.pse.ens.fr/ideologie

公立大學與社區大學（community college）的經費變得有如雲泥之別。讓這道鴻溝愈裂愈深的力量同樣是全球資本主義下的資產與金融變化，由捐贈基金在大學經費來源中日益重要即可見一斑。具體而言，巨額捐贈產生的孳息比小額捐贈多得多，這就是大學之間落差日益加深的重要因素。[74]如果檢視現有的國際排名資料，儘管這些排名充滿問題，我們還是可以從中看到一個驚人的狀況，亦即全球前二十大雖然幾乎都是美國大學的地盤，但是只要一將視野擴大到前百大或前五百大，美國大學便明顯不如歐洲甚至亞洲的大學。[75]也許美國最有錢的大學在世界上的耀眼光輝遮掩了整個教育體系內部的失衡。若是沒有吸引外國師生的能力，這些內部失衡的現象想必會更明顯。值得注意的是，這是一種全球不平等體制與國內不平等體制交互影響的新形態，也是過去從未見過的。

大學的入學資格可以用買的嗎？

最後，讓美國接受高等教育的機會不均加劇的一個原因，就是在某些

情形下，當子女的分數不夠好時，最有錢的父母仍可以靠著他們的捐款讓下一代獲得頂尖大學的入學資格。這牽涉的通常是入學審查過程中外界難以窺知的一些機制以及對校友子女（legacy student，亦即申請人的家中有該校校友）的偏好。毫不意外地，這些美國大學解釋校友子女所占的人數低得不值一提，而且沒有必要公開他們的身分並揭露使用何種演算法與程序來篩選申請人。事實上，校友子女人數很可能不多，而且要解釋整套制度的不平等時，這些祕密作業所影響的量要比其他機制來得小（尤其是中小學教育經費下放給地方籌措，以及註冊費和捐款孳息在高等教育財源中的重要地位）。

不過基於幾個理由，這個問題值得我們特別注意。首先，學者們已證明這些做法也許不像大學所宣稱的那麼不重要。事實上我們發現，在子女要申請大學的那幾年，有錢的校友對母校的捐贈異常密集。[76] 此外，缺乏資訊透明本身顯然就是一大問題，何況這些新一代繼承人（過去數十年間美國貧富不均惡化的產物）在社會圖像中愈來愈突出，可能會激化對菁英人士的憎惡。[77] 欠缺資訊透明證明大學並未準備好公開承擔自己的行為，而這麼一來只會助長人們對整體制度公平性的高度懷疑。

同樣令人驚訝的是，美國大學裡的教師或學者似乎愈來愈傾向支持這些做法與黑箱，理由是他們必須為了教學研究經費向慷慨的億萬富豪進行募款，而這麼做會讓募款更有效率。這種觀念上的轉變很有意思，因為它引出一個更大的問題：我們究竟該讓金錢的力量發揮到什麼程度，而什麼樣的制度和程序可以為其設下界限？我們已在前面看過這類提問，例如1865到1911年瑞典討論財產比例制投票權時就曾出現（參見第五章）。對此，最適合拿來比較的毋寧是中國清朝的科舉考試，其中提供大量機會讓家大業大的上層家庭為子女買榜（入關前的戰士階級後代也有保障名額）。無可置疑，這種做法導致清朝日益衰弱，也讓政權的道德與政治正當性遭受質疑（參見第九章）。

最後要特別指出的是，美國重要大學採取的入學審查程序極度缺乏公

開透明，令人感到憂心，因為這讓所有國家都面臨一項重大挑戰：該如何定義二十一世紀的教育正義？舉例來說，也許有的國家會打算使用保障名額制或加分制來提高弱勢族群所占的比例，就像印度的做法（參見第八章）。如果每間大學都小心翼翼掌控著自己的審查演算法，而在其演算法下，學校可能會為最有錢的學生加分（最窮困的學生則否），卻對外解釋加分的情況極為少見、應該保持祕密，如此一來，要進行民主的審議與決策可能會變得十分困難，何況這個問題是如此敏感而複雜，必須重新檢視上、中、下各階層兒童的處境，而且要針對這個問題形成多數人都能接受的正義規範原本就難如登天。然而我們注意到，過去美國政府曾有幾次要求大學遵守一些規範與規則，而且態度比現在要強硬得多。[78]我們再一次看見，歷史證明沒有什麼事是不會變的。

談歐洲與美國的教育機會不均

前面的討論聚焦於目前美國教育機會不均的問題格外顯著，然而我們必須指出，歐洲的教育機會不均同樣很嚴重。更廣泛而言，我們發現全世界每個國家對於實現機會平等的目標、「成就主義」的理念等等的官方理論性說法，都與不同社會群體在教育機會上面對的不平等現實有明顯落差。在這個議題上，沒有一個國家真正有資格指導別人。我們必須特別強調，踏入高教時代對每個國家的教育平等理念而言都帶來結構性的挑戰。

在中小學教育普及化的時代，人們對於教育擁有一個相當明顯的平等共識：我們要幫助一整個年齡層的人都念完小學，接著再念完中學，目的是讓每個孩子都獲得差不多的基礎知識。一旦擴大到高等教育，事情便變得複雜許多。除了幫助一整個年齡層的人念到博士的想法很不實際以外（至少短時間內），實際上高等教育中原本就存在著非常多元的科系與就學管道。這種多元性一定程度反映了知識與個人的期望自始就是豐富多樣的，不過各式各樣的科系也會形成某種高低位階，並強烈左右未來社會階

層與職業階層的樣貌。換言之，人人上大學的時代帶來了性質完全不同的政治與意識形態挑戰。我們不得不接受某種形態的教育不平等長期存在，尤其是在高教機構中投入相當多時間深造的學生之間的落差。這當然不妨礙我們為資源分配及進入不同就學管道的規則設想新的、符合正義的形式，只是相較於推動中小學教育普及化時可以主張絕對平等的原則來看，這項工作會變得加倍複雜。[79]

在第四部，我們將看到教育的新挑戰是導致戰後「社會民主派」選舉聯盟如雨後春筍般冒出的主要因素之一。1950至1970年代，歐洲各社會民主主義與社會主義政黨以及美國的民主黨都在教育程度最低的社會群體中獲得最高的支持率。1980至2010年代，這個選舉態勢有了一百八十度的大轉變，給予上述黨派最高支持率的族群從此變為教育程度最高的選民。一個可能的因素自然與這些政治團體制定的政策產生轉變有關（稍後再回頭詳述），因為人們漸漸覺得這些政策愈來愈有利於社會與教育競爭的贏家（參見第十四至十五章）。

此處僅簡單指出一點：儘管歐洲國家的教育培訓體系整體上比美國更加平等，同樣很難應付過去數十年間教育擴張帶來的挑戰。尤其令人吃驚的是，教育公共支出在二十世紀曾有長足的進步，由1870至1910年間僅占國民所得1至2%成長到1980至1990年間的5至6%，卻從1980年代開始停止成長（參見第十章圖10.15）。我們發現所有西歐國家，不論德國或法國、瑞典或英國，在1990至2015年間都出現教育投資停滯於國民所得5.5至6%左右的情況。[80]

當然，停滯的原因可能是這段期間內公共支出整體停止成長的緣故。面對醫療與退休金支出結構性且幾乎無可避免的增加，在一些人眼中，教育支出維持不變成了唯一選擇，甚至應該稍微降低在國民所得中的占比，要求更多私人挹注和註冊費作為財源。我們也可以反過來這麼想：當初應該可以（未來亦有可能）考慮適度調高稅捐以增加教育投資，不過前提是能以公平的方式讓不同所得與資產水準的人做出貢獻。換句話說，國家間

的財稅競爭和稅賦不可能公平的感受，可以用來解釋教育投資的停滯，同時也能解釋債務為何會突然大增。

　　無論如何，值得注意的是教育投資的停滯凸顯多少矛盾與弔詭。即便已開發國家都已進入高教大眾化的時代，一個年齡層中進入高等教育機構就讀的比例也從僅僅 10 至 20% 成長到超過 50%，公共教育投資（以占國民所得百分比計算）卻停滯不前。其結果是，一部分相信高教大門廣開的人──通常來自中下階層──最後處於財力不足，甚至可能沒有出路的境況。針對此一問題，我們應該特別關注以下事實：高等教育免費或幾乎免費，或是主要由政府經費支應，顯然都不足以保證高等教育達到實質機會平等。出身優勢背景的學生往往更容易進入前景看好的科系，一方面是因為家族傳承，另一方面則因為之前就讀的中小學水準較高。

　　關於在理應屬於大眾、免費且平等的體制內部發生的教育不平等問題，法國提供了一個特別發人深省的例子。預備班和高等學院（grande école）等菁英院校是大多數具社會優勢的學生心之所向，而實際上以每位學生的平均額來看，投注在這些單位的公共資源比那些較不菁英的大學校系高了兩到三倍。隨著高教大眾化，法國體制中這種古老的階層化現象變得更加鮮明，加上種種對弱勢小學、中學、高中投注的資源會更加平等的承諾從未實現，使問題更加嚴重，並引發強烈的社會與政治矛盾。除了法國以外，教育正義的問題以及資源分配與入學程序透明度的問題，對所有國家而言都是未來會更加頻繁出現的重大議題，我們在本研究的後續篇章中會再多次加以探討。[81]

教育平等，現代經濟成長之起源

　　最後要特別說明的是，富裕國家自 1980 年代以後發生教育投資的停滯，不只可以解釋貧富不均的惡化，也可以解釋經濟成長的疲弱。在美國，人均國民所得的年成長率在 1950 至 1990 年間平均為 2.2%，接著在 1990 至

2020年間降到每年1.1%。與此同時，貧富不均持續擴大，所得稅的最高稅率從1950至1990年間的平均72%降為1990至2020年間的35%（參見圖11.12及11.13）。

圖11.12. 美國的經濟成長與貧富差距，1870-2020年

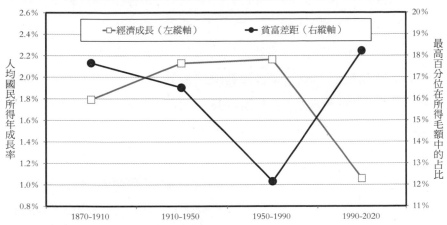

在美國，人均國民所得的成長率在1950到1990年間為每年2.2%，到了1990至2020年間降為每年1.1%，同一時期，最高百分位（前1%所得最高的群體）在國民所得中的占比從12%提升到18%。
來源與數據：參見 piketty.pse.ens.fr/ideologie

圖11.13. 美國的經濟成長與累進稅，1870-2020年

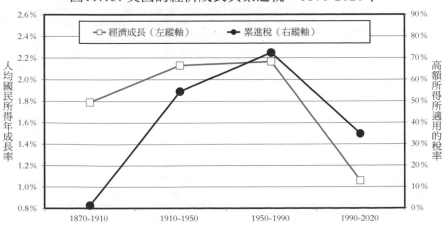

在美國，人均國民所得的成長率在1950到1990年間為每年2.2%，到了1990至2020年間降為每年1.1%，同一時期，適用於高額所得的最高邊際稅率從72%降至35%。來源與數據：參見 piketty.pse.ens.fr/ideologie

在歐洲，我們同樣發現1950到1990年是經濟成長最強勁的時期，此時貧富差距最低而稅率累進性最高（參見圖11.14及11.15）。以歐洲來說，1950至1990年間經濟成長之所以特別強，一部分也許是為了彌補大戰造成的落後。這個解釋並不適用於美國：該國1910到1950年間的經濟成長比1870至1910年間更強勁，而1950至1990年間的經濟成長又比1910至1950年間更快速，到了1990至2020年間，成長率卻只剩下一半。

這段無可迴避的歷史事實能為我們的未來提供豐富的啟示，尤其有助於剔除錯誤的路徑。首先，高度累進稅對生產力的快速成長而言顯然不是阻礙，只要最重的稅率是適用於所得與資產額夠高的群體。要是當初對所有超過平均值的人口課以80至90%的稅率，帶來的影響很可能大不相同。不過只要高稅率只實施在最上層的群體（一般會選擇最高百分位或百分位的前半部），目前所知的歷史經驗告訴我們，高度累進稅、低度貧富不均與高經濟成長是可以並存不悖的。具體而言，二十世紀實施的高度累進稅終結了十九世紀到二十世紀初財產與所得的高度集中，而貧富不均的改善讓經濟得以在1950至1980年間經歷前所未有的高度成長期。就算退一萬

圖11.14. 歐洲的經濟成長與貧富不均，1870-2020年

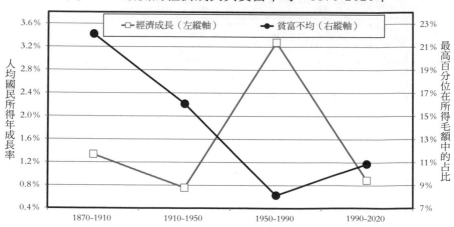

在西歐，人均國民所得的成長率從1950到1990年間的每年3.3%，降為1990至2020年間的每年0.9%，同一時期，最高百分位（前1%所得最高的群體）在所得毛額中的占比從8%提高到10%（德─英─法平均值）。來源與數據：參見 piketty.pse.ens.fr/ideologie

圖11.15. 歐洲的經濟成長與累進稅，1870-2020年

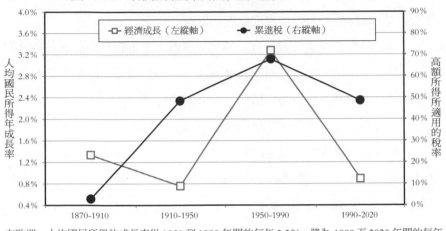

在歐洲，人均國民所得的成長率從 1950 到 1990 年間的每年 3.3％，降為 1990 至 2020 年間的每年 0.9％，同一時期，適用於高額所得的最高邊際稅率從 68％降至 49％（德—英—法平均值）。來源與數據：參見 piketty.pse.ens.fr/ideologie

步來看，這應該能讓所有人同意一次大戰前的嚴重貧富不均完全不是經濟成長的必要條件，儘管那是當時眾多上層人士所持的主流論述。基本上，所有人應該也會同意 1980 年代雷根主義下的「新保守主義」是失敗的，因為美國的經濟成長率掉了一半，至於認為若無這些政策經濟成長恐會更嚴重衰退的想法更是站不住腳。[82]

　　第二個重點是，美國在十九世紀與二十世紀多數時間的教育優勢所發揮的作用證明在平等原則下擴展教育訓練投資乃至關緊要，而比較各國教育與經濟發展軌跡的結果也是如此。雖然十九世紀至二十世紀初的美國比歐洲國家擁有更高的生產力，發展也更快，但這並不是因為財產權在美國受到更好的保障或稅負比較輕之故：當時世界各國的稅負都很低，至於財產權保障最佳的地方莫過於法國、英國與歐洲。關鍵在於當時美國在小學教育上超前歐洲半個世紀，後來在中學教育上也是如此。到了十九世紀末，美國的領先變得無以為繼，生產力也開始出現差距。從較大的視角來看，在 1950 到 1990 年這段期間，所有富裕國家的教育投資都特別高，遠超過之前任一時期，而這或許有助於解釋經濟成長為何異常地高。相對

地，儘管進入高等教育的學生愈來愈多，教育投資在 1990 至 2020 年間卻陷入停滯，且與生產力成長速度趨緩的狀況一致。

一言以蔽之：以過去兩個世紀的歷史為鑑，平等與教育促進經濟發展的作用似乎遠比推崇貧富不均、財產權與穩定有效得多。從更大的視角來看，經濟發展的歷史分析清楚指出，許多國家在歷史上曾落入的「不均陷阱」可能會反覆造成威脅。菁英階層的論述往往過度重視維持穩定的目標，尤其重視要延續過去建立起的財產權，但是經濟發展經常需要重新界定財產關係與機會，以符合新興社會群體的利益。一直到第一次世界大戰爆發，英、法菁英階層都拒絕重新分配財富以及將資源投注於教育培訓與福利國家。此種拒斥態度的背後存在著精細複雜的意識形態結構，在二十一世紀初的美國同樣可見。[83] 歷史證明，唯有當社會政治抗爭遇上了意識形態的劇烈革新，改變才會降臨。

社會民主主義與公平的稅：破碎的理解

以下要討論的是公平的稅的問題，這個問題也會將如何超越民族國家的問題帶入我們的討論範圍。前面已經看到，由於以國有化政策為核心的政治議程失去吸引力，教育上則進入高教時代，社會民主主義社會為了重新界定符合公平正義的財產制與教育規範，遭遇了種種困難，在 1980 至1990 年代尤其明顯。上述政治與意識形態的局限同樣導致人們對稅制的反思不夠深入。各種不同取向的社會民主主義、社會主義、工黨與民主黨黨派都有一種忽視租稅原則與租稅正義問題的傾向。所得與遺產累進稅在1914 到 1945 年間的躍進，大體而言是危機的產物，並未真正獲得思想與政治上的接納，這也部分解釋了這些制度的體質為何如此脆弱，又為何會在 1980 年代之後遭受質疑。

一般而言，社會主義運動以質疑財產權體制為出發點，目標則是實現國有化。不過，把重心放在企業的國有化——如同前面所說，直到 1980

年代這依然是法國社會黨或英國工黨的政策焦點——卻容易阻礙對稅制，以及共同經營制或員工自治的思考。一言以蔽之：相信中央集權是唯一能超越資本主義的方法，有時會導致人們未能真正正視稅的問題，包括稅率與稅基，對於權力分享與企業內表決權分配的問題也是如此。

　　關於社會民主主義對稅制欠缺反省之處，有兩點值得特別提及。首先，社會民主主義、社會主義與工黨運動並未發展出可維持並深化累進稅制的國際合作模式，甚至租稅競爭的環境就是他們自己創造出來的，讓財稅正義的概念本身受到嚴重打擊。其次，對於公平稅制的反思並未充分考慮累進財產稅的問題，儘管這對任何想要大膽突破私有制資本主義的人而言都是一個核心問題，對於想透過提供全民基金和強化財產流通來實現目標的人更是如此。稍後我們將會看到，公平的稅這個概念必須建立在三種正當且互補的累進稅之上，亦即累進所得稅、累進遺產稅與年度累進財產稅。

社會民主主義如何看待資本主義與民族國家的超越

　　二十世紀社會民主主義在思想原則上向來採取國際主義，不過在政治實踐上，國際主義的成分便淡了許多。就其根本，鄂蘭在1951年對二十世紀前半葉社會民主派發出的批評（參見第十章）也可用於1950到2020年間的後繼者。1950年後，社會民主主義運動尋求在民族國家的狹窄架構下建立租稅國家與福利國家，獲致的成功也無可置疑，但他們並未真正嘗試發展新的聯邦或跨國政治制度（類似鄂蘭在書中分析的殖民主義、布爾什維克派或納粹體制，但具備社會意識、民主與平等精神）。由於社會民主主義未能在高於民族國家的層級上發展出社會連帶關係與稅制——歐洲完全沒有共同稅與共同的社會政策，便是最具代表性也最清楚的一點——使得針對國家發展出來的制度愈來愈脆弱，自身的社會與政治基礎也產生動搖。

　　就歐洲而言，各社會民主主義與社會主義運動確實曾長期穩定的支持各項推動歐洲煤鋼共同體成立的工作，直到最終在1952年實現，對於後來在1957年基於《羅馬條約》成立的歐洲經濟共同體與最後於1992年承接歐洲經濟共同體成立的歐洲聯盟（簡稱歐盟）也是如此。隨著一份又一份條約的簽署，這一連串政治經貿協議日益完備，使歐洲得以進入一段前所未有的和平繁榮時期，其中各國彼此協調讓重要工業與農業生產的競爭條件從一開始就受到管制，更是一大原因。1920年代與1950年代的反差十分驚人：1920年代時，法國軍隊占領魯爾以取得相當於德國國內生產總額三倍的戰爭賠款，到了1950年代，法國、德國、義大利與荷比盧三小國協調彼此的煤炭與鋼鐵生產水準，希望穩定價格並盡力確保各國的重建工作能夠順利。繼1986年制定了《單一歐洲法》（Acte unique européen），確定商品、服務、資本、人員在歐洲地區可自由流通之原則（即「四大自由流通」〔quatre libertés〕）[84]，1992年再簽訂《馬斯垂克條約》（traité de Masstricht），除了成立歐盟，同時建立起單一貨幣，供有意使用的國家採用（歐元自1999年起在銀行間通行，2002年起供一般人使用），自此以後，隨著跨國經濟的加速開放，各成員國愈來愈常透過歐盟機關進行歐洲與其他國家的經貿協議談判。一些史家精準地將1950至2000年間歐盟的建構稱為「拯救民族國家」之任務，因為民族國家在1945到1950年間飽受抨擊。事實上，歐洲經濟共同體和後來的歐盟讓歐洲的老牌民族國家能協調彼此的生產與貿易往來（之後擴及與其他地區國家的往來），同時還能維持自身在政治舞臺上的核心位置。[85]

　　撇開成就不談，歐盟的建構有許多力有未逮之處，使整個歐盟在二十一世紀的現在面臨可能遭受大眾排斥的危機，由2016年發生的英國脫歐公投即可見一斑。過去數十年間，愈來愈多人感覺「歐洲」（Europe，這個字成為位於布魯塞爾的歐盟的代稱）的運作犧牲了中下階層的利益，主要嘉惠的是優勢族群與大型企業。這種「歐洲懷疑論」（euroscepticisme）的養分也來自於對新一波移民現象的敵意與一種歐洲今不如昔的感受（隨

國家不同，今可能指後殖民時期或後共產主義時期）。總而言之，歐洲各國政府不知如何面對1980年代以來同時出現貧富不均惡化與經濟成長趨緩的難題。這種影響深遠的挫敗主要源於歐盟幾乎只採取以個體或地域競爭為核心的發展模型，而這種模型對移動能力最佳的群體最為有利，另一個原因則是其成員國無法通過任何共同稅制或共同社會政策。無能的原因則來自歐盟決定在財稅議題上採用一致決的規則，而這個決定是1950年代到現在一再透過條約確認的結果。[86]

　　根據歐盟運作至今的狀況，這個組織大致奠基於一個假設上，亦即自由競爭與商品、資本的自由流通便足以帶來集體繁榮與社會和諧，另一個基礎則是相信國家間的租稅競爭利大於弊（尤其是可以防止國家過於壯大或沉溺於無止盡的追求重分配）。從理論的角度來看，這些假設並非完全站不住腳。尤其，要打造一個負責在龐大共同體內徵稅且具正當性的公權力，絕非一件易如反掌或理所當然之事，更不用說像歐洲這樣的規模。但這些假設的問題還是很大，從過去數十年間貧富不均的變化與衍生的威脅來看更是如此，更何況規模相近，甚至更龐大的共同體數十年前便成功採納共有且共享的聯邦層級稅賦，而且一切都在民主體制下完成（例如美國與印度）。從1950年代開始，歐洲的整合工程便以打造單一市場為策略，這也可以透過先前數十年的歷史加以解釋。在兩次大戰之間，保護主義抬頭加上非合作式的重商主義策略導致危機愈演愈烈。某種意義下，競爭主義的思維是一種對危機經驗做出的回應。與此同時，歐盟工程忘了另一項歷史教訓：1815年到1914年間層出不窮的不均亂象。而此亂象證明市場應該鑲嵌於社會與租稅體系之中。

　　令人相當不解的是，歐洲的社會民主主義，特別是法國的社會黨與德國的社民黨，即使他們經常取得執政權（有時甚至同時執政）也有機會重訂現有條約，但卻從不曾真正研擬一份明確的草案來取代財稅議題的一致決規則。顯然他們自己也不完全相信值得為精細複雜（確實如此）的共同稅制勞心勞力。的確，如何建構恰當且適合歐洲及其老牌民族國家的聯邦

形式絕非易如反掌的事。不過其實許多制度設計都可以達到在民主的歐洲
聯盟下實施共同稅的目標，而在1938到1940年間圍繞著聯邦聯盟運動的
辯論中早已提出這樣的觀點（參見第十章），在未來幾年乃至數十年內也
許很快會成為現實（參見第十六章）。

　　尚需指出的是，一致決的規則與歐洲國家間的租稅競爭導致歐陸在
1990到2020年間陷入愈來愈劇烈的租稅傾銷浪潮，在營利事業所得稅方
面尤其明顯，因為大多數國家在1980年代的稅率約為45至50%，後來逐
漸下降，至2018年時歐盟的平均稅率僅存22%；與此同時，強制課徵的
整體稅率維持穩定，對企業利潤課稅趨緩的走向看來也還不到盡頭（如同
眾多先例，稅率可能會繼續降到0%，甚至轉為補助以吸引投資）。[87]歐洲
國家明明最需要稅收來支持福利國家，卻在企業稅降稅競爭中成為全球先
鋒，比美國走得更前面（美國的企業稅由聯邦政府課徵，所得稅與遺產稅
亦同），這件事見證租稅競爭影響之深遠，以及政治與選舉制度的重要作
用。[88]歐盟的一大特色便是捍衛「自由與不受扭曲」的競爭，並且普遍被
看作敵視或不關心福利國家發展的一方，這也是為什麼英國工黨分子在
1972年的公投中會就是否支持歐盟產生意見分歧，而且在2016年的公投
再度重演，然而在這兩次公投之間，他們並未認真針對另一種樣貌的歐盟
提出任何草案。[89]

全球化與資金流動自由化之再省思

　　一些研究也指出，歐洲的社會民主派在1980年代末歐洲（後於世界
各地）興起的資本流自由化運動中扮演了關鍵性的角色，其中法國的社會
黨人更是重要。[90]他們因1981年的國有化政策、1981到1982年間選錯時
機的經濟振興計畫與1983年的外匯管制（會影響中產階級卻無法避免富
人的資金出走）而吃了許多苦頭，遂決定從1984到1985年開始徹底改變
經濟與政治策略。1986年《單一歐洲法》一通過，法國社會黨便同意德國

基民黨對於資金流動完全自由化的要求，而自由化也在1988年化為歐洲指令，並被寫入1992年的《馬斯垂克條約》。條約文字之後又被經濟合作暨發展組織與國際貨幣基金組織採用，形成新的國際準則。[91]根據蒐集到的證詞，同意德國的要求（其目的在於保障貨幣與金融的問題完全「去政治化」）當時被視為一種可接受的條件，因為這樣才能取得單一貨幣以及對未來的歐洲中央銀行共有的聯合主權。[92]事實上，歐洲央行成為唯一真正具有聯邦性質的歐洲組織（德國代表不能反對經營會議的多數意見，法國代表同樣不能），而我們將會看到，它因此能在2008年金融風暴發生後發揮不可忽視的作用。

　　儘管如此，我們不確定當時參與其中的人是否充分認知到資金流動完全自由化的長期影響為何。問題不只是出在短期的資金流，亦即羅斯福1936年時批評的熱錢（hot money）；大家已知道熱錢在1930年代造成何種動盪混亂（尤其是1931年的奧地利銀行危機），在1945到1985年間，熱錢自然成為管控對象，後來的過度自由化卻為1997年亞洲金融危機推了一把。[93]從更廣泛的角度來看，一旦沒有配套的國際協議，沒有約定自動交換關於資金持有者的身分資訊，對於利潤、所得與資產的管制與合理課稅也沒有一套經過協調且平衡的政策，資金流的自由化就會產生問題。而問題就是因為在美國與歐洲合力推動下，商品與資金的全球自由流通體系自1980年代起開始運作，但這套體系的規畫完全未納入任何租稅和社會安全目標，彷彿全球化的實現無關乎稅收、教育投資、社會安全和環保法規。其背後潛藏的假設似乎是每個民族國家應該靠自己解決上述這一串問題，而國際條約的功能僅限於組織自由流通的架構及防止簽約國破壞自由流通。遇到這類歷史轉折點時，最令人驚訝的往往是人們多麼手足無措，只能隨機應變。我們也需注意，1980年代開啟的經濟與金融自由化浪潮，其推手不能完全歸於英美的「新保守主義」：在這條複雜的發展道路上，法國與德國的影響也具有極重要的地位。[94]同樣值得重視的是歐洲各國（如盧森堡）金融界發動的許多遊說，而各政黨與集體組織都無法有效

對抗這些遊說。[95]

我們也必須強調，戰後社會民主主義國家無法在後民族國家的層級構築福利國家與租稅國家，這種無能並非歐洲所獨有，而是放諸世界五大洲皆有的現象。拉丁美洲、非洲或中東國家嘗試發展的區域性聯盟同樣遭遇不小的難題。如同前面所說，西非國家的領袖在1945至1960年間意識到小型民族國家要在全球資本主義下找到一席之地並發展出一套可行的社會安全制度必須面對多少困難後，曾嘗試自行發展不同類型的聯邦組織（但未成功，參見第七章），例如由塞內加爾、達荷美、上伏塔（Upper Volta，現在的布吉納法索）與今日的馬利組成的馬利聯邦（Fédération du Mali）。埃及與敘利亞（以及短暫加入的葉門）於1958年至1961年間組成的曇花一現的阿拉伯聯合共和國（United Arab Republic），亦見證人們意識到必須組成大型共同體才能約束資本密集式經濟的力量。在此一脈絡下，歐盟的建構自然意義非凡，主因在於創始國的富有、組織工程的複雜，以及其發展過程可能引發的漣漪效應。

除此之外，歐洲的租稅國家與福利國家十分茁壯，依國家不同，1990至2020年間強制課徵的數額約占國民所得的40至50%（參見第十章圖10.14及10.15），這代表租稅正義與對課稅的同意是具有極大影響力的問題。不過對課稅的同意現在遭受嚴峻考驗，一方面因為相關稅務制度十分複雜又不透明（這往往是疊床架屋的結果，而且這些制度本應改革並變得更加合理，卻未能如此），另一方面則是因為國家之間過度租稅競爭且缺乏協調合作，而這會讓原本就是貿易全球化下頭一批受惠的社會群體更容易獲得好處。

從這個角度來看，我們要再次提醒大家，雖然沒有美好年代（1880-1914年）那麼極端，但財產與資本所得的集中度在十九世紀末與二十一世紀初的現在都相當高，更比勞動所得的集中度高出許多（參見第十章圖10.6及10.7）。由此可知，高額所得極高比例是由資產利得構成，尤其是股利與金融資本產生的利息（參見圖11.16及11.17）。

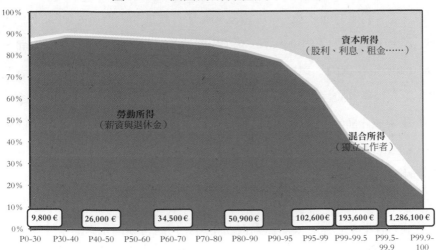

圖11.16. 法國的所得組成，2015年

在 2015 年的法國（在所有可取得資料的國家亦同），中低所得多數由勞動所得構成，頂層所得主要由資本利得構成（尤其是股利）。注解：本圖中呈現的分布是每成年人的稅前年所得分布，不過已計入退休金與失業補助。來源與數據：參見 piketty.pse.ens.fr/ideologie

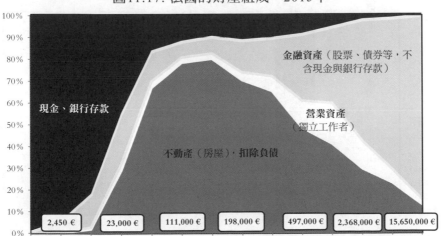

圖11.17. 法國的財產組成，2015年

在 2015 年的法國（在所有可取得資料的國家亦同），底層資產主要由現金與銀行存款構成，中層資產主要由不動產構成，頂層資產主要由金融資產構成（尤其是股票）。注解：本圖中呈現的分布是每成年人的資產額分布（夫妻或伴侶的資產則除以二）。來源與數據：參見 piketty.pse.ens.fr/ideologie

資本所得與勞動所得的不均的確都很嚴重，不過兩者的數值大小完全不同。資本利得方面，2015年法國後50%所得較低的人口僅占總額的5%，前10%所得較高的人口則占了66%（參見圖11.18）。至於勞動所得方面，後50%所得較低的人口擁有總額的24%，前10%所得較高者則握有幾近27%（人口數卻低了五倍）。同樣值得注意的是，由此形成的財產與所得高度集中並非與年齡特徵有關的偏斜：財富高度集中出現在每個年齡群體中，從最年輕到最年老的都是。換句話說，隨著年齡增長，財產分散度只有極小幅度的提升。[96]

看到財產（尤其金融資產）集中度如此高，便能瞭解在沒有資訊交換與稅務合作的情形下，資金流動自由化會如何傷害整個稅制的累進度。除了營利事業所得稅的降稅競逐，眾多歐洲國家也在1990到2020年間發展出各式各樣例外條款，讓股利和利息可以免於適用所得稅的累進稅率規則，因此得以繳交比同額薪資更低的稅金，這代表與先前的時代相比已出現劇烈的觀念變化。[97]

圖11.18. 法國的資本所得與勞動所得不均，2015年

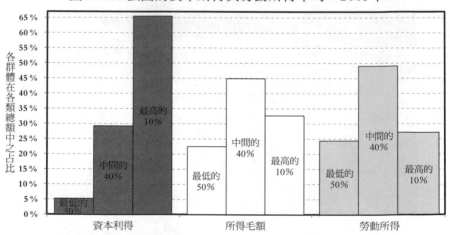

前10%資本利得最高的群體占據資本利得總額的66%，而資本利得最低的50%群體占5%，中間的40%群體則占29%。勞動所得方面，上述三種占比分別為27%、24%、49%。注解：本圖中呈現的分布是每成年人的所得分布（夫妻或伴侶的所得除以二）。來源與數據：參見 piketty.pse.ens.fr/ideologie

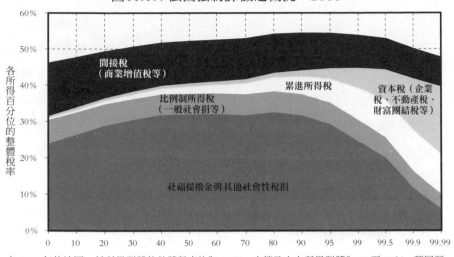

圖11.19. 法國強制課徵之概況，2018

在2018年的法國，低所得群體的整體稅率約為45％，中等及中上所得群體為50至55％，頂層所得群體則為45％。注解：本圖中的分布為二十五至六十歲至少有半時工作的成年人的年度要素所得（revenu factoriel）之分布。來源與數據：參見 piketty.pse.ens.fr/ideologie

　　事實上，如果我們試著計算強制課徵的整體概況，會發現累進性自1980年代開始大幅下降。當平均稅率維持不變，適用於高額所得的稅率則逐漸下降，自然而然會產生這種結果（參見第十章圖10.11至10.13），而例外條款的發展使此一普遍出現的因素變得愈來愈明顯。在法國，現在強制課徵的整體稅率在後50％貧窮人口中約為45至50％，在中間40％的人口中提高到50至55％，然後在前1％的富人中降回45％（參見圖11.19）。換言之，稅賦在所得分配的中下階層裡呈現輕微的累進性，但是在所得頂層卻呈現累退性。之所以會如此，是因為最貧窮的人要繳的間接稅（商業增值稅、能源稅等等）與社福提撥金相當重，除此之外，中層與中上階層還必須繳納累進所得稅。而對最富有的人來說，累進稅造成的壓力還不及少繳的間接稅與社福提撥金，這主要是因為資本利得可享有許多減免。如果檢視資產（而非所得）分配中不同位置的人口所繳納的稅金變化，或將所得分配與資產分配合併起來（這可能是可信的做法），會發現頂層的累退程度變得更明顯。我們也必須注意，上述估計值都未考慮頂級富豪的稅

捐最佳化策略或利用避稅天堂的情形，這同樣會導致低估頂層的累退程度。[98]

中下階層稅負相當重本身當然不是問題。如果我們希望社會政策支出與教育投資能獲得大筆經費，所有人當然都必須做出貢獻。但是為了維持人們對課稅的支持，租稅制度一定要公平且公開透明。如果中下階層覺得自己的貢獻比頂級富豪更多，對課稅的同意與作為社會民主主義社會基石的社會契約便很可能會逐漸瓦解。在這個意義下，未能超越民族國家與未能發展跨國的租稅正義模式形成由內而外侵蝕這些社會的重大弱點。

美國、歐洲與財產稅：未完成的辯論

我們還必須特別指出，除了超越民族國家與建立共同稅及新稅務合作模式的問題，關於「公平的稅」的概念思考本身也有待深化。一般而言，自十八世紀以來，這類思考都集中在累進稅上，亦即一種對窮人課以低稅率，對愈有錢的人則逐漸提高稅率的制度。在法國大革命時期，人們已討論過許多種累進稅方案（參見第三章圖3.1），到了二十世紀，世界各國才開始大規模實施（參見第十章圖10.11及10.12）。這條主線固然重要，卻沒有道盡所有的故事，因為在一般性概念的背後存在著許多彼此相異的現實。

整體而言，累進稅可以區分為三大類：累進所得稅、累進遺產稅與累進年度財產稅。這三種稅各有立論基礎且應該被視為彼此互補。原則上，累進所得稅是針對特定年份所獲得的全部收入，不論其來源為何，是勞動所得（薪資、年金、非薪資性質的執業所得等）還是資本利得（股利、利息、租金、利潤等），這種方式讓每個人依照自己目前的財力來納稅，亦即依照一個人現有的能力對公共支出做出貢獻。遺產稅（一般亦包含捐贈在內）是在資產移轉時課徵，藉此減少財富的代代延續以及資產的集中持有。[99]年度財產稅又稱富人稅（impôt sur la fortune）、資本稅或資產稅，

是每一年依據所持有總財產課徵的稅賦，可以視為一種表示納稅能力的指標，而且比年所得更有代表性也更穩定（某種程度上也更難操弄）。此外，只有年度財產稅有助於達成財產常態性重分配與真正的資產流動。歷史經驗顯示，我們應該依據前人所傳承的知識，努力在這三種皆具理論正當性的累進稅之間找到平衡，建立理想的稅制。這個目標並不容易實現，因為它需要社會與政治界對某些問題的高度理解，這些問題雖然關乎每個人，但是由於技術上的複雜度顯然很高，即使最有心的人也可能寧願交由他人決定（很不幸地，這些人並不總是最大公無私的一群）。

實際上，幾乎所有已開發國家都在十九世紀末或二十世紀初實施了累進所得稅及累進遺產稅，對所得與資產分配底層課以低稅率，適用於頂層的稅率則在1950至1980年間達到極高的水準，一般介於60至90%之間（參見第十章圖10.11及10.12）。相較之下，財產稅的發展路徑更為多樣也較為遲緩。在許多國家，針對私有財產的累進特別稅發揮了重要作用。常態性課徵年度累進財產稅的實施經驗則少得多，不過我們會看到不論美國或歐洲都有過非常多富有啟發性的相關討論（有一些實踐也是）。這些線索都告訴我們累進財產稅在二十一世紀將會扮演重要的角色，主要原因在於1980年代以後私有財產的一般水準與資產集中度都大幅上升（參見第十章圖10.4、10.5及10.8）。從更大的視角來看，本書試圖證明的主張之一，便是建立一套真正的累進財產稅並以此支應全民基金的經費，將有助於應對目前因全球化資本主義而滋生的貧富不均惡化與認同衝突。對此我將在全書末尾提出更細緻的說明（參見第十七章）。

累進財產稅，一種常態性土地改革

讓我們從分析針對私有財產的特別稅開始。在兩次世界大戰後，為了清償國債，許多國家都成功制定了多種針對不動產、營業資產與金融資產的特別稅，尤其是日本、德國、義大利、法國與眾多歐洲國家。這些特別

稅只課徵一次，適用於中低資產額的稅率不是為零就是很低，巨額私人資產適用的稅率則往往高達40至50%，甚至更多（如前所述，參見第十章）。儘管有不足之處，尤其是相關跨國合作十分薄弱，但這些稅賦整體而言成效卓著，亦即幫助國家快速擺脫大筆債務（與製造混亂的通貨膨脹相比更公平也更不容易失控），因而能將手中的資源用於重建工作與投資於未來的發展。

　　從某種角度來說，土地改革也是一種針對私人財產的特別稅，因為土地改革的做法是取走龐大地產的一部分（比例可達40至50%，有些面積相當於整個區域的土地甚至幾乎全部都須讓出），畫分成小規模的土地後重新分配給個人開墾。可想而知，土地改革經常成為激烈社會與政治抗爭的標靶。前面已經談過法國大革命時期的土地重分配、西班牙的土地改革、愛爾蘭的不在地主以及十九世紀末、二十世紀初英國政府重新畫定愛爾蘭土地所有權的例子（參見第三章及第五章）。日本與韓國在1947至1950年間實施的大規模土地改革被公認是極為成功的案例。這些改革帶來相對平等的農地重分配措施，與之並進的社會與教育投資策略則有助於後來的經濟起飛並凝聚對發展策略的政治共識。[100]之前我們也提及印度——尤其是西孟加拉邦——在1970年代末與1980年代所實施的可惜較為保守的土地改革對生產力帶來的正面影響。[101]相對地，拉丁美洲推展的土地改革——尤其在1910年革命後的墨西哥——卻遭遇地主的強烈反抗，並伴隨著漫長且往往充滿衝突混亂的政治發展。[102]

　　一般而言，土地改革或（更全面性的）私有財產特別稅的一項重大限制便是這些措施只能暫時解決財產與政治經濟權力集中的問題。然而歷史經驗顯示，新的財產形態會不斷製造出新的貧富不均。這就是為什麼有必要採用常態性的年度財產累進稅，其中持有龐大資產者適用的稅率當然要比特別稅使用的稅率低，但也必須高到足以創造真正的財富流動並防止財富過度集中。假如這種稅提供的經費能讓每個年輕成年人都能獲得一份全民基金，事實上便形同一種常態性、持續性的土地改革，只是改革的對象

是全體私有資本，而不只限於農地。

　　當然有人會認為對土地或（更廣泛的）自然資源應該使用特殊的重分配制度，因為土地與自然資源不是任何一個人積累的成果，因此可以說是人類共同資產的一部分。事實上，舉例來說，大多數國家都會特別立法管制地下地層的持有，並允許不同形式的共有或集體所有。要是有一個人在自家花園地下發現一種具有特殊價值的新自然資源，可以拯救整個地球的人類，而且如果無法讓這種資源遍布各地，世界恐將面臨末日，此時人們很可能會立刻修改法律與政治制度以實現資源的再分配，不論這位幸運的花園主人是否樂意。然而我們不該誤以為只有自然資源才會產生上述問題。在剛才舉的例子中，假如那位花園主人是睡了個午覺醒來，想到一個絕佳的神奇藥劑配方可以拯救全世界，對藥劑進行重分配的正當性也會一樣強。問題的核心不在於分辨某筆財產是屬於所有人的自然資源，還是可以基於一個人單獨的行動而被歸屬於他的私有財產，畢竟追根究柢，所有的財產基本上都是社會性產物。更何況所有財富的創造都建立在勞動的社會分工以及從人類誕生累積到現在的知識資本，所有活著的人都無法宣稱自己是創造者或所有權人。[103] 更重要的毋寧是確認全體利益，尤其是最弱勢社會群體的利益，多大程度上能正當化特定水準的財富分配不均，不論財富的性質為何。[104] 無論如何，我們不能癡人說夢，以為只需要對土地與所有自然資源進行一場大型土地改革就能一勞永逸的讓社會變得公平正義，之後就任由大家互相交易並積累財富直到時間盡頭。

　　在十九世紀末的「鍍金時代」，當時美國十分擔心財富愈來愈集中於少數人手中，也擔心大公司和他們的股東掌握的權力愈來愈大，自學出身的作家亨利・喬治（Henry George）便因批評私人對土地的持有而聲名大噪。他的著作《進步與貧窮》（*Progress and Poverty*）在1879年出版，之後數十年間不斷再版，發行量高達數百萬本。這本書一針見血地譏諷地主們在美國大地上毫無節制的竊占權利，而這種瓜分土地的傳統往往可追溯至西班牙、英國和法國王室依然當權的時代，甚至可追溯至教皇身上。同樣秉

持著反王權、反歐洲、反所有權至上的立場，他抨擊地主們要求補償的主張，甚至將他們類比為1833到1843年英國廢奴時成功獲得大筆賠償金的奴隸主。[105] 話雖如此，到了要為國家的敗壞提出解方的時候，喬治最終卻顯得相當保守。他主張透過一種針對土地所有權的比例稅來解決所有問題，此一財產權價值相當於毫無任何建物、排水設施或改良工程前的土地租賃價值的總額，如此一來每個人才能充分享受自己勞動的果實。[106] 除了他沒有打算對未來的繼承課徵任何稅捐，意味著未來非土地性質的所有權仍有可能再度走向高度集中，他的提案也無法執行，因為事實上幾乎不可能把土地的原始價值從歷來做過的眾多改善和規畫中獨立出來（除非能接受這項稅像巴爾札克小說裡的驢皮一樣愈縮愈小）。這就是為什麼人們從未考慮具體實施這套提案。喬治所參與的譴責不平等的運動最後促成1913年累進所得稅與1916年累進遺產稅的制定。

半個世紀之後，因為民主黨路易斯安那州參議員休伊・朗（Huey Long）的提案，財產稅的問題以更激烈的方式回到美國的辯論場上。朗本身對股東和大公司的權力也非常看不慣，他在1930年代初期曾試圖在累進稅的議題上衝得比小羅斯福更前面，因為他認為累進所得稅與累進遺產稅並不足以解決美國的種種問題。1934年，他到處分發一本小冊子，介紹他提出的行動計畫，題名為《分享我們的財富。人人當國王》(Share our Wealth. Every Man a King)。他的政策核心是要建立一項高度累進稅，以超過一百萬美元的資產為對象（相當於當時平均資產額的七十倍），希望能保障每個家庭都能享有「美國財富的一份」，亦即擁有至少相當於全國平均值三分之一價值的資產。上述政策還要搭配一套更強的所得與遺產累進稅制，以此獲得足夠的經費，讓所有資產不多的長者能獲得更高的退休金，並讓工時降低以及實施有助充分就業的投資計畫。[107] 精力充沛、專斷霸道又充滿爭議的朗生於路易斯安那州一個貧窮白人家庭，他在1936年民主黨初選時曾公開宣示有意挑戰小羅斯福。一部分受到他的壓力，小羅斯福總統在1935年的《所得法》(Revenue Act)中制定了財富稅（wealth tax），這事實上是所得稅的附加稅，對最高額的所得課以75%的稅率。朗的高人氣在1935年9月到達頂點（「分享我們的財富」在各地的委員會擁有超過八百萬成員，其廣播節目的收聽紀錄曾達兩千五百萬名聽眾），他卻在此時於巴頓魯治（Bâton Rouge）的州議會大廈裡遭政敵持槍擊斃。

傳承自十八世紀的財產稅的惰性

現在讓我們來看看年度財產稅在歷史上的實施經驗。我們可以將各國分為兩類。第一類主要包括美國、法國與英國，在這類國家中，年度累進財產稅向來遭到所有權人的激烈反抗，以至於從十八、十九世紀傳承下來的比例財產稅從未真正改革過。相對地，歐洲的德語系國家和北歐國家（尤其是德國、奧地利、瑞士、瑞典、挪威和丹麥，亦即引入股東與員工權力分享制的同一批國家）早在1890至1910年間便制定累進制的年度財產稅，且大多數也同時建立起所得與遺產的累進稅制。

首先談談第一類國家，尤其是美國的狀況。雖然喬治與朗的提案從未實行，財產稅（property tax）在美國租稅史上依然扮演著非常重要的角色，至今仍是各州與各城市的主要稅收來源。整體而言，隨著制度設計的不同，財產稅的意義會產生極大的差異。如果是對所有財產以比例制的方式課以很低的稅率，這種財產稅對巨額資產持有者的壓力相對不高，他們甚至往往寧可繳財產稅而不是所得稅。美國的財產稅就是如此，法國大革命時期建立的土地課稅制度也是：整個十九世紀，它都是法國所有權人心目中最理想的稅制（稅負輕、稽查不嚴格、有利於財富積累與集中），而如同前面所說，直到第一次世界大戰爆發前，不動產稅與遺產稅也構成法國政府最主要的收入（參見第四章）。美國相應的制度便是財產稅，同樣建立於十八世紀末，也和法國一樣從十九世紀到二十世紀初都是美國最主要的直接稅，特殊之處則在於徵收的機關是各州和各城市，而非聯邦政府；在大西洋這一岸，直到1913年建立聯邦所得稅之前，聯邦政府的權力都

很小。在法國，自1914年創設所得稅之後，不動產稅（contribution
foncière，後更名為taxe foncière）變成一種地方稅，不再是中央政府的經
費來源。

　　要特別釐清的是，法國的不動產稅和美國的財產稅在二十一世紀初的
現在依然屬於地方稅，也依然為法國與美國帶來十分可觀的稅收（2010年
代占兩國國民所得的2至2.5%），這些稅賦課徵的對象不只是房屋，也包
括企業用來作為生產資本的營業資產，例如辦公室、土地、倉庫等。[108]
與累進資產稅相比，法國不動產稅和美國財產稅的主要差異在於它們向來
都是嚴格意義下的比例稅。換言之，不論持有一間房子或數百棟大樓，課
徵的稅率都是一樣的。[109]營業資產是向持有並使用該資產（或出租給其他
使用者，例如房客）的公司課稅，而非向擁有企業的股東課稅，也代表管
理這類稅捐時，同一個人所持有的所有財產不必集中於同一份申報表上
（這對分時共享的業主〔multipropriétaire〕① 來說是一大福音，否則他們就
得擔心所繳的很快就不再是比例稅而是累進稅了）。地方稅的性質也形成
一種額外的保障，可防止出現任何過度重分配的政策。[110]然而要注意的
是，法國的不動產稅和美國的財產稅基本上是採取只對資產本身課稅而不
考慮任何孳息的課稅邏輯。舉例來說，從來沒有人公開提議若是一名擁有
數十筆大樓、房屋、土地、倉庫的所有權人沒有從中獲得任何收入（沒有
加以出租或利用），就可以不必繳納前述的不動產稅或財產稅。雖然人們
的共識相對模糊，何況每個人對所得稅與財產稅制度的認識往往十分片
面，但某種程度上，大家都同意上述那位所有權人應該繳納不動產稅或財
產稅，就算他必須把一部分房地產脫手，賣給其他更善於經營利用的
人。[111]換句話說，原則就是只對財產課稅，因為透過財產可以衡量納稅
人真正的納稅能力，比所得更加穩定且更不容易從中操弄。

---

① 譯注：按：法文的「multipropriété」或英文的「timeshare」譯為「分時共享」或「分時
　度假」，指的是消費者購買每年可在某段時間內使用度假屋或旅館的權利，但實際上同
　一間度假屋的複數業主並非共有這棟房屋，其產權通常為管理公司所有。

不動產稅或財產稅與一般的財產累進稅（理論上包含所有形式的財產）之間的第二項重大差異在於很多資產都可豁免於不動產稅或財產稅，例如金融資產，而巨額資產正好大多是由金融資產構成（參見圖 11.17）。當然，如果說不動產稅或財產稅只與住宅不動產有關，那就言過其實了，因為辦公室、土地、倉庫和其他由企業持有的房產或地產都是課稅標的，而持有這些企業股票的股東也透過企業受到課稅的影響。不過在這類稅制下，金融資產的稅負比不動產輕得多，一方是因為在海外購買的金融資產或公債皆可完全免稅，[112]另一方面是因為許多為國內企業購置的資產得以全部或部分免於課稅（尤其是機器、設備以及專利等無形財產）。[113]這麼多不一致的規定並非事先規畫好的結果：它是基於特殊的歷史發展，在環繞著財產稅議題的政治意識形態動員（或缺乏動員）下產生的。不過要釐清的是，一如其名，美國的財產稅有時比法國的不動產稅容易產生歧義。整體而言，美國實施的財產稅形式極為繁多，彼此差異也極大。在不同的州或城市，財產稅可能不只針對「不動產」（real property，亦即房地產：土地、住宅、大樓、辦公室、倉庫等等），有時也包括「個人財產」（personal property，亦即動產、可移動的家具、現金，亦包含各種性質的金融資產）。現在最常見的用法是僅指涉不動產，但並非向來如此。

從這個角度來看，十九世紀末發生在波士頓的一連串針鋒相對的辯論便顯得格外有趣，而這也是歷史學家麥格爾（Noam Maggor）最近研究的主題。[114]當時，在這座麻州首府、也是眾多美國工業與金融貴冑居住之地所實施的財產稅，不僅同時包含不動產與個人財產，更包含波士頓菁英在其他各州或海外所持有的金融資產。波士頓的有錢資產家激烈反對這種課稅方式。他們特別強調自己在資產的購買地已經繳了非常重的稅，並且要求財產稅應該限縮於不動產，因為這項納稅能力的指標不太會造成侵擾，而歐洲，尤其法國的做法便是如此。[115]他們還請來附近的大學、尤其是哈佛大學的經濟學家與財稅學者為其訴求背書。1870 到 1900 年間於波士頓市擔任稅務稽查主任（chief tax assessor）的湯馬斯・希爾斯（Thomas

Hills）則不這麼想。他在1875年出版了第一本回憶錄，指出不動產在波士頓富豪的資產中不過九牛一毛，金融資產的豁免卻造成稅收的大量流失，況且這座城市正急速擴張，來自義大利與愛爾蘭的新移民潮聚居於城郊，處處需要政府投入經費，損失稅收形同雪上加霜。[116]這些論點與當時的政治權力關係使財產稅得以維持一般稅的性質。不過相關辯論在1880年代持續不輟，資產家們最終在1900年代占了上風，波士頓的財產稅稅基中的個人財產項目因而逐漸減少（尤其是讓愈來愈多種金融資產享有豁免），到了1915年之後便僅限於不動產。[117]

　　這些辯論之所以有意思，更在於它們凸顯了歷史可能有多少分岔點與發展路徑。尤其其中一個重要的爭論點便是各州和地方自治團體之間缺乏協調合作，無法相互傳遞關於財產所有權的資訊。如果當時能夠從聯邦層級協調財產稅的課徵，並讓它改造為對個人資產淨額課徵的真正的累進稅，應該會是解決這類矛盾的一道良方（或許未來可期）。美國在1913到1916年間卻選了另一條路：聯邦政府專注於發展聯邦所得稅與遺產稅，年度財產稅則依舊歸各州與各城市管轄（絕多大數僅限於不動產且嚴格採取比例制）。

　　最後，美國的財產稅和法國的不動產稅一樣，從十八世紀末以來──亦即奉行所有權至上與納貢選舉制的時代以來──從未經過全面性的改革。在二十一世紀的今日，它們變成累退性特別高的兩種稅，因為金融資產與負債被完完全全的忽視了。舉例來說，假設某一筆價值三十萬歐元（或美元）的不動產應該繳納的不動產稅或財產稅為三千歐元，即財產價值的1%。此時如果業主的負債高達二十七萬歐元，則其資產淨額事實上只有三萬歐元。對這個人而言，不動產稅的稅率便相當於其資產淨額的10%（三千歐元的稅金除以三萬歐元的資產淨額）。相反地，讓我們假設有一個人除了這筆三十萬歐元的不動產之外還有一筆兩百七十萬歐元的金融投資，使他的資產淨額有三百萬歐元。在現行的法國不動產稅或美國財產稅制度下，這位業主需要繳的稅跟前一位同樣為三千元，那麼對他來

說，稅金相當於資產價值的0.1%（三千歐元的稅金除以三百萬歐元的資產額）。我們很難證明這樣的現實是合理的，而人們對課稅的同意可能因此產生動搖，對於實現經濟正義的可能性也會有一種愈來愈強的幻滅感。不過令人驚訝的是，相關問卷調查的結果顯示，受訪者幾乎一致支持同時對年度所得與資產課徵的混合式稅制（此處資產不區分不動產或金融資產，這些受訪者很合理的認定兩者沒有區分之必要）。[118] 唯一可能（以相當虛無主義且違反事實的方式）證明金融資產與負債免課財產稅有其正當性的理由是當事人有辦法讓它們完全不被課到稅，我們也別無選擇，只能讓它們完全免稅。事實上，應課徵的利息與股利長年以來都屬於金融機構與全國性稅務機關之間會自動傳遞的資訊，要把這套制度適用金融資產本身（而不只是所生之孳息）並無任何困難，要把制度擴大到國際層級同樣沒有問題，只要修改關於資金流通的現有協議即可。[119] 我們也別忘記二次大戰後在德國、日本及許多國家成功推行的私人資產特別稅當然適用於金融資產。如果不適用的話反倒完全說不通，畢竟該制度的目的就是要讓生活最優渥的人做出貢獻。

集體學習與對財產稅的未來展望

種種跡象都顯示這段漫長的歷史還未走到終點。現行的制度是過去社會政治發展的結果，而這樣的發展主要是在政治與意識形態力量及其動員力的較量之下形成的，也會繼續以同一種方式促成未來的制度演變。尤其值得注意的是，美國的資產不均在1980至2020年間急速惡化，加上經濟成長低落，導致1980年代的意識形態轉向開始遭到質疑。自2010年代中期以來，我們愈來愈常看到民主黨領袖提及要回歸70至80%的高額所得與遺產稅率。其中相當具代表性的就是伯尼・桑德斯（Bernie Sanders），他在2016年的民主黨初選中以些微之差輸給希拉蕊・柯林頓（Hilary Clinton），而他提議適用於高額遺產（超過十億美元）的稅率是77%。

　　從 2020 年總統大選來看，有幾位民主黨參選人提出要創設美國第一套聯邦富人稅，以伊麗莎白・華倫（Elizabeth Warren）2019 年初提出的政見為例，將對五千萬至十億美元的資產課以 2% 的稅率，超過十億美元者則課以 3%。[120] 這套草案同時搭配相當於資產價值 40% 的「退場稅」（exit tax），適用於那些選擇離開美國並放棄公民身分的人。富人稅適用於所有資產，沒有任何例外條款，對於不提供正確海外資產資訊的個人及政府則設有制裁手段。

　　就目前而言，我們無法斷言這類討論是否會與何時會有成果，又會以何種形式呈現。對超過十億美元的資產課以 3% 稅率清楚展現了促進財富流通的意志。舉例來說，3% 稅率代表一筆價值一千億的靜態資產可在數十年內回到眾人手中。換言之，持有龐大資產也只是一時。不過，有鑑於大型金融資產正普遍增長，或許應該考慮對高額金融資產實施更高的稅率：至少每年繳納 5 至 10%，對價值數十億者甚至應該課以數十個百分點，才能促進財力與權力的快速更替（參見第十七章圖 17.1）。也有一些人認為上述適用於頂層財富的稅率應該和美國亟需的財產稅改革連結在一起（改革重點在於讓為了擁有資產而負債者可享有較低的財產稅）。[121] 無論如何，這些辯論距離完結的那一天都還很遠，而辯論的結果主要取決於參與者能否將最近的變化與舊有的經驗銜接起來。

　　我們在其他國家同樣看到將當前的辯論重新放在歷史視角下的需求。法國和美國一樣，為了建立一套真正的累進財產稅，在十九世紀末和整個二十世紀都有過許多辯論。一次大戰爆發之前，例如在 1914 年初，人們就已經討論過許多方案。不過處於 1914 年夏天的緊急狀態下，加上要課徵年度累進資產稅引發的恐懼與思想上的抗拒，法國參議院決定只通過一般性的所得稅。1920 年代，左派聯合（Cartel des gauches）內部的討論未能產生任何結果，一方面是因為基進派不想讓小資產家恐慌，另一方面也是因為社會黨關心國有化的議題更勝於這些財稅制度草案。這也是讓社會民主派與社會黨在推動累進財產稅時進展有限的障礙之一：他們常常認為

草案對中間派的政黨來說太嚇人，又不足以策動最左傾的勢力，因為他們最重視的目標是讓生產工具國有化。1936年，在人民陣線執政時期，共產黨人認真考慮要加入聯合執政，而他們主張累進資產稅應該對超過一百萬法郎者課以5%稅率，超過五千萬者則課以25%（兩者分別為當時平均資產額的十倍與五百倍）。不過議會中的多數屬於基進派，他們不願意投票支持這項提案，因為他們認為這是社會主義革命放出的特洛伊木馬。此後又有許多其他提案出現，尤其是1947年法國總工會以及1972年社會黨與共產黨議員所提出的草案。

　　1981年大選結束後，巨富稅（impôt sur les grandes fortunes, IGF）終於獲社會黨與共產黨多數票支持通過，後來在1986年被戴高樂派與自由主義派的多數力量廢除，1988年大選後重新以財富團結稅（impôt de solidarité sur la fortune，ISF）的形式回歸。[122]我們後面會再回頭研究2017年選出的政府如何在2018年著手將財富團結稅改換成不動產財富稅（impôt sur la fortune immobilière，IFI），而新制的重點便是讓金融投資完全免於課稅，從而讓頂層財富幾乎可完全免稅（參見第十四章）。在此我們只特別指出一點：此次改革引發的激烈對立意味著此一漫長的歷史將延續下去。此外我們必須銘記在心，1982到1986年間實施的巨富稅以及其後於1989到2017年間實施的財富團結稅向來只及於一小群納稅人（不及人口的1%），稅率也不高（一般介於0.2%到1.5至2%），更有多不勝數的豁免條款，以至於從1790年代以來基本內涵從未改革過的不動產稅依舊是最重要的資產稅。[123]

財產稅發展路徑的交錯與再發現

　　在英國，累進資產稅差一點就能在1974至1976年間威爾遜與卡拉漢領導的工黨政府下通過。事實上，在經濟學家卡爾多（Nicholas Kaldor）的大力推動下，工黨成員在1950及1960年代已獲致一個結論，亦即以累

進所得稅及遺產稅為基礎的稅制應該搭配一項年度累進財產稅才完整，理由既是基於正義也是為了效率。他們更認為唯有透過這種方式才能深入瞭解資產及其實際變化，並藉此防堵透過信託及其他類似架構來規避遺產稅的手法。工黨在1974年勝選之前，規畫的是一套對巨額資產課徵高達5%稅率的累進稅。然而除了財政部大表反對，這項計畫還遇上石油危機和1974至1976年衝擊英國的貨幣與通膨危機產生的種種效應，最終遭到擱置。[124]

英國因此和美國一樣，成為所得稅和遺產稅累進性最高卻從未對資產實行過年度累進稅的國家。不過我們要特別將最近實施的豪宅稅（mansion tax）提出來討論。雖然英國的地方住房稅制度呈現特別強的累退性，不動產交易稅的累進性特別強卻是該國的一大特點：如果財產價值低於十二萬五千英鎊則交易稅等於零，價值介於十二萬五千鎊至二十五萬鎊者稅率為1%，之後隨著財產價值提高至超過五十萬鎊，稅率也會逐漸升高至4%。2011年，英國實施一項新規定，對價值超過一百萬鎊的財產（即豪宅〔mansion〕）之買賣課以5%的稅率。[125]有意思的是，由工黨制定的5%稅率一開始受到保守派大力抨擊，但後者上臺後卻對價值超過兩百萬鎊的財產定下了7%的稅率。由此可知，隨著貧富不均的擴大，尤其是資產集中度提高，大多數民眾極難擁有屬於自己的資產，發展累進性更高的資產稅之必要性變得比政治上屬於哪個黨派更加重要。這也意味著有必要通盤檢討整套關於資產的課稅制度。與其對交易行為課這麼高的稅，更公平且有效率的方式應該是以每一年度為單位，根據所持有的資產（不分類型），實施一套稅率較低的累進稅制。

最後讓我們談談歐洲的德語系與北歐國家。這些國家大多數在所得稅與遺產稅的累進性上與英美兩國相距不遠，不同的是，他們相當早便透過一些針對資產的年度累進稅來補足前兩種稅的不足。普魯士在1893年訂定了針對綜合資產（含房屋、土地、營業與金融資產，扣除債務）的年度累進稅，稍早在1891年則通過了累進所得稅；接著薩克森邦也在1901年

訂定此稅，此後逐漸普及到德國各邦，於1919至1920年時成為聯邦稅。
[126]瑞典的累進資產稅創立於1911年，與此同時，累進所得稅也進行了改
革。[127]在歐洲其他德語系與北歐國家（尤其是奧地利、瑞士、挪威與丹
麥），同樣結合所得、資產與遺產累進稅的制度都在同一時期建立，通常
在1900至1920年間。然而必須注意的是，這些資產稅一般而言只影響不
過1至2%的人口，其稅率介於0.1%到1.5至2%之間（在1980年代的瑞典
可高達3至4%），所發揮的作用遠不及所得稅。

　　更重要的是，上述國家大多於1990年代至2000年代初將這些稅廢除
了（瑞典和挪威除外，目前依舊實施中），其部分原因與國家間的租稅競
爭有關（1980年代末期歐洲正在發展資金流動自由化），也與經歷英美「新
保守主義」及蘇聯垮臺後形成的意識形態氛圍有關。除了這些大家普遍知
道的因素外，我們也需注意最初規畫上的錯誤所造成的關鍵性（且具學習
價值的）影響。前述德語系與北歐國家的資產稅是在第一次世界大戰前制
定的，在當時的金本位制下，人們不知通膨為何物，而這些稅其實大多不
是依據各不動產與金融資產的市場價值（必要時各級稅率會依指數調整，
以免稅額漲跌幅度過大），而是依據地籍價值，亦即定期（例如每十年）
進行全面財產普查時所登記的價值。問題是，這套制度在通膨為零或很低
時行得通，在兩次大戰結束後及戰後數十年間發生嚴重通膨時，很快就變
得不合時宜。這在比例制資產稅下（例如法國的不動產稅）已經會製造嚴
重的公平問題，對於需要分辨是否超過課稅門檻的累進稅而言，還得依據
不同城市或街區不同時間更新的老舊價格資訊為基礎，實在令人難以忍
受。在這樣的背景下，德國憲法法院於1997年判決停止課徵資產稅，理
由是違反租稅公平原則。從此以後，柏林的聯合政府便認為他們有更多比
恢復資產稅更重要的任務，原因容後再敘。

　　最後必須一提的是1991到1992年間瑞典的銀行危機在該國政治意識
形態演變中所扮演的特殊角色，又因為瑞典社會民主主義的指標性地位，
使其他國家進一步受到重大影響。這次危機之嚴重令瑞典的主要銀行差一

點破產，主要凸顯的是銀行與貨幣的管控以及資金流角色的問題。不過最後受到更全面質疑的是瑞典的社會與租稅模式「做過頭」的地方，從更大的視角來看，危機也令身處全球化金融資本主義下的瑞典強烈感到自身的脆弱。社會民主派自1932年以來第一次失去政權，而上臺的自由派自1991年起實施了一套將利息與股利排除在外的制度，並將資產累進稅的累進程度大大降低。此一資產累進稅最終在2007年被自由派廢除，社會民主派則在兩年前廢除了遺產稅。這件事也許令人感到驚訝，但也反映出租稅競爭帶來的壓力多麼強烈，而在二十一世紀初的現在，一個規模類似瑞典的國家仍可能深深為這種壓力所苦，此外，也可能反映人們認為瑞典的平等模式極為穩固，所以不再需要這類制度。不過我們還是有理由相信，如此劇烈的租稅政策轉向長期而言會對貧富不均帶來相當顯著的負面影響，同時有助於解釋為何瑞典的社會民主派吸引的優勢族群愈來愈多，傳統的下層選民卻變得愈來愈少（參見第十六章）。

　　我們將在本書第四部檢視主要的議會制民主國家中選民結構與政治矛盾的變化，屆時會再回頭討論這些問題。到目前為止，我們可以得出幾個教訓。整體而言，社會民主主義國家儘管有其成功之處，卻在過去數十年間遭遇了許許多多既是思想上也是制度上的瓶頸，尤其是與社會共有制（propriété sociale）、教育機會平等、超越民族國家及累進財產稅有關的問題。關於最後一項的累進財產稅，我們已經看到它有非常多元的發展路徑與歷史分岔點，而且彼此有許多明顯的不一致，實踐經驗的共通點有時也很少，由這一點顯然可以窺知政治團體與公民們對上述問題的理解十分淺薄。最近的演變清楚反映出人們猶疑不決的態度：一方面，資產不均擴大自然會導向發展新形態累進稅制的必要；另一方面，殘酷的租稅競爭又會讓愈來愈多人認同應該盡量壓低累進性，即使可能導致貧富不均惡化的趨勢愈加不可收拾。

　　實際上，拒絕理性的進行累進財產稅的討論——尤其是以絕無可能讓最有錢的人繳到稅而中下階層注定要替富人付錢為理由的那種論調——是

極度危險的政治決定。整部人類社會發展史都在向我們證明，不分時代、不分文化，人們一直在尋求能讓大多數人接受的正義規範，以處理財產與財富重分配的問題。隨著教育水準與資訊接收量的提升，追尋公平正義的力量似乎也愈來愈強烈。我們恐怕難以想像這件事到了二十一世紀會有所不同，或是上述討論會變得不再重要，何況資產日益集中的趨勢正在我們眼前發生。為了做好準備，我們最好先從瞭解過去的經驗與討論著手，這樣才能成功超越它們。如果拒絕這麼做，我們恐怕會助長那種對任何大膽的租稅與社會互助政策都不抱希望的心理，並進一步強化社會與身分認同的封閉退縮。

12 | 共產主義社會與後
共產主義社會

　　前面我們分析了1914到1945年間所有權社會如何崩垮，接著分析1950到1980年間建立起的社會民主主義社會如何自1980年代開始陷入危機。具體而言，即使有種種輝煌成果，社會民主主義卻無法充分應對貧富不均惡化的挑戰，因為不論對財產、教育或租稅議題，更重要的是對民族國家與全球經濟體的管制，他們都未能與時俱進並深化其思考與行動。

　　現在我們要分析的是共產主義社會與後共產主義社會，包括俄國、中國與東歐國家，以及這些國家的歷史地位與這些不平等體制的未來。共產主義，尤其是蘇維埃式共產主義，在二十世紀初成為所有權至上的意識形態有史以來遇到最直指核心的挑戰。事實上，共產主義正是直衝著所有權至上主義而來的一種意識形態。所有權至上主義把賭注押在對私有財產的絕對保障上，相信這樣可以帶來繁榮富裕與社會和諧，蘇維埃共產主義的基本立場則是澈底消除私有財產，取而代之的是全面收歸國有。實際上，這場對私有財產制意識形態發動的挑戰最終卻使之更加堅固。蘇聯（1917-1991年）的共產主義實踐一敗塗地，這是經濟自由主義在1980年代再度盛行以及新形態的私有財產崇拜之所以形成最重要的一項因素。俄羅斯更成為上述反轉最具代表性的象徵。一個曾經長期廢除私有財產制的國家，

現在變成全球新一代寡頭與境外財富（亦即藏在避稅天堂不透明組織下的財富）最多的國家。從更大的視角來看，站在二十一世紀初的現在，後共產主義——不論是俄國、中國或東歐的版本——已變成超級資本主義的最佳盟友。同時，後共產主義社會抱有一種幻滅感，對一切達成經濟正義的可能性皆不抱希望，這造成身分認同上的日益封閉。

我們首先將分析蘇維埃時代的俄國，尤其是其失敗之原因，以及為何除了超級中央集權的國有財產制之外，共產政權無法想出不同的經濟與社會組織形式。我們也會探討俄國自共產政權末期以來的盜賊政治亂象有多麼嚴重，以及在全球避稅天堂蓬勃發展的普遍現象下，俄國又扮演著何種角色。接著我們會分析中國的情形，他們懂得從蘇維埃主義與西方國家的失敗中取經，在後毛澤東時代超英趕美的目標下打造出一種表現良好的混合經濟。此外，中國政權對西方的議會民主與選舉民主提出根本的質疑，然而他們的答案卻是選擇採取資訊不透明和中央集權，顯然不利於有效管控私有財產造成的不均。最後，我們會檢視後共產時代東歐國家的情況，包括他們在歐洲及全球不平等體制轉型過程中的位置，以及他們如何映照出目前歐盟的經濟政治制度下的灰色地帶與局限。

沒有財產理論也可以掌握政權嗎？

在今日，還對蘇維埃共產主義的實踐（1917-1991年）感興趣者，多半是想瞭解其之所以一敗塗地的原因。而對於想要重新思考如何超越資本主義的人來說，蘇聯的失敗仍然是個沉重的包袱，也是導致1980年代後全球不均惡化的重要政治意識形態因素之一。

蘇聯失敗的原因很多，不過頭一項是不證自明的。1917年布爾什維克黨掌權時，他們的行動計畫遠遠不如他們宣稱的那樣「科學」。無疑地，私有財產將會被廢除，至少針對那些大型工業生產工具是如此，不過這類生產工具在俄國並不多。但是要如何安排新的生產關係與財產關係呢？確

切而言，各小型生產單位和商業、交通或農業部門會變成什麼樣子呢？未來會以何種機制進行決策，又該如何在龐大的國家計畫經濟體制下進行財富分配呢？由於沒有明確答案，俄國的權力態樣很快走回高度人治。又由於成果不符期待，必須尋找理由與代罪羔羊，具體來說就是用叛國行為與資本主義陰謀的思維看待一切事物。因此，這個政體將自己閉鎖在拘捕入獄與政治清洗的無盡循環裡，直到崩垮為止都不曾從中脫離。要宣布廢除私有財產制與布爾喬亞選舉制度，易如反掌，問題在於要精確說明取而代之的組織形態，這就複雜得多（雖然也更為有趣）。這不是不可能的任務，但必須經過審議、權力下放、妥協與實驗。

　　在此無意攻擊馬克思或列寧，但純就事實而言，在1917年取得政權以前，不論是這兩位或任何其他人都未曾對上述基本問題提出明確的方案。確實，馬克思早在1850年的《1848年至1850年的法蘭西階級鬥爭》（ Les Luttes de classes en France ）一書中便預告，過渡到共產主義與無階級社會之前必須經過「無產階級專政」的階段，在這個階段中，必須將所有生產工具交到國家的手中。「專政」這個詞聽起來令人不安。不過事實上，這些話完全沒有解決國家如何組織的問題，而我們很難確知馬克思若能活著親眼見證1917年革命與後續發展，會提出何種建議。至於列寧，我們知道在1924年過世前不久的他傾向實施新經濟政策（New Economic Policy），這套政策應該維持一段相當長的時間，並以受管制的市場經濟與私有財產制為核心（雖然管制的定義仍很粗糙）。以史達林為首的新領導階層不信任這些複雜的設計，認為可能會拖累俄國工業化發展，決定自1928年起廢除新經濟政策，開始推動農業集體化，並將一切形式的生產與所有權皆收歸國有。

　　從1920年代末開始，這套體制的荒謬便昭然若揭，因為這個政權開始把一整批小型獨立工作者全打為罪犯，然而他們雖無法被納入新制度的框架，對都市生活與整個蘇維埃經濟體的運作同樣不可或缺。特別值得注意的是，剝奪公民權的措施（使不受歡迎的人口被排除於選舉名冊外，更

被排除於配給制度外，這對受罰家庭的生計影響尤其大）不只影響帝俄時代的舊軍人與教士階級，更施加在所有「從私人營商或中介服務中獲取收入」的人以及「為了營利而雇用一位員工」的人。以1928至1929年為例，大約7%的都市人口與4%的農村人口被列入「無權者」（lisency）名單。實際上，這代表所有拉小馬車的送貨人、賣吃的流動攤販、各類工匠和修理匠都成了處罰對象。

　　在申請回復權利的檔案中，在沒完沒了的官僚手續迷宮裡，他們描述自己過著「小日子」，擁有的不過是一匹馬或一家小舖子，他們述說著不明白過去與人民站在一起的政府為何會如此，並祈求得到寬恕。[1]這件事的荒謬處在於一個城市或社會顯然無法只由公認的無產階級、亦即大工廠裡的工人組成。食、衣、住、行都是最基本的需求，而這些功能需要靠一群在不同大小，甚至非常小的生產單位中工作的人提供。要組織這些生產單位，需要最低程度的權力分散和每個人擁有的期望與資訊，必要時還需要一小筆私人財產與幾個受雇員工。

　　1936年《蘇聯憲法》頒布時，人們認為這些荒唐的做法已經被澈底禁絕。這部憲法在「社會主義財產」（propriété socialiste）、亦即國有財產（也包括受國家高度控制的集體農場及合作社）之外，為「個人財產」（propriété personnelle）打開了可能性。不過所謂個人財產只限於透過個人勞動所得而取得的財產與物品，相對地，「私有財產」（propriété privée）的核心則是生產工具的擁有，延伸來說就是對他人勞力之剝削，而這在蘇聯是完全禁止的，不論生產單位有多小。當然，人們永遠都在爭取操作空間，好讓例如集體農場的工人可以把一小部分產品賣到集體農莊的市場（marché kolkhozien），或是裏海的捕漁隊可以將一部分漁獲出售並保留所得。問題在於，蘇聯政府花了太多時間在質疑這些規定與重新協商規範的大方向，一方面是緣於意識形態教條，加上這些破壞規定的行為令其疑神疑鬼，另一方面也是因為政府需要代罪羔羊與「怠工者」（saboteur）來證明制度的失敗與人民的挫折感其來有自。

1953年史達林逝世時，蘇聯有超過5%的成年人口被關押在獄中，其中超過半數是因「偷竊社會主義財產」以及其他為了讓生活好過些的小偷小竊。歷史學者卡迪奧（Juliette Cadiot）稱之為「小偷社會」（société des voleurs），而這就是一個宣稱要解放人民的體制澈底失敗的最佳證明。[2] 我們現在得在美國黑人男性身上才能找到一樣高的在監率（約有5%的成年男性在獄中）。如果以全美國來看，2018年約有1%的成年人口身陷牢籠，站在二十一世紀初的現在，我們的確可以毫無懸念的將美國封為這方面的世界第一。[3] 到了1950年代，蘇聯的在監率竟能膨脹到五倍之多，充分說明政治與人道災難的嚴重程度。令人格外訝異的是，受到關押的不只是異議者和政治犯而已，還有半數以上是被控竊取國有財產的經濟犯，雖然國有財產原本的目的是要在這世界上實現社會正義。在蘇聯的監獄裡，我們看到的盡是餓到去工廠和田裡偷點小東西的人、偷雞賊或南部的偷魚賊、被控貪汙賄賂的國營事業負責人（常為冤罪）。他們是政府高層的箭靶，而且政府想利用他們把社會主義財產的「竊賊」營造成人民敵人，往往只是小額偷竊就得在勞改營待五至二十五年，較嚴重的犯行則可能處以死刑。我們可以從訊問及審判過程留下的檔案中得知這些「竊賊」的發言與辯護理由，看到他們大聲質疑一個承諾改善人民生活條件卻無法實現的政體是否仍有政治正當性。

有意思的是，第二次世界大戰反倒讓蘇聯接受了一種稍微開放一些的私有財產概念，至少表面上是如此。這是因為蘇聯在戰後針對1941至1944年間納粹在占領區橫徵暴斂之行為要求賠償與補償，這些要求需依當時的國際法處置，而國際法給予私有財產的損害賠償比公有財產來得多。於是各蘇維埃委員會便開始有系統的記錄私有財產遭受損失的證詞，其中包括一些小型生產單位的損失，而這些單位理應在1936年憲法施行後便消失了才對。不過實際上這主要是蘇聯政府在外交戰與法律戰前線運用的一種論證策略，大多數情形下對實質幫助民眾恢復財產原狀沒有直接的作用。[4]

「馬列主義」如何持續握有政權

　　既然成效如此乏善可陳，大家自然會好奇蘇聯政權的壽命為何能那麼長？除了善於鎮壓之外，還必須加上另一項因素，亦即蘇聯政權就像所有不平等體制一樣善於說服人民。持平而論，權力高層為了維繫政權所運用的「馬列主義」意識形態，撇開眾多缺陷不談，還是有不少過人之處。其中最明顯的優點就是比先前的政權好。直言之，沙皇時代的俄國貧富不均極其嚴重，在經濟、社會、衛生與教育上的發展十分貧弱。沙皇政權的支柱是貴族階級與教士階級，這兩種階級是由古老的三重功能社會一路延續下來的產物。沙皇政府於1861年廢除農奴制，距離1917年爆發革命不過數十年的時間。1860年代初期，農奴仍然占據俄羅斯近40%的人口。沙皇政府在1861年規定前農奴必須向以前的主人繳納費用到1910年為止。這個機制在精神上與英國1833年、法國1848年決定廢奴時提供奴隸主的金錢補償十分類似，唯一的差異在於俄國農奴就居住在俄國境內，不是在實施蓄奴制的小島上（參見第六章）。上述費用大多到1880年代便不再繳納了，不過這件事讓我們對帝俄體制與1917年的劇變有更深入的理解，從更廣泛的角度來看，也提醒我們一次大戰前的世界是如何高度崇拜私有財產與所有人的權利（不論財產的性質或來源為何）。

　　相較於沙皇政權，蘇聯政權樂於讓外界相信他們推動的計畫既符合平等精神又能促進現代化，將帶領國家走向光明燦爛的未來。事實上，撇開各種壓迫、幾近完全國有化的財產制度和高度中央集權的社會經濟組織，蘇聯在1920至1950年間的公共投資確實讓整個國家大幅現代化，也開始與西歐國家的水準接近了一些，尤其是基礎建設、交通運輸，還有識字率以及更廣泛的教育、科學與醫療衛生投資。例如從現有資料中可以看出，與帝俄時代相比，所得與經濟資源的集中度在蘇維埃政權初期的數十年間大幅減少，與此同時，整體的生活條件與所得以西歐標準來看改善不少，至少到1950年代是如此。

　　至於所得不均，從近來的研究可看到在整個蘇聯時期，亦即從1920年代到1980年代，最高十分位的占比都在相對低的位置，約為所得毛額的25%，相對地，沙皇時代約為45至50%（參見圖12.1）。

　　至於最高百分位的占比，在蘇聯時代曾降至所得毛額的5%左右，1917年以前的水準則在15至20%之間（參見圖12.2）。然而我們要強調，這樣的推估方式有其局限。我們確實已將可取得的金錢數據加以修正，以納入蘇聯體制下特權階級實質上享受到的好處（更容易進出商店、渡假中心等），不過這樣修正後的數字基本上只是大致近似而已。[5]

　　最後，上述關於蘇聯時代所得不均的數據更可證明共產政權下的貧富不均不是透過金錢形成的。除了在其他社會的高額所得中占有重要地位的財產所得完全消失之外，我們還觀察到工人、工程師乃至蘇維埃閣員等不同薪資層級之間的落差相當小（雖然未能完全扁平化）。[6]這的確可說是新政權的存在特徵之一，因為要是蘇聯政府突然開始發給領導階層高於工人薪水百倍以上的薪餉或獎金，就會立刻打破一切意識形態的內部一貫性，

圖12.1. 俄國的所得不均，1900-2015年

蘇聯時代，最高十分位（所得最高的前10%群體）在全國所得毛額中的占比平均為25%左右，低於西歐與美國的水準。共產垮臺後提高到45至50%，超越歐洲國家與美國的水準。來源與數據：參見 piketty.pse.ens.fr/ideologie

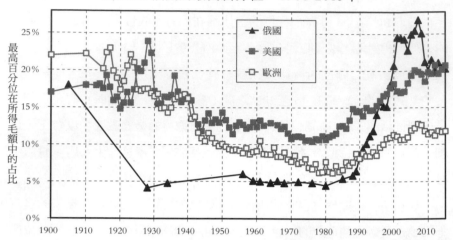

圖12.2. 俄國的最高百分位，1900-2015年

蘇聯時代，最高百分位（所得最高的前1%群體）在所得毛額中的占比平均為5%左右，低於西歐與美國的水準。共產垮臺後提高到20至25%，超越歐洲國家與美國的水準。來源與數據：參見piketty.pse.ens.fr/ideologie

也失去所有正當性。

　　不過我們不能因此忽視蘇聯的貧富不均是透過其他途徑形成的事實，例如實質上的好處和取得某些商品的特權（這類途徑很難完整納入計算）；另一種途徑則是法規造成的嚴重不平等，其中最極端的就是大量監禁，不過精細複雜的國內通行證制度也是其中之一。國內通行證的目的一方面是限縮鄉村人口遷徙到都市的機會（這些人口在農業集體化與強行軍式推動工業化時遭受極惡劣的對待），一方面是為了區隔某些可疑或被判刑的人口，以及管制市中心和勞工社區之間的通行，以配合都市計畫與住宅建設進度的需要。[7]試圖將上述各種面向合併為金錢性質的單一量化不均指標，是不切實際的做法。我認為比較妥當的做法是將所觀察到的金錢上的貧富差距呈現出來，同時強調這只是能夠表現蘇聯不平等體制特徵的面向之一（且未必是最顯著的），對其他歷史上的不平等體制而言也是如此。

　　關於蘇聯時代平均生活水準的變化，我們同樣要強調研究材料與資料來源充滿缺陷。根據現有的最佳推估值，若以人均國民所得為衡量標準，

則俄國的平均生活水準從1870年代到1910年代一直徘徊在西歐水準的35到40%左右（西歐水準指英、法、德三國平均值），接著在1920至1950年間逐漸提升，1950年代時已達到西歐水準的60%左右（參見圖12.3）。我們不應過度想像上述比較的準確度，不過數值的大小範圍仍具有一定的重要性。無庸置疑，自1917年爆發革命後，從1910年代末直到1950年代，俄國在經濟上的確開始漸漸趕上西歐國家。當然，能夠追上的部分原因在於俄國的起始點特別低。雙方距離明顯拉近的另一個原因則是資本主義國家的經濟表現不如預期，尤其是1930年代，當時西歐與美國的產值暴跌，蘇聯的計畫經濟則火力全開。總而言之，基於以上種種既是結構也是時勢所致的因素，大致而言，蘇聯在1950年代的經濟成果顯得相當良好。

　　然而在接下來的四十年，亦即1950年到1990年間，我們看到俄國的平均國民所得停滯在西歐水準的60%左右（參見圖12.3）。這顯然是經濟表現失常，尤其考慮到這段時期俄國的教育水準正大幅成長，包括東歐國家也是，而在正常情況下，教育提升應該會導致經濟迎頭趕上並逐漸與西

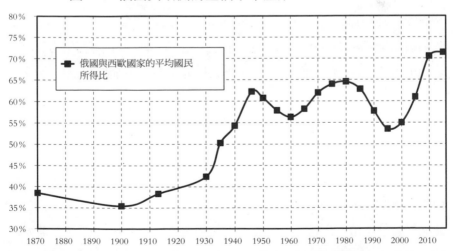

圖12.3. 俄國與歐洲的生活水準差距，1870-2015年

經購買力平價計算，1870年到1910年間，俄國的人均國民所得是西歐國家平均值（指德、法、英）的35至40%左右，接著在1920至50年間逐漸提高，至1950至90年間穩定保持在西歐水準的60%左右。來源與數據：參見 piketty.pse.ens.fr/ideologie

歐國家並駕齊驅。可見生產體系的結構才是問題所在。挫敗的程度其實是更嚴重的，因為在1950及1960年代，共產體制的科學、科技與產業表現都受到大力推崇與吹捧，而且不論對內或對外，蘇聯都經常宣揚共產主義在生產方面的輝煌戰績。1970年，在薩繆森（Paul Samuelson）所撰寫，歷屆北美大學生都需捧讀的知名教科書的第八版中，根據從1920年代到1960年代觀察到的趨勢，他依然預言美國的GDP可能在1999年到2000年間被蘇聯超越。[8]然而在接下來的十年中，我們愈來愈清楚的看到俄國經濟追趕的態勢戛然而止，而且相較於資本主義國家的薪資，生活水準也明顯停止成長。

然而上述比較仍有可能低估了東歐與西歐生活水準的真實差距，尤其是1970年代末期的狀況。具體而言，雖然進行上述比較時使用的物價指數基本上都已顧及在共產國家可取得的消費性商品（家電、汽車等）的低劣品質，但品質因素的影響非常可能隨著時間而提高，並且在1960及1970年代之後格外受到低估。此外，蘇聯臃腫的軍事產業在冷戰期間曾占整個蘇聯GDP的20%之多，在美國則占5至7%，[9]此一領域也會略為增加比較的複雜性。將大量物質與優秀頭腦投入戰略產業的確帶來令人刮目相看的成就，好比史普尼克一號（Spoutnik 1）在1957年10月向太空發射，讓美國如坐針氈。不過這仍然不能掩蓋日常生活條件的貧瘠與這方面落後資本主義國家的程度，而且到1970及1980年代變得更加難熬。

共產主義與反殖民主義解放的幸與不幸

考慮到各國生產與所得的登記與會計制度差異相當大，加上東歐與西歐的差距涉及諸多面向，若要衡量蘇聯社會生活條件有多麼惡劣，最佳方法顯然就是使用人口資料。而人口資料顯示平均餘命自1950年代開始出現令人擔憂的停滯。我們還觀察到，在1960年代末及整個1970年代，男性平均餘命有些微下降的趨勢，這在承平時代是前所未見之事，同時統計

數據也顯示嬰兒死亡率不再下降。[10] 以上種種跡象都反映衛生醫療體系出現重大問題，而且似乎已經瀕臨極限。1980 年代，戈巴契夫試圖解決飲酒過量的問題，相關措施成為這位末代蘇聯領導者支持度大跌以及政權最終崩潰的重要因素。蘇維埃共產政權曾經成功將俄國人民從沙皇統治與悲慘生活中解救出來，現在卻成了生活簡陋和短命的同義詞。

　　政治思想上，蘇聯的力量會在 1970 年代變得薄弱，原因也和戰後最強烈的特徵大多逐漸消失有關。在 1950 年代，蘇聯在國際上的道德聲望相當高，不只因為蘇聯是戰勝納粹的關鍵力量，也因為在國際性的共產主義運動下，蘇聯展現出它能串連並控制唯一明確且澈底反對殖民主義與種族主義的政治意識形態力量。在 1950 年代，美國南方還在實施嚴苛的種族隔離政策，必須等到 1963 至 1965 年，美國黑人大規模動員起來要求民主黨的甘迺迪政府和詹森政府將民權與選舉權加入政治議程（這兩位總統一開始無意派聯邦軍隊到南方各州保護黑人權利），事情才會有所改變。在 1940 年代末、1950 年代初，南非的種族隔離政策才剛實施，隨即變得更加嚴格，政府透過大量立法將黑人關在保留區內，不准他們涉足其他南非土地（參見第七章）。這個政權在種族主義上與納粹無異，美國卻以反共為名給予支持。必須等到 1980 年代興起反對南非的國際制裁浪潮，事情才有所改變，不過直到 1986 年為止，雷根政府都公開反對制裁。[11]

　　1950 年代，去殖民化運動才剛萌芽（尤其在法國的殖民帝國下），法國政府便準備對阿爾及利亞發動戰爭。當社會主義者支持政府與愈來愈暴力的「維護秩序」行動，只有共產黨明確磊落地大力支持即刻讓阿爾及利亞獨立並撤軍。在這個轉折期，在許多知識分子和各國的無產階級眼中，國際性的共產主義運動似乎是唯一主張以平等為世界社經結構基礎的政治意識形態力量，而相對地，殖民主義的意識形態依然想要使用不平等、所有權至上、階級分明、種族主義的邏輯來建構世界秩序。

　　1966 年，剛獨立不久的塞內加爾在達卡舉辦「世界黑人藝術節」（Festival mondial des arts nègres）。對泛非洲主義（panafricanisme）和「黑性」

（négritude）而言，這是一項具有標誌性的活動。「黑性」是一種文學與政治思潮，主要由知識分子兼作家桑戈爾（Léopold Sédar Senghor）在1930、1940年代將其發揚光大。後來桑戈爾在1960年成為塞內加爾第一任總統，在此之前，他曾試著組織一個龐大的西非民主聯盟而未果（參見第七章）。所有資本主義與共產主義大國都接受了藝術節的邀請，並試圖展現最佳的一面。在蘇聯的攤位上，莫斯科代表團在文宣中清晰展現他們的信念與歷史分析。俄羅斯和美國、法國相反，不需要靠奴隸制也能工業化，所以俄羅斯更可能與非洲國家站在平等的基礎上締結發展夥伴關係。[12]沒有人會為這個說法感到驚訝，因為在當時的脈絡下是非常自然的事。

到了1970及1980年代，這種道德光環幾乎完全消失。去殖民化工作已經結束，公民權利已擴大適用於美國黑人，反種族主義及種族平等、民族平等的價值現在被資本主義國家一致視為共同基礎的一部分，也代表他們從此轉型為後殖民時代的社會民主主義社會。從那時起，歐美在1980及1990年代之後的選舉對立中，種族與移民問題的角色的確變得愈來愈重要，這一點我們將在下一部中再詳細討論。不過顯而易見的是，到了1970及1980年代，共產陣營在這些問題上已失去種種明顯的道德優勢，對他們的批評也開始集中於鎮壓與關押的政策、對異議者的處置以及貧弱的社會與經濟表現。在影集《冷戰諜夢》（*The Americans*）中，伊莉莎白（Elizabeth）和菲利普（Philip）是蘇聯國家安全委員會（KGB）的特工，活動於1980年代初期的美國。伊莉莎白和一位美國黑人社運分子譜出一段戀曲，而他發現整體而言，她比她的真／假丈夫菲利普更加真誠相信共產主義的理念。面對蘇聯最終的崩潰近在眼前，菲利普有點不知為何而戰。這部在2013到2018年間播出的影集也讓我們一窺過去的時代，以及蘇維埃共產主義很早以前便不再主動大力主張反種族主義與反殖民主義的事實。[13]

我們會發現對女性主義的態度變化也是如此，雖然較不明顯。1950到1980年間，認為家庭主婦是一種社會成就的父權意識形態在資本主義國家達到巔峰，共產體制卻正在積極為男女平等而奮鬥，尤其是職場上的

平等，不僅支持成立托兒所與提供公共托育服務，還包括協助避孕與家庭計畫。這種態度不能說沒有偽善的成分，畢竟共產世界的政治領袖也和其他地方一樣，清一色是男性。[14] 儘管如此，在1960與1970年代，蘇聯和東歐國家的蘇維埃與各種議事組織中，女性的比例可高達30至40%，同一時期在西歐與美國的議會座席上則只有不到5%的女性。也許有人會不同意，認為共產國家議會擁有的政治自主性有限，且經常是在只有一位候選人的情形下選出，或者其組成受到傀儡黨派的左右，而這些傀儡黨派服務的就是那個唯一且幾乎握有一切實權的執政黨。由此可見，女性候選人的提名對權力與權力分配的真實狀況影響十分有限。

不僅如此，在1980年代到1990年代間，蘇聯與東歐女性議員的比例從30至40%急降到不超過10%，幾乎和西方國家的水準相同，甚至略低了一些。[15] 同樣值得注意的是在1960及1970年代，中國和幾個南亞及東南亞國家在女性議員比例上超越西方國家甚多。小說《太陽的另一半》（*L'Autre Moitié du soleil*）[①] 的劇情發生於1960年代初期、奈及利亞內戰（即比亞夫拉戰爭）前夕。書中，在初獨立的奈及利亞，伊博族（Igbo）知識分子奧丹伊博（Odenigbo）對政治充滿熱情。作為一個世界公民，他追蹤時事，從密西西比州的種族平權抗爭到古巴革命，也沒漏了剛剛取得錫蘭政權的世界第一位女總理。1990年代之後，西方國家將自己視為女性主義運動的發起者（這也不是他們第一次這麼做），至於是否真有追求平等的決心，各國的誠意與執行效率未必相同（我們將在第十三章回頭討論這一點）。

共產主義與合理差異的問題

讓我們回到共產主義對財產權問題的態度。蘇維埃政權為何決定採取

---

① 譯注：作者為奈及利亞作家奇瑪曼達・恩格茲・阿迪契（Chimamanda Ngozi Adichie）。

如此極端的立場，反對一切形式的生產工具所有權（即便再微不足道），
這是個需要嘗試暸解的重要問題。擁有一輛老式馬車或一間小鋪子就得背
負罪名，甚至鋃鐺下獄，不免令人感到荒謬。然而這套政策依循著某種邏
輯。首先非常重要的一點就是他們害怕一發不可收拾。一旦開始允許私人
擁有一些小型事業，不就有可能會無法設下界線，也會一天比一天更接近
資本主義的再起嗎？如同十九世紀所有權至上的意識形態不接受任何對既
有私有財產權的質疑，害怕一打開潘朵拉的盒子就會立刻陷入全面混亂，
二十世紀的蘇維埃意識形態同樣不願承認完全國有化以外的財產權形式，
害怕只要給私有財產權一丁點空間，最終就會遭到全面吞噬。[16] 究其根本，
這兩種意識形態都是某種神聖化作用的產物，前者崇拜的是私有財產權，
後者則是國有財產權，而它們也都承受著空洞的恐懼。

　　藉著目前為止的歷史經驗，尤其是二十世紀的種種成與敗，我們可以
描繪出某種參與式社會主義及共享的暫時性財產權，既可超越資本主義，
也可超越蘇維埃共產主義。具體而言，制度的基礎可以是非中央集權的、
由規模合理的私人財產所實現的事業計畫，但透過累進財產稅、全民基金
及股東－員工分享表決權等做法，同樣也能避免資產的過度集中。歷史經
驗會幫助我們設下底線與邊界，這些底線與邊界當然不具有數學的確定
性，可以導出完美的政策，適用於一切時空。相反地，它們的意涵必須由
常態性的審議與實驗加以決定，但是靠著這些底線與邊界可以讓我們走得
更遠。舉例來說，現在大家已經知道財產分配最高百分位的占比即便從
70% 掉到20%，也不會破壞經濟成長（二十世紀西歐國家的經驗證實正好
相反），也知道員工代表可以擁有半數的投票權（好比德國式或北歐式的
共同經營制），還有這類權力分享有助於改善整體的經濟表現（參見第十
章及第十一章）。從具體經驗發展到令人完全滿意的參與式社會主義，是
一個十分複雜的過程，尤其是因為小型與大型生產單位之間無法截然二
分。然而在思考整套系統的時候，我們一定要從法規與稅務規則出發，考
慮如何從最小的企業到最大的企業，持續且漸進的適用於不同規模的對

象。[17]不過歷史經驗的寶藏足以為我們指出哪些明確的實驗方向是可能的（參見第十七章）。

　　然而，雖然1920年代的布爾什維克黨領袖們拒絕追求權力分散的參與式社會主義，原因也許不單是因為他們不具備二十世紀到二十一世紀初人類社會歷經實驗後的體悟（尤其是社會民主主義的成功與局限），或是因為他們輕看了當中的複雜性。要讓權力下放顯得非常有價值，前提是我們必須構築某種對人類平等的想像，並安然接受人與人之間眾多合理的差異，特別是彼此擁有的期望與資訊，也瞭解這些差異對一個國家社經結構的形態有其重要性。可是蘇維埃式的共產主義也許是受到某些工業主義與生產主義虛幻想像的影響，傾向忽視上述差異的重要性，更忽視其正當性。具體來說，如果人類需求的形態不多而且相對一致（食物、衣服、房子、教育、醫療），且人們相信對每個人來說，滿足這些需求的商品與服務的內容可能幾乎相同（以人類的幾項基本需求來說，某程度也言之成理），那麼權力下放便沒有什麼好處。一套建立在中央集權計畫經濟之上的組織方式也許非常適合，因為它會為每個人力資源與物質資源分配適合的去處。

　　但問題在於，人類社會必須解決的經濟與社會組織問題實際上更加複雜。我們無法將它簡化為上述那一組基本需求。遍覽人類社會，不論是1920年的莫斯科還是2020年的巴黎或阿布札（Abuja），都有著五花八門數不清的商品與服務，是人們為了過日子和發展自己的計畫與願望所「需要」的東西。當然，這些「需要」有許多是人類自己創造出來的，有時還建立在對其他人的剝削之上，或者會產生危害和汙染，威脅其他人的基本需求，此時便非常需要靠集體審議與已有的法規制度來限制或禁止實現這些需求。不過這些各式各樣的需求之中，很大一部分都是正當合理的，國家無法由上而下的控制，除非殘忍的扭曲個人和個人特質。舉例來說，在1920年代的莫斯科，有些人由於自己過去或個人的社交習慣，比較喜歡住在某些街區，或是比較喜歡某些食物或衣著。另一些人則因為自己的人生

軌跡而擁有一輛老式馬車、一間小舖子或特殊技能。唯有一個權力分散的組織才有辦法讓以上種種人際之間的合理差異能被表達出來，也能被彼此看見。一個集權式的國家無法做到這一點，不只是因為從來沒有一個國家能準確握有一切關於個人的資訊與特性，也因為想要系統化的蒐集這些資訊，就可能會對各種社會運作造成傷害，讓人們無法透過這些運作學會認識自我。

論私有財產在權力分散式社會組織中的角色

由勞工組成合作社的組織形態同樣無法完全回應人類多樣的需求與期望所帶來的挑戰，雖然俄國在 1920 年代熱烈討論新經濟政策時經常提及這種形態，1980 年代戈巴契夫推動經濟開放政策時也考慮過並支持採用。如同之前所舉的咖啡廳或有機食品店的例子（參見第十一章），一個是將所有財力與精力投入這項計畫的人，一個是前一天才雇用、或許自己也有事業計畫的店員，把決策權平均分配給這兩人相當不合理（在店員的事業中，他也完全不應該被剝奪控制的特權）。關於事業計畫與期望，個人之間有這樣的差異是很正常的，即使在一個完全均等的社會裡，每個人在起始點都擁有一模一樣的經濟與教育資本，這些差異同樣會存在。差異只是反映人們有各種各樣的期望、主體性、人格特質與可能的個人發展方向。此外，私人擁有生產工具的範圍如果受到恰當的管控與限制，那麼作為權力分散式的制度設計的一環，將可幫助人們表達並慢慢發展這些不同的期望與個人特質。

當然，私人生產工具和相關權力的集中程度必須經過嚴謹的討論並受到控制，不應該超過基本的必要程度，手段主要可透過高度累進財產稅、全民基金，以及員工和股東之間的對等投票權。即使從這種純粹工具性的角度思考、毫無神聖化的成分，私有財產權仍然具有不可或缺的意義，只要我們認為理想的社會經濟組織基本上應該建立在人類豐富多變的期望、

資訊、才能與專業技能之上。相對地，如果私人擁有一輛老馬車、小店舖就要被視為犯罪，如同1920年代蘇維埃政權的做法，代表其基本假設是個人多元的期望與主體性對於國家的生產與工業化組織形態僅有微小的意義。

最後，我們要特別再指出一項加添複雜性的重要因素。實際上，過去這些人際之間正常的期望差異經常被當作辯論策略，用來證明一些事實上相當可議的不平等現象其實是合理的。舉例來說，家長對不同類型學校和課程的偏好，常常被用來支持某些學校教育的不平等或學校之間的競爭；實際上，這些不平等與競爭讓具有優勢條件的家長可以將自己的孩子和其他孩子區分開來，因為那些孩子的家長比較不懂得看穿制度並選擇最有前景的校系。在這種情形下，我們可以合理認為理想的解決之道是讓教育脫離市場遊戲，並由政府提供適當、公平的經費，而某種程度上，這就是大多數國家的做法，至少在中小學教育階段是如此（參見第十一章圖11.11）。一般而言，要為個別領域找到最合適的解決方案和規範，必須透過集體民主審議。假如大家所討論的商品或服務（在合理範圍內）是一致的，例如在某個社群內，大家都同意所有特定年齡的孩童都應習得某一套知識與能力，此時讓提供相關服務的機構之間相互競爭（更不必說由私人持有這些生產工具並營利）便沒有多大利益，而且常常會造成不良的後果。相反地，在那些存在各式各樣合理的個人偏好與期望的領域內，例如服裝業或食品產業，權力分散、競爭以及在良好控制下允許私人擁有生產工具便有其道理。

關於合理差異範圍有多大的思考當然沒有這麼簡單，不是只要宣布私有財產制是所有問題的解藥，或者反過來判定在任何情形下擁有私人財產都是犯罪就能結案。然而，如果我們的目的是思索暫時性的社會所有制如何能成為全球性解放策略的一項要素，也不希望重蹈蘇維埃共產主義的致命錯誤，這樣的思考便是無可迴避的。

後共產時代的俄羅斯：寡頭亂象與盜賊政治

　　相較於蘇聯曾經是「小偷社會」，可以說在後共產主義時代登場的是寡頭與對公有財產的大力搜刮。讓我們細說從頭。蘇聯及其生產機制在1990到1991年間的解體，首先造成1992到1995年生活水準的崩垮。假如依購買力平價計算，其人均所得自1990年代末期開始回升，2010年代初期以後大約位於西歐水準的70%（參見圖12.3），但假如使用現行匯率計算，由於盧布相當弱，人均所得的水準會再低一倍。整體而言，即使平均經濟狀況自共產體制終結後有所改善，經濟成果還是乏善可陳，更不用說1990年代期間出現貧富差距急速擴大的情形（參見圖12.1-12.2）。

　　從這個角度來看，我們應該特別注意後共產時代的俄國在所得與財產的估算與分析上極度不透明的特徵。這主要與葉爾欽和後來的普丁政權所做的決策有關：他們容許境外組織和位於避稅天堂的資產不斷規避國家法律，規模之大前所未見。在這個一般性因素之外，再加上後共產體制不只完全放棄重分配的目標，也完全放棄登記所得或資產的資料，導致雪上加霜。舉例來說，後共產時代的俄國沒有任何遺產稅，以至於不存在任何關於遺產的政府統計數據。他們有所得稅，但完全採取比例制，而且2001年後的稅率只有13%，不論你的所得是一千盧布或一千億盧布都一概適用。

　　值得一提的是，沒有一個國家像俄國一樣把累進稅制的概念摧毀得如此澈底。的確，美國的雷根和川普政府把降低高額所得稅率視為核心政策，期望能刺激經濟活動與企業活力，但他們並未做到直接廢除累進稅原則的程度：適用於底層所得的稅率還是低於高額所得的稅率，高額所得的稅率被共和黨政府覓得良機砍到大約30至35%，但也不至於到13%（參見第十章圖10.11）。如果在美國實施13%的均一稅（flat tax，比例稅），可能很快就會導致非常激烈的反對，我們也很難想像半數以上的人民在投票傾向和意識形態上會贊同這種政策（至少在可預見的未來）。俄國竟會採

取這種財稅政策，證明後共產體制某種程度上標誌了1980及1990年代不平等的超級自由主義（ultra-liberlism）已經發展到臨界點。

　　同樣值得注意的是，因為中央集權的計畫經濟與國家對企業的直接控制讓國家可以直接決定薪資等級，共產國家沒有（或非常不重視）所得或財產累進稅。計畫經濟一旦崩解，企業一旦民營化，累進稅本該可以、也應該充分發揮作用，如同它在其他二十世紀資本主義國家中扮演過的角色。如果這件事沒有發生，也意味著國家之間鮮少傳遞與分享彼此的經驗。

　　如同常見的狀況，除了政府不關心累進稅，我們也發現俄國的稅務行政特別不透明，可取得的稅務資料也極為簡陋且有限。不過，根據我們和諾瓦科梅（Filip Novokmet）及祖克曼能獲得的資料，還是可以證明官方的推估值嚴重低估共產垮臺後所得不均的惡化程度——官方的推估是基於納稅人的主動申報，且幾乎完全忽視高額所得的存在。具體而言，這些新數據顯示，所得分配中最高十分位的占比在1990年時還只有所得毛額的25%，到了2000年前後已上升到45至50%左右，之後便保持在這個相當高的水準（參見圖12.1）。更驚人的是，最高百分位的占比從1990年的不過5%上升到2000年的25%左右，比美國的水準明顯高出許多（參見圖12.2）。貧富不均的高峰應是落在2007到2008年，而俄國的所得頂層應該是在2008年的金融危機以及2013至2014年烏克蘭危機導致受到經濟制裁後開始萎縮，雖然所得水準依然極高（而且因為現有資料的各種局限，顯然有所低估）。簡而言之，從1990年到2000年，不到十年的時間內，後共產時代的俄國就從一個一度將貨幣不均縮減到史上最低程度的國家，變成了全世界貧富差距最大的國家之一。

　　後共產時代的俄國在1990到2000年間迅速轉向貧富不均，速度之快在全球與世界不平等資料庫蒐集的歷史數據中皆前所未見，也反映俄國為了從共產主義過渡到資本主義所遵循的經濟策略有其特殊性。當中國等共產國家採取分階段私有化，並保留一些國有制與混合經濟的重要元素時——亦即東歐國家某種程度上同樣採用的漸進式策略（但有多種變

化)——俄國選擇使用著名的「休克療法」(thérapie de choc),打算靠1991年到1995年之間建立的「憑證」(voucher)制度,在短短幾年內讓幾乎所有政府資產都私有化。原則上,每位俄國公民都可獲得一張「私有化憑證」,讓他可以自己選擇企業並成為其股東。實際上,在惡性通貨膨脹的局勢下(1992年物價漲了超過二十五倍),許多薪資與退休金的實質水準跌入谷底,成千上萬年長者、失業者在莫斯科的路邊販賣他們自己的憑證,相對於此,俄國政府卻對想要大批大批買下股權的主要股東們提供十分有利的條件,至於事情會如何發展,可想而知。眾多俄國企業,尤其是能源產業,幾年之內便落入一小群又一小群精明的股東手中,他們成功以低價從上百萬俄國人手中取得憑證,搖身成為這個國家的新「寡頭」。

根據《富比士》雜誌所做的排名,不出幾年時間,不管哪個類別,俄羅斯都是身價十億以上富豪排名的世界第一。1990年代初期,這份排名上當然完全沒有俄國,因為該國的財產完全為國家所有。到了2000至2010年間,根據《富比士》上登錄的數字,俄國身價十億的富豪積累的財富已經相當於俄國國民所得的30至40%左右,亦即美國、德國、法國或中國水準的三至四倍。[18]同樣根據《富比士》的資料,這些十億富豪絕大多數都以俄國為主要居住地,他們自2000年代初期普丁上臺以來身家急速水漲船高。另外必須說明的是,這些關於十億富豪的數據並未納入所有聚積了數千萬或數億美元的人,他們的人數更多,從總體經濟學的角度來看也更重要。

事實上,俄國在2000至2020年間的特殊之處在於這個國家及其財富大多掌握在一小群極其有錢且居住在國內的資產家,也有些人部分時間居住在俄國,部分時間居住在倫敦、巴黎和瑞士。他們透過在避稅天堂依法成立的組織(空殼公司、信託基金等)來管理自己的財產,這樣才能盡量避免任何遭俄國法律與財稅系統突襲的可能(儘管這套體系要求很少)。這類融資計畫(montage)和法定組織讓所有權人可以把資產放置在不受母國管轄的土地上並獲得穩固保障,同時繼續在其母國境內經營實際的經

濟活動，而這些組織的發達其實是1980年代以來蓬勃發展的經濟、金融與法律全球化的普遍特色。[19] 之所以產生上述變化，主因在於從這段期間開始，歐洲國家與美國為了讓資本自由流動而簽訂的國際性條約和協議之中並未規畫任何管制與資訊交換機制，讓各國可以維持恰當的財稅、社會與法律政策，並就這些領域發展必要的合作方式（參見第十一章）。由此可知，許多人都要為發生這種狀況負責。只不過在這整幅圖像中，俄國法律制度遭到規避的程度前所未見，而近來的法學研究也證實了這一點。[20]

當境外資產突破合法金融資產總額

另一點值得注意的是，從總體經濟學的角度，俄羅斯資本流失的程度讓它確實與眾不同。一般而言，要精確計算這類隱藏的資金原本就很困難。在俄羅斯，嚴重的規避行為反倒讓情況變得簡單，另一個原因則是俄國在1993至2018年間擁有極其龐大的貿易出超：二十五年間，俄國貿易出超平均將近GDP的10%，亦即總計將近GDP的250%（兩年半的國內產值）。換言之，從1990年代初開始，俄國的出口額（尤其天然氣與石油）大幅超越這個國家每年輸入的商品與服務進口額。所以俄國原則上應該在海外累積了龐大的準備金，金額大約和貿易出超額相當。其他石油國家便是如此，例如挪威的主權基金自2010年代中期便擁有超過250%GDP的資產。不過在2018年時，俄國官方的準備金數字不到俄國GDP的30%，也就是說短少了200%左右的GDP，而這還不包括那些資產的孳息。

俄國國際收支平衡表的官方數據揭露了另外幾個令人吃驚的特點。該國置於海外的公、私資產獲得的報酬特別低，甚至有幾年承受巨額資本損失。另一方面，在俄國境內購置的外國資產卻毫無例外的獲得極佳報酬，從盧布價值的波動來看尤為明顯；這件事部分解釋了為何與世界各國相比，俄國的淨資產部位並未成長得更多。這些會計文件本身很可能掩蓋了一些與資本流失有關的操作。無論如何，縱使我們願意把這些報酬率的落

差視為必然且合理，無可否認，國際收支平衡表上顯示的官方準備金數字還是太低了。在極端保守的假設下可以推估，1990年代初期以來累積的資本流失金額到了2010年代中期約為俄國一年的國民所得（參見圖12.4）。需說明的是，這是最低估計值，真實數字可能是兩倍或甚至更高。[21]無論如何，從最低估計值可以看出，透過避稅天堂持有的金融資產數額和俄國每家每戶在國內持有的合法金融資產總額（約為一年的國民所得）幾乎一樣高。換言之，從總體經濟學的角度來看，境外資產的重要性已經變得和合法金融資產一樣，甚至可能已經超越。某種程度上，非法已變成常規。

可讓我們掌握（並確認）俄國規避法規的程度，以及更全面性的瞭解自1980年代以來避稅天堂在全球各地發展的空前現象的其他資料，主要來自彼此不一致的國際金融統計數據。理論上，各國的國際收支平衡表可幫助我們衡量進出的金流，尤其是資本利得（股利、利息、各種利潤）的流入流出量。原則上，全球每年的總流入量與總流出量應該是相當的。當然，統計運算的複雜性可能會導致些微的差距，不過差距應該會有正有負，隨著時間拉長，應能相互平衡。然而自1980年代以來出現某種系統性的趨勢，即資本利得的流出量超過流入量。從這種異常狀況可以推測，在2010年代初期，於避稅天堂購置且未於其他國家登記的金融資產將近全球金融資產總額的10%。不過種種跡象都告訴我們，在此之後，此一占比依然持續成長。[22]

此外，利用國際清算銀行（Bank for International Settlements）和瑞士國家銀行（Swiss National Bank）關於持有國的公開資料，可以推估各國在避稅天堂持有的境外資產占其國內居民持有的（合法或非法）金融資產總額的占比近似值。計算結果是，此一占比在美國「只有」4%，歐洲國家則為10%，拉丁美洲國家為22%，非洲國家為30%，俄國高達50%，各石油王國則為57%（參見圖12.5）。必須強調的是，和前面相同，這些推估值應該被視為最小值。尤其不動產和未上市公司的持份都被排除在上述計算之外（或鮮少納入計算）。[23]順帶一提，所有國家都有金融不透明的問

圖12.4. 俄國資本外流至避稅天堂

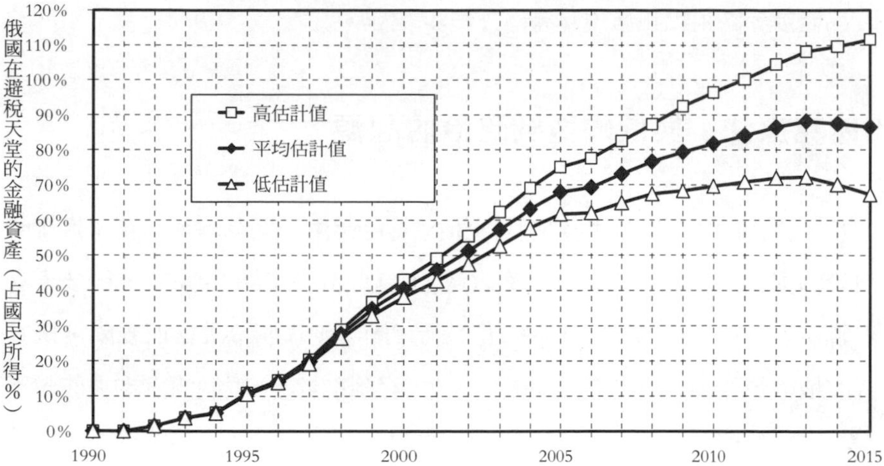

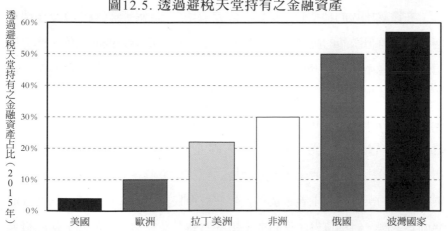

基於俄國累積的貿易出超（1993 到 2015 年間平均每年將近國民所得的 10％）和政府準備金（2015
年不過國民所得的 30％）之間逐漸擴大的落差，並依據不同的報酬率假設，可以推估 2015 年俄國
人在避稅天堂持有的金融資產相當於國民所得的 70 到 110％，平均值則為 90％上下。來源與數據：
參見 piketty.pse.ens.fr/ideologie

圖12.5. 透過避稅天堂持有之金融資產

透過爬梳國際清算銀行及瑞士國家銀行所公布的國際金融統計以及依居住國分類的資料中的異常活
動，可以推估透過避稅天堂持有的金融資產在美國占 4％、歐洲國家占 10％，俄國則占 50％。上列
推估值不含非金融性資產（如不動產），且應該被視為最小值。來源與數據：參見 piketty.pse.ens.fr/
ideologie

題，尤其是發展程度最低的國家，而他們也因此在建構國家體制與大多數
人都能接受的租稅正義規範時格外舉步維艱。

「休克療法」與俄國盜賊政治的起源

讓我們回頭討論後共產時代的俄國為何會由一個蘇維埃制且達到貨幣
均等的國家，變成一個寡頭與盜賊政治（kleptocratie）的國家。很多人喜
歡說這是物極必反的「自然」結果：俄國因蘇維埃制度失敗而受創，極其
自然地會想要朝相反方向重新振作，也就是朝向毫無限制的資本主義。不
能說這套解釋完全錯誤，只是有點太簡短，而且犯了決定論的錯誤。後共
產時代俄國的轉型並沒有什麼「自然」可言，也不比其他不平等體制的轉
型軌跡來得更自然。1990年時俄國面前曾有許多選擇，現在對於未來也同
樣有許多選擇。與其獨厚決定論的解讀方式，比較有意思的方式是從這些
變遷中看出各種社會經濟與政治意識形態發展在相互矛盾、衝突下產生的
果實；而這些發展過程中存在許多可能的分岔點，受到動員能力與當時不
同團體與論述之間的勢力大小所影響，發展的方向便可能改變。

在後蘇維埃的轉型時期採取「休克療法」，這個選擇曾在1990年代初
期引發短暫但激烈的抗爭，而當時的俄國正處於極為虛弱的狀態。休克療
法的支持者中，有大批來自西方政府（尤其美國）以及總部在華盛頓的國
際組織或機構的人士，例如世界銀行和國際貨幣基金組織。當時的普遍想
法是，唯有在最短時間內完成俄國經濟私有化才能確保目前的變化不會倒
退，並阻擋共產主義可能的回歸。大體而言，我們的確可以稱1990年代
初期服務於這些組織並參與上述辯論的經濟學家們在立場上更親近雷根－
柴契爾式的英美資本主義，遠甚於歐洲社會民主主義或德國式及北歐式的
共同經營制。特別值得注意的是，這些當時在莫斯科活動的西方顧問最普
遍的感受是蘇聯錯在過度追求貧富均等，因此，實施私有化及「休克療法」
後可能隨之而來的貧富差距擴大應該被視為次要而非首要的問題。[24]

站在後見之明的立場，我們反而會注意到蘇聯在1980年代的（貨幣）均等程度與同時期的北歐國家（尤其瑞典）並無太大不同，兩者的所得最高十分位群體皆擁有總額的25%左右，最高百分位則擁有5%，而這件事從來沒有妨礙瑞典成為全世界生活水準最高、生產力最高的國家（參見第十章圖10.2及10.3）。因此問題其實不在於過度追求貧富均等，反而在於經濟與生產組織，以蘇聯來說就是集權式計畫經濟與全面廢除生產工具私有制。我們可以合理的想像，俄國若採用北歐式的社會民主主義制度，包含高度累進稅、更進步的社會保障與工會－股東共同經營制，一樣能維持一定的貧富均等，同時擁有高水準的生產力與生活條件。1990年代的後共產俄國卻做出十分不同的選擇。他們選擇允許一小群人（寡頭）長期持有國家大多數的財富，還對所得課以13%的均一稅（遺產則為0%），讓這種狀況延續下去，即便所得與遺產累進稅已在二十世紀所有西方國家中取得成功。有些人欠缺歷史記憶與難以學習他人經驗的程度令人難以置信，尤其是那些存在意義就是生產知識以及為國際合作計畫提供專業建議的人士或機構。

然而，將這些政治意識形態的選擇單純歸因於外部力量所致，未免言過其實。它們同樣是俄國社會內部對抗的結果。在1980年代，戈巴契夫曾嘗試推行一種經濟模型（雖未成功），既可維護社會主義價值，一定程度上又向合作社以及某些受到管控（經常定義不清）的私有制形態開放。其他蘇聯政府中的群體，尤其是國安體系出身的人士，所持意見顯然不同。從這個角度來看，普丁在奧利佛・史東（Oliver Stone，非常支持普丁）2017年執導的訪談紀錄片中提出的分析特別有啟發性。例如普丁會嘲笑戈巴契夫1980年代時那些平等主義的怪念頭和他想要拯救社會主義的執著，尤其是他對「法國社會主義者」的偏好（這個說法雖不準確但很有意義：當時法國社會主義者代表西方政治版圖上表現得最接近社會主義者的一群）。就其根本，他的結論是唯有一概揚棄各種形式的平等主義與社會主義才能讓俄羅斯再度偉大，而偉大最基本的要素就是階層結構（hiérarchie）

與垂直性，不論在政治面或是與經濟和股權有關的領域都是如此。

　　同樣必須強調的是，這樣的發展軌跡並非注定如此。尤其，後蘇維埃時期推動經濟轉型時局勢特別混亂，也缺乏真正的選舉與民主正當性。當葉爾欽在 1991 年 6 月透過全民普選成為俄羅斯聯邦共和國總統時，沒有人確實知道他擁有哪些權力。1991 年 8 月共產黨政變失敗後，事態加速變化，導致蘇聯在當年 12 月快速解體。接下來，經濟改革措施像踩著進行曲一樣接連推出，1992 年 1 月解除物價管制，1993 年初實施私有化憑證。這整段期間內完全沒有舉行任何新的國會選舉，因此關鍵決策都是由行政權強加於 1990 年 3 月在蘇聯時代選出的敵意滿滿的議會（當時非共產黨人取得候選資格者如鳳毛麟角）。總統權與立法權之間因而爆發激烈衝突，最終在 1993 年秋天透過軍事力量，在轟炸與宣布解散國會下落幕。如果不算 1996 年的總統選舉——葉爾欽在第二輪投票以不過 54% 的得票率險勝共產黨對手，則蘇聯解體以後從沒有一場選舉真的可說是勢均力敵。1999 年普丁上臺之後，以逮捕異議者與控制媒體的做法建立起一個事實上的民粹主義專制政權，而共產垮臺之後朝寡頭與不平等體制發展的基本傾向卻從來沒有真正成為辯論與質疑的對象。

　　讓我們整理一下重點。俄羅斯的共產與後共產經驗讓政治意識形態變動在不平等體制演變過程中的影響力展露無遺。1917 年俄國革命之後當道的布爾什維克思想是相當魯莽的，因為這種思想起於一種對超級中央集權國家的激烈信仰。遭遇挫敗導致他們失控暴衝，開始加強鎮壓力道，關押人數也達到歷史新高。1991 年蘇維埃主義崩潰之後則導致一種極端的超級資本主義，以及同樣前所未見的盜賊政治亂象。這些事件同樣凸顯危機時刻在不平等體制史上的重要性。在這些分岔點，眼前可及的想法可能會導致歷史軌跡永久的改變，端視當時存在的不同團體與論述具備的移動能力如何。話說回頭，後共產時期俄國的軌跡某種程度上凸顯出 1980 年代末、1990 年代初的社會民主主義與參與式社會主義政策並未與時俱進，也未將各國組織起來，而與此同時，俄國正一步步邁向超級資本主義和訴諸身分

認同的專制政治。

　　想像一下後來發生的事，我們可以很合理的問自己，為什麼西歐國家不再關心俄國的財富從哪裡來，還對這麼大規模的規避行為如此寬容。一個可能的解釋是，他們就是實施「休克療法」的推手之一，也得利於俄國富豪的資金外流（透過投資不動產、金融界、體育界甚至媒體）。英國顯然就是如此，不過法國和德國也是。也有人認為西歐國家是恐懼俄國政府的激烈反擊。[25] 無論如何，與其實施貿易制裁，影響到全世界，比較適合的做法應是凍結或嚴格處罰來源不明的金融資產與不動產。[26] 這麼做有助於獲得輿論與俄國人民的支持，因為他們正是盜賊政治亂象最大的受害者。如果歐洲國家沒有表現得更加積極，一大原因顯然是他們害怕一旦開始質疑某些過去取得的財產，事情會一發不可收拾（潘朵拉症候群又一次作祟）。[27] 然而，打擊金融不透明及建立真正的金融清冊可望幫助歐洲解決許許多多目前正面對的其他問題。

論中國作為專制混合經濟體

　　現在讓我們來看看中國的共產主義與後共產主義。大家都知道，中國不只從蘇聯的失敗，也從自己在毛主義時代（1949-1976年）犯下的錯誤中學到教訓：全面廢除私有財產制的種種嘗試，加上急行軍式的工業化與農業集體化，最終引發一場大災難。於是，中國從1978年開始實驗一套前所未聞的政治與經濟體制，這套體制有兩大基礎，一是維持（甚至強化）中國共產黨的領導地位，二是發展一個以公有財產與私有財產空前長期平衡為基礎的混合式經濟。

　　讓我們從第二個面向開始。這個重要面向有助於瞭解中國的特色，同時幫助我們以同樣的方式站在新的視角觀察西方的發展軌跡。進行這項工作最好的方式是彙集所有可取得的關於企業、農地、住宅、財產及各種金融資產與負債的持有資料，以估算公權力（含各級政府及公共自治團體）

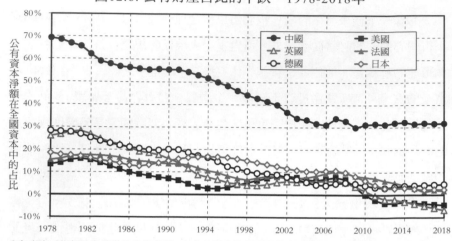

圖12.6. 公有財產占比的下跌，1978-2018年

公有資本（指扣除負債後的公有資產，包含各種公共自治團體，且不區分資產類型，如：企業、不動產、土地、持股與金融資產等）在全國資本（即公有與私有資本的總和）之中的占比，就中國而言，1978年約為70%，2000年代中期之後穩定維持在30%左右。就資本主義國家而言，1970年代末期約為15至30%，2010年代末期則趨近於零或是呈現負值。來源與數據：參見 piketty.pse.ens.fr/ideologie

在財產總額中的占比。我們最後得到的結果呈現於圖12.6，並以此圖比較中國觀察到的變化與在主要資本主義國家中觀察到的變化（美、日、德、英、法）。[28]

　　我們的主要結論是：在1978年的中國，亦即經濟改革剛剛啟動時，公有資本的占比接近全國資本的70%；接著在1980、1990年代乃至2000年代初，此一占比大幅下降，自2000年代中期以後穩定維持在30%左右。換句話說，中國的漸進式財產私有化進程在2005至2006年中斷了：從這個時候開始，公有財產與私有財產的平衡幾乎不再有變化。由於中國的經濟成長率非常高，私人資本顯然不斷增長：人們整治新的土地、建築新的工廠與摩天高樓，一切都以驚人的速度進行。而政府持有的資本不過就是以幾乎無異於私人資本的步調成長。由此看來，中國似乎已有一套運作穩定的混合經濟財產結構：中國已不再是一個共產國家，因為從那時開始，私有財產的占比便接近財產總額的70%；但中國也不完全是一個資本主義

國家，因為公有財產的占比始終略為超過總額的30%，雖然確實屬於少數，但依然十分可觀。持有將近全國所有財產的三分之一，讓受到中國共產黨羽翼保護的中國政府有相當多介入的機會，可以決定一些投資案的選址與工作機會的創造，也可以指揮區域的發展政策。

值得注意的是，平均30%左右的公有資本占比背後隱藏著不同部門與資產類型之間的重大差異。從一方面來看，住宅幾乎已完全成為私有財產。在2010年代末期，公權力與企業擁有低於5%的住宅存量，對於有經濟能力的中國家庭來說，住宅已成為絕佳的私人投資項目，這導致不動產價格一飛沖天，更重要的原因是金融儲蓄的選擇不多，而且公共養老金體系的資金不足，造成民眾憂心忡忡。相對地，在2010年代，政府持有的企業資本占總額55至60%左右（所有上市與非上市公司合計，不分規模與產業別）。此一占比自2005至2006年以來幾乎沒有變過，見證中國政府與中國共產黨依舊嚴密掌控生產體系，甚至進一步加深對最大型企業的掌控。[29]我們也觀察到，自2000年代中期以來，外國投資者持有的企業資本

圖12.7. 中國的企業所有權，1978-2018年

2017年時，中國政府（含各級政府與地方自治團體）持有全國企業資本總額的55%左右（含所有上市與非上市公司，不分規模與產業別），中國家戶則持有33%，外國投資者持有12%。2006年後，外資占比減少，中國家戶占比增加，中國政府的占比則維持在55%左右。來源與數據：參見 piketty.pse.ens.fr/ideologie

占比明顯下降，中國家戶的持有占比則上升，打平了減少的部分（參見圖12.7）。[30]

　　從1950年代到1970年代，資本主義國家自己也採行混合經濟，雖然彼此也有相當大的差異。這些國家的公有資產相當可觀，形態包含基礎建設、公有建築、學校、醫院，往往也包含國有企業以及在各產業部門中的金融投資。另一方面，經過戰後的通貨膨脹以及為了加快減輕債務而實施的各種措施，尤其是私人資本特別稅與債務直接勾銷，公共債務處於歷史上的低點（參見第十章）。整體而言，在1950到1980年間，資本主義國家的公有資本（扣除負債）占全國資本的比例一般介於20%至30%之間。[31]依據現有的估計值，到了1970年代末，此一占比在德國與英國約為25至30%，在法國、美國或日本為15至20%（參見圖12.6）。這些比值當然低於中國目前的公有資本占比水準，但不至於天差地別。

　　他們的差異在於西方國家久已不再採行混合經濟。在所有資本主義大國中，由於公有資產的私有化（尤其網路產業）、仍屬於公部門的產業所獲投資有限（尤其教育、醫療），加上公共債務居高不下等，公有資本淨額在全國資本中的占比變成趨近於零（低於5%），在美國和英國甚至出現負值。換言之，在這兩個國家，公共債務高於所有公有資產的價值。稍後我會再回頭討論其中的意涵及衍生的影響，此處僅先指出此一變化的快速。2013年我出版《二十一世紀資本論》時，可取得最新且完整的數據是2010至2011年的，當時已發展國家中只有義大利的公共債務高於公有資本。[32]六年之後的2019年，當數據更新至2016至2017年，我們發現美國與英國也加入了公共財產為負值的行列。

　　相反地，中國的混合經濟結構看起來持久且穩定。長期而言，我們確實無法預測這種情形會如何變化：在歷史上，中國很多狀況都是獨特的。[33]中國國內針對新的私有化措施掀起激烈的辯論，這些辯論會如何發展難以預測。在可預見的未來，最可能發生的狀況是目前的平衡將會延續下去，尤其要求改變的聲音往往來自敵對的思想陣營，改變的方式又相互

矛盾。一些「社會民主主義」知識分子要求新的權力分享與權力下放形式，尤其希望員工代表與獨立工會（目前不存在）要有重要的角色，共產黨和地方政府機關的角色則要淡化。[34] 相對地，商界則要求進行新一波私有化，並加強私人股東與市場機制的作用，好讓中國朝英美的資本主義模式發展。不論是哪一種，中國共產黨的領導者都認為他們有理由反對這樣的改變，因為在他們眼中，這麼做未來可能會導致和諧且由中央領導的發展方式受到動搖（也可能會削弱他們的角色）。

在進一步討論之前，關於上述計算結果有幾點必須詳加說明。我們必須提醒大家，一般來說，公有財產或私有財產的各種概念本身就非常不穩定且不明確。其內涵取決於每個法律、經濟與政治制度的特性。圖12.6呈現的時代變遷與國際比較讓我們掌握到一些數值範圍，也許可認為其有重要性，但不宜誇大其精確性。

舉例來說，在中國的制度下，一部分農地在1978年改革以前就屬於私有地，意思是這些農地可以由父母傳給子女（必要時小片農地還能獲得改良），不過條件是子女必須保持官方身分為農業戶口不變（戶口即國內通行證）。在這種登記居住地並管控人口移動的戶口制度下，每個中國人都有一份政府發給的居住地證明，[②] 不是農業戶口就是住在城鎮的非農業戶口。農戶可以到城鎮工作並保留農村的土地，但移動必須是短期的才可以。如果一個農戶希望永久移居到城鎮，並且符合要求的條件（主要與居住年數有關），他就可以申請轉為非農業戶口。通常一定要轉換戶口，他的子女或家人才能進入某些學校或利用某些公共服務（醫療等）。不過一旦這麼做，他就會失去留在鄉村的一切農地所有權，包含土地價值的增值，而由於不動產價格上漲，增值的數額恐相當可觀（這也是為何有些移居城市的人仍保留農業戶口）。這類土地會轉移為地方政府所有，再配給該村其他擁有農業戶口的人。由此可見，這是一種介於私有與公有之間的

---

② 譯注：名為「居民戶口簿」或「戶口簿」。

財產形式，隨著時間過去，其具體規範有所變化也變得更有彈性，而我們在進行估算時已努力將此一因素納入考量，雖然基本上只能儘量逼近。[35]

負的公有財產，無所不能的私有財產

我們必須強調，從更廣的角度來看，這些估算所採用的是極度狹義的公有資本概念，亦即大幅採用那些運用於私有財產的基本觀念與衡量方式。質言之，只有可能成為經濟開發或轉讓對象的標的才會被列為公有資產，而它們的價值是按照實際發生轉讓時的市場價格計算。舉例來說，學校或醫院等公有建築要被列為資產，前提是這類資產曾有被轉讓的案例，我們就可以採用轉讓時的市場價值（或客觀上同類建築每平方公尺之單價）。[36]這方面我們依循的是聯合國為國民經濟會計制定的官方規範。[37]在下一章中，我們會再回頭討論這些規範及其造成的許多問題，尤其是針對自然資源，因為只有經過商業性開墾的自然資源才會被列入政府的國民經濟會計中。如此一來必然會導致自然資本折舊的幅度被低估，實質的經濟成長則被高估，因為經濟成長某部分是靠著掏空千萬年來儲藏於大自然中的老本，再回報以空氣汙染和氣候暖化，而這些更不會納入政府的國民經濟會計。

就現階段而言，有兩點特別值得一提。其一，如果一定要確定所有最廣義的公有資產的價值，尤其是針對所有人類可運用的自然資產與智慧資產，亦即非常幸運、大多還不能為私人所有的事物（至少目前為止），包括風景、山脈、海洋、空氣、科學知識、藝術文學創作……等等，那麼很顯然地，公有資本的價值會超越所有私人資本，不論我們認為「價值」的合理定義為何。[38]話說回頭，我們完全不確定這種一體適用的計算方式對公共討論來說是否有一丁點意義或益處。儘管如此，我們一定要記得以下重要事實：在國民經濟會計中以市價衡量的私人及公共資本價值，僅僅占據對人類而言有價值的事物的一小部分，也就是集體組織基於經濟與商品

交易決定要經營開發的資產（不論決定正確與否）。在下一章中我們會再詳加討論，尤其是關於氣候暖化與知識所有權的問題。

其二，自然資產逐漸劣化，意味著官方國民經濟會計中呈現的公有資本占比（指狹義的可買賣轉讓的資本）的下降未能正確反映正在發生的巨大變化。尤其大多數資本主義國家的（狹義）公有資本不是負值就是趨近於零，令人極度憂心（參見圖12.6）。質言之，這會導致政府行動的餘裕大為減少，要應對氣候、貧富不均或教育等重大挑戰時更是如此。在此，我們要依據目前在美國、英國、義大利政府製作的國民經濟會計中所觀察到的狀況，進一步說明負的公有資本代表著什麼。這代表即使售出所有可轉讓的公有資產，特別是所有公有建築（學校、醫院等）、國營企業及公有金融資產（如果有的話），也不足以償還這些國家全部的公共債務（不論直接或間接償還）。具體來說，公有財產為負值等同於私人所有權人不只是透過持有金融資產而持有一切公有資產與建築，並從中獲得利息，更擁有未來從納稅人繳納的稅金中抽取一份的權利。換句話說，私人財產的總額高於全國資本的100%，因為連納稅人也是私人所有權人的囊中物（或者可以說一部分納稅人）。假如繼續這樣發展下去，公有財產的負值愈來愈高，被債息吞噬的稅捐就會愈來愈多，甚至會相當可觀。[39]

我們可以透過不同的方式分析這種情況的起因以及它所開啟的前景。如果1980年代以來幾乎所有富裕國家的公有資本都變成趨近於零（甚至是負值），這首先傳達是政治意識形態出現深層的變化，因為在1950至1980年的體制下，公權力向來持有全國資本的20至30%左右。這代表私有制資本主義渴望再度獲得主導權。過去在1930年代的危機、世界大戰還有共產主義的挑戰下，各國政府決定盡快擺脫過去遺留下來的公共債務，才能再度有餘裕投資公共基礎建設、教育與醫療，與此同時，還得著手將一些過去屬於私人的企業收歸國有。相對地，1980年代後公共資產之所以縮水，一部分為意識形態反轉所致，因為愈來愈多聲音認為公共資產交由政府以外的人來管理會更理想，所以應該私有化才對。

另外值得注意的是私有財產總價值的提高:從1980年代到2010年代之間,富裕國家的私有財產總價值從不到三年的國民所得提高到五或六年左右,增加幅度遠遠高於公共財產減少的幅度。[40]換言之,富裕國家是有錢的;而變窮是政府自己的選擇,這是很不一樣的。同時要提醒各位讀者,平均來說富裕國家的公共債務債權人都是本國人,亦即富裕國家(美、歐、日)的淨資產部位是正值:這些國家在世界各國持有的金融資產明顯高於其他國家在該國持有的金融資產。[41]

擁抱債務,放棄租稅正義

至於公共負債提高的問題,其變化原因的分析較為複雜。理論上,各式各樣的原因都可能造成公共債務累積,例如可能有一筆私人的多餘儲蓄未善加投資(不論短期或長期),或政府可能認為現在有投資實體(基礎建設、交通、能源等)或非實體項目(教育、醫療、研究)的機會,而集體投資的報酬率似乎比私人投資好,或是比政府的貸款利率高。比例與利率是最棘手的問題:如果債務變得太重、利息變得太高,最後將會全面擠壓政府行動的可能性。[42]

實際上,1980年代後公共負債的成長某種程度上是堅決減少國家負擔的策略所造成的結果。最典型的例子便是1980年代雷根政府採用的預算策略:他們選擇大減高額所得稅,進一步加深赤字,從而形成一股減少社會政策支出的壓力。在許多例子裡,對頂層富豪減收的稅金之後都會透過公共資產的私有化來彌補,最終形同一種免費的財產轉移(先為富豪減一百億美元的稅,他們再用這一百億買下某公共資產)。這種策略到現在依然為美國和歐洲國家所採用,也與貧富差距擴大及私有財產集中度提高的發展軌跡有直接關連。[43]

從更廣的角度來看,上述變化也可以被理解為對租稅正義感到失去希望的結果。一旦為了國際租稅競爭而不再要求所得與資產最多的一群人做

出稅捐貢獻，一旦中下層民眾對課稅的認同日趨薄弱，不顧一切擁抱負債似乎成了一個誘人的選項。無論如何，我們還是需要瞭解導致變化的原因何在。關於這個問題，有一個重要的歷史先例：十九世紀的英國在拿破崙戰爭後欠下超過兩年國民所得的公共債務（將近全國私人資產價值的三分之一），因而處於公共財產嚴重赤字的狀態。如同前面提過的，解決之道是將中下階層英國納稅人貢獻的大筆基本預算盈餘（約稅收的四分之一）定期支付給資產家，從1815年到1914年，整整歷時一世紀（參見第十章）。然而在此一時期，只有資產家擁有投票權與政治權利（至少在初期），且財產權至上的意識形態比現在更有說服力。到了二十一世紀，許許多多國家都已在二十世紀快速擺脫兩次大戰留下的債務，中下階層的納稅人不太可能再有那種耐性。以目前的狀況來說，問題反倒不如表面上看起來嚴重，因為重要公債的殖利率都異常的低。不過我們不確定情況是否會永遠如此，否則上述問題很快就會成為使社會政治衝突與選舉對立再起的重要元素，尤其是在歐洲。我們稍後會再回頭討論（參見第十六章）。

最後要指出的是，自2000年代中期以來，中國和西方國家的發展路徑形成強烈對比。相較於中國的公共資本占比自2006年以來就穩定維持在全國資本的30%左右，2007至2008年的金融危機（起因是私人金融的過度鬆綁，並造成新一波私人財富成長）卻導致西方國家的公共財產再度萎縮。

當然，我們不是在美化中國公有財產的狀況，更不是自以為知道在一個公平的社會中公有資本占比的「理想值」應該多高。只要政府本身能生產一定數量的商品與服務（尤其在教育與醫療領域），政府擁有的生產資本自然會與它在工作機會總數中的占比成正比（好比20%左右）。不過這套標準太薄弱，例如它忽視國家與公共債務亦可扮演一種角色，將人們的儲蓄導向自然資本的保護與無形資本的積累。更重要的是，真正的問題在於治理與權力分享的形式，它們是支撐不同公有財產與私有財產形式的基礎，必須不斷受到挑戰、重新評估與重新設計。話說回頭，中國國有財產

的治理模式以特有的垂直結構與專制性質聞名,恐怕難以取代普遍採行的模式。

　　儘管如此,西方國家的公共財產經歷金融危機後再度萎縮,這件事有點諷刺。市場管制鬆綁讓許多人大賺其錢,政府為了應對經濟衰退、拯救銀行與私人企業而負債累累,最後私人資產繼續成長,卻把帳單丟給中下階層去煩惱,讓他們耗費往後的數十年來還清。我們將會看到,這些風波深刻影響了人們對哪些事能做、哪些不能做的認知,尤其在經濟政策與貨幣發行方面,而當年的餘波顯然還未平息。

論中國對貧富不均的忍耐極限

　　讓我們回到中國貧富不均的問題上,並檢視自1978年開始推動經濟自由化與財產私有化後所得分配的變化。目前可取得的資料顯示,所得差距自改革開放初期便急速擴大,2000年代中期之後似乎進入穩定期。到了2010年代末期,若從前10%群體與後50%群體的國民所得占比來看,中

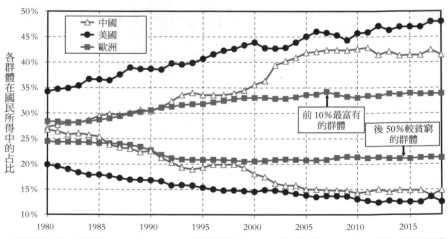

圖12.8. 中國、歐洲和美國的貧富不均,1980-2018年

中國所得不均的程度在1980到2018年之間顯著提高,但現有資料顯示依然低於美國(但高於歐洲)。來源與數據:參見 piketty.pse.ens.fr/ideologie

國並沒有比美國均等，而且明顯比歐洲更不均等，雖然在1980年代初期，中國曾是三個區域中最均等的地方（參見圖12.8）。

如果把中國和另一個亞洲大國印度相比較，可以清楚看到自1980年代初期以來，中國不但就經濟成長面上表現較佳，分配上也比較平等（或者應該說沒有那麼不平等，因為所得集中度增加的幅度沒有印度那麼高，參見第十一章圖11.1）。如同前面討論印度時所指出的（參見第八章），最具解釋力的因素就是中國能夠調度更多資源來投資公共基礎建設、教育與醫療。更重要的是，中國能夠達到比印度更高的稅收水準（舉世皆知印度的基本醫療與教育服務始終經費不足），甚至在2010年代已接近西方水準：稅收接近國民所得的30%，如果加上國營企業的利潤和出售公有土地所得，則約為40%。[44]

這些中國成就舉世聞名，人們也常說只要經濟成就（與對分離主義的恐懼）還能支撐它的一天，就不會有人挑戰這套體制。不過我們必須將焦點放在中國對貧富不均的容忍極限。首先，中國竟然在這麼短的時間內就變得比歐洲更不均等，這不是理所當然的事，因為這顯然代表制度的失靈。1980年代時，中國所得不均的水準本來已接近最平等的歐洲國家，例如瑞典；到了2010年代，中國的水準卻變得更接近美國。針對資產集中度亦可得出相同結論，而這也證明私有化政策製造多少貧富差距。在1990年代初，私有財產最高十分位的占比為總額的40至50%左右，低於瑞典與其他歐洲國家的水準；2010年代時，此一占比接近70%，與美國的水準不相上下，略略低於俄國的水準（參見第十三章圖13.8）。

不過，只花了幾十年的時間就從瑞典的不均水準來到美國的水準，對中國這樣一個政府不斷對外宣揚「具有中國特色的社會主義」的國家而言並非不痛不癢的變化。一些商業界人士很久以前就不認為這種口號對社會經濟平等有任何實質影響，對他們而言，上述演變顯然不會造成任何困擾，畢竟英美資本主義模式非常吸引他們。然而對「社會民主派」知識分子以及大部分人民來說，貧富差距急速拉大卻會造成問題，尤其沒有人知

道這樣的演變何時會走到盡頭。既然歐洲能證明創造經濟繁榮的同時也能縮小貧富落差，人們就很難理解具有中國特色的社會主義為何一定得容忍像美國資本主義一樣的貧富差距。[45]由此衍生的問題包括當初私有化推行的方式為何？中國的重分配政策為何？以及更廣泛的，改革進程應如何調整方向？

　　當勞工自由流動在歐洲已成常態，中國卻存在國內通行證和移動限制，尤其是農村地區與都市地區之間的移動，這種狀況可能也有助解釋為何中國的貧富差距會如此嚴重。具體而言，經濟改革下主要受惠的是都市地區，農村地區從中得到的好處並不如預期。儘管制度漸漸放寬，仍不足以改善中國的貧富鴻溝，而這除了與其他附加因素有關，更重要的是在都市之中同樣存在貧富差距（只是不如農村嚴重）。[46]此外，戶口制度雖然放寬，始終非常專制，近年來在鬆綁的同時又發展了一套侵犯性可能更強的社會監控機制，亦即依靠從社群網絡大規模蒐集資訊實施的「社會評級」和「社會信用體系」。最近的研究指出，弱勢社會群體對這些措施的忍受度不像優勢族群那麼高，我們也應該注意這類措施的壓迫性以及與其他管控人民的政策之間的關連。[47]

關於中國貧富不均的不透明

　　2000年代中期以後貧富不均的穩定或許會令人以為最嚴重的高點已經過去。然而我們必須注意中國在財產與所得的登記與計算上有一大特色，即「極度的不透明」。圖12.8中所呈現的估計值是我們利用目前可取得的中國相關資料所能得出最可信的結果。但由於這些資料來源的問題與缺漏相當多，我們完全有可能同時低估了貧富不均的程度與變化。在中國，累進稅原則上是存在的。這套制度在經濟改革辯論後不久的1980年實施，其中規定了課稅級距與各級邊際稅率，從所得最低群體的5%到所得最高群體的45%（這套稅率自1980年以來從未改變）。[48]所以相較於後

蘇維埃時期俄國實施的均一稅制度（自2001年起僅課徵13%的比例稅率），理論上中國的制度具有更高的累進性。

　　問題在於，中國從來沒有為所得稅發表過詳細的數據。唯一定期公布的資訊就是稅收總額。我們無從得知究竟每年有多少納稅人繳稅，納稅人的所得級距分布如何，某個城市或省分的高額所得人口的成長情形如何……等等。然而我們可以從中更加瞭解中國每年經濟成長的獲利是如何分配，或許也可從中體會到租稅立法的實然並非總是符合應然。[49]2006年，中國稅務機關發布了一份通知，要求所有所得超過十二萬元人民幣的納稅人（實際上少於當時全國成年人口的1%）必須填寫一份特別申報表，好讓相關資料可以用於打擊貪腐。從2006到2011年，全國申報結果以十分簡陋的方式對外公布：只有提供超過所得門檻的納稅人總數，有時會提供其所得毛額，但沒有其他細項。申報結果的公布在2011年戛然而止。過去我們可以在地區稅務機關的報告中找到類似的資料，但有時統計的對象是超過五十萬元或一百萬元人民幣的納稅人，範圍及於2011至2017年之間的某些省分或城鎮，申報的方式不定期也不一致。

　　我們利用的就是這些支離破碎的資料。雖然非常零碎不完整，卻讓我們能將中國政府評估的貧富不均水準與變化大幅上修；中國政府的評估方式僅依據家戶調查中的陳述，而調查對象中幾乎沒有任何家戶達到上述所得水準。[50]接著，我們可以把得到的推估值拿來和歐美的現有數據相比較（這些國家依據的資料精細得多，尤其是稅務資料），這比以往的做法更可靠也更令人滿意（參見圖12.8）。不過很顯然地，這些估計值的可信度問題極大，貧富不均的水準與變化有可能被低估。關於高所得納稅人的全國性數據自2011年開始便不再公布，這一點尤其令人擔憂。從某個角度來看，關於所得稅的運作，中國公布的資訊比俄國的還貧乏，而這樣的標準已經夠低了。[51]雖然貧富不均的資料缺乏透明度是舉世皆然的問題（我們將在下一章中回頭討論），中、俄兩國的不透明度特別高卻是不爭的事實。

　　至於中國的資產登記與計算，問題比所得還要嚴重。尤其中國沒有任

何遺產稅，因此不存在任何關於遺產轉移的數據，這讓財產集中度的研究加倍困難。特別值得一提的是，一個由宣稱信奉「具有中國特色的社會主義」的共產黨所領導的國家竟會做出這樣的決策，實在非常諷刺。如果私人財產十分有限，沒有遺產稅並不怎麼令人意外。不過當三分之二的中國資本都在私人手中（參見圖12.6），還允許那些因私有化與經濟自由化受惠最多的人將所有財產轉移給他們的子女，而且再微薄的稅都不必繳，這就很不可思議了。讓我們回想一下，經過漫長二十世紀的多次改變，2000到2020年間大多數資本主義國家對高額遺產課徵的稅率都落在30至55%之間，不論美國或英國、日本、德國或法國（參見第十章圖10.12）。在日本，最高稅率一度在2015年達到50至55%。其他的東亞資本主義國家也有高額遺產稅，例如韓國（最高額的移轉適用50%稅率）。

由此看來，在二十一世紀初的現在，我們的處境實在荒謬至極：一個亞洲億萬富豪如果想要把財富傳承下去且不繳半毛稅金，他很可能會考慮到共產中國定居。香港的例子特別可以說明這點：香港在英治時期曾經實施遺產稅，1997年回歸並成為中華人民共和國的一部分之後不久，便於2005年加以廢除。在臺灣，目前有大批商界人士積極鼓吹臺灣和中國統一，並附帶要求政府廢除遺產稅。受到中國的牽動，東亞的租稅競爭也讓全球的競爭態勢更加激烈，並且造成整個區域貧富差距擴大的趨勢更加明顯。[52]

大體而言，香港的例子充分展現一條前所未見且極有意思的發展路徑。首先，這是一個實行資本主義的地方加入共產體制後反倒貧富差距更大的獨特案例。[53]更重要的是，香港的金融地位在中國的發展上扮演著關鍵角色。例如香港讓中國有錢人的資金找到出口，因為在中國的銀行體系下要理財比較困難，而中國的大企業和政權也可以在較有彈性的環境下進行一些投資與涉外交易。目前還沒有任何跡象顯示中國資金外流的程度已經和俄國一樣。但由於中國貪汙問題嚴重，加上過去數十年間在私有化措施與經濟成長下取得的眾多所有權其實充滿問題，這些外流的資金未來可

能會更加龐大，並由內部開始動搖體制。[54]

中國，在共產主義與金權政治之間

香港的政治制度同樣凸顯中國體制的模稜兩可：理論上是源於共產主義的啟迪，實際運作上有時卻更接近某種「金權政治」（ploutocratie）。直到1997年為止，香港的總督是由英國女王任命。這個殖民地是透過間接選舉所產生的複雜議會制度來管理，實際上則是依靠經濟菁英主宰的各種委員會。這套制度並非明確屬於英、法於十九世紀實施的納貢選舉制（瑞典甚至到1911年仍依財產比例計算投票權，參見第五章），但造成的影響並無二致：權力的核心落入商業界手中。這套殖民主義兼所有權主義體制在回歸共產中國時僅有些微改變。到了二十一世紀初的現在，香港形式上實施的是自由選舉，但僅限於一小群候選人，而且這些候選人必須事先獲得選舉委員會多數同意才能得到提名。該委員會由北京政府組織，實際上則為香港商界與其他親中寡頭所把持。

理論上我們當然可以想像一個世界，在那裡中國會和歐洲、美國及世界其他地區共同合作打造一個更透明的金融環境，而這樣的協調合作將有助終結各大洲的避稅天堂，不論是在香港、瑞士或是開曼群島。這般景象並非永遠不可能成真。許許多多中國人民都對國內金權政治的亂象反感。一部分知識分子支持和政府政策正好相反的社會民主主義方案，另一部分的人則在1989年天安門鎮壓之後發展出新的行動模式來改善貧富不均。[55]儘管如此，就現狀來看顯然還有很長的路要走。

被問及這些問題的時候，中國的官員與親近政府的知識分子常常解釋說當局很清楚必須防範像俄國那樣資金外流的風險，而且新的所得、遺產與資產累進稅應該很快就會在中國實施。然而這些宣言至今仍是只聞樓梯響，不見人下來。第二種常聽到、應該也是最重要的回答，就是中國不需要這些來自西方、複雜又常常效能不佳的財稅政策方案，而且中國應該走

出自己的道路，尤其要在黨和國家機器的領導下，毫不留情的打擊貪腐。

　　事實上，在中國國家主席習近平（他的名字自2018年開始出現在《中華人民共和國憲法》的序言中，與毛澤東、鄧小平並列）為「具有中國特色的社會主義」所撰寫的眾多理論性著作中，沒有一處提及累進稅，更沒有提及共同經營制、工人自治或企業中的權力分享。當中反而大量提及市場「看不見的手」必須受到政府「看得見的手」的有力制衡，而政府的手必須能夠管控與糾正一切弊端。習近平反覆提及「在長期執政條件下」，黨可能會「腐化變質」，唯有「堅決……把反腐敗鬥爭進行到底」才能加以預防。[56]他長篇論述「新絲路」的展望，謹慎但堅定的表達中國式的全球化要回歸以人為本，既做生意也做善事，將不同地區連結起來但無意干涉政治，還能澈底終結歐洲人的殖民主義狂熱與他們強加於中國和世界各國的邪惡不平等條約。這一切也有助推廣中國的地緣政治想像，亦即回歸以歐亞大陸為中心（中國則是樞紐），美國則終於回到他該有的邊陲位置。

　　然而，關於調控貧富差距與終結不義與貪腐的具體制度為何，我們必須承認「中國特色社會主義」的相關論述中並沒有說得很明確。我們知道政府和黨「看得見的手」會「堅決打擊」，但除此之外便很難知道更多。此外，我們完全不確定讓那些中飽私囊又太過高調的寡頭或政府高幹一一下獄的手段和目的是否相符。2018年秋天，影星范冰冰遭國營電視臺當紅主持人爆料她簽了一份片酬五千萬人民幣的地下合約，正式合約的片酬卻只有一千萬元，之後范冰冰便遭到拘留。這件事掀起喧然大波，而政府發現這是個天賜良機，可以證明他們已為打擊極度不平等與拜金行為做足準備。這個案子當然很有意思，不過我們可以認真的打上一個問號：在一個擁有十三億人口的國家，只靠著譴責和監禁，完全不需要針對資產與繼承實施任何有系統的登記與課稅，同時阻止記者、公民和工會發展自主調查與參與的能力，甚至拘捕那些對權貴所累積的財富盯得太緊的人，是否就能有效調控貧富差距？我們無從確定中國政府有辦法避免走上俄國的盜賊政治之路。

文化大革命對貧富不均認知的影響

最後，一個以私有財產制為基礎的社會如果沒有足夠的財稅與社會政策防火牆，很可能會導致貧富不均失控，長期下來會形成惡果，歐洲在十九世紀與二十世紀上半葉的歷史經驗也證實如此，但中國政府似乎不怎麼認真看待此事。我們顯然不得不再度將這種表現解讀為歷史上眾多社會都擁有的一種與眾不同的感覺，以及對於學習他人經驗的抗拒感。[57]我們也必須提及另一個中國相當獨特的歷史與政治意識形態因素，亦即毛主義時代與文化大革命時期駭人聽聞的暴虐。此一因素深刻影響人們對貧富不均的認知，尤其是對家業傳承的看法。中國現在才剛從嚴重創傷的經驗中走出來；在過去那段時期，他們以極為激進的方式試圖斬斷貧富差距的代間複製，只要家庭背景在帝制時代算得上是地主或知識分子階級的人，全都要逮捕並流放。在現在的中國社會裡，到處都可找到一大群人曾經歷父母、祖父母或家族成員在文化大革命期間被殺害或遭殘酷對待，尤其是領導階層。在以如此暴力的手段破除家業傳承的行為之後，在那些家庭付出如此昂貴的代價之後，積累的邏輯應該復歸原位（至少暫時如此），中國人似乎認為這種想法有某種特殊的道理。

在《兄弟》（2006）中，中國小說家余華透過兩個命運交錯的異姓兄弟來訴說這個國家從文化大革命到2000年代之間經歷的激烈價值觀轉型。在文革期間，人們追殺地主的後代、提倡貞節，到了2000年代，什麼都能買、什麼都能賣。好比貪圖美食的地方黨幹部把工廠和土地拿去變現，又好比在造假的處女選美大賽中使用假胸部和假處女膜，大大造福了流動小販與新中國人，他們正躍躍欲試，要享受這個花花世界。實施改革開放與經濟私有化之後，只要地方的GDP數字只升不降，沒有什麼不可以。這對異姓兄弟李光頭和宋鋼都出生於1960年，其中李光頭毫無疑問是個道德低下之人，而日後成為大富翁的人是他。1980年代，他開始賣舊貨、撿破爛和經營紙盒工廠；1990年代，他靠整船整船的進口日本舊貨西服

（取代過時的毛式中山裝）發了大財；2000年代，他成為身價數百萬的富翁，身穿亞曼尼，正準備來一趟私人月球旅行。不過讀到最後，李光頭似乎顯得比宋鋼更令人感到親切，後者不論時代如何改變，都任由自己被制度輾壓而毫無作為。

　　無情打擊這兩兄弟的文化大革命（1966-1976年）當初看起來像是要嘗試改造人們的思想並找出罪魁禍首，因為1950及1960年代的農業與工業集體化政策並未創造先前宣稱的「大躍進」。宋鋼父親身上的紅袖章和他身為好共產黨員的那股幹勁令兩兄弟以他為傲，但他很快遭到逮捕和拷問。身為地主之子，自己又是中學教師，他代表著那些妨礙大革命的舊統治階級（即便他一無所知），因為這些人根本不瞭解也看不起人民。紅衛兵來到他面前，提醒他要進行文化與思想的改造，中國才能為貧富不均的黑暗歷史贖罪。這些紅衛兵腦中還是留著一些現實感的：到宋家抄家時，他們把所有衣櫃都翻倒在地上，希望能在裡頭找到宋凡平「等待著改朝換代時再拿出來的」地契。他們什麼都沒找到，但宋凡平最後還是遭到私刑凌遲。兩個孩子在陶青的幫助下，用一架板車拉著宋凡平的屍體一路穿過劉鎮。除了戲劇面向以外，小說文本也讓我們得以窺見一場驚心動魄的政治意識形態轉型過程：只花了數十年，就從文化大革命走到中國式的超級資本主義，從1960年代末、1970年代初由社會主義打造、令小朋友笑逐顏開的「大白兔」奶糖——那個年代只有區級（district）的人民解放軍領導拿得到一部閃閃發亮的自行車[3]——走過「全民經商」的1990年代和那些發大財的鬼點子，來到億萬富翁新貴渴望太空旅行的2000年代。[58]

論中國模式與議會制民主的超越

　　作為總結，我們要指出中國的體制同樣是參酌其他模式的缺點來尋求

---

③　譯注：小說中寫到宋鋼獲得的自行車原本是要保留給「縣人武部部長」的。

長治久安之道。中國曾經從蘇維埃主義與毛澤東路線的失敗中汲取教訓，現在他們希望不要再重蹈西方議會民主制犯過的錯誤。從這個角度來看，閱讀中國官媒《環球時報》可以得到許多收穫，在脫歐公投與川普當選之後尤其如此。《環球時報》總是以長篇大論譴責西方國家的民族主義、仇外心理與分離主義亂象，以及集粗俗、電視實境秀和財大氣粗於一身的恐怖綜合體，而西方國家想強加給全世界所謂自由選舉與最佳政治制度，將無可避免地導向這個下場。該報也特別強調中國領導人對全世界與特別是非洲領導人的用語皆十分尊重，號稱「自由世界」領袖的美國總統卻經常以「鳥國家」（shithole countries）來形容非洲國家。

　　閱讀這些文章可以學到很多事情，它讓人真的開始對西方選舉民主政治宣稱的文明與制度優越性產生疑惑。認為「西方」的價值與民主制度應該已經達到某種獨特且無法超越的完美，這種想法顯然有其荒謬之處。在議會制度下，每四或五年要舉辦一次直接普選，以選出一群可獲得立法權的代表，這其實僅是一種特定歷史經驗下的政治組織形式。它有優點也有其局限，我們應該不斷質疑它、超越它。[59]共產政權——尤其是俄國與中國——對西方議會制提出的典型批評中，有兩點特別值得討論。[60]首先，政治權利平等是一個假象，因為提供訊息的媒體都被金權綁架了，這些財大勢大的人因此得以從精神上控制人們的思想，並且讓不平等維持下去。第二點和第一點關係密切：如果對政黨的金援讓富豪階級得以影響政綱與政策，政治平等將永遠只是理論。對政治運作會被富豪階級綁架的憂慮，在1990年代的美國格外強烈，當時最高法院一夕之間廢除了幾乎一切對私人政治獻金的限制。[61]不過這個問題影響的層面其實更加廣泛。

　　在此要指出的是，整體而言，金援媒體或政黨這個問題的影響從未被全面地認真思考過。的確，大多數國家都針對限制媒體所有權集中度或管制政治獻金制定了各種法規，不過這些措施通常非常薄弱，也遠遠不符合政治參與權平等的要求，更不用說立法倒退的例子屢見不鮮，尤其在過去數十年間（特別是美國與義大利）。但是經由從歷史中學習，我們有機會

找出新的解決方案，讓非營利且具參與式精神的媒體能夠發展起來，同時確保在政治獻金面前依然人人平等。[62] 我們稍後會於第十七章再回頭討論。

無論如何，我們似乎很難用媒體或政黨被金錢勢力綁架的論點來證明應該完全廢除選舉，或是應該由某個委員會依據候選人是否見容於執政黨來控制候選名單。但終其一生，俄國與東歐的共產國家領袖不斷使用這類論證，讓自己能持續執政而不必在選舉中經歷真正的競爭。從這些歷史經驗可以得出的教訓只有不該重蹈覆轍。

我們也在歷史上看到許多政權會利用民主運作被金錢操控的論點反過來打擊民主運作，例如他們會將公營媒體打造成政治宣傳的工具，對外聲稱是為了平衡私人媒體上散布的負面政治宣傳，有些例子則是藉此不承認某些選舉的結果。例如大家可以想想統治委內瑞拉的「玻利瓦政權」（régime bolivarien），前有1998至2013年間擔任總統的查維茲（Hugo Chavez），後有2013年起執政的馬杜洛（Nicolas Maduro）。這個政權自稱是一種新形態的民粹式「社會主義」，因為他們打算用比過去的政府更有社會意識也更平等的方式來利用石油收入（既然過去是寡頭政治，這並不會很難做到，但無損其重要性），卻同時採取高度人治、國家主義、超級中央集權又專制的統治形態，而這種統治形態透過定期舉行的「公眾諮詢」（consultation populaire）和與「人民」的直接對話來獲得認可。我們可以想想委內瑞拉公共電視臺的著名節目《你好，總統》（Alo presidente），查維茲每週日獨自一人向全國民眾說話，節目持續將近一整個白天（最長紀錄超過八小時）。在打贏多場選戰、挺過2002年一場政變行動（其間叛亂人士曾獲美國支援）並歷經許多遠超過本書討論範圍的風波與考驗之後，玻利瓦政權最終於2015年國會選舉中慘敗。由於該政權不願承認失敗，加上當時委國正面臨惡性通貨膨脹與經濟崩潰，導致一場劇烈動盪的嚴重危機，直到2019年的現在仍未平息。[63]

查維茲和媒體的關係十分有意思，因為因為我們很難否認委內瑞拉（和許多拉美國家與世界各國）的主流民營媒體經常會傾向傳達業主支持

的世界觀（以及他們的金融利益，通常涉及極度不平等且與西方大企業有所牽連的私人石油開採事業）。不過，因為現實如此，所以要控制公營媒體，然後選舉結果不合己意的時候就拒絕接受，這不是一個令人滿意的答案。這麼做最後只會鞏固這個政權宣稱要打擊的所有權主義意識形態，如同目前發生的狀況，而且以踐踏民主制度和權力高度集中來回應問題，其實什麼都解決不了。比較能帶來希望的做法是澈底改革媒體與政黨的融資與治理制度，讓每個人都能站在平等的基礎上表達自己的偏好（「一人一票」而非「一元一票」），同時尊重多元的觀點與輪替的必要性。我們稍後會再回到這個主題上。

選舉民主、邊界與財產

關於金錢在媒體與政黨財源上扮演的角色，這個問題儘管重要，卻不是西方議會制選舉民主政體唯一會被批評之處，大錯特錯。假設媒體近用權平等與政治獻金平等的問題已經完全解決，西方的民主理論依然擺脫不了三大概念上的局限。簡要而言，它始終欠缺一套邊界理論、一套財產理論和一套審議理論。

邊界的問題再清楚不過：我們認為哪種領土、哪種人類社群應該適用多數決原則？只要一個城鎮、一個街區、一個家庭取得多數同意決定脫離，就可以堂堂正正的憑藉多數決原則，成立一個具有主權與正當性的國家，在裡頭實施部落式的多數決原則嗎？害怕分離主義會不斷蔓延、永無止盡，這一直是許許多多專制政權用來拒絕實施選舉的主要論據。中國政府尤其如此，因為對中國政府的認同主要來自它有能力讓十三億人在這個龐大共同體下和平相處，與自古以來不斷因部族仇恨動盪不已的歐洲完全不同；在中國政府眼中，這證明拒絕實施所謂的「自由選舉」有其道理，因為自由選舉事實上只會為身分認同與民族主義的激情火上澆油。中國的反應很有意思，不過對於一個真正重大的問題，這樣的回答依然太薄弱。

比較令人滿意的回答應該是構築一個跨國族的民主理論，其基礎除了具民主精神的社會聯邦主義，還需建立起區域性乃至世界性的社會經濟正義規範。這項任務一點也不簡單，但我們並沒有太多別的選擇（參見第十六至十七章）。

財產的問題也為西方民主理論帶來艱鉅的挑戰。多數決原則能讓財產權馬上得到全面的重新定義與重新分配嗎？純就理論而言，希望能訂立規則與程序（例如透過條件多數決〔majorité qualifiée〕），讓法律、社會、財稅與教育制度的某些面向可以長久存在，不會輕易產生劇烈變動，當人們普遍認為需要改變時，又不至於妨礙社會經濟的變化，這個想法本身並不荒唐。麻煩的是，這個論點被支持所有權主義意識形態的人大量利用，讓他們可以在憲法中寫下一些規定，事實上導致一切在合法且和平的前提下重新定義財產權的可能性都遭到封鎖，即使發生財產極度集中，抑或最初占有財產的途徑特別可疑，甚至完全站不住腳的情形也是如此。[64]

各位同樣會注意到，許多一黨制的政體也使用同一套維持穩定性的論點來證明某些決策應該被排除於選舉議題之外（尤其是生產工具的國有制），甚至用來支持應全面廢除所有選舉（或由某個特設委員會決定候選人名單）。不過這種狀況並非狹義的共產國家所獨有。在非洲獨立運動的過程中，非常多國家都實行一黨制（至少暫時如此），有些國家是為了避免分離主義運動與內戰，也有些國家推說某些社會或經濟政策只靠四、五年無法看出成效。[65]尚且不說到那麼遠，大多數歐洲社會民主主義國家實施的退休金與健康保險制度都仰賴複雜的管理，使社會保險局與各工會擁有相當大的自由。某種程度上，上述社會安全制度得以免疫於選舉造成的反覆：議會多數意見如果勢力夠大也夠穩定，就有可能重新掌控這些機制，但這需要非常強的選舉與民主正當性。從更廣泛的視角來看，我們確實有必要更深入思考關於社會權利、教育正義甚至累進稅制入憲的問題。

對於上述所有複雜且合理的問題，中國政府給了一個答案。中國是靠著堅實的中介組織如中國共產黨（2015年擁有約九千萬黨員，相當於成年

人口的10%左右），才能安排審議與決策的進行，並規畫出一個穩定、和諧又周全的發展模型，不受西方像大賣場一樣的選舉活動製造的離心力與認同衝動所侵擾。中國當局在2016年舉辦的一場名為「全球經濟治理中的政黨角色」的研討會中便曾明確有力的傳達此一立場，在《環球時報》網站上也不時可以看到。[66]值得注意的是，中國共產黨龐大的黨員人口幾乎等於美國、法國總統選舉時用來提名政黨候選人的黨內初選的總投票人口（以美、法近期大選為例約占成年人口的10%）。西方國家政黨中的活躍黨員人數明顯較低（通常最多只占人口的幾個百分比）。[67]相反地，不論是議會或總統選舉，這類大選的投票率在西方國家則明顯較高（通常超過50%，雖然過去數十年間下滑的幅度令人吃驚，在底層人口中尤其明顯，參見第十四章圖14.7及14.8）。

不管發生什麼狀況，中國政府的論點都從同一個思想出發，亦即在中國共產黨這樣的組織中進行的審議和決策會比西方在公共廣場上進行的民主政治更加深入和周全。與其像西方選舉制民主國家一樣，仰賴每四或五年所有選民投以數分鐘膚淺的關注，由黨主導的中國式民主依靠由黨員（約占人口一成）組成的重要少數，他們全心投入也獲得充分資訊，會為了國家的利益投入大量時間進行集體討論。這套制度也更有助於基於國家與整個共同體的利益達成合理的妥協，在邊界與財產的問題上尤其如此。

關於中國相信由黨主導的民主會比選舉制民主更能有效解決邊界的問題，《環球時報》現任總編輯胡錫進④的生涯故事提供了一個很有趣的例證。當年他曾是一個積極參與1989年天安門學運的年輕學生，他說自己因蘇聯突然解體而受到打擊，南斯拉夫的族群分裂戰爭對他影響更大，他認為這些內戰證明中國共產黨必須要有安撫人心的功能，而且萬萬不可將這類決策付諸選舉的狂熱。[68]

同樣值得注意的是，面對香港的民主派運動人士，北京政權最典型

---

④　譯注：胡錫進本人已於2021年卸任。

（也是最尖銳）的指控之一就是說他們自我中心，尤其當他們對來自中國內地的移民表示反對（或至少態度保留）的時候。對北京來說，這些人號稱愛民主、愛「自由」選舉，主要的目的其實是不想讓自己在香港這個自成一國的城市裡擁有的特權落入外人手中。然而在實際上，我們要注意在香港的運動中，獨立的訴求屬於少數，他們的主要訴求首先與民主有關，希望形成一個以人員自由流動與多黨制為基礎的聯邦式民主中國，而這個願景顯然不為中國共產黨接受。[69]

論一黨專政進行民主改革的可能性

中國另一個主要論點，則是主張中國共產黨代表所有階層的人民。因此，這套制度可以把一小群人組織起來進行討論與投票，雖然他們的確在整個社會中只是少數，但他們比一般公民更有動力也更有決心（因為要入黨必須經過一套吸收和面試程序），與此同時，這套制度也比西方的政黨和議會制選舉民主更能充分代表人民。事實上，根據現有的資料，在2015年幾近九千萬的中國共產黨員中，約有50%是工人、受雇員工和農民，20%為退休人士，30%為企業與政府的行政或技術幹部。[70]黨員中幹部階層的占比確實高於在全國人民中的占比（介於20至30%間），但差距並不大，而且比大多數西方政黨的差距小。[71]

從嚴格的理論角度來看，這一整套關於以黨主導的中國式民主獲得的審議品質最好且代表性最強的論證十分有意思。但就算有其說服力，這套理論還是必須面對幾個嚴重的問題。首先，我們很難知道這些工人、員工和農民在地方層級的實際黨務運作中扮演的真實角色為何。在更高的層級——亦即憲法規定的基本立法機關「全國人民代表大會」，甚至全國人民代表大會的常務委員會，亦即在每年全國人民代表大會會期以外真正行使權力的機關——我們觀察到中國商界人士與億萬富翁超額代表的顯著現象。[72]西方媒體經常藉著上述這幾點來證明中國政權的偽善，因為它相較

於共產主義與共產主義下具審議作用與社會代表性的支部而言，更接近於
金權政治。這個批評相當準確，但我們也要指出，目前可取得的數據依然
相當不精確。根據我們蒐集到的資料，在規模龐大且不可質疑的中國人民
代表大會裡，富人的超額代表程度也許不比美國國會還嚴重（這並不是什
麼好事）。相對地，和歐洲的情形相比則顯得嚴重許多；歐洲各國議會突
出之處反倒在於底層人口的代表性極度不足，超額代表的情形主要出現在
知識性職業和自由業人士，而非商業界和富人身上。[73]無論如何，認為由
黨主導的中國式民主能含括所有階層的人民，或是達到比西方選舉制民主
更高的代表性，這種見解幾乎站不住腳。

　　從更廣的角度來看，中國政權認為在一小群瞭解狀況的黨員中進行討
論會更深入，以目前的做法來說有一個很大的問題。這種討論不會留下任
何痕跡，以至於全國（更不用說全世界）沒有其他人能親眼確認這些審議
與決策的實際狀況，因此無從對黨主導的審議模式可能有的正當性問題形
成意見。事情可以不這麼做：黨員之間的討論可以全部公開，更重要的是，
候選人的名單和選定可以改由公開競爭的方式投票決定。不過目前為止沒
有任何跡象顯示中國政權有朝這個方向演變的潛在趨勢。

　　歷史上也有一些有趣的前例，其制度是以單一政黨為基礎，但漸漸開
始允許其他政黨和意見團體擁有參選資格。塞內加爾就是一個例子，該國
自獨立後便依循一黨制，直到1976年憲法改革，其他（被正式造冊的）思
想派別才慢慢有機會推出自己的候選人。首波於1980年舉辦的假自由選
舉中，社會黨獲得大幅領先（桑戈爾總統所屬的前單一政黨），不過在
1990年代，選戰打得愈來愈激烈，最終在2000年大選由塞內加爾民主黨
（parti démocratique sénégalais，PDS）的瓦德（Abdoulaye Wade）勝選，達
成民主輪替。我們無意美化這段歷史，但塞內加爾的發展軌跡恰恰說明政
治轉型可以有很多形態。[74]

　　摘要一下：由黨主導的中國式民主其實沒有證明其優越性勝過西方的
議會制選舉民主，其中一大原因是中國式民主嚴重缺乏資訊透明。中國貧

富不均的急遽惡化與重重黑幕，也讓人高度懷疑在中國共產黨號稱能代表社會大眾進行的審議工作中，底層人口的參與度究竟有多高。儘管如此，中國模式對西方政治制度的諸多批評仍應該被認真看待。不可否認地，除了金錢對媒體和黨派的控制，以及處理邊界與財產問題時遭遇的結構性障礙，議會體制被愈來愈多不同形式的祕密會議和小圈圈所掌控，不論在歐盟或美國都是如此。無論如何，代表性的邏輯需要再搭配審議與參與的機制，這些機制可以做的事比每四或五年拿到的一紙選票更多。民主的具體形式還可以、也永遠可以重新創造，平心靜氣的比對各種模式與歷史經驗當然有助於這項工作，只要我們能克服身分認同的拉扯與民族主義的傲慢。

東歐：後共產時代的幻滅實驗室

現在讓我們來看看東歐的共產與後共產社會。共產主義在東歐留下的印記的確不像俄國那麼深，一方面是因為經歷的時間沒有那麼長，另一方面則因為在加入共產陣營時他們的發展程度大多比俄國好得多。此外，1950 至 1990 年間屬於共產陣營的東歐國家，大多數在 2000 到 2010 年間都加入了歐盟。加入一個欣欣向榮的經濟圈與政治圈，多少幫助這些國家提升生活水準，政治也在議會制的民選政體下趨於穩定。雖然如此，整合過程也帶來一些挫折，並在歐盟內部引發愈來愈多不理解，使得東歐成為一個不折不扣的後共產時代的幻滅實驗室。

讓我們先從比較正面的部分開始。首先特別令人驚訝的是，如果以整個歐洲為範圍（西歐與東歐合計）來衡量所得不均，得到的結果確實比僅限西歐國家的水準高，不過還是比美國的水準低很多（參見圖 12.9）。的確，歐盟成員國中最貧窮與最富裕的國家的平均所得差距，好比羅馬尼亞、保加利亞和瑞典、德國之間的差距一直相當可觀，比美國各州之間的差距還大。不過這差距已經比以前小了，況且歐洲各國內部（不論東、西歐）的貧富差距比美國各州內部低了不少，因此歐洲的整體貧富差距是比

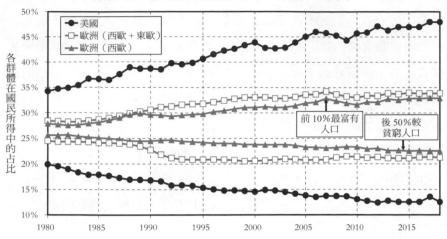

圖12.9. 區域性的貧富不均：美國vs.歐洲

如果考慮所有東、西歐國家（五億四千萬人），得出的所得不均水準會高於僅限於西歐國家（四億兩千萬人）而不計入東歐國家（一億兩千萬人），原因在於西歐和東歐的平均所得一直有落差。但不論哪一種情形，不均水準都明顯低於美國（三億兩千萬人）。來源與數據：參見 piketty.pse.ens.fr/ideologie

較小的。具體而言，歐洲後50％較貧窮人口在所得毛額中的占比將近20％，美國則僅有12％。此外要特別說明的是，如果把墨西哥與加拿大和美國合併計算，貧富落差還會更大。如此進行比較顯然更合理，一方面因為這樣一來兩個群體的總人數才會比較接近，另一方面則是因為北美國家之間也組成了一個貿易聯盟，只是社會經濟與政治的融合度不如歐盟；歐盟會對發展較落後的地區提供投資性結構基金，[5] 並允許勞動力自由流動，目前對於所有北美國家來說，這些似乎都難以想像。

　　東歐前共產國家的所得不均為何會低於美國或後蘇時期的俄國，有幾個因素可以解釋，其中之一就是東歐國家擁有共產時代留下的、相對健全且平等的教育與社會安全制度。同樣值得注意的是，東歐國家推動後共產時代轉型的手段不像俄國那麼不平等，也比較和緩漸進。舉例來說，雖然波蘭和捷克一樣被列為在1990年代初期選擇了「休克療法」的中歐與東歐國家之一，但波蘭的轉型實際上比俄國更漸進也更和平。的確，波蘭自

⑤　譯注：應是指歐洲結構與投資基金（European structural and investment funds）。

1990 至 1992 年便開始對小型企業實施私有化憑證制度，尤其是商業和手
工業，但一直到 1996 年才真正開始擴大到大型企業，而且是隨著新的法
律與財稅制度開始運作才逐步推進。這種做法多少讓股權不至於像俄國那
樣集中於一小群寡頭。大型企業的私有化最初規畫要在 1990 年立法通過
後立刻執行，推遲的原因主要來自團結工聯（Solidarność）的強烈反對，
而非前身是共產黨並於轉型期間重返執政的社會民主主義政黨（民主左派
聯盟黨）。[75] 依據最近的研究，這種漸進主義促成了波蘭的成功轉型與
1990 至 2018 年間的高度經濟成長。[76]

　　東歐國家的後共產時期發展路徑相當成功，若以俄國的寡頭與盜賊政
治亂象作為比較基準自是無可反駁，不過我們還是必須打上一個問號。首
先，雖然貧富差距不像俄國一樣爆炸性成長，但是在每個中歐及東歐國家
都大幅增加。1990 年時，東歐前 10% 最富有人口在國民所得中的占比低
於 25%，到了 2018 年，匈牙利、捷克、保加利亞與羅馬尼亞已接近 30 至
35%，波蘭甚至高達 35 至 40%。後 50% 較貧窮人口的占比則成等比例下
降。[77] 生活水準追上西歐的程度同樣必須被調整到正確的比例。若依購買
力平價計算，東歐國家的平均所得確實從 1993 年時不到歐洲平均值的
45% 成長到 2018 年的 65 至 70% 左右。不過由於產值與所得在 1989 至 1993
年共產體制崩解過程中大幅萎縮，到了 2010 年代末期，我們觀察到的水
準與西歐國家相差甚遠，與 1980 年代則相去無幾（依照可取得的統計數
據來判斷，約為西歐的 60 至 65%）。[78]

　　好壞參半的社會經濟成果讓我們更明白 2000 到 2020 年間歐盟內部逐
漸升起的挫折感與不理解。加入歐盟後飄飄然的感受很快便被失落與非難
所取代。對歐盟下的西歐人民來說，東歐成員國的民眾沒有抱怨的理由。
他們上了歐盟這艘大船就已經得到好處，因為歐盟幫助誤入共產主義歧途
的他們脫離泥淖，更不用說這些國家已經並持續收到西歐成員國撥付的大
筆款項。事實上，如果檢視各國收到的經費（尤其是以投資性結構基金為
名撥付的款項）與貢獻的金額之間的差距，按照歐盟統計局（Eurostat）足

堪視為官方紀錄的數字，我們可以看到波蘭、匈牙利、捷克或斯洛伐克等國在2010至2016年間收到的移轉金淨額介於GDP的2至4%之間（參見圖12.10）。相反地，在同一時期，重要西歐國家如德國、法國與英國付出的移轉金淨額相當於GDP的0.2至0.3%，而在2016年英國脫歐公投的宣傳戰中，脫歐派對移轉金議題的討論對公投影響甚鉅。[79]既然東歐可以獲得這麼充裕的經費，西歐人很難理解東歐人流露的挫折與怨恨，而東歐人的民族主義政府，有時更會透過投票公開表達要與布魯塞爾、柏林和巴黎當局決裂，例如波蘭與匈牙利就是如此。

在歐陸東側，人們的認知完全不同。大家多以為所得停滯的原因是由於歐盟各強國將這些東歐邊緣國家置於經濟上永久的從屬地位，而東歐人不斷被當成次等公民對待。具體來說，在華沙、布拉格或布達佩斯相當普遍的一種看法是來自西歐（尤其德、法）的投資者把東歐當作廉價人力庫，從中獲得巨大利潤。然而事實上，在共產垮臺之後，這些東歐前共產國家的資本有一大部分逐漸落入西歐投資者手中：以所有資本存量（含不動產）

圖12.10. 東歐國家的資金流入額與流出額，2010-2016年

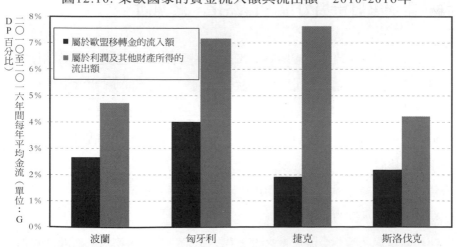

2010至2016年間，波蘭每年由歐盟獲得的移轉金淨額（從歐盟獲得的經費總額與繳納給歐盟預算使用的金額之間的差額）平均相當於GDP的2.7%；同一時期，屬於利潤及其他財產所得的流出額（扣除流回國內的同類資金）則為GDP的4.7%。就匈牙利而言，這兩項數字分別為4%與7.2%。
來源與數據：參見 piketty.pse.ens.fr/ideologie

來說約為四分之一，如果縮小到企業之持有則超過二分之一（針對超大型
企業的比例更高）。

　　諾瓦科梅條理清晰的研究便指出，如果東歐國家的貧富不均不如俄國
或美國惡化得那麼快，主要是因為東歐資本產生的高額利得一大部分都流
向外國（其實和成為共產國家前相同，當時的資本持有者本就是德、法或
奧地利人）。[80]追根究柢，東歐幾乎只有在共產時期才沒有出現被西歐資
產家持有的狀況。然而當時的東歐在軍事與政治思想上都受到巨人鄰國俄
羅斯的支配，處境更加悲慘，也沒有人想回到過去。人們的困惑與不安，
顯然正源自這種宛如古典劇作家高乃依（Pierre Corneille）筆下的兩難困境。

　　從所得流量來看，這種跨境持有資產現象帶來的後果絕不可小覷。事
實上從國民經濟會計可以看出，2010 至 2016 年間，各東歐國家的利潤及
其他資本利得（利息、股利等）的流出額扣除同類的流入額後平均為 GDP
的 4 至 7%，比值明顯高於來自歐盟的移轉金，這個狀況不僅出現在波蘭
與匈牙利，在捷克與斯洛伐克也是如此（參見圖 12.10）。

論歐盟國家將市場力量「自然化」之傾向

　　當然，兩種金流的比較結果不代表東歐國家加入歐盟是一場不划算的
交易（與某些民族主義領導人有時試圖散播的想法不同）。事實上，利潤
的外流是這些國家獲得投資必然的結果（有時也是私有化獲利的結果），
而按照道理，這些投資應該能促進整體生產力的提升，從而提升東歐的薪
資水準。儘管如此，薪資的成長卻比人們期待的來得少，部分原因在於西
方資產家的協商權力，因為他們可以威脅報酬率若不足便撤走資金，從而
成功減少原先承諾的加薪。

　　總而言之，這些金流流量之大，代表這是一個值得探討的問題。一般
而言，具體的薪資和利潤水準都不是憑空出現的，它主要取決於每個國家
關於工會與社會安全的現行制度與法規，也取決於歐盟層級所實施或未實

施的法律與租稅管制（由於小國很難單獨撼動薪資定價機制，這些管制便顯得更加重要）。從歷史背景來看，這個問題更加切中要點，因為自1980年代以來，歐洲和全世界的薪資在企業增值中的占比都呈現下滑趨勢，利潤的占比則相應上升。這個現象一部分可歸因於股東和工會協商權力的變化。[81] 具體而言，集體組織與不同的歐盟租稅與薪資法規原本應該可以（未來也可能）讓東歐的薪資提高，從而讓流出的利潤大大減少，這可能會對總體經濟產生巨大影響，程度與從歐盟流入的金流相當。[82] 由此可見，這不是一個可以隨便排除的問題。無可否認，西歐國家因為東歐整合到歐盟而獲得許多貿易與金融利益（德國基於地理位置與產業強項尤其有利）。所以這些獲利的分配是一個正當且重要的問題，更不用說正是這些獲利幫助德國形成規模空前的貿易出超。[83]

站在歐盟強國、尤其是德國與法國的視角，東歐私人利潤外流的問題卻很容易被完全忽視。不知不覺間，我們偏離了「市場」和「自由競爭」能創造財富公平分配的原則，並認為在這樣的「自然」均衡下，撥付移轉金是制度贏家的一種慷慨之舉（由此產生一種完全聚焦於政府移轉金的觀點）。實際上，財產關係與生產關係永遠是複雜的，在歐盟這麼龐大的共同體中更是如此，而且這些關係不是單靠「市場」之力就能調節的。市場形成的均衡並沒有什麼特別「自然」之處，它永遠取決於在特殊社會歷史條件下折衷產生的特定制度與規則，尤其會受到法律、財稅與社會制度、勞動法與企業法，以及受薪階級的協商權力所左右。歐盟的架構主要建立在資金與商品的自由流通以及區域競爭之上，幾乎沒有任何共同的租稅與社會政策，這一點勢必會影響到薪資與利潤水準的設定，也容易讓移動能力最佳的經濟主體取得優勢（所以投資者與資產家比受雇員工享有更多優勢）。

其實優勢經濟主體將市場力量和市場形成的貧富不均「自然化」的傾向十分常見，不論在這些國家內部或國際之間都是如此。這種情形在歐盟內部特別顯著，並在1990至2020年間引發不只東歐與西歐、也包括南歐

與北歐之間的誤會與不理解，加上當時歐元圈面臨債務危機，掀起一股殖利率投機潮，使歐洲的整合計畫蒙受嚴重威脅。《馬斯垂克條約》在1992年確立單一貨幣的運作規範，但公共債務或稅制的整合工作並未受該條約重視。各國折衷的結果是延後處理上述複雜的政治問題，集中討論關於赤字上限的簡單規定，當然還有歐洲央行的組成及權力，而這個強大的聯邦性質組織是以簡單多數決進行決策。[84]1999年歐元誕生之後的初期，大家很自然的預設單一貨幣會永久實施，歐元圈內每個成員國的殖利率自然也都幾乎相同。在2002年到2008年之間，不論德國、法國、義大利、西班牙、葡萄牙或希臘，十年期公債殖利率皆約為每年4%。這種情形在太平無事時極為尋常，但維持不了多久。

　　事實上，隨著2007至2008年因次級信貸（subprime）崩潰與雷曼兄弟破產而爆發的金融危機不斷延燒，歐洲央行自身的作為又造成人們對希臘債務問題恐慌焦慮，各國殖利率開始出現巨大分歧。[85]投資人對看起來最有信心也最穩定的國家（尤其德、法）要求的殖利率降到低於每年2%，對義大利和西班牙的要求上升到6%（2012年對葡萄牙的要求甚至到12%，對希臘為16%）。像這樣的投機風潮自我實現的成分非常高，這在金融市場上十分常見。一旦人們期望某個國家將來應該支付這麼高的債息，這個國家很快就會落入潛在無清償能力的境地，而這會進一步堅定交易人要求高殖利率的決心。由於經濟活動金融化的程度如此高，投機性資金的規模也空前龐大（說來應該加倍嚴格管制才是賢明之舉），唯有各中央銀行與公權力採取堅定作為才能平撫像這樣的恐慌性浪潮。這就是2011至2012年起發生的事，此時歐洲央行與德、法領袖終於體認到要拯救歐元已經別無他法。他們慢半拍的反應無法阻止希臘與南歐國家的嚴重衰退，以及更大範圍的歐元區經濟活動的再度萎縮。[86]

　　稍後我會再回頭討論各央行近期發生的角色變化，並探討他們在目前高度金融化的世界中的地位，這個問題的範圍遠遠超過歐元區（參考第十三章圖13.13及13.14）。現階段我只想簡單釐清一點：央行慢半拍的介

入後，提出一份新的預算條約，加強了赤字方面的規範，[87] 並由各成員國依GDP比例貢獻一筆歐洲基金，讓受到市場衝擊的國家可以貸款。[88] 具體而言，這筆基金讓最富有的歐洲國家（好比德、法）找到一個方法可以借錢給希臘，其利率當然低於金融市場開出的條件（當時飆得很高），不過明顯高於這兩個好心國家自己在市場上的貸款利率（幾近於零）。和東歐國家利潤外流的例子一樣，這些操作最終導致對事件截然相反的兩種解讀。在德國與法國，大家往往認為自己是幫了希臘一把：我們把市場價格（此處即指利率）當作基準，認為只要低於這個均衡價格一點，就是一種慷慨之舉。希臘的解讀則相當不同：人們眼中看到的是德、法從中獲得豐厚的金融利潤，而且在此之前還強迫希臘實行嚴格的撙節政策，結果造成失業率直線上升，最年輕一輩的受害尤深，公共資產也被以低價賤賣。

將市場價格和從而產生的不平等視為不可褻瀆，這種觀點的好處就是簡單又可避免前面多次提及的潘朵拉效應的不確定性。此外，它對於強勢的經濟主體更是大有好處。然而，這種觀點反映了一種短視近利的自我中心。如同博蘭尼在《鉅變》中所指出，[89] 市場必須鑲嵌在社會與政治之中，把市場奉為圭臬只會加劇民族主義與身分認同的緊張矛盾。勞動市場與貨幣市場尤其如此，這些市場給予受薪階級與國家的價格（薪資與利率）也是。希臘或匈牙利的年輕人不需為市場利率高低和國家的債務負責，一如巴伐利亞或布列塔尼的年輕人不需對他們要付的利息負責。如果歐盟能提供的不過是市場關係，我們很難確定這一切能否長長久久。反過來看，如果希臘人、匈牙利人、巴伐利亞人、布列塔尼人都被視為同一個政治共同體的一分子，擁有同樣的審議權，也同樣有權制定共同的社會、法律與租稅規範，例如薪資定價、所得與資產累進稅……等相關規範，要超越那些認同的對立，並站在後民族主義的社會經濟基礎上重新加以定義，便不再是無從想像之事。稍後我會再回頭討論歐盟各項條約，以及是否可能重新賦予這些條約真正民主與具社會意識之基礎，好讓我們有可能發展出大多數人都能接受的正義規範（參考第十六章）。

後共產主義與社會本土主義的陷阱

　　最後讓我們回到後共產時代東歐國家特有的政治意識形態處境，尤其是社會本土主義興起的背景。無疑地，面對社會經濟不平等與重分配的問題，以及更廣泛的管制與超越資本主義的問題，所有後共產國家都受到某種幻滅感所打擊。不論是在東歐、俄國或中國，人們常認為自己承擔了過去形形色色的共產主義與社會主義革命家輕率許諾所造成的後果，對於所有看起來有可能再度走上那條怪物之路的人普遍抱持著懷疑的態度。當然，這種反應有時太直觀也太籠統，而且往往將大相逕庭的歷史經驗混為一談，令人難以苟同。如同我們前面指出，即便俄國的蘇維埃主義慘敗，瑞典社會民主主義的成果斐然依然是不變的事實，可惜的是，後共產時代的俄國（或東歐）並未努力建立社會民主主義路線的制度，反而陷入了寡頭政治與貧富不均的泥淖。無論如何，所有後共產主義社會都無法擺脫這種幻滅感，到了二十一世紀初的現在，這種感受成了新所有權主義思想的後盾，更廣泛支撐著某種經濟保守主義。

　　不過在東歐的特殊情境下，幻滅感這項普遍性因素變得更加強烈，因為人口少、自然資源也少的小國形態限制了他們實行自主發展策略的空間。相較之下，俄國和中國幅員遼闊，使他們可以投入自己的政治計畫（不論好壞）。東歐國家則加入了歐盟，一個沒有任何共同稅制政策或貧富不均改善政策的經濟圈；在歐盟之下，成員國間租稅競爭的力量讓實施重分配的一點小空間都被嚴重壓縮，而且這些小國事實上被鼓勵成為避稅天堂。

　　這些不同的因素綜合起來，解釋了社會主義路線或社會民主主義路線的黨派為何幾乎消失在東歐國家的選舉舞臺上，好比波蘭後來的政治衝突變成自由主義保守派的公民綱領黨與民族主義保守派的法律與公正黨的對立。這兩個黨派在政治上都是相對的保守派，在累進稅制的問題上尤其如此，不過公民綱領黨擺出親歐盟的態度，法律與公正黨則打民族牌。因此，

對法律與公正黨來說，看到波蘭總是被當成次級國家使人怒火中燒。更重要的是，法律與公正黨捍衛他們認定的波蘭價值和傳統天主教價值，例如禁止墮胎或同性婚姻、拒絕承認波蘭曾參與猶太大屠殺或波蘭存在任何反猶主義（甚至把蒐集反對證據的學者告上刑事法庭）、重新掌控媒體與司法（該黨認為司法受到自由派價值侵蝕）以及堅決反對任何形式的非歐洲人口移入。從這個角度來看，2015 年的移民危機對重組後的波蘭政治來說是個揭露其特質的重要時刻，而當時德國對敘利亞難民採取的暫時性政策是相對開放的。因為有移民危機，法律與公正黨得以站在他們的政治立場大力反對歐盟領袖們要所有國家一體適用的難民配額，同時將公民綱領黨汙名化（其前領袖圖斯克〔Donald Tusk〕已成為歐洲理事會主席），抨擊他們對歐盟、德、法的命令言聽計從。[90] 與此同時，法律與公正黨開始提倡具重分配作用的社會政策（如家庭津貼），並大力抨擊歐盟預算標準的僵化問題，試圖讓中下階層認為他們是更好的守護者，也略有成果。最後，該黨的意識形態定位就某些面向看來屬於某種「社會本土主義」，與先前談到美國民主黨在十九世紀末、二十世紀初的立場屬於同一類（參見第六章），雖然兩者之間有諸多差異，後共產時期的幻滅感就是一例。可確定的是，這類民族主義保守派與自由主義保守派的對抗雖然在匈牙利及其他東歐國家也大致存在，但是與西歐及美國在二十世紀大部分時間內都存在的社會民主派與保守派之間的「傳統」左右派選舉對立並沒有太多共同點。

在第四部中，我們將回頭詳細討論這些政治思想的轉型過程。我認為這些轉型過程的重要性在於幫助我們瞭解分配不均的演變，以及未來是否可能重新打造一個重視平等與重分配的聯盟。此處我們要指出的是，自由主義保守派與民族主義保守派的對立並不是後共產時期東歐國家特有的產物。許多西方民主國家的選舉與政治衝突結構未來都可能朝這條路徑（或其他路徑）發展，最近一些國家的變化即流露此種傾向，例如法國、美國和義大利。大體而言，在一些停止想像如何改善社會經濟不平等、開闢認

同戰場的社會中，人們可能會把這種對立推向意識形態之爭。唯有從普世性與國際主義的觀點出發，開拓一個具平等精神的嶄新視野，我們才能從這些矛盾中跳脫出來。

13 | 超級資本主義：
在摩登與古法中流竄

　　我們先前分析了共產與後共產社會在不平等體制的歷史中扮演的角色，尤其是在從1980、1990年代重新掀起的不公不義的潮流中占有的分量。一般而言，某些政治意識形態主導了二十世紀的不平等體制的演變，當今的世界正是這些最關鍵的政治意識形態直接打造出來的。過去不少人都誤以為合理的經濟運作是一帖萬靈丹，共產政權的倒臺讓他們幻夢成空，這樣的感傷，也導致很多人在當今二十一世紀的開端都撤退到身分認同的蝸居中，而這正是我們應該去突破的地方。殖民主義的終結促使世界各地都去開拓經濟交換、並搭起移民間的聯繫，跟過去相比，這些發展是建立在看起來更平等的基礎上。但是，世界體系（système mondial）[1]依然有著明顯的高低序位，往來既不熱絡也不夠普及，所以，經濟交換與移民關係也在國家與國家之間，或是在每個國家的內部都引起新的衝突。最後，新所有權主義重回舞臺是鐵一般的事實，即使跟主導著十九世紀的意

識形態相比，兩者差異很大，而且當今體制看起來更鬆垮，也更脆弱。

在本章節我們要探討的是，在本二十一世紀初，全球各地不同的社會都必須去面對的諸多不平等與意識形態等共同挑戰，但我們要特別強調的是潛在的改變與演進趨勢。首先，我們分析在當今二十一世紀中幾個極端不平等的形態，尤其，它們究竟是如何跟過去與未來的運作邏輯交纏盤結。然後，我要強調的是，黑箱作業般的經濟與金融運作愈演愈烈，特別是所得與金融財富的測量方法與登記政策都是不透明的，這使得今天的世界令人相當不解。在我們這個不時高舉已爬到資訊時代與大數據高峰的文明裡，這種黑箱作業令人詫異，也反映了國家權威與公共統計機構失職的事實。某些不平等事實，以及為了因應它們產生出來的問題而提出的解決方法，都需要全球參與辯論，而首要就是氣候暖化這個很可能足以扭轉乾坤的議題。然而，當今種種黑箱作業讓原本世人皆可知的全球辯論的進展變得複雜難解。再來，我們要簡單地探討幾個相當基本，但遍及全球各地的不平等議題：一、父權制度下男尊女卑的陋習依然頑固，這只有在堅決不讓的意願下所提出的做法才可能將它連根拔起。二、發展中國家竟反常地愈來愈貧窮，這是它們被迫接受商業自由化（libéralisation commerciale）後，國家政策卻來不及對應也無力協調的結果。最後則是，自2008年起貨幣擴張（création monétaire）扮演的新角色，貨幣擴張讓社會大眾對國家、中央銀行，以及賦稅制度和貨幣各自該扮演的角色感到莫名其妙，更廣泛來說，很多人對於合理的經濟運作該有的樣子更是一頭霧水。這些討論可讓我們稍微整理出當代新所有權主義的輪廓，也可以讓我們更加理解，一旦新所有權主義一發不可收拾時，會導致哪些問題。

在二十一世紀的世界裡不平等現象形形色色

在二十一世紀初，舉世皆然的不平等體制的最明顯特徵就是，全球各地各個不同的社會從此都以前所未見的密度彼此相連在一起。全球化理所

當然是一段非常漫長的過程。世界各地從1500年起就逐漸建立起多層次的關係，往往是採取殖民主義與奴隸制度下的粗暴形式，不過卻也存在著文化交換與族群混合等更平和的形式。在美好時代（1880-1914年）那段期間，全球的商業、移民和金融整合就已經達到令人嘆為觀止的程度。在1990與2020年代的數位全球化與超級資本主義全球化期間，人際接觸與資訊流動的等級也逐漸轉向另一種截然不同的層面。交通工具與日俱增且使用頻繁，尤其是文字、影像和聲音都拜資訊科技之賜而被即時傳送到世界各角落，這都使文化、社會經濟和政治意識形態的交換與互賴形式達到史無前例的景象。

　　另外，這些演變是在人口快速增長的背景中發生的，在同時期內，世界人口也再次達到大規模平衡。聯合國預測2050年時世界人口將達九十億，其中亞洲占五十億，二十億以上的人口將分布在非洲，美洲預計會有十億，而歐洲則低於十億人口（參見圖13.1）。

　　這幅世界各地彼此連結的景象，對於消弭形形色色的社會政治與不平等狀態毫無幫助。就現有資料而言，若比較個人所得最高的那十分之一人口，他們在全歐洲的個人所得毛額比率低於35%，在中東、南非和卡達則接近70%（參見圖13.2）。如果比較全國的個人所得中，50%最貧窮者，中間的40%，以及，最富有的那10%（或甚至是最富有的那1%人口），我們可發現各國間存在著極大的差別。在不平等程度最低的國家，最富有的那10%人口占全國個人所得的比例，「僅僅是」50%最貧窮者所占比例的一點五倍，然而，在不平等程度最高的國家，這個比值則高達七倍（參見圖13.3）。

　　至於個人所得最高的那1%人口，在最接近平等的國家中，他們在全國個人所得毛額的比例，是所得最低的那50%人口的比值的一半以下（這已經相當驚人，因為後者的人口總數是前者的五十倍以上）。在最不平等的國家中，個人所得最高的1%人口，他們在全國個人所得毛額的比例，是所得最低的那50%的三倍以上（參見圖13.4）。

圖13.1. 1700到2050年世界各洲人口

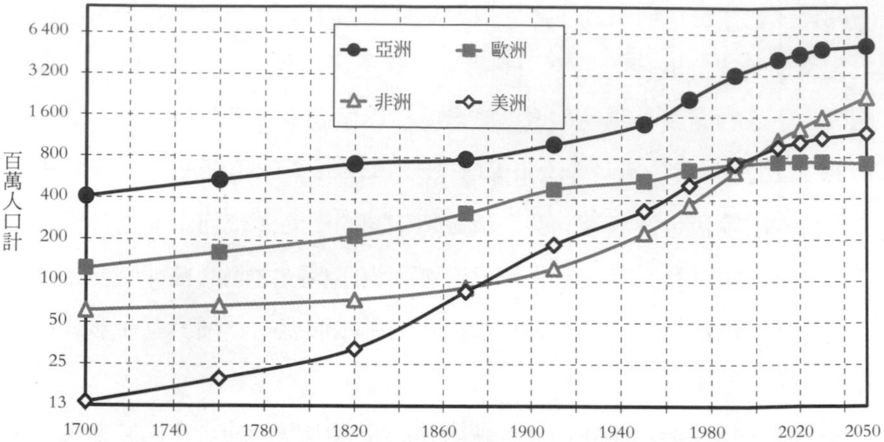

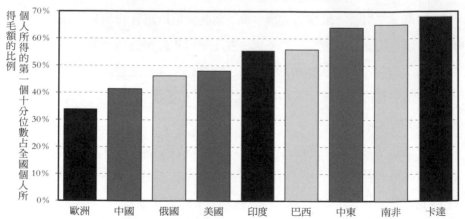

1700 年左右世界人口大約是六億，其中四億分布在亞太地區，一點二億在歐洲與俄國，六千萬在非洲，一千五百萬在美洲。根據聯合國預測，2050 年時世界人口約九十三億，其中五十二億分布於亞太地區，二十二億在非洲，十二億在美洲，歐洲連同俄國則有七億。資料來源：piketty.pse.ens.fr/ideologie

圖13.2. 2018年的全球不平等狀態

在 2018 年，全國個人所得毛額中的第一個十分位數（最富有的那 10% 人口）的占比，在歐洲是 34%，在中國是 41%，在俄國是 46%，在美國是 48%，在印度是 55%，在巴西是 56%，在中東是 64%，在南非是 65%，在卡達則是 68%。資料來源：piketty.pse.ens.fr/ideologie

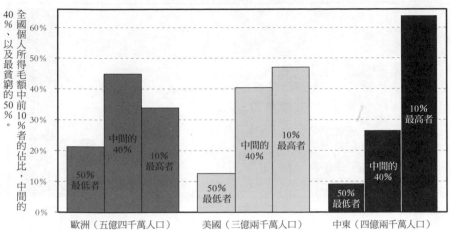

圖13.3. 2018年的不平等狀態：歐洲、美國和中東

前 10％個人所得最高者在全國個人所得的總額中的占比，在中東（四億兩千萬人口）是 64％，但同一地區，50％所得最低者的全國總額佔比則是 9％。在歐洲（以歐盟逐漸擴大的狀況而言，相當於五億四千萬人口），這兩者各自的占比分別是 34％與 21％，在美國（三億兩千萬人口）則是 47％、13％。資料來源：piketty.pse.ens.fr/ideologie.

　　這一切都說明了，僅僅滿足於用某些總體經濟的平均值來比較各國的情況，是很嚴重的錯誤。隨著每個國家中不同社會團體的分布狀況，同一個平均值很可能掩飾了諸多天差地別的事實。

　　一般而言，世界上這些主要地區之間的差異都是很明顯、不言自明的，也都可以幫助我們瞭解，如果要去維持比其他地區還更高的平等程度（例如，歐洲），那麼社會與稅捐機構的本質究竟應該為何。然而，我們必須注意的是，幾乎全球各地（包括歐洲，參見導論圖0.3），不平等程度都是高居不下且持續攀升。所以，如果有人刻意操作這些資訊，並拿來比較歐洲的底層與中產階級，而且還說這些人的生活其實是相當不錯的、因此他們付出的犧牲也是值得的云云，老實說來，這樣的說詞也不是很高明。但很不幸地，在當今二十一世紀初，這類狡猾的說詞卻往往是某些社會與政治團體——通常就是西方與全球個人所得毛額與財產總額最高位者——用來讓其他人為他們犧牲的手段，同時還藉口說這一切都是合情合理的。這樣的說詞，就大部分心嚮往之的聽眾而言，的確有某程度的政治效應，

圖13.4. 2018年的全球不平等狀態：50%最窮者 vs 1%最富者

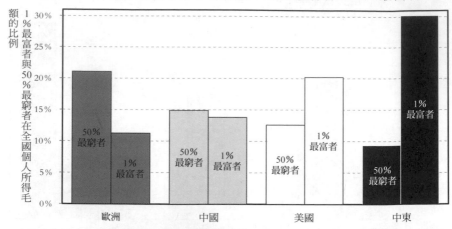

1%最富者在全國個人所得毛額的比例，在中東地區是30%，在這同一地區，所得最低的那50%的總額占比則是9%。在歐洲，這兩者各自的占比分別是11%與21%，在中國的占比是14%、15%，在美國則是20%、13%。資料來源：piketty.pse.ens.fr/ideologie.

但卻也不是完全沒有任何風險。絕大多數的歐洲人都相當清楚，相較於南非、中東、巴西或是美國，他們承受的不平等程度是比較低的。的確，若是去跟他們解釋，說這是因全球化與經濟法則沒人摸得清楚，而且最後也必然導致歐洲跟這些不平等國家的水準看齊（這類表述不僅是胡說八道、也沒有任何根據，況且根本無法解決任何衍生出來的問題），這無疑是讓歐洲人捨棄全球化最有效的辦法。

　　以歐洲居民的立場來看，高明的比較方式在於去強調，例如，歐洲在二十世紀期間，個人所得的不平等是明顯地下降，但自1980年、1990年代起卻一直往上升（參見第十章圖10.1-10.5）。雖然攀升程度沒有其他地區強烈，但在歷年來非常清楚又證據充足的走勢上，卻刻下一道裂痕。尤其是沒有任何正當理由可支持這樣的改變；更何況，如此飛升的不平等走勢伴隨的是下滑的成長率（參見第十一章圖11.14）。另外還必須強調的是，就絕對值而言，不平等現象向來是非常地鮮明。例如，事實上，讓人不敢置信的財產集中持有現象，在不同的歐洲國家中從來沒有停止過。這樣的財富集中持有現象（concentration patrimoniale），自1980年、1990年

代起便持續加劇，50%最貧窮的人只擁有將近5%的個人財富總額，而10%最富者則有50%到60%的總額占比。[1]

如果我們去分析世界上不平等程度最強烈的地區，我們就會發現這些地區的政治意識形態體制彼此不盡相同（參見圖13.2）。[2]在二十一世紀的初期階段，世界上最不平等的國家與地區中，我們看到的正是那些背負著沉重的歷史，經歷過地位不平等、種族歧視、殖民以及奴隸制度的國家。這正是南非的例子，它於1990年代初期才解除種族隔離制度；還有巴西，在十九世紀尾聲，它是最後一個放棄奴隸制度的國家。[3]種族因素與奴隸制度的過往，也可以用來解釋為何美國比歐洲還更不平等，以及在建立社會民主這類型的體制時，美國為何遭遇到比歐洲更多的困難。[4]

中東國家高居全球不平等榜首

我們可發現，中東地區高居全球最不平等的排行榜首，在這些地方，不平等的原因多是「現代」因素，也就是說，這些不平等並非種族區隔或是過去奴隸制度之故，而是因為相對於當地廣闊的地理面積，石油資源只集中在很狹小的土地並掌控在極少數人的手上。[5]這些外銷到全球各角落的石油礦產，都透過金融市場與國際間法律制度的操作，持續地被轉換成源源不斷的金融財富。這整套撲朔迷離的作業體系可幫助我們瞭解，這一地區異乎尋常的不平等程度，這甚至成為這一整個地區極為不同之處。例如，埃及這個人口總數高達一億的國家，其教育體系可挪用的總資源，是沙烏地阿拉伯、阿拉伯聯合大公國或是卡達的原油收入的1%以下，然而，這幾個國家的人口卻是微不足道。[6]

另外，中東地區的不平等現象，跟當地在第一次世界大戰之後，由英法聯手建立的一套疆界系統（système de frontières）息息相關，而西方強權以軍事保護的方式聲援石油君主，也助長該地的不平等事實。若是沒有這層軍事保護網，當地的國界地圖很可能早就變得相當不一樣了，尤其是

1990年伊拉克入侵科威特之後（參見第九章）。1991年西方軍事干涉，目的在於讓科威特的石油礦產重新回到當地親王的手上，並且重申西方利益，當時介入的時間，正好也是蘇維埃聯盟垮臺的時候，這讓西方強權省了不少力氣（從此也再沒有任何競爭對手）。這些事件都象徵地預示了超級資本主義的政治意識形態從此進入一個新紀元。另一方面，也同時顯示當時斡旋而得的結果是很脆弱的。在數十年之後，中東地區的不平等體制看起來完全就像是輕輕一碰就會解體的拼裝車，裡面不僅夾雜了古老道統、灌滿超級金融元素的現代性，也包含集體的非理性作為，然而有時，像這樣的拼裝車正是我們這個時代的特徵。在這臺拼裝車中，我們可以發現殖民與軍事強權的運作邏輯痕跡；我們可以找到原油礦產，但我們不免懷疑，是不是最好讓油礦繼續留在地底下，以避免氣候暖化；還有就是國際間錯綜複雜的法治、金融制度等，都讓私人財產權的效力變得更持久，因此也讓他們方便繼續把持這些權利，不為外人所知。最後，我們還可以注意到，波斯灣的石油君主國與後共產俄國，這些國家都是世界上動輒啟用避稅天堂伎倆的地方。[7]

　　針對中東地區或卡達等國家的不平等現象此一議題，基於可用資料極為有限，並考慮到之前已提出的假設，圖13.2所標示的估計值應該視為最低範圍。事實上，由於取得個人所得與個人財產的相關數據過程，宛如重重無法突破的黑幕，尤其是在這些出產石油的君主國家，所以，中東國家內部的不平等程度的測量極為不易。不過，整體情況都不得不讓人懷疑，在這些石油王國，財富持有極為集中，而且無論是就每個國家內部的國民整體而言，或者是另一方面，去比較每個國家的當地國民跟外國勞工的差異條件時（在卡達、阿拉伯聯合大公國和科威特，外籍勞工占當地人口總數的90%，在沙烏地阿拉伯、安曼和巴林，則超過40%），情況都是一樣的。由於資料不足，這裡依據的估計值，都是來自於這些中東國家內部不平等的最低程度假設，但在不同國家間，卻也顯示出強烈的差距。當套用其他不同的假設時（很顯然，也是比較具體的），我們則可得出，在這些

石油王國，尤其是在卡達與阿拉伯聯合大公國，全國個人所得毛額的第一個十分位數的占比是80%到90%（而不只是65%到70%的比例），這樣的不平等程度，差不多是過去歷史中最不平等的奴隸社會才有的事情。[8]

　　不容置疑的是，這類在中東才能觀察到的極端不平等現象，等於是為該地區的緊張狀態與長年不安的局勢火上加油。尤其在一方面，當權政體冠冕堂皇地打宗教牌，宣稱自己是建立在教徒團體間慷慨分享與社會和諧的原則之上，然而該政權實際上卻缺乏正當性，甚至終日充斥著愈演愈烈的暴力。自我宣稱與真實之間，存在著一道難以跨越的鴻溝。理論上，只要有一種民主聯盟的區域性組織，例如，阿拉伯聯盟（Ligue arabe）或是其他政治組織的形式，其實都有助於資源的共同分享，並為這一地區的年輕人推動龐大的投資計畫。但至今為止，一切都還在原地打轉。[9]這是由於中東地區的政治參與者策略枯乏，同時也是因為當今世界的政治意識形態的想像力，在針對這類問題時，所能提出的解決方式是很單薄的。更值得注意的是，西方國家以及歐洲與美國的非官方計畫參與者，特別是當石油王國跟他們購買武器，或是去資助他們的運動俱樂部與大學時，往往在維持現況中謀得更多的利益。只不過，無論是在中東或是在其他地區，絕對遵守從過往歷史沿襲而來的支配關係與私人財產權，是無法去規畫出一套可靠的發展模式的。事實上，西方決策者若願意放大眼光、捨棄短期的金融利潤，並去推動有助於走出這些反常現象的聯盟、社會和民主計畫表，絕對會贏得更多的利益。無論是在二十世紀前半葉的歐洲，或是二十世紀末、二十一世紀初期的中東地區，通常是因為拒絕去思索走出後民族主義（postnationales）與人人平等的新方針，以致最後倒向專制又反革命的政治行動。[10]

如何測量不平等，以及民主政策透明化的問題

　　急遽高升的不平等以及氣候暖化問題，是當今二十一世紀初期全球都

須面對的主要考驗之一。二十世紀曾是不平等消弭的時代，這是劃時代的史蹟，但是我們都觀察到自1980年、1990年代起，不平等的事實卻逐漸加劇，甚至讓人懷疑，是否應該重新定義「進步」這個概念。另外，不平等與氣候暖化是兩個彼此相關的考驗，我們也只能夠同時去解決這兩道難題。很明顯的是，氣候暖化的解決之道，或者退而求其次，只是去減輕嚴重程度時，都將要求我們徹底改變現今的生活方式。不過，若要讓絕大多數人都能接受這樣的改變，那必然的條件則是，要求的調整之道以及所付出的代價，都應該儘可能地公平。這項要求的理由也非常明顯，不只是因為在國與國之間或是在每個國家內部，最富有者要負起絕大部分溫室效應的責任，這也是因為氣候暖化的後果對貧窮者來說是更嚴峻的。

　　基於這種種理由，不平等與財富重新分配的民主透明化問題是極具關鍵性的。由於沒有建立在可靠又規律的資料來源上的指標，更不需指望指標是否淺顯易懂，以致於我們根本無法推動公開又嚴謹的辯論，且不論其規模是國家性的、地區性的，或甚至是世界性的。本書絕大部分的數據都來自世界不平等資料庫，這是一個獨立團隊，多是研究中心或非營利機構，其主要目標正是希望能讓有關於不平等的公共辯論，都是建立在儘可能完整又方便可及的資訊上。[11]本書中的相關研究成果都是建立在現成可及的資料來源上（國民會計帳〔comptes nationaux〕、家庭訪問、稅捐資料與遺產繼承資料等），而且，我們也都一一去查核比對每一筆資料的內容。這些目前可及的資料可讓我們去描繪出第一張世界不平等體制、及其演變過程的地圖。不過還是必須強調，縱然研究學者努力不懈，但當今已取得的資料仍是不完整、也不充分。主要原因是在於各國政府與行政機構願意公開的數據相當有限。就某方面而言，當今世界的主要特徵之一，就是黑箱作業的經濟與金融愈演愈烈，尤其是有關於個人所得與金融財富（patrimoines financières）的估計與登記等問題。我們正處於資訊科技時代。原則上，資訊科技應該可讓這些疑點獲得最大的澄清，所以這樣的現象不免讓人覺得很矛盾。有時候這的確就是國家行政、稅捐機構，以及相關的

統計單位逃避責任的作為，但也是某種政治意識形態作祟之故，拒絕嚴正看待不平等這個問題，特別是私人財產不平等的弊端。

首先我要強調的問題就是，到底哪些指標才能用來描述、分析財富重新分配的問題。關鍵在於，指標應儘可能地簡單顯淺，這樣才能讓最多數的公民都願意去深入瞭解。這是為何我偏好使用，例如，在全國個人所得毛額中（或者是，全國私人財產總額），50% 最貧窮的人口，其次 40% 的人口，以及，最富有的那 10% 的人口等類型的指標。照這樣的方式，每個人都可以有個差不多具體的想法，大致明瞭這些不同的占比究竟是什麼意思（參見圖 13.2-13.4）。

在比較不同國家間的不平等程度時，基於現成資料，有個指標是非常簡單又清楚的，那就是先去計算出個人所得平均值最高的前 10%，以及，平均值最低的那 50%，然後再去求出這兩者間的倍數；或者用另一方法，1% 平均所得最高者和 50% 最窮者這兩者的倍數。我們得到的結果則是，國家之間的差距是極為明顯的。例如，我們可觀察到，在歐洲，10% 最富有者的平均值是 50% 最貧窮者的八倍，在美國是十九倍，在南非和中東地區則是三十五倍的差距（參見圖 13.5）。至於平均所得最高的 1% 者和最低的 50% 者的倍數，在當今歐洲是差不多二十五倍，美國是八十倍，在中東則是一百六十倍（參見圖 13.6）。

這類指標的好處有以下兩方面：首先是淺顯易懂，然後可以讓我們直接地去跟賦稅或是社會政策等問題搭上線。尤其是，到底利用什麼方法來套用不同的抽稅率、才能改變當今所得重新分配的問題時，每個人都能夠建立起自己的主張。[12] 同樣地，如果我們去分析私人財產的集中現象、以及可能的再分配時：每個不同社會團體的占比可讓我們馬上明白，一旦私人財產權重新改寫時，每個團體的分配內容隨之就會受到影響（我們後續再回到這一點）。

相反地，某些指標像是官方統計中的不平等計算常用到的吉尼係數，往往很難多做詮釋。特別是這類係數是在 0（完全平等）與 1（完全不平等）

圖13.5. 2018年最富有的10％與最貧窮的50％兩者間的不平等程度

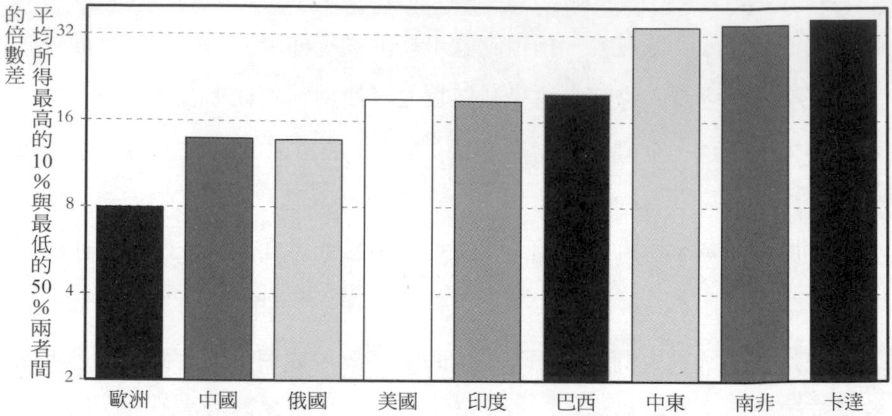

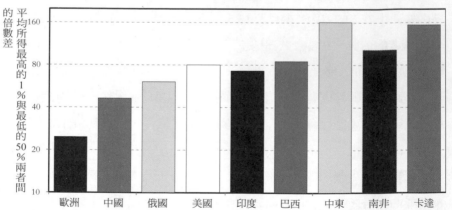

在 2018 年的歐洲，若去比較個人平均所得的第一個十分位數（所得最高的那 10％人口），以及，全部平均總額中一半最低者的數值（所得最低的那 50％人口），這兩者的比值是八倍，該倍數在中國與俄國是十四，在美國與印度是十九，在巴西是二十，在中東地區是三十四，在南非是三十五，在卡達則是三十六。資料來源：piketty.pse.ens.fr/ideologie.

圖13.6. 2018年最富有的1％與最貧窮的50％兩者間的不平等狀況

在 2018 年，平均所得的前 1％者（所得最高的那 1％人口）的總額是一半最低者（50％所得最低者）的總額的二十五倍，該倍數在中國是四十六，在俄國是六十一，在美國是八十，印度是七十二，巴西是八十五，在中東地區是一百六十一，在南非是一百零三，在卡達則是一百五十四。資料來源：piketty.pse.ens.fr/ideologie.

之間，並無法讓我們明瞭，在某段時間或是國家之間，究竟是哪些社會團體導致了哪個程度的指標變化。例如，自從1980年起，綜觀全球所得分配，中間所得與最高所得這兩人口之間的不平等程度明顯加劇，然而在最低所得與中間所得這兩人口中，則顯著地下降，若是以吉尼係數作為指標時，這樣的現象會被誤以為是完全穩定、成長均衡。[13]一般而言，吉尼係數製造一種天下太平、人人平等的假象。每個社會團體都是有血有肉的，在個人所得高低與個人財富排名上都各有其位，吉尼係數很容易掩飾不同團體之間的衝突，並讓正在發生中的轉變銷聲匿跡。[14]另外，就結構而言，這一個係數的計算通常是建立在，原本就傾向低估不平等程度的數據上，特別是當數據來源是建立在由受訪人自我表述的家庭訪談時，所得與財富最高者往往都誇張地壓低數字。在這樣的情況之下，使用像是吉尼係數之類的指標，等同是去消弭這類曖昧不清的數據的弱點（有時候，這類數據根本是荒謬不堪），或至少是睜眼說瞎話、辯稱這些弊端是不存在的。[15]

　　另有一個常被使用的指標，在其計算過程中，則乾脆澈底忽略某範圍以外的分配值，例如，第九十個百分位數以上的數值（位於這第九十個百分位數以上的，就是那10%最富有的人口），或者，利用另一計算方法，那就是把這個第九十個百分位數除以中位數（中位數相當於第五十個百分位數，等同是把總人口分成兩個大小相等的單位），或者是，去除以第十個百分位數（在這個百分位數以下，就是那10%最貧窮者）。[16]這類計算方法的問題在於忽略了財富大餅中的某一大塊：一般而言，個人所得毛額中，那個最高十分位數囊括了30%到70%的占比，而若是私人財產總額時，這個最高十分位數則包納了50%到90%的分量。面對如此龐大比例的財富，如果我們選擇視而不見，那麼要去推動民主辯論的透明化，或是提高統計學者與公共機構的可信度時，差不多只是癡人說夢話。

國家稅捐稽徵制度黑幕重重

　　除了指標的選擇之外，測量不平等程度的最主要難題，當然就是資料是否可及的問題。若要掌握整體的不平等問題，唯一方法就是去比對所有可及的資料（國民會計帳、訪談、稅捐數據等），這是因為這些資料可用來檢驗不平等分配中的不同區塊。至今的經驗顯示，雖然稅捐數據往往是不完整的，但依然能夠實質地提高測量技術的品質，尤其是能夠有效地去修正調查數據中享有最高分配值的區塊（這一區塊中的數據通常是被低估的），即使是在某些國家，稅務機構並沒有足夠的資源去控制或抵制造假舞弊，乃至個人所得的稅徵數據是很粗糙時，估算效力也是很明顯的。例如，我們在之前的章節已提到，俄國和中國現成的稅捐數據雖然既不完全也不令人滿意，但我們還是能夠真正地去修正官方公告的不平等數據（這類資料完全來自於官方主持的訪談），讓這些數據達到一定水準要求，所以最後能獲得差強人意的結果（雖然極為可能還是低估了）。在印度與巴西，特別是由於眾多研究學者、公民和新聞記者的支持，當權政府與行政機構最終在這幾年都願意向我們提供過去不可及的稅捐數據，因此，關於這兩個國家的所得不平等問題，我們也有更清楚的認識。[17]同樣地，近期有關於黎巴嫩、象牙海岸和突尼西亞的研究也都說明了，相較於過去已知的估計方式，稅捐數據的確可做出相當有意義的改善。[18]在所有這些國家，我們應用的數據都是出自當今通行但彼此不盡相同的所得課徵制度，儘管內容不足，而且眾多收入類別也都是漏網之魚，但這些數據還是能在修正後，具體顯示出官方不平等數據背後實乃向上急遽爬升的現象。這也讓我們明白，一般官方測量方法都只是利用受訪人自己開誠布公的數字，所以得到的數據往往是低估的，但我們難以想像到底低估了多少，而這樣的情況也會讓公共辯論失焦。[19]

　　即使稅捐資料不夠完整，但去使用這些資料還是能夠讓我們觀察到，在現實裡，究竟各國稅法的施行是多糟糕，稅政機構又是多無力，也進一

步地督促我們去建議幾個方法，幫助每個社會自行動員、要求改善，或在
一定時間內去監督應有的進步。以中國為例，如果每年定期讓每座城市都
去公開，到底有多少人位於個人所得毛額的最高位階，以及這些人的所得
內容的詳細資料，這樣的做法當然能夠有效地打擊舞弊，而且比當今政權
敲邊鼓的做法還更有力。這樣的可能做法，對所有其他國家來說，也是一
樣有效的。提高賦稅的透明度，可以讓我們去把舉目皆然的不平等問題，
和國家改革、政治動員等議題都全部串連起來。

　　很不幸的是，我們加諸在各國政府與行政單位上的壓力，亦即要求他
們公開稅捐數據，並不足以解決所有的問題。其中一個額外的難題是，國
際稅法與法規制度的演變，也同時朝向讓現行數據品質大減的方向。除了
資本可自由流動外，稅務問題往往缺乏充分的國際合作，尤其若是涉及到
在不同國家中所擁有的個人財富的問題時，並沒有任何相關資訊是可隨時
交換的，這也因此讓不少國家——尤其是歐洲——能夠特別針對金融投資
衍生出來的收入設下例外的賦稅條款。具體而言，這樣的情況造成原本可
同時用來審查同一個人的工作所得與金融投資所得的資料來源，變得軟弱
無力。我們可以想像，歐洲國家資料來源變少又變差的情況，對於比較貧
窮的國家的未來而言，並非是好的預示。除了測量不平等的個人所得是困
難重重之外，更讓人喪氣的是，到底應該如何去估計個人財產，而且相較
於估算所得，個人財產的問題點更不為人知，我們隨後將討論這個問題。

社會正義，氣候正義

　　首先，我們來仔細研究，我們嘗試去測量不平等時，所得這個概念的
範圍有多大，另外就是，若要全面考量到環境與氣候惡化的現象時，所得
這個概念會讓我們遭遇到哪些難題。一般而言，要測量一個國家的經濟好
壞、當地居民是否安居樂業時，利用國民所得的概念會比國內生產毛額還
更令人滿意。這兩者間的差別有二：國內生產毛額扣除掉資本減損

（dépréciation du capital，也稱之為固定資本消耗〔consommation de capital fixe〕，例如，生產設備、機器磨損，建築物老舊等），再加上來自國外的淨所得（或者是，去扣除要輸往國外的淨所得，端賴每個國家的情況），就等於是全國國民所得毛額。例如，假設一個國家被颱風摧毀，然後全部人口都投入資本去重建，那麼這個國家的國內生產毛額會相當高，但是國民所得則近乎零。同樣地，如果一個國家的所有生產都是輸往國外以用來支付資本的所有權人時，那麼這個國家的國內生產毛額是很高的，但國民所得則掛零。國內生產毛額的概念代表著以生產為中心的世界觀，資本減損（尤其是自然資本〔capital naturel〕）以及所得與財產的重新分配，都不是值得擔心的問題。基於這些不同考量，國民所得是比較讓人滿意的概念。這也是一個更簡單易懂的概念：整個國家每個居民的所得就等於是這個國家每個居民真正擁有的平均所得。[20]

不過，這裡有個問題是，我們目前已知的估算並不足以正確地計算出自然資本的耗損。[21] 就現實而言，國民會計帳這類官方數據都必然會顯示出資本減損直線上升的傾向。就全球規模而言，在1970年代，固定資本的消耗大約相等於國內生產毛額的10%，但在2010年代末期，已提高到15%。[22] 換句話說，平均而言，在1970年代，國民所得大抵是國內生產毛額的90%，當今卻已降低到85%。[23] 這種持續下滑的現象代表的是某些生產設備、機器或是電腦在經年累月後已落伍陳舊，比起過去而言，當今這些設備更需要定期換新。[24]

原則上，我們做這類估算時，也應該把自然資本的消耗也列入考慮。但實際上，這牽涉到一連串的難題。首先，如果我們去檢查目前已知的、從1970年代到2010年代的自然資源的開採程度，尤其是碳氫化合物類（石油、瓦斯、煤炭等）、礦產（鐵、銅、鋅、鐳、金、銀等），以及木材等資源，我們便可察覺，一方面，這些流動都是非常具體實在的（雖因年度而有差別，但大致是全球生產毛額的2%到5%），另一方面，這些流動的變化很大（尤其是隨著價格而波動），並且每個國家也不盡相同。再來，必

須強調的是，這都是以每年挖出的礦產的價值來計算，個別資源的再生過程也都已經考量進去（碳氫化合物與礦物的過程是很漫長的，森林相較下就比較沒那麼緩慢），所以不確定性也相當高。[25]

我們面臨的第一個難題就是，通常都是用市場價值來評估這些流通，然而這些市場價值未必清楚明白。單以邏輯而言，實在必須把開採過程的社會成本也考慮進去，特別是二氧化碳（以及其他氣體的溫室效應）的排放對氣候暖化的影響。這些計算，就其本質而言，都不是很確定的。2007年《史丹報告》（*Stern Review*）一書作者曾估計，氣候暖化可造成相當於每年全球生產毛額5%到20%的損失。[26]過去十多年的研究已指出暖化問題持續加速，這也使得日後加速與連鎖反應的可能過程變得更嚴重。[27]就如同之前已經提到的，把世界上所有後果都用金錢來計算，未必是有意義的（參見第十二章）。以目前的狀況而言，去制訂一些就氣候暖化的條件來說不能超過的目標，然後去計算這樣的結果所對應的最大可接受排放量是多少，以及必須去推動的政策內容究竟為何，特別是（但也不只是）「二氧化碳的代價」、針對最大程度的排放量應該課徵多少稅等，這些都可能是更好的做法。總之，的確必須以國民所得的成長，而非國內生產毛額來思考我們的未來，而且在計算固定資本的消耗時，也得把開採自然資源時確實卻又可接受的社會成本都包含在內（免得又要去提出好幾個方案）。[28]

第二個問題則是有關於國民會計帳，就其至今的演變而言，這是直到自然資源被視為經濟活動的開採對象起，自然資源才被納入國民會計帳的內容。換句話說，一家公司或是一個國家如果是在2000年或是2010年開始開採礦產，一般而言，必須是從2000年或是2010年起官方的國民會計帳中，相關礦藏的價值才會列入私人或公立財產的總估算中。[29]相反地，在1970年或是1980年的總估算中，這些礦藏的價值是看不到的，但很確定的是，這些礦藏在過去這段期間早就存在世界某個角落了。這樣的情況是非常可能在無意間去嚴重誤導我們對某些事情演變的看法，例如，從1970年或是1980年期間，假定中的某私人財產的累進狀況究竟為何（到

底是國民所得中的占比，還是國內生產毛額的百分比）。[30]有些關於自然資源的研究正在某些富有的國家進行當中（例如加拿大），這些研究已指出，這類情況便足以讓長期趨勢完全改觀，過去諸多不同的數據內容都值得拿出來重新檢討。[31]這也再次說明了之前已多次強調的一個結論，那就是私人財產的價值總額的累進，往往代表著私人財產被當成是一個社會體制，也因此被賦予權力，而權力反過頭來又因此得以擴張，以致於私人財產的累進不再被看成是一般意義中的「人類資本」（capital de l'humanité）的擴張。

把知識占為己有也是同樣的問題。假設某天有家公司取得了畢氏定理的財產權，然後這家公司決定每個使用該定理的學生都必須付權利金，那麼這家公司的資本額很可能三級跳，但最後呢？如果所有其他知識也面臨同樣命運，世界上的私人財產總量必火速成長。不過，人類資本卻是動也沒動，原因則是畢氏定理從數千年前便已廣為人知。這樣的例子看似極端，但跟例如谷歌這類私人企業的情況並非毫無關係，該企業大動作把公共圖書館與公共藏書數位化，然後占為己有，原本這些公共資源都是免費的，但谷歌一開始便是打著從此之後使用者得付費的算盤，並可因此賺取豐富利潤（且畢竟跟注入的投資毫無相關）。更何況，普遍來說一般科技企業的股市價值包括了專利與技術，但若沒有公共預算資助，又累積眾人多年力量才有的知識與基礎研究，這些專利與技術是不可能問世的。這種將公共知識占為己有的行徑，在二十一世紀很可能會到無法收拾的程度。針對這個問題，再來就只能指望究竟法制與稅捐制度，以及社會與政治動員將如何演變。[32]

國家與個人都面臨著不平等的二氧化碳排放

最後，第三個難題——無疑也是最重要的一個——就是在思索不平等環境問題時，絕對必須就製造出來的危害，以及將要去承受的危害這兩方

面來考量。特別是二氧化碳的排放，並不單只是碳氫化合物的生產國家，或是擁有眾多密集排放工廠的國家的責任而已。這類不平等問題也是進口碳氫化合物的國家裡那些消費者的責任，尤其是其中最富裕的國家。如果我們去利用不同國家的所得分配數據，以及把所得的高低程度與消費類型結合起來的調查結果時，那就很可能去估計出全球居民各自面對的不平等程度。圖13.7正是主要結果的摘要。這類研究把直接排放（例如，個人交通工具與家庭內的暖氣設備）、間接排放都同時納入考量，也就是透過我們每個人的消費物品形式，無論是在生產過程中製造出來的，或是在輸往消費國家時所導致的二氧化碳排放，全都考慮在內。[33] 如果我們把2010年到2018年期間的二氧化碳排量全都計算在內的話，我們可以發現，北美與中國各自都必須為全世界總排放量的22%負起責任，歐洲則是16%的比例，世界其他地區總合則是40%左右。但如果我們將注意力集中在個人最高排放量時，整個分配景象完全改觀。若是論及世界平均排放量的二點三倍者，也就是全球排放量最高的那10%的人口（這大約占世界總量的45%），北美是46%的比例，歐洲16%，中國12%。再來，若是世界平均排放量的九點一倍時，換言之，全球排放量最高的那1%者（等同包辦了14%的總排放量，比排放量最低的那50%人口的總排放量還更高），美洲（實際上，以美國為主）占了57%，歐洲則是15%，中國6%，世界其他地區22%（其中中東與俄國差不多是13%，印度、東南亞和非洲撒哈拉沙漠以南國家總計約略4%）。[34]

　　最高排放量都如此明顯集中在美國，這意味著全球所得強烈不平等，以及美國居民特別耗損能源的生活方式（居住地點相當分散，交通工具尤為汙染等等）。這樣的狀況當然是不可能促使全球去協議出未來各自需分擔的努力。單純而言，若只是要去考慮整體責任的現實狀況，美國為全世界福祉製造出來的危害，就其潛在破壞性而言，是相當可觀的（假若我們去考慮到，氣候暖化造成的損害可高達全球的國內生產毛額總值的5%到20%），所以要求它補償其他國家並不是不合理的。但就現實來說，希冀

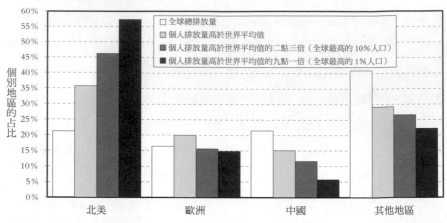

圖13.7. 2010到2018年全球二氧化碳排放量分布

2010 年到 2018 年期間全球的（直接與間接的）二氧化碳總排放量中，北美（美國與加拿大）的平均占比是 21%；但若以個人排放量而言，北美的平均占比比全球平均值（每年六點二噸的二氧化碳）還高出 36%，再來，若以全球平均值的二點三倍而言，北美則是 46%的占比（相當於全世界個人排放量的前 10% 人口，且為全球 45%的總排放量。相反地，全球 50% 最低排放量人口只有全球 13%的總量），再以全球平均值的九點一倍而言，北美的占比是 57%（也就是全球排放量最高的那 1% 人口，占了 14%的總排放量）。資料來源：piketty.pse.ens.fr/ideologie.

美國主動提出這樣的建議著實不太可能。不過，假若某天世界其他國家跟美國算總帳、提出可用來補償遭受之危害的處分，也並不是誇張之說。氣候暖化造成的損害程度，是足以導致在美國與世界其他國家之間產生激烈的政治壓力。[35] 總之，絕大多數國家若要去商討出一份協議，以及可接受的公平規範，那就必須每個國家對於全球排放量在各地的占比都有相同的認識。

　　世界各地個人排放量之劇烈不平等也同時左右著全國性的氣候政策。一般用來解決氣候暖化的思考邏輯裡，都是依排放量大小來課徵二氧化碳稅，但是在另一方面，也配合一連串跟建築、汙染相關的規範，或是再生能源的投資等諸多措施。換言之，我們可依照二氧化碳排放量來課稅，例如，從現在到 2030 年為止，而金額可逐漸達到每公噸一百美元，最近某一份報告就是如此建議的，但這也不過是為了去遵守 2015 年的《巴黎協定》。[36] 再來則是，每個國家都訂一套課稅制度，目的在於讓所有的二氧化碳排放，無論其來源為何，最後都達到每公噸等於一百美元的稅。[37] 這

類依比例高低而制定出來的課稅制度的問題在於，無論是在國家之間或者是在國家內部，都未必符合社會正義。現實而言，眾多所得低下或中等的家庭，相對於富有家庭來說，可能需要撥出更高所得來支付交通或是暖氣設備，尤其若是在大眾交通系統匱乏，或者所居建築物的隔絕效果很差的情形下。一個比較好的解決方式是，針對最多排放量者課徵比例最高的稅。例如，若是低於世界平均值以下者則免稅，但高於平均值以上者則徵收每公噸一百美元，然後，高達平均值的二點三倍者，則課徵每公噸五百美元，而高居平均值九點一倍者，則是一千美元以上（或甚至更高金額）。

後面章節專門探討如何制訂一套符合公平正義的賦稅系統（請參見第十七章）時，但讓我們暫時先回來討論這個累進的二氧化碳排放稅的問題。在這裡必須強調的是，如果社會與賦稅正義的問題並非思考的中心點，那麼所有想要有效控制氣候暖化的措施都不過是妄想。事實上，有好幾套可以達到累進的二氧化碳課徵方法，而且既能永續又能被眾人接受。至少，首先必須實施的是，把二氧化碳排放稅的所有收帳都投資在能源轉移此一項目，尤其是用來補貼最吃虧的低下家庭。我們也可以很具體地針對電力與瓦斯帳單去制訂出高低消費等級，然後消費最低者可免稅，最高者則課重稅。針對某些排放量特別高的物品或是服務，我們還可以課徵高比例的稅，例如機票。[38] 可以確定的是，如果我們不重視這個不平等的問題，那麼所有跟氣候相關的政策將充斥著嚴重誤解，也很可能被完全抵制。

針對這一點，法國2018年底四處掀起的黃背心運動是很令人注目的例子。原本政府預定在2018年、2019年間課徵高比例的二氧化碳排放稅，在一連串激烈的示威聲浪後，最後選擇撤案。在此不得不說明的是，整體政策領導無方，近乎以鬧劇收場。新徵收的二氧化碳排放稅的進帳裡，只有非常小的一部分（20%以下）是用來資助能源轉移、或支援補償措施，剩下的都是投資在其他優先項目，尤其是因為所得與財產最高者都被減稅後，國家稅收便降低了。[39]

同時必須強調的是，目前在法國與歐洲施行的二氧化碳排放稅包含了

諸多免稅優惠對象。特別是煤油的例子，就歐洲法規，而且為了促進國際競爭，煤油是完全免徵二氧化碳排放稅。具體而言就是，所得低下或中等的家庭每天早上開車去上班，他們消耗的汽油被課最高稅率，而最富有的家庭每逢週末便搭飛機去享樂，卻連半分稅也不用繳。這也就是說，我們這裡討論的二氧化碳排放稅，並沒有任何比例正義可言：它澈澈底底、不折不扣逆向而行，排放量愈高則稅率愈低。這類例子不勝枚舉，在法國2018年、2019年冬天進行的抗議活動中，也一再被重複地提出，於是最後便誤導了示威者，讓他們以為這類政策最終不過是要讓他們繳更多稅的藉口，而且法國與歐洲主政者只想照顧那些占了最多便宜的社會團體。[40]可想而知，無論施行的氣候政策為何，一定都有人提出反對聲音。然而很明顯的是，如果我們甚至不願意給自己一個機會去施行一套公平的排碳稅，那麼反對者只會愈來愈強硬。這個例子再三說明，去施行嶄新的跨國稅制是有多重要，而眼前即是一套實實在在的歐洲稅制。倘若歐洲國家仍持續以慣有方式來運作的話，也就是說，行事原則依然在於讓降稅競爭的好處單單只用來處理共同稅法的複雜性與成本時（這都是實際存在，但可控制的），那麼未來又爆發新的賦稅抗爭並不足為奇，而且在這樣的情況下，這些歐洲國家的氣候策略只會永遠在原地踏步。相反地，氣候動員開始在年輕世代中闖出成績，因此很可能在追求透明的民主與跨國的賦稅正義的問題上，決定性地做出改變。

論如何測量不平等的政策，但國家卻逃避責任

在當今美名為資訊與大數據的時代，關於不平等事實的公共統計數據卻是相當貧乏，這似乎是很矛盾的事情。但事實的確如此，私人財產及其項目分配的相關政策，連同登記管理等而衍生出來的問題，就是活生生的例子。我們在之前的章節已經說明了，關於所得的可及資料是極為缺乏的。但若是關於財富，尤其是金融資產，那麼情況還更加糟糕。簡單說來：統

計機構、稅捐單位，且尤其是當權者，一直沒有針對金融投資組合的國際化（internationalisation de portefeuilles financiers）提出相關政策，至於金融資產的演變及其項目分配的確實登記管理，也沒有投入該有的物力。我們首先必須說明的是，這絕對不是因為技術困難，而不過是政治與意識形態的選擇，以下我們就來討論這些問題。

的確，如果我們去搜尋、並有條有理地對比現今可得的所有資料（國民會計帳、訪談、賦稅數據），便很可能整理出世界主要地區裡私人財產集中持有現象的演變主軸。圖13.8、13.9便是大致的結果，呈現了在法國、英國、美國、印度、中國與俄國，私人財產總額裡第一個十分位數（最富有的前10%人口），以及第一個百分位數（前1%最富裕人口）的演變。最久遠的資料是在法國；在這個國家，豐富的遺產繼承數據甚至可遠溯到法國大革命時期（參見第四章）。英國與其他歐洲國家（例如瑞典）的資料相比，便比較不詳細，但仍可追溯到十九世紀初期（參見第五章）。至於美國，可及資料可讓我們從十九世紀末葉、二十世紀初期著手研究，尤其是1916年起，針對財產繼承設立了一套聯邦稅制。在印度，從1960年起才有資料可言（尤其多是有關於財富的訪問調查）。而中國、俄國等，則直到1990年期間大規模的國營企業私有化後，才有可能去分析私人財產的分配現象。

圖表中呈現出來的整體演變主軸是相當清楚的。在西方國家，從一次大戰到1970年、1980年代為止，私人財產的集中趨勢明顯縮減，然後自1980年、1990年期間起，又再度爬升。[41]財富不平等程度再次上升的現象，在美國、印度是比在法國、英國還更顯著，而若論及所得不平等在這幾個國家的對比，我們得到的也是同樣的趨勢。私人財產高度集中於少數人之手的程度，在中國與俄國尤為強烈，特別是在國營企業私有化之後。但若這整條演變軸線看似完整，我們還是必須指出，由於最近數十年可及資料有限，所以軸線上多的是有待明確之處。特別矛盾的是，圖13.8、13.9中列出了1990到2020年的情況，但無庸置疑地，這段期間卻是從1900到

2020年這整個研究時期裡，資料最薄弱也最不清楚的時段。一方面，這是由於過去已得的資料品質低劣，另一方面，行政機構並沒有針對財富國際化的現象設計出新的測量工具。

跟所得這一項目相同的是，能讓我們研究財富的資料來源存在著諸多不同類型。首先是國民會計帳：一旦去交叉比對企業的資產與負債表，以及諸多相關於生產、薪資和住宅等的調查結果、普查資料，統計機關，便可以估算出家庭、政府單位和企業等的國內生產毛額、國民所得、金融資產、金融負債，以及非金融資產與非金融負債等。除了沒有將自然資源列入考量的問題之外，國民會計帳的主要局限在於，就定義而言，它只關注總和與平均值，但完全忽視分配此一層面。不過，它可以提供最完整的所得總和，以及最齊全的私人與公共財產的估計結果，並且可用來比較國家間的差異；所以，在研究趨勢分配之前，先去專注這些所得與財產總和的計算，其實是很自然而然的事情。家庭訪查是用來研究趨勢分配的主要方法之一。它的優點是，可利用機會去提出諸多有關於所得、資產擁有等不

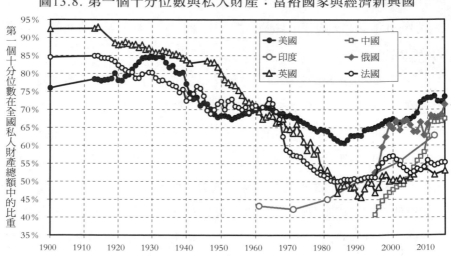

圖13.8. 第一個十分位數與私人財產：富裕國家與經濟新興國

自 1980 到 1990 年起，無論是在中國、俄國、印度，還是美國，第一個十分位數（前 10% 最富有人口）在私人財產總額（包括了扣除負債後，不動產、職業與金融等類型的資產）中的比重急遽爬升，而在英國與法國的比重成長則較緩和。資料來源：piketty.pse.ens.fr/ideologie.

圖13.9. 第一個百分位數與私人財產：富裕國家與經濟新興國

自1980到1990年起，無論是在中國、俄國、印度、還是美國，第一個百分位數（前1%最富有人口）在私人財產總額（扣除負債後的不動產、企業、金融等不同資產）中的比重急遽爬升，而在英國與法國的占比成長則較緩和。資料來源：piketty.pse.ens.fr/ideologie.

同層面的問題，而且可同時去發掘一般稅捐數據無法顯示的個人特質資訊（例如，文憑、職業生涯、家庭生活）。但缺點是，因為既無處分也無事後檢驗，往往訪談中宣報的數字都不準確，而且如果是高所得人口，通常會在訪談中壓低數字。在有關於所得不平等的家戶訪談中，這樣的現象已經讓估算工作相當棘手。但因為財富集中持有的現象，是比所得集中持有更強烈（前10%最富有者，通常擁有私人財產總額中50%到90%的比例），所以財富分配的測量估計又更加困難。

　　最具代表性的財富調查都是由統計機關與中央銀行聯手主持的。這是很自然的事情，原因只不過是在所有的公共機構中，中央銀行是最直接牽涉到資產與負債結構變化的機關。透過其貨幣與金融政策之故，中央銀行主導著資產的價格變動、報酬率高低，以及資產的分配狀況，且無論是個人層面，還是企業、政府層面。有關於財富的研究，最早又最完整者，是美國自1960年代起，每三年或四年一次的消費者理財調查（Survey of Consumer Finances），受訪量高達數萬家庭。在歐洲，自2006年起，歐洲

中央銀行便在諸歐元流通國協調進行以財富為主旨的調查，這是由於在
1999年、2002年歐元流通之前，各國調查方法與問卷內容龐雜不一，所
以該消費者理財調查最主要目的之一，也是在於統一方法與內容。[42] 無論
是在美國還是歐洲，中央銀行的統計人員為改善這類訪談的可信度而付出
的努力是不容置疑的。但整體任務絕非人力問題而已。很不幸的是，如果
只單純倚賴這類單方面開誠布公的訪問結果，我們幾乎不可能確實無誤地
測量出財富分配的情況，尤其更不可能是在涉及金融投資組合的問題時。
儘管眾多人力的投入，在歐洲中央銀行主持的家庭金融與消費調查中，由
受訪者自己宣報出來的財富總額，往往不超過國民會計帳估算出來的總值
的50%到60%。這主要是因為最富有者壓低宣報數字，尤其若是涉及金融
資產時。我們在此總結：歐洲中央銀行印刷了成千上億的歐元（或甚至高
達上兆，後續章節將再細述），目的在於主導歐洲經濟與金融資產價格的
波動過程，然而，若要它正確地去測量財富的分配時，卻是束手無策。

跳出黑箱：建立公共金融地籍圖

這樣的情況更讓人不耐煩，因為只要我們願意使用更好的方法，這並
不是做不到的事情。實際上，只要有系統地把家戶訪談結果跟金融機構與
稅務行政單位裡的財富登記、投資組合等資料做交叉比對就可以了。法國
長期以來，不動產都是登記有案的，而且不是只有私有的中間單位負責登
記（例如公證人），[②] 又因為不動產都是被課稅的（例如美國的財產稅、法
國的不動產稅），[③] 所以稅務機構也是專責的管理單位。公共地籍（cadastre
public）是拜法國革命之賜的最重要公眾管理發明之一，其範圍包括了各
類性質的土地與建物（農地、非農地，房屋、大樓、倉庫、工廠、商店、
辦公室等），不只牽涉到一般住宅所需，各類職業活動也涵蓋在內。而後
類似的改革也都被其他國家採用，因此就某一程度而言，地籍制度可說是
後來的財產社會（sociétés de propriétaires）的大功臣。在舊有三級社會裡，

是貴族與教士階級單純在地方等級的層次上協調權力與財產的關係，而後中央集權國家的體制則一手控制財產登記，或是作為財產法的監護人，完全取代了過去的貴族與教士階級（參見第三、第四章）。這段歷史過程跟整體的基礎法制發展是齊頭並進的，並且因此可在比過去還廣泛的範圍內，去統整層層交換與生產關係。

　　然而值得慶幸的是，金融資產也都是登記有案且不限單一的形式，能夠符合認明鑑定的需要。但問題是，即使是如此之需求，國家基本上仍然是雙手一攤放棄了，而且還發包給私有的中間金融業主。在每個國家，有時是在整個洲際範圍，都存在著一些扮演著保管銀行（dépositaire central des titres, 也就是 *custodian bank*）角色的私人機構，這是由於有些人購買了由不同公司發行又不具實體的證券（包括各形各類的股票、債券、股份和證券），而保管銀行的功能正是為了保留這些人的所有權狀（titres de propriété）的痕跡。如此一來，可以避免世界上不同的人都宣稱是同一筆金融資產的所有人，而且很明顯地，這做法不致於讓經濟運作的管理變得不可收拾。具有統一集中性質的保管銀行，在美國最著名的是證券存託公司（Depository Trust Company），歐洲則是明訊銀行（Clearstream）、清算

---

② 譯注：Notaire 可謂法國封建王權的殘餘。在中古教會勢力掌權時期，這是負責記錄殉教者事蹟的祕書。簡單說來，原本只是會書寫的記錄人，然後隨著教會與王權的權力消長，最後不只成為國王身旁的祕書，本身也成為一個父傳子的勢力與職業團體。直到當代法國，它仍擁有憲法保障的公證權力與資格，事實上，也是唯一的資格人。基本上，所有涉及財產的買賣與繼承轉讓等的文件（例如，子女在父母死亡後若要繼承任何財產，都是由公證人處理所有過程，它是唯一有資格將相關資料與資訊轉交給國家管理機構者，也負責計算、代收相關稅金），乃至男女雙方的婚姻契約（例如財產共享或是不共享的問題），都由公證人——也只能是公證人——負責撰寫文件，相關人在其辦公室簽字，也就是由公證人見證，然後由公證人保存所有紀錄文件，但也轉交政府單位。公證人的地位與專有權力在法國人心中已根深蒂固，若有任何婚姻、繼承、土地與房屋買賣等疑問，該公證人是唯一可提供行政、法律諮詢與解答者。富庶家庭往往有自己的家庭律師，也有自己的家庭公證人，即使是一般人，通常是同一公證人（或其事務所）處理好幾個世代，或同一大家庭的繼承事務（因為這也牽涉到親子關係、直系與旁系繼承人的法定認可等問題）。事實上，所有公證人處理的事務，在其他國家都直接由政府單位主責，不須此中介。

③ 譯注：在法國，不動產稅與房屋稅（taxe d'habitation）是不同的，前者是基於土地所有的事實，後者是居住事實（因此未必是屋主），換言之，承租的房客也是要繳稅的。

銀行（Eurostram）。[43]將如此重大的任務交付私人機構來執行，不免問題叢生，更何況近年更因其黑箱作業而倍受指責。美國與歐洲的公共主管單位大可決定將這些企業國有化，或至少施以更強硬的管理措施，以便能夠建立澈底實在的金融證券的公共地籍圖。這樣便可讓國家制定更嚴格的規則，並足以追溯到最終真正的證券持有人（也就是說，這是一種可追查到實質上控制著證券的自然人，並突破空頭架構或難解的操作技巧），但鑑於這些保管銀行中央統一作業的運作方式，現在這未必是可行的。[44]

假如在一個廣泛層面施行這樣的公共金融地籍圖是眾人所望，例如，在整個歐洲大陸，歐、美兩洲際，歐洲與非洲，乃至於全球範圍，那麼在此必須強調的是，其實每個國家都可以各自朝這個方向前進，而且不需要等待他人。事實上，每個國家都已經針對在其領土內經營著經濟活動的大小公司施以各類管理規則。而在現今企業必須執行的義務裡，每個國家都可以全然決定，並要求企業提供國家其股東的詳細資料。無論是針對上市或是沒上市的公司，這類性質的遊戲規則早已經存在，鑑於資訊科技的可行性，我們其實大可設定更嚴格一貫的規則。

另外，稅捐單位向來就規定銀行、保險公司和金融機構種種義務，尤其是要求它們轉交稅捐單位每個納稅義務人的利息、股息，以及其他金融收入的相關資訊。在許多國家，在稅捐機關寄給納稅人查驗，且某些項目都已經填寫好的所得申報表單中，這些金融資訊，就如同其他由第三者支付的收入（特別是薪資與退休金），都已經列印在申報表單上。這些新科技帶來的可能性，都能夠相當成功地把過去破碎的過程一貫化。擴大而言，這些新作法都應該可以讓我們對於金融所得，以致於其源頭的資產、投資組合等，有更細緻的認識。這些資訊都可以用來做更有效率的稅務管理，並同時估算和統計出財產的分配、演變等相關資訊。

不過，截至目前的政策選擇，總是盡量避開這些有潛在正面效應的做法。一方面，銀行應執行的義務裡，往往刪除了各式各類享有例外條例的金融所得資訊。[45]而且，這類例外條例在過去數十年來，尤其是在歐洲，

有愈加廣泛的趨勢，有時甚至是決定讓金融所得享有額外稅率，以固定比例來計算，而非如同其他所得（尤其是薪資），都是分高低等級後再施以累進稅率。[46]單就理論而言，課稅方式這一個問題，以及相關資訊如何轉達給政府的問題，這兩者是完全可以分開來的。但在現實裡，一旦某項金融所得享有特別條例後，尤其是施行固定比例的課徵方式時，我們往往可以發現，在所得申報表單上、可及的統計數據裡，這些資訊就消失了，確確實實地破壞了有關於資本所得的公共統計與民主透明度，更何況，嶄新的資訊科技是可以帶領我們往完全相反的方向前進。[47]除此之外，如果我們把有關於遺產繼承的數據也殘破不堪的事實也考慮在內（有時根本就是澈底蒸發），那麼說私人財富該項目的公共統計是澈底破產了，其實一點也不誇張。

另一方面，還必須強調的是，當銀行自動地把相關資訊都傳遞給稅捐機關時，通常僅限於金融所得的範圍，但銀行大可連資產的相關內容都包括在內，而且也無任何技術障礙。換句話說，在這個透過金融機構以及不動產地籍圖制度來傳遞的資訊基礎上，行政單位是可以很輕鬆地設計出事先已填寫的個人財富申報單，就跟已先填寫好的所得申報單是一模一樣的。然而，歐洲中央銀行與其他歐洲統計機構完全依靠純宣報性質的私人財富調查，因此完全無法有效地掌握歐元流通地區內私人財富結構的演變（特別是金融性財富），最後結果就是，根本無法去檢討推出政策的效果。我們也可以在美國觀察到這類亂無章法的統計現象。由聯邦儲備銀行（Federal Reserve）主持的私人財富調查，儘管整體上沒有太多分歧，品質也很令人滿意，卻也只單純地以受訪者的單方面宣報內容為基礎，完全沒有協同任何銀行與行政數據——特別是當涉及如何去估算收益最高的金融投資組合時——所以其確實性也嚴重失真。

資訊時代，枯竭的公共統計

　　這樣的情況更讓人覺得不可思議之處，是在從事所得分配測量時，這種利用稅捐與行政數據的工具早已相當普遍。在美國，輿論普遍認為以受訪人自己宣報的數字做出來的所得調查是相當不準確的，所以應該要再補上所得申報時的賦稅數據。而且，其實都是拜稅捐數據之賜，才能讓我們觀察到，從1980年代起持續加劇的不平等現象（而這個急遽上升的趨勢，在訪問調查中都被低估了）。至於在歐洲，鑑於透過單方面宣稱而取得的所得資訊是很有限的，諸多統計機構從數十多年前便決定另外發展一套混合模式。首先，我們去利用調查訪問中取得的數據，因為這可以去補充稅捐數據裡完全看不到的社會人口、職業或教育等資訊，然後，我們再去稅捐機關蒐集接受調查的家庭所申報的所得資訊。由於這類申報資訊也是直接由企業、行政單位，以及代收各種不同所得的金融機構自動傳達而來的，所以這套混合模式普遍被認為可信度較高，也比自我宣稱的做法更令人滿意。[48]不過，若是說到私人財富時，歐洲國家與美國經常裝傻，似乎以為家庭訪談本身就足夠了，然而目前所有的資料都顯示，訪談中受訪人自我開誠布公的方式問題重重，而且在從事財富研究時所引起的問題，比從事所得研究時更嚴重。

　　該如何解釋這樣的情況？更廣泛而言，該如何解釋在當今巨量數據與資訊科技時代，竟然會發生這種公共統計資料枯竭不足的事情，特別是在要去測量私人財產以及其分配問題時？

　　在這裡必須強調，這是頗為複雜的演變，原因也是多重的。例如，1980年、1990年代起，稅捐行政系統便開始數位化，但很弔詭的是，卻也是在這段時期、在某些情況下，造成不折不扣的統計儲存的流失。[49]但我還是認為，其中一個原因是基於某種政治顧忌，害怕財富問題的透明化、要求重新分配等可能引發出來的問題。就現實來說，為了讓我之前提到的公共金融地籍圖制度、行政機關先填寫財富申報單等做法能夠得到公

眾的信任，若也能利用這一個機會去施行一套財富課稅系統，將會是比較好的做法。簡單而言，在一開始，可以只是去課徵稅率非常低的登記稅（droit d'enregistrement，例如每年0.1%的稅率，或者更低），每個財產所有人都必須在繳納這一筆登記稅後，才能夠施行其財產權，並受到國家內與國際間的法律保護。公權力也可以利用這個機會讓財產重新分配議題變得更透明公開，這些公開透明的資訊可充實公共辯論、促進民主推廣，而這正可能是去推動（或者，相反地）更實際的累進稅率等級表，以及不同類型的財產重新分配的契機。[50]對於這類變革的政治顧忌，是我認為可用來解釋拒絕讓財富透明的主要原因之一。

　　無論是在歐洲、美國、還是其他地區，我覺得這樣的顧忌是很危險的。尤其是，這會造成不知道原來可以利用資訊科技這類方法來認識不平等的事實真相，以致於無法推動讓所得與私人財產集中持有減緩的政策。這類反民主的選擇，阻礙我們去建立一個渴望著人人平等且國際無礙的政治平臺，最終導致把注意力全放在民族國家體制上的運動，大家都躲在集體身分認同的蝸殼裡，以及愈演愈烈的移民衝突。在此可總結出：如果我們不願意在降低社會經濟不平等上多做投資，特別是財產的不平等，那麼無法避免的政治衝突的趨勢，便是把焦點都放在族群間的身分認同，以及族群間的界線等問題。本書第四部將再特別討論這些問題。

　　若要突破這項拒絕透明的忌憚，至少還是應該去瞭解這種態度的政治意識形態根源。一般說來，這類曖昧不清的意識形態是相當接近主導著十九世紀、二十世紀初的所有權主義的主張，而這一主張的特徵就是，堅決反對去打開財產權與財產重新分配的「潘朵拉的盒子」，藉口則是不知道該在什麼時候把盒子蓋起來的恐懼。在二十世紀末葉、二十一世紀初期的新所有權主義這一框架裡，人類歷史上未曾有過的新經驗就是二十世紀各地的財富重新分配運動，而且這些運動也走過二十世紀末、二十一世紀初這段時間。尤其無論是在後共產國家，還是在資本主義國家，共產主義的挫敗總是在任何試圖重新分配的政治計畫中被再三提出來。這樣的做法

讓我們忘記二十世紀資本主義國家在經濟與社會領域的成功，其實都建立
在眼光遠大的政治藍圖，並縮減了不平等的顯著成績，特別是毫不退縮的
累進稅制（參見第十、十一章）。人們對於這段歷史的認識不夠深刻，加
上學科與知識的分工，多少都使得很多人遺忘了這段歷史，即便這樣的失
憶也不是永恆的。綜觀二十世紀，鎖定最高不動產所得的特別稅賦，尤其
是針對金融所得的課徵，都有助德國與日本吸收過去的公債，進而促使他
們放眼未來。雖然德、日經驗可貴，但人們還是可能自我安慰，把那樣的
機緣當成是史上唯一的藉口，認為那樣的做法永遠也不可能重新來過。然
而現實卻是，極度不平等的浪潮總是持續來襲，人類社會總是需要一些體
制機構定期地重新設定有關於財產的諸多權利，以及財產的重新分配機
制。拒絕重新定義財產，而且拒絕以儘可能透明又和平的做法時，最後只
是會讓人走向更暴力，卻也更無效力的解決之道。

新所有權主義、不透明的財富，以及降稅競爭

新所有權主義者拒絕個人財富透明化，這樣的主張是依據一套特別的
制度化與法定體制：資本自由流動，而且國際間沒有任何財產登記與共同
課稅制度。十九世紀時，所有權主義都是長期靠著納貢選舉制（suffrage
censitaire）來支撐的。只有最多金的財產所有人才享有選舉權，以致於財
富重新分配的可能性是非常低的。在當今二十一世紀，沒有人敢明目張膽
地建議回到過去這類納貢做法。就某程度而言，在國際間暢行的新所有權
主義取向的法定制度，填補了原本各國憲法明定的保護措施的不足，也取
代了另一套候補性的納貢制度。另外，拒絕個人財產透明化的主張，有時
也是基於某種想法，那就是認為這些有關於個人財產的資訊很可能會被獨
裁政府拿來做不當利用。對當今歐洲國家而言，這類說法很難說服一般
人。在諸多歐洲國家，銀行長期以來便主動地把相關資訊傳遞給稅捐單
位，而且這些稅捐機構也向來持有中立立場。換言之，所有這一切都是在

一個獨立性從未被質疑過的法治國家體制內。拒絕個人財產透明化的論點讓人想到孟德斯鳩，他是波爾多法院（parlement de Bordeaux）內的庭長，作為該頭銜的所有人讓他不愁吃穿，[④] 他向來主張保留貴族階級的法定特權，並且強調集中統一程度過於強大的法律制度，將不可避免地走向專制政權（參見第三章）。

如同孟德斯鳩這類的論點表面看來很吸引人，而且很受拒絕歐洲共同稅制的人的歡迎，因為這些人都認為歐洲稅制已經很沉重，所以只有保留國家之間毫不客氣的降稅競爭，才能夠避免歐洲稅制無限制地擴大。除了反民主之外，這類論點也是值得懷疑的。首先，就算歐洲人能夠在一個民主的共同議會架構裡，去裁定出一套共同稅法，其實沒有人能夠擔保，歐洲人最後一定能表決出無任何限制的高稅率作法。我們不妨想像另一個可能性也很高的假設，那就是歐洲人最後表決出其他課稅方式，例如為了減輕底層與中產階級的負擔（像是間接稅，或者事先已扣除某比例的薪資與退休金的課稅方法），針對歐洲高所得與財富較多者課以較高稅額。我們不要忘了，這些歐洲國家對彼此都有相當信心，能夠一起去制訂出共同貨幣、強大的歐洲中央銀行等，而且歐洲中央銀行能在單一絕對多數決之後創造出上千億的歐元，而整體作業也都是在一個民主監督的最低範圍內發生的。在這些條件下，拒絕讓個人財富透明化，也拒絕民主的共同課徵制度，便顯得更加危險。尤其是有關於歐洲人的財產繼承的分配狀況與演變趨勢，歐洲中央銀行握有的資訊非常不足，這便讓歐洲中央銀行不得不在一個游移不定的基礎上，去操作它本身裁定出來的貨幣政策。[51]

我們也可同時注意到，在 2008 年的金融危機之後，多次國際高峰會議中（特別是 G8 和 G20 等元首高峰會議），都特別針對避稅天堂與金融黑

---

④ 譯注：1726 年，為了償還債務，孟德斯鳩出售他的男爵與法院庭長的頭銜，但是仍然保有這些頭銜與職位的繼承權利。孟德斯鳩是法國近代史中所謂的法袍貴族，而非留著藍色血統的刀劍貴族。法袍貴族大抵是懂得書寫、計算或是享有某專業知識的族群，其貴族頭銜並非戰功之故，在法國舊王權時期也常是以金錢購得的。又，parlement 在法國大革命之前，相當於法院，大革命之後才逐漸轉變成「議會」。

箱提出聲明，而這些聲明原本也應該有助打擊避稅天堂與金融黑箱。的確，某些措施是出爐了，例如美國在2010年通過的《外國帳戶稅收遵從法》（Foreign Account Tax Compliance Act, FATCA），基本上，它要求全世界的金融機關都必須提供美國稅務機關海外美國人的銀行帳戶、金融投資組合等所有資訊。在現實上，這些措施都非常不完整，也沒有真正用公共金融地籍圖的做法來代替私人保管銀行的任何打算。不過，至少這些例子都說明了，適當的處分——例如威脅瑞士銀行合作，否則就撤銷它在美國執業的許可——就是一項可讓我們寄望事情將有所改善的條件（具體來說，首先就是去改善某些最讓人無法忍受的流弊）。很不幸的是，關於這些問題，事實卻是歐洲國家還是大搖大擺、光說不練。主要原因是在於，所有牽涉到賦稅制度的決定，都由於必須全體歐洲國家一致通過的規定而原地踏步。

　　最近幾年，歐洲金融與賦稅醜聞接連不斷。首先即是2014年由國際記者聯盟揭發的盧森堡稅務外洩事件（LuxLeaks, Luxembourg Leaks），那時正好是榮克（Jean-Claude Juncker）接任歐盟委員會（Commission européenne）主席一職的時候。相關文件牽涉的時間恰是2000到2012年期間，在在顯示了盧森堡政府曾大規模地執行一套祕密稅務協商，而且每家企業都有不同於其他企業的協議（「賦稅重新解讀」〔récrits fiscaux〕），[5] 如此一來，大型企業就可以關起門來，單獨跟盧森堡政府協商比公定數字還更低的稅率（然而，盧森堡的稅率已經是非常的低了）。無獨有偶的是，1995到2013年期間，盧森堡總理正是榮克，在那段期間他還兼任盧森堡大公國（Grand-Duché）的財務部長，以及歐元小組（Eurogroupe，歐元流通地區的財務委員會）的主席。

---

⑤　譯注：récrit（s）是「重新謄寫、再寫一次信」的過去分詞，值得注意的是，在法國有所謂的「賦稅協議」rescrit fiscal（複數 rescrits fiscaux，這個詞彙跟文中作者使用的 récrits fiscaux，只是一個「S」字母的差別）。根據法國稅捐機關的官方網站（impots.gouv.fr），rescrit fiscal（rescrits fiscaux）的意思是：無論是企業、個人、社團或是地方政府，全都可因某個別情況，透過 rescrit fiscal 該正規流程，要求稅務行政機關特別針對某條文做出個別裁決，且絕對合法。

　　實際上，當時沒有任何人對盧森堡逃稅政策感到驚訝（這也沒有阻止
歐洲民眾黨〔parti populaire européen〕——跟眾多基督教－民主黨與中間
偏右政黨共同組成的聯盟——指定榮克為歐盟委員會主席的候選人），但
是其規模超乎想像。在之前的章節中，我曾指出中國稅捐機關令人詫異的
作為，這是因為在中國，存在著一套所得課徵稅率制度，內容是不同等級
的類別與稅率，大家都以為這是一般行政，然而，中國稅務單位並沒有保
留任何書寫文件以用來保證這些規定都確切地執行了。坦白而言，盧森堡
政府也不過是半斤八兩。倍受抨擊後，榮克承認一切事實。他大致解釋，
這些做法在道德上有待商榷的，但若以盧森堡的稅法而言，則是完全合
法。在多次接受歐洲報刊的訪問中，他自我辯駁並解釋，自1980年、
1990年代起，盧森堡因工業轉型而嚴重受創（這種事情，老實說，在歐洲
是家常便飯），所以必須開拓另一條國家發展之途，而最後就是全力推動
金融部門、傾銷稅則、黑箱金融，以及虹吸鄰近國家的稅收。[52]他最後承
諾這些都不會再發生，歐洲議會的主要政治團體（不只是他所屬的中間偏
右政黨，還包括了自由派系，以及統整社會民主與中間偏左的歐洲社會黨）
也再次對他投下信任票。

　　其他由國際記者聯盟揭發的醜聞，例如，2015年的瑞士稅務外洩事
件（SwissLeaks），以及2016年、2017年間的巴拿馬文件案（Panama
Papers），再三呈現了避稅天堂與黑箱稅務政策之廣泛程度。這些被揭露出
來的醜聞至少都讓我們明白：到底貪汙的範圍有多廣，而且縱使是挪威這
類享有高效率稅捐機關的國家，也不例外。如果去使用瑞士稅務外洩事件
與巴拿馬文件案的數據，接著對照挪威稅捐機關的申報資料（針對本研
究，他們特別公開相關檔案）；然後，再另外去核對隨機抽樣出來的稅務
督查中的數據，研究人員於是可結論出，在挪威，私人財富微薄或是中等
者，逃稅的程度是可略去不論的，但如果是涉及那0.01%擁有最多財富
者，平均逃稅率則高達30%。[53]

　　最終說來，我們並不知道究竟這些醜聞對歐洲輿論造成哪些影響，尤

其是跟榮克有關的事件，他終究是2014年到2019年間歐盟最高等級的政治機構首長。我們可以確定的是，就設立公共地籍圖，或是針對流動性最高的納稅人去施行統一的歐洲課稅制度，乃至就更普遍的程度而言，如何去避免這類醜聞再次發生，在2014年到2019年期間，歐盟是毫無政治作為。我們若是懷疑，這樣的結果會讓人誤以為，稅務正義、針對占優勢的經濟參與者去課徵更高的稅率，都不是歐盟的優先事務，其實也不是不合理的。我覺得如此的發展非常危險，因為這只會在中產與低下階級中助長一種強烈反對歐盟的感受，然後又促使他們高舉民族主義與集體身分認同的旗幟，走向毫無出路之途。

財富高度集中持有的現象持續擴大

現在讓我們回到測量財產集中持有，以及這一現象如何演變的問題。由於並沒有公共金融地籍圖，也沒有金融機構事先填寫的私人財富申報單，我們就只能夠去利用相當不完整的資料來源。最好的方法就是，去結合家庭訪談的內容，還有所得申報和遺產、贈與申報等賦稅數據。圖13.8、13.9中，美國、法國和英國的演變趨勢，就是混合了這些不同方法而得到的結果（結合調查訪問與賦稅數據）。為了測試所得結果是否合理一致，我們也去比對某些雜誌中全球富豪的排比演變趨勢，尤其是自1987年以來，《富比士》公布的全球億萬富豪名單。

以美國的情況而言，以所得申報為基礎的方法論顯示出來的擴大趨勢，跟《富比士》觀察到的趨勢，非常接近，但若是以遺產、贈與稅等數據為基礎的結果，成長規模則較微弱（但依然明白呈現出私人財富集中且愈來愈強烈的傾向，家庭訪談得到的結果也是一樣的，即使這類根據家庭訪談的資訊並沒有經過統計修正）。[54]至於為何有這樣的差別，原因可能是美國從1980年到1990年代起，遺產稅的監查比所得稅的監查還更不詳細，[55]而且，更廣泛而言，隨著時間演變與人口老化，計算遺產稅的方法

（死亡率的加乘指數〔multiplicateur de mortalité〕）失去其準確性與代表性。[56]另外，以所得為基礎的計算方法（即資本化〔par capitalisation〕），也是有多方限制，得到的結果也不盡令人滿意。[57]一般而言，這兩種方法（無論是死亡率加乘指數還是資本化）都不過是權宜之計：最好就是能夠直接取得跟生者的財產相關聯的銀行與賦稅資訊，而不是藉著亡者的財產或是生者的財產衍生出來的所得，再試著去猜測可能的數字。接著說到英國，從1980年、1990年起，資本所得的相關賦稅資料都變得相當貧乏又不完整，以致於只能單從遺產、贈與稅等數據著手，但在1970年代前，不只兩種計算方法都是可行的，得到的結果彼此也相當一致。[58]最後再說到法國的情況，這兩套方法測量出來的演變趨勢，彼此很接近，整體看來跟《富比士》的排行也很一致。[59]但在此仍必須強調的是，過去數十年來，法國稅捐機關的遺產、贈與稅等數據的品質低劣，令人驚訝不已。[60]的確，在那些已取消遺產稅的國家中情況更糟，所有相關數據都已消失殆盡。[61]

　所以，儘管存在著這種種技術問題，圖13.8、13.9中，有關於美國、法國和英國過去這數十多年的趨勢曲線，整體內容還是頗為一致、可信，或至少大致而言是還可以接受的。至於其他國家（中國、俄國和印度）則並不存在著遺產、贈與稅數據，也沒有任何資本所得相關的詳細數據，所以我們只能屈就地使用《富比士》的排行資料，而且用這些排行資訊來修正最高財富分配者的訪談資料。

　　這樣的研究結果當然具有某程度的真實性，但我們依然必須強調，去使用如此鬆垮渙散的「資料來源」，畢竟是很難令人滿意。這些富豪排名大致清楚無誤地指出在每個國家過去這數十年來，財富集中持有現象持續高升，而且在另一方面，這些高升現象跟我們以其他資料推算出來的結果相比，整體而言也是很一致的。例如，根據《富比士》，在1987年到2017年間，全球最富有者的年度財富成長率大約是6%、7%（而且是比通貨膨脹率還高出6%、7%），這相當是全球平均財富成長率的三到四倍之多，也是全球平均所得成長率的五倍之高（參見表13.1）。

　　以絕對定義而言，這種天差地別的現象是無法毫無限制地延續下去，
否則就算是假設全球財富一步一步，然後便百分之百地全由億萬富豪來分
攤，這也不是我們希望的結果，而且也不盡真實：在變成這幅景象之前，
政治反動鐵定四處掀起。這般令人震撼的財富集中持有趨勢，又因1987
年到2017年間眾多公共資產（actifs publics）都相繼私有化而更強烈快速，
且該私有化不只發生在俄國與中國，在西方國家與世界其他角落也層出不
窮，但這波私有化的走勢也可能在未來完全改觀（假如可私有化的資產是
愈來愈少的話）。我們大可做如此的科學想像，卻未必需要做如此的寄望。
另外，所有現成的資料也都暗示著，在1987年到2002年，以及2002年到
2017年這兩段期間，即使發生了金融危機，但是一切仍讓人不禁懷疑，非
常強大的結構性力量游離其中。很可能的是，就市場結構而言，金融市場
的運作是被導向最強大的投資組合的利益，相較於其他，它們依然能夠獲
得更高的真實報酬率（rendements réels），甚至高達每年8%到10%，過去
這數十年來，美國大學教育捐款（dotations universitaires étatsuniennes）等
這類獲利率最高的投資組合就是一個例子（參見第十一章）。所有的資料

表13.1. 1987到2017年間全球富豪迅雷般成長的財富

1987 到 2017 年間年度實際平均成長率 （在扣除通貨膨脹後）	全球	美國—歐洲—中國
億分之一最富有者	6.4%	7.8%
兩千萬分之一最富有者	5.3%	7.0%
0.01%最富有者（資料來源：WID.world）	4.7%	5.7%
0.1%最富有者（資料來源：WID.world）	3.5%	4.5%
1%最富有者（資料來源：WID.world）	2.6%	3.5%
成年人平均財富	1.9%	2.8%
成年人平均所得	1.3%	1.4%
總成年人口	1.9%	1.4%
國內生產毛額或國民所得毛額	3.2%	2.8%

1987 到 2017 年間，全世界那億分之一最富有者（1987 年時是每三十億人有三十人，2017 年則是每
五十億人中有五十人）的平均財富成長率是每年 6.4%；0.01%最富有者（1987 年時全球共計三十萬
人，2017 年則有五十萬人），則是每年 4.7%的成長率，而全球平均成長率則是每年 1.9%。如果我
們只把焦點放在美國、歐洲和中國，那麼億萬富豪的財富成長率則又加突出。資料來源：piketty.
pse.ens.fr/ideologie.

都指出，全球最富有者也都享有最優惠的減稅措施，這也讓他們跟那些財富較低者的距離再度擴大。

　　這些雜誌用來做財富排名的計算概念與方法都是既模糊又不精確的，我們也完全不可能利用這筆「資料來源」來為任何其他問題提供解答。[62]當今全世界有關於不平等的辯論，其中某些都是利用這些雜誌上的數據，甚至有時官方行政機關也不得不去利用這些數據，這正是國家體制在面對個人財富的資料登錄，以及財富不平等的測量計算等問題時，完全放手不管的病態表現。[63]不過，我們還是可以注意到，公眾輿論開始逐漸意識到必須去關注這些最關鍵的民主問題，而且這也包括了美國輿論，尤其是針對美國，我們也已在第十一章指出，諸多不平等急遽上升的現象已開始策動眾人去推動更廣泛的累進稅制，同時也去要求一個更透明的統計政策。[64]

　　讓我們在此做個結論：私人財產集中於少數人手中的現象再度興起，而且又伴隨著完全不透明的金融市場，這正是當今二十一世紀初期全球新所有權主義所引起的不平等制度的主要特徵之一。一般而言，二十世紀廣泛的私人財產分配現象（déconcentration）讓持有資產的中產階級（classe moyenne patrimoniale）人數愈來愈多，但仍沒有改變的事實是，財產分配始終就是非常不均等的，50%最貧窮的人只分攤了全球總財富中微乎即微的一小部分（參見圖13.10）。整塊大餅中，成長急遽的是最富有的那10%人口，這樣的現象在美國特別顯著，換句話說，其他人只是被施捨剩下且又大小不一的細屑。財產不均是二十一世紀的重要議題，而且無論是在富裕國家，或是貧窮國家與新興經濟體，都很可能會讓中產與低下階級對當今的經濟制度逐漸失去信心。

二十一世紀根深蒂固的父權主義

　　當今二十一世紀的超級資本主義的社會形態是形形色色的。的確，它

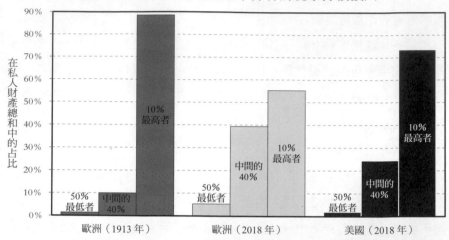

圖13.10. 私人財產高度集中持有的現象持續擴大

歐洲在 1913 年時，最富裕的 10% 人口的個人財產總和高達歐洲（英國、法國和瑞典的平均值）個人財產總額的 89%（50% 最貧窮者則只有 1% 的占比），2018 年時，最富裕的 10% 者的占比是 55%（50% 最貧窮者則是 5% 的占比），而美國在這同一年度，最富裕的前 10% 人口的個人財產總和高達全美個人財產總額的 74%（50% 最貧窮者則是 2% 的占比）。資料來源：piketty.pse.ens.fr/ideologie.

們彼此之間是由跨遍全球、又數位化的資本體系串連在一起。不過，這些社會同時還保留著各自曾經走過的政治意識形態道路的痕跡，並儲存著社會民主、後共產或是石油專制君主主義等的基因。大體而言，當今每個不平等體制都同時結合了現代摩登與古法道統，也不時湧現種種代表著回到古老信仰的機構組織、言論，或是其他聳動的做法，把私人財產高捧到近乎神聖不可侵犯程度就是一個例子。

在最原始，或可說是最傳統的古老基因裡，尤其可見父權制度（patriarcat）根深蒂固。過去絕大部分的社會都是男性至上，男性專權的形態不盡相同，但都是政治與經濟權力的壟斷。在古老的三級社會裡，當然也是如此，而且無論是哪個文明、宗教，軍武與宗教菁英也都是男性。十九世紀的財產社會（sociétés de propriétaires）也是如此。在中央集權國家的新勢力範圍下，特別是由於財產社會體制中的法條規定與法律制度，男性優勢爬升到另一新高峰，否則，至少也是在現實生活中展現出前所未有的規律性。法國大革命時期，提升女權的主張很快便被殲滅或是遺忘，

1804年拿破崙掌權期間制定的民法其主要精神就是，家庭戶長與男性財產所有人的法律地位至高無上，此一原則擴及法國領土的每一角落，深入每一家庭，無論是富可敵國，還是一文不名者都一樣。[65]在眾多西方國家，例如法國，必須等到1960年、1970年代，已婚女性才有權在不須男性配偶的同意下，去簽署一紙工作契約或是到銀行開戶，也是直到那時候，一旦婚外情升高到論及離婚時，男女才有相同的地位。至於女性選舉權則是一條漫長且直到今天依然是阻礙重重的道路。紐西蘭在1893年通過女性選舉權案，英國是1928年，土耳其1930年，巴西1932年，法國1944年，瑞士1971年，以及沙烏地阿拉伯2015年。[66]

　　在這漫長歷史中，有時在當今二十一世紀的初始階段，特別是在西方國家，人們都以為從此以後男女平權將是人類共識，而父權至上、男性優越等等問題都已是過去的塵埃。然而事實卻是更曖昧難解的。如果我們去檢驗工作所得（包括薪資，以及非雇傭性職業活動的收入）最高人口中的女性比例，我們當然會發現，跟過去相比，是有所不同的。以法國為例，工作所得最高的1%人口中的女性占比，1995年時是10%，2015年則成長到16%。問題是，這個改變的速度是極為緩慢的。具體而言，如果1995年到2015年的成長速度在未來仍繼續保持著，那麼在2102年時，女性在工作所得最高的1%人口中將會有一半的占比。如果把這個成長速度套在工作所得最高的千分之一人口（工作所得最高的0.1%人口）上，結論則是，女性占比在2144年時才會高達一半（圖13.11）。

　　令人訝異的是，美國的數據呈現出來的結果，無論是就規模程度或是以演變趨勢而言，幾乎是一樣的情況。具體而言就是，在1990年代，前1%所得最高的人口中，90%都是男性，即使在2010年時，男性占比依然高達85%。[67]換句話說，國民所得迅雷般爬升，尤其若是擠進第一個百分位數者，其實是一篇只牽涉到男性的演化論。依照這種情況來看，男性至上的日子還很長。以我們現有的資料中所牽涉到的所有國家而言，我們可以觀察到，在所得最高人口中，男性占優勢是極為明顯的事實，至於朝向男

女收入平等的改變,則是相當的緩慢的過程。[68]

　　如此遲緩的速度可有好幾個解釋。首先,人們長期以來對女性的偏見仍是不可低估的力量,尤其若是論及讓女性擔任責任重大,或是權高位重的職務時。我們之前已提過在印度的實驗,那就是分別用男性的聲音和女性的聲音來朗讀政論性文章:女性的聲音馬上給人言論是不可信的感覺,然而,在那些曾經歷過以女性為地方首長的地區,這樣的偏見就會降低;不過,這類讓女性擔任要職的經歷,通常是強制以抽籤來決定,或者是已預定女性「保障名額」時才有可能發生。[69]

　　另外必須強調的事實是,1950年到1980年期間,這正是西方文化父權主義的黃金時代。放棄職業生涯、金錢活動,照顧小孩並主持家務,正是家庭主婦的理想典型,並且,這不只成為資產階級(classes bourgeoises)女性的目標,也是底層與中產階級的美夢。可以確定的是,我們才剛剛走出這段歷史。例如,法國在1970年時,三十歲到五十五歲的男性從職業

圖13.11. 法國二十一世紀時父權制度仍根深蒂固

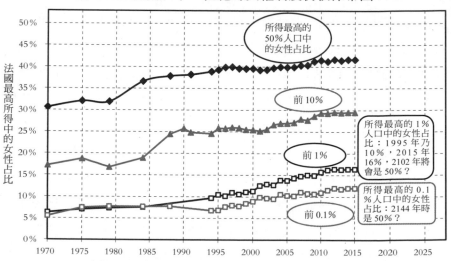

工作所得(薪資、非受雇活動的收入)的第一個百分位數(前1%人口)中的女性占比,1995年時是10%,2015年則成長到16%,如果1994年到2015年的成長速度在未來仍繼續保持的話,那麼在2102年時,女性在工作所得最高的前1%人口中將會有一半的占比。若是第一個千分位數(前0.1%人口)的話,女性占比在2144年時才會達到一半。資料來源:piketty.pse.ens.fr/ideologie.

活動賺取的收入是同齡女性的四倍。換句話說，80%的薪資所得都是男性賺取的。這主要是因為女性參與就業市場的比例偏低，還有就是女性所得也非常微薄。[70]在那個世界裡，女性的任務是整理家務，並且在工業時期為眾人帶來溫柔與熱情，所以結果就是被排除在所有金錢問題之外。女性當然是身負重任（尤其是照顧小孩），不過說到錢包的問題就似乎只能袖手旁觀。1980年代之後，情況大為改觀，但是男女之間的平均薪資所得的差距還是很大。2015年時，當男女都進入就業市場時（二十五歲左右），平均薪資的差距「只不過是」25%，隨之由於職業生涯與晉升機會的差異，這個差距在男女都是四十歲時是40%，在六十五歲時是65%，以致於退休金的差別也是相去萬里。[71]

　　若要讓雙方的差距拉近，採取自動自覺的措施似乎是必然的。例如配額制，或者已在印度施行，但也在諸多其他國家實行的保障名額制度，都是我們可以參考的做法；而且不只是牽涉到選舉時，也可以把企業、行政和大學等諸多重要職位都涵蓋在內。另外，似乎也必須重新思考的是，工作時間的安排，以及職業生活、家庭生活與個人志趣的關係。所得最高的男性中，很多人終其一生中忙到很少撥出時間給小孩、家庭、朋友，以及工作以外的世界（甚至在他們其實可以做不同安排時，他們還是無法改變這個習慣，而薪資較低者的情況則大不相同）。若說要去解決男女不平等的問題是最後也讓女性走上相同的道路，這絕對不是上上策。諸多研究都指出，男女不平等的差距明顯降低的職業，正是工作時間最具彈性的活動。[72]

　　然後，我們便來討論私人財產規模擴大又集中持有的現象，也同樣在男女不平等的議題上造成非常特別的影響。首先，私人財產的規模擴大意味著資產的分配問題，而且無論是在兄弟姊妹之間、或是夫妻之間，都有深遠的意義。事實上，兄弟姊妹與夫妻之間財產平等攤分的基本原則，常被扭曲成為舞弊的來源，例如一旦企圖去提高營用的流動資產（biens professionnels）的價值時，這項原則便是工具之一。[73]男女雙方在結婚時

各自財富都差不多對等的現象（而且，還不只是薪資等級或是文憑高低程度而已），在過去這數十多年，也已是司空見慣，例如法國即是如此。[74] 縱然在當今二十一世紀初期，婚姻雙方講求門當戶對的財富（homogamie patrimoniale），這樣的現象並沒有十九世紀時來得嚴格，這依然代表著我們逐漸回到巴爾札克、奧斯汀的時代。[75] 最近這數十年來，職場內婚（homogamie professionnelle）的現象急遽擴大，這在美國、歐洲等地，婚姻雙方所得不平等擴大的議題上，都具有相當意義。因此，在未來二十一世紀，同財內婚（homogamie patrimoniale）的現象想必會持續發酵。[76]

另一方面，過去這數十多年來，我們也同時觀察到，無論婚姻雙方或是非婚姻形式的同居生活者，財產分有制的作法愈來愈廣泛。就學理而言，這似乎可視為朝向男女職業平等之途時自然而然的產物之一，而且，這也似乎說明了生涯個人化程度更上一層樓的趨勢。[77] 但實際上，由於薪資不平等是非常強烈的，尤其是女性往往由於生育而必須暫停工作，財產分有制的做法其實常是男性撿了便宜。自從1990年到2000年期間起，該現象也反常地擴大了男女間財富不平等的差距（尤其是離婚、或不再同居後），跟薪資差距的演變正好相反。[78] 這些改變，至今研究還不夠充分，卻再度說明了，在諸多不平等體制的發展過程中，法律與賦稅制度的重要性。這些改變也指出，認為男女雙方朝向平等之途是一件「自然而然」、永遠不會走回頭路的想法，其實是大錯特錯。我們在往後章節將討論，男女不平等的事實在政治分裂的結構演變中所扮演的角色。

貧窮國家愈貧窮，商業自由化愈自由

我們現在來討論，在現今二十一世紀初期全球不平等體制的演變中，非常關鍵的一個問題：世界上最貧窮國家在過去數十多年中，相對而且又很反常地愈來愈貧窮的現象，特別是非洲撒哈拉沙漠以南、南亞和東南亞國家。大致說來，1970年到1980年代起，貧窮和富裕國家之間的經濟追

逐賽有相當大的改變。我們之前已針對中國與印度做了頗為廣泛的比較。
若說中國自從1980年代起，成功地塑造了異常急遽，又比較不是那麼不
平等的成長率，那無疑是因為相較於印度，中國動員了比重更大的公共資
源來投資在教育、醫療健康，以及國家發展必備的基礎建設（參見第八
章）。更廣泛而言，我們都觀察到，發展的歷史是跟國家建設的過程緊密
相連的。共同去組織一股公共又合法的力量，且足以用來動員重要的資
源、讓最多數人享用、取得其信任，這無疑是在走向一條成功的發展道路
時，最關鍵卻又最複雜的賭注。

　　以這個角度來看的話，我們便會很驚訝地發現，世界上最貧窮的國
家，首先在1970年、1980年代，緊接著，1990年、2000年這段時期，都
變得更加貧窮，雖然在2000、2010年前略有起色，卻也沒有比過去還更
令人滿意的表現（更何況，過去已是很糟糕的）。更準確來說，如果我們
把全世界的國家分成三等類，然後我們去分析最貧窮國家的平均稅收，例
如這主要都涉及非洲撒哈拉沙漠以南、南亞國家，我們便會發現這些國家
的稅收，都從1970、1979年期間國民生產毛額的16%的占比，下滑到
1990年、1999年期間低於14%的占比，然後，在2010年到2018年間，則
是14.5%的占比（圖13.12）。

　　最貧窮國家的稅收程度是出奇的低，這其實也掩飾了非常不一致的現
象。在眾多非洲國家，例如，奈及利亞、查德或是中非共和國，國家總稅
收相當於國內生產毛額的6%到8%。我們之前分析了當今已開發國家在建
設其中央集權國家體制的過程，因此，相較之下，貧窮國家如此低落的稅
收，只能夠用來應付維持治安以及最根本的基礎建設需求，但根本無法奢
想在教育、醫療健康等方面做任何實質投資（參見第十章圖10.14、
10.15）。我們也可觀察到，在同一時期，全世界三分之一最富裕國家的總
稅收（主要是歐洲、北美和日本等）則持續成長，從1970年代國內生產毛
額的30%占比上升到2010年代的40%占比。

　　若要去解釋最貧窮國家如此特殊的發展過程，那我們絕對不可輕忽的

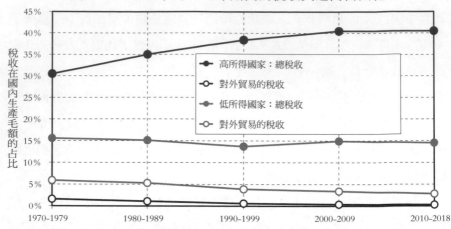

圖13.12. 1970年到2018年期間的稅收與通商自由化

在低所得國家（全世界三分之一最貧窮的國家：多位於非洲、南亞），1970年、1979年間，總稅收在國內生產毛額的占比是15.6％，在1990年、1999年期間，這個占比下滑到13.7％，2010年、2018年間，則又略升到14.5％，該趨勢的主要原因是關稅、以及其他國際貿易稅收（1970年、1979年間，相當於國內生產毛額的5.9％，在1990年、1999年間降到3.9％，2010年、2018年間，繼續下滑到2.8％），直線下降卻無其他替代來源。至於在高所得國家（全世界三分之一最富裕的國家：歐洲、北美等），在研究相關時期的初端，關稅已是相當的低，但是國家總稅收仍持續成長，最後朝向穩定狀態。資料來源：piketty.pse.ens.fr/ideologie.

一點就是，國家建設過程是漫長又複雜的。在1960年代末期、1970年代初期，大部分的非洲國家才剛剛走出殖民時期。當時這些嶄新的獨立國家，以對內與對外建設而言，都面對著異常艱辛的考驗，不時也充斥著國家分裂的衝突，而且在這一整個過程中，人口成長的速度是任何西方國家都未曾有過的經驗。道阻且艱，沒有任何人膽敢妄想讓總稅收在短短幾年內便升高到國內生產毛額的30％或40％的占比，否則後果想必慘重。然而，從1970年、1980年代到1990、2000年這整個時期，總稅收顯著下降（等同是國內生產毛額減少了2％）的事實是不合常理的，嚴重打擊了在這段關鍵期間，去建設一個有效率的福利國家（Etat social），以滿足整體發展需求的可能。如此反常的歷史值得做詳細分析。

最近的研究都紛紛指出，這種不進反退的現象，跟異常快速的商業自由化過程密切相關；而且，這一個過程多是由富裕國家與國際組織強制操作的，貧窮國家沒有時間，也沒有足夠資源去發明新興稅制（例如，所得

稅或是財產稅）[79]以代替舊有的關稅。在1970年代，關稅，以及其他跟國際貿易相關的稅收，在貧窮國家的總收入中有非常大的占比：將近6%的國內生產毛額。這樣的現象並不尋常，十九世紀時的歐洲國家也曾發生過：關稅是最容易課徵的稅制，所以在國家發展初期被濫用是可想而知的。差別在於，西方國家都以它們自己的速度逐漸降低關稅，同時也去開發其他稅源，足以用來替代舊有收入，而且還能夠讓稅收總額成長。最貧窮的國家，尤其是在非洲，面對的則是相當不同的情況：在1990年代，關稅都急遽下降到國內生產毛額的4%以下，然後在2010年代，又下滑到3%以下，然而，這些國家都無法馬上去彌補如此重大的損失。

重點絕不是把非洲國家的爛帳全都算在過去的殖民強權頭上。一套賦稅制度的發展也是跟一個國家的社會政治衝突，以及衝突的整合過程緊密相關。不過，對這世界上最貧窮的國家來說，去抵抗富裕國家要求加速自由化的壓力是非常不容易的，而這一切都是發生在1980年到1990年期間，當時彌漫著一股特殊的意識形態氛圍，藐視國家政權與累進稅制，而且又以在美國、奠基於華盛頓的諸國際組織為龍頭（國際貨幣組織、世界銀行）。

更廣泛而言，之前討論的問題癥結，例如富有國家的經濟與金融運作並不透明等弊端，都將在貧窮國家造成更嚴重的後果。尤其是自從1980年、1990年代起，由歐洲與美國主導，激烈無情的減稅競爭、毫無任何政治條件背書的資本流動自由化（libéralisations des flux des capitaux），也沒有任何銀行資訊的規律性交換等，都帶給貧窮國家難以讓人接受又相當嚴重的後果，而這在非洲又最為顯著。根據現有資料的估算，非洲的金融資產有至少30%是在避稅天堂裡，這幾乎是歐洲的三倍（參見第十二章圖12.5）。在這些國家，最富有的納稅人可以把他們的財富都放在國外，一旦爆發問題就到巴黎或是倫敦避難，在這樣的現實下，要去建立賦稅共識、賦稅正義（justice fiscale）的集體新規範並非易事。但是相反地，跟富裕國家建立法律與稅務合作，並且讓跨國企業在不同國家的金融資產、利潤所得更加透明化，都能夠讓貧窮國家在更好的環境下去發展其賦稅與國

家力量。

貨幣擴張會拯救我們嗎？

　　自2008年的金融危機以來，我們可觀察到的最重大變革之一，就是貨幣擴張以及中央銀行所扮演的新角色。這個轉變澈底衝擊到國家、中央銀行，以及賦稅和貨幣各自給人的印象，更廣泛說來，就是正義的經濟給人的觀感的問題。2008年的金融危機之前，貨幣給一般人的最主要印象就是，要求中央銀行在短期內去創造大量的貨幣是不可能的事情，或者最起碼，這也不是值得建議的事情。也是基於如此的想法，所以歐洲人在1990年代確認了歐元的創造。在歷經1970年代的停滯性通貨膨脹（stagflation，混合了經濟停滯，或至少是成長停緩的狀況以及通貨膨脹）後，在1992年通過的《馬斯垂克條約》的架構裡，歐洲人都大致相信，歐元應該是由一個盡可能中立的中央銀行來領導，而且，這個中央銀行的優先任務是保障一個微弱（2%）且指數不低於零的通貨膨脹；此外，中央銀行也只能以最低程度的方式來干涉經濟運作。2008年起中央銀行驟然間扛起的新角色，無論是在歐洲還是其他地方，都產生相當廣泛的混淆，因此，在此進一步澄清是很重要的。

　　為了讓整個討論能更詳細，我們就先來探討1900年到2018年這整個期間，主要的中央銀行的資產負債表（bilan）的總額規模與演變情況（圖13.13）。中央銀行的資產負債總額代表著，所有它透過一般銀行作業制度而核准的借款，以及它在市場上購賣的證券（titres financiers, 主要都是債券〔obligations〕）。大部分的這些借款與證券買賣都是在中央銀行控管下，從頭到尾利用電腦系統的貨幣擴張方式來運作，根本不需要去發行紙鈔與硬幣。為了讓我們的討論更方便、並加速對整個運作的瞭解，我們首先必須明白的重點就是，一個澈底完整的數位貨幣經濟規模（économie monétaire），也就是說，貨幣若是存在的，它只以一種虛擬符號形式存在

於銀行電腦裡，所以企業與個人的貨幣支出都是以電腦作業系統，或是信用卡來管理（這差不多已是事實了，不過，對我們現在的討論也沒有任何影響）。

在2000年代中期，也就是2007年、2008年的金融危機前夕，美國聯邦儲備系統的資產負債總額，大約是略高於美國國內生產毛額的5%，至於歐洲中央銀行的負債資產表，則差不多是歐元流通地區的10%。這裡面牽涉到的，主要都是給諸銀行的短期借款，往往只是幾天或最多是幾個星期的期限。這也是中央銀行在風平浪靜時期的主要功能。每一筆在每一家銀行帳目上進進出出的款項，都是由成千上萬的個人與企業各自決定，在日常生活的分分秒秒之間，這些進出帳目，無論是美元還是歐元，永遠都不可能達到平衡。因此，銀行彼此做短期借款以用來平衡借貸系統，而中央銀行則是去確保整體的穩定，並釋放必要的現金。這些銀行之間的借貸，以及中央銀行與各銀行之間的借貸，往往是在幾天或者是幾個星期內

圖13.13. 1900到2018年間，主要的中央銀行的資產負債規模

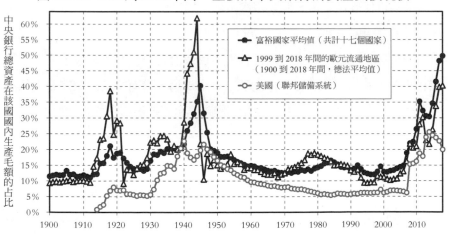

歐洲中央銀行的總資產在歐元流通地區的國內生產毛額的占比，由2004年的12月31日的11%，上升到2018年同月同日的41%。1900年到1998年期間的曲線，代表的是由德、法兩國的中央銀行資產總額計算出來的平均值（其最高點，1918年時是39%，1944年時是62%）。美國聯邦儲備系統（1913年時創立）的總資產，則由2007年時國內生產毛額的6%的占比，上升到2014年時26%的比例。注解：富裕國家的平均值是由以下十七個國家的數據計算出來的：德國、奧地利、比利時、加拿大、丹麥、西班牙、美國、法國、芬蘭、荷蘭、義大利、日本、挪威、葡萄牙、瑞典、瑞士、英國。資料來源：piketty.pse.ens.fr/ideologie.

達到某平衡,但絕不會留下持久的痕跡。這最終牽涉到的是一個純技術性的金融機制,是維持整體平衡的關鍵,因此,對於一般非專業者而言,並不是很重要的事情。[80]

在歷經2008年的金融恐慌,尤其是雷曼兄弟銀行宣告破產之後,整個情況完全改觀。全球主要的中央銀行都投入愈來愈繁複的貨幣擴張之類的操作,而且還冠上量化寬鬆(assouplissement quantitative)這個令人匪夷所思的名詞。具體而言,這些操作等同就是去從事期限愈來愈長久的銀行借貸(長達三個月、六個月,或甚至是十二個月,而不再只是幾天或幾個星期而已),並且去購買期限拉得愈來愈久(可達好幾年)、由私人企業與政府發行的證券,更何況這整體規模浩大,遠非過去可比。最早採取行動的是美國聯邦儲備系統。在2008年9月到12月期間,其資產負債規模由國內生產毛額的5%爬升到15%的比例,這相當於在短短幾個星期內,其貨幣擴張的總量高達美國當時的國內生產毛額的10%。如此積極快速的手段在往後數年都沒有被放棄。2014年時資產負債總值是國內生產毛額的25%,隨後便輕微下滑,但在這次金融危機之前又居高不下(2018年底占國內生產毛額的20%,而在2008年9月中旬,還只是5%的占比)。在歐洲,反應則較遲緩。歐洲中央銀行與各國政府在一段時間之後才明白,只有中央銀行強而有力的介入才能穩定金融市場,進而降低國家間公債的利率差距。[81]不過,私人與公共債券的收購行動則隨後大舉加速,2018年底,歐洲中央銀行的資產負債總額已高達歐元流通區的總生產毛額的40%(參見圖13.13)。[82]

某一普遍共識都認為,2008年到2009年的「大衰退」(grande récession),造成歐美地區減少了平均5%的經濟活動,是富裕國家在二戰後最嚴重的衰微,但由於諸中央銀行的強力介入,所以,大衰退不至於轉變成1930年代的大蕭條(1929年到1932年間,主要經濟體的活動都下滑了20%到30%)。在避免了滾雪球般的銀行倒閉,並確保了「走投無路時的最後借貸人」地位之下,美國聯邦儲備系統與歐洲中央銀行都沒

有再次犯下在兩次大戰期間諸多中央銀行的錯誤，當時中央銀行墨守成規，或者堅持清算主義作法（liquidationnistes，換言之，讓體質惡化的銀行倒閉，並認為經濟活動會自然而然重新復甦），都讓世界驟然跌入萬丈深淵。

中央銀行如此積極的作為帶來的風險是，這些貨幣政策能讓我們躲過慘烈後果，另一方面，卻也讓人誤以為，比社會、稅務和經濟政策還更深入的結構性改變是不需要的。中央銀行並不是用來解決這世界上所有的問題，也不是用來讓所有的資本主義都步上正途（至於所謂超過資本主義，那就根本不用提了）。[83] 若是為了抵抗失控又過分的金融活動、高升的不平等現象、氣候暖化等，我們需要的是其他的公共制度：例如法律、賦稅、國際條約等，而且一切都是議會在根據集體協議與民主過程後才決定的。中央銀行的強大力量是在於它極為快速的行動能力。在2008年秋天，沒有任何其他機構可以在那麼短的時間內去動員那麼多的資源。在金融恐慌或是格外慘重的戰爭與自然災害時，只有貨幣擴張可以提供公權力立即介入的手段。相對地，賦稅、預算、法律和條約等，有時需要好幾個月的議會協商，更不用提的是，若是碰上政治多數決勢力正在重組時，還可能因此重新選舉，但最後結果卻是未知的。

中央銀行這股力量同時也是它的主要弱點：它並沒有充分的民主法定權力去涉足它原本狹隘的銀行與金融專才以外的地方。但若追根究柢，其實沒有什麼可以限制中央銀行不去壯大它自己，到十倍大，或是更大。大家不要忘了，2010年代時，在大部分的富有國家，家庭持有的私人財產總量（無論是不動產、職業的或是金融的，而且是在扣除負債後）相當於國民所得的500%到600%（而在1970年到1980年代，只有300%左右）。[84] 就單純的技術層面而言，無論是以美元還是以歐元來計算，美國聯邦儲備系統，或是歐洲中央銀行去創造相當於國內生產毛額，或是國民所得600%的財富，乃至於試著去收購美國與西歐所有的私人資本，以上種種並非是做不到的事情。[85] 問題在於，這會衍生出非常嚴重的執政問

題：說到去管理一個國家的所有私人財產時，跟蘇維埃聯邦中央統一計畫制度比較起來，各國中央銀行以及它們的行政管理顧問並沒有更多的本錢。

新所有權主義與新貨幣體制

事情還沒到這地步前，中央銀行的資產負債總額仍繼續擴大，卻是相當可能的，尤其如果再碰上新的金融危機的話。在這裡仍必須特別強調的是，經濟的金融化（financiarisation de l'économie）在過去這數十多年已達到令人嘆為觀止的規模。尤其是，企業之間和國家之間交叉持有的範圍，已跳升到比實體經濟（économie réelle）與淨資本（capital net）的成長規模還更快速的程度。在歐元地區，不同部門的參與者（金融或是非金融企業、家庭和政府）所持有的金融資產與負債的總額，在2018年時，已超出國內生產毛額總值的1100%，而在1970年到1980年間，也不過是300%而已。換句話說，雖然現在歐洲中央銀行的資產負債總額規模已達歐元流通地區的總生產毛額的40%，但是，這其實也還不到流通中的金融資產的4%。就某程度來說，各國中央銀行只不過是去適應扶搖直上的金融化趨勢（financiarisation）罷了，而在面對錯綜複雜的金融資產及其價格變動時，各國中央銀行的資產負債規模的擴大，也只夠它們保留住一定程度的行動能力。就算到萬不得已時，其實歐洲中央銀行與美國聯邦儲備系統還可以做更強大的介入。我們可以注意到，日本銀行與瑞士國家銀行在2018年時，其資產負債總額規模都正好超過其國內總生產毛額的100%（圖13.14）。這兩個例子都是由於這兩個國家特殊的金融體質。[86]但無論如何，我們很難排除類似情況在歐元地區或是美國發生的可能性。金融全球化已達到某種規模，以致於我們可能逐漸傾向某些貨幣政策的做法，但在不久之前，那還是天方夜譚。

但這些演變都製造了不少問題。首先，真正的優先順位，不容置疑地，

是去降低私人資產負債總額（bilans privés）的規模，而不是親自下海去跑追逐賽。當今的情況是，每個相關參與者都負債、都彼此借貸，款項也愈滾愈大，而且就結構上來說，整個金融規模（金融資產與負債全包括在內）的成長速度愈來愈快，以致於實體經濟的運作是無法永遠去支撐這樣的擴張，也會讓整體經濟與社會陷入險惡的泥沼。[87]

再來，以長期而言，這些「非正規」的貨幣政策其真實效應究竟為何，沒人知道，但是否會在未來導致金融報酬率（rendements financiers）的不平等、私人財產集中持有的現象都持續擴大，卻是很可能會發生的事情。過去中央銀行的資產負債總額在第二次世界大戰後也曾居高不下（依各國情況，大約是國內生產毛額的40%到90%的占比），當時的貨幣擴張是伴隨著很高的通貨膨脹。以致於當時的經濟運作都捲入物價與薪水的爭奪戰，各國政府爭相去提高公務員薪水，如此的通貨膨脹過程稍微有助降低公債的價值，所以多多少少也在戰後數十多年期間，方便了投資家以及戰後的重建工程。[88]現在的情況，卻是完全不同。無論是公部門還是私部門，薪資都幾乎凍結了，自2008年的金融危機起，消費物價的通貨膨脹指數便極端微弱，尤其是在歐元流通地區（每年勉強貼近1%），如果沒有貨幣干涉的話，無疑是會變成負數。

如果貨幣擴張（création monétaire）沒有導致消費物價指數升高，相反地，它則促使某些資產的價格上漲，進而擴大不同的投資報酬率之間的差距。有關於德國與法國的公債，現今票面報酬率（rendements nominaux）都幾乎是零，而真實報酬率則是負數。之所以產生這樣的現象，一是因為歐洲中央銀行大量收購公債，目的在於降低各國利率之間的差距，二則是受制於新的風險控管規範，所以銀行必須將很大一部分的投資組合（portefeuilles）都投注在風險最低的資產上。另外，這也是因為全球眾多金融機構都在西方公債中找到它們可備不時之需的儲蓄，特別在當今環境下，每個國家都唯恐成為下一個金融恐慌的受害者（這也是為何累積了過量的儲備金）。

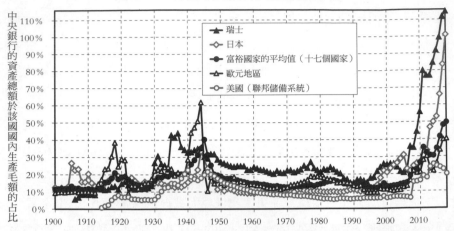

圖13.14. 各國中央銀行與金融全球化

中央銀行的資產總額於該國國內生產毛額的占比

富裕國家的中央銀行資產總額（actifs totaux），在 2000 年 12 月 31 日時，是國內生產毛額平均值的 13％，2018 年 12 月 31 日時，則高達 51％。至於日本與瑞士的中央銀行總資產則在 2017 年到 2018 年間超過國內生產毛額的 100％。注解：富裕國家的平均值是由以下十七個國家的數據計算出來的：德國、奧地利、比利時、加拿大、丹麥、西班牙、美國、法國、芬蘭、荷蘭、義大利、日本、挪威、葡萄牙、瑞典、瑞士、英國。資料來源：piketty.pse.ens.fr/ideologie.

　　就某角度來看，這些幾乎等於零的利率代表著，「躺著做白日夢就有錢賺」（或至少投資這類資產是很穩當的）是癡人說夢話，這跟之前的景象是完全不同，尤其跟十九世紀典型的所有權主義（propriétarisme classique）、金本位制（étalon-or）的時代相比的話，已是天差地別。那時公債的真實報酬率通常至少是 3％ 到 4％（但在 1914 年前夕的數十多年期間下跌，這反映了資本的過度累積，正是為何眾人瘋狂哄抬國外與殖民投資的報酬率）。在現今的情況，公債利率幾乎貼零，但這不意味著每個人的報酬率都凍結了。實際上，都是中小規模的私人財富才會卡在這由銀行轉嫁、數字近乎零的報酬率（或甚至是低於零）上，而那些價值高，又對資產價格（prix d'actifs）的波動一向消息靈通的投資組合（這多少也是中央銀行操控出來的結果，特別是私人資產負債總額已如同肥碩的巨靈），總是可以大撈一筆的。例如價值高昂的捐贈基金（dotations financières）的報酬率（例如，大學教育捐款），或是那些財富最高者的致富速度，看來似乎都不受這些可有可無的報酬率的影響：以上這兩例子每年的報酬成長

率是6%到8%，但它們也都結合了其他複雜的投資組合產品，一般本錢不夠的人是無法入門一窺究竟的（有關於大學教育捐款的報酬率等主題，請參見第十一章。）。

最後，而且最重要的是，中央銀行這種積極主動的貨幣干涉作為最終意味著，其他主導公共政策的機關經常面臨到的杯葛行動，終而復始，且無論是涉及金融規範，還是賦稅、預算等層面都一樣。這在美國已是家常便飯，政黨糾紛有其固定模式、國會運作幾乎垮臺，這都讓法律通讀變得愈來愈複雜，甚至最簡單的預算通讀也是一樣（這正是為何聯邦政府接二連三地停擺）。在歐洲也已是見怪不怪，聯邦機構的運作比美國還更糟糕。在歐洲，根本不可能通過任何共同稅法（每個歐盟會員國都有否決權），很自然地，歐洲聯盟採取任何預算策略的能力都是非常有限的。歐盟的預算是每七年由所有會員國全體一致表決通過，然後必須再通過歐洲議會的多數決投票。歐盟預算的來源是會員國依國民所得毛額（revenu national brut, RNB）比例來繳納的。2014年到2020年期間，歐盟預算只是勉強達到歐盟每年總生產毛額的1%。[89] 相對地，每個會員國管理的公共預算，依國家之別，可高達國內生產毛額的30%到50%。至於美國聯邦政府的預算，則相當於國內生產毛額的20%，但是州政府與其他地方單位，則不到10%的占比。[90]

在此總結：歐盟是個金融小矮人，動輒便被賦稅與預算必須全體票決通過的規定癱瘓倒地。在此背景下，歐洲中央銀行看起來卻像是唯一一個強而有力的聯邦機構。它只需要簡單票決就可做大小決定，也正是在此條件下，從2008年到2018年，它可以把它的資產負債總額調高到歐洲總生產毛額的30%。換句話說，歐洲中央銀行的貨幣擴張量相當於每年歐洲總生產毛額平均值的3%，這是略高出歐盟總預算的三倍。這些數字都很清楚地表達出，經濟與金融動力往往靠著政治體制與組織性部門的運作。尤其，這些數字也顯示出貨幣巨靈是在害怕民主，又畏懼公平的賦稅制度的環境下調教出來的。換句話說，若要一致協調出共同賦稅、共同預算、共

同債務，以及同一個數字的利率，這是必須靠著眼光更遠大的議會活動，而不只是當各國元首利用高峰會議時，簡單協議通過就好了；但時常由於做不到，所以我們就以貨幣當逃跑的武器。也因為如此，我們便去要求歐洲中央銀行及其委員去解決它毫無能耐的問題。

這樣的偏差很值得擔憂，也不能維持太久。因為這樣的金融問題，即使大家都認為只牽涉到某個技術層面，也不是一般人能理解的，但金額之大，已經大到澈底影響著大家對於經濟與金融的感受。理所當然地，眾多人民都質疑，為什麼要去製造那麼大筆的金錢來援助金融機構，況且對於振興歐洲經濟而言，未必有令人信服的效果；那又為什麼不能去動員類似的資源來幫助社會大眾、發展公共基礎建設，或者是去資助龐大的能源轉換投資計畫。其實這麼說來，如果歐洲公共力量去動用當今微乎其微的利率，以用來借款、援助有用的投資案，也未必是愚蠢的想法。但條件有二：一是，這應該是在一個議會協商、對席辯論的民主架構上，而不單單靠著幾個巨頭組成的委員會的祕密協商。二是，若是讓人相信所有的問題都可以用貨幣擴張、借貸來解決時，這是非常危險的事情。能夠讓一個地方政府去動員相當大的資源，以用來應付共同的政治計畫的工具，充其量只是稅捐制度而已，但它需要集體協議、共同打造，而在執行時，也應該是隨著每個人的財富多寡、能力高低，而且必須是完全攤開、絕對透明。

2013年7月，英國搖滾樂團謬思（Muse）在羅馬的奧林匹克體育館演唱。〈禽獸〉（Animals）一曲，毫不客氣地點名量化寬鬆是發明用來拯救銀行家的。搖滾歌手點名這些世界巨頭炒作一般人的生死。他把這曲子獻給「地球上所有的弗雷德・古德溫（Fred Goodwin）」（這是2008年倒閉的蘇格蘭皇家銀行〔Royal Bank of Scotland〕的執行長，一般認為他必須為該銀行倒閉負責，雖然如此，他離開時還是帶走了一筆豐厚的離職金）。演唱會上，一個裝扮成銀行家的男子面容猙獰地踏上舞臺、揮灑一疊疊的鈔票給現場歌迷。搖滾歌手後來在接受訪問時解釋：「我們是沒有立場的，我

們只是去表達當今混濁不清的感受」。[91]但真相卻是，混濁不清的規模是很駭人的。以貨幣擴張當逃跑的武器，金融部門搖身成為巨獸，這都助長了似乎公平的經濟是可以解決所有難題的幻覺。這也正是當今新所有權主義體制裡最反常的事情之一，我們應該擺脫它，且刻不容緩。

新所有權主義與德國傳統的秩序自由主義⑥：從海耶克到歐盟

　　我們先做個小結。新所有權主義的意識形態在當今二十一世紀初是以大行其道的主流論述，以及固若金湯的組織機構當作靠山，例如共產主義潰敗，拒絕財產重新分配的「潘朵拉盒子」，還有就是一套資金自由流通的制度，其運作是毫無限制，無任何資訊交換，更無任何共同稅制。然而，在這裡還必須特別強調的是，這一套政治意識形態體制是有好幾個弱點的，而這正是推向變革、掙開枷鎖的力量來源。黑箱金融、與日俱增的不平等現象，都讓解決氣候暖化之道變得更撲朔難解。更廣泛說來，也都導致了社會不滿，除非我們願意讓集體身分認同的壓力愈來愈強大，也愈來愈高漲，否則，首要的解決之道就是建立更透明，也更強勢的財富重新分配。最後，跟所有的不平等體制一樣的是，這套政治意識形態既不穩定，也持續在演變當中。

　　一般而言，我認為很重要的是，不要高估新所有權主義的內在一致

---

⑥　譯注：法文原文 Ordolibéralisme 直譯自德文 Ordoliberalismus，Ordo 字首乃取自 1948 年由數位德國經濟學家創立的社會科學雜誌《Ordo》──副名為《經濟與社會（學人）年鑑》。Ordo 源出拉丁文，原意有二，一是整理使之成行成列，引申義範圍包括藥方、政令、條例等，接近 Ordonnance 的字義。二是過去教會每年固定的出版品，提供教士執行教儀流程的最新規定，內容也包括每一教區的教士名單，接近 Ordre 一字，也有修會、自由職業者的同業公會，以及範疇、等級等意思。Ordoliberalisme 一詞常依字面而譯成「秩序自由主義」，譯者加上「德國傳統」以加強襯托與英美潮流之自由主義的差別。這不是嚴謹的理論或概念，但匯聚了德國二十世紀初以來的政治、經濟、消費市場、社會文化、乃至宗教理想的種種主張，每一振興時雖有核心但外圍輪廓隨之擴大改變，其發展背景與理想施展之處從反納粹、綠色環保到歐盟組織和貨幣政策的走向等都包括在內，幾乎任何有意有別於英、法作風的「德國主張」都可以在裡面取一瓢飲，但有時，似乎只是一個辯論或修辭上的陳腔濫調。

性，或是它的政治意識形態網架，特別是當我們在討論歐盟時。我們往往把歐盟跟德國傳統的秩序自由主義（odolibéralisme）套在一起，而這一主張的要義在於，國家的主要角色是去保障一個「自由又不造假」的競爭條件，否則就是把歐盟跟海耶克倡導的那種由憲法背書、自動自發但又霸道專橫的自由主義套在一起。於是乎，議會民主的輪廓、建立在井然有序的法制規則上的政府組織、全體一致票決的稅務原則（以至於所有的共同稅都無法通過）等，都似乎是德國傳統的秩序自由主義，以及海耶克理想投射出來的影子。然而，我認為應該去點出，這些影響其實是有限的，更不需要誇大歐盟建立過程中智識與政治的一致性，因為那段過程充斥著形形色色的影響，更沒有任何事先就已準備好或決定了的計畫書。歐盟的體制與政治意識形態的架構也根本還沒完成。在未來，或許會走向諸多不同道路，也很可能隨著權力關係、社會政治和金融危機，以及因此激發出來的公共辯論等，重新組成幾個不同的勢力核心或社團，且其內聚力量多少由於政治、社會和稅制理想而有差異。

　　若想探究現今的歐盟（更廣泛說來，就是我們當今的世界），跟一個協調有序又完整一致的新所有權主義的差別何在，稍微去研究一下海耶克在 1973 年與 1982 年發表的《法律、立法與自由》（*Law, Legislation and Liberty*）應該是很有用的，因為這本書無疑是高呼勝利又驕傲自滿的所有權主義的最完美表達。[92] 我在這本書前面的章節中已提過海耶克，尤其是針對在 1938 到 1940 年間，由於英法聯盟以及聯邦聯盟運動而引發出相關辯論的時候。[7] 另外，就是他在 1944 年出版的《通往奴役之路》一書，在這本書中，他提醒世人應該去注意偏向極權的危險，特別是就他看來，所有建立在一種社會正義的錯覺上，但又遠離最單純又最徹底的自由主義的計畫時，便帶著走向極權的風險（參見第十章）。他的砲火瞄準的是當時

---

[7] 譯注：這是二次大戰期間，由諸多英國知識分子、政治人物等組成的團體，多傾向與歐陸友好，主張在戰後組織一個聯邦聯盟。

的英國工黨與瑞典社會民主黨人，因為他懷疑這些人都將埋葬個人自由，多年後再來看這件事，卻可能讓人難以置信，尤其是隨後他在1970到1980年代期間，熱烈聲援智利皮諾契將軍（Augusto Pinochet）的超級自由（ultralibérale）色彩的軍事專權（在同一段時期，他也支持英國的柴契爾夫人、擔任其顧問）。[8] 去翻閱《法律、立法與自由》一書是滿值得的，因為它可以讓我們有一清晰的整體概念。1931年他定居倫敦，1950年又遠赴芝加哥大學（這是芝加哥少年〔Chicago Boys〕的大本營，聚集了一群年輕的經濟學者，隨後都紛紛成為智利獨裁者的顧問），然後1962年重返歐洲，並在德國弗萊堡大學（Université de Fribourg，這裡正是德國傳統的秩序自由主義的中心據點）、薩爾茨堡大學（Université de Salzbourg）任教直到1992年，最後以九十三歲高齡離世為止。從1950到1960年代起，他開始轉向政治與法律哲學，因為這正是可以讓他去保衛倍受威脅的經濟自由主義（libéralisme économique）價值的起點。

在他1973到1982年出版的鉅著中，海耶克非常明白地點出，財產所有權人對於各種形式的財富重新分配的擔憂：如果我們開始去質疑從過去繼承而來的種種財產權，並且開始去著手累進稅率這類繁瑣的機制，那麼我們永遠都不會知道該在什麼地方停下來。弗羅倫斯大老法蘭西斯寇・桂察爾迪尼（Francesco Guicciardini）在1538年時也遇到好幾件這類的課稅建議，海耶克於是把史上第一個可考據的「潘朵拉」自問式的說法，以及全盤拒絕累進稅制的創見，全算在桂察爾迪尼的頭上。[9] 美國與英國遠超過90%的邊際稅率（taux marginaux），幾乎把海耶克嚇昏了，集體主義當時似乎勝利在望的情景也讓他不知所措，雖然他也早在1960年之前某本書中建議，應該在憲法中明定禁止任何累進稅制的原則，而且這是不可觸

---

[8]　譯注：至今沒有任一學派自名 Ultralibéralisme，這也不是完整一致的主張。

[9]　譯注：生於十五世紀末、卒於十六世紀初的佛羅倫斯政治人物、外交官、律師、歷史學家。最主要的著作是《義大利史》（*La Storia d'Italia*），乃瞭解文藝復興時期不可或缺之重要典籍。

犯的天條。根據他的提議,最高所得者的課徵稅率,無論如何都不應該高
於一個國家的稅收所得的平均稅率,這意思就是說,徵稅可以是反比的
(站在所得高峰者的稅率低於所有其他人),但無論如何都不該是累進
的。[93]一般而言,海耶克相信在十八、十九世紀時自由主義迷失了道路,
對於由選舉出任的代表所組成的議會,當時竟然贊成授予眾多立法權,所
以最後侵害到在過去好不容易才贏得的權利(尤其是諸多財產相關權)。
他反對充滿建設性色彩的理性主義(rationalisme constructiviste),也就是
反對那種認為可以從零開始打造權利與社會關係的主張,但是他護衛演進
式的理性主義(rationalsime évolutionniste),也就是尊重在議會形成之前早
已存在的權利與人際關係。他特別強調權利走在立法之前(*law precedes
legislation*)的想法,而且,如果大家放棄了這項分寸最適切的原則,那我
們非常可能會不可避免地營造出某種至高無上的立法機關,走向極權專制
的歧路。[94]

在《法律、立法與自由》最後一冊中,他把整個想法推到極致,建議
重新打造議會民主的基本原則,嚴格限制隨後到來的多數決政治權力。他
想像一套龐大的聯邦政治,且其基礎是絕對尊重財產權。他筆下的「執政
議會」(assemblées gouvernementales)當然都是地方普選的結果,不過卻排
除了公務員、退休者,以及更廣泛而言,所有享受公共津貼的人的選舉權。
尤其,此一等級的議會只擁有國家公務在地方層次的行政權力,而且無論
如何都不能修改法制,例如,財產法、民法商法,或是稅法。這整個最基
本、幾乎是神聖不可侵犯的立法程序,在海耶克眼中,應該由一個「立法
議會」(assembléé législative)來決定,且該立法議會權高到聯邦等級,其組
成也是崇高到一種不需要去服從任性的普選結果的程度。依據海耶克的看
法,這一最高議會的成員都至少四十五歲,遴選的基本條件是,在各自的
專業能力與成就都至少有十五年以上的經驗。他似乎還頗遲疑著是否應該
利用當時的時機,大膽建議重新安置納貢選舉制,以至於最後他推薦一套
很怪異的選舉方式,「類似扶輪社般」(comme les clubs Rotary)的職業會

社（clubs professionnels），這樣可讓專家（hommes sages）定期會面，然後當他們在四十五歲時，再從其中選出最高明的人（les plus sages）。最高法院的成員則是該立法議會舊有的成員，最高法院擁有所有的權利，可去裁奪立法議會跟地方執政議會的任何權能紛爭，若有社會動亂時也可宣布國家進入緊急狀態。[95] 整體的目的，很明顯的是要盡可能去縮減公民普選的權力及其任意性，尤其是給年輕人以及他們那四海皆兄弟的奇想套上枷鎖，在當時1970年、1980年代的背景，無論是在智利、歐洲還是美國，年輕人在海耶克眼中是最讓人不安的。[96]

海耶克這些解釋對我們的幫助不小，因為它們代表著新所有權主義極端之處，及其矛盾對立的地方。最終說來，唯一跟新所有權主義完全一致的政治體制就是選舉納貢制（也就是說，政治權力是明明白白地由財產所有人控制著，他們是唯一的賢者與能者，擁有遠大視野，足以擔起立法的重責）。海耶克充分發揮他的想像力，最後還是導出一個跟納貢制（censitaire）完全相同的結果，卻又連任何納貢的推理邏輯也沒用到，不過，實際上他說的就是這麼一件事而已。我們也可因此看出歐盟體制的建立、歐洲政治意識形態的形成，跟貨真價實的新所有權主義的差別。歐盟的諸多機關是能夠、也應該徹底改革，尤其是拋棄稅務政策必須全體一致票決通過的規定。但若要達到這個目的，我們必須走出德式自由放任的陰謀論（complot ordolibéral），或者拋棄看似有條有理又所向無敵的新所有權主義陰謀論（complot néopropriétariste）等等的主張，並且接受歐洲現今的組織是一個不穩定、脆弱，又持續演變中的妥協物。特別是，歐盟向來就是根據其演變過程去調整出適當的議會形式。必須全體一致票決的稅務規則並不是令人滿意的：主持每一個歐盟高峰會（Conseils européens）的國家元首、財政部長當然都是公民普選出來的，但賦予他們每個人否決權往往導致無法解套的杯葛。不過，即使是朝向條件多數決的做法，並加強歐洲議會的權力（也就是一般傳統主張中的聯邦性解決方式），也無法解決所有的問題，甚至是反其道而行。我們往後會再來討論這個問題（參見

第十六章）。

成就主義與新所有權主義的發明

在二十世紀末、二十一世紀初期發展出來的新所有權主義意識形態並不單是重回到十九世紀、二十世紀初的所有權主義，事情其實是更複雜的。這裡面最主要是牽涉到一套極為誇張的成就主義意識形態。一般說來，成就主義這類主張的重點是去歌頌經濟制度的大贏家，唾棄那些被認為是一無可取、平淡無奇又好吃懶做的輸家。當然，這是一套古老的意識形態，所有的菁英都以不同的手法來利用這套說法，毫無羞恥地辯護自己的身分地位。這種讓最貧窮的人產生罪惡感的手段，隨著歷史演變已達到顛峰，並成為現今不平等體制的最主要特徵之一。

賈科莫‧托德斯奇尼（Giacomo Todeschini）認為，「一無可取的窮人」形象的歷史來源，甚至可以追溯到中世紀，或者更廣泛說來，可追溯到奴隸時代、強迫勞動的末期，在那段富裕階級想怎麼擺布貧窮階級就怎樣擺布的時代。所以，後來當窮人成為自己的主人，而不再是別人的奴才時，就必須用另外的手段來支配他，特別是用一套大道裡、或是功德成就之類的東西。[97]這套後來變得見怪不怪的另類不平等說法，據托德斯奇尼的研究，又跟另一個中世紀新發明串連在一起：新的財產形式與新的儲蓄方法，而且還有基督教義背書（參見第二章）。換句話說，「現代性」（modernité）的這兩大層面是彼此呼應：一旦經濟與財產的規則都隨著公平正義的原則而起舞時，窮人就變成必須為自己的命運負責任，而且我們還得想辦法讓他們明白這番大道理。

當財產制度是隨著三級社會、納貢體制來運作時，成就主義說法的有效性便多少受到限制。當工業時代來臨，階級鬥爭、公民普選等新的威脅都壟罩著菁英階級時，利用個人的能力高低來辯護社會性差異就顯得很高明。放任主張的經濟學者夏爾‧杜挪耶（Charles Dunoyer），他也是七月

王朝（monarchie de Juillet）時的省長，在1845年題為《論勞動自由》（*De la liberté du travail*）一書中，他說道（在這本書中，他反對所有一切綁手綁腳的社會福利立法）：「工業製造體制的結果是粉碎一切人為的不平等，然而也是為了能夠強烈襯托出天生的不平等。」對他來說，天生的不平等包括了體能、智力和道德的差異，當時到處蔓延著以發明創新為主的新興經濟制度，且這套經濟制度正是以天生不平等為核心，基於這個觀察，他拒絕任何國家介入的做法：「高高在上正是最崇高又最有用的。把一切都壓到平等時，就毫無生機了。」[98]

然而，卻是高等教育的大門敞開後，才讓成就主義的意識形態進入另一關鍵時期。1872年時，艾彌爾・卜特米（Emile Boutmy）創辦政治科學獨立學院（Ecole libre des sciences politiques，即當今的政治學院〔Science Po〕），當時他便賦予這所學校相當清楚的任務：「自詡為高等階級者，無奈受著多數決法則的煎熬，若欲維護其獨到的政治權力，則不得不訴諸其身為最優越者的道統。吾等庇於搖搖欲墜的君主特權與傳統城牆下，務必讓民主船艦再一次地在由功效耀人的豐功偉業築起的第二道壁壘前灰飛煙滅，況且，此第二壁壘上矗立著吾等得天厚道之威信，吾等賢德賢能，唯有瘋狂顢頇足使之自暴自棄。」[99]這段讓人難以相信的宣言值得我們細思：這段話的意思是，正是因為生存的本能才迫使上層階級停止享樂，並且拿成就主義當武器，否則，公民普選可能會讓他們喪去一切。當然，我們應該去考慮當時的時代背景：巴黎公社（Commun de Paris）剛以敗績收場，而男性普選權也才剛重新登場。不過，這段宣告仍告誡我們切記一個歷史真相：某些人賦予不平等事實崇高的意義，為贏家舉杯辯護，對他們來說，這是關鍵著非生即死的問題。不平等根本就是一個意識形態的問題。現今的新所有權主義搖旗吶喊著成就主義，而且是毫不收斂的納貢人態度，而這是十九世紀古典時代的所有權主義沒有的現象。

在《繼承人》（*Les Héritiers*）一書中，布赫迪厄（Pierre Bourdieu）與尚－克勞德・巴斯宏（Jean-Claude Passeron）分析了1964年時的高等教育系統，

尤其是在此系統中的社會秩序是如何變得正當合理的機制。個人「成就」與個人「天賦」都被重新包裝，某些社會特權便因此長長久久，這是因為位居劣勢的社會團體不懂得這些特權的基本規章，也無法掌握這些特權的祕訣，但是只有透過這些規章與祕訣才可能被認為是人上人。那時候法國的大學生人數暴增，而且在社會不平等的搭建過程中，文憑受公眾認可的程度愈來愈重要。不過，低下階級幾乎被擠出殿堂門外：一般農民的子弟不到1%進大學念書，相反地，工業部門的企業主的孩子有70%進了大學，自由業者的小孩則是80%。這分明是一套隔離主義制度，跟1964同年才剛在美國下臺的隔離主義是幾乎一樣，只不過是五十步笑百步。但是，文化與符號支配是更狡詐的，它宣稱若要擁有文化與符號力量，就該心甘情願地去走過一段過程，而且原則上每個人都有同樣的機會。美國人類學家米德（Margaret Mead）曾研究印地安歐瑪哈氏族（Omaha），探討到底在這個種姓社會中巫師的再生產機制是如何一回事，因為基本上所有的年輕人，無論出身為何，都可以上場角逐，正因為如此，布赫迪厄與巴斯宏便將他們的比較視野投向了歐瑪哈氏族。在歐瑪哈族選拔巫師的過程中，「年輕人必須隱居閉關、禁食，結束後則向長老細述他們對世界的看法，這可以用來檢驗到底他們是不是菁英家庭的子弟，他們的觀點夠不夠道地。」[100]

這些教育部門不公不義、成就主義作祟而導致出來的虛偽作風等弊病，自1960年代起只是愈來愈嚴重。高等教育已是相當普及，但高低排列、不平等程度卻是非常強烈，我們也從沒有認真地去討論，到底實際上教育資源是如何分配的，也從未細思諸多教學方法的改革是不是築起真實的教育平等之路。在美國、法國以及大部分的國家，暢行大街小巷的成就主義光芒及其說理，很少建立在嚴格的事實檢驗上。通常只是去辯護已存在的不平等事實，對於既定制度的某些挫敗常是睜眼說瞎話，至於跟上層階級相比，低下與中下階級根本沒有分配到相同的資源，也沒有辦法去念相同的學系，如此悲慘的事實也只被當作是眼不見為淨罷了。[101] 我們在

本書第四部將討論教育不平等是過去這數十多年來，導致「社會民主」的選舉聯盟分裂的主要因素之一。諸多社會黨、工黨、社會民主黨派漸漸地都被認為主動去擁抱社會教育競賽中的贏家，也因此失去了教育程度較低的社會團體曾在戰後給予他們的支持。[102]

　　這裡值得提出討論的是，英國社會學家麥可・楊恩（Michael Young）在1958年時就曾挺身反對這樣的教育演變。在參加了1945年工黨黨綱的修訂與施行過程後，1950年代起他便逐漸遠離工黨，因為他認為工黨的政治計畫翻新程度不夠徹底，尤其是針對教育的諸多問題。最讓他擔憂的是英國中等教育制度極度階層化的現象。然後他出版了一本令人眼睛一亮的幻想小說，書名是《成就主義的崛起》（*The Rise of Meritocracy 1870-2033: An Essay on Education and Equality*）。[103]他想像了一個階層化愈來愈嚴重的全球化英國社會，而且階層化的基準是諸多不同的認知能力，但實際上也是受制於社會出身（雖然也不盡如此）。托利黨（Tory，即保守黨）成為教育程度最高者的黨派，因此成功地進駐上議院（Chambre des lords），也再次地讓上議院成為知識分子統治的陣地。⑩ 另一方面，工黨於是再次成為「技術人員」的黨派，並與「民粹主義者」爭鋒相對。民粹主義者聚集了對自身社會經濟地位低落極度不滿的低下階級，而且他們面對的世界是，科學宣稱只有三分之一的人口在職場上才是有用的。民粹主義者提出抗議，要求教育平等、統一教學制度，成立綜合中學，提供所有的英國年輕人相同的學習內容、相等的資源。⑪ 不過，保守黨人與技術人員卻聯手杯

---

⑩ 譯注：Tory 在一般英國近代歷史中，指的是保皇黨、擁護國王的人，這是他們的對手、清教徒黨人給他們的外號，意思是愛爾蘭地區的土匪強盜、被放逐者，根本上不了檯面的人物。因此，這個字便被引申為護衛國王特權、英國國教特權的人，敵手則是議會裡非君權神授的權利，以及諸清教徒黨派。最後，這個字直接被用來指保守黨人，也用來對比主張自由放任者（whig）。這個字只是一個口語上的標籤，無關乎嚴謹的政治思潮，通常被用來指保守又落伍的政治人物。

⑪ 譯注：comprehensive school 在當代英國中學教育改革中，強調的是綜合的、不刻意導向升學，也不是只單純傳授實用的或職業性技藝的教學宗旨，分班的原則是學習性向與態度。這是 1975 年起為了讓中學教育更普及、平等，工黨提出的教育改革方針。

葛，這兩派人老早就放棄人人平等的偉大夢想了。英國最後在2033年陷入民粹主義革命的烽火，小說也在這裡戛然中止。而因為見證這整個事件，於是充當起記者的社會學家，最後在這遍及全國的動亂中喪生。楊恩他自己在2002年過世，因此無緣看到他寫的故事，至少就某種程度上來看，竟然還沒有現實來得離奇：在2000年到2010年期間，工黨成為教育程度最高的最愛，把保守黨甩在後頭。[104]

慈善事業的幻象，進駐神殿的億萬富豪

　　我們可得出的結論之一就是，當今成就主義這一套意識形態跟把企業家與億萬富豪都捧上天的論述是一唱一和的。有時候，這個意識形態好像是萬能的，沒有什麼是不可能似的。有些人好像以為比爾‧蓋茲、傑夫‧貝佐斯、馬克‧祖克柏靠他們自己一個人就發明了電腦、書本與朋友。有時大家會感覺到，好像這些人的錢永遠都不夠多，世界上的小老百姓永遠也無法報答這些人的恩惠。為了讓正義伸張還更有效力，有人甚至在俄國醜陋的寡頭商人與加州彬彬有禮的企業家中間畫一條線，假裝忘記了所有對於這些企業家的指責：對他們非常有利、近乎是獨占的企業景象，錢財愈多的企業主在法規與稅捐制度占的便宜也愈多，把公共資源占為己有，諸如此類、不勝枚舉。

　　億萬富翁甚至直驅深入到當代集體想像中，以致於都受邀成為小說人物，幸好的是，比起雜誌，文學作品保留了荒誕與一定距離。卡洛斯‧富恩特斯（Carlos Fuentes）在2008年出版了《意志與財富》（*La Volonté et la Fortune*），他在這本書中勾勒了墨西哥派頭的資本主義，以及蔓延整個墨西哥的暴力作為。在小說中盡是滿面春風的人物，例如，國家總統成天賣弄可比可口可樂快樂機器的廣告行銷，但最終說來，他也不過是被架空、可憐可悲的政權小丑，而聳立在他面前、高高在上的，是資本此一永遠不死的權力，而這正是某權高位重的億萬富翁這類角色所代表的，但這角色

說來不就是電信大亨卡洛斯・史林姆（Carlos Slim），墨西哥首富，2010年到2013年時還是世界上最多金的人（搶在比爾・蓋茲之前）。小說裡的年輕人若非沉淪於自甘墮落與性愛遊戲，否則就是步上革命之路。但他們最後都被一野心勃勃的漂亮女子暗殺，她貪圖的是這些人的家產，而且她也不需要沃德林（Vautrin）的幫助來實施計謀，難道這不就是自1820年來暴力有增無減、愈演愈烈的證據。⑫ 財富的轉移正是小說家想要探討的焦點，這是故事裡所有徘徊在特權家族外的人物都垂涎不已的共同對象，但同樣地，也是足以摧毀擁有這些財富的人的基本人格的爆破點。我們也可在小說中不時看到美國佬（gringos）極為負面的影響，也就是那些「擁有墨西哥30%土地面積」的美國人，頂著大筆的資本，使得不平等又更讓人難以忍受。

坦可瑞德・瓦圖利葉（Tancrède Voituriez）於2016年出版《天國》（*L'Empire du ciel*），故事描述一名中國女富豪改變氣候的奇想。她幻想只要把喜馬拉雅山脈砍掉幾千公尺，就可以讓印度洋的季風一路吹到北京城，然後就可以摘掉壟罩著北京上空的惡毒汙染氣層。無論是不是共產黨員，這些億萬富豪自以為想做什麼就可以做什麼，整天沉迷在地質工程學的美夢中，來者不拒，但若是簡單又無聊的解決方式則又閃閃躲躲（例如，繳稅，過簡約生活等）。[105] 導演雷利・史考特在《金錢世界》（*Tout l'argent du monde*）中，則把1973年時的世界首富尚－保羅・蓋堤（J. Paul Getty）搬上螢幕，他一毛不拔，寧可冒險讓義大利黑手黨把他的孫子的耳朵砍掉，還一直盤算著怎麼樣才可以不要付鉅額的勒索金（他連該怎麼節稅都算進去了）。這正是一個不折不扣、沒有氣度也沒有半點同情心的大富豪，2010年代的電影觀眾，他們原本早就習慣成天去為了不起的上流子弟歡呼

---

⑫ 譯注：Vautrin 是法國寫實派作家巴爾札克塑造出來的人物，出現在好幾本小說中，例如，《高老頭》，有時被認為是巴爾札克整體的寫作計畫裡的靈魂人物。至於為何作者特別點出 1820 年？可參考的線索之一是，墨西哥獨立戰爭於 1820 年左右結束，隨之進入共和黨與保皇黨的長期爭戰：這場獨立戰爭的兩大主角是出生在墨西哥的西班牙人，以及直接從西班牙渡海來的（第一代）西班牙人。

喝采，否則，千篇一律的雜誌、老掉牙的政治演講裡描述的企業家，和藹可親又值得做眾人表率，2010年代的電影觀眾也是跟著拍手鼓掌，但是這一次，《金錢世界》這部電影竟然讓他們覺得有點不好意思。

好幾個因素都可用來解釋當今意識形態為何如此深入人心。首先，而且一成不變的就是，對於無有的害怕。假設我們可以接受這樣的想法，那就是，其實比爾·蓋茲、貝佐斯、祖克柏都大可滿足他們每個人只有十億美金的身價（而不是他們三人加起來三千億美金），而且就算他們事先就知道了（這看起來是非常有可能的），他們也是會過著跟現在完全一樣的生活，那為何我們還在發抖，害怕不知道應該在哪個地方停下腳步呢？我們擁有的歷史經驗是能夠讓我們為政策立下規則，有條有理地去做測試。但我們卻只是交白卷：有些人還是很堅持，辯解去打開這個潘朵拉盒子是過於冒險的舉動。另外，共產主義倒臺導致的效應也是一個原因。去投資運動俱樂部以及媒體的俄國或是捷克的寡頭商人，雖然未必是出色的人物，但他們必須先走出蘇維埃這個圈子，才能再做打算。不過，我們也開始思考，這些億萬富豪的揮霍手筆已到令人擔憂的地步，尤其是高漲的不平等現象與「民粹主義」都已威脅到民主體制（楊恩預言2033年會發生民間動亂，我們甚至不用等到那一天）。

另一個讓億萬富豪變得合情合理的重要因素，我們可稱之為「慈善事業的幻象」（l'illusion philanthropique）。簡言之，在我們當今這個時代，國家的規模以及必要的事先扣除額（prélèvements obligatoires），從1980、1990年代起，已高升到過去無法想像的地步，於是便很自然地產生一種想法，那就是慈善事業（換言之，公共財由大公無私的私人部門資助）應該可以扮演一個不可或缺的角色。其實以這個角度來說，一旦公權力又上升到一個新高的層次，那麼去追問一個更高透明度的課徵與支出制度的組織方式（然而，事實經常不是如此的），是很合理的事情。另一方面，在一些普遍的地方層次、參與式的協會組織架構下，諸多部門，例如文化、媒體和科學研究，都被容許有更多元的公立或私立經費來源。問題在於，有

時候慈善事業的論述被利用來為極為危險的反國家主義意識形態背書。這樣的現象在貧窮國家特別清楚，慈善事業架空了國家（有時富裕國家的發展援助基金也插上一腳），也因此讓國家更加貧窮。而這不是很明顯的事實嗎？貧窮國家一無所有，且絕對不是無所不能：在絕大部分的時候，他們的稅收是非常有限的，而且跟富有國家他們各自的發展過程相比，貧窮國家的稅收更是相形見絀（參見圖13.12及第十章圖10.14）。就億萬富翁的角度來看，或者是就一個比較不是那麼多金的捐款人的觀點來說，能夠去裁定在一個國家發展過程中哪些才是優先順位的衛生與教育問題，想必是很令人自豪的事情。然而，就富有國家的歷史過程來看，沒有什麼可保證這是最好的辦法。

　　慈善事業幻象的另一層面就是，它的參與和民主指數很低。事實上，捐款來源幾乎只是最富裕的那些人，而且他們經常享有額外的特別免稅額度。這樣的情況最後造成的是，底層與中產階級用他們自己該繳的稅來資助富有者的偏好，這是一種把公共財充公的新手法，也是變相的納貢制。[106]去發展一套以公民平等參與為基礎的運作模式，以用來規範公共財的社會與集體意義，而且這套模式是按照我之前已提過的，讓各政治黨派的經費來源都平等一致，在我們想要去突破當今議會民主的難題時，這樣的運作模式將會是非常有用的。[107]這樣的觀點，若再加上教育平等與財產重新分配等措施，都是參與式社會主義不可或缺的一部分，我將在本書最後一章詳述。

第四部

重新思考當代政治衝突的主題

14 | 界限與財產：
　　　 建立一個人人平等的世界

　　我們在本書前三大部分探討了各類不平等體制的轉變，包括從近代時期的三重功能社會與奴隸社會，到當今的超級資本主義社會與後共產時期社會，以及夾在這兩時期之間的所有權主義社會、殖民社會、社會民主體制的社會與共產社會等。我特別強調的是不同的政治意識形態在這些演變中的重要性。基本上，每個不平等體制都是建立在一套公平正義的主張上。不平等的事實都應該變得天經地義，而且也都是建立在某種令人滿意、不會自相矛盾，又可以規畫出理想的社會政治組織的觀點上。在所有的社會中，這代表著去解決一連串觀念上與實際上的問題，例如，族群界限（frontières de la communauté）、財產關係（rapports de propriété）的組成，以及接受教育、賦稅分擔等問題。過去的社會提出來的方針有它們各自的弱點。其中大部分都禁不起時間的考驗，也都被後來的對策淘汰出局。在今天，不透明的黑金操作、流血流汗後賺大錢是天經地義的，都被認為是神聖不可汙衊的事情，也因此用來包裝出當今諸多意識形態。不過，如果我們以為這些意識形態並不是那麼地瘋狂，或者有可能維持得更久，那我們或許就錯了。

　　在當今選舉式民主與公民普選的時代，圍繞著社會正義與合理的經濟

活動而打轉的政治意識形態衝突，仍持續透過示威遊行、革命運動，以及宣傳單和書籍等來表達。這些政治意識形態衝突也在投票所中嘶喊著，這是因為每個人的世界觀與社經地位都不同，卻都可以用選票來決定政黨與政治聯盟的去留。也有些人選擇不去投票，這樣的作為本身就是一項宣示。總之，這些選舉活動都在政治信仰以及這些信仰的演變過程中留下痕跡。當然，這些痕跡不清不楚又難以解讀，但跟那些沒有選舉活動的社會相比之下，啟示性還是更高一些，而且也都是表明更有規律的線索。

本書第四部要探討的正是這些選舉活動留下的線索。尤其是，我們要去分析政治與選舉分歧下的「階級」結構（structure classiste），從1950年代、1980年代的社會民主黨派的黃金時代，到1990年代、2020年代深具超級資本主義與後殖民主義色彩的全球化時代，究竟這個「階級」結構是如何在這兩段期間澈底質變。1950年代到1980年代間，當時的社會黨、共產黨、工黨、民主黨和社會民主黨等組成了左派候選主力，大眾階級（classes populaires）也在此左派陣營中找到代表自己的聲音。然而到了1990年代、2020年代期間，卻完全改觀，這些派別與政治活動都變成教育程度偏高者的政黨，有時還幾乎成為所得最高者和財富最多者的政黨。[1] 這樣的演變代表著二次戰後社會民主聯盟在翻新他們的政治計畫綱領時潰不成軍，尤其是就稅制、教育和國際關係等問題上。這些改變也凸顯出，平權聯盟（coalition égalitaire）的形成是在建構出一套複雜的政治意識形態後的結果。政治選舉總會經歷不計其數的社會與意識形態的紛爭，首先就是界線與財產問題所引起的衝突，只有透過特定的社會歷史與政治意識形態的過程，才能讓我們突破這些衝突，並且讓生活經歷與出身各異（無論是都會或鄉村地區、受雇或雇主階層、同一國籍者或外來者等）的大眾階級，都能在同一聯盟中團結一致。

在本章節我們先從法國的個案著手。後續章節中，則擴大分析英、美兩國，以及其他西方與東歐選舉民主體制國家的情況，接著便擴展到幾個非西方的選舉民主體制國家，例如印度與巴西。比較這些不同的歷程可讓我們更容易去瞭解這些轉變的由來，以及未來可能的趨勢。在現今二十一

世紀初、逐漸成形中的社會本土主義（socio-nativiste），正是後共產時期幻夢破碎之際，由於無法思索出面對全球化該有的對策，再加上難以調適後殖民時期多族群共生的事實而產生的結果；另一方面，我們也將試著去分析，在哪些條件之下，我們能去突破社會本土主義這個讓人掉以輕心的陷阱。最後，我們則將探討，在什麼樣的範圍內我們可去描繪出某種社會聯邦主張（social-fédéralisme）與參與式社會主義的輪廓，並足可讓我們用來面對社會本土主義這個新的集體認同威脅。

拆解左右兩派：社會政治衝突的種種面向

基於種種不同的理由，林林總總的競選與政治分歧都不能簡化成一個單面向的衝突，例如主張「窮人家」跟「富有人家」是彼此對立的，就是一個單面向的看法。首先，無論如何，政治衝突絕不是「階級的」，而是意識形態作祟。政治衝突讓我們用一種二元對立的角度來看待不同的世界觀，以及有關於什麼是公平正義的社會或集體動員的過程應該怎麼做等信仰體系，但實際上，這些世界觀與信仰儘管不盡相同，卻不能化約成個人社會經濟特質的緣故，或是每個人的社會階級在作祟。若是說到這個人或是那個人的個人特質，我們總是可以發現形形色色的不同之處，差別在於家庭背景與個人生涯的差別，人生境遇與交際往來的差異，還有就是看過哪些書、做過哪些反省，以及依據每個人自己的主觀態度而整理出來的思索過程。社會能否有完美的組織是一個非常不確定的問題，以致於根本不可能在「階級地位」（position de classe）與政治信仰中建立起任何絕對必然的關係。當然，我不是要在這裡宣稱所有的信仰都不是絕對的。相反地，其實我相信，無論去動員歷史教訓，還是有條有理地去比較不同的歷史經驗，這都是做得到的事情，而且，這還可以幫助我們去探索理想的財產制度的輪廓，或是更完美的賦稅與教育制度的雛形。道理是很簡單的，這是因為這些問題實在很複雜，所以只有透過廣泛又集體的協議，才能讓我們

去期待有朝一日，真正又持久的進步將會與我們同在；但是在另一方面，在協議過程中，我們也必須去開拓形形色色的個人經驗，以及公平正義的社會所代表的豐富意義，而這一切都不能只是用階級高低來交差了事。尤其是當說到這些有關於人人平等、擺脫束縛所代表的意義與憧憬時，集體組織（政治黨派、政治運動、工會、各類不同性質的協會）到底是利用哪些途徑來解讀，然後再把解讀結果放進他們的綱領平臺，此時這些途徑的選擇是非常關鍵的，既能左右著每個人去加入這些團體時的可能方式，也能影響眾人參與政治的不同程度。

再來，社會階級這一個概念，也應該被當成是一個有多重面向的概念。首先，這個概念讓諸多元素都搬上檯面，例如職業、工作部門與職場地位；薪資高低，或是任何其他形式的勞動所得；專業素養、職業認同、在領導階層中的位置，或是聽命於人者的籌碼；去參與決策、生產組織的可能性高低等等。社會階級這個概念也包括了教育水準、文憑等級，因此在某程度上能夠決定是否可以進入就業市場，以及政治參與和社會交際的形式。另外，教育與文憑在結合了家庭背景、個人交際圈這些要件後，將會決定著每個人的文化與象徵資本（capital culturel et symbolique）。最後，是否擁有財產也幾乎決定著社會階級的高低。無論是現在還是過去，擁有不動產，或是營業用的、金融項目的資產，都有多重的影響。例如，事實上就是有些人一輩子都要從薪水中撥出一大筆錢來繳房租，但是另外一些人則是一輩子收房租。也就是說，這決定了消費能力。我們有多少能力去購買別人製造或是生產出來的物品、服務，最後也就等同是我們去支配別人時間的問題，而這樣一個問題，並非無關緊要的。另一方面，一般來說除了這個消費能力的問題之外，財產也決定了社會權力的大小。例如，當今人際關係位階分明、毫無互惠對等可言，所以財產就會直接影響到創業當老闆的實力大小，以及讓其他人為我們效命、幫我們實現美夢的可能性。同樣地，財產也決定了去支持他人計畫的可能性大小，有時候，還會對政壇產生非常特別的影響，例如出錢去資助政黨或是新聞媒體等等。

除了職業、文憑和財產，每個人各自會去認同的社會階級，其實還受到其他因素的直接影響，例如年齡、性別、國籍或是種族（有時這是他人如何看待的問題），以及宗教傾向、哲學觀、飲食習慣、性愛偏向等等。社會階級的高低位置也是由所得的多寡來決定的，但所得卻是一項極為複雜、成分非常不一致的因素，理由則是因為所得是由所有其他因素來決定的。尤其必須注意的是，所得包括了勞動所得（薪資、以及其他經濟活動的收入）以及資本（房租、利息、股利、資本利得、外快利潤等等）。所以職業、教育程度和財富持有的多寡都決定著所得的高低，更何況，是不是擁有財富會決定一個人去從事某些職業活動的可能性，另外，是不是擁有財富還可牽涉到有沒有辦法自己去負擔一個教育訓練，或是去做一筆專業投資，因此到頭來，財富持有的程度會決定工作所得的高低。

所以，社會分歧是具有多重面向的，掌握這一點很重要的，因為這可以幫助我們去瞭解政治與選舉分歧的結構與演變（尤其是圖14.1、14.2）。首先，如果我們去分析在社會民主黨的時代，也就是大約1950年到1980年這整段期間整體投票結果的分布，我們就會發現，無論社會分歧的不同面向為何，就政治而言，所有西方國家的投票結果是很一致的。換句話說，在整個社會階層中居於劣勢的人，他們傾向投票給堅持社會主義路線的黨派或運動、共產黨、民主黨，以及社會民主黨（以一種寬鬆的定義來看），而且無論是就哪一個單一面向來看（文憑、所得或是財富），都是一樣的結果。另外，若同時在好幾個面向上都吃虧時，便又會在投票時產生累積效應。不只是在投票給貨真價實的社會民主黨時，可以觀察到這樣的選民組成，例如德國的社會民主黨、瑞典的社會民主工人黨，即使把票給英國的工黨、美國的民主黨時，也是如此。另外，像是在法國，左派運動長期以來一向分裂成各有體系的派別，因此左派政黨名稱雜亂不一（社會黨、共產黨、基進組織〔radicaux〕[①]、環保團體），但依然是居於社會劣勢的人，才比較容易投票給這些左派團體。[2] 相反地，投票給美國的共和黨、英國的保守黨，或是其他國家裡形形色色的中間偏右或傳統右派政黨的選民，

通常是文憑較高者。不過，所得高、財富多的選民也有相同的行為傾向。
另外，若是在文憑、所得和財富其中一面向占優勢時，就非常容易產生累
積效應。

　　1950年代到1980年代這段期間的政治衝突結構是「階級分明的」，意
思是，在這個結構裡，最低下貧困的階級跟最優越高等的階級是針鋒相對
的，而且無論我們是用哪個面向來當作階級認同的尺度，得到的結果都一
樣。相反地，1990年代到2020年代的政治衝突，則可歸納成是一套匯聚
了多元菁英（élites multiples）的系統，意思是，當某一政治聯盟吸引了教
育程度最高的那批人，另一聯盟則吸收了所得最高、財產最多的那群人
（不過，當整體菁英逐漸轉向吸收了教育程度較高的那一聯盟時，的確，
所得與財產偏高的這群人偏向另一聯盟的傾向，則愈來愈不明顯）。我們
也可以注意到，在所有的國家，特別是在那個階級分明的年代，整體政治
分歧的範圍不僅結合了社會階層化（stratification sociale）[2] 的不同面向，也
呈現出高低漸進的分布非常一致的現象。財產持有是所有面向中，區分性
格最高的：沒有任何財產的人，幾乎一面倒向社會民主政黨（或訴求類似
的黨派），相反地，那些擁有大筆錢財的人，很少投票給這些政黨。在
1950年到1980年這段期間，文憑也表現出跟財產持有相同的效應，只不
過，沒有那麼明顯罷了：教育程度較低的人，往往投票給社會民主黨派（或

---

[1]　譯注：radicaux（複數）一詞在法國左派陣營裡，狹義可指某左派政黨（基進黨，parti
　　radical de gauche），廣義則是諸多成分不一的政治運動或組織（往往集中於法國西部，中
　　堅分子以資產階級為主），通常主張政教分離、反對傳統宗教勢力、堅持個人財產至上，
　　甚至曾經喊出，個人解放的途徑也不過是讓工業與都市社會裡的薪水階層都擁有個人財
　　產。綜觀而言，在競選時期，以radical（單數）為名的組織都變得更加活躍，因此常被
　　認為是選舉機器。本書作者後文討論獨立業主的選舉行為時，將會有更清楚的說明。在
　　此中譯不取當今常見之「激進」，一是基於上述說明，此一異質性相當高、歷經多番演變
　　的法國左派運動組織，其實保守性格極為強烈，但稱不上「極端」（法國政黨或是政治組
　　織若言「極端」，通常相當於 extrême 一詞）；二是只取最基本簡單的字義：根本的。
[2]　譯注：stratification sociale 是社會學的基本觀念之一，儘管各大理論傳統的定義與解釋不
　　盡相同，但不免都牽涉到人與人之間、團體之間、個人與團體之間不平等位階的事實，
　　正是所有人類社會裡基本的共同現象之一，本書作者即以所得、財富、財產和文憑作為
　　測量工具。

訴求類似的政黨），教育程度較高的，投票偏好則完全相反，但是，這兩群人之間的落差沒有財產持有表現出來的落差來得強烈。至於所得此一面向，則表現出中間走勢，這是不須感到意外的：雖沒有財產面向那麼明顯，但是卻比教育程度的區分性更強烈。

　　這些不同的社會分歧面向，在統計圖表上，各自都表現出強弱漸進分布非常均等的政治態度與行為，若是以法國為例子，這樣的現象是非常明顯的（參見圖14.1），但在所有其他國家，也有相同的趨勢。

　　在法國個案裡，如果我們去分析投票給左派政黨的選民，尤其是財富擁有最高的那10%人口，以及財富擁有最低的那90%人口，我們可以發現，在1950年到1980年期間，這兩組人之間的差距可高達25%，這是一個不可忽略的數字。我們就來檢討1974年總統大選這個例子。當時的社會情勢沸騰到最高點，在非常激烈的追逐賽後，深受諸多社會黨派與共產黨支持的左派聯盟候選人（密特朗〔François Mitterrand〕），在第二輪票選中以49%的支持率敗北，其右派對手（季斯卡〔Valéry Giscard d'Estaing〕）僅

圖14.1. 1955到2020年間法國的社會分歧與政治衝突

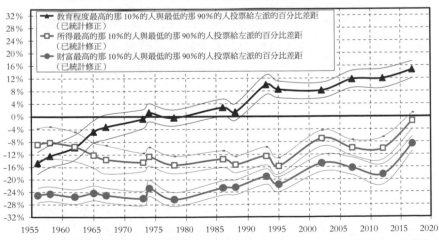

在1950年代到1970年代期間，投票給左派政黨（涵蓋了社會黨、共產黨、基進組織、環保派系等）的選民，往往教育程度、所得、財富持有都偏低；在1990年代到2010年代，通常是教育程度最高的選民才有此一傾向。注解：細線標出的範圍代表的是90%的信賴區間（intervalles de confiance）。來源與數據：參見 piketty.pse.ens.fr/ideologie.

以51%的支持率小勝。以財富持有的角度來看,最貧窮的那90%的人口中,密特朗贏得將近52%的票選成績,但在10%最富有的人口裡,密特朗只勉強取得27%的支持率,這是為何有上述高達二十五個百分點差距的由來。

如果我們去分析,所得最高的那10%的選民,以及所得最低的那90%的選民,在1950年到1980年期間,這兩組人投票給諸左派政黨的傾向,結果則是兩者間有10%到15%的差距。雖然這些數字的顯著性效應,沒有財富持有面向的效應來得強烈,卻依然是一個有絕對意義的效應。[3]

1945年以來的左派:
從勞動大眾的根據地質變成文憑菁英的大本營

至於文憑所產生的效應,整體趨勢竟然隨著時間完全轉向,這是讓人極為震驚的事情。在1950年代、1960年代,如果我們去比較教育程度最高的那10%的選民跟教育程度偏低的那90%的選民,這兩批人投票給左派的比例,前者的比例是很低的,而且兩者間的落差,跟所得此一面向產生的落差是差不多的。然後,從1960年代末期,這一個差距開始有規律地縮減,隨之在1970年代到1980年代期間逐漸轉向。[4]從1990年、2000年左右起,投票給左派的傾向,很明顯地變成是教育程度最高的那10%的人遠遠超過教育程度偏低那90%的人,兩者差距同樣是十到十五個百分點,但是方向已完全相反,由正數百分比變成負數百分比(參考圖14.1)。

在此我們可得到一個結論:在二次戰後,左派選舉陣營是勞動大眾偏愛的政黨,尤其是教育程度偏低的領薪選民;隨後到了二十世紀末期,左派逐漸變成是文憑最高者的政黨,特別受白領、腦力工作者(professions intellectuelles)的歡迎。

我們將試著在這一章節以及隨後的章節中,更詳細地討論這一激底的轉變,尤其是希望能夠更加明瞭這一質變的可能原因、意義和種種結果。

在現階段，有好幾個重點值得先做澄清。首先，我們可以發現從二次大戰後，在諸多西方選舉式民主政體的國家，特別是美國、英國、德國和瑞典，政治衝突都有上述結論中那個可說是最根本的結構（就統計曲線而言，財產持有的效應，以及收入和教育程度的效應都呈現出相似的均等分布狀況），而且衝突結構的演變趨勢也近乎相同（它們之間的差異正是我們要去研究的重點）。例如，如果我們去分析在美國投票給民主黨的趨勢，而且特別去對比前10％教育程度最高的選民以及後90％教育程度偏低的選民時，我們可以馬上發現，跟法國左派的票選傾向比較之下，根本上是相同的演變趨勢（參考圖14.2）。投票給英國工黨的傾向也有著大致相仿的現象。跟我們在法國、美國觀察到的趨勢相比較之下（隨後我們會再討論這一主題），英國的轉變趨勢似乎起步較晚，但最後整體的質變卻是一樣的。工黨長期被當作是勞動本身的寫真、勞動大眾的代言人，然而卻不折不扣地成為教育程度最高者的大本營，而且還比保守的保守黨更有吸引力。即使是楊恩，他那本在1958年問世的科幻性著作《成就主義的崛起》，

圖14.2. 1945到2020年期間歐洲與美國的左派競選陣營：
從勞動大眾的根據地質變成文憑菁英的大本營

在1950年代到1970年代，在美國投票給民主黨，在法國投票給左派政黨（包括了社會黨、共產黨、基進組織、環保訴求團體等），以及在英國投票給工黨的選民，大致都是教育程度偏低者；在1990年代到2010年代間，卻都是教育程度最高的選民。來源與數據：參見 piketty.pse.ens.fr/ideologie.

可說是極具想像力，他的預言卻還是沒有現實來得離奇（參見第十三章）。

我們可在美國與歐洲觀察到幾乎相同的演變趨勢，這是最令人震驚不已的地方，特別是，這兩地方的政黨制度的政治意識形態起源是天差地別的。在美國，過去的民主黨擁護奴隸制度以及種族隔離政策，然後便轉向成倡導新政、主張縮減社會經濟層面，以及公民權利等不平等的政黨，而且這一切的改變是以循序漸進又接連不斷的方式，大約是從美國內戰結束後便開始了改革腳步，中間也沒有太多的斷層（參見第六章）。相反地，在歐洲，我們這裡討論的政黨都是來自不同的思想傳統、意識形態的社會黨派、共產黨，以及社會民主黨，它們都擁護生產工具集體化的做法，只不過各自主張的集體化程度不一，它們所處的社會經濟背景裡，幾乎都沒有種族與人種分歧的問題（以歐洲內部而言，大致是如此的）。以歐洲整體來看，政黨制度多元不一是很鮮明的事實。我們可以發現相當大的落差，例如既可以有一個反對蘇聯的社會黨，卻也有作為蘇聯同路人的共產黨（例如法國），工黨制度團結一致，又長期支持企業國營化（例如英國），但社會民主黨體系卻很早就朝向共同執政的路線（例如，在德國與瑞典都可發現相同的演變過程，參見第十一、第十六章）。儘管存在著種種差異，但整體而言，依然可觀察到相同的演變。因此，我們需要去提出更一致的解釋。

在如此類似的發展過程下，若要提出特定的假設，去假定每個國家各自都跟其他國家不一樣，其實這樣的思考途徑難免讓人懷疑其效力。但如果是更整體的解釋，尤其到底是什麼因素導致了愈來愈多居於劣勢的社會團體都感覺到左派政黨不能代表他們（有時甚至感覺被拋棄了）。基本上，這樣的取向看起來是更可行的思考路線。例如我們可以想到，二戰後以來，各社會民主黨聯盟（就寬鬆的定義來看）竟無能為力去重新改寫綱領，尤其是去發展更有說服力的公平規範，以適應全球化時代以及教育高等化的事實。全球意識形態的演變，特別是蘇維埃與東歐共產主義的潰敗，似乎也是一個關鍵性因素，那像是一場幻夢最終破碎了，原本多少人都以為共產主義可能帶來更公平的經濟，或者能夠更具體又持久地縮減不平等事

實。總之，整個問題牽涉到的是複雜的演變過程，根本不可能在一開始就找到諸多其他可行的解釋因素，尤其是在後殖民社會中，人們還面對著正在興起中、蜂擁而來的文化、種族和移民潮等分歧現象。只有去鎖定諸多不同的發展過程、去做詳細嚴謹的分析後，我們才有可能在這條思索大道上開拓出突破性的方向。

邁向選舉與政治意識形態分歧的整體性研究

在深入討論前，的確應該針對可作為這類分析的資料來源、限制及其優點，做更多的介紹。所有在圖14.1、14.2，還有在本章節、後續章節中的其他圖表所呈現出來的結果，全都是來自同一個集體研究計畫，這一個計畫在過去數十多年、眾多不同國家舉辦了選後調查，然後我們便以第一手並且很有系統地去利用這些選後調查的結果。這些調查通常是由聚集了大學院校、研究中心等的獨立團體舉辦的，有時候也會跟新聞媒體合作，至於調查的設計目的，則都是為了研究投票行為。調查方式通常是去訪問具代表性的樣本，特別針對他們的投票行為、動機等問題，而且多半是在選舉結束後進行的。一般而言，這些調查包括了十多個問題，內容包括了就社會人口學、經濟行為等角度而言，受訪者的個人特徵：年齡、性別、居住地點、職業、勞動部門、教育程度、所得、持有的財富內容、擁有的資產項目、宗教習慣、出身等等。這些調查可說是研究選舉的社會經濟結構、以及結構轉變的最直接方式。[③]

這一大筆資料來源當然有諸多美中不足之處。首先，選後調查往往是最近才有的事情。尤其是，這不能用來分析第二次世界大戰之前的選舉活動。以下我們先仔細地去討論美國、法國和英國的情況，這三個國家的選

③ 譯注：臺灣也參與該國際合作研究計畫，名為「選舉體系比較研究」（Comparative Study of Electoral Systems），自1996年起由胡佛、朱雲漢、陳明通、徐火炎等人主持。

後調查都可算嚴謹，從1940年代末期、1950年代初期便持續地進行著。相關的檔案都被保留下來，而且，我們可用來分析美國1948年以來絕大部分的總統大選，以及英國與法國1955年和1956年以來的議會選舉，尤其是選民結構的轉變，結果也相當令人滿意。[5]類似的調查，自從1950年代起，也在德國與瑞典舉行，至於其他大多數有政治選舉制度的歐洲、以及歐洲以外的民主國家（特別是印度、加拿大或澳洲），也從1960年代、1970年代起陸續跟進。若是東歐新興的選舉制民主國家，研究競選分歧的問題與演變，則是從1990年代、2000年左右才可能。若是巴西，則是在軍事極權垮臺之後，而且是1980年代末期起，選舉制度恢復正常後，相同性質的研究計畫才開始進行。南非的情況也是一樣的，必須等到1990年代起、種族隔離制度垮臺之後。總之，我們幾乎可以跟著這一大筆資料來源環遊世界一周。[6]不過，這些調查結果並不能用來研究十九世紀或是二十世紀初期的選舉活動，若想探討那段時期的選舉活動，我們必須使用其他的研究方法與資料來源。[7]

這類以訪談為基礎的研究方法，還有其他不可忽略的限制，例如這些面訪的樣本數量並不是很龐大（一般說來，受訪人數是在四千人到五千人左右）。這是一個技術層面的問題，但這是極為關鍵的，因為這意味著，絕大部分的微弱差異都小到可以略而不論，因此很難在統計上表達出一定程度的顯著性。所以，我們不能用這些資訊來探討不同的選舉活動之間任何微弱幅度的差距。不過，特別引起我們注意的長期演變發展則具有明顯的統計顯著性，圖14.1裡標示出來的信賴區間（intervalles de confiance）就是一個例子。[8]具體而言，教育程度此一面向所表現出來的分歧竟徹底轉向，也就是說，針對是否投票給左派陣營這一個問題，從1950年代、1980年代到1990年代、2020年代（投票給左派的選民，從教育程度偏低者變成教育程度最高者），無論是在法國還是其他國家，我們可觀察到的教育分歧都具有極為強烈的顯著性。就這一研究層面而言，樣本數量也是大到能夠讓我們提出「其他條件都不變」的假設（toutes choses égales par ailleurs），也就是說，例如為了讓教育程度的效應可以單獨顯示出來，我們可以去控制其他經常跟著教育程度一起波動的個人特質（雖然也不是一定如此）。[9] 再來，我們也注意到，就跟所有其他由受訪人自己開誠布公的資料來源一樣，這些訪談所得到的答案都可能存在著不同程度的偏差。尤其我們經常可觀察到，面談結果中，常常會有意偏向贏得選舉的政黨與政黨聯盟；反之，針對小眾的政治運動，或是受歧視的政治組織（或者只是受訪者一己的觀感），則有規避不談的傾向。[10] 但即使如此，沒有任何徵象可讓我們去假設，這些偏差足以影響到不同社會團體之間的差異性投票行為，更不用說是會不會去影響到在長期時間內的某些差異性投票行為的演變，因為我們所觀察到的現象，在不同國家的訪問調查中是一再發生的，所以我們大致可以肯定我們觀察到的現象是確定存在的。[11]

在這裡還要強調的是，圖14.1-14.2都是針對某單一指標（也就是，鎖定某一變項後，去計算傾向最高的那10%的人口以及最低的那90%的人口），但如果我們用其他指標來分析各類分歧現象時，例如去對比選民中50%教育程度最高者和50%教育程度最低者時（我們也用同樣方法重新檢驗所得、持有的財富等變項），其實得到的演變曲線也是很類似的。或者，另一方法則是去檢驗選民中，取得高等教育文憑者，以及沒有取得高等教育文憑者，然後去對比這兩組人之間的落差，乃至於用有高中文憑的選民去對比沒有高中文憑的選民，最後得到的演變曲線也是近乎相同。[12] 換句話說，雖然有種種缺點，選後調查還是可以讓我們得到相當有說服力的結果，這也正是圖14.1-14.2所呈現出來的趨勢。我們在以下段落會再回到這個問題，並且更詳細地分析在法國、美國、英國、以及其他國家得到的研究結果。

這些訪談、以及得到的結果也可以讓我們瞭解到，社會階層化的不同面向彼此都是有共變關係的。但在另一方面，這個共變關係也不是百分之百的。例如總是有某些人的教育程度很高，但卻沒有很多財富，其他人則是教育程度不高，然而擁有不少財富。社會階級這一個空間是一個多面向空間。當然，是可能存在著一條居中的對角線，當所有的面向都同時被納

入考慮後，對角線上就會布滿了位居社會劣勢或是優勢的不同團體（問題只是在於，圖表上每項被拿來斟酌的個人特質，是不是都能有條不紊地垂直排列著，而我們知道通常結果都不會是這樣的）。另外，社會階級的空間裡也涵蓋了更龐雜紛亂的情況，那是由於每個人的生涯過程都充滿著變化，因而在圖表上，要納入考量的主軸若是不同時，每個人在社會階級的空間裡所占有的位置就會不一樣（一般說來，當考量的主軸改變時，結果都只是輕微波動，但有時會發生大幅度的更動）。不容置疑的是，在社會階級的空間裡，原本我們每個人的一席之地就已大不相同，如果再加上生涯過程、信仰、對於自己的立錐之地的種種想法時，那麼每一個社會都會因此呈現出一個錯綜複雜，又具多重面向的社會政治空間。基於此，如果我們納入考量的不同社會面向（教育程度、所得、持有的財富多寡），彼此是非常完美地表現出共變關係時，那麼就定義而言，我們在圖14.1所能觀察到的結果，是根本不可能有任何顯著性的：在完美的共變關係時，那三條曲線應該是完完全全地重疊在一起。根據這些選後訪談的調查結果，從1950年代到2010年代，這三大社會面向的共變關係似乎一直維持在相同的幅度（針對這段研究時期的最後階段，或許可說共變幅度有些微遞增，即使這些資料來源不甚完美，但還是可以讓我們提出這樣的觀察）。[13] 換句話說，如果我們觀察到的演變結果並不能用來說明任何現象，這並不是因為相較於其他的面向時，教育程度、所得高低、持有財富的多寡這三大面向的優先性改變，因此彼此的共變關係就變得比過去還微弱。總之，重大的改變——而且也真正存在的——是政治意識形態此一面向（而非社會經濟面向）。所以，首先牽涉到的是，所有檯面上的政治組織以及政治與競選聯盟，他們去統整，或相反地，去反對社會不平等的不同面向的能力高低問題。

種族分歧與社會本土主義的跨國研究

最後，在這裡必須強調的是，本章所介紹的研究成果跟眾多政治科學

研究是一脈相傳的。特別是李普塞（Seymour Lipset）與羅肯（Stein Rokken），他們兩人從1960年代起便主張應該用一種多面向的角度來看待競選活動時產生的分歧，然後，也利用這樣的角度來分析政黨制度，以及政黨制度的沿革過程。李普賽與羅肯把選舉時產生的分歧現象分成數個類型，而其區分標準是來自一個基本想法，那就是各個不同的現代社會都經歷了兩大革命，一是民族革命（這一革命的過程就是去建立一個統一集中的國家權力、以及民族國家），二是工業革命，然後，這兩大革命又導致了四大政治分歧，而且根據國情，每一分歧各有不同的重要性：中央與邊陲分裂（位居權力中心的地區，或是接近首都的地區，以及自認為位居邊陲的地區）；存在於中央集權國家與各教會教派之間的分歧；工業部門與農業部門分裂；最後則是由於是否持有生產工具而引起的分裂，這便是勞動大眾與雇主之間的對立，以及勞動大眾與擁有生產工具的所有人這兩者之間的對立。[14]

　　李普塞與羅肯都用了這幾個概念來分析英國1750年前後、史上第一次去擁護某個黨派，並且成為既定制度的現象，那就是托利黨人（保守人士）與輝格黨人（自由派人士）兩勢力彼此對立的例子。這個例子的主要特徵是一群鄉村地區、戀棧著地方勢力的地主菁英，跟另外一群以經商為業、更熱衷於中央集權國家體制的都會菁英，兩者分庭抗禮、互不相讓。這整個過程都發生在那個只有極少數人才有投票權的時代，就好像政治與選舉衝突只會發生在菁英之間。公民普選成為氣候、農工業分歧也無法消弭等事實都導致了輝格黨（1859年時變成自由黨〔 parti libéral 〕）在1900年到1950年間被工黨取代。[15]李普塞與羅肯同時也強調，在十九世紀、二十世紀前半葉，歐洲不同的政黨制度的形成過程中，宗教與教育問題都有相當龐大的力量，經常因此引起支持政教分離的國家體制和主張維護宗教組織慣有角色之間（尤其是在法國、義大利和西班牙），這兩批人的暴力衝突。另一方面，宗教與教育問題也持續不斷影響著大部分歐洲國家的政黨結構（有時也包括了另起獨立黨派，專門用來宣揚清教或是天主教教義的啟發性，荷蘭與德國即是如此）。李普塞與羅肯指出的四大分歧直到

今天仍扮演著重要角色，也都留下不可抹滅的痕跡。

　　相較於李普塞與羅肯的解讀方式，我以下的做法有實質上的兩大特殊性。一方面，我們距離李普塞與羅肯的時代已有一段距離，我們現在也備有更多資料來源，這兩項因素都能夠讓我們去辨別出，從 1950 年代到 1960 年代為止，選舉與社會政治的分歧結構產生了哪些深刻的轉變。為了能夠去辨識出這些改變，我建議利用教育程度高低、所得大小、持有財富的多寡來區分不同的選民，但也有系統地去運用現成所有從 1945 年起的選後訪談調查。當然，身分認同與社會階級這兩大面向，就它們在政治層面與具體的歷史事件所造成的影響而言，從來就不能直接用教育程度、所得和財富的十分位數來下定義；即使退而求其次，我們也不至於如此直截了當、斬釘截鐵地用教育程度、所得和財富的十分位數來解釋身分認同與社會階級這兩大面向，更何況，人們的世界觀以及信仰制度又是如何去看待關鍵性的政治事件等問題，都只是片面地受到這些個人特質的影響。但是這套十分位數的語言，如同之前我們也用來估算不平等事實一樣，是值得、也能夠去比較出在漫長時期內、或甚至是彼此地理距離都很遙遠的社會之間，其選舉分歧的結構差異。換句話說，教育程度、所得和財富的十分位數是能夠去做出非常精確的歷史比較研究，而這正是職業活動類別很難達到的結果（即使職業活動的分類系統也一直在演變中）。[16]

　　另一方面，李普塞與羅肯所提出的分析框架仍有一大限制，那就是完全忽視種族分歧的問題。這一點頗令人不解，畢竟他們兩人的研究成果都是在 1960 年代發表的，而當時美國公民權利運動正熱烈高昂。種族這一政治衝突面向到現在一直沒有消失，這或許完全不符合當年的想像。[17]而且事實上，種族衝突比過去還嚴重；無論是在美洲（在那裡，種族因素經常被用來解釋，為什麼向來把選票投給民主黨的中下階級白種人，在急轉彎的 1960 年代以及過去整整半世紀以來，卻漸漸轉向並改把選票投給共和黨），或是在歐洲，也有一樣的情況。另外，歐洲從 1980 年代、1990 年代起，反對移民的政黨勢力愈來愈強大，身分認同與移民問題的重要性於

是進入一個新紀元。但這兩個問題在歐洲和美國這兩處卻經常被分開來討論。關注著美國政黨制度的研究都只是鎖定美國單方面的演變（很令人遺憾的是，在這個國家，如此的研究態度卻是相當普遍的）。[18]至於以歐洲為地理範圍的專題研究，也有相同的趨勢，這很可能是因為對歐洲人來說，美國的政黨制度看似跟歐洲完全不同，常讓人茫然不解，或者，其實兩者很難拿來做比較研究。[19]經常讓歐洲的觀察家感到萬分驚訝的是，一個在十九世紀時護衛奴隸制度的政黨，竟然會慢慢地轉變成二十世紀時主持新政、由小羅斯福領導的政黨，又繼而在二十一世紀時由歐巴馬主政，歐洲學者或許對某些比較研究可造成的影響、乃至潛在的意義感到不安。

　　我們在後續的段落將會明白，針對種族分歧這個問題點，一個跨越歐洲與美國的比較研究（也包括了其他非西方的選舉式民主國家），可以讓我們更容易去掌握這兩個國家中，種種政治分歧的結構直到最後一刻究竟是如何演變來的，以及在未來形形色色的可能發展過程。特別是這樣的研究取向能讓我們去分析，在不同國家中，社會本土主義此偏差可能帶來的風險，以及到底是在哪些條件下，社會經濟的分歧現象多少是由於種族衝突的關係。

政治黨派推陳出新、選舉參與日落千丈

　　首先便是討論法國的個案，尤其是當我們都已觀察到，自從二次世界大戰結束以來，選舉結構產生了相當大的轉變。另外，我必須交代的是，以下的討論焦點都是集中在議會選舉與總統大選。在法國，從1871年起，議會選舉大約是每五年舉行一次；一開始是男性普選制，然後自1944年起，擴大為男女公民皆可參與的普遍制度。跟美國、英國相較之下，法國的不同之處在於，從十九世紀開始便有眾多不同政黨，而且黨派結構也幾乎持續不斷地改變。在美國，自從十九世紀中葉開始，政治情勢的結構始終便是繞著民主－共和這套兩黨制體系（bipartisme）打轉，不過在這兩大黨派的內部，卻一直有著多元潮流。至於已成既定做法的黨內初選制度，

一來可讓人去區分每個候選人的獨到之處，二來可幫助釐清，到底這兩大
黨派的意識形態取向，各自經歷了哪些深刻又從未間斷的變革。至於英國
在十九世紀、二十世紀初期定下大局的自由－保守兩黨制，從1945年起，
便被工黨－保守黨取代。當然，在這過程中，也曾經歷過多元潮流、風起
雲湧，意識形態與黨綱也澈底地重新翻修。我將在後面的段落中重新討論
這些議題。具體而言，當我們去比較法國的多黨派制度跟英美的兩黨制度
之間的差別時，往往顯現出來的是組織體系此一層面的差異（一般都假定
多元的意識形態在法國是更普遍的）。有關於這一個組織體系的差異問題，
典型觀點是單純以選舉制度來提出解釋，但其實我們也可以主張，選舉制
度本身便反應出，政治多元是一個有多重解釋的概念，因此衍生出來的政
黨體制的形成過程，也同樣是有多重途徑的。[20]

　　在本章節的討論裡，首要目的是用一種比較歷史且長時間的視野，來
分析選舉與政治意識形態等種種分歧的演變過程。首先我會將焦點集中在
1945年到2017年這一整段期間，究竟參與了法國議會選舉的兩大政治陣

圖14.3. 1945到2017年間法國議會選舉

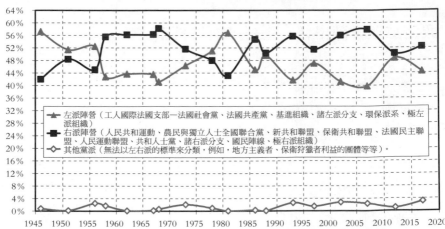

法國從1945年到2017年為止的議會選舉中，各左派政黨（社會黨、共產黨、基進組織、環保派
系、其他中間偏左組織、各類傳統左派與極左派團體）以及右派政黨（各中間偏右、傳統右派與極
右派組織）在第一輪投票中的得票率，大約都是在40%與58%之間搖擺。注解：2017年共和前進
黨與民主運動黨（LREM-Modem）聯手後的得票率（大約是32%），可再區分成中間偏左與中間偏
右兩方，均各得50%（參見圖14.4-14.5）。[④]來源與數據：參見 piketty.pse.ens.fr/ideologie.

營是如何瓜分了全部選票。另外，為了讓整個分析更簡單易懂，我把這兩大陣營命名為「左派陣營」（gauche électorale）、「右派陣營」（droite électorale）（參見圖14.3）。

在這一整段時期，法國左派陣營原則上包括了社會黨、共產黨、不同的基進黨派、環保訴求為主的組織，以及其他可歸類為中間偏左、傳統左派、極左派團體（參見圖14.4）。

同樣地，右派陣營則匯聚了好幾個高舉戴高樂主義旗幟的黨派，以及可歸之為中間偏右、典型右派、極右派團體（參見圖14.5）。

像這樣分成左右兩大陣營的主要理由，是為了能夠跟在英美兩國所觀察到的選舉架構做比較，也就是民主黨－共和黨，以及工黨－保守黨對立的兩大黨結構。我只是很簡單地替所有的黨派做分類，至於分類依據，則

---

④　譯注：工人國際法國支部──法國社會黨（Section française de l'internationale ouvrière - Parti Socialiste, SFIO）：1905 年時在巴黎成立，當時統整了諸多宗旨相仿的團體，這一名稱保留到 1970 年代末期；其中「L'Internationale ouvrière」一般又稱第二國際。法國共產黨（Parti communiste français）：1920 年成立，是從 SFIO 分裂出來的團體。人民共和運動（Mouvement républicain populaire）：1944 年成立，一般視之為天主教民主運動、擁護歐洲的中間派系，1967 年改組，另起爐灶。農民與獨立人士全國聯合黨（Centre national des indépendants et paysans）：成立於 1950 年代初期，標榜非戴高樂派系的右派團體，尤其反對中央集權領導作風的法國共產黨、社會主義國際。此右派政黨曾是法國第四共和（1946 到 1958 年）的主力，戰後初期力擁戴高樂，1962 年時合作關係破裂，隨後內部右派主力便逐漸導向季斯卡。新共和聯盟（Union pour la nouvelle République）：成立於 1958 年，1967 年消失，主要宗旨在於擁護戴高樂 1958 年復出，重新執政。保衛共和聯盟（Rassemblement pour la République）：1976 年成立，高舉戴高樂主義旗幟，黨內歷經季斯卡與席哈克激烈的權爭，於 2002 年解散，另組人民運動聯盟。法國民主聯盟（Union pour la démocratie française）：這是季斯卡於 1978 年成立之政黨，2000 年初期開始式微，另組民主運動黨（Mouvement démocrate）。人民運動聯盟（Union pour un mouvement populaire）：成立於 2002 年，席哈克、沙柯吉兩人共贏得三次總統大選後，沙柯吉於 2014 年重新改組，成立共和人士黨（LR, Les Républicains）：由於法國國家體制乃為共和體制，國家名稱以共和為名，政治人物、不分黨派也成自稱是共和人士、捍衛共和精神的人，所以該政黨於 2015 年成立時掀起輿論熱戰，譴責不應將「共和人士」收為己有。另外，法國不少政黨名稱都有「共和」一詞，尤其若以中文來看，字面上看不出「共和人士黨」之黨名有無任何踰越之處。事實上，其他冠有「共和」一詞的黨派，字面意思都是「為了（促進）共和、擁戴共和」（Pour la République）。LREM-Modem：LREM 的全名是 La République en marche（共和前進黨），這是 2017 年由馬克宏組成的政黨，競選初期與民主運動黨（MoDem，Mouvement démocrate）聯盟。

圖14.4. 法國左派競選陣營（1945到2017年的議會選舉）

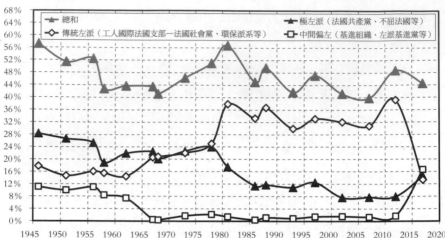

1945年起一直到2017年為止的議會選舉中，各左派政黨（社會黨、共產黨、基進組織、環保派系、其他中間偏左組織、傳統左派與極左派團體），在第一輪投票中的得票率，大約是在40％與57％之間搖擺。注解：2017年共和前進黨與民主運動黨（LREM-Modem）聯手後的得票率（大約是32％），可再區分成中間偏左與中間偏右兩方，均各得50％。來源與數據：參見 piketty.pse.ens.fr/ideologie. [5]

圖14.5. 法國右派競選陣營（1945到2017年的議會選舉）

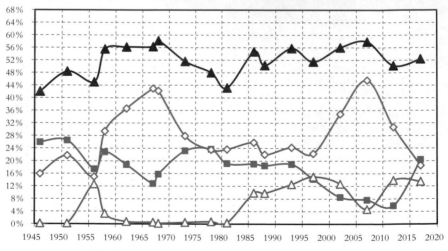

從1945到2017年為止的議會選舉中，各右派政黨（各中間偏右、傳統右派與極右派組織）在第一輪投票中的得票率，大約是在40％與58％之間搖擺。注解：2017年共和前進黨與民主運動黨（LREM-Modem）聯手後的得票率（大約是32％），可再區分成中間偏左與中間偏右兩方，均各得50％。來源與數據：參見 piketty.pse.ens.fr/ideologie. [6]

是來自選後訪談調查中，受訪者把某某政黨歸為左派還是右派的結果。一開始看起來，這樣的做法，應該是當我們要把所有參選團體分成兩個大致相等的組別的最簡單方式。[21]我們最後得到的結果，也符合這些政黨自我描述的內容。有些無法依照這套方法來歸類的黨派，都是因為選民拒絕用左右兩邊的程度指標來定位這些黨派，或者是因為這些黨派無法依左右屬性來歸類。具體而言，這都是一些規模不大的地方主義派系，或者是宗旨在於捍衛某一個非常特定的目標（例如狩獵），就議會選舉結果而言，這些小黨的得票率一向小於4%，而左右兩大陣營，雖因各個選舉略有出入，但兩方各自得票率總是在40%到58%左右（參見圖14.3）。[22]

　　然而，在此仍必須強調的是，這些分類排序終究是非常表面的，而且即使是在兩大陣營內部，依然存在著多重繁雜的意見與看法（英美黨派陣營裡也是有相同的現象）。事實上，政治意識形態衝突的結構向來就是多面向的。衝突之處經常是針對財產問題（尤其這往往涵蓋了賦稅政策、降低不平等的種種做法等）以及界限的問題（這便包括了移民政策的問題）。有時候，某一面向會突然間變得非常重要，甚至被用來統整競選架構，或者乾脆利用這一面向來決定到底選民如何感受各參選政黨間的勢力關係。總之，這是極為脆弱的平衡狀態，既不穩定也禁不起時間考驗，這不過是

---

⑤ 譯注：不屈法國（La France insoumise）是 2016 年新組成政黨，相較於現任總統馬克宏所組的新興政黨，不屈法國的黨魁並非政壇新秀。左派基進黨（Parti radical de gauche）於 1972 年成立，與其他也冠有「基進」一詞的左派團體難分難捨，若非聯手同盟、便是各立山頭。

⑥ 譯注：民主人士與獨立人士聯盟（Union des démocrates et indépendants）於 2012 年成立，在法國議會中已有一團體冠有相同名稱。法國人民聯盟（Rassemblement du peuple français）是戴高樂在 1947 年創立的政黨，亦隨著戴高樂下臺而退出歷史。商人與手工業者保衛聯盟（Union de défense des commerçants et artisans）成立於 1953 年，1962 年解散，黨徽為一代表高盧精神的公雞。法文「artisan」（手工藝匠、手工業者）一詞的定義裡，通常有兩要素：一是自己當老闆，不受僱於他人；二是職業活動的內容以手工為主，通常需要一套簡單設備或工具，要求一定的專業知識或通過專業審核、領取證書，例如麵包師、水電工、水泥工、木匠、理髮師、裁縫師等等，大致就是中文裡的「工匠」的概念。Artisan 通常自己有店面，所以跟店家商鋪關係深厚。本章討論「獨立業者」的投票行為時，作者對這兩大職業部門多有著墨。

因為政治意識形態衝突的事實通常是晦暗不明，總是套著多重面向的面具，層層面向之間的共變關係也常是不清不楚。

這也正是法國在 2010 年代末期的情況。透過以下段落的討論，我們便可明白，我們當今生活的年代，正是選舉與政治衝突的主軸在重新調整的時候，也因此，在這之前的種種分歧都被很多人毫不猶豫地拋棄了，就是一個活生生的例子（特別是「左派」、「右派」這類名詞，都比過去的用法還更極端，這正顯示了這類名詞的定義在重新調整中）。如果要明白為何會變成這個樣子，去研究從 1950 年代開始，左右兩大陣營的分裂結構演變是很值得的，況且還可以跟英美國家民主黨－共和黨、工黨－保守黨的對立模式做比較。

一般而言，另一必須強調的重點是，這些「左派」、「右派」的標籤正是政治、語言衝突的壓力鍋，而且每個社會、每個時代的爆裂點都不盡相同。不同的發言人都很隨意地換用右派或是左派等字眼，目的在於給自己一個正面積極的身分定位。再不然就是相反地，為了用一種負面的方式汙衊他人；有時候，根本是為了否定他人的存在，以宣判對方死刑（就算如此，政治與選舉衝突還是會隨著新的爭端重畫版圖、各定江山）。我的研究計畫並不是為了裁判任何有關於這些用詞的辯論或是規範語言標準，更不是為了替「實實在在的左派」、「如假包換的右派」找到實質意義。若是如此，那其實是更毫無意義的事情，而原因只不過是這些概念實在沒有任何千秋萬世或是絕對不變的意涵。我的研究計畫涉及如何去建立一套社會歷史方法，並用來彙整、組織政治意識形態衝突，或甚至是某一特定歷史背景中的競選結構。大約是在法國大革命時期，左派、右派這類概念第一次被搬上歷史舞臺，當時是用來指坐在半圓形議會大廳的左邊或是右邊的團體，而這些團體選擇左邊還是右邊的位子，則是由於他們各自對君主政體（régime monarchique）這一個問題的立場。但從此之後，在所有不同的國家，左右派的概念都代表著不眠不休的抗爭，概念的內涵也持續不斷地被拿出來重新定義，尤其常被用來架構政治策略，目的則是為了預告世人

應該去超越過往的衝突，去面對過去從未出現的分裂。在第一階段，我的目的只是，就選舉過程的意涵而言，去探討左派、右派的演變過程；也就是說，從1945年起，左右兩派是如何透過不同的選舉以及特定的政黨而獲得真實的化身，然後我也將去比較在不同國家裡、在時間巨輪下，選舉結構又是如何演變的。

另外，我也使用了其他資料，例如，1965年到2012年間，法國總統大選的第二輪投票中，「左－右」對決時選民的投票行為（參見圖14.6）。這種兩方對峙的現實逼使每個人都必須在二選一的情況中找到一個自我定位，最後的抉擇既是簡而化之卻又具體鮮明。我們透過這些總統大選的資料所得到的結果，尤其是針對選舉結構、結構演變這兩項目而言，跟從議會選舉整理出來的結果是一樣的。[23]不過，相較之下，從議會選舉整理出來的資料的優點是，提供了更長期間的觀點；另一方面，多重的政治觀點、

圖14.6. 1965到2012年期間的法國總統大選

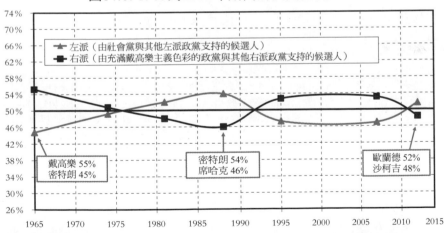

這裡標示出來的法國總統大選的得票率只是第二輪投票，而且左、右兩陣營對峙的摘要為下：1965年（戴高樂55%，密特朗45%）、1974年（季斯卡51%，密特朗49%）、1981年（密特朗52%，季斯卡48%）、1988年（密特朗54%，席哈克46%）、1995年（席哈克53%，裘斯潘〔Jospin〕45%）、2007年（沙柯吉〔Sarkozy〕53%，華亞爾〔Royal〕47%）、2012年（歐蘭德〔Hollande〕52%，沙柯吉48%）。至於其他年度的第二輪得票率（對峙兩方是右派、中間派別、極右派）就沒有列入上面圖表中，這便是：1969年（龐畢度〔Pompidou〕58%，波赫〔Poher〕42%）、2002年（席哈克〔Chirac〕82%，尚－馬利·雷朋〔J.-M. Le Pen〕18%）、2017年（馬克宏66%，瑪莉寧·雷朋〔Marine Le Pen〕34%）。來源與數據：參見 piketty.pse.ens.fr/ideologie.[7]

多元化的政黨選擇是法國政治的特徵，而從議會選舉整理出來的資料可以更清楚地表達出這項特點。[24]

　　最後必須強調的是，雖然政黨持續翻新是法國政壇的主要特色，尤其是在整個研究期間的最後階段，但情況卻剛好相反，因為翻新也無法改變整體投票率下降的事實。若是論及總統選舉，投票率的降低幅度是有限的：在1965年到2012年期間，平均投票率大約是在80%到85%左右，在2017年時，則下滑到75%。平均投票率降低的現象就議會選舉而言則非常明顯，在1950年代到1980年代，投票率總是維持在75%到80%，然後往後數十年便直驅滑落，在2000年左右維持在60%到65%，2017年時已經低於50%（參見圖14.7）。[25]

　　我們可以注意到，英國在1950年代到1980年代的投票率大致也是在75%到80%，然後在1990年代直線下滑（在2000年左右只是60%上下），在2010年代才又上升（2017年時大致是70%）。在美國，投票率向來偏低，以致於下滑的現象就比較不明顯：1950年代到1960年代期間，一般投票率是在60%到65%，但從1970年代到2010年代，又普遍下滑到50%到55%之間。[26]

---

⑦　譯注：裘斯潘（Lionel Jospin，1937-）曾為社會黨黨魁，1997年到2002年間任法國總理，是左右兩大陣營共同執政時的重要政治人物。華亞爾（Ségolène Royal，1953-）自言出身保守的軍人、天主教家庭，卻是典型擁有耀人的求學成績、頂著法國國立行政學院（Ecole nationale d'Administration）文憑的政治人物，多次出任部長職位，2007年時是法國首位進入第二輪投票的女性總統候選人，但以將近47%的得票率輸給沙柯吉。與2012年時任總統一職的歐蘭德育有四子。波赫（Alain Poher，1909-1996）曾任二十七年之久的參議院院長，分別在1969年戴高樂去職、1974年龐畢度猝死時，兩次代理國家元首一職。尚—馬利・雷朋（Jean-Marie Le Pen，1928-）自1956年起為巴黎議員，1972年創立國民陣線，該黨浮浮沉沉，但於2002年總統大選時首次闖入第二輪投票。本書作者在書中描述不少其政治路線與生平。瑪莉寧・雷朋（Marine Le Pen，1968-）是尚—馬利・雷朋之女，自領導國民陣線後，開除其父黨籍，結束國民陣線，2018年另創國民聯盟（Rassemblement national）。2017年時對峙馬克宏爭奪第二回合總統大選出師不利。2022年再度對決，馬克宏雖明顯勝選，但也公開承認，不少票源不是因為支持他本人，而是為了防堵瑪莉寧・雷朋。另外，她的真實完整姓名是 Marion Anne Perrine Le Pen，而不是 Marine Le Pen，一般認為是為了跟她同樣步入政壇的姪女（Marion Le Pen）有所區分（若細思，這類謠言不正是典型陰謀論？），但似乎是牽涉到更多的個人偏好或家庭隱私問題。針對能否以「非真實姓名」登記參選一事，曾要求憲法釋義。

圖14.7. 1945到2020年的投票行為演變

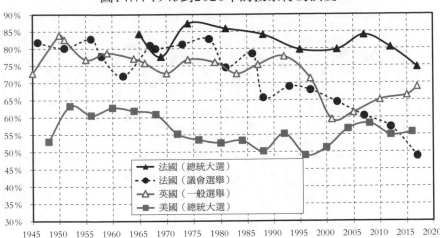

法國總統大選的投票率從 1965 年起可說是相當穩定，一直維持在 80％到 85％（但在 2017 年時還是下降到 75％）。投票率降低的現象就議會選舉而言則非常明顯，直到 1970 年代仍是 80％，2017 年時則低於 50％。在英國，投票率也是直落下降，但在 2010 年前夕則開始往上爬升。至於美國，投票率始終維持在 50％到 60％左右。來源與數據：參見 piketty.pse.ens.fr/ideologie.

普羅大眾自行退場

　　緊接著，這也是最重要的一點，那就是我們可以觀察到，投票率達到最高峰時，通常也是全體選民的參與率具有某種普遍的均等程度時；相反地，投票率最低時，則相當於全體選民的普遍參與率是非常不均等的時候。也就是說，位居社會優勢的選民的投票率，維持著某相對程度的高峰，而低下階層的投票率，則直落谷底（參見圖14.8）。

　　具體而言，從1948年到2017年為止，在美國、英國和法國進行的選後調查所得到的資料都能拿來計算選民的參與程度，尤其是參與率是否會隨著每個選民的社會經濟特質而波動。在美國，參與率向來是偏低的，但我們觀察到，相對於所得最低的那50％的人口而言，所得最高的那50％的人口的投票率向來偏高。在過去六十多年，兩者之間的差距一直在12％到20％之間搖擺。如果我們改用教育程度、職業、財富等指標重新計算，還是可觀察到相同的現象。無論是用哪個指標，低下階層的缺席率始終偏高。

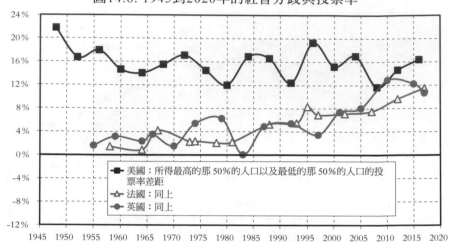

圖14.8. 1945到2020年的社會分歧與投票率

從 1950 年代到 1970 年代，在法國、英國的投票率大致是，所得最高的 50% 人口的投票率，相對於所得最低的 50% 人口的投票率，是高出約 2% 到 3%。這個差距隨後一直擴大，在 2010 年代時高達 10% 到 12%，幾乎接近在美國所觀察到的差距值。來源與數據：參見 piketty.pse.ens.fr/ideologie.

　　在英國與法國，低下、中等、上層階級在 1950 年代到 1980 年代的投票率幾乎都是一樣高。具體而言，所得最高的那 50% 的人口的投票率，相較於所得最低的那 50% 的投票率，差距只是 2% 到 3% 而已。換句話說，所有的社會階層的投票率是相等程度的（幾乎都是在 80%）。然而，從 1990 年代開始，當整體的投票率都下降時，我們可觀察到一個愈來愈明顯的社會偏差現象幾乎快成為常態。在 2010 年代，無論是在法國還是英國，所得最高的那 50% 的人口的投票率，相較於所得最低的那 50% 的投票率，差距已高升到 10% 到 12%，幾乎跟我們在美國觀察到的差距是相等程度（參見圖 14.8）。如果我們改用教育程度、職業、財富來衡量時，差距大小也是差不多的。[27]

　　我們在後續段落會再回來討論這個低下階級自「投票所退場」（retrait électoral）的現象，針對我們的研究主題，這個現象是相當關鍵的。這種自行退場的現象在美國已經持續將近半個世紀了。在法國與英國，則是從 1990 年代到 2020 年代才開始發生，然而，這兩個國家的政治參與程度，

從1950年代到1980年代為止，一向是非常均等的。針對此轉變，自然而然的解釋不外乎是訴諸於過去在二次戰後，種種政治運動、政黨黨綱都是為了服務低下階層，但現在大眾階級自己感覺到，政治運動、政黨黨綱再也無法代表他們的需求。就此觀點而言，的確，我們非常驚訝地發現，在1997年到2007年布萊爾以新工黨（New Labour）此口號執政的期間，以及1988年到1993年、1997年到2002年法國社會黨執政的期間，似乎都伴隨著最低下的社會階層的政治參與率特別低落的現象。

再來，另一考慮因素是，這裡討論的投票率都是根據已登記在選舉人名冊上的人口來計算的（沒有登記在選舉人名冊上的人通常也不在選後調查的範圍內）。然而，沒有去辦理選舉人登記的人口總數，有時超過符合投票資格的總人口的10%以上，而且這樣的現象在低下階級中特別明顯，例如美國的黑人族群選民，有時候這是因為在某些州某些規定的限制、過程繁瑣的關係（最常發生的是身分證件的問題，或是因為牢獄之災等）。[28] 在法國，2012年、2017年的選後調查結果可讓我們去計算沒有做選民登記的人口比例，並讓我們觀察到在這一事實裡，存在著非常強烈的偏差。[29]

最終說來，普羅大眾在1990年代到2020年代期間從投票所自行辭退的現象，代表的是一種根本澈底的決裂，可說是1950年代到1980年代「階級的」分歧制度的垮臺。就最單純的角度來看，當政治衝突的架構是建立在一個階級基礎上，而且一邊是吸引著最弱勢選民（無論是就哪個面向而言：教育程度、所得、財產等）的某個政黨或聯盟，然後，另一邊的政黨或聯盟則總是依賴著最有權勢的人的選票（同樣地，無論是就哪個面向而言），並不是好事也不是壞事。我們甚至也可以認為，任何毫無妥協餘地的選舉衝突，如果只是單一地建立在階級此一基礎上，實為某種民主挫敗的徵象。這是因為在這種情況下，選舉紛爭將會被簡化成一場敵對兩方的利益爭奪戰，競選活動便不再是觀點與經驗交換的舞臺，然而不同的觀點與經驗，在我們賦予整體的選舉制度種種意義時，是不可或缺的。[30] 就當

今的現實而言，我們可以注意到，1950年到1980年間的階級分裂創造了一個廣大的空間，裡面收納了形形色色的人生經歷以及敏銳的主觀看法：一般來說，教育程度、所得和財富最低的人，都不約而同地把選票投給左派政黨，但是這樣的合作關係也絕不是每每奏效。

這種階級類型的選舉衝突至少有個優點：它能夠在相當均等又普遍的程度上有效地去動員所有的社會階層。[31] 在此環境下，過去的政治角力總是圍繞著資源重新分配的問題，然後各類型的社會福利制度便逐漸成為事實，一個稅制國家或一個福利國家的理想也贏得實際的力量。每個政治聯盟都在選舉辯論中提出它們的經驗，也在針鋒相對中淬取出精華，在這些對立擂臺上，種種選擇逐漸成形，如果我們把這樣的過程當作是百分之百的民主，那也未免太幼稚了，因為權力的分配並不是均等的，政治影響勢力也不是到處都很勻稱，但無可否認，這些不對稱的力量還是受到一個頗為均勻的社會參與所控制。相反地，從1990年代到2020年代開始盛行以不同的菁英為基礎的選舉制度，雖然總是把不同的社會分歧都搬上舞臺（這不過是因為如果某一個政治聯盟總是吸引著教育程度最高者的選票，而另一個聯盟則是那些所得最高的、財富最多的人的大本營），卻也輕而易舉地撤銷了資源重新分配等議題的辯論，而且同時讓普羅大眾揮手告別政治戰場，這樣的結果很難說是一件好事。

教育分歧的逆轉：文憑菁英黨平地一雷響

我們現在就來探討無疑是最讓人震驚的、一個長期演變後的現象，那就是，原本屬於勞動大眾的政黨轉變成文憑菁英的政黨。在提出解釋之前，首先必須說明的是，教育分歧的逆轉是一個極為普遍的現象。尤其，這是一個澈澈底底的質變，而且無論是就哪個教育程度而言，都是鐵錚錚的事實。我們先來檢討1956年議會選舉的例子，對當年諸多左派政黨（社會黨、共產黨、基進黨派與組織）來說，那次選舉是極為突出的勝利，一

共贏得了將近54%的選票。那時沒有文憑，或者最高教育程度只是初等教育證書的選民，占全部選民的72%（參見圖14.9），但是這些人當中，共有57%的人把票投給了左派。另外，當時擁有中等教育證書的選民，約占全部選民的23%，他們之中共有49%的人把票投給了左派。最後，擁有高等教育的選民，在全部選民的比例遠低於5%，其中只有37%的人投給左派。

　　我們大可想像這樣的現象只是一個統計上的巧合，原因可能是1956年時的調查規模不夠廣泛，或者是那次選舉本身有些特殊性。但事實上，完全不是這麼一回事。一方面，雖然樣本量並沒有我們期待中來得充分，但顯示出來的差距卻是極具統計上的顯著性。另一方面，這種教育程度遞減則票選左派遞增的現象，在那個時代的所有選舉中是很普遍的，無論是就哪個選舉的選後調查來看，無一例外，而且跟任何政治事件也毫無關係。1956年時觀察到的選民結構組成，跟在1958年、1962年、1965年、

圖14.9. 法國從1956到2012年投票給左派的傾向：依教育程度別

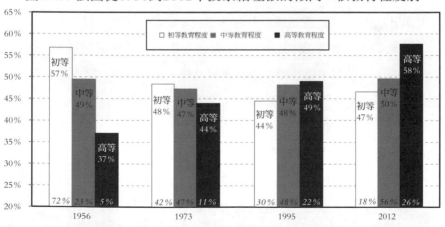

根據1956年的議會選舉結果，57%沒有任何文憑，或者最高文憑只是初等教育證書者（占全部選民72%的比例），投票給左派候選人（社會、共產、基進黨派），相對地，擁有中等教育文憑者（占全部選民23%的比例），只有50%的人投票給左派，擁有高等教育文憑者（占全部選民5%的比例），則只有37%票選了左派。而在2012年的總統大選中，此一教育分歧完全倒轉：在第二輪投票中，左派候選人在擁有高等教育文憑的選民中，贏得58%的選票，而在沒有任何文憑、或者只是初等教育文憑者中，則贏得47%的選票（占全部選民18%的比例）。來源與數據：參見 piketty.pse.ens.fr/ideologie.

1967年等所觀察到的是一模一樣的。必須等到1970年代、1980年代，這樣的選民結構才開始鬆動，然後慢慢地完全倒轉過來。從1990年代起，左派陣營的選民結構則已是明顯地隨著教育程度的遞增而成正比。最後，隨著時間的進展，從2000年到2010年代，一個前所未有的選民結構變得愈來愈清晰。

以2012年的總統大選為例，社會黨候選人歐蘭德（François Hollande）打敗了右派候選人沙柯吉，得票率各是52%、48%，在這一選舉中，我們可以觀察到，左派的勝選完全是來自高教育程度者的票源。沒有任何文憑或最高文憑只是初等教育程度的選民，在2012年時，他們在全部選民中的占比是18%，但他們之中只有47%的人把票投給左派候選人（參見圖14.9）。當時左派在擁有中等教育文憑的選民（在全部選民中的占比是56%）中，贏得50%的票選率，但在擁有高等教育文憑的選民（在全部選民中的比例是26%）中，則奪得58%的票選率。當然，再一次地，我們可以假設這只是一個巧合，原因可能是因為這兩位候選人各自的氣質。但事實並非如此：在那一時代的所有競選活動中，尤其是2002年、2007年、2012年、2017年，把選票投給左派的選民結構都是一模一樣的。[32]

大致說來，如果我們以教育程度這一指標，來檢視法國1956年到2017年間所有選舉中投票給左派的選民結構，我們將會很驚訝地發現，在過去這六十多年，結構特徵的轉變是逐步漸進，但又非常緩慢。在1950年代、1960年代，也就是研究時期的初端，票選左派的比例與教育程度的高低是呈遞減反比的，在研究時期的中段，也就是1970年代、1980年代、1990年代，整體現象則宛如一條平線，但到了研究時期的最後階段，2000年、2010年代起，就固定地成為遞增現象（參見圖14.10）。

另外，在此必須澄清好幾個重點。首先，這裡討論的所有跟選民結構相關的研究結果都只牽涉到去投票的人。如果我們也考量到，在我們的研究時期的最後階段，教育程度偏低者的投票率直線下滑的現象，那麼整幅演變的景象是更駭人的。尤其這便意味著，左派在教育程度偏低的選民中

圖14.10. 法國1956到2017年教育分歧的逆轉

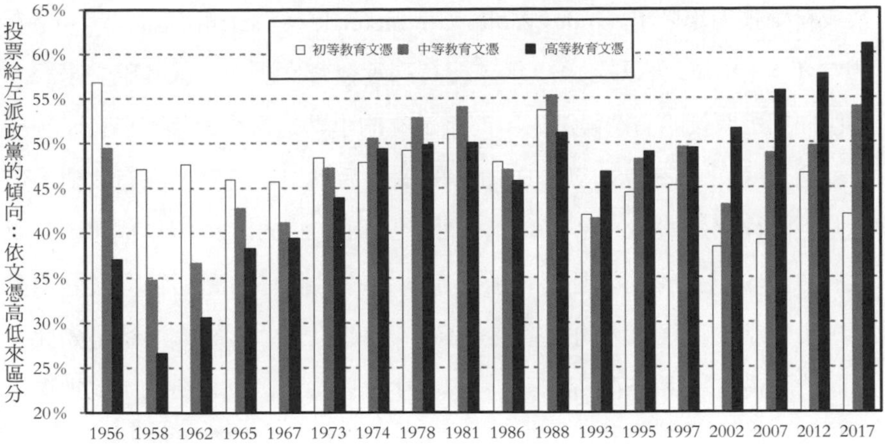

投票給左派政黨的傾向：依文憑高低來區分

圖例：□ 初等教育文憑　■ 中等教育文憑　■ 高等教育文憑

橫軸：1956 1958 1962 1965 1967 1973 1974 1978 1981 1986 1988 1993 1995 1997 2002 2007 2012 2017

縱軸：20%–65%

在 1950 年代、1960 年代，投票給左派候選人（社會黨、共產黨、基進黨派組織、環保派系）的選民中，非常高的比例都是沒有任何文憑（或者最高文憑只有小學而已），在擁有中學或是大學文憑的選民中，則如下階梯般依序降低。但在 2000 年，2010 年代，整體局勢完全逆轉。來源與數據：參見 piketty.pse.ens.fr/ideologie.

的支持度，實際上，是比圖14.10所呈現出來的還更低。

再來，必須列入考量的是，這個教育分歧完全逆轉的現象，不只發生在初等、中等、高等教育程度之間，也發生在每單一個教育等級的內部。例如，我們可以發現，在我們的研究階段初期，在擁有中等教育文憑的選民中，通過全國高中畢業會考檢定的人（titulaires du baccalauréat，這是期限較長的中等教育），相對於只持有中學修業文憑的人（titulaires du brevet des collèges，這是期限較短的中等教育）而言，比較不會把選票投給左派。[33] 但到了研究時期的最後階段，現象完全翻轉：通過高中畢業會考檢定的人，比起中等教育只修完第一階段的人來說，更常把選票投給左派候選人。就擁有高等教育文憑的選民來說，也是一樣的；特別是因為從1970年代起，高等教育的年限延長、修業內容更多元化，所以選後調查的結果也變得更精緻。例如，我們可以區分出持有較短期限的高等教育文憑的人（高中畢業後，兩到三年的修業年限），以及，持有較長期限的高等教育文

憑者（碩士、高等專門研究證書〔diplôme d'études approfondies〕[8]、高等商業或科學技術學院〔grandes écoles commerciales et scientifiques〕[9]）。在1973年、1974年，以及1978年，擁有高等教育文憑者，就其整體來說，都傾向把選票投給右派候選人，而且這樣的趨勢是當修業年限愈長時，傾向就愈加明顯。在1981年、1988年的選舉活動中，趨勢並沒有改變，但是差距已經開始縮小。從1990年代開始，但從2000、2010年代起則又更愈演愈烈，以致於分裂對立的景象完全逆轉。擁有的高等教育文憑愈高時，投票給左派候選人的機率就愈高。不只在2012年的大選時是如此，當時的社會黨候選人是在高等教育程度中、修業年限又最長的選民裡贏得最高的支持度，但其實在那一年代的所有選舉中，情況都是如此的。[34]

教育分歧的逆轉絕非假象

我們也必須強調的是，這個教育分歧澈底逆轉的現象也發生在每個年齡階層，而且如果我們去控制每一年齡階層內類似的社會人口、經濟等特徵後，趨勢則又更加分明。首先，我們就來分析年齡是否有任何效應。我們大可想像，在2012年的選舉時，如果擁有高等教育程度的人傾向投票給左派候選人，未必是因為教育程度本身使然，而是因為教育程度較高的

---

[8] 譯注：高等專門研究證書（diplôme d'études approfondies）。這是法國一般口語中所謂高中後第五年的修業證書（修業年限是一年），曾是法國獨有但無法跟英美大學體系相容的制度，尤其是跟美制的碩博士訓練過程格格不入，已於2005年取消。

[9] 譯注：高等商業或科學技術學院（grandes écoles commerciales et scientifiques）。簡單來說，法國一般的大學系統、如同其他歐洲國家的大學，是繼承自中世紀後的神學院傳統，但法國從十九世紀中期開始設置所謂的高等專門學院，目的是培訓專業的科學、技術人才，學科範圍由自然科學、工業技術逐漸擴展到社會人文科學等，最著名的是高等師範學院（Ecole normale supérieure）、綜合理工學院（Ecole polytechnique）、國立行政學院（Ecole nationale d'administration）等。本章後續諸多段落中作者詳加描寫、比較大學與高等學院兩體系之差異，何以國家教育資源分配不公，以及社會正義不張的現象。在此另外補充的是，grandes écoles 已成一標籤，近年諸多私立大學或同學歷資格的學校都冠上這一標籤，多以商業管理、行銷廣告、工業技術等學科為主，因此，那些極為少數的傳統名校、百年老店又另外自成一體系（所謂的 Grand établissement）、且受法人資格的保護。

人通常都是年輕人，並且年輕人又比較傾向把票投給左派。就某一程度而言，事實的確是如此，這正可以用來解釋，為什麼擁有高等教育文憑的人以及沒有高等教育文憑的人，這兩組人把選票投給左派的差距，會稍微隨著年齡層而改變。不過，我們也能指出，這樣的偏差是相當微弱的。實際上，有相當多的年輕人教育程度並不高，而在年長的階層裡也有很多教育程度不低的人，這些事實都可以用來對比出教育程度高低與年齡多寡各自的效應。最終說來，無論是就哪個選後調查來看，所有現成數據都一清二楚地顯示出，在每單一個年齡層內的文憑效應，跟在整體選民內的文憑效應，幾乎是一樣的幅度。另外，年齡此一因素所造成的細微偏差是一直存在的：年輕人總是比較傾向把選票投給左派政黨，年輕人的教育程度也始終比總人口的平均教育程度還更高，無論是在 1950 年代、1960 年代，還是在 2000 年、2010 年代，這都是一樣的。以技術而言，在導入年齡這一控制變項後，我們得到的曲線總是比沒有此控制變項時還更往下傾斜（這是由於一小部分的文憑效應是受到年齡的影響），然而就整個研究期間看起來，這個效應是一直保持穩定狀態，以致於我們可肯定，年齡該因素在過去這半個世紀所觀察到的逆轉現象中，其實沒有任何作用，也正因為如此，過去這半世紀的逆轉現象是宛如鐵的事實（參見圖 14.11）。[35]

我們也可以注意到，年齡此一因素在投票行為中的普遍效應，也在其他的選舉制民主國家中發生，但並沒有因此改變教育分歧逆轉此一現象。具體而言，我們可觀察到，從 1950 年代到 2010 年代，相較於六十五歲以上的選民，十八到三十四歲的選民，在法國更傾向把票投給左派，在美國則選民主黨，而在英國則投給工黨。針對這一現象的解釋，通常是因為這些政黨的意識形態定位更受年輕人歡迎（特別是就道德、宗教等層面），而右派政黨往往捍衛著更符合年長者的利益。但在另一方面，年輕選民跟年長選民之間的投票行為差距，其實在所有的國家中都不是很規律的：年齡此因素在 1960 年代的美國、1970 年代的法國、2010 年代末期的英國是很強烈的；相反地，在其他時期則是非常地微弱（甚至毫無作用），尤其

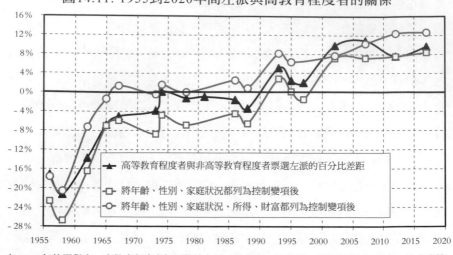

圖14.11. 1955到2020年間左派與高教育程度者的關係

圖例：
- 高等教育程度者與非高等教育程度者票選左派的百分比差距
- 將年齡、性別、家庭狀況都列為控制變項後
- 將年齡、性別、家庭狀況、所得、財富都列為控制變項後

在1956年的選舉中，高教育程度者把票投給左派（社會黨、共產黨、基進組織）的機率，比非高等教育者還少17%；在2012年時，高教育程度者把票投給左派的機率已高出8%。把諸社會面向都列為控制變項後並沒有改變這個趨勢（唯一的例外變項是所得）。來源與數據：參見 piketty.pse.ens.fr/ideologie.

若是左派執政已持續一段時期之後。[36] 總之，年輕人因素毫無規律可言，就我們要去探討的現象根本、教育分歧澈底逆轉此事實來說，是毫無影響力的。

　　我也把性別、家庭狀況都列入圖14.11的控制變項中。這兩變項在教育程度此面向上產生的效應是非常輕微的：無論是女性選民還是男性選民，教育分歧逆轉的現象都是不變的，且無論是單身者或是男女同居、結婚者，情況也都沒有改變。我們還可以在這些選後調查中觀察到，就長時期而言，女性選民逐漸轉向左派。在1950年到1960年代，女性比男性還更傾向把票投給右派，特別是在法國與英國，而在美國的情況則較不強烈。然後在1970年代到1980年代，這一趨勢開始出現變化，在法國、英國逐漸改觀（在1990年代、2000年、2010年代，女性比男性更傾向把票投給左派），而在美國卻又更明顯。[37] 針對此一轉變，大部分的研究都強調離婚、分居、女性經濟狀況走下坡的趨勢愈來愈強烈，尤其是單親媽媽的現象。[38] 更廣泛而言，此一演變說明了家庭結構在社會經濟、政治意識

形態等層面深刻的變化，以及男女平等問題愈加尖銳的事實。特別是，在職業活動上的性別平權此一目標已逐漸替代了父權模式，以及大眾對於家庭主婦的想法（在1950年代、1960年代家庭主婦是典型，強烈內化到絕大多數的女性心中），而且在另一方面，女性主義的訴求往往都是透過左派候選人的聲音。[39] 更何況，就如同我們已經討論過的，由於性別而造成的所得與財富上的不平等還是非常嚴重的（參見第十三章）。

最後，我也把所得與財富的多寡都列入控制變項。就跟年齡此一變項相同的是，所得與財富的效應在被列入考量後，只是稍微地改變了曲線幅度，但完全沒有觸動到整體趨勢（參見圖14.11）。換句話說，教育分歧現象的逆轉、把選票投給左派的傾向，在1990年到2020年代，逐漸成為教育程度偏高的人的慣有行為，而且這個逆轉的事實，在每一個依據所得與財富區分出來的次團體裡，也都是普遍的現象。[40] 我還把諸多其他控制變項都列入考慮，例如父母親的職業、居住地點、居住城市的規模大小等。其中沒有任何一個變項足以改變教育分歧逆轉的趨勢。就算我們不是去比較持有高等教育文憑的人，以及沒有高等教育文憑的人的差別，而是去對比持有高等教育文憑的人、中等教育文憑的人，以及其他教育程度的選民；或者是，去對比教育程度最高的前10%的人口、跟最低的那90%人口，乃至於最高的前50%的人口跟最低的那50%人口，逆轉的現象也是沒有任何改變的。[41] 當我們考量到，其實是整體的政治教育分歧徹底轉向（在過去，把選票投給左派的現象是隨著教育程度的遞升而遞減的，後來變成是隨著教育程度的遞升而遞增），所以，無論我們是如何去拆解高低教育程度在選民結構中的分布狀況，我們觀察到的，都是一樣的逆轉現象。

教育分歧的逆轉與職業分歧的改寫

如果我們去檢驗不同的職業、以及相關的活動部門，我們便會發現，教育分歧逆轉的現象在某些職業類別是特別地顯著。在教育程度偏低的職

業類別中，差不多都是工業部門中的工人，他們在1950年代、1960年代幾乎全部倒向左派，但是到了1990年代、2020年代，卻不再把選票投給左派。工人曾在戰後熱擁社會黨、共產黨、社會民主黨，以及工黨等，然後又澈底棄絕左派的現象，在多數的西方國家是很普遍的。[42]最具說服力的解釋認為，原本工人都認為這些政黨是為了保衛工人的利益，但是他們後來都深深感覺到這些政黨愈來愈無法實現諾言，特別是就整體大環境而言，工業部門的就業市場一直萎縮，全球化現象也沒有任何充分有力的集體規範可言。

相反地，在教育程度偏高、而且規模持續擴大的職業類別中，還是堅持把選票投給左派的人（或者，有時是倒向左派的傾向仍繼續擴大），特別值得注意的就是教師、中等職業（professions intermédiaires）[⑩]、公共部門中的高級公務員，以及醫藥、文化部門等。換句話說，教育分歧的大逆轉並非憑空而來、也不是從一灘死水冒出來的。它的發生背景都是演變極為快速的社會，例如教育制度產生前所未有的擴張、就讀中學與大學不再是如同擠窄門般等等，同時，服務業部門也急遽擴展。

不過，如果以為教育分歧的逆轉僅限於某些特定的行業（勞動工人、教師等等），那就大錯特錯了。因為我們也可以在某些職業項目、勞動部門的內部發現倒轉過來的文憑效應。例如我們都注意到，在私人部門的受雇者中（或者是非工業製造的私人部門裡的受雇者，以及公共部門裡的受

---

⑩ 譯注：中等職業是法國國家統計與經濟研究中心（Institut National de la Statistique et des Etudes Economiques, INSEE）近年發明的統計項目，自應用以來，一直引起諸多不滿。大致而言是為了取代過去所謂的「中間等級的主管」（cadres moyens），但涵蓋範圍卻擴大了，這未必是因為就業市場結構已有顯著性的改變，而無寧是職務名稱，以及管理與組織方式、心態的變動（例如，減少垂直的金字塔位階，朝向更水平、平等式的組織方式，勞雇關係不再是傳統無期限的契約，而是以件計酬的短期或是單一契約）。根據法國國家統計與經濟研究中心的定義，三分之二的中等職業的等級是處於主管與最基層的執行人員之間，既可能是勞動工人，也可能是非勞動性雇員（公家機關、私人部門雇用短期、專案人員已是常態）。另外三分之一的中等職業則更含糊，分布於文化、教育、社會福利救助、醫藥等部門，例如一般教師、護理人員等。整體說來，中等職業者多通過高中畢業會考檢定，有女性化趨勢。

僱者），相較於教育程度偏高者，教育程度偏低者在1950年代、1970年代時通常倒向左派，但在1990年代、2020年時，則完全相反。尤其是，並非只是工業部門裡的勞動工人不再把選票投給左派：服務業裡教育程度偏低者對左派的好感也是大為降低。頗令人惋惜的是，由於現有資料的限制，我們在分析職業活動與教育程度的交叉效應時，並不能達到我們期待的精確程度。[43]然而，這些現有資料已能充分地指出，教育分歧的逆轉是一個普遍的現象，並不限於某一特定的職業部門，也不是針對某一特定的政黨。[44]

左派陣營與大眾階級：各奔東西

我們應該如何解釋，在1950年代、1960年代，左派選舉陣營是勞動大眾、受僱的領薪階層等這些位居社會劣勢者的政黨選擇，但卻從1990年代、2000年代開始，成為教育程度最高者的偏愛？我們若要完整地回答這個問題，那就必須去分析我們在美國、英國，以及其他國家所能觀察到的經過，還有就是諸多不同的過程又是如何影響到這個複雜的演變。簡單說來，一般大致有兩大解釋方向：一是社會性假設，另一是本土主義者假設，這兩大假設是彼此互不相斥的。先說到社會性假設。乍看之下，這是最重要的，也是最具說服力的；它的主要意思是，大眾階級都慢慢地感覺到被每一個左派政黨遺棄了，而且這些左派政黨也同時逐漸轉向其他社會階層（特別是教育程度偏高的人口）。至於本土主義的假設，意思則剛好相反，左派政黨都紛紛被一大部分的大眾階級唾棄，因為普羅大眾突然間都被種族主義與反對移民的主張吸引。本土主義假設在美國特別盛行，在那裡諸多研究都強調（也不是沒有道理的），當民主黨從1960年代開始熱擁種族平等、撤銷種族歧視與隔離等主張起，美國南方的白種大眾階級便慢慢倒向共和黨。更廣泛說來，眾多研究都指出，從1980年代、1990年代起，在歐洲以及美國，移民與多文化（multiculturalisme）問題成為新的

社會分裂主題，不僅來勢洶洶，而且也助長了大眾階級遠離左派競選陣營的趨勢。[45]這一個假設是值得正眼相待的，以下我也將詳細地說明。尤其，不可否認的是，本土主義、種族主義、反對移民等主張，在過去數十多年都已經被傳統的右派政黨（首先就是美國的共和黨、英國的保守黨）過度開發，至於極右派等新興的政治運動，也常把火力集中在這些問題上（典型的例子就是法國的國民陣線）。

　　這個本土主義性的假設並非沒有完全沒有破綻，在我看來，也無法讓我們正確地思考觀察到的演變過程。特別是，我們的問題焦點在於，教育分歧逆轉是一個長期累積出來的問題，自從1960年代、1970年代就已經開始出現了，而且無論是在美國、法國還是英國都一樣，換句話說，遠在移民此一社會對立真正在歐洲成為問題之前就已經存在了。另外，在大眾階級身上貼上一張種族主義的標籤，然後再拿這張標籤來解釋所有的問題，其實是很敷衍了事的做法，更何況事實上，大眾階級並沒有比菁英階級還來得更不知道用大腦思考。如果大眾階級是真的站在反移民運動的那一邊，那他們的選舉參與率應該是達到最高點。事實卻是，大眾階級的選舉參與率已跌至谷底，而這也很清楚明白地表示了，這些選民並不滿意左右陣營提出的選擇。最後，我們將去檢驗我們現有的所有資料，並去比較在不同國家的情況，特別是某些國家也是存在著教育分歧逆轉的投票行為，但是在這些國家移民向來就不是問題。這樣的研究比較是為了支持社會性假設，並去分析大眾階級被諸多中間偏左的政黨遺棄後的感受，還有到底整個機制是如何運作的，以致於本土主義者可在上面移花接木，並且吸收了一大部分被左派陣營遺棄的選民。

「左派婆羅門」，以及社會與教育正義的問題

　　讓我們嘗試瞭解在法國此一背景下社會性假設的內容與意義。首先，我們先來回顧，從1956年的議會選舉到2012年的總統大選，以及我們在

這一整段時期觀察到的演變（參見圖14.9）。1956年時，72%的選民是沒有任何文憑的（或頂多是初等教育證書）。2012年時，只有18%的選民是如此。換句話說，1956年時絕大部分沒有任何文憑的選民的子女、孫子女都享有更高的教育程度，有些具備了中等教育文憑，有些則是取得高等教育文憑。令人驚訝的是，在當年這些選民的子女與孫子女中，都是那些爬到高等教育程度的人（尤其是取得高等教育中最高等級文憑的人），還繼續把選票投給左派，而且，跟1956年時沒有任何文憑的人的投票比例幾乎相同。那些在中等教育程度就停下腳步的人（特別是那些沒有通過高中畢業會考，只持有中等教育短期修業文憑的人），對於繼續投票給左派這件事，就更顯得興趣缺缺。至於那些「原地踏步」、沒有任何文憑的人，在各投票所中幾乎都已不見人影。

　　關於這個已不再自然而然地投票給左派的問題的直接解釋就是，左派陣營已經完全變質，他們的計畫綱領也已完全改寫。總結說來，社會性假設就是，以教育程度而言，階層最低下的人們都有一種感覺，那就是左派陣營把更多的注意力投射到教育程度更高、更具優勢地位的人的身上，或者是這些人的小孩，而且從此冷落了低下階層的人。有相當多的要素都傾向支持這類詮釋，並且提醒眾人注意，對低下階層而言，那並不只是一種感覺而已。我個人要強調的事實是，如此一個政治意識形態與政治黨綱的鉅變並非一日之寒，那是隨著學校教育制度的擴大而持續演進出來的結果，而且也不是事先就可以料想到的。也就是說，左派選舉陣營從勞動大眾的黨派轉變成文憑菁英的大本營（我稱之為「左派婆羅門」），絕不是有意之舉，也不是真有哪個人憑三頭六臂之力做出來的決定。[46] 特別是，我們可以想像，那些在教育競賽中奪魁的人——尤其若是在公共部門體系中——就某程度而言，他們多少都會認可諸左派政黨，理由則是因為正是左派政黨才始終強調教育是個人解放，以及社會進步的原動力。[47] 問題在於，這些人不免也會在某些時候洋洋自得、並在他人面前表現出姿態不一的優越感，或根本無法再去注意究竟種種「辛苦耕耘後，必歡樂收穫」的

官方說法是有多少真實性。正是這樣的過程讓過去為勞動大眾服務的黨派搖身成為教育制度大贏家的門第，而且逐漸拋棄低下的大眾階層，這也是楊恩在1958年預言式的論述中所描述的現象，技術官僚與民粹主義者兩方人馬最後撕破臉、分道揚鑣（參見第十三章）。

具體而言，在逐漸遠離左派懷抱的大眾階級以及「左派婆羅門」這類新文憑菁英之間，存在著種種衝突，而這些衝突在過去數十多年（直到今天還是沒有解決）都表現在層出不窮的公共政策的角力上。這可牽涉到，例如公共服務的組織方式、國家領土的規畫、文化設施或是基礎交通建設等問題。但這也可以表現在巨型都會，以及規模中等的城市、鄉村地區之間的衝突，一方面，像是巴黎這類巨型都會，那裡聚集了教育程度最高者「北上」去那裡生活、工作，而另一方面，中小城市與村鎮，則似乎有點跟全球化脫節。[48]法國高鐵（train à grande vitesse, TGV）的資金問題就是這類對立的最好例子，高鐵票價貴到只有大城市裡最優渥的階級才買得起，但在另一方面，次級城市之間、地方性的鐵路支線卻紛紛廢除。賦稅問題、稅捐分擔該如何裁定等也是一個極為敏感的議題，1980年代、1990年代期間左派執政，大力推行了資金流通的國際自由化，但是卻沒有要求任何資訊交換，也沒有在賦稅或是社會層次做適度調節，這些政策加速了競爭過程，讓位居優勢又全球趴趴走的階層撿盡便宜，同時也讓那些被認為是朽木的階級背負更多的稅捐包袱（尤其是透過間接稅，另外，中低薪水階層的稅捐課徵比例也不斷地提高，參見第十一章）。

最後，低下階層與「左派婆羅門」之間的衝突，也表現在教育制度本身的組織方式。我也不得不在此強調，法國教育制度、大學組織體系依然有著非常不平等的高低位階排列。初等與中等教育課程都已經慢慢地統一，也就是說，從1970年代初期開始，所有的孩童原則上直到十五歲前都接受相同的學習內容，而且至少就原則而言，所有的小學、國中都有相等的課程設計與預算補助。[49]不過，高中依然是分成三大類型（普通高中、技術高中、職業高中），並且事實上，高中教育制度讓各種社會分歧不斷

再製。更重要的是，法國高等教育制度的高低位階是格外分明的。一方面，這套體系裡有科學、商業、行政等專科的高等學院，還有高中裡專門設置的預備班（classes préparatoires），這些預備班只是為了讓高中生準備考試、擠入這些高等專門學院的窄門。這些高等學院的系所篩選嚴格，常被認為是為了培養菁英人才，所以原則上，畢業後的出路都是公私部門的領導階層、高級主管、專業工程師、行政長官等。[50]法國高等教育制度的其他體制則是一般大學，傳統而言，大學是沒有權利去篩選學生（基本上，所有通過高中會考檢定的學生都會被錄取），還有就是提供兩年到三年訓練的技術學院。

在現實生活裡，出身優勢階級的小孩在高中預備班、高等專門學院中的比例都明顯偏高，而且高等專門學院裡每個學生享有的公共預算補助，雖有所不同，但都比一般大學裡的學生所享有的公共預算補助還高出兩到三倍，更何況，絕大部分出身劣勢的小孩都就讀一般大學。為了讓這套制度變得合情合理，有個說起來極為正面的說詞，還一直被人掛在嘴上：「共和菁英制度」（élitisme républicain）。換句話說，這是一套大家都承認的菁英制度，但為了讓大家都心服口服，故強調這是「人民共和的」，在法國的歷史背景中，「人民共和的」便意味著這是一套合情合理的菁英制度，因為它是為了眾人一般的福祉而發明出來的，基本原則是讓有才能的人出頭、讓每個人都有機會，所以跟過去舊制度時期那種單靠繼承關係便享盡特權的菁英完全不一樣。就如同所有的意識形態制度，這一套共和菁英制也是有它勉強可接受的地方。所有的社會都需要去篩選不同的人才，然後把這些人安置在權責不一的職位上，相較於選拔過程是以天價般的大學註冊費用，或是父母親的捐獻為原則時，如果這套篩選方式是匿名的考試，就算是動用了非同小可的公共資源，可能看起來是更公平的（這正是美國的寫照，參見第十一章）。可是，法國教育體制實在還是讓人覺得既不平等，也虛偽矯作。考試實為不平等的起源，但是社會大眾都賦予了考試制度無比的信心，於是便讓這套不公平的制度變得公平了，這樣的結果又導

致了一般年輕人在十八歲或是二十歲時取得的學業成績，竟成為個人生涯中最了不起的關鍵。尤其現在整個大環境已經是，相對於出身低下的學生，我們在出身最優勢的學生身上有系統地投資了更豐沛的公共資源；一來，我們很難辯解、主張這是合乎情理的，二來，這最後代表的意義就是，公權力讓原本已經不公平的家庭出身又再度擴大。

左派競選陣營在成為文憑菁英的首選政黨時，實際上也就成為這一套共和菁英制度的保證人以及最出色的辯護律師，左派過去為勞動大眾服務時，它的死對頭就是一群「資產階級」的政黨，但是左派現在捍衛這套共和菁英制度的本事，卻是遠超出這些「資產階級」。在社會黨帶頭下，自從1980年代起，左派陣營已多次執政（從1980年代到現在為止，已超出一半以上的時間）。而且，每次左派也在議會取得絕對多數的席次，這正可以讓它改革法國高等教育制度。[51] 特別是這些執政機會和絕對多數席次都可選擇調整高等教育制度的預算結構，也都可以決定是不是要在大學系所做更多投資，趕上高等專門學院、高中預備班的預算程度。如果左派陣營沒有選擇這麼做，無疑地，那是因為它認為當今高等教育預算儘管只方便菁英家庭，卻是合理正當的，或者國家稅收應該導向其他優先領域（例如，讓位居優勢者的減免稅額提高就是可能的優先領域之一）。[52]

總之，如果我們去分析法國整體教育預算的分配運用（在初等、中等和高等教育），我們便可發現，在每一屆學生中，針對前面10%享有最多教育預算的學生，現今體制給他們的補助金額，是後面50%只享有最少補助的學生的三倍以上（參見第七章圖7.8及第十七章圖17.1）。這些在教育領域上強烈的不平等，在很大層面上跟社會出身是有緊密關係的；但在另一方面，這類教育的不平等，也是由於去就讀中學與大學的途徑是不同的，以及，若單以高等教育而言，其內部預算分配運用也不均等。當然，我也不得不再次強調，由於資料不夠充分，所以這類計算都低估了不平等分配的幅度。特別是通常在做這類計算時，我們都假設每個孩童、每一年，無論是在小學、還是中學，都接受了相同額度的補助。然而，所有的資料

都顯示，位居劣勢的社會階層在某些情況下被分配到的補助額度是很低的。

　　尤其是眾多研究都已指出，位居社會劣勢者的小學、國中和高中往往沒有經驗豐富的教師，而且這些學校裡，多的是短期代課資格的教師，否則就是因故缺席後卻又沒有任何代課人員，即使大家也都知道，這樣的情況無法幫助學生正常學習且多是負面效應，然而對原本就已經身處劣勢的學生來說，這種負面效應顯然是雪上加霜。[53]例如，如果我們分析大巴黎地區的公立國中，我們可以發現，在巴黎市內以及享有最多預算補助的省份、例如上塞納河省（Hauts-de-Seine），簽短期約的教師（也就是沒有正式教師資格者），或是沒有教學經驗的老師，占不到10%的比例，但在社會劣勢者居多的地區，例如馬恩河谷省（Val-de-Marne）、賽納河－聖德尼省（Seine-Saint-Denis），則高達50%。[54]我們也可以發現，在絕大部分的經濟合作暨發展組織（Organisation de coopération et de développement économique, OCDE）的國家（這也沒有什麼擔保性可言），出身社會優勢的子弟，比較容易被分配到有正式教師資格、或是經驗豐富的教師，相對地，低下階層的子弟，更容易有代課、短期合約的老師。而眾多研究結果都顯示，法國境內所觀察到的上下差距是非常的大。[55]

建立教育正義新規範的需求

　　就這一點來說，虛情假意的程度尤為誇張，因為在一方面，法國政府設置了教學優先區域（éducation prioritaire，從1980年代起開始施行），目的在於診斷出到底哪些學校是備受冷落，需要公權力給予最大的支持，但在另一方面，政府事實上又繼續撥給最富裕的區域更多的預算。當然，這些教學優先地區都設置了獎勵津貼制度。但所有的現實都不免讓我們懷疑，這些措施（並不是很透明的）只能用來填補巨大鴻溝中微不足道的差距，畢竟，事實是這些學校裡短期合約，或是沒有經驗的教師比例，相對於富裕區域而言非常地高。如果我們以父母親的社會地位來檢視每個學生

所分配到的資源，我們極為可能獲得的結果只不過是，在大部分的情況裡，社會出身優勢的子弟，他們就讀的學校都被分配到最多的資源，尤其是巨型都會的市中心裡最富盛名的高中，絕大多數具有正式高等教師學銜資格（professeurs agrégés）又經驗豐富的教師都是分發到那裡去。[11]

最近一份研究正足以澄清部分事實，但也肯定了我們的疑慮。如果我們去計算不同小學、國中、高中教師的平均薪水，並且也把在教學優先區域裡的獎勵或是依照其他標準而撥發的津貼（例如由於年資多寡、文憑高低，是否擁有教師學銜資格、是不是短期合約的代課老師等名目）也包括在內的話，我們則可發現，平均薪水愈高時，學校裡出身優勢的學生也愈多。兩者的關係是成正比，且無論是在國中或是在高中都是一樣的現象。在有豐富資源的學校裡，每個班級的平均學生人數也偏高，這兩個效應彼此互補，於是，我們就會發現，投資在優勢家庭子弟的平均預算幾乎都是相同的額度。最終說來，我們還是可以懷疑，公權力是非常善待優勢家庭子弟的國中與高中：雖然每個班級的學生人數比較多，但是學生的平均程度是比較高的，特別是當他們的老師經驗更豐富、受過更好的訓練、領更高的薪水的情況下。[56] 況且，不管怎麼說，如果甚至連這些資訊都沒有每年定期公開，也沒有被拿來當作修改政策或提出真正有效策略的基礎，這實在也是一個大問題。更讓人感到惋惜的是，一套負責任又透明公開的政策，若結合了具體明確的資源，並用來改善最受冷落的學校（特別是小學），是可以真正地縮減學習過程中的社會不平等事實。[57]

除了資源不平等分配的問題之外，同時必須強調的是，現今法國教育制度裡的社會隔離（ségrégation sociale）現象已達到前所未有的地步。巴黎一百七十五所國中共有八萬五千名學生註冊，其中有16%的學生出身低下

---

[11]　譯注：法國沒有如臺灣、日本的師範大學系統以用來培養中小學教師。Professeur 一詞在法國日常生活中已成濫詞（甚至擴展到學校教育以外的領域），然而其基本行政定義是高中或是大學教師，前提則是必須擁有某國家認可的高等教育學歷，或是通過國家考試取得學銜資格。Professeur agrégé 指的是擁有中學高等教師學銜（Agrégation，一項國家考試）的教師，雖因科別而有異，但大部分的中學教員都沒有這項資格。

社會階層。但如果我們去分析整個地理分布狀況，我們就可以發現，在某些國中，出自劣勢家庭的學生比例遠低於1%，而另外某些學校則可高達60%。那些幾乎把出身低下的學生全擋在門外的學校，絕大部分都是私立學校，巴黎市內三分之一以上的學生就讀於這些私立學校，而這些私立學校卻又代表著法國最令人難以置信的制度，那就是私立學校的預算幾乎都是由公共預算來支撐的，但是又保留了自行挑選學生的自由，而且根本不需要遵守任何共同規定。[58]我們也可以發現，許多公立的初級中學裡只有少許出身低下家庭的學生，而距離一兩站地鐵站之外的公立中學，則有將近一半以上的學生都是低下階層的子弟。[59]之所以會有這樣的情況，常是因為居住地點造成的差距，許多家長不願遵守學區分配規則，便把小孩送到私立學校，但是在另一方面，也是因為主政者沒有一套有效的公共政策，加上也不打算改善這種情況。最近諸多研究都顯示了，更透明又設計精良的計算程式可用來促進不同社會階層的混合程度，且更有具體成效。[60]

我以上的說明並不是要去強調，單只是以上這些要素就能用來解釋過去這數十年來觀察到的教育分歧逆轉的現象，或者只是因為如此，所以居社會劣勢的階層愈來愈覺得左派政黨不能代表他們。然而似乎很清楚的是，教育不平等的差距是如此地大，這樣的事實的確會讓人對執政的左派政府產生不信任的感覺，並且認為左派政府比較在意的是教育程度較高的人，還有這些人的小孩，反倒對於出身卑微的子弟漠不關心。

自從2008年的金融危機起，教育預算停滯也導致了強烈的挫折感，特別是出身低下階級的子弟，而這是因為我們往往有意無意地強調，優秀的學業成績，加上取得高中畢業會考證書後，就可以馬上踏進高等教育的殿堂、以及就業市場。事實上，就每屆高中畢業生通過畢業會考資格這件事而言，在1980年代，機率不過是30%，在2000年時上升到60%，2018學年度的比例是將近80%，之所以造成這樣的現象，主要是由於就讀技術高中的學生急遽成長的緣故。至於大學生人數，從2008年到2018年成長率是20%，相當於從低於兩千兩百萬人升高到兩千七百萬人。問題在於，我

們應該去做的種種投資卻嚴重落後：實際數字勉強可說是10%的成長（然而，必須把從2008年到2018年的通貨膨脹也計算在內），這便代表著每一名大學生被分配到的預算是減少了10%。[61]相反地，競爭激烈、菁英色彩強烈的系所裡，大部分就讀的學生都出身優勢，而且這些系所的資源一直都沒有減少。所以，一般大學裡的大學生所處的學習環境並不符合當初我們給他們的承諾。舉例來說，雖然技術高中、職業高中的學生人數急遽增加，附屬於一般大學的技術學院卻幾乎沒有增加招生名額，理由則是因為沒有預算。這樣的情況製造了非常緊張的壓力，原因在於，原本技術學院的招生對象是普通高中的畢業生，而普通高中的學生往往出身都不錯，他們只是因為無法擠進競爭激烈的高中預備班，所以，與其去念一般的大學科系（通常沒有嚴格的監督制度，往後就業也比較困難），便去念技術學院。

　　當今高等教育制度一觸即發的緊張狀態，以及政治分裂逆轉的權力遊戲，也在最近改編成連續劇、成為塞牙縫的玩物。連續劇《黑爵》（*Baron noir*，2016年）把一名平庸無奇的社會黨總統搬上螢幕，這名社會黨候選人之所以競選成功，主要是靠著一名法國諾爾省（Nord）的國會議員菲利浦‧里克華葉（Philippe Rickwaert）鼎力相助，至於這個里克華葉，他希望藉著所謂的教育正義政策重整左派政府的光榮。一群來自巴黎郊區的職業高中學生團體，他們總是感覺到要去就讀大學的技術學院時，他們常常不合理地被來自普通高中的學生擠出錄取名單，所以，他們希望政府為他們制定就讀技術學院的保障名額，而里克華葉為了達到重振政府的目的，便支持這群學生的訴求。為了捍衛此一訴求，里克華葉甚至穿著藍色的工人工作服進國民議會的會議廳，然後跟眾人解釋，能重新感受到社會正義、擁抱群眾是左派的榮耀。但這一切作為都讓黨內的京華少年很不是滋味，特別是社會黨青年運動組織（Mouvement des jeunes socialistes）的擁護者，不用說大家也知道，這些年輕人都出身首都巴黎市中心最響叮噹的普通高中，他們甚至滲透到郊區的職業高中的全體大會，好瓦解職業高中的訴求。不久之後，職業高中的領袖代表則澈底妥協，因為竟然有照片流出，

指出他差不多快接受右派邀請、出面競選下一屆的歐洲議員。這正是只有出身普通高中的華麗貴族才能捍衛左派婆羅門價值的證據，這跟職業高中出身的新貴、他們委曲求全的樣子，實在無法相提並論。

　　這部連續劇還把另一要角搬上螢幕，說來也是頗值得稱讚的，在未來有關於教育正義的辯論中，此要角想必分量會愈來愈吃重：那就是把高中生和大學生分配到不同系所的分發演算工具。相對於還不是很久之前（至今很多國家依然如此），為人父母的使盡所有的人際關係，好把小孩送進心中嚮往的高中或是大學，這些匿名的演算法工具，的確代表著一大社會與民主進步。當然，條件在於每個公民都能理解演算規則，還有就是演算規則可以被拿來公開討論，而當今的情況卻正好完全相反。舉例來說，隨著高中生分發到大學的全國演算法的改革，在 2018 年時 Parcoursup 取代了 APB，[12] 隨後也因此在高中的預備班設置了保障名額，這是一項頗具社會正義潛力的有效措施。不過，這些保障名額的取決標準依然是黑箱作業，也只關係到領獎學金的學生，這相當於 20% 以下的總學生人數，跟其他的學生之間也有強烈落差，尤其是因為不少學生家長的收入，也不過是稍微高出標準而已（國中生申請進入高中的 Affelnet 平臺也有相同的弊病）。如果我們希望建立一套能被廣泛接受的正義規範，去設想一套能考慮到所有社會出身的制度、而且是漸進、連續，也更公開的方式，想必是社會大眾期待的做法。就這一點，很值得提出來作為參考的，是印度從數十多年起便大規模地應用這些保障與「保留」名額，跟許多西方國家相比，其實就某些角度來說，是更進步的（參見第八章）。只要合理運用，這些普及的工具的確能夠讓我們超越過去這數十多年來始終無解的教育爭論關卡。

---

⑫　譯注：APB 全名是 Admission Post-Bac，在 2009 到 2017 年間施行。

論財產、左派和右派

現在我們就以所得與財富的不平等為出發點，以此來討論選舉與政治
分歧的演變過程。首先我們分析的是，1950年代到2010年代，以所得而言，
投票給左派的選民擁有什麼樣的面貌、又經歷過哪些變化（參見圖14.12）。

我們可以發現到、而且相當令人驚訝的是，過去投票給左派的人，在
所得最低的那90%的選民中的代表性，一直很穩定（給予眾多左派政黨的
一般支持度，大致說來沒有太多的變化起伏），不過在所得最高的那10%
的選民中，則大幅滑落，尤其是在1950年代到1970年代。例如，在1978
年的議會選舉時，左派陣營在絕大部分的所得十分位數中，都輕易贏得
50%以上的選票，但在所得最高的十分位數此一區塊，則急遽滑落，在所
得最高的那1%的選民中，只有20%的選票。[62] 從1990年代、2000年起，

圖14.12. 法國1958到2012年期間的政治衝突與所得的關係

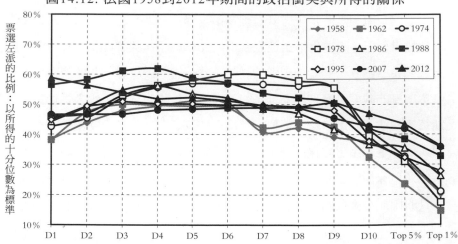

在1978年時，左派政黨（社會黨、共產黨、基進組織與黨派、環境保護派系）在所得最低的那
10%的選民中，取得46%的選票，在所得最高的那10%選民中，贏得38%的選票，而在所得最高
的那1%的選民中，只有17%的選票。整體而言，在所得偏低的那90%的選民中，投票給左派的
趨勢是相當平穩的，而在所得最高的那10%的區塊中，則快速跌落，尤其是在整個研究期間的最
初階段，這樣的現象最為明顯。注解：D1的意思是以全部選民的所得來說，所得最低的那10%的
人口，D2是所得次低的10%，以此類推，D10便是所得最高的那10%的人口。來源與數據：參見
piketty.pse.ens.fr/ideologie.

這一急降坡卻變得愈來愈平坦。在2012年的總統大選，社會黨候選人在所得最高的那10%的選民中，贏得差不多50%的選票，而在所得最高的那1%的選民中，也有40%的成績。

這條曲線能夠保持扁平，是很合理的結果，理由則是投票給左派已經變成教育程度較高者的主流。雖然我們還是必須指出，直到2010年代之前，所得最高者還是偏於倒向右派，跟教育程度最高者的傾向完全不同。換句話說，在1990年到2000年這一段期間，選民投票偏好的分歧結構轉向一個多元菁英制度：文憑最高者偏向投票給左派，而所得最高者則票投右派（參見圖14.1）。[63] 最終的問題癥結只在於，這樣的情況能維持多久。例如我們大可想像教育程度偏高者最後都變成所得最高者，也累積了最多的財富，或甚至是他們的政治聯盟成功地吸收了那些教育程度不是最高的，然而卻是所得最高、財富最多的人口；到頭來就是，這些不同的菁英最後全都聚集在同一個政黨裡。我們很難排除這樣的假設，我們甚至可觀察到的是，現實差不多就是這麼一回事，特別是在法國與美國。不過，事實可能還是更複雜些。尤其是可用兩大主要理由來解釋，為什麼教育程度最高者以及所得最高者，他們未必會把選票投給相同的政黨，這也正是2012年法國總統大選、議會選舉的情況，這兩群人在未來也很可能各自繼續把持著不同的陣營（但這並不妨礙他們在情況需要時則聯手合作，尤其是在消除不平等的這件事，常常不是他們的優先考慮）。

一方面，就某一同等程度的文憑而言，有些人最後能夠讓他們的文憑的貨幣價值提高、賺取較高的收入，這可能是因為他們選擇了收入較高的生涯（例如，投入私人部門而非進入公共部門，或者是在同一個勞動部門內，去選擇薪水較高的工作），但這也可能是因為這些人在他們的職業生涯或是人生路途中獲得了某些成就（不過，我們現成的資料並無法去區分出這些差異），一般說來，以上這些人都很明顯地經常把選票投給右派。這樣的現象很可能是出自於一個心知肚明的好處：說來就是右派政黨總是主張高所得者應該課徵較少的稅捐。不過，這一個現象的更常見原因可能是來

自另一個世界觀，在那一套想法裡，人們會更強調在謀取金錢成就時所付出的努力。換句話說，「左派婆羅門」、「右派生意人」，以他們各自的人生經驗與理想來說，看法未必相同。「左派婆羅門」強調學業成就、智力活動、求文憑、累積知識；「右派生意人」更看好職業動機、商業頭腦、熟練的談判技巧。兩方人馬各自都以不同的方式來強調一套成就至上、不平等但很公平的意識形態，但是所要求的付出、所得到的回饋，未必完全相同。[64]

　　至於在另一方面，依然是就某一相等程度的文憑而言，有些人的所得偏高，原因在於他們擁有較高的財富，而這些財富便容許他們從資本（房租收入、利潤、股息等等）賺取更多的所得。或者另一可能則是，這些財富可以更有效地提高他們的文憑的貨幣價值，例如當他們的職業活動是非受雇性的、自己當老闆，這時便需要一筆重要資金，或者當他們的工作是去管理一家企業時（無論是不是家庭企業）。總而言之，在任何時期或任何國家內，只要相關資料是現成可及的，就會顯示出同樣的結果：那就是，擁有一筆財富是決定投票行為的最關鍵因素，遠比所得、文憑的影響程度還更強大。尤其是若以財富持有多寡的十分位數來分析選票投給左派的趨勢時，所呈現出來的曲線，遠比以所得多寡的十分位數所得到的曲線還更傾斜（參見圖14.13）。舉例來說，在1978年的議會選舉時，財富持有最高的那1%的選民，把票投給左派的比例還不到10%（在這一個區塊裡，將近90%的人都倒向右派），但是財富持有最低的那10%的選民，則有將近70%的人都把票投給左派。換句話說，財富持有多寡就像是政治態度此一問題上幾乎無法妥協的決定性因素：家財萬貫的人永遠都不會選左派，一窮二白、三餐不繼的人很少擠向右派。在1970年代到2010年代之間，這一對比很少出現變化，而且相對於所得來說，整體趨勢又更鮮明穩定。[65]

　　在論及政治態度的結構此一問題時，如果財產扮演了決定性角色，並不是一個令人意外的事實。財產制度的問題在十九、二十世紀時，始終是政治意識形態衝突的焦點，必須等到二十世紀末期，文憑、教育制度等問題才開始出現，而且變得跟財產一樣重要。綜觀過去的歷史，正是為了保

圖14.13. 法國1974到2012年期間的政治衝突與財產的關係

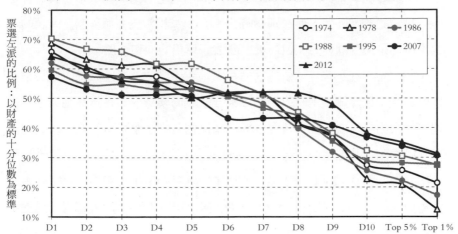

在 1978 年時，左派政黨（社會黨、共產黨、基進組織、環境保護派系）在財富持有最低的那 10%
的選民中，取得 69%的選票，在財富持有最高的那 10%的選民中，贏得 23%的選票，而在擁有最
多財富的那 1%的選民中，只有 13%的選票。整體而言，以財富持有多寡的標準來看，投票給左派
的趨勢是隨著財富的遞增而遞減（遠比以所得為區分標準時還更強烈），尤其是在整個研究期間的
最初階段，這樣的現象最為明顯。注解：D1 的意思是以全部選民所持的財富多寡來說，財富最少的
那 10%的人口，D2 是財富次少的 10%，以此類推，D10 便是財富最多的那 10%的人口。來源與數
據：參見 piketty.pse.ens.fr/ideologie.

護私人財產的問題（不過，那是在一個有限範圍內，也只是繞著財產重新
分配的問題），最後導致在法國大革命後，新的政治體制終於在十九世紀儼
然崛起。我們在之前第三、第四章也已經討論過這段歷史了。法國政治與
地理學家安德瑞・西格德（André Siegfried）在1913年時出版了一本書，《第
三共和時期法國西部的政治版圖》（*Tableau politique de la France de l'Ouest sous
la Troisième République*），在這本書中，他非常詳細又很有系統地分析了1871
年到1910年期間的議會選舉，範圍包括了每一個選舉區域（canton）。[13] 更
難得的是，他去分析隨著農地分布範圍而課徵到的不動產稅資料，以及在
那一段期間，一項大規模的政府調查結果，主題則是在公立與私立學校中
年輕女孩的就學率。他提出的結論是很明確的。那些在大革命時期經歷了

---

[13] 譯注：canton 是個多義詞，在瑞士、加拿大與法國隨著時代變革各有不同的定義。從法
國大革命起，在法國這個詞代表的是省級以下的選舉區域的基本單位，以人口作為計算
與考量標準，未必符合鄉鎮市等行政區域的切割與管理範圍。

土地重新分配政策，所以後來促成了一批小地主的選舉區域裡，農民都把
選票投給共和黨陣營，而在那個時代，共和黨相當於左派陣營（所謂的基
進黨派則是最受歡迎的，因為正是最澈底草根的共和作風）。

　　相反地，在那些土地依然掌握在大地主手中的選舉區域裡，選民往往
以壓倒性票數熱擁君主制或是堅持保守政風的候選人。在這些地方中，大
地主通常出身貴族後代，教會也都因為控制著中小學教育體制，所以還是
可呼風喚雨。甚至在一些最守舊的選舉區域裡，例如位於不列塔尼半島西
北部一帶的雷翁（Le Léon），在 1897 年的議員選舉中，竟然發生了教會代
表蓋伊洛神父（Gayrault）與貴族後裔布洛伯爵（Blois）兩人打對臺這種不
可思議的競爭。在類似情況之下，只要一般民眾依然深深依戀著地方宗教
菁英時，過去教士階級的候選人往往輕易奪魁。安德瑞‧西格德描寫的是
一個過去三重功能的社會等級支配力強大、毫不動搖的世界；在那裡，選
民還是繼續把自己的命運交給城堡與教會，而且只要他們沒有付諸具體行
動、動用選票所代表的權利，那麼他們就不太可能知道首都裡的共和黨員
對於他們的期望。[66]

左派與獨立業者：二十世紀的不信任案

　　當西格德提筆時，他筆下的世界也正在消失中。身為中間偏左的忠誠
共和黨員，他非常擔心當時「集體主義者」在法國西部諸多省分闖出的小
小成績，尤其是在布勒斯特（Brest）的軍工廠工人、孔卡爾諾（Concarneau）
的沙丁魚罐頭工廠工人之間流傳的主張。另外，在那一帶，社會黨候選人
的實力後來居上、不可小覷。社會黨與共產黨議員在 1920 年杜爾城
（Tours）的左派大會後分道揚鑣，然後又在第一次與第二次大戰期間，逐
漸腐蝕了基進派系，甚至把這些基進派人士擠向中間路線。二次大戰後，
各基進組織便完全被架空了。針對私人財產的問題，社會黨、共產黨的意
識形態是比基進派系、中間偏左的共和黨還更顛覆。基進派系的信徒都是

小地主、農人、商人，以及形形色色自己當老闆的人，他們打出的口號，正是「在尊重私人財產的前提下進行社會改革」，而手段就是透過凱佑（J. Caillaux）提出的所得稅，至於社會黨與共產黨，他們鼓吹把生產工具集體化，特別是在工業部門；即使到了1980年代，此一主張還是白紙黑字地寫進他們的黨綱平臺裡，把集體化視為企業國有化的方法。的確，社會黨與共產黨花了整整二十世紀如此漫長的時間去說服那些自己當老闆的人，解釋左派不會傷害他們，所以也不需擔心合理範圍內的私人財產。不過，左派一直沒有針對私人財產這個問題提出詳細的計畫書，更沒有說明到底私人財產的規模限制是到哪裡、不需擔心害怕的範圍有多大，以致於直到今天，這些自己當老闆的獨立業者，還是處處提防著社會黨人與共產黨人。

這些獨立的小老闆（農人、商人、手工藝匠）對於左派的懷疑，就某一程度而言，正可以用來說明，為何我們會在法國觀察到若以所得高低來分析選民結構時，所得最低的那90%的人口，對於投票給左派這件事，向來沒有太多的起伏（參見圖14.12）。在1950年代，且直到1970年代、1980年代為止，收入偏低的選民中，絕大多數都是自己靠自己的人，雖然以所得而言他們都不是很富有，但他們多少都有一些財富（一塊田地、一座農場、一家小店），所以他們比任何人都還更提防著集體主義者的計畫。另外，這些獨立業者的分量，尤其是農民在獨立業者中的比例，可以用來說明，以所得來分析法國1950年代到1980年代投票給左派的趨勢時，為何呈現出平穩的走勢；相對地，在那段期間，無論是在美國還是英國，在所得偏低的那90%的選民中，他們的人口數是愈來愈少（參見第十五章圖15.5、圖15.14）。

這種對於左派的擔憂可能會讓人覺得有點好笑。在法國，社會黨與共產黨從來就沒有實力，更沒有野心把農業、商業活動全變成集體農場（kolkhozes）、國家農場（sovkhozes），或是卡斯托農國營超市（Gastronom，這是過去蘇聯境內國營的食品店，也是唯一可以經營食品販賣的商店，不

過裡面的食品似乎都不是很美味）。不過，對於小規模的私人財產的問題，
法國的社會黨與共產黨也從來沒有機會，清楚明白地向法國選民說明他們
長遠的想法，以及在他們想像中的理想國裡，他們又是賦予私人財產什麼
樣的角色。但對於私人財產的問題，左派如此曖昧又左右為難的態度，正
好就是最重要的問題。就是這種曖昧不清的態度導致了社會黨人跟共產黨
人彼此翻臉不認人，也製造了這兩大黨派跟法國社會中其他成員的分裂
（首先就是跟獨立業者）。這也可以部分地解釋，為什麼德國的社會民主
黨、共產黨⑭ 在1930年代無法聯手對付國社黨人（nationaux-socialistes）⑮，
以及法國的基進組織、社會黨、共產黨，為何在兩次大戰期間無法共同組
成一個持久堅定的聯盟（至於1936年到1938年期間，人民陣線〔Front
populaire〕⑯執政，雖具歷史性，卻不過是曇花一現而已）。這一段走不出
財產制度的沉重史實，以及是否支持蘇維埃模式的衝突（乃至於，應該如
何處理殖民主義這段歷史），也都在某一重要程度上說明了，為何法國社
會黨人在1947年到1958年執政期間，總是跟基進派系、中間偏右的路線
合作，也就是所謂的「第三勢力」（troisième force）聯盟（換句話說，執政
勢力是中間路線，左派的共產黨、右派的戴高樂主義者全排擠在外）。[67]

　　除了這些擁有小規模私人財產的人害怕可能財產被充公之外，在此必
須強調的是，左派陣營自己也要對這些被翻出來的不信任與衝突負責任，
特別是有關於稅制的爭論；而在這其中，所得稅制的問題又更加重要，但
左派的立場卻是偏袒了領固定薪水的受雇者，反而冷落了徒手靠自己吃飯
的人。說到這段歷史，那就是在1914年到1917年時，法定通過的所得稅

---

⑭　譯注：德國共產黨的縮寫是 KPD，全名則為 Kommunistische Partei Deutschlands。

⑮　譯注：國家社會主義德意志勞工黨的全名是 Nationalsozialistische Deutsche Arbeiterpartei
　　（德文縮寫為 NSDAP），一般簡稱國社黨，法文寫成 Parti national-socialiste，亦即後來的
　　納粹黨。至於納粹的德文 Nazi，實乃取自國家社會主義一詞 nationalersozialismus，是就
　　某種發音上的方便而產生的省略讀法。

⑯　譯注：法國的人民陣線執政短暫，主要政績是縮短工時、法定每年十五天的帶薪假的福
　　利政策。

課徵方式裡，其中一部分是所謂的一般稅額（以整體所得為計算基準，也就是納稅義務人的所有收入總合），另一部分則是類別所得稅（impôts cédulaires），也就是，每項收入來源又個別課徵（每月薪水、獨立業者的收入、外快、利息等等，參見第四章）。問題在於，薪水階層的類別所得稅額遠比獨立業者的稅額還低。領固定薪水的人，享有相當高的免稅額（以致於只有薪水最高的那10到15%的人才須繳此一項目的所得稅別），而那些自己當老闆的人，賺來的每一毛錢都得繳類別所得稅，所以他們申報時無不提心吊膽。面對如此荒謬、不公不義的情況，這些小規模的獨立業者（農人、手工藝匠、商人等）全力動員，最終才在1920年代、1930年代，好不容易獲得某些減免或是補貼。不過，受雇的薪水階層一直有社會黨與共產黨在後撐腰，這兩黨人一直拒絕讓薪水階層的課徵稅額直接向獨立業者看齊（因為在社會黨與共產黨人眼裡，這會讓領中下等級的薪水階層的稅額高升到無法被接受的程度），所以，便產生了薪水階層享有特別優惠的所得稅制的情況。[68]

這樣的情況持續到二次戰後。1948年到1959年的稅制改革是為了統一稅捐制度，在每個人的所得上都應用相同的規則，但實際上，薪水階層享有的特別減免被法定通過，不僅他們是唯一擁有這一特別優惠的類別，除此之外，他們還有「比例稅制」（taxe proportionnelle）的減免。[69]廣泛而言，這個問題也直接造成非常激烈的抗稅運動，諸多小獨立業主挺身站出、擁護自身利益，最後促使卜嘉團體（poujadiste）在1956年的議會選舉中取得突破性的席次。[70]就社會黨與共產黨人的角度來看，給受薪階層特別的稅捐優待是很合理的，理由是因為自己靠自己的獨立業者在申報所得稅時，總是傾向以少報多、偷斤減兩，但是領薪水的人卻完全沒有辦法這麼做。雖然大家多少都心知肚明，但這種說法實在不是很高明。我們不能藉口那些自己當老闆的人都會造假，所以就去為薪水階層設置特別的減稅措施以作為補償，而且以為如此一來，最後就可以讓造假虛報的現象消失不見，或者是因此我們就有辦法去發展出一套讓不同的社會團體都欣然接

受的賦稅正義規範。歷經整個二十世紀，在介於薪水階層與獨立業者間的
選舉分歧架構，且此一架構最終僵化固定的過程中，這些表面上看起來技
術性很高的討論，皆扮演了不可輕忽的角色。[71] 另外，城市與鄉村兩世界
之間彼此敵對的賦稅立場，也在十九世紀這段時間裡，隨著都市人與鄉下
人在政治認同過程的發展而不斷發酵。[72] 這些衝突的例子都在在說明賦稅
與社會正義的問題，實在不能用抽象模糊的方式來解決，也絕不能把代表
著賦稅與社會正義的體制組織、行政機關全都抽離出來，束之高閣。符合
正義原則的稅制，應該是一套隨著歷史演變與政治事件而建立出來的成
果，而且也是隨著我們願意投入的資源，並用這些資源來比較不同的社會
團體他們在共同支出上的貢獻能力，尤其是更進一步地利用這些資源來測
量、登記不同的社會職業類別他們各自的所得與財產多寡。更何況，若論
及每個職業類別各自的地位與經濟活動，他們彼此間的差異是非常懸殊的
（甚至可說是彼此完全無法比較的）。

左派婆羅門與右派生意人的強處與弱點

　　隨著蘇維埃共產體制倒臺，以私人財產為焦點那種非左即右的鬥爭也
落幕後，文憑愈來愈值錢。而「左派婆羅門」也盤據著愈來愈大的勢力，
政治意識形態的景象於是澈底改觀了。原本諸多左派政黨的黨綱都是以國
有化為基礎（特別是在法國、英國），這曾讓自己當老闆的人非常恐慌，
但就在短短數年間，這些國有化的說法都不見了，卻也沒有用另一套更清
楚，或是更有擔當的綱領來代替（參見第十一章）。多元菁英都已經卡好
位子，一邊是「左派婆羅門」，他們吸引教育程度偏高的人，另一邊則是
「右派生意人」，號召了所得與財富最高的人（參見圖14.1）。無論是在美
國、英國，還是其他西方國家，我們都可以發現這一個相同的結構。這一
平衡局勢是由某些強大要素交織出來的，但同時且絕對不可忽略的是，它
的內部經緯線卻是很纖細薄弱，因此整體局勢其實是很不穩定的。

　　所謂的強大要素是基於「左派婆羅門」與「右派生意人」都是某些價值觀與經驗的代言人，而且還彼此互補。他們有諸多共同要點，首先就是對於現今的不平等制度，他們的態度多少都是很保守的。「左派婆羅門」相信努力就會有回報、學業成就最實在；「右派生意人」強調愛拚才會贏、事業愈大成就愈高。「左派婆羅門」專注的是文憑、知識和人力資源的累積；「右派生意人」則注重貨幣與金融資本的累積。他們兩方的價值觀與經驗在某些領域可能不一樣。比起「右派生意人」，「左派婆羅門」勉強可接受更高的稅捐，因為可用來資助高中、高等專門學院，以及文化與藝術機構等等這些「左派婆羅門」非常依賴的事物。[73]不過，這兩方陣營都非常依賴現今的經濟制度與當前全球化的組織運作方式，若追根究柢，當今這一套體制無論是對知識菁英、還是經濟與金融菁英，都是十分有利的。

　　「左派婆羅門」與「右派生意人」各自象徵著兩種正當統治形式的化身。另外，這套多元菁英的制度也代表著，傳統三重功能社會根深蒂固的運作邏輯重返人間，過去三重功能社會的基礎是知識菁英與軍武菁英各自扮演一己角色，這跟當今的差別是，過去的軍武菁英被商業菁英取代了（若我們考慮到一項事實，那就是當今貨物與人身安全都已經由權力統整中央的國家體制來擔保）。「左派婆羅門」與「右派生意人」可以輪替執政，或者是在統合了不同菁英的聯盟架構下一起執政。法國2017年的總統大選時，嘗試去統合中間偏左與中間偏右兩派系的聯盟，就是一個例子，我也會在後面再回來討論這個例子。或許有朝一日，教育程度最高者也成為最富有的人，這時我們就可以去想像，各方社會經濟菁英都整合在一起，所以如果我們假定最後只剩下一個獨一無二的政黨，其實也不過是最順理成章的事情。我們先前已經討論過，印度在十九世紀末葉時，婆羅門既是學問最高的階層，也是擁有最多土地的地主。[74]然而，人生生涯的不同選擇（例如，有的投向公共部門，或是文化、知識色彩濃厚的職業，有的則選擇私人部門、金融與商業活動），則又開啟了另一扇大門，也就是，知識與土地這兩大菁英永遠不會二合一的可能性。

　　儘管角力激烈，如此的政治平衡狀態卻是極端脆弱的。第一個病態表現，我之前已經提過了，就是大眾階級告別選票所的現象（參見圖14.7-14.8）。從眾多菁英的角度來看這個現象，一個不知悔改的解讀就是，他們從中看到可以從此高枕無憂：大眾階級愈不去投票，上層階級就愈容易繼續掌權。當然，風險也是存在著的，那就是這樣最後甚至會打擊到選舉與政治體制的正當性，同時又會招引來暴力革命、極權政體。更廣泛而言，很清楚地，後果其實是二戰後整體的政治分歧以及選舉聯盟的制度將全軍覆沒。當今仍苟延殘喘的「左派競選陣營」，正飽受著愈來愈激烈的分裂對決，例如一邊是中間偏左、擁抱市場的路線，至於另一邊，他們眼見著不平等現象直線上升，所以努力尋找新的解答，但最終堅持更澈底的左派風格、向資源重新分配的做法靠攏。我們將在後面段落討論當今正蓬勃發展中的參與式社會主義與社會聯邦主義，這些發展都有可能針對這些問題提出解答，幫助我們面對挑戰。「右派競選陣營」也是飽受風風雨雨，一方是中間偏右、拉攏市場，而另一方是走本土主義、民族主義路線，尤其是這些堅持本土、民族兩路線的右派人，針對全球經濟制度產生種種偏差且帶給我們重重考驗時，他們的答案是躲進身分認同的底洞，高喊反對移民的社會本土至上的口號。這些都是我們以下要開始分析的身分認同分歧，這將帶領我們去深入2017年的選舉，根據我們的觀察，當時整個選舉局勢可分成四大部分。

身分認同的分歧與宗教分歧重返法國

　　首先必須強調的是，嚴重的身分認同分歧以及宗教分歧在法國並不是什麼新鮮事。天主教徒與主張政教分離者這兩派人分裂對決，就某一程度而言，都被認為是跟私人財產引發出來的衝突密切相關，也跟農民、鄉村以及工人、城市這兩個世界之間的對立息息相關，以致於天主教徒與堅持政教分離者間的對立在十九世紀以及二十世紀裡很長的一段時間裡，皆扮

演著重大角色。[75]這類在信徒、非信徒之間的界限問題，即使在大眾階級的內部也是存在著，使得長久以來，便讓原本可以非常一致的政治聯盟組成問題，卻在社會經濟層面變得有點複雜。若說一套階級類型的對立體系在戰後能被撐起來，這主要是因為種種宗教與身分認同的分裂早已煙消雲散，但另一方面，也是由於種種的考驗，例如連續不斷的戰爭、1930年的經濟危機、共產主義的威脅等等，這都促使大家接受了國家在經濟與社會層面更深入的干涉，也因此給予社會黨人、共產黨人某種正當性；雖然這正當性一直到一戰和二戰期間還是不被基進派系承認。這也是為何有關於私人財產制度這主題，理當是一個屬於社會經濟層面的紛爭，但卻是在界限、身分認同這類問題上大做文章。

　　過去數十多年來，嶄新類型的身分認同分歧與宗教分歧開始在法國，以及諸多歐洲國家開始滋生蔓延，也跟反對移民的政治運動緊扣相關，尤其是反對來自歐洲地區以外的移民，又以反對出身阿拉伯世界的穆斯林教徒（origine arabo-musulmane）[⑰]最為激烈。如果我們先來分析，在法國，信仰宗教的人口結構演變，並以自1967年以來的選後訪問調查中、受訪者的自我看法為主，我們便可發現，自稱「沒有任何宗教信仰」的人是愈來愈多。[76]從1967年到2017年為止，這一比例已經由6%提高到36%（參見圖14.14）。

　　大部分的選民仍繼續宣稱自己是天主教徒，但事實上，人數卻已大為

---

⑰　譯注：arabo-musulmane 一詞裡，arabo 即 arabe，當今一般法國人用這個字來泛指十九、二十世紀受法國殖民的北非國家（阿爾及利亞、突尼西亞、摩洛哥）以及當地人民，反倒未必指阿拉伯半島的人民或國家。另外，在這三個北非國家，日常生活中的語言往往包括了標準阿拉伯語、地區性阿拉伯語（依國家與地區文化而有重要區分）、北非各地的柏柏爾語（Berbères），以及法文（往往是洋涇濱法文）；換句話說，他們並不算是「講阿拉伯話的人」。至於德國的情況，當地將近 70% 的穆斯林信徒是土耳其後裔，阿拉伯半島與東南歐巴爾幹半島的移民後代比出身北非的後代還多。在法國、其他歐洲國家、其他法語系國家，乃至過去受法國殖民的國家，arabo-musulmane 這個字裡的兩大成分代表著每個地區獨有的歷史經驗，沒有統一或單一的定義：例如在東非的法語系國家裡，所謂的「阿拉伯人」是葉門人；當今北非的主要宗教是伊斯蘭，但「阿拉伯化」、「伊斯蘭化」跟「被信奉伊斯蘭的鄂圖曼帝國統治」的經驗都是不一樣的。

圖14.14. 法國1967到2017年的選民宗教信仰結構

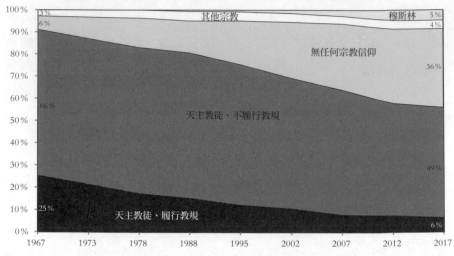

從 1967 到 2017 年，在全部受訪的選民中，自認為是天主教徒且履行教規的人（至少每個月去一次教堂），由 25% 下滑到 6%。至於自稱為天主教徒，但卻不履行教規者，則由 66% 跌至 49%。自稱是沒有任何宗教信仰的人，比例由 6% 升高到 36%，其他宗教（清教徒、猶太教、佛教等，但不包括伊斯蘭），則是 3% 到 4%，至於自稱為穆斯林的選民，則由低於 1% 提高到 5%。來源與數據：參見 piketty.pse.ens.fr/ideologie.

降低：由1967年時91%的比例跌落到2017年時55%。換句話說，過去天主教徒占多數比、也是壓倒性的，現在卻只有相對而言的意義。如果我們只分析低於五十歲的選民，宣稱沒有宗教信仰的人，甚至在2012年時超過天主教徒的比例（各別是44%與42%）。[77] 另外，仍宣稱自己是履行教規的天主教徒（定義是宣稱自己至少每個月去一次教堂），則差不多消失了：在2017年時只剩6%。剩下來的49%的人，他們宣稱擁有天主教信徒的身分，但卻很少，或根本不履行任何教規。[78]

　　除了自稱沒有任何宗教信仰的人口急邊成長之外，我們同時也可以觀察到，在1967年到2017年間，天主教以外的宗教信仰，總和比例並不是很高，卻有重大意義。在1967年時，低於3%的受訪者宣稱信仰天主教以外的宗教，主要都是清教徒（約2%）、猶太教（差不多是0.5%），而其他所有宗教加起來，則還遠低於0.5%（伊斯蘭、佛教、印度教等等）。1988年時，受訪選民中的穆斯林比例仍低於1%，也正是從那年起，選後調查

開始把穆斯林從其他宗教中抽離出來。1997年時，穆斯林的選民比例仍低於2%，然後，在2002年到2007年期間時，開始爬到3%，最後在2012年、2017年的選舉時，升到5%。[79] 在這些自稱為穆斯林的選民中，就是否履行教規這件事來說，似乎絕大多數是偶爾為之，就跟自稱是天主教信徒的人的情況是一樣的。[80]

在此必須強調的是，我們的資料都是來自登記在選舉手冊上的人，這代表著一方面他們都擁有法國國籍，通常是移民第二代才取得的，另一方面，他們都已經去辦理選舉登記。[81] 其他不同的調查研究結果顯示，自認為是穆斯林的人口總數，在2010年代末期時，差不多是所有住在法國的人口總數的6%到8%。[82] 在其他的西歐國家，尤其是英國與德國，比例也差不多如此。這都遠低於印度的穆斯林人口，根本無法相較（1951年時的普查結果是10%，2011年時是14%），但更重要的差別在於，印度自十八世紀起便是印度教、伊斯蘭等多元宗教共處的事實，西歐卻是在最近這數十多年才有這樣的事實。[83] 相較而言，在波蘭、匈牙利，或甚至是美國（還不到1%的總人口），穆斯林人口是微乎其微的。

如果我們去分析宗教分歧是如何影響著選情時，兩項主要的事實值得我們注意。首先，如果我們先排除所謂的其他宗教的問題，我們可發現到，天主教選民跟無任何宗教信仰的選民之間的分歧，在法國的選舉與政治議題上，向來扮演著極為關鍵的角色。這在第三共和時期非常明顯，尤其是從1871年到1910年的諸多選舉，也就是西格德的調查研究鎖定的時期，例如若以選舉區域的範圍為研究單位，然後去交叉就讀私立學校的比例、擁有土地的財產所有人的整體結構，以及投票給天主教候選人的趨勢時，便可發現這樣的現象。[84] 另外，我們可在1960年到1980年間，再次觀察到宗教對於選舉的重大影響：自認為是天主教徒且履行教規的人，其中只有10%到20%把選票投給左派（包括了社會黨、共產黨、基進組織或派系、環境生態主張等），而宣稱沒有任何宗教信仰的選民中，將近70%到80%的人投票給左派政黨（參見圖14.15）。至於自稱是天主教徒，但卻沒

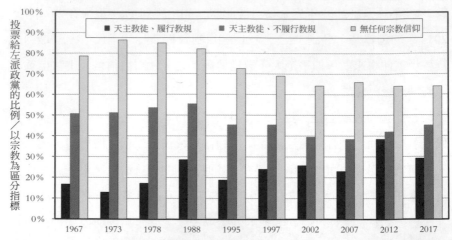

圖14.15. 法國1967年到2017年間天主教與政治分歧的關係

在法國，自稱是天主教徒的選民，無論履行教規或是不履行教規，相對於自稱是毫無任何宗教信仰的選民，都不太傾向把選票投給左派。不過，隨著時間演進，中間的差距逐漸縮小。來源與數據：參見 piketty.pse.ens.fr/ideologie.

有履行教規的人，他們的政治立場向來在上述兩大群體中搖擺。若是想在其他的社會經濟層面中觀察到如此確切的效應，那就必須去比較在那同一時期中，擁有最少財富的那10%的選民，以及擁有最多財富的那1%的選民（參見圖14.13）。然而，沒有任何宗教信仰的選民，並不是擁有最少財富的那10%的選民，而自稱是天主教徒且履行教規的人，也不是擁有最多財富的那1%的選民，這兩者幾乎是風馬牛不相及。

如果我們來檢驗宣稱自己是天主教徒的選民（無論履行教規與否），他們倒向右派的傾向，在1960年代到1980年代，遠比宣稱無任何宗教信仰的人還高出四十個百分點。這是不可輕忽的效應，也具有非常高的顯著意義。再來，如果我們假設其他條件都不變，也就是說，我們將天主教徒的社會經濟特質列入考慮的話，上述的差距便會縮小到三十個百分點。這最主要是因為一般而言，天主教徒的平均年齡較高，於是便比沒有任何宗教信仰的選民擁有更高的所得，甚至更多的財富。[85] 不過，差距的主要來源（其中四分之三左右的差距），看來似乎是政治意識形態因素的關係，

而不只是社會經濟因素而已。[86]這個三十到四十個百分點的差距現象（無論有沒有去計算控制變項），是在1960年代到1980年代前後觀察到的，然後在1990年代到2010年代，差距便逐漸縮小為二十到二十五個百分點。這依然是頗具分量的差距，尤其是，如果我們沒有忘記，通常是社會經濟與教育程度因素才會造成十到二十個百分點的差距（參見圖14.1-14.2）。

本土主義大漲潮、政治宗教急旋風

現在我們就來分析法國多元的宗教（更廣泛說來，在西歐也是如此，以下細談）。這個可說是當今最新發現，而且還引起一陣政治意識形態的超級旋風。長期以來，多元宗教往往給左派政黨帶來更多的票源。例如，在1960年代、1970年代期間，普遍都可觀察到清教徒與猶太教徒更偏向把選票投給左派政黨，而且大致就是位於不履行教規的天主教徒選民以及無宗教信仰的選民這兩群人的中間（參見圖14.16）。從1960年代到2010年代為止，清教徒與猶太教徒選民這兩弱勢團體的政治立場定位，一直在這中間地帶遊走。[87]

至於穆斯林選民，從1988年起的選後調查才將他們抽離出來，列為一獨立類別，我們也可觀察到他們非常明顯的左派立場。根據1988年以及1995年的選舉，他們之中70%到80%的人都投票給左派，這跟無任何宗教信仰的選民的左派傾向大致相等。但由於有關於穆斯林選民的資料有限，以致於我們無法針對這兩個團體之間的可能關連，提出更具統計顯著意義的分析。從1997年開始，而且緊接著2002年、2007年、2012年，以及2017年的選舉，我們可觀察到一個規律，自稱是穆斯林的選民都壓倒性地把選票投給左派：比例都是在80%到90%左右，而且每次選後調查的結果都一樣、毫無例外（參見圖14.16和14.17）。當然，樣本量是很有限的，但效應卻是非常地顯著，而且每次選舉都可發現相同的宗教效應。在1995年到2017年這一整個期間，選票投給左派的穆斯林選民以及非穆

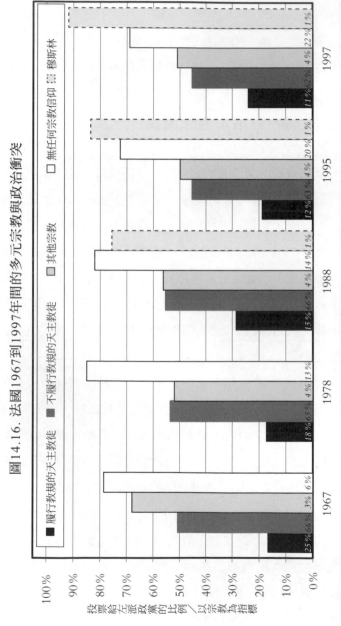

圖14.16. 法國1967到1997年間的多元宗教與政治衝突

宣稱自己是穆斯林的選民，從1997年起，便非常明顯地常把選票投給左派，而且相對於無任何宗教信仰的選民來說，此一傾向還更加強烈。在1988年之前，穆斯林被納入其他宗教此一類別中（包括了清教、猶太教、佛教、印度教等），而且在整個選民結構中中的占比，遠低於1%。來源與數據：參見 piketty.pse.ens.fr/ideologie.

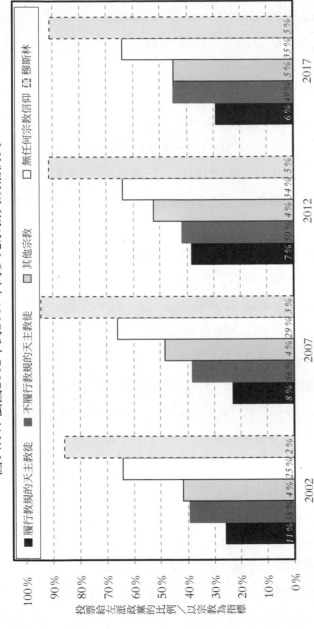

圖14.17. 法國2002年到2017年間多元宗教與政治衝突

宣稱自己是穆斯林的選民，從1990年代起，在每一次選舉中，投票給左派政黨的比例約是80%到90%。在1988年之前，穆斯林被納入其他宗教此一類別中（包括了猶太教、佛教、印度教等等），而且在整個選民結構中的占比，遠低於1%的比例。來源與數據：參見piketty.pse.ens.fr/ideologie.

斯林選民的差距,大約是四十到五十個百分點,而在整個研究期限的最後
階段,信賴區間則是 5% 左右。這樣如此明顯的差距,只有就某一很小的
程度上(勉強占整體效應中約十分之一的可能性),可歸咎於這些選民的
其他特質,並進而促使他們更傾向把選票投給左派(例如,歸咎是因為他
們的所得與財產都偏低)。[88]

這樣的結果不免引發出好幾個想法。首先,沒有任何其他社會經濟指
標足以產生如此乾脆俐落的選舉偏好,也就是,80% 到 90% 的穆斯林選民
都投票給左派(或者唯一例外就是,在 1970 年代,擁有最高財富的選民
中,80% 到 90% 的比例都投票給右派;見圖 14.13)。不過,我們也可以發
現到美國的黑人後裔選民,從 1960 年代開始,其中 80% 到 90% 的人向來
就是只投給民主黨,這就如同,英國的穆斯林選民從 1980 年代、1990 年
代起,高達 80% 到 90% 的比例都習慣性地投給工黨。我們在下一章節將
再回來這議題的討論,分析這些種族宗教分歧(或者被大眾認為是種族宗
教分歧的問題)成為不同形式的政治爭端後,其中的相似與相異之處。

截至目前為止,至少可簡單結論的是,針對 80% 到 90% 的穆斯林選
民投票給左派政黨的事實,我們可提出的主要解釋是,就某一相對層次而
言,是非常明確的:這些選民感受到來自右派政黨非常濃厚的敵意。這種
對出身歐洲以外移民的敵對態度,從數十多年前開始,就已經是國民陣線
(Front national)十分公開的做法,而該政黨,從 1980 年代末期到 2010 年
代為止,已在議會選舉中贏得 10% 到 15% 的席次,在總統大選中也已贏
得 15% 到 20% 的選票(在 2014 年、2015 年的地方與歐洲議會選舉中,甚
至摘下 25% 到 30% 的選票)。但即使是中間偏右或是傳統右派中最靠右的
團體,也毫不隱瞞這種對歐洲以外地區移民的敵視態度。在 1980 年代時,
國民陣線開始贏得一些選戰,那時便已坦然打出本土主義的口號,例如,
在 1978 年的議會選舉時,便第一次公然在布條上寫出標語:「一百萬人失
業人口,就是一百萬多出來的移民!法國跟法國人優先!投票選國民陣
線!」布條上雖然沒有指明,但很明顯地,每個人都知道,槍桿子只對準

歐洲以外的移民，跟歐洲白種移民是毫無關係。

在過去數十多年，國民陣線的黨綱重點總是集中在中止移民、封鎖國家邊界、重審取得法國國籍的法律等，目的在於讓不是出身歐洲地區的移民後代再也無法歸化法國籍。[89]另外，國民陣線也不避諱說道，一旦他們掌權，很可能會把這些惹人厭的移民以及他們的小孩全都「送回他們的老家」，如此一來，就不用還得反過頭來，針對那些行為舉止欠佳的人一一褫奪法國國籍（至於什麼是行為舉止欠佳，那就由新政府來訂出標準）。在此必須指出，而且這是很重要的一點則是，這整個牽涉到的是非常粗暴的手段，目的在於回到過去，重新繪製法國人這個族群的界限，然後把那些只認識當今法國、這個生活圈的人全踢出去。在過去，大規模地剝奪某些人的法國國籍然後放逐國外的事件，已發生了好幾次；且不只是法國，歐洲二次大戰期間，[90]還有美國的1930年代。[91]換言之，歷史已經多次上演，一旦輿論炒作過頭，則有時人們會把國家的金鑰交給毫不避諱去執行這類政策的政府，而且就算是「民主」選舉體制也難逃這類厄運。另外，這樣的政黨掌權後，隨後發生的一連串後果，將會比當初給大部分選民的承諾還更危險，至於這些選民能在這些反對移民的攻擊中撈到多少好處，卻是沒有任何確切事實的根據。[92]若我們去考慮到，我們根本無法想像在社會經濟層面可能發生的後果，那麼當今這樣的政治嘗試，最後導致在身分認同此一戰線上競相廝殺，也不過是自然而然的結果，但在民間社會產生的暴力卻是無法想像的。

面對這樣的說法與威脅，使得最常被槍桿子瞄準的人（也就是穆斯林選民）都把選票投給跟極右派勢不兩立的政黨，也就是左派陣營，實在也不令人感到意外。法國在1960年代、1970年起，便開始了後殖民時期的移民潮，隨之便是種族宗教多元化的時代，然後在1980年代、1990年代起，本土主義的意識形態萌芽，毫不收斂地咆哮這多元化的時代，我們同時也觀察到，這樣的種族宗教新紀元竟澈底顛覆了一貫的政治衝突結構。在傳統的藍圖上，最虔誠的天主教徒最常投票給右派，然後依序是不履行

教規的天主教徒跟其他少數宗教的信徒（清教徒與猶太教徒），再來是無任何宗教信仰的人，特別是這一批宣稱無任何宗教信仰的人，他們從十八世紀法國大革命的時代起，便是最常投票給左派的人。然而在穆斯林選民中，即使某些就家庭傳統生活而言非常保守的人，卻也都是常把選票投給左派的人，甚至超過無任何宗教信仰的人的比例，這正好說明了眼前景象可謂天翻地覆。

同時，我們也可以注意到，社會黨政府在2012年、2017年間通過同性戀者婚姻法案，而所有的調查都指出，該法案不受任何教徒歡迎，且無論是天主教徒還是穆斯林都一樣。然而，這也沒有阻止穆斯林選民在2017年時，以超過90%的比例支持左派或是中間派系的候選人，這就跟之前2012年或所有其他先前的選舉一樣。[93]一個相當明顯的解讀就是，在穆斯林選民看來，這個同性戀婚姻的問題，雖然很重要，但相較於國民陣線以及國民陣線高舉的本土主義意識形態所引發的生存威脅，實在可睜一隻眼閉一隻眼。[94]

宗教分歧、出生地衍生出來的分歧：一個歧視他人的陷阱

最後必須說明的是，從2007年起，問卷中包含了受訪者是否出身法國以外的國家的問題。這樣的設計可以幫助釐清，由於宗教認同而引發的選舉分歧，以及由於家庭生活與移民經驗而引起的選舉分歧，這兩者的差異究竟為何；其實兩者各自代表著極為不同的現實，但在之前的選後調查中往往混在一起。暫且以2012年的調查結果作為實例說明。當時受訪者必須回答，「是否父母親中至少其中一人，或是（內、外）祖父母中至少其中一人是外國人，或是來自外國」。[95]針對這個問題，72% 登記在選舉名冊上的人都回答沒有任何來自外國的祖父母，28%的人則回答至少祖父母有一方是外國人。在這28%中，19%的祖父母是歐洲籍（在這裡面，三分之二都只來自三個國家：西班牙、義大利、葡萄牙），剩下的9%的祖父

母則是來自歐洲以外的國家。若再細究，其中65%左右來自北非國家（阿爾及利亞、突尼西亞、摩洛哥），15%則是撒哈拉沙漠以南的非洲國家，換言之，80%非歐洲籍的祖父母來自非洲。[96]

　　現在我們就來分析這些選舉結構，我們可發現到，歐洲國家出身的選民的投票傾向，一般而言，跟沒有任何國外出身的選民是完全一樣的，也就是，在2012年第二輪的總統大選時，49%的選票都投給了社會黨候選人，但擁有歐洲國家以外出身的選民中，投票給社會黨候選人的比例則是77%（參見圖14.18）。

　　我們可同時觀察到，上述效應未必是因為宗教因素的關係，而且更重要的是，歐洲國家以外的出身以及宗教認同這兩者之間的關連，有時比我們想像的還更複雜。例如，在所有自稱有北非出身的選民中，不到60%的人自認為是穆斯林信徒。[97]這一事實讓我們觀察到，擁有北非或是撒哈拉沙漠以南的非洲國家出身的選民，都壓倒性地把選票投給左派政黨，且包括了這些選民中的天主教徒或是無任何宗教信仰的人。總之，我們必須注

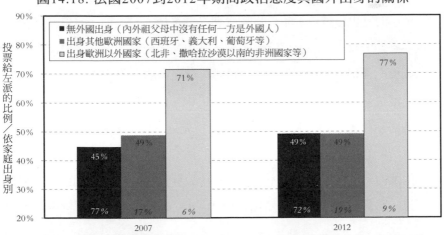

圖14.18. 法國2007到2012年期間政治態度與國外出身的關係

在2012年時，沒有任何國外出身的選民（內外祖父母中沒有任何一人是外國人）中，49%把選票投給社會黨候選人，擁有歐洲國家出身的選民（主要是西班牙、義大利、葡萄牙）也是相同比例，但是擁有歐洲國家以外（主要是北非、撒哈拉沙漠以南的非洲國家等）出身的選民中，則高達77%的人投給該社會黨候選人。來源與數據：參見 piketty.pse.ens.fr/ideologie.

意的是，當不同的面向結合在一起時，國外出身的效應就會更明顯。換句話說，相較於沒有任何外國出身的選民（或者是擁有其他歐洲國家的出身背景時），而且如果社會經濟條件都相等時，擁有北非出身的選民，若加上沒有任何宗教信仰時，會更傾向把選票投給左派政黨。但如果是穆斯林信徒時，這種倒向左派的傾向就又更加強烈。[98]

如果單單只是用選民的政治偏好（例如，有關於家庭規範、同性戀婚姻等）來看待這些累積效應，其實並不能讓我們去確定任何事情，但我們可以藉著這些選民的感受來合理解釋這些累積效應；尤其是在這些選民都可感受到右派政黨，特別是極右派對於伊斯蘭獨有的敵意時。而且，不可否認的是，諸多理由都可用來解釋這些感受。反對穆斯林信徒的種種主張，在歐洲殖民的意識形態中，尤其是從十九世紀初期起的法國殖民主義裡，便扮演著不可忽略的角色。[99]更廣泛說來，我們不應該忘記，當今本土主義此意識形態是有著古老的根源。在一戰與二戰期間，害怕歐洲人被其他人取代的恐懼，在希特勒的意識形態中，表達得非常清楚。[100]在第一次世界大戰之前，主張殖民主義的意識形態大師（在法國，以保羅・勒華－波里尤〔Paul Leroy-Beaulieu〕[18]為首），一直散播著「白種人」、「基督教文明」的歷史優越性，並且強調歐洲必須維持大量人口，且進一步擴展到世界各地，否則歐洲很可能反頭來被其他文明侵略，最終澈底沉淪。[101]就法國極右派從1950年到1980年間另起爐灶後的面貌來看，它是靠著拒絕終止殖民主義而壯大的。在它的創始人中，好幾個人都是毫無條件地主張法國必須持續在阿爾及利亞的殖民（首先就是尚－馬利・雷朋）。國民陣線從一創立起便在從阿爾及利亞返回的法國僑民中贏得高票，特別是在法國南部的票源。[102]「穆斯林信徒」在1962年時摘下阿爾及利亞獨立戰爭的勝果，法國占領那裡長達一個世紀半（1830-1962年）的歷史也終於落

---

[18] 譯注：保羅・勒華－波里尤（1843-1916）是法國經濟學家，曾在法蘭西學院（Collège de France）教授政治經濟學。

幕，所以，這一群從阿爾及利亞返法的人若是對「穆斯林信徒」充滿敵意且始終維持在相當緊張的程度上，也不令人意外。

　　諸多研究都指出，穆斯林信徒現在都面對著強烈的歧視壓力，尤其是在法國、歐洲，而且又以就業市場的壓力最嚴重。[103] 一般說來，就相同的文憑程度，出身北非和非洲的移民在找工作時比其他人更困難，而且他們的失業率偏高、薪水偏低。[104] 最近其他研究也顯示，就相同文憑、相等的專業經驗而言，或即便是出身於同一外國地區時，一旦履歷上的名字給人一種穆斯林的感覺時，面試的機會便會降低。[105] 在某些其他國家中，女性或是某些社會團體都是社會偏見的第一受害者；相較之下，穆斯林信徒承受的偏見其實是很類似的，要去克服這些偏見時，我們至少可以想出諸多不同的解決方式，包括像是保障、「保留」名額等等，針對在歷史上長期遭受歧視的某些社會團體，印度也早已這麼做（參見第八章）。但是，印度的經驗也指出，如果我們無法一開始就去推演出日後沿革的配套條件時，這類政策反而很容易讓這些社會團體的範圍僵化。在法國與歐洲背景中，這類做法只會讓原本的身分認同壓力急遽升高，而且反對伊斯蘭的仇視力量是真正存在的事實。[106] 在法國的做法裡，更可行的方式是，更嚴厲地去懲治因為宗教與國籍出生地的理由而產生的歧視行為，並且設置可行的測試方法，以便能夠辨識出歧視行為。無論如何，我們都可明白，後殖民時期種族與宗教多元的學習過程，以及另一新類型的本土主義意識形態的發展，都使得在歐洲過去數十多年還不曾發生過的某些不平等的衝突形態，以及讓衝突的形成脈絡慢慢地浮出水面。

界限與財產：一分為四的選舉結構[⑲]

　　首先讓我們做個總結。在過去數十多年中，左派選舉陣營已變成「左派婆羅門」，內部除了一分為二之外，也愈加破碎；一邊是擁抱市場的中間偏左派系，另一邊則是高舉資源重新分配旗幟，更「基進澈底」的左派

（或簡單說來，比較不偏右，用詞端賴每個人的感受）。至於「右派選舉陣營」，則是分裂成擠向市場的中間偏右派系，以及主張本土主義、民族主義的右派。終究說來，我們可以很清楚地觀察到，整體的「階級性」分歧體系，以及在1950年代到1980年間成形的左右兩派主導的政治結構逐漸地垮臺，因此現正面臨著重新組合的階段。以下我們將繼續分析，在不同國家中，這種重新定義政治衝突的不同面向的歷程，其實都不是相同的戲碼。若是想用必然如何又如何的觀點來看待這些演變，那不免是錯誤的打算。隨著不同參與者的策略，尤其是隨著不同的論述主張、社會團體，以及檯面上的政治組織各自去動員政治意識形態的能力高低，分歧體系以及讓各個分歧體系各具特徵的主要軸線，都可能各自朝著極為不同的方向演變。

　　法國自2010年代末期起的政治意識形態衝突的整體景象，非常完整地說明了當今政治體制既非確定必然，也欠缺穩定性。總結來說，法國整個選民結構可分成四個大小差不多的部分：第一個意識形態陣營可名之為國際主義－平等主張（internationaliste-égalitaire），第二個是國際主義－不平等主張（internationaliste-inégalitaire），第三個是本土主義－不平等主張（nativiste-inégalitaire），以及第四個，本土主義－平等主張（nativiste-égalitaire）。這樣的拆解是很粗糙的，一方面，這是因為政治衝突的現實，並不是只隨著某兩大面向來進行而已，另一方面，足以導致陣營分裂的不同主軸，也都可再區分出主流與隱晦不明的支流；而且我們也不能把這些主流、支流一把捉起，然後簡單化整為一個點或是一條直線。然而這樣以界限、財產這兩大主軸整理出來的四大類別，還是能夠幫助我們釐清混亂的思緒。

　　為了讓整個選民結構的布局能隨著這兩大主軸而攤開來，我們利用以

---

⑲　譯注：原文標題（La frontière et la propriété : un électorat divisé en quatre quarts）裡 quatre
　　quarts 一詞（這裡翻譯為一分為四），指的是歐洲北方的一種糕點，材料有四：麵粉、奶
　　油、雞蛋、糖，比例相等。

下兩個問題的答案來做切割。第一個問題是用肯定句的口氣提出來的：
「法國的移民太多了」。在2017年時，56%的選民都表達了肯定的意見
（44%則否決這個問題）。[107]從2000年到2020年這一整段期間，認為法國
從2000年初期開始已經有太多移民的選民，其比例差不多在50%到60%
之間游走（相對地，40%到50%的選民並不認為移民太多），而且這些看
法都是隨著經濟景氣週期而變動。例如反移民的選民比例在2002年時是
61%，2007年時則下降到49%，當時的失業率以及投票給國民陣線的比率
都是最低的，然後，到了2012年和2017年，反對移民的選民比例，又再
度各自上升到51%和56%。[108]

　　第二個問題則是有關於降低貧富之間的不平等差距。提出的問題仍是
肯定句，但卻是以乾脆又挑釁的口吻提出：「為了重整社會正義，必須劫
富濟貧」。如果提出來的問題是用一種更溫和的口氣，我們很可能得到的
結果是，絕大多數的選民都點頭肯定；另外，這個問題的優點之一是，它
也將整個選民結構切割成兩個大小差不多的陣營。在2017年時，52%的
受訪選民都主張「必須劫富濟貧」（48%則持反對意見）。而在2007年、
2012年時，主張維護窮人利益（且以問卷提出的問題來定義）的比例，則
分別是56%、60%。也就是說，在2012年、2017年期間，給予肯定答案
的比例下降了，賦稅競爭使得資源重新分配變成是不可能的主張，加上社
會黨總統的執政成績讓人失望等，都可用來解釋為何給予肯定回答的比例
下降了。[109]

　　在此做個整理：在2010年代末期，有關於移民、貧富差距這兩大問
題，無論哪一個都把全部受訪選民分成兩個幾乎一樣大小的陣營。若說這
兩大政治衝突面向都具有相等分量，也就是說，根據這兩個問題而得到的
答案，如果是完全相關的話，如此一來，整個選民結構也應該可以大致切
割成兩個大小差不多的半等分，而且，這兩個半等分正好構成一個兩極對
立的選舉局勢。[110]

　　然而結果卻不是這麼一回事：雖然整個選民結構可隨著這兩個問題

（參見圖 14.19）而大致切割成四個等分，但是這兩個問題的答案本身，彼此卻是幾乎沒有任何相關。在 2017 年時，21% 的選民可被歸為「國際主義－平等主張」（傾向贊成移民，傾向維護窮人利益）；26% 是「本土主義－不平等主張」（反對移民，傾向維護富人利益）；23% 是「國際主義－不平等主張」（傾向贊成移民，傾向維護富人利益）；30% 是「本土主義－平等主張」（反對移民，傾向維護窮人利益）。我們可以注意到，四大陣營各自的分量可在短短幾年內出現變化，原因不外乎是政治辯論主題的方向、每一時期引人注目的事件焦點為何、在媒體中又引起什麼樣的象徵意義等。另外，問卷中提出的問題並不是很精確的，所以只能夠勾勒出輪廓模糊的意識形態組別，根本不能用來畫定明確又架構一致的立場。最後，還必須強調的是，樣本量有限，所以圖表上四大陣營間的輕微差距並沒有統計上的顯著性意義，尤其是 2007 年、2017 年這兩年度的數字。[111]

我們可看到，這四大意識形態勢力在 2017 年總統大選的第一輪投票時，構成近乎完美的四大選舉陣營（表 14.1）。主張「國際主義－平等主張」

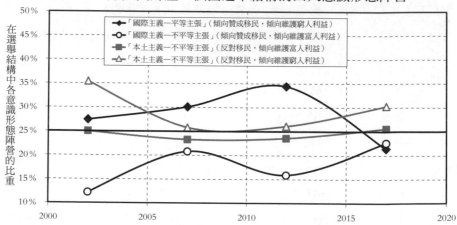

圖 14.19. 界限與財產：法國選舉結構的四大意識形態陣營

2017 年時，21% 的選民可被歸類為「國際主義－平等主張」（他們並不認為移民太多，也主張必須縮減貧富差距）；26% 是「本土主義－不平等主張」（他們認為移民太多了，貧富差距也不需要縮減）；23% 是「國際主義－不平等主張」（傾向贊成移民，傾向維護富人利益）；30% 是「本土主義－平等主張」（反對移民，傾向維護窮人利益）。來源與數據：參見 piketty.pse.ens.fr/ideologie.

表14.1. 法國2017年時的政治意識形態衝突：一分為四的選舉陣營

2017 年總統大選（第一輪）	全部受訪選民	梅龍雄／阿蒙（「平等主張─國際主義」）	馬克宏（不平等主張─國際主義）	斐永（不平等主張─本土主義）	雷朋／杜邦─艾紐（平等主張─本土主義）
	100%	**28%**	**24%**	**22%**	**26%**
法國移民太多了（贊成%）	**56%**	32%	39%	62%	91%
為了重整社會正義，必須劫富濟貧（贊成%）	**51%**	67%	46%	27%	61%
擁有高等教育文憑（%）	**33%**	39%	41%	36%	16%
每月所得高於四千歐元（%）	**15%**	9%	20%	26%	8%
乃為居住所在地的屋主（%）	**60%**	48%	69%	78%	51%

2017 年總統大選時，28%的選民投給了梅龍雄／阿蒙；其中，32%的人認為法國移民太多了（全部受訪人的平均值為 56%），67%的人則主張應該劫富濟貧（全部受訪人的平均值為 51%）。就上述意涵來說，此一選舉陣營的意識形態是「平等主張─國際主義」（贊成移民，保護窮人利益），至於馬克宏陣營則是「不平等主張─國際主義」（贊成移民，保護富人利益），斐永陣營是「不平等主張─本土主義」（反移民、保護富人利益），雷朋─杜邦─艾紐則是「平等主張─本土主義」（反移民、保護窮人利益）。注釋：投給阿爾多／卜圖（2%），以及阿斯凌諾／瑟木納德／拉薩勒（Asselineau/ Cheminade/ Lasalle，2%）的選票，都各自加到梅龍雄／阿蒙以及斐永的陣營。來源與數據：參見 piketty.pse.ens.fr/ideologie.

的勢力在第一輪投票時匯聚了 28%的選票，其中以高喊「澈底堅決的左派路線」的候選人梅龍雄（Jean-Luc Mélenchon）及其政治團體不屈法國（La France imsoumise），贏得最高比例（20%），再來便是出身傳統社會黨左派的候選人阿蒙（Benoît Hamon，6%），最後就是兩名極左派候選人（2%）。[112] 把這一陣營列為「國際主義─平等主張」是很合理的，因為相較於其他三個陣營，這幾個一共吸引了 28%的選票的團體，他們都抱持著某種信念，認為法國可以對外來移民更開放（在此陣營內，只有 32%的選民認為移民已經太多了，而平均值是 56%左右），也大聲鼓吹富人的財富應該重新分配給窮人（其中 69%表示樂觀其成，平均值則是 52%左右）。另外，我們還可注意到，此一選舉陣營的教育程度並不低（只略低於馬克宏陣營），但所得偏低（國民陣線的選民則是最貧窮的），持有的財富則又

更低（甚至比國民陣線的選民還更低）。

　　代表國際主義－不平等主張此一陣營的候選人是馬克宏（Emmanuel Macron），聚集了24%的選票，這是出自前任社會黨、歐蘭德政府中最擁護市場經濟自由的派系（馬克宏在歐蘭德2012年到2016年執政期間先是經濟顧問，後擔任經濟部長）。馬克宏參選時，以他領導的運動陣線為主力（共和前進黨），並獲得中間偏右的派系（民主運動黨）的支持，還有就是前社會黨陣營中堅持中間路線的班底，卻也是最富裕的團體。此一陣營可謂高舉國際主義－不平等主張，意義在於，去對比全國平均值時，它的移民路線並不是完全關上大門（moins fermé），但它也絕不認為拿富人的金錢去救助窮人是一件好事。我們可注意到，平均而言，這個陣營的教育程度非常高，所得與財富也是高於一般。以經濟與賦稅主張層面來看，2017年、2018年時它主要的政策就是，取消財富稅，就連資金利得的累進稅也一併撤銷，所以，另一方面，便是以提高從汽油課徵的間接稅來填補稅差，但在2018年底黃背心運動後，不得不放棄提高汽油間接稅的做法（參見第十三章）。[113]

　　「本土主義－不平等主張」陣營共聚集了22%的選票，主力候選人是斐永（20%），再加上其他三個候選人的代表團體，全都是很小的右派勢力（2%）。[114]這個陣營屬於右派資產階級、傳統天主教色彩濃厚，敵視移民（62%的選民如此主張），尤其是，反對任何貧富間財富重新分配的主張（73%的選民毫無意願）。其選民的教育程度比前進共和黨－民主黨聯合陣營的教育程度略低，但其所得與財富卻都更高。斐永原被看好，勝利在望，然後因貪汙弊案一蹶不振，最後被馬克宏超前。從2017年起，原支持斐永的人馬裡，不少人從此轉向馬克宏政府。更何況，是否取消財富稅向來爭論紛紛，一部分右派人士長期以來便躍躍欲試，卻一直無法付諸實現。[115]

　　最後則是「本土主義－平等主張」陣營，一共吸收了26%的選票，其中包括了國民陣線的候選人瑪莉寧・雷朋（Marine Le Pen，21%），以及右

派民族主義、國家主權至上者的候選人杜邦－艾紐（Dupont-Aignan，5%），且在第二輪投票時，杜邦－艾紐號召選民支持瑪莉寧·雷朋。相較於平均值而言，此一陣營是最堅持財富重新分配的（61%，而平均值是51%），但此陣營最主要的特徵是非常敵視移民（91%認為法國移民太多了）。一般而言，相較於其他三個陣營，此一勢力的教育程度偏低（擁有高等教育程度文憑的比例遠低於一半以下），所得也是最低的。不過，其支持者的平均財富則比梅龍雄／阿蒙陣營略高（但遠低於馬克宏、斐永兩大派勢力）。

　　另外，必須在此提醒的是，整體選舉結構中有一塊「第五個四分之一」是沒有列入表14.1之中：就是沒有去投票的人（在第一輪投票時占全部選民22%的比例）。這些人教育程度偏低、所得偏低，而且擁有的財富也遠低於四大陣營。[116]以意識形態的角度來看，這些人並不是對政治冷感，但對於財富重新分配以及移民這兩大問題卻都不願多談。[117]

不穩定的選舉結構質變成四塊大餅

　　針對如此一分為四的選舉結構，好幾個地方值得注意。首先，很明顯地，2017年的總統大選是1950年代到1980年代間塑造出來的階級分裂、左右兩敵對勢力的局面，在經過長年的分割離析後，最終導致出來的結果。左右派選舉陣營、這兩大傳統聯盟，從此都被深刻難合的社會與意識形態對立切割成一堆堆的碎片。若要去呈現此複雜局面，整體一分為四的選舉結構將會比一分為二的世界觀，或是單一面向的尺度還更貼切。

　　再來，我們可觀察到，在這類總統大選，透過第一輪投票後、選出前兩名候選人，然後再進入第二輪投票的現實裡，竟然四大候選人在第一輪都各自拿下差不多20%到24%的選票，這的確是非常罕見的。一般說來，基於讓選票效力極大化的原則，選民在斟酌著要把選票投給誰時，最後都會不約而同地集中在前兩名被看好的候選人上。有時我們可看到三雄角逐

的情況，但如此激烈的四人擂臺賽卻是很少見的。[118]這多少暗示著，選舉結構一分為四後，底層的社會與意識形態勢力分裂是多麼地強烈，以致於沒有任何候選人願意屈服在讓選票效力極大化的邏輯下把位子讓給他人。到最後，馬克宏與雷朋都以些微的勝利贏得第一輪，所以第二回合就變成是國際主義－不平等主張對打本土主義－平等主張。[119]當然，由於第一輪票選結果是四大候選人的得票率彼此都非常接近，以致於其實其中任何兩人都有進入第二輪的機會。

這套一分為四的系統是很可能轉變成三足鼎立的局面。例如，斐永陣營中最傾向自由經濟主張的派系，擠向馬克宏陣營，或者是當斐永陣營中最仇視移民者，倒向雷朋陣營時，而這樣的情況，在2019年歐洲議會選舉時也已經發生了。[120]如此三足鼎立的局面，其實也可簡化成三大意識形態門閥：自由放任主義（libéralisme）、民族主義、社會主義。[121]不過，我們可在2017年的總統大選中發現，四大意識形態陣營之間的界限非常牢固，每一方都足以吸收足夠人馬，各據山頭、逐鹿天下。

目前的政治分歧體系是在一種極為不穩定的狀態中。政治意識形態的主軸也正在調整中。基本上，隨著不同的勢力團體的動員能力、信念的差異，以及流行的政治論述而變動，若產生不同的軌道、多重的交叉點，那都是可意料的。下一章節中將處理美國的例子，那正是一個比較型的個案。在2016年的總統大選時，如果民主黨初選是桑德斯（更強調財富重新分配）占上風，而非希拉蕊（中間派系或可謂重視商業利益，端賴每個人的感受）的話，那麼最後的對決局面很可能會完全不一樣。同樣地，就法國2017年的總統大選而言，一些最終都束之高閣的對決與辯論，如果當時被釋放出來，放在檯面上，雖然誰也不知道到底會發生什麼後果，卻很難確定會不會因此澈底影響後來的政治意識形態發展。

法國2017年大選的重點是，它點出了舊有分歧系統的裂痕，但同時，此斷裂點是位於早已開始進行的沿革中，尤其是穿插在「左派婆羅門」以及多元菁英體制等正如火如荼、氣勢駭人的現象裡。這是為何在本章節

中，一些用來表達選舉陣營的社會經濟結構的長期演變圖表裡，我曾判定
2017年的「左派陣營」的占比是52%，相當於是梅龍雄／阿蒙，以及馬克
宏這兩勢力。相對地，「右派陣營」匯聚了48%的選民，候選人則是斐永
以及雷朋／杜邦－艾紐。這樣的配對聯盟是非常表面的：2017年大選的對
峙局面，如果用一分為四的架構來看的話會更恰當（表14.1）。更何況，
這樣的描述模式可讓我們更清楚地看到，實際上比起2012年的左派陣營
以及所有之前的選舉（參見圖14.1，14.10-14.11），在2017年投票給梅龍
雄／阿蒙／馬克宏的那52%的選民，終究是些微地受到較高教育程度的影
響（但較高所得又較高財富的現象，卻是更清楚的）。[122]說穿了，這只是
從數十多年起就已開始展開的長期演變趨勢的續集，只不過這齣最後的續
集只是火熱地昭告世人，多元菁英搭起的新戲臺是搖搖欲墜的。「左派婆
羅門」中最富裕的人都選了馬克宏，舊有左派陣營中手頭較緊的，則都擠
向梅龍雄／阿蒙，換言之，兩派人馬澈底分家，不再回頭。至於前右派陣
營，事實上，自從國民陣線崛起、本土主義意識形態登堂入室後，便從未
組成一個堅定可靠的選舉聯盟，所以之後也分崩離析，成為一邊是擁護市
場，而另一邊反對移民的態勢。

黃背心、二氧化碳與財富稅：法國社會本土主義的陷阱

很自然地，當今通行著好幾套彼此互相矛盾的論述，而且都可以拿來
描寫現在正在發生中的新配對遊戲，以及未來可能的發展。以馬克宏、前
進法國，以及以民主黨為核心的選舉陣營正搶盡政治角力舞臺的光芒，這
樣的現象，可解讀成是組織一個「資產階級陣營」（bloc bourgeois）的企圖，
目的則是在於調解左派婆羅門與右派生意人之間的誤會。[123]所以，就社
會學的角度來看，若說這個資產階級陣營同時召集了教育程度最高者、所
得最高者，以及財富最多的人，也就是來自中間偏左、中間偏右的人，這
樣的說法是沒有太多人會反對的。就所有相關者或就選民的角度來看，這

樣的新聯盟，往往就是一種「溫和改革派」（progressistes）的聯盟。這牽涉到的是反對「民族主義路線」，而且更廣泛說來，是反對各形各色的守舊派，尤其是那些拒絕全球化，同時也反對歐洲的人，這些人把他們滿腔的無名火、「篷楚之憂」（passions tristes）[20] 全宣洩在外來移民以及「企業家」頭上（企業家常常被守舊派愚蠢地諷刺成是「有錢老大」，所以必須去跟這些有錢人算總帳，然而這些守舊人士卻是汲汲營營、公器私用）。

我們也可以發現另一個值得注意的地方，那就是本土主義者竟然也用一種新的角度來看待這些發生在改革派跟民族主義者對立時，爆發出來的政治衝突，而且本土主義還沾沾自喜地重新改造名詞。[124] 對瑪莉寧・雷朋、國民陣線而言，新的政治衝突就是全球主義者跟愛國人士（patriotes）存心作對找麻煩。擁護全球主義的是四海為家的菁英，他們沒有什麼好牽掛的，隨時都可以去壓榨薪水階層，也隨時可以從廉價的移民潮裡撈到好處；至於愛國人士，他們挺身捍衛大眾階級的利益，特別是大眾階級常面對的全球化潮流，因為全球化不僅助長超級資本主義旋風，還混雜著無國界與沒有祖國的現象。問題在於，這種一分為二的政治衝突觀點，不止錯誤也非常危險，但是對於玩弄這些衝突，並以把持權力遊戲中心的人來說，卻是再方便不過了。

這種一分為二的衝突觀點是錯誤的，因為政治意識形態衝突的真實面貌，追根究柢，在當今法國以及其他大部分的國家裡，都具有多重面向。尤其是選舉結構裡包括一個國際主義－平等主張陣營，雖然這個陣營的規

---

[20] 譯注：「passions tristes」一詞中的「passion」，若以大寫表示時（Passion），指的是耶穌受難，換言之，這個字向來就不只是用來描寫心理、精神層面的感情狀態，或是激情難耐而已。前幾年「passions tristes」一詞，頂著哲學、精神分析等光環，搶攻法國政治論述舞臺，不只政治人物借用，連文藝界與媒體人物也大書特書。簡言之，討論的背景與前提都不免是「西方的沒落」、「文明衝突」，並以個人日常生活卡在「世界的苦難」一角來切入。文藝界紛紛搶說這一名詞是取自荷蘭猶太裔哲學家史賓諾莎（Baruch Spinoza，1632-1677）所著的《倫理學》（*Ethique*），用來描述當今法國社會淹沒在仇恨、恐懼、憤怒、謊言、暴力等負面情緒之中，但另一方面，不少政治人物則炒作「造反有理」。正統學者的喊話則常被消音，某些人闡明史賓諾沙未必是這一名詞的發明人，但無寧是法國哲學界在過去的解讀與闡釋中無意拼湊出來的產品。

模、輪廓會隨著背景而改變，但相對於其他陣營來說，它的主要特徵依然
是最堅持國際主義、人人平等，特別是捍衛移工，不論他們出身為何，並
且主張貧富之間財富重新分配。無論是在當今二十一世紀初期或是任何其
他時代，究竟在什麼條件之下，這樣的陣營能夠匯聚各方人馬，組成一股
多數決的力量，這個問題至今仍沒有答案。另一方面，答案關鍵在於去發
展出一個新平臺的能力，那是一個可謂社會聯邦主張（social-fédéraliste）
的平臺，平臺的精神則是去強調財富重新分配的主張以及國際主義，而且
這兩項堅持能夠彼此互相打氣、茁壯。若是忽略了建立這一新平臺的可能
性，然後又一昧想像著，從今以後的政治衝突局面是改革派對決民族主義
者（或者是全球主義者跟愛國人士彼此對抗），這就等同是忘記了選舉結
構其實常是一分為四的事實（有時則是三足鼎立）；例如法國 2017 年到
2019 年的局勢，便是如此。只不過，這樣四方角逐的結構是很容易導出多
種不同的路徑或可能的交叉點，更何況，每一陣營之間的界限是充滿了空
隙，也不時地改變中。

　　特別是，這類簡單一分為二的思維模式，無論是改革派－民族主義路
線的組合，或是全球主義者－愛國人士的組合，都是很危險的，因為如此
簡化的後果是讓本土主義的意識形態，以及它尚未衝鋒而出的暴力艦隊變
成是唯一的替代品。當然，這樣的辯論策略其目的是為了讓「改革派」能
長長久久地掌權。但事實上，這樣的策略風險不小，因為最後只會助長「民
族主義者」的氣燄，讓他們提早打贏選舉戰役；尤其是如果「民族主義者」
又順利地塑造出一張社會本土主義的面容時，也就是在「本土在地人」
（natifs）的意識形態沃土上，高喊社會福利、人人平等的口號，但同時卻
對於「非本土在地人」（non-natifs）舉起暴力驅逐的旗幟（就如同美國民主
黨在十九世紀末、二十世紀初時的樣貌）。[125] 這樣的轉變，其實從數十多
年前便早已在國民陣線的意識形態中發酵，而 2017 年到 2019 年的種種事
件（特別是黃背心抗議事件）等同是火上加油，也正是潛在於這一轉變下
的危險。在 1980 年代到 1990 年代，國民陣線已有反對移民的暴力言論，

但它其他的意識形態,例如在社會與經濟議題上,還是菁英走向,其危險性便因此有所限制。尤其在那時,這個政黨還打著卜嘉人抗稅這類老舊的旗幟;例如在1980年代末期,還曾吶喊著要一舉消除所得稅,使之無影無蹤。隨後國民陣線從1990年代、2000年起,開始轉向社會策略的路線,愈來愈傾向去扶持低薪水階層、擁護社會福利制度(如果這一制度只是本土在地人的專利的話)。發生這一轉向的時刻,正好是「左派婆羅門」給人放棄了大眾階級的印象的時候,因此也讓國民陣線的選民來源變得更廣闊多元。[126] 在2017年到2019年時,國民陣線還提出應該維持,甚至恢復財富稅的課徵制度,但也不過是在數十多年前,它還搖旗吶喊著要撤除各種形式的累進稅制。

當然,我們絕對不應該高估了國民陣線,以為它之所以重新調整社會與稅捐主張是出自誠懇、深切的反省,事實上,那其實只是見風轉舵的作為。追根究柢,國民陣線的基本綱領裡,開宗明義就是排擠所有的移民,打算藉著這樣的做法去榨取最多的好處。現在它撐起民族主義的大傘,但這樣的言論很有可能只是讓最有錢的人和最有利的減稅趨勢又急遽加碼,這正是美國自川普執政後開始上演的戲碼(後面章節將再回到這項主題)。總之,對國民陣線來說,社會路線的選舉言論是不會讓它空手而回的,而且,馬克宏政府光明正大地保護富人的政策,也正好可能讓它掉入社會本土主義的陷阱,這卻是當今法國正在發生的事情。2017年到2018年時,原本要調高的二氧化碳排放稅(最後在2019年時取消),最後卻是用來補貼取消財富稅(以及其他對最富有的人來說,最有利的稅捐政策)後的稅差,而不是去投資能源轉移,長期以來,本土主義者便時時控訴著「全球主義者」,說他們都是偽君子,而這一齣二氧化碳稅的戲碼,不過是正中下懷。

歐洲與大眾階級：欲合先離

　　自 2017 年起便開始流行的一些論點，特別是歐洲、歐盟建立等主題都被刻意利用，例如主張歐盟是讓最有錢的人減免稅捐的合法工具。而這樣的局面也同樣製造了一些危險，例如在法國的中間、大眾階級之間吹起一股反對歐洲的風潮，而且可能會在未來愈來愈強烈。這類刻意扭曲、主張歐洲是讓最有錢的人撿便宜的工具，當然也不是今天才有的事情。我們之前已經廣泛地討論到，資金流動被澈澈底底地開放流通，但卻沒有任何共同賦稅規定，而各國間也沒有系統化地建立任何金融資產的資訊交換體制；從 1980 年代到 1990 年代之間，雖然這樣的情況助長了各國滾雪球般的賦稅競爭，但卻只讓跨國遊走能力最高的人撿到便宜（參見第十一、第十三章）。另外，很多人以為歐盟的建立基礎是人與人之間無情地競爭，而且主要功能只是為了方便最占優勢的社會階級。這樣的感受可用來解釋，為何一般人對於歐盟建制興趣缺缺，因為這正是法國在 1992 年因《馬斯垂克條約》而舉行的公投時，一般法國人表現出來的樣子。然後，在 2005 年為了《歐洲憲法條約》（traité consitutionnel européen，TCE）再辦公投時，結果還是差不多。

　　這兩大公投都很重要，因為都可讓我們體會到，究竟一般人對歐洲興趣索然的程度有多高。1992 年公投的主要議題之一是發行歐元的問題，最後回答「好」的比例，只是以 51% 險勝相對的那 49%，這也是多虧了當時的社會黨總統，直到最後一分鐘還繼續動員遊說，因為那時候好幾個民意調查結果都顯示公投結果將會以「不要歐元」大勝。不過，最後歐元的勝利，只是拜那些生活最優渥的社會階層之賜。我們現有的資料，同樣是來自於選後調查的分析結果，顯示了在 1992 年時教育程度最高、所得最高、財富也最多的前 30% 的人，都爭先恐後地向歐元招手說「好」，至於這三指標都最低的那 60% 的人，幾乎義無反顧地投下「反對票」（參見圖14.20）。

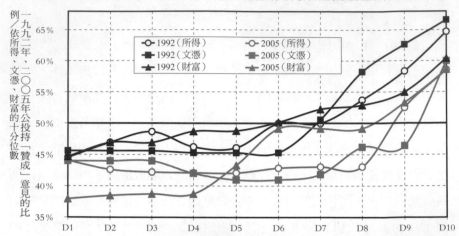

圖14.20. 1992年、2005年公投：法國因為歐盟而產生的分歧

1992年因《馬斯垂克條約》舉行公投（「贊成者」以51%險勝），亦如2005年因《歐洲憲法條約》而再辦公投（「贊成者」以45%落敗），兩項公投結果都具有強烈的社會分歧走勢：所得、教育程度、財富的十分位數偏高的人，都明顯投下「贊成票」，至於十分位數偏低的人，則投「反對票」。注解：D1的意思是前10%最低者（以所得、文憑、財富而言），D2則是隨後的10%，D10便是10%最高者。來源與數據：參見 piketty.pse.ens.fr/ideologie.

　　至於2005年的公投，目的在於把諸多不同的歐洲條約化整為一，然後賦予憲法地位。歐洲憲法條約並沒有太多實質上的嶄新意義，更沒有任何社會進步可言。它等同是讓歐盟踩著「毫不造假的自由競爭」這樣的步伐進入神聖的殿堂，並高舉資本、貨物和人都自由流通的招牌，也維持了稅捐必須全體會員國一致表決通過的規定（這一規定亦攀升到憲法層次）。法國選民非常乾淨俐落地否決了整個憲法條約，55%的人投「反對票」，對比45%的「贊成票」。如果我們去分析現有資料，我們則可發現，平均而言，只有在教育程度、所得、財富這三指標都最高的前20%的人（尤其是前10%最高者）在2005年時投下「贊成票」，80%教育程度、所得、財富都較低的人，則普遍地投下「反對票」。

　　1992年與2005年的公投都具指標意義，因為無論是就哪一個社會階層化面向（教育程度、所得、財富）來看，非常明顯地，這兩次公投表現出來的「階級性」結構，已經跟當年還存在著的左右兩大陣營的選舉架構

相差甚遠。實際上，是中間偏左以及中間偏右兩派系裡生活優渥的階級，也就是出身「左派婆羅門」、「右派生意人」的人，他們雙方大會串，並加速歐盟的建立，而且這是遠遠趕在 2017 年時，這兩批人還企圖在政治層面以「資產階級陣營」的形式來組成這類型的聯盟之前。

應該如何去解釋，這種大眾階級（就最廣泛的定義而言）始終不願意投向歐洲懷抱的情況？就我看來，最可行的解釋在於，那是一種感受（且絕大部分是很合情合理的）；亦即，歐洲單一市場其實不過是對最強大的經濟參與者、最占優勢的社會團體才有利。因此，無庸置疑地，歐洲國家之間的賦稅競爭結果是，這些國家紛紛改寫它們的稅捐架構，好處都讓繞著地球跑的人占盡，至於三餐不繼的就什麼便宜也沒有。[127] 當今有一種說法是，在社會低層的那些人隨時都可能失去理性、倒向民族主義（甚至是種族主義），這樣的假設性說法是禁不起任何考驗的，但是，對「改革派」的菁英來說卻是歪打正著，因為這正好可以拿來辯解並宣稱他們教化人心的任務是有多麼地重要。舉例而言，資料指出，在 1958 年的選後調查問卷裡，當年有一些問題是關於法國是否繼續維持阿爾及利亞、西非的殖民。從中我們可發現，針對這兩個地區，勞動工人是最支持殖民地應該立即獨立的階層，隨之則是當年代表著人人平等的國際主義的共產黨、社會黨運動組織。教育程度最高的階層，都抱著觀望立場，至於自己當老闆的獨立業者，則是最擁護法國在阿爾及利亞的殖民，以及非洲繼續讓法國殖民託管（也許是因為這些人比較容易去同情返回法國的僑民的命運，以及這些人在殖民地的財產從此下落不明的悲慘遭遇）。[128] 窮人家的民族主義並沒有比富人的民族主義還更難以捉摸：那是綜合歷史、社會、政治條件而塑造出來的，也是可以在結合歷史、社會、政治條件後被一併打破。

在經歷了充滿社會分歧的選舉結果，尤其是基於 2005 年公投結果、「贊成者」大敗的事實，我們或許以為這將造成法國或歐洲的政治風潮從此轉向。事實則是，只要歐洲聯盟沒有付諸實行符合社會、賦稅正義，而且清楚明白的政策（例如，針對所得與財產最高的人課徵歐洲共同稅）時，

我們實在無法期待,有朝一日大眾階級憤怒地與歐盟大業相背而行的事實
會有所改變。[129]

論歐洲新所有權主義的工具導向

很可惜的是,這類重新導航的可能做法都胎死腹中。2005年的《歐洲
憲法條約》裡的主要原則,都被重新植入2007年的《里斯本條約》,但《里
斯本條約》最後以議會批准的方式通過,以避免再度走上觸礁的公投之
路。當然,「反對者」並沒有提出其他明確的替代方案,否則就可以拿來
作為另一核准方案的基礎。不可否認的是,他們竟然如此輕視選民透過選
票而表達出來的不滿,而且拒絕跟選民溝通,或尋找其他具建設性的政治
出口(例如,設置一套合理的賦稅制度的可能性),而這樣的選擇是很危
險的。2012年的法國選舉中,社會黨候選人曾經提議,重新跟歐盟協調另
一套預算條約(TSCG),[21] 這是因為那時後幾個月前才協商出來的預算條
約,將會讓法國的赤字問題面臨更加苛刻的規定。[130] 然而,由於後來法
國沒有提出明確的提案,說來只是白忙一場。

最近這數十年可觀察到的演變,都只是持續擴大歐盟跟大眾階級之間
的鴻溝。尤其是,贏得2017年大選後所組的政權,它自稱擁護歐洲,卻
只是再一次地以歐盟建立作為保護富人政策的工具,而且手法其實相當粗
糙。在2017年秋天表決的兩大主要稅捐方案,一是把財富稅改成不動產
財富稅,另一則是以比例稅率來課徵從資金賺取的所得(而非無論是薪
資、或是所有其他所得,全都實施同一套累進稅率的共同稅法),在很大
的範圍內,都是以歐洲競爭為藉口而強行通關。當然,這些政策都被認為
是合情合理的,也都以「登山嚮導」(premiers de cordée)這類意識形態作

㉑ 譯注:TSCG 的全名是 Traité sur la stabilité, la coordination et la gouvernance(穩定、協調
和治理條約),一般簡稱為《歐洲財政協定》(Pacte budgetaire européen)。

為託詞，也就是說，所有的人都會因為最富有的人（被當作是最應該被獎賞，也是對社會最有貢獻的人）被減免稅捐而撿到好處。但我們大可懷疑，如果沒有歐洲賦稅競爭這等論點，在法國2017年的背景裡（就這些問題來說，法國跟美國的背景相差甚遠），單就這類「登山嚮導」的意識形態本身，是否就足以用來推動這些稅捐方案。[131]

在此必須補充的是，儘管在位政府的種種說詞，這兩大稅捐方案在法國都非常不受歡迎。尤其是2018年、2019年期間的民意調查都顯示了，大部分的受訪者都非常希望恢復財富稅。法國政府拒絕這項賦稅正義的要求，執意維持它的選擇，正是明白公然地冒著操作歐洲、視之為玩物的風險；而且一方面，它宣稱要為歐洲的整合努力到底，但另一方面，卻也擴大渲染了由於歐洲整合而激發出來的負面情緒。

關於財富稅，有一套論點常被提出來：內容則是，金融資產以其本質來說，會比不動產形式的資產衍生出更多的工作機會。但問題是，這樣的論點實在是毫無意義可言：投資在世界各角落的金融投資組合，並不會在法國創造出任何工作機會的，但是去蓋一棟房子或一棟大樓的話，馬上就有工作機會冒出來。就算金融資產、金融投資組合都是落腳在法國本土，那個最常被搬出來的論點也不會因此有更具體的意義：一般說來，金錢投資的法律形式（金融商品或是不動產）跟投資商品的社會或是經濟效率是沒有任何關係的。[132]不過，反倒是跟財富的金額高低有著非常明確的關係：金額最高的那些財富，幾乎都是金融投資商品的形式，所以如果我們減免了金融投資商品的稅捐，那就差不多是把最富有的人的財富稅一筆勾銷，在位政府卻不願老實說清楚，而且還假惺惺地要輿論相信這樣的政策是出自投資需求，以及創造就業機會的考量。[133]

事實上，要讓投資組合免稅變得合情合理的唯一可能解釋，牽涉到的是另外一件完全不相干的事情，而且，這個唯一可能的解釋還經常被搬上檯面。這個可能解釋的內容是，如果要去課徵金融資產，嚴格說來，這是不可能的任務；至於理由，那是因為金融資產可能會消失不見，就跟變魔

術一樣，所以最後就是無法抽稅。於是乎，我們最後能做的選擇，只是財富愈多時，稅率就愈低，擁有不動產的中產階級就成為唯一的納稅人，那些持有金融資產卻又是最富有的人，則可大幅度減免稅額，而理由只不過是，就假設而言，根本無法去課徵金融資產。像這樣的解釋，從頭到尾都是空洞不實、悲觀又消極的主張，更何況，我們擁有改善機關體制與建立公平原則的集體力量。另外，這樣的解釋也有至少兩大疑點：首先，有人猜想為了不要繳財富稅，擁有金融資產商品的人可能會爭先恐後地離開法國，這樣的想法是沒有任何根據的。雖然主責財富稅的稅捐機關有重重弊病，但是從1990年代初期到現在，已申報的個人財富數量、金額都大幅增加。尤其是在最高額度的金融財富此一稅收項目中，已申報的質與量，都遠遠超過不動產此一項目，而且另一方面，不動產此一稅收項目的成長，比國內生產毛額、過去這數十多年的所得成長都還更高。[134] 整體而言，財富稅的稅收金額，從1990年到2018年為止，已成長了四倍以上，但帳目上的國民生產毛額也只不過是對倍成長。[135] 當然，這樣的成長績效反應了一個很廣泛的現象，那就是私人財富的大小規模、集中趨勢（尤其是價值最高昂的那些金融投資組合）一直在擴大，而且從1980年代、1990年代起，全球各地都可觀察到這個現象（參見第十三章圖13.8-13.9、表13.1）。總之，主張課徵財富稅將會導致一大群有錢人離開法國，是一個禁不起考驗的假設。

再來，也是更重要的一點，就算金融資產全撤出法國的假設是真的發生了（但那是絕對不可能的事情），隨後的正常後果應該是，法國政府會想盡辦法阻止這樣的事情繼續發生，除非我們還要去假定法國政府是根本無計可施。有些人總是說，想要去改善當今對於金融資產的監管、登記，其實是根本做不到的事情，這樣的想法也是沒有任何根據的。當今的金融中介機構都必須依照法律規定，自動地把有關於匯給每一個客戶的利息與股利的資訊全轉交國稅機關。因此，如果法國所得申報單上都已事先填好某些項目，但這一做法卻沒有擴大到財富申報（尤其是儲存在法國銀行裡

的金融資產），那這只不過是政治選擇的結果，而絕不是無法克服的技術問題。[136]而且，沒有任何理由可禁止現在馬上就在全法國實行這一做法（如此一來就可以擴大財富稅的課徵範圍，而稅收也會跟著提高），然後再來就用非常效率的方法擴大到國際層次。想要這麼做的話，其實那只需要去廢除、重新改寫條約，並且重新組織規畫資金自由流通的方式，強制規定必須將所有的資訊都自動地轉達給稅捐行政機構，這就跟美國從2010年起強制要求瑞士以及其他國家的做法是一樣的（參見第十三章）。至於那些實地落腳在法國的一般不動產、營業用金融資產，還有，更廣泛說來，所有在法國有業務往來的公司行號，或是在法國有經濟利益的企業，這些只需要法國政府自行決定是否要去規定這些財產所有人立即且毫無例外地都必須到稅務機關登記，此目的在於讓所有相關資訊都能自動地呈現在事先填寫好的申報單上，並且同時也可改善稅捐課徵流程的品質（第十七章會再回到此一主題）。法國政府常藉口存在著種種技術上的困難（這只會讓人起更大的疑心），說來終究只是因為政治、意識形態的理由，總之，法國政府並沒有採取任何改革行動——這也很清楚地顯示了，政府關心的不是這些事情。

最後要強調的是，在二次大戰後的德國、日本以及其他眾多國家，都曾經針對擁有最高金融財富的人，課徵多項稅率相當沉重的累進稅，當時這些措施都有效地減輕了公債，並重新匯聚了投資未來的本錢（參見第十章）。那時候的行政管理機關並沒有當今的資訊科技，但卻都做到了。所以，今天在位政府藉口說沒有任何其他選擇，只能去減免擁有最高金融財富的人的稅額，但理由卻是因為這些人拒絕繳稅，或者若要強制他們繳稅，其實是難如上青天云云，在當前不平等現象愈來愈嚴重，氣候暖化也為全世界帶來前所未有的考驗的狀況下，這種實在沒有任何其他選擇的論調，根本是一種無知的表現（而且也很可能是不知記取歷史教訓）。無論如何，這種借道歐洲的方式，宣稱歐洲內部稅賦競爭激烈，假藉諸多歐洲與國際條約都有所限制，卻只是為了落實讓高居優勢地位的人享盡便宜的

政策，實在是非常危險，因為這樣最後只會讓反對歐洲、反對全球化的情緒更加高張，讓更多人在創造出一套公平的經濟制度前就被幻夢早已破碎的感覺淹沒。也正是這種空虛不實的感受，助長了躲在身分認同大傘下的趨勢，或是掉入社會本土主義的陷阱。在深入研究如何去超越此一現實的條件之前，我們必須先走出法國的框架，然後去分析，到底在什麼樣的範圍下，我們已在法國觀察到的種種政治分歧的結構及其轉變，也正在其他國家上演。

15 左派婆羅門：
歐美世界剛興起的政治分歧

　　我們剛結束討論的是，法國自二次大戰以來種種政治與選舉分歧的轉變。其中最重要的研究主題是，主導 1950 年代到 1980 年代那一期間的「階級性」結構逐漸退卻，然後，在 1990 年代到 2020 年代期間，讓位給一套多元菁英系統，至於這一系統的重點，那就是教育程度最高的人組成的政黨（左派婆羅門），以及所得和財富都最多的人組成的政黨（右派生意人），彼此輪流執政。法國 2020 年代末期的新氣象則是，這些不同菁英聯合起來試著去組成一個新的選舉陣營，但我們現在還無法判斷出他們的政治壽命能有多長。

　　為了能夠更深入瞭解這些發展動力，以及事件變化的多重可能性，我們在第十五章就來分析美國與英國的個案。雖然跟法國相較之下是天差地別，我們在這兩個國家觀察到的景象卻是相當令人震撼的，因為儘管意義重大、啟示深刻的差異是存在的，但卻又跟法國從 1945 年起所發生的演變大抵相同。在下一章中，我們將繼續進行這些比較研究，不過，焦點則是放在其他西方、東歐地區的選舉民主體制，以及另外幾個非西方的選舉民主體制上，例如印度、巴西的個案。去比較這些不同的發展軌跡，可讓我們進一步瞭解到，這些包羅萬象的轉變由來，以及未來可能的演變方

向。特別是在最後一章中，我們將試著去分析，在哪些條件下，我們有可能突破社會本土主義的陷阱，並且去描繪出某種社會聯邦主義、參與式社會主義的主要輪廓，而且足可讓我們用來面對社會本土主義這個新的集體認同威脅。

美國政黨制度的轉變

我們先從美國的個案下手。分析方式則跟探討法國個案的方法相同，也就是，去考察投票給民主黨、共和黨的選民的社會經濟結構，從1945年起，到底經歷過哪些變化。就美國此一個案而言，我們擁有從1948年起的選後調查資料。這些調查結果可整理出具有一定深度的分析，在這一章節中，我們也將介紹其主要的結論。[1]另外，我們會把焦點放在1948年到2016年的美國總統大選呈現出來的選舉結構。事實上，這一整段期間的選舉行為，非常清楚地表達出美國的政治分歧已席捲了全國每一角落。[2]我們在此提醒讀者注意的是，從1948年到2016年的每一屆總統大選，民主黨、共和黨候選人的全國得票率大致都是在40%到60%左右，而且，兩大黨之間的角逐賽通常都非常激烈（參見圖15.1）。

至於兩大黨以外的候選人，除了少數例外，例如1968年時前阿拉巴馬州州長喬治‧華萊士（George Wallace），他是堅持南方自主、種族隔離路線的民主黨員，還有1992年、1996年參選的企業鉅子羅斯‧裴洛（Ross Perot，在這兩年度各贏得20%、10%的選票成績），否則一般說來，兩大黨以外的候選人的得票率都非常低（少於10%）。以下的分析裡，我們只集中在民主、共和兩大黨間的分歧現象的演變過程，其他候選人的得票率，則略而不論。

在我們得到的分析結果中，第一要點就是教育分歧（clivage éducatif）澈底倒轉過來。以1948年的大選為例，整體景觀是很清楚的：選民的教育程度愈高時，就愈傾向投票給共和黨。尤其是，教育程度只到初等等級

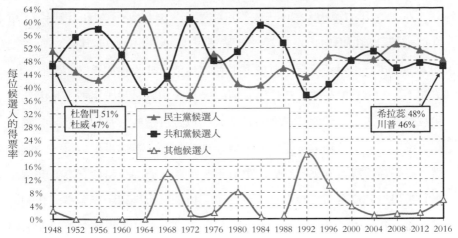

圖15.1. 美國1948到2016年的總統大選

1948 年到 2016 年的美國總統大選中，民主黨、共和黨候選人的得票率大約都是在 40％到 60％上下（全民普選，且涵蓋了所有的州）。這兩大黨以外的候選人的得票率往往都非常低（少於 10％），1968 年時參選的喬治・華萊士（14％的得票率）、1992 年和 1996 年時參選的羅斯・裴洛（各贏得20％、10％的選票），則是例外。來源與數據：參見 piketty.pse.ens.fr/ideologie.

的選民，還有那些中學肄業的選民，他們當時占了全美國選民的63％，但其中62％的人都投給了民主黨候選人杜魯門（參見圖15.2）。[①]

　　在擁有中等教育文憑的選民中（占全體選民31％的比例），投給民主黨的比例只稍微超過50％。至於擁有高等教育文憑的選民裡（占全體選民6％的比例），其中只有30％的人把選票投給民主黨，而擁有碩士文憑或其他更高等文憑的人，把選票投給民主黨則又更低（在這批選民中，超過70％的人都投給共和黨的杜威）。在1960年代，景象依舊：當教育程度提高時，投給民主黨的比例就偏低。這樣的教育分歧現象，從1970年代、1980年代起，分布曲線開始變得比較平坦。然後從1990年代、2000年左右，在把選票投給民主黨的人裡，開始出現隨著教育程度遞增而擴大的現象，尤其是受過高等教育的選民，而且若是擁有的高等教育文憑又更高階

---

① 譯注：杜魯門（Harry S. Truman，1884-1972）原已是小羅斯福時期的副總統，在小羅斯福離世後繼任美國總統，在其任內，發生、決定諸多國際要事，例如在廣島、長崎投擲原子彈、推展馬歇爾計畫、成立北約、出兵韓戰等。

時，這樣的傾向又分外明顯。

在2016年的總統大選中，我們可觀察到，擁有博士文憑的選民裡（單就這一統計項目而言，這相當於全體選民中2%的占比），其中75%以上的人都把選票投給希拉蕊，而剩下不到25%的人才投給川普。重點在於，這並不是知識程度高的人任性要脾氣的結果，也就是說，這並不是因為共和黨無法推選出一個通情達理的候選人，以致於這些教育程度最高的選民在一夕之間告別共和黨。相反地，這牽涉到的是，半個世紀以來，一個結構性演變最後導致出來的結果。事實上，如果我們去分析擁有高等教育文憑的選民以及沒有高等教育文憑的選民，他們是否投票給民主黨，我們就可發現，從1950年代、1960年代以後，這兩批人之間的傾向差距從未停止擴大，而且是以漸進、持續的方式。這差距在1950年代、1970年代期間，

圖15.2. 美國1948到2016年的總統大選中投票給民主黨的比例／
依教育程度別

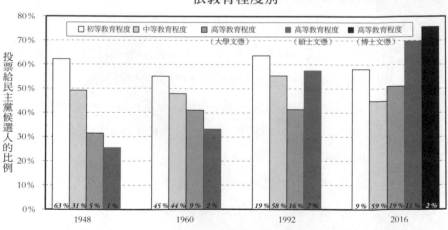

1948年時，民主黨候選人（杜魯門）在擁有初等教育程度的選民中（也就是沒有中等教育文憑者）（在當年全體選民中，占了63%的比例），獲得了62%的選票，而在擁有高等教育程度且文憑又更高階的選民裡（占全體選民1%的比例），只有26%的人把選票投給民主黨。2016年時，民主黨候選人（希拉蕊）在擁有中等教育程度的選民中（占了全體選民59%的比例），獲得了45%的選票，而在擁有博士文憑的選民中（相當於全體選民中2%的比例），則取得了75%的支持率。就跟在法國的情況一樣，教育分歧的景象在1948年到2016年間完全逆轉。注解：大學文憑（美國的BA〔bachelor degree〕，或者相當於法國的licence）。碩士文憑：高等教育中更高階的文憑（MA〔master，或是醫學院、法學院文憑〕）。博士文憑（PhD相當於法國的doctorat）。來源與數據：參見 piketty.pse.ens.fr/ideologie.

很清楚地都是負數的；在1970年代、1990年代時，則維持在零點左右；然後在1990年代、2000年代期間竄升，穩坐正數指標（參見圖15.3）。

如果我們去比較，持有最高文憑的那10%的人口，以及教育程度較低的那90%的人口這兩者間的差距，整體演變則又更戲劇性（參見圖15.4）。原因在於，即使在擁有高等教育程度的選民中，分歧現象也是完全逆轉。在1950年代、1960年代，文憑愈高，票選共和黨的傾向就愈強烈。然而在2000年、2010年代期間，卻徹底改觀：擁有大學文憑的人（bachelor degree，這是最低階的大學文憑，通常是三到四年的修業年限），相較於只有中等教育文憑的人（high school degree），當然是更常把選票投給民主黨候選人，不過，若是去跟擁有碩士文憑，或是有醫學院、法學院文憑的選民相比，他們的熱度卻是比較低落的。再來，持有碩士學位，或是醫學院、法學院文憑的選民，他們票選民主黨的熱忱又明顯低於頂著博士學位的人。[3] 如果我們去檢驗教育程度最高的那50%的選民，以及教育程度較低的那50%的選民，這兩批人票投民主黨的差距，我們也會得到相同的演變

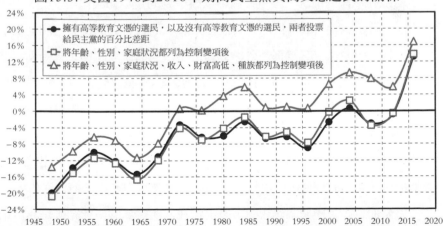

圖15.3. 美國1948到2016年期間民主黨與高文憑選民的關係

1948年時，民主黨候選人在擁有高等教育程度的選民中的得票率，是比在沒有高等教育程度的選民中的得票率還低，兩者差距是二十個百分點；在2016年時，民主黨候選人在擁有高等教育程度的選民中的得票率，則是比在沒有高等教育程度的選民中的得票率還高出十四個百分點。將諸多控制變項都列入計算後（也就是遵循著「假設其他條件都不變」的邏輯），兩批選民間的差距百分比會受到影響，但是整體趨勢不變。來源與數據：參見 piketty.pse.ens.fr/ideologie.

圖15.4. 美國1948到2016年期間票選民主黨的趨勢：
民主黨由勞動大眾的政黨轉變成文憑菁英的大本營

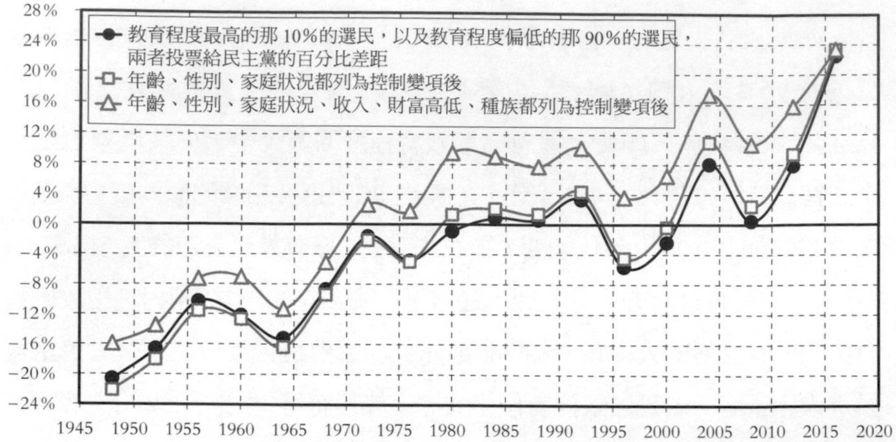

1948年時，民主黨候選人在教育程度最高的那10%的選民中的得票率，比在教育程度偏低的那90%的選民中的得票率還低，兩者差距是二十一個百分點；在2016年時，民主黨候選人在教育程度最高的那10%的選民中的得票率，則是比在教育程度偏低的那90%的選民的得票率還高出二十三個百分點。將諸多控制變項都列入計算後，兩批選民間的差距百分比會受到影響，但是整體趨勢不變。來源與數據：參見 piketty.pse.ens.fr/ideologie.

趨勢。[4]

　　就跟在法國的情況一樣，我們可以觀察到的是，如果假設「其他條件都不變」時，也就是說，把所有其他個人層次的社會經濟特質可能產生的效應都列入考量後，其實都不會影響到這項重大的演變趨勢，甚至反而讓這整個趨勢看起來又更加牢固且不可撼動。在美國的個案裡，我們可發現，將其他變項也列入考量後，產生的結果是整條曲線的整體幅度往上調高，但原則上可用種族因素來解釋這一現象（參見圖15.3-15.4，法國個案的曲線圖參見第十四章圖14.11）。種族這一項因素在過去半個世紀以來大致都維持著相同的分量，所以，它是不會對整體趨勢產生任何效應的。[5]

　　整體而言，美國個案研究的結果，跟在法國得到的研究結果是非常相近的，這是讓人相當驚訝的事情。跟法國社會黨、共產黨、基進組織等政黨相同的是，美國的民主黨在半個世紀內，由過去身為最平淡無奇的勞動大眾的政黨，脫胎換骨成教育程度最高者的大本營。如此類似的結果，也

可以在英國工黨，以及諸多其他歐洲的社會民主黨派中看到（特別是德國、瑞典）。在所有這些國家中，學校教育制度的擴張，以及在選舉行為上，教育分歧現象產生逆轉的趨勢，這兩者是同時並存的。以美國的情況來說，在1950年代，雖然他們一般的教育水準是比歐洲人還高，不過，大部分的選民所持有的文憑仍然是很低的。1948年時，63%的美國人頂多是中學肄業，而且94%的美國人也沒有大學文憑。當時這些選民都在民主黨中看到自己的期待。以某定義而言，這些人的小孩、孫子女絕大部分都在文憑階梯中成功地往上爬。但令人難以置信的是，就跟在法國一樣，只有那些順利闖出一條路的人還繼續投票給民主黨，而那些難以在學校教育體制中翻身的人，則比較容易在共和黨中找到自我認同（參見圖15.2）。[6]

民主黨是否會成為全球化贏家的總部？

為什麼民主黨會成為高文憑者的政黨？在試著去回答這個問題之前，如果先以收入高低這一標準去分析，那麼把選票投給民主黨的選民結構的演變過程，應該是很值得注意的。如果我們去考慮到，一個人的收入高低往往是受到教育程度的影響，那麼有朝一日，教育程度最高者的政黨漸漸變成收入最高者的政黨，也不過是水到渠成的事情。而且事實上，我們已經可窺見到這樣的事情。在1950年代、1980年代，若是以收入高低來分析偏向投票給民主黨的選民結構，結果通常是反比的，收入愈高，則傾向愈低。然後在1990年代、2000年時，這條趨勢曲線就變得愈來愈平坦。最後在2016年，我們第一次在美國歷史上觀察到，選民收入最高的那10%的人口中，民主黨的得票率遠比共和黨來得高（參見圖15.5）。

我們是否可因此結論出，民主黨正在成為全球化贏家的總部，勢不可擋，而且，跟當今在法國掌權的國際主義－不平等主張新聯盟相較的話，是如出一轍？無庸置疑的是，這樣的演變並非不可能。但我依然認為事情是比上述的比較還要複雜許多，所以，去強調未來發展的多種可能性，甚

至是多層次的轉捩點，都是很重要的。這些政治意識形態的轉變，首先就是受到檯面上不同的社會團體，它們彼此之間的權力關係，以及各自的動員能力的限制，以致於我們實在沒有任何理由用必然如何又如何的演化論來分析這些過程。大致而言，在法國的個案研究中，我們已觀察到的是，教育程度最高的階級以及收入最高的階級，這兩批人並不是真的二合一。一方面，這是因為相同等級的文憑是可能導致所選擇的職業生涯多多少少都有一定程度的報酬率（或者是，就專業、金錢層面來說，多少都有一定的成就），而另一方面，則是因為想要賺取高所得的話，往往先決條件是已經握有一筆財富。然而，是不是早就擁有財富，跟會不會擁有高文憑，有時候是兩件無絕對相關的事情。

事實上，我們手上的資料都指出，擁有大筆財富的人通常明顯倒向共和黨；在2016年的大選時，他們也都是站在川普那一邊，只不過，趨勢稍微減弱些（參見圖15.6）。[7]

換言之，美國的政黨制度在1990年代到2020年代期間非常明確地質

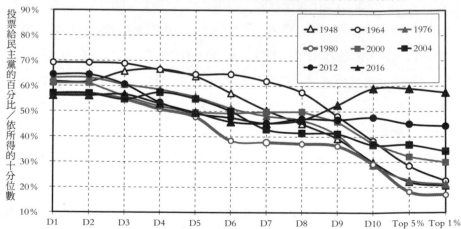

圖15.5. 美國1948到2016年政治衝突與選民所得高低的關係

在1964年時，在所得最低的那10%的選民中，民主黨候選人的得票率是69%，但在所得最高的那10%的選民中，得票率只有37%，至於在所得又更高的那1%的選民中，僅有22%的得票率。一般而言，當選民所得遞增時，投票給民主黨的意願便遞減，尤其在整個研究期間的最初階段，這樣的現象是非常明顯的。在2016年時，整個趨勢史無前例地倒轉：以所得最高的那10%的選民而言，他們其中有59%的人投票支持民主黨。來源與數據：參見 piketty.pse.ens.fr/ideologie.

圖15.6. 美國1948到2016年的社會分歧與政治衝突

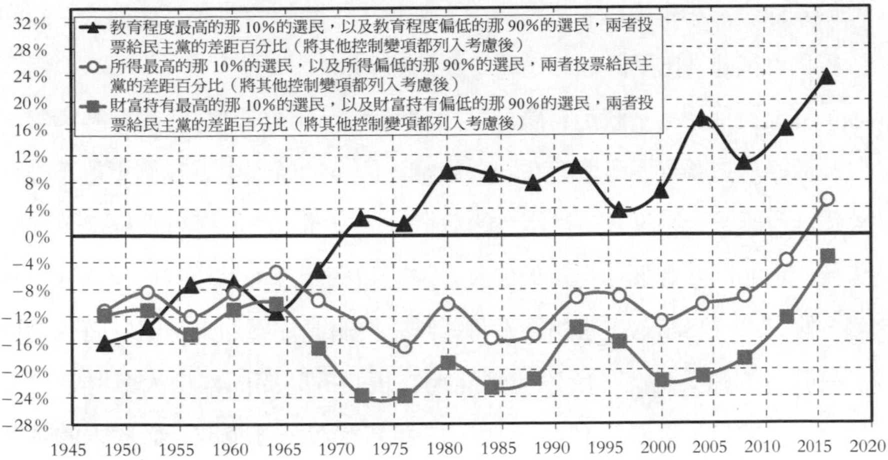

在 1950 年代到 1970 年代期間，傾向投票給民主黨的選民通常都是教育程度、所得、持有財富都偏低的人。而在 1980 年代到 2010 年代時，支持民主黨的選民往往教育程度都偏高。在 2010 年代、2020 年代，或許還會吸收所得、財富都最高的選民。來源與數據：參見 piketty.pse.ens.fr/ideologie.

變成一套多元菁英制度，其中一批持有最高文憑的菁英比較貼近民主黨（左派婆羅門），至於另一批菁英擁有大筆財富且是高所得，則比較親近共和黨（右派生意人）。這一體制或許正在導向一套階級性制度，也就是說，各派菁英，無論是用哪一個社會面向來衡量，最後都慢慢地聚合在民主黨的旗幟下，不過，這一轉變歷程還沒走到盡頭，而且也很可能由於種種其他原因而倒戈轉向。

另外，必須強調的是，由於調查資料有限，以致於我們很難確切地描繪出真實無誤的美國選民結構。就我們所掌握的資料而言，美國選民中所得最高的那 1% 的人口，他們投票給希拉蕊的熱度，是比所得最高的那 10% 的人還稍微低一些（參見圖 15.5）。然而，以樣本大小、問卷內容而言，我們其實無法就上述現象提出確切無誤的說法。同樣地，以我們握有的選後調查結果來說，其中有關於美國選民的財富持有的資料內容，其實是相當粗糙的（跟法國的情況相比，更加相形見拙）。因此，我們在這裡提出的任何推論，都必須再三斟酌。種種跡象似乎都指出，家財萬貫的人

在2016年時還是毫不隱瞞，他們始終稍微偏愛共和黨候選人，只不過相較於其他生活小康或是未盡溫飽的人來說，中間的差距並不是很大，以致於我們也很難做出更詳細的推論（參見圖15.6）。[8]

　　在能夠促使這一政治意識形態繼續演變，不致於被打斷的眾多因素，以及活絡各方菁英逐漸聚合在同一旗幟下的多項原因中，我們不得不提到美國社會經濟不平等的結構至今的演變。一方面，非常高額的薪資從1980年代、1990年代起便如迅雷般成長，並且持續攀升；這樣的現象往往意味著，擁有這些高額工作報酬的人，通常是擁有高文憑的人，但同時也選擇了高薪資的職業生涯，所以他們能夠在很短的時間內累積大筆財富。於是，這便助長了美國自1980年代、1990年代起，讓賺取巨額收入的菁英與持有大筆財富的菁英，兩者漸漸齊聚一堂。[9]另一方面，美國的高等教育制度對於大學生來說，已經成為非常昂貴的支出（有時候，父母親的教育捐贈金可方便開啟學校大門，這筆捐贈金也是一項支出，但在此先略而不論），而這正是一項拉攏婆羅門與生意人齊聚一堂的結構性因素。我們之前已經討論過，一般說來在美國，能否進大學念書的機會，幾乎就只是靠著父母親的收入高低來決定（參見導論圖0.9）。最近一些有關於如何被美國最好的大學錄取入學的研究都指出，差不多全美最好的大學都是在所得最高的那1%的家庭中去吸收絕大部分的學生，而不是在所得最低的那60%的家庭中（這代表著，相對於所得最低的那60%的家庭的子弟，所得最高的那1%的家庭的小孩有六十倍以上的機會進入最優秀的大學）。[10]教育制度培養出來的菁英以及擁有家財萬貫的菁英，兩者即使二合為一，也永遠不會完整地在個人層次上實現成真，但這只不過是因為人各有志，而且可選的道路還算多元罷了。終究說來，在其他某些國家，高等教育變成待價而沽的商品的程度比較不是那麼嚴重，因此相較之下，美國現在所處的狀況就是，多元菁英制度更有可能走向一個單一菁英的政治統合組織。[11]

　　同時在此必須強調的是，在美國，政治資金的由來是一個相當重要的

問題。一旦私人錢財可資助政黨，而且國家高等法院又將最高捐獻額度和所有之前的遊戲規則全部歸零後，在這樣的背景下，若說政黨候選人將成為金融菁英的利益代言人，也只是再明顯不過的風險而已。[12]這樣的局面關係著共和黨，也牽制著民主黨。另外，我們不應忘記的是，正是民主黨（而且就是歐巴馬2008年出面競選時）首次在美國史上選擇放棄公共基金的補助，目的就是為了能夠不受任何約束、自由支配所有透過私人捐獻而募到的基金。[13]

　　占盡各種便宜的全球化大贏家，包括了教育菁英，也包括了富豪子弟，民主黨會不會有一天成為這些大贏家的總部？如果我們要去質疑這一長期演變的可能性，其實我們是可找到不少支持論點的。一方面，2016年時美國總統大選中的公共辯論都顯示了，「婆羅門」、「生意人」這兩路菁英之間的文化與意識形態差異絕非朝夕可改。知識菁英強調剛毅木訥、海闊天空的價值觀，以及追求解放、充實文化的重要性，歐巴馬與希拉蕊正是最好的代言人，企業菁英鼓吹的卻是不著痕跡的交易手段、白手起家不求人，以及男性雄風永處不敗之地（川普正想成為這樣的化身）。[14]換句話說，多元菁英制度或許還沒壽終正寢，因為它是躲在兩套相異卻又互補的愛拚才會贏的意識形態底層。另一方面，2016年的美國總統大選也顯示了，民主黨任憑他人公開戲謔將成為全球化征服者的政黨，這實是自找麻煩。這箇中風險在於，最終喚來無所不有的反菁英意識形態，而首先就是川普大書特書的商人－本土主義意識形態（idéologie marchande-nativiste），就這一點，我後面將再深入討論。

　　最後，也是最重要的一點，那就是，如果民主黨未來演變的結果是成為全球化大贏家的總部，其實，這樣的假設是禁不起考驗的，原因在於，這並不符合某一大部分的民主黨選民，乃至於全體美國人民所堅持的平等價值觀。這樣的不滿，在2016年時的民主黨黨內初選表達地非常清楚，雖然相較於佛蒙特州的桑德斯，希拉蕊擁有更龐大的媒體力量的支持，但走「社會主義」路線的桑德斯參議員幾乎跟希拉蕊打成平手。針對眼前有

關於2020年總統大選而展開的公共辯論，一方面我已暗示過，應該在辯論中討論，是否就擁有最高財富者（尤其若是牽涉到金融資產時）去制訂一套具體的累進稅制，而在另一方面，若眼前兩黨公共辯論激烈，這只是證明沒有什麼事情是早就決定好的（參見第十一章）。所有在這本書中討論的不平等體制都告訴我們：任何要把不平等現象變成合情合理的制度，最起碼都要有最低程度的可接受性，否則就無法延續下去。在美國可觀察到的不平等現象的規模是愈來愈擴大，而且絕大部分的美國人的薪資一直在原地踏步，如果我們正視這些現象，那麼任何政治意識形態的黨綱平臺，如果還是執意把重心放在捍衛新所有權主義者，以維持現狀為優先選擇，甚至是去擁護全球化大贏家，其實這樣的政黨不太可能長長久久。這跟在法國或是世界上其他角落一樣，美國未來的議題，應該是諸多替代性選擇之間的角力，而非維持現狀；尤其，這些可替代的選擇中，一邊是民族主義、本土主義等類型的意識形態，而另一邊則是高倡民主、平等、國際主義路線的社會主義。

美國種族分歧的政治化操作

　　可想而知在美國，種族分歧被政治勢力操作的問題已非一日之寒。基本上美利堅合眾國是在奴隸制度中茁壯的：我們不該忘記，美國前十五任總統中，有十一名都是蓄奴的大地主。民主黨在美國歷史上向來就是捍衛蓄奴體制的政黨，同時也鼓吹每個地方州去維持、擴大奴隸制度的權利。傑佛遜曾再三重申，廢除奴隸制度的唯一條件就是把每個奴隸都先送回非洲，這是因為在他眼中，在美國領土上，白人跟黑人和平共處根本是不可能的任務。鼓吹蓄奴制度的最主要理論家之一，例如南卡羅萊納州的民主黨參議員約翰・考宏（John Calhoun）[2]，他聲嘶力竭地揭發當時北方工業鉅子、金融財閥的虛偽作風，指稱這些人口口聲聲說是關心黑人的生死存亡，但實際上，他們真正的目的只是為了把黑人變成無產階級大眾，然後

就可以任由他們剝削宰制。在1860年的總統大選中，站在廢除奴隸講臺上的共和黨候選人林肯贏得勝利，卻因此散播了南北分裂的種子，導致了南北戰爭，以及北方聯邦軍隊占領南方等事件。民主黨中主張種族分離者，自1870年代起便控制了南方諸州，而且立即頒布一套黑人種族隔離政策（否則便把他們遣送回非洲）。民主黨也順利地在北方以假借保護社會底層人民、剛到達美國的白人移民等為理由，而因此有效抵制了共和黨菁英，這是為何他們可以自1884年起又再次奪下總統寶座，然後在隨後數十多年，定期地跟共和黨輪流執政，但其政治基礎不過是社會－本土主義的口號（論及黑人時，粗暴毫不客氣地高喊種族隔離、差別待遇等政策，但面對白人時，卻比共和黨人表現出更四海一家、人人平等的主張，細節參見第六章）。

　　1932年民主黨的小羅斯福出任總統一職時，整幅政治景觀依然大致如此。以聯邦層次來說，在新政旗幟下而推行的種種嶄新經濟與社會政策，當然是同時方便了低下階級的黑人以及白人。但其實小羅斯福在南方各大州仍舊是踩著民主黨內種族隔離主張的一貫腳步，更何況，當時在美國南方的黑人是沒有投票權的。1948年、1952年、1956年，以及1960年總統大選後，開始陸續舉辦選後調查，結果也都顯示了那段時期住在美國北方的黑人投票給民主黨候選人的意願，只是稍微高於投給共和黨的候選人。[15]後來甘迺迪、詹森（Johnson）[③]政府在1963年到1964年期間，開始熱擁民權運動主張，他們兩人這樣的改變未必出自他們自己的意願，主要是由於承受不少來自非洲後裔的美國民權運動者的壓力，卻也正是從那時

[②]　譯注：美國耶魯大學2017年把以「考宏」為名的學院改名，理由正是因為這名傑出校友熱切支持奴隸制度，主張奴隸是正當合法的財產；取而代之的是葛麗斯霍普學院（Grace Hopper College），以二十世紀初期傑出的女性數學家、電腦科學家作為新榜樣。有關此軼事，讀者可參考臺灣的中文報導，例如：https://www.taiwannews.com.tw/ch/news/3093176，或者《紐約時報》的英文報導：https://www.nytimes.com/2017/09/03/nyregion/yale-calhoun-college-grace-hopper.html。至於考宏／葛麗斯霍普學院的校史，請參見其官方網站：https://gracehopper.yalecollege.yale.edu/grace-hopper-college。

[③]　譯注：詹森（Lyndon Baines Johnson，1908-1973）是在甘迺迪總統被暗殺後，因副總統之責而繼任美國總統，該任期結束後，又競選成功為美國第三十六任總統。

候起，黑人選民全面倒向民主黨。從1964年到2016年的總統大選，我們都可觀察到，將近90%的黑人選民都偏向民主黨候選人（參見圖15.7）。

我們可在1964年到1968年期間觀察到，曲線圖上的最高值甚至突破了95%，那時民權運動正達到最高峰。另外就是2008年，當歐巴馬首次出面競選時，也發生了同樣的現象。民主黨直到1860年代為止是擁護奴隸制度的政黨，然後到1960年代為止，仍高舉種族隔離旗幟，最後卻成為最受黑人等弱勢團體（有時他們則棄權不投票）歡迎的政黨。

相反地，共和黨在成為主張廢除奴隸制度的政黨之後，從1960年代起，所有那些無法接受種族隔離已經走進歷史的人，以及所有難以面對美國種族日漸多元的人，卻全都投向共和黨的懷抱。1968年華萊士出馬競選卻徒勞無功，隨後南方民主黨人中，最貼近種族隔離路線者便慢慢地轉向共和黨陣營。毫無疑問地，這些為「種族主義」喉舌者（或可謂是「本土主義者」，如果我們要用另一個中性色彩較濃厚的字眼的話），都在往後共

圖15.7. 美國1948到20016年政治衝突與種族身分認同的關係

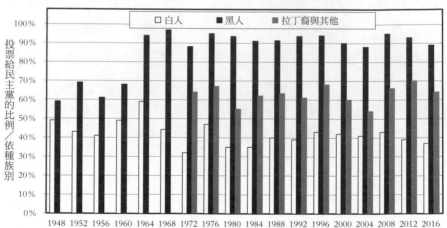

2016年時，民主黨候選人在白人選民（在全體選民中占70%的比例）中贏得了37%的選票，在黑人選民（在全體選民中占11%的比例）中的得票率則是89%，至於在拉丁裔、以及自認為屬於其他種族的選民（在全體選民中，共占19%的比例，單拉丁裔本身則有16%的占比）中，則獲得了64%的選票。在1972年時，民主黨候選人在白人選民（占全體選民89%的比例）中取得32%的選票，在黑人選民（在全體選民中有10%的占比）中的得票率則是82%，至於在拉丁裔、以及其他種族的選民（占全體選民1%的比例）中，則獲得了64%的選票。來源與數據：參見 piketty.pse.ens.fr/ideologie.

和黨絕大多數的戰役中扮演極為吃重的角色，例如，1968年、1972年尼克森勝選，1980年、1984年雷根奪魁，以及川普在2016年競選成功等。

　　同時也必須強調的是美國的人種－種族結構（structure ethno-raciale），[④] 若以在美國本土的人口普查以及選後調查分析中，人們自己宣稱的以及調查員衡量後而得到的結果來說，在過去半個世紀，此一結構已產生非常巨大的轉變。從1948年到2016年歷任的總統大選，黑人選民在全體選民中始終保持著10%左右的比例。至於其他的「少數人種」，在1968年時只占全體選民中略高於1%的比例，但從1970年代起，便開始快速成長，1980年代時達5%的占比，2000年時升到14%，2016年時則是19%的占比。在這一成長現象中，主要都牽涉到在普查以及選後調查中宣稱自己是「西班牙裔或是拉丁裔」的人。[16] 總結而言，2016年川普勝選時，「少數人種」約占30%的選民（黑人約11%，拉丁裔與其他人種則約19%），白人則是70%的占比，而且在未來，白人的占比應該會愈來愈低。我們同時可注意到，雖然拉丁裔選民和其他少數人種總是明顯偏向民主黨候選人（雖隨著每屆選舉而有差異，但大致是55%到70%的支持率），但還是沒有黑人來得澈底（90%都投票給民主黨候選人）。至於白人選民，我們可發現，他們自1968年起便倒向共和黨：如果白人是唯一有投票權的人，那麼過去這五十年，便根本不可能有任何民主黨出身的美國總統（參見圖15.7）。

---

④　譯注：嚴格而言，在法文裡，名詞 Ethnie 是指一群擁有共同文化、社會特質的人，例如使用共同的語言。Ethnique 若為名詞，指的是屬於同一地區的人，即居民的概念。但若 Ethnique 作為形容詞使用時，則不只是上述 Ethnie 的形容詞，原意是指不信仰基督教的異教徒，但一般使用時往往當作 Race 的近義詞或是同義詞。Race 卻是一個廣義用詞，原意是指一群出自同一家系的人，而後擴大到種族、人種，以及動植物的宗、種、亞種等範圍，也就是擁有相同特徵、有別於其他的一群人（或動植物）：通常強調物理、生物特質（例如膚色），而非文化、語言等後天條件，也未必是負面意涵。但 Race 也常跳出先天與後天特質的框架，進入文化、文明意涵。總之，這些概念並非本書要旨，但作者分別使用或混用這兩詞，為求簡潔，通常翻譯成中文常用的「種族」一詞，有時則區分成「種族」、「人種」。另外，兩詞結合成 ethnoracial 或是 ethno-racial（e）則是最近這十幾年的新聞媒體新發明。

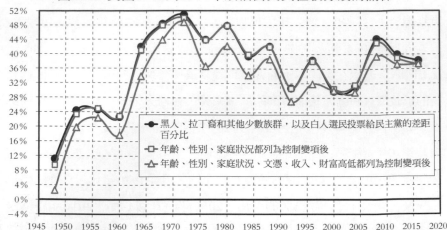

圖15.8. 美國1948到2016年政治衝突與種族分歧的關係

1948 年時，黑人、拉丁裔，以及其他族群的選民（在全體選民中占 9%的比例）投票給民主黨的比例，是比白人選民（在全體選民中占 91%的比例）投給民主黨的比例還高出 11%。2016 年時，同樣就投給民主黨候選人的比例而言，黑人與其他族群的選民（在全體選民中占 30%的比例）比白人選民（在全體選民中占 70%的比例）還高出三十九個百分點。社會經濟變項都列入計算後，對此趨勢的修正影響是很輕微的。來源與數據：參見 piketty.pse.ens.fr/ideologie.

　　我們還可以注意到一項事實，那就是弱勢團體從1960年代便大舉投向民主黨候選人的懷抱，這一現象從來就不能只是用這些選民的社會經濟特質這樣一個相對薄弱的理由來解釋。我們都可觀察到，這些弱勢者投給民主黨的百分比，以及白人選民投給民主黨的百分比，其中差距可高達四十個百分點，卻也隨著時間慢慢拉近，一方面，拉丁裔選民人數多少增加了一些，且整體上也是舉足輕重的社會團體（參見圖15.8）。但另一方面，這麼一個如此鮮明的選舉行為的根本解釋在於，弱勢團體的觀感問題，尤其是黑人弱勢族群，他們深深感受到共和黨人對他們的仇視態度。

福利女王與「種族配額」：共和黨白人至上的南方策略

　　無庸置疑的是，共和黨的候選人中，無論是尼克森、川普，還是夾在這兩人中間的雷根，從來就沒有明白地提出應該重新建立美國種族隔離制度。不過，他們都公開接納過去主張種族隔離論調的人加入他們的團隊。

直到今天，共和黨領導人依然大方接受種種白人至上的運動，有時還跟某些運動負責人同進同出。2017年在夏洛茨維爾（Charlotteville，位於維吉尼亞州）發生的一連串事件便是鮮明的例子，那時一方是極右派人，其中還包括了新納粹組織、殘存的3K黨（Ku Klux Klan），[5] 整體構成一勢力龐大的遊行隊伍，而另一方是反對這些極右派人的反示威者，但川普決定對兩邊人都不理不睬。[17]

　　一般說來，許多持種族隔離論調的民主黨政治人物以及他們的支持者，從1960年代起，都漸漸地轉向共和黨，南卡羅萊納州的參議員斯特羅姆・瑟蒙德（Strom Thurmond），在1954年到1964年間，他別著民主黨的徽章，但在1964年到2003年間，則揮舞著共和黨的旗幟，正是典型的例子。瑟蒙德捍衛地方州權（states' rights），也就是，堅持美國南方各州可以繼續實行種族隔離的權利，更廣泛說來，就是可以拒絕執行聯邦政府的命令；尤其是在他眼中，黑人與其他少數族群享受的社會福利政策都過於優渥。瑟蒙德的政治生涯的象徵意義就是，種族隔離這個主題如何由民主黨（從十九世紀初到二十世紀中葉左右，它一直把這項主題當作是它的正字標記）轉手到共和黨。自1948年起，瑟蒙德便擔憂著在北方民主黨人中，親近民權運動的人已經開始影響著民主黨走向，於是，他便以不合群的形象、高持種族隔離的姿態作為民主黨候選人，出面競選美國總統，挑戰對手杜魯門。當時他還喊出一個曇花一現的地方州權民主黨的口號（States' Rights Democratic Party，一般通常稱之為狄克西黨〔Dixiecrats〕）。[18]

　　自1964年、1965年前後起，情況愈演愈烈，以致於詹森政府試著在南方各州，尤其是在各級學校，強制推行消弭種族隔離（déségrégation）的政策。那時共和黨總統候選人高德華（Barry Goldwater）挺身反對1964年

⑤　譯注：3K黨（Ku Klux Klan）並非政黨組織。3K黨創立於美國南北戰爭剛結束之際，一開始的態度便擺明仇視黑人，以及對於北方聯邦軍隊占領南方的不滿。其暴力示威與恐怖行動的主要特徵是戴面具、不以真實面孔出現，該面具也同時造成恐嚇他人的作用。1869年時已依法解散，但長期以來卻又不時聚眾造勢或惹是生非。

的《民權法案》(Civil Rights Act)。高德華敗給詹森，但他依然為聯邦政府裡、敵對的民主黨內擁護南方白人至上的人辯護到底。面對著南方各州，以及各縣級學校董事會的敵意，詹森政府只能改由聯邦層級的方案下手（例如，啟蒙方案〔Head Start〕），也就是，以非國家性質的組織、民間協會等方式在黑人眾多的貧困地區的托兒所、保健中心分配聯邦政府的補助。[19] 隨後尼克森奪得1968年的總統寶座，馬上便跳出來反對這些聯邦政府在地方政府層次的干涉活動。尤其他公開反對，目的在於讓白人跟黑人區域的學童混合就讀同一學校的接送計畫，雖然當時這只是小規模試驗，但他抗議這一做法很可能在未來擴大普及。另外，在他眼裡，種族配額政策也是一項威脅，可能導致黑人搶走白人在大學中就讀，或是公共部門中的職缺位子。[20] 共和黨這套南方策略在1972年的總統大選時特別有效，尼克森順利地吸收了在1968年時跟隨喬治‧華萊士的選票。後來尼克森競選連任，輕而易舉地打敗民主黨的麥戈文（George McGovern），那時候麥戈文強烈反對越戰，熱烈支持最新的社會政治發展方案，以完成羅斯福的新政以及詹森打擊貧窮方案（War on Poverty），然而這一切都被尼克森成功抵制。

　　有時非常婉轉但是選民都很清楚的是，從尼克森開始的共和黨候選人都不約而同地去使用各類隱喻來描述黑人如何誇張揮霍社會福利（但卻絕不明白點出）。最常使用的策略包括，例如去抹黑「福利女王」（welfare queens, reines de la sécurité sociale），這是一個經常被拿出來使用的負面字眼，專指單親的黑人母親。這個名詞是雷根在1976年共和黨內部初選時發明的，1980年時又搬出來用。1964年高德華出面競選時，雷根熱烈支持，當時這給他發表演說的機會，方便他後來投入政治生涯。1964年時他挺身反對《民權法案》，1965年時也攻訐《投票權利法案》（Voting Rights Act）。[⑥] 在他看來，儘管是無謂之舉，這法案依然羞辱了南方同盟人士，也過度擾民。[21] 整體說來，種族議題的政治操作在促成1980年代的「新保守主義」的勝利中，扮演舉足輕重的角色。[22] 美國新保守意識形態大約是

1964年起由高德華揭竿，尼克森在1972年接棒，然後1980年時再由雷根繼承，整體說來，背後基礎是激烈地反對共產主義、粗暴地駁斥民主黨新政，但也對勢力日增的聯邦政府毫不妥協，尤其是聯邦政府推行的社會福利政策。這些社會福利方案都被抹黑成是方便那些工作不賣力的人、助長有色人種好吃懶做的傾向（這是自從廢除奴隸制度以來，最常炒作的主題）。美國從1930年代到1960年代施行了規模中等的福利國家做法、並因此產生了社會支出費用，這些支出都被指責是干擾社會自然運作、龐大無謂，尤其相較於冷戰以及國家安全等事項的重要性，根本就不是當務之急，所以民主黨裡堅持社會福利路線者都被指控是完全不顧國家生死。至於共和黨人，他們則許下諾言，要重振美國國威。

　　上述這些插曲都很重要，因為可以讓我們明白，川普他個人對種族問題的態度（例如針對2017年夏洛茨維爾）高喊白人至上的遊行，或是有關於南方邦聯將軍的銅像留存問題等），其實應該放在共和黨可追溯自1960年代的長遠傳統中來看待。跟過去相較，主要的不同點在於，從1990年代到2020年間，其他少數族群變得更重要。川普瞄準拉丁裔。而當他說到拉丁裔時，他言詞特別尖銳不客氣，尤其是想建造一道高大圍牆的點子，他甚至把這個點子當作是一場戰役，正好象徵著他個人賦予國家界線問題的重要程度。更廣泛說來，在2016年的競選活動中，而且從他投入政治選舉起，他便肆意地去攻擊美國的非白人族群，尤其是少數的穆斯林人口（然而在美國的人數是寥寥無幾）。

選舉分歧、身分認同的衝突：從法國看美國

　　歐洲國家，特別是法國，長期以來總是在大西洋的另一邊，以隔岸觀

---

⑥　譯注：針對《投票權利法案》，讀者可參考美國加州橙縣（Orange County）的官方網站：https://ocvote.gov/；該網站有繁體中文、數據與研究項目，讀者可有更清晰的初步認識。

火又百思不解的眼光，看著美國層出不窮的種族分歧事件，還有這些事件在美國的政治發展方向，跟法國截然不同的政黨制度中舉足輕重的分量。尤其，歐洲觀察家總是不明白，何以民主黨會從過去支持奴隸制度、種族隔離的地位，搖身變成弱勢族群的政黨；還有共和黨，以前高舉著廢奴主義的旗幟，卻變成散播種族歧視、本土主義等意識形態的政治團體，以致於弱勢團體只能紛紛背棄出走。事實上，這些無法事先預估的轉變，以及我們至今提出的比較，在我們要試著去理解現今正發生中的演變，與眼前二十一世紀初期政治意識形態多重可能的發展軌道時，都是豐富的啟示錄，而且無論是對歐洲、美國，還是世界其他角落來說，這些都是深刻的教訓。

　　我們發現到——而且令人驚訝的是——由於身分認同的衝突而導致出來的選舉分歧，在當今大西洋岸的兩邊都引起震撼，也可拿來互相比較。在美國，投票給民主黨的黑人與拉丁裔的比例，以及占絕對多數的白人與他們投票給民主黨的比例，這兩個數字之間的差距，幾乎在這半個世紀以來，都維持在四十個百分點左右，而且就算把其他個人層次的因素都考慮進去，這個四十百分點的數字差距也沒有太多變動（參見圖15.7-15.8）。在法國，我們也可以觀察到，投票給左派陣營（何謂左派，也是在重新定義中）的穆斯林選民的比例，以及其他選民投票給左派陣營的比例，這兩者的差距同樣也從數十多年來就都維持在四十個百分點上下，若是把選民其他的社會經濟特質也一一納入計算的話，兩者差距也只是稍微降低而已。[23] 以這兩個案的情況來說，這都是非常具體的效應結果，而且比其他指標的對比還更有力，例如若是去比較教育程度或是所得最高的那10%的選民，以及教育程度、所得都最低的那90%的選民，這兩批人口投票給左派的比例差距，在法國、美國，大約都是在十到二十個百分點而已。我們可發現，在美國，黑人選民從1960年代起，幾乎在每一次選舉裡，其中90%的人都投給民主黨（勉強說來，10%的黑人選民投給共和黨）。在法國，歷年選舉以來，尤其是從1990年代起，在穆斯林選民中，90%的人都投給左派候選人（不到10%的人投給右派、極右派候選人）。

　　這些表面上看來很相似的對比結果，若是在數十年前呈現在法國觀察家眼前，一定會讓人驚訝不已；但在另一方面，我們也必須強調兩個個案中諸多不同之處。就美國的例子來說，占少數人口比的黑人選民是奴隸制度的後代，拉丁後裔則是來自墨西哥、拉丁美洲的移民。至於法國，占少數人口比的穆斯林選民是後殖民時代的移民，主要是來自北非，其中很小一部分則是來自非洲撒哈拉沙漠以南的地區。所以在這兩個個案中，當然還是有共同點的。那就是，總人口中占多數比例且出身歐洲的白人，在很長一段時期裡，以獨大方式支配著來自世界其他角落的人（透過奴隸制度、種族隔離，或是殖民統治等方式）。如今他們面對的情況是，必須在同一社會或政治團體內，跟這些來自世界其他地方的人共處，而且還必須藉由選舉競爭的手法來解決彼此的差異爭端，其中主要的關鍵就是權利平等這一基礎，即使權利平等這件事也只不過是一套正式說法而已。以人類歷史來看，這很明顯是一大澈底的革新。住在地球上不同地區的人們，不知多少世紀以來，他們之間的關係主要都是限於軍事上的支配關係以及粗暴的武力，否則就是單純架構在權力關係上的商業交換。當今在同一社會內部如此之發展，則是完全另一回事，這是建立在意見對話、文化交換、通婚、重新定義過去大家都不認識的身分認同等層次上，儼然是無可否認的文明進步。政治、選舉操作利用這些身分衝突，造成的正是無法想像的考驗，也值得我們再三研究。雖然只是一個快速的對比，但是去對比過去幾個世紀以來觀察到的權力關係，卻可以讓我們淡化了眼前這些困境，特別是不要把過去理想化。

　　除了在美國、法國觀察到的這些相似點之外，所牽涉到的社會階層類別、身分認同衝突的內容，很明顯地在每個國家都有各自特定的形式。以整體的選舉分歧結構來看，最令人驚訝的差別在於，拉丁後裔以及其他少數族群，在當今美國選民人口總數中的占比約是20%，他們的政治立場大約是位於白人與黑人族群的中間。例如，在2016年的總統大選中，64%的拉丁裔和其他少數族群都投票支持民主黨候選人，相對地，只有37%的

白人投給民主黨，但黑人中的占比則是89%。其他少數族群與拉丁後裔的
中間立場從1970年起就沒有太多變化（參考圖15.7）。對美國的選舉衝突
結構來說，這一趨勢的未來演變方向將有著決定性的角色，尤其整體說
來，美國少數族群的人口比重持續擴大（以2016年的選民結構而言，若
總計黑人、拉丁族群，以及其他少數者，共占了30%的比例），但是目前
占人口多數決的白人比例則在下降中（在2016年時占70%）。[24]

　　相反地，在法國我們可觀察到，大體而言，出身其他歐洲國家的選民
投票給左派的趨勢，跟一般宣稱沒有任何外國移民背景的選民的投票趨勢
是差不多的。例如在2012年的總統大選中第二回合時，前述這兩大選民
類別投給社會黨候選人的比例都是49%左右，而出身歐洲地區以外國家的
移民後代的比例則高達77%（參見圖15.9）。

　　另外，我們也可以注意到，宣稱自己有外國出身背景的選民（至少內
外祖父母中有一人是來自外國）在法國2010年代時，占整體選民約30%
的比例，這個數字跟美國「少數族群」的占比是差不多相等的。然而，這

圖15.9. 比較法、美兩國政治衝突與選民出身的相關性

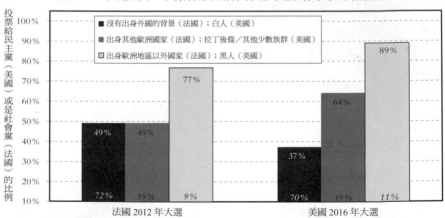

2012年時，法國總統大選第二回合投票時，社會黨候選人在無任何外國出身背景的選民（沒有出
身國外的祖父母）中，以及擁有來自其他歐洲國家出身的選民（主要是西班牙、義大利、葡萄牙三
國）中，都獲得49%的得票率，至於在擁有歐洲地區以外國家的出身背景的選民（以北非、撒哈拉
沙漠以南的非洲國家為主）中，則有77%的支持率。2016年時，美國總統大選的民主黨候選人在白
人選民中的得票率為37%，在拉丁裔、其他少數族群中的支持率是64%，而在黑人選民中的得票率
則達89%。來源與數據：參見 piketty.pse.ens.fr/ideologie.

樣的對比只有單純的表面意義而已。特別是，宣稱自己有其他歐洲國家出身背景的選民（主要都是來自西班牙、葡萄牙、義大利），在整體選民中占差不多20%的比例，他們自己並不認為，且他們也都不被認為是一個「少數族群」，更不用說是被當作少數「拉丁裔」。同樣地，宣稱自己有歐洲以外國家出身的選民（事實上，以北非、撒哈拉沙漠以南的非洲國家為主），在整體選民人口中的占比約是10%，但他們絕不是一個均勻同質的團體，更不是一個種族或是宗教類別。他們之中很多人也宣稱無任何宗教信仰，跟宣稱自己是穆斯林的選民這一個團體相較，兩者間的重疊之處也是很有限的。[25]

身分認同的流動性，以及將社會類別僵化後的危險

　　一般說來，美國跟法國（更廣泛說來，則是在歐洲）之間的一大差別是，相對於美國的種族分歧現象，人種－宗教分歧的問題在法國具有非常高程度的流動特質。根據在法國2008年、2009年間舉辦的「歷程與出身」調查（Trajectoires et Origines），我們可觀察到，雙親中至少有一人來自北非的法國人中，其中超過30%的人是異族通婚的後代（意思就是說，他們的父母親中其中一人並非來自外國）。[26]一旦異族通婚過程達到了這樣的規模，我們也都明白，實在應該要用一種非常寬鬆的角度來看待「人種」的身分認同這樣的一個概念。人的出身以及身分認同隨時隨地都混雜在一起，不同世代間給小孩取名字的流行風隨時轉向，就是一個最好的例子。[27]因此，去詢問當事者，要求他們自我斷定，到底確切說來是屬於哪個「人種」類別時，其實是沒有多少意義的。這也可以用來解釋，為何在法國存在著某基本共識，或者也可說在整個歐洲也是如此的（即使，在後面章節中，我們將會討論到，英國可說是在另一個中間地帶），那就是：去要求一個人或是一群人自我宣稱究竟認同哪個「人種」類別，而這樣的行為是相當不妥當的。像這樣的身分認同指稱的要求，對任何人來說，都是非常蠻橫的行

為，因為大家都認為自己的出身背景、身分認同都是多元且又彼此揉合在一起的；活著不過就是好好過自己的日子，而不是成天攤開證件，宣告自己是哪個「人種」來源。當然，這並不代表不能夠在眾多無任何義務性質的調查中，去提出有關於父母親、祖父母的出身背景，或是出生地等問題，或是說不能去詢問人們的宗教、哲學、政治信仰等問題，然而即便如此，這跟在一些人口普查或是具義務性質的行政過程中，要求一個人自我判斷是屬於某一個或是某些人種－種族類別時，是完全不一樣的事情。

至於在美國，身分指認的過程則有著相當不同的歷史起源過程。在蓄奴時期，甚至到二十世紀初期，負責人口普查的行政人員可以替奴隸以及奴隸後代登記一個「黑人」身分，而且一般作法不過是一滴血法則（one drop rule）：只要有某一個祖先是黑人，而且無論是多久以前的事情，當事人就是「黑人」。直到1960年代，南部眾多地方州仍禁止不同種族間通婚。自1967年美國最高法院頒定某判決之後，地方州便再也不能禁止異族婚姻。從此異族通婚便快速成長，其中也包括了黑人，在2010年代，自我宣稱是黑人者，其中有15%的人跟其他族群通婚（在1967年時只有2%）。[28]不過在美國，人口普查以及一般調查中，受訪者有義務告知其人種－種族身分類別，這樣的規定很可能也讓不同社會團體間的界限始終保持著無法拉近的距離，而且即使身分認同的諸多現實狀況並不是那麼截然分明的。

雖然在這兩個國家的基本背景中存在著這麼重大的差別，但無論是在美國、還是法國（更廣泛而言，歐洲也包括在內，後面章節將再深入討論），其相同之處是，身分認同的問題當今都被拿來做政治化操作，或做為選舉分歧的催化劑。在這兩個國家中，常被搬上檯面的偏見或是文化刻板印象不盡相同，但還是有一些非常顯著的共同點。在美國，福利女王的比喻焦點是去譴責黑人單親媽媽，認定她們好吃懶做，還有就是那不知盡責的父親。在法國，種族主義論調刻意強調的是，來自北非、非洲的人都有一股無法克制的天性，自然而然地把他們逼向犯罪的深淵或是監牢。另外就是，懷疑這些非洲移民想盡辦法詐取社會福利資源，否則就是去挖苦

諷刺其他一些套在外來移民身上的特質，例如「吵死人、又難聞」的怨言，都是最常出現的冒犯之詞，即使公開表明自己是中間偏右，而絕不是極右派的政治人物，也不忌諱這類政治利用。[29]

面對這類論調，我們應該提供各類不同的答案。首先，諸多研究都已指出，一些若有似無的主張，影射著移民或是少數族群極盡揮霍公共預算，其實是沒有任何根據的說法。相反地，許多研究都確實證明來自歐洲以外地區的移民、少數族群，在就業市場上飽受歧視，如果他們跟一般法國人有相等程度的文憑時，他們要進入就業市場卻是很複雜的（參見第十四章提到的研究成果）。雖然無庸置疑地，這些研究無法說服每一個人，但還是應該廣泛傳播、告知社會大眾這些學術研究的成果。[30]

最後，我要再三強調的一點是，身分認同衝突之所以陷入僵局，也是因為原本期待可解決一切問題的正當合理的經濟、確切無疑的社會正義，最後換來的只是美夢破碎、一切都已注定了的感傷。我們在之前的章節中已討論過，法國的選舉結構雖可切割成四大勢力幾乎相等的陣營，卻只是圍繞著兩個問題：移民，以及貧富間財富是否重新分配（參見第十四章表14.1）。就財富重新分配、社會正義的問題而言，如果我們棄絕一切行動的可能性（有時連辯論也一併避開），例如去辯稱全球化法則、經濟運作原則絕不允許、也永遠不可能讓我們去實踐真正的財富重新分配，那麼如此一來便無可避免地，政治衝突只會集中在那唯一一個我們交付給國家來解決的行動版圖上，也就是國家疆界的監控，或有時候，在國家內部也畫出新的界限。換句話說，身分認同的分歧若愈來愈擴大，我們不應該只是把它當作踏進後殖民紀元後的結果（說來當然很令人傷感，但也著實是躲不開的論調）。我個人以為，我們可以，尤其也應該把這一段演變，當作是共產主義下臺後的結果或身分宿命論水漲船高後的下場，以及對所有最根本的社會經濟革新都灰心絕望後的反應。所以，只有讓有關於正義、經濟運作模式這兩項主題的公共辯論都重新粉墨登場，才能讓財產制度、社會不平等問題回到舞臺中心，而不是讓界限、身分認同等議題搶盡光彩。

我們之後會再回來討論這一點。

民主黨、左派婆羅門，以及種族問題

我們現在來探討一個非常重要又複雜的問題。在美國那樣的背景之下，如果說民主黨「婆羅門化」（brahmanisation）的現象，是因為自1960年代起種族、身分認同等分歧都變得愈來愈棘手的關係，這看起來似乎是吸引人的說詞。換句話說，美國低下階級的白人逐漸地拋棄民主黨，而原因只是在於他們無法接受民主黨跳出來為黑人說話。根據這項主張，最後的結局就是，幾乎不可能看到美國低下階級的白人、黑人長長久久地站在同一個政治聯盟舞臺上。只要民主黨依然還公開表示出歧視其他種族的態度、主張種族隔離政策時，或者是對於這些議題，儘管民主黨的南方、北方兩陣營意見歧異，卻始終保持沉默時——大概就是直到1950年代、1960年代左右，雙方都閉口不談這些問題時——那麼讓低下階級的白人、黑人會聚一堂，則是可能的。不過，一旦民主黨不再反對黑人，幾乎無可避免的是，它便因此失去低下白人階級的支持，而這是因為這些低下階級的白人會馬上被共和黨吸收，更何況，共和黨也沒太多其他選擇，它只能去填滿民主黨留下來的種族主義空檔。美國政壇這一顛撲不破的法則（loi d'airain），[⑦]若有意外可言，大致就是1930年代到1960年代這一短暫期間，那時羅斯福組成的聯盟多多少少能拉攏低下階級的白人和黑人，雖說當時的大環境是很特殊的（先是1930年代的諸多危機，然後就是第二次世界大戰），民主黨依然得費盡心思、裝腔作勢，時常也如履薄冰，但至少白人與黑人全聚集在民主黨旗下。

這整套主張看起來是極端地果斷堅決，但若追究到底，卻是毫無說服力。問題不只是因為這套主張假設低下階層腦袋中的種族主義，其實就是事情說穿得不如此、從此也不會有任何改變的世界觀罷了。而這樣的假定，我之前在法國個案研究中已經討論過，實在沒有比中間階級、自己當

老闆的獨立業者，或是菁英階層等的種族主義還更自然而然，或是還更禁
得起歲月的考驗。讓這一整套主張顯得毫無說服力的另一原因——而且是
更重要的原因——就是它根本沒有辦法幫助我們思考所有觀察到的現象。
首先，如果說種族引起的諸多問題導致了一部分美國南方的白人選民在
1963年到1964年間紛紛離開民主黨，這樣的說法看似無誤，[31]然而，更
重要的是，從1950年代、1960年代就可觀察到的教育分歧的逆轉，卻是
在美國各地都看得到的——無論是美國北方還是南方都一樣，也跟對於種
族問題的態度究竟為何毫無關聯。這牽涉到的是一個持續、漸進的演變，
從1950年代、1960年代啟動，直到2000年代、2020年代也還沒停止（參
見圖15.2到15.4）。所以，當我們要去解釋這樣一個既長期又深入社會運
作結構的演變時，如果只是提出民主黨的政治立場改變、也就是民主黨在
1960年代期間極為快速的運作結果，其實是不夠的；更何況，民主黨政治
立場改變後的後果，尤其是對黑人選民的選舉行為本身，對少數族群選民
的投票行為和白人選民的投票行為之間的差距等所產生的影響，也幾乎是
立即的（參見圖15.7-15.8）。

　　最後，而且更重要的一點是，我們也可以在法國觀察到這類教育分歧
完全倒轉過來的現象，而且相較於美國，規模大小、時間點都很接近（參
見第十四章圖14.2、圖14.9-14.11）。另外，在英國、德國、瑞典，差不多
每個擁有西方民主體制的國家中，也都可以發現這項沉重又難以推翻的演
變趨勢。並不是每個國家都經歷了民權運動，也未必都發生了像是民主黨
在1960年代面臨的經驗，即從堅持種族主義路線徹底脫胎換骨。當然，
我們可以提出移民、身分認同分歧等議題，在法國、英國以及其他歐洲國
家都變成是愈來愈強勢的問題，難以否認其重要性。不過，這類種族、移

⑦ 譯注：loi d'airain 字面意思是青銅鑄成的法則，即鐵石律法。原本這是指德國政治人
　物、社會主義健將、理論家斐迪南·拉薩爾（Ferdinand Lassalle，1825-1864）提出的觀
　察：綜觀生活習慣、物質化的發展程度，以及工人成員彼此汰舊換新，工人本身必須維
　持基本生活需求等因素，工人的平均薪資將不會高於能維持最低生活需求的最低工資。

民分歧現象是不久前才發生的，是從1980年代、1990年代前後，才開始取得舉足輕重的角色，所以並無法幫助我們進一步瞭解，為何教育分歧逆轉的現象從1960年代就已經開始起跑。總之，我們另外也觀察到，在那些移民分歧現象並不是很重要的國家，同樣捲起教育分歧逆轉的風潮。

所以，我認為去鑽研更直接乾脆的解釋會更有力。若說民主黨變成高文憑者的政黨，以致於教育程度較低者都紛紛出走，這應該是因為這些人都覺得民主黨的政策愈來愈無法滿足他們的渴求。另外，如果文憑較低者心中這樣的感受能夠持續半世紀之久，而且在不少國家都是如此，那麼這就不是一個簡單的誤解問題。我認為最可行的解釋，正是我之前針對法國個案時已開始塑造、成形的解釋。簡言之：民主黨——就如同法國的左派陣營中諸多政黨——已不再把蹲在底層的社會團體視為優先，對他們也興趣缺缺，但是愈來愈全力專注那些在學業競爭、大學窄門前取得勝利的贏家。在二十世紀初期，而且直到1950年代、1960年代為止，民主黨在美國有著非常堅決的人人平等的政治主張，這不只表現在稅捐層面，在教育制度改革領域也表達無遺。值得一提的是，當時民主黨的宗旨，不只是保證讓某一年齡層以上的人都能進小學，而且也都能夠接受中學教育。關於這一個教育機會的問題，其實就如同所有的社會經濟議題，相對於共和黨，當時民主黨也很明顯地比較沒有那麼高高在上的菁英味道，也比較關切低下階級（最終就是國家整體的繁榮）。

不過，民主黨這親民印象卻在1950年代、1970年代，到1990年代、2000年前後，澈底質變。民主黨成為教育程度最高者的總部，更何況美國的大學教育制度的運作是高低位階截然分明、資源分配也不盡公平，低下階級的子弟幾乎沒有任何機會擠進最好科系。在這樣的環境下，而且大學教育制度也沒有任何結構性改革，若說最低下的社會階層感覺自己被民主黨拋棄了，並不是不正常的反應。至於共和黨聰明之處，他們刻意利用種族問題，尤其是去操作美國可能在國際競爭中被擠出排行榜的恐懼，當然都可部分地解釋為何他們在選戰上旗開得勝。麥戈文在1972年時建議創

制一個聯邦層次的最低所得制度，預算來源則是去提高繼承稅捐的累進稅率，當時他面對的是共和黨尼克森派系若有似無的指控，宣稱這是要再一次讓美國的非洲後裔撿現成便宜。就這樣，麥戈文他自己也多少成為種族偏見下的祭品。同樣地，歐巴馬在2010年間推動醫藥保險方案，面臨了相當大的阻力，難以否認的是，其中的原因之一就是拒絕為少數族群買單。更廣泛說來，在跟歐洲做同等規模的比較時，若要去說明為何美國社會中互惠行為薄弱、貧富間稅捐分擔程度低微，以致於美國根本談不上是一個福利國家時，在諸多結構性原因中，種族因素沉重難捱是一個常被提出來的理由（並非不無道理）。[32] 但是，把一切都歸諸於種族因素是錯誤的做法，更何況我們無法因此而進一步明白，為何教育分歧逆轉的現象幾乎在大西洋兩岸，以同樣的模式重複發生。如果說現在民主黨被看成是提攜教育程度最高者的政黨，而非專心照顧低下階級，其實那也是因為他們自從1980年代的「新保守主義」起，就沒有徹底翻新計畫書或行動作為。

錯失良機、有志未成：從雷根到桑德斯

　　1980年的總統大選時，雷根成功灌輸美國人一套嶄新的美國歷史論調。歷經越戰、水門事件、伊朗革命之後，美國陷入自我猜疑的迷局，雷根應允美國人民要讓美國東山再起，於是他建議了一套很簡單的方案：讓聯邦政府的勢力降低，瓦解累進稅制。換句話說，在雷根眼中，正是整套新政，還有為之護航、剝削民脂民膏般的稅捐列車，以及社會福利措施等，讓英美世界的企業家綁手綁腳，這也是為何二戰的戰敗國竟然全都迎頭趕上美國。雷根在1964年為高德華站臺助選時就已如此大言不慚，1966年競選加州州長時也是持相同論調，當時他一字一句詳細說道，加州不應該繼續作為「社會福利的世界首城」，主張世界上沒有任何一個國家在國內生產毛額被課徵三分之一的額度後還能夠苟延殘喘。1980年、1984年時，美蘇冷戰、日本、德國與其他歐洲國家歡呼著飛騰的經濟成長率，把早已

恐慌著將從此一蹶不振的美國壓得喘不過氣來，無怪乎雷根能以勝利姿態把他這番言論推進聯邦政府的大門內。所以，由聯邦政府課徵的所得稅的最高稅率，在1932年到1980年間，平均額度約是81%，歷經1986年的稅制改革方案後跌到28%，這正是整套雷根主張中最具代表性的改革，也是最根本的內容（參見第十章圖10.11）。

　　在當今2019年，我們可以回頭看看這些措施的效益，結果似乎不是很讓人放心。國民平均所得的成長率在過去三十年，也就是從雷根推動改革起，掉了一半（如果跟改革前的三十年或四十年相比較的話）。更何況，這些改革政策都是用來刺激生產率、成長率，但成績實在欠佳。另外，社會不平等現象急遽擴大，以致於所得最低的那50%的美國人，從1980年代到現在，從沒享受過任何經濟成長的果實，這在美國歷史上是前所未有的紀錄（以一個並非處於戰爭的國家來說，也不算是常見的事情，參見第十一章圖11.5、圖11.12-11.13）。

　　然而，在雷根時代結束後上臺的民主黨政府，也就是柯林頓（1992年到2000年）、歐巴馬（2008年到2016年）團隊，從來就沒有真正試著去推翻共和黨的論調或是1980年代以來的政策。尤其是有關於所得稅的累進稅率被瓦解一事（在1980年到2018年期間，最高平均稅率調整到39%，這還不到1932年到1980年間的最高累進稅率的一半），以及聯邦政府制定的最低薪資不再隨著物價波動而調整的做法（到頭來就是自1980年起購買力直直落，參見第十一章圖11.10），柯林頓與歐巴馬政府只不過是去替雷根制定的基本方向背書，並且讓它變得更堅韌長久。至於為何如此，可提出的解釋就是，這兩大政府多少也被雷根的言論說服了，因為他們當年無法像我們現在這樣回頭檢討。但是我們也可以猜想，他們之所以會接受雷根捧上的稅制與社會福利教科書，多少是由於民主黨的選民結構已有所調整，從此之後，民主黨的政治與策略的抉擇便愈來愈鎖定這群教育程度高人一等的新選民，而且這群人也在這套不怎麼強調資源重新分配的嶄新政策中，撿到現成好處。換句話說，左派婆羅門在1990年代到2010年代

間入主民主黨，但他們骨子裡跟雷根、布希掌權時期的右派生意人卻是有著共同的利益。[33]

另有一項政治意識形態因素，在當時那段期間的美國、歐洲，以及世界其他角落都產生了重大激盪，那就是1990年到1991年間蘇維埃垮臺一事。就某程度來說，這等同是替企圖重整美國雄風以及重振資本主義模式的雷根政策背書。共產主義一向被視為資本主義的反面，於是共產主義的垮臺從1990年代初期，便毫無疑問且相當有力地助長了一股過去不曾有過、往往也不知收斂的心態，尤其是在思考市場制度、私人財產制的自我調節機制時。這也可以用來局部地解釋，為何美國的民主黨人，猶如歐洲的社會黨人、工黨健將、社會民主黨人士，在1990年代到2010年代期間，在某種普遍程度上，都不再質疑資本主義是如何鑲嵌在複雜脈絡中，或者該如何超越資本主義等問題。

就跟所有其他事情一樣，如果用一種必然如此的觀點來重新看待這些歷史事件，那很可能就錯了。歷經漫長時間累積而來的智識與意識形態邏輯是很重要的，但在另一方面，現實經常也是存在著諸多交叉口，很可能在過去不知何時激發出不同的歷史軌跡。舉例而言，1978年時加州爆發一場抗稅運動，以某角度看來，正是雷根數年後在聯邦政府層次取得勝利的先兆，[34]這一抵制運動的源頭是，在整個1970年代，加州不動產的價格不斷上揚膨脹，最後導致財產稅也持續提高，但這都是出乎意料的結果。這類稅額上漲現象往往讓人措手不及，製造了不少問題，特別是因為沒人事先提出警告、也沒人要負責，特別是當不動產價值上漲未必代表著可拿來繳財產稅的最低所得也跟著提高時。所以，這類稅額上漲的現象都被認為是不合理的，更何況，財產稅是比例稅率，所有的不動產所有人都被課徵相同的稅率，無論當事人是否還另外持有金融資產或背負著債務，換句話說，這類稅捐上漲的結果也會牽涉到不只負債人，而且還有那些所得微薄的人。[35]這些不滿都被反對政府抽稅的保守人士有計畫地利用，最後導致1978年6月時舉辦公投，而公投結果也從此白紙黑字寫進美國憲法，要義

就是財產稅的最高課徵稅額不得超過不動產價值的1%（這就是有名的《第十三號公投提案》〔Proposition 13〕）。這一法案至今仍然有效，造成的影響之一就是加州學校的資源非常拮据，州政府預算不時出現赤字。

這一段插曲可說是替雷根的種種主張加碼，但其他的代表性意義就是，它綜合了兩個層面，一是在非常倉促的時間內發生的事件所展現出來的邏輯進展（在1970年代房地產價格上漲，成功動員了以抗稅為目的的公投），二是在漫長時間內搓揉出來的智識、意識形態竟然短路，也就是有關於不動產、扣除債務後的金融資產，與其只是去課徵財產稅，倒不如應改制成真正的累進稅，去推展澈底的改革，而非拒絕深入思考。就跟所得的累進稅制一樣，很重要的一件事情就是，我們應該製造機會，詢問不同的財富持有人，當他們的財產淨額是一萬美金、十萬美金、一百萬美金，或是一千萬美金時，他們是否願意依財產多寡而接受不同的課徵稅率。[36]所有的調查研究都顯示人民都樂意接受這樣的累進稅制。[37]另外，也很重要的一點是，有關於財產的課稅範圍的區段與稅率切割，應該是隨著資產價格來計算，這是為了避免稅額只是機械性地隨著資產價格提高，但事先卻沒有任何辯論、質疑是否合理或如何裁斷等等。在1978年的抵制運動裡，最遺憾且難以彌補的是，原本加州高等法院在1971年、1976年都已先後裁決通過，讓富有與貧窮學區都共同享受財產稅稅收（所謂的賽拉諾〔Serrano〕判決），而且當年這些教育補助廣受好評，但是公投結果卻澈底斬斷了這一機制。[38]

最近諸多事件跟變革都意味著，隨著1980年雷根勝選之後而開啟的時代，現在差不多該走進歷史了。一方面，2008年的金融危機證明了，金融鬆綁的程度已經過頭了。另一方面，從2000年底到2010年代初期左右，人們開始察覺到，自從1980年代起，不平等的社會分配愈演愈烈、最低所得停滯不前等現象愈加擴大，這番醒悟促使人們逐漸去重新看待雷根旋風的影響。這些因素都策動美國政治、經濟的公開辯論重新定位，希拉蕊跟桑德斯在2016年民主黨初選時激烈的論戰便是一個例子。我們之前已

提過有關於 2020 年總統大選的公共辯論，那時爭論的諸多議題包括了，所得、繼承等稅目是否重新以累進稅率來課徵，以及針對財富問題，是否開設一個聯邦政府層次的稅目（這正是桑德斯、華倫[⑧] 的提案，參見第十一章）。尤其是，聯邦政府的稅收都是可以用來投資在教育制度，特別是公立大學，因為相較於最好的私立大學，公立大學現有的補助可說是天差地別。辯論中的其他提議也包括美國私人企業中受雇員工與股東在董事會如何分配權力、投票權等等，以及設置一套公立系統的全民健康保險（Medicare for all），讓它跟在歐洲一樣，成為基本社會規範（就總成本、健康績效等公共衛生的標準而言，很明顯是更有說服力的）。[39]

現在還很難預料這些演變將會導致什麼樣的後果。然而，我認為很重要的是，去思考教育分歧徹底翻轉這個現象，因為它不會在轉眼間就消失的，還有就是去堅持改革教育制度的重要性。我們很難否認民主黨已經成為教育程度最高者的獨家政黨，但它面對的環境，卻是社會階層斷然分明、不公不義。民主黨執政時從未打算去改變這些事實（甚至民主黨過去也從未聲明，一旦它取得多數決時，它打算怎麼做）。這樣的情況只會在低下階級以及高文憑的民主黨菁英中，持續製造出揮之不去的疑雲，低下階級始終感覺到跟高文憑的菁英活在兩個不同的世界。川普挑逗的正是這類「婆羅門」調性、被人看扁的感受，並藉此激起超人氣（儘管人氣超強，卻也沒有用來提出比在墨西哥邊界築起高牆還更有效用的方案，或是做出比減免他自己的稅務還更具體的事情，說來不免是有失風度）。[40] 我們可想到的解決方案，也不能只限於去補追公立大學的投資而已。還必須思量的是，進入公私立大學就讀的途徑應徹底改革，並設立共同的規則，實際增加不同的社會階層子弟就讀大學的機會。一般而言，由於欠缺強而有力又清楚明白的措施，我們實在很難想像，有朝一日到底是哪些因素能真正

---

⑧ 譯注：華倫（Elizabeth Warren，1949-）曾任哈佛大學商法學教授，現為麻州的民主黨參議員，2020 年時角逐民主黨黨內的總統候選人初選。2022 年 5 月起，針對美國最高法院一連串擬推翻墮胎合法權的作為，華倫立即跳出來捍衛其合法權利。

重新動員低下階層的選民，畢竟這些人向來對美國的選舉活動興趣缺缺（參見第十四章圖14.7-14.8）。

英國政黨制度的變革

現在就讓我們來探討英國的個案。就跟法國一樣，現成有關於英國選後調查的資料幾乎足以讓我們研究，英國從1950年代中期起的選舉活動以及選民結構。相較於美國，我們可注意到，英國現行的兩黨制是更複雜，也更動盪不定。如果我們去檢驗1945年到2017年為止的議會選舉時主要政黨的得票率，我們當然可發現工黨、保守黨持有支配性的優勢力量，但不時會有一些意外（參考圖15.10）。

以1945年的選舉為例，工黨取得48%的支持率，保守黨則有36%的得票率，兩大主要政黨共有84%的得票占比。儘管高舉著贏得二戰的勝利火把，由邱吉爾領銜的保守黨竟然敗北，工黨的克萊門・艾德禮（Clement Attlee）成為英國首相。這段1945年的選舉插曲在英國與歐洲選舉歷史中占有重要一席。這是史上第一次工黨獨自在下議院取得多數決席位，從此，他們可以自行組閣、施行他們訴求的政策，尤其是讓國民健保署上路，還有就是實施一整套雄心勃勃的社會保險系統，並且提高高所得、高額遺產的累進稅率。這場選舉也澈底改寫了英國兩黨制景象，簡言之，綜觀十八世紀、十九世紀，較勁的兩大黨各自是托利黨人（保守黨人士）、輝格黨人（自1859年起的正式名稱是自由黨）。《國民補助預算案》此法案在1909年到1911年間通過，讓自由黨人在上議院旗開得勝，而該方案通過三十多年之後，工黨在1945年入閣執政，從此一舉取代自由黨，可說是在數十多年你來我往的激戰後，成為保守黨的唯一對手。英國直到二十世紀初期仍是貴族味最重的國家，在過去，三重功能社會的運作藍圖、所有權主義的機制邏輯兩因素聯合組成一個生命共同體，在1945年這場選戰之後，一個曾自我期許能真正代表人民的政治黨派，卻也是在英國這個

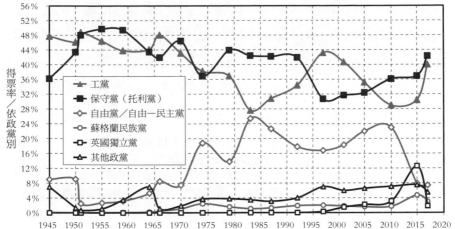

圖15.10. 英國1945到2017年間的議會選舉

在1945年的議會選舉，工黨的得票率是48％，保守黨是36％（兩大主要政黨共獲得84％的支持率）。至於在2017年的議會選舉，保守黨的得票率是42％，工黨是40％（兩黨總合82％的得票率）。注解：自由黨／自由－民主黨（Libéraux/Lib-Dem）包括了自由黨（Liberals）、自由－民主黨（Liberals-democrats）、社民黨自由黨聯盟（SDP Alliance）。蘇格蘭民族黨全名是 Scottish National Party，英國獨立黨全名是 UK Independence Party。其他小黨則包括了生態保護組織、地區性政黨等。來源與數據：參見 piketty.pse.ens.fr/ideologie.

國家贏得選舉、正式執政。[41]

　　但隨後，自由黨派再也無法重振昔日雄風。他們重新自我定位為自由－民主黨人士，然後在1980年代，又跟從工黨內部分裂後出走的團體共同組成自由黨－社民黨聯盟（Alliance Libéraux-SDP）。[42]1980年到2010年間，他們向來獲得10％到25％的支持率，然而在2015年、2017年的選舉中，他們的得票率已明顯跌到10％以下。在2017年的議會選舉，梅伊（Theresa May）帶領下的保守黨贏得42％的支持率，至於由柯爾賓（Jeremy Corbyn）領軍的工黨則聚集了40％的得票率，兩大黨共有82％的占比，剩下的席次則由自由－民主黨人、英國獨立黨、蘇格蘭民族黨，以及其他綠黨、地區性政黨瓜分。就跟之前美國個案的討論程序一樣，首先我們的分析焦點將集中在選民結構的演變，究竟在1955年到2017年這整段期間，整個結構是如何走向有利於工黨、保守黨這兩大主要政黨獨大的趨勢，並逐漸把其他政黨都排除在外。[43]

我們可以馬上注意到一點，在過去半世紀，工黨也成為教育程度最高
者的政黨。在1950年代，教育程度最高的英國人把選票投給工黨的比例，
遠比其他人口投給工黨的比例還低，差距高達三十個百分點。在2010年
代，卻澈底改觀：教育程度最高的英國人把選票投給工黨的比例，已比其
他人口還高出十個百分點。而且就跟法國、美國一樣，我們還可以發現到，
這一教育逆轉的現象囊括了各個文憑程度（首先是在初等、中等、高等教
育程度之間，另外就是在中等教育程度內部，以及在高等教育程度內部都
有所區分）。我們也發現，整體現象是在過去這六十多年間逐漸展開、持
續不斷地，現象的底層也不致於因為把年齡、性別、或是其他個人層次的
社會經濟特質都考慮在內後而產生變化（參見圖15.11-15.12）。

我們可注意到，相較於法國、美國，在英國所觀察到的演變，在時間
點上似乎不是很一致。換句話說，相對於法國、美國，在整個研究階段的
初期，投票給工黨的選民都集中在教育程度並非偏高的人口，必須等到整
個研究期間的後面階段，才發生教育程度最高者明顯倒向工黨的現象（參

圖15.11. 1955到2017年間票投工黨與教育程度的關係

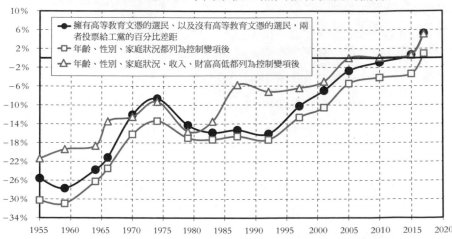

1955年時，擁有高等教育文憑的選民投票給工黨的比例，比沒有高等教育文憑的選民還低，差距是
二十六個百分比；在2017年時，擁有高等教育文憑的選民投票給工黨的比例已經高出六個百分點。
其他變項列入考量後，只修正了曲線幅度，但沒有改變整體趨勢。來源與數據：參見 piketty.pse.ens.
fr/ideologie.

圖15.12. 從勞動大眾的政黨到成為文憑菁英的總部：
1955到2017年期間票投工黨的趨勢演變

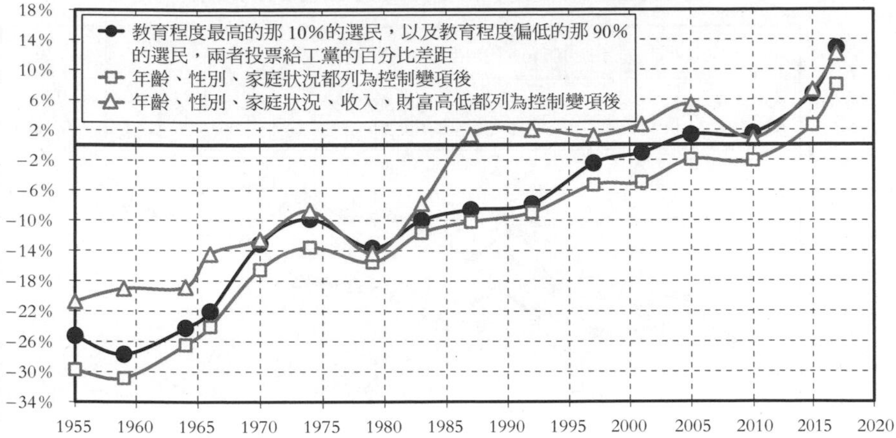

1955 年時，教育程度最高的那 10％的選民投票給工黨的百分比，比教育程度偏低的那 90％的選民還低，兩者差距是二十五個百分比；2017 年時，教育程度最高的那 10％的選民投票給工黨的百分比已高出十三個百分比。其他變項列入考量後，只修正了曲線幅度，但沒有改變整體趨勢。來源與數據：參見 piketty.pse.ens.fr/ideologie.

見圖15.13）。[44]

　　這一段時間差距表明了一項重要的事實。相較於美國的民主黨、法國的社會黨與共產黨，工黨的票源依然以低下階級還有專業技能較低的勞動者為主。

　　另外，很值得注意的是，這個貨真價實、滿載大眾人氣的政黨，曾在很長一段時間內讓知識分子心驚膽戰。最有名的例子就是凱因斯（John Maynard Keynes）；1925年時他曾發表文章，說明為何他永遠都不會投票給工黨，而且無論如何，都會繼續投票支持自由黨派。簡單說來，他擔心的是，萬一沒有名符其實的知識分子（想必若是沒有貨真價實的經濟學家的話）可去約束廣大民眾：「我不相信工黨裡那樣的知識環境可以發揮任何適當的監督作用；動輒就會被那些不知道自己正胡言亂語的人決定一切……我還是相信自由黨是推動進步未來的最好舵手。」[45]我們可注意到，即使政治觀點不同，海耶克也相當不放心，認為一旦英國工黨掌權執政，就會跟瑞典的社會民主黨的例子一樣；在他看來，這樣的景象都會讓極權

圖15.13. 1945到2020年間在歐洲、美國的左派選舉陣營：
從勞動大眾的政黨到成為文憑菁英的總部

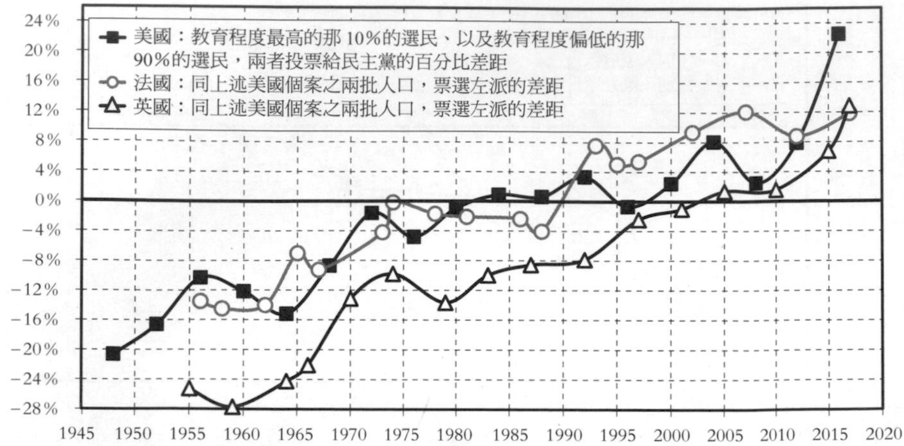

在1950年代到1970年代，在美國傾向投票給民主黨、在法國傾向投票給左派陣營（社會黨、共產黨、基進黨派組織、生態保護組織），以及在英國傾向投票給工黨的人，通常是教育程度偏低者；在1990年代到2010年代，卻都成為教育程度偏高者。相較於法國、美國，英國的演變發生得較晚，但演變趨勢相同。來源與數據：參見 piketty.pse.ens.fr/ideologie.

者在非常快速的時間內上臺，個人自由便因此大打折扣，所以海耶克大聲疾呼、提醒那些被這類危險誘人的號角拉走了的知識界友人。[46]

　　相反地，如果大家都還記得工黨的社會學家楊恩，他從1950年代時就開始擔心著，針對英國社會位階截然分明的教育制度，他所屬的工黨並沒有推出可說是更平等或抱負遠大的改革計畫，以致於工黨最後可能會被大眾階級中最底層的人唾棄，然後成為一個「技術人員」的政黨（這些技術人員可能會跟「民粹普羅」槓上）。總之，楊恩做夢也想不到的是，在受過高等教育又文憑最高階的選民裡，工黨到頭來竟然會把保守黨擠下臺（參見第十三章）。

英國的左派婆羅門與右派生意人

　　雖然跟法國、美國相較下，英國的演變趨勢類似且起點較晚，但工黨

還是以其方式成為左派婆羅門陣營，在持有最高文憑的選民中獲得最高的支持度。現在讓我們以所得高低程度來檢驗選舉分歧的演變。我們可觀察到，在1950年代到1980年代，英國存在著一道以所得為名的鴻溝：位居所得的最低十分位數的人大抵都投票給工黨，但隨著十分位數的提高，這一傾向便逐漸降低，因此所得的十分位數偏高者幾乎都投給保守黨。這樣的現象在1979年的選舉特別明顯，那時柴契爾夫人取得大勝，其基本政見綱領是反工會、國營企業私有化、降低高所得者的稅捐，而當時背景卻是充斥著經濟危機、居高不下的通貨膨脹。根據現行資料，在1979年、1983年時，在所得的十分位數中、位居高標者投票給工黨的比例不到20%，而在這之前的1955年、1970年時，比例則是25%，換句話說，綜觀看來，在最富有的人中，75%到80%的人都投票給保守黨（參見圖15.14）。

　　跟法國相較之下，所得導致分歧的現象在英國向來就更顯著。在法國，投票給左派陣營（社會黨、共產黨、基進黨派組織、生態保護組織等等）的選民結構，表現在所得最低的那90%的人口曲線上時，呈現出來的是頗為平坦的幅度，至於在高所得的區塊時，幅度則稍微下降（參見第十四章圖14.12）。如果我們以職業活動的部門別來重新檢視調查報告的結果，我們可以發現，上述的差別主要是由於在法國自己當家做老闆的人數比英國多，特別是在農業部門，雖然這些人通常都擁有一些營業財，但這未必是所得偏高的部門，而且這些人也往往提防著左派政黨。相對於法國，在英國農業部門的勞動人口、自己當老闆的獨立業者很久以來便人數銳減，而剩下來的，大多是受雇者。所以，如果我們以所得來檢視的話，在英國，這個活動部門便是一個階級分歧又更加明顯的部門。這也可以用來解釋，為何跟英國相比較的話，教育分歧的現象長期以來在法國並非很明顯，然而卻又在更短暫、更快速的時間內澈底逆轉：在法國，獨立業者（尤其是自己當家的農業人口）是一個頗為重要的社會團體，但同時他們教育程度偏低，他們向來就不是很熱切支持左派陣營。

圖15.14. 1955到2017年間英國政治衝突與所得的關係

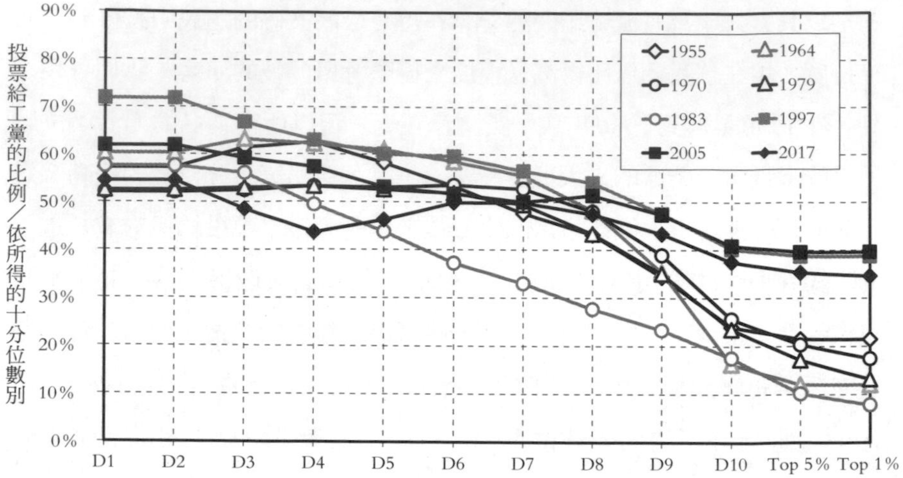

以所得的十分位數來看的話，投票給工黨的傾向是隨著所得的增加而降低，在1950年代到1980年代期間，這樣的現象便非常明顯地表現在所得最高的那10%的人口上。來源與數據：參見piketty. pse.ens.fr/ideologie.

　　我們也可發現，當論及所得效應時，英國自1980年代、1990年代就跟法國、美國一樣，開始面臨一個很短暫的演變。那就是所得最高者在1997年、2005年的選舉時，都熱切地支持布萊爾的新工黨政見，但是在過去，這些人是從來不把選票投給工黨的。這樣的改變看來似乎很正常，因為新工黨政策愈來愈吸引著高教育程度者，而且新工黨也的確是推出了對高所得者來說不算太差的賦稅措施。但另一方面，廣泛而言，新工黨政府（1997年到2010年期間）選擇替柴契爾夫人時期的賦稅改革背書，使之延續不斷，這就跟柯林頓（1992年到2000年期間）、歐巴馬（2008年到2016年期間）政府如出一轍，面對著雷根在1980年代提出的改革，這兩大民主黨政府都選擇延續同樣的做法。[47]不過，相較於柴契爾、梅傑（John Major）等保守黨政府，工黨的布萊爾、布朗（Gordon Brown）政府還是在教育體制上投資了更多的公共資源。但在另一方面，一上臺之後，他們也選擇了大幅度提高大學的註冊費用，讓出身低下階層的學生可說是沒撿到多少好處。[48]最終說來，這些措施都是英國走向左派婆羅門、右派生意人的表徵。

　　但是，工黨領導階層的換血似乎讓這一切產生了些微變化。2015年、

2017年的議會選舉時，我們可注意到，高所得選民有明顯回頭擠向保守黨的傾向，彷彿文憑以及所得兩效應之間的差距在擴大中（參見圖15.15）。[49]

　　針對這樣的現象，我們可以提出幾個不同取向的解釋，只不過，我們手上現成的資料卻無法判定哪個是最好的解釋。首先，自從柯爾賓2015年起領導工黨並贏得大選後，工黨推出的政策有明顯的改變。相較於新工黨時期，柯爾賓的賦稅政策走向有更濃厚的財富重新分配的色彩，整體可說是向左大轉彎，讓最富裕的選民心驚膽顫。另外，工黨的新綱領中還包括了可重新吸收低下階層選民的政見。特別是，對工會更有利的措施，賦予受雇人員的代表更多的權力，例如推動在董事會中讓受雇人員與股東都擁有投票權，就如德國、北歐國家等共同經營的原則，但在英國這是前所未有的。[50]最後一點是，工黨從此鼓吹高等教育完全免費（這在德國、瑞典已是事實），這跟新工黨政策在1997年到2010年間施行的高價位註冊費相較之下，可說是翻天覆地的改變。可想而知，在2017年的選舉中，這項提議在低下階層的年輕人裡贏得廣大的迴響。[51]

　　另外也必須考慮的是，2016年英國脫歐的公投效應（結果是，52%的

圖15.15. 1955到2017年間英國的社會分歧與政治衝突的關係

傾向把選票投給工黨的人，在1950年代到1980年代，通常是教育程度、所得、財富持有都偏低的選民；到了1990年代，往往變成是教育程度最高者。來源與數據：參見 piketty.pse.ens.fr/ideologie.

英國選民都贊成脫離歐盟），對2017年的議會選舉造成的影響。雖然柯爾
賓個人的立場是很曖昧的，甚至可說是相當不熱衷，而工黨的官方態度則
是呼籲在公投時投下「留歐」一票。這也是90%的工黨議員的立場，相反
地，保守黨只有一半左右的議員傾向留歐。無論如何，相較於保守黨（他
們也是2016年時提出公投方案者）對於公投的立場，工黨的態度整體而
言，是比較傾向袒護歐洲的。因此，這多少造成在2017年時，高教育程
度的選民一面倒向工黨，因為這些人大多數都不願意脫歐。我們可注意
到，高所得者通常也都不看好脫歐，但在2017年時他們還是遠遠躲著工
黨，這不免讓人以為，對他們來說，柯爾賓向左大轉彎的政策比脫離歐盟
還更駭人。總結而言，投票給工黨的人絕大多數都是高教育但所得中等。
我在後面章節將再回到脫歐公投時的選民結構分析的問題──更普遍說
來，就是有關於歐洲聯盟未來的問題。英國，就如同歐洲大陸，其相同之
處正是歐盟遠景正成為一個關鍵性的政治意識形態問題。

　　總結而言，如果我們在不同的國家，以教育程度、所得、財富持有為
指標，來比較不同的社會分歧的演變趨勢，我們可觀察到相當令人驚訝的
共同點，以及帶著頗具指標意義的差異──尤其是在研究階段的尾聲。在
英國，文憑效應以及所得與財富持有效應的差距在2015年到2017年間擴
大（參見圖15.15）。相反地，2016年在美國的選舉呈現出來的，是所得與
財富持有效應朝向去跟文憑效應聯合起來。換句話說，以投票給民主黨的
行為而言，所得最高、財富最多的人開始跟高文憑的人一樣擠向民主黨
（參見圖15.16）。無庸置疑的是，在英國、美國的差別中，工黨、民主黨
公然昭示的策略是不同的，而這也正是關鍵所在。柯爾賓時代工黨導向財
富重新分配的新政見，嚇跑了所得最高者卻吸引了最低下的社會團體，而
民主黨候選人希拉蕊的中間路線則造成完全相反的後果。如果民主黨初選
結果是桑德斯類型的候選人，我們大可想像，美國2016年總統大選的選
民結構或許會跟英國的趨勢更加貼近。法國代表的是第三類型。尤其是因
為法國的選舉制度以及其政黨制度向來充斥著派系門閥，於是我們便在

2017年時眼睜睜看著一個結盟組合上臺掌權，同時聚集了教育程度最高者、所得與財富持有也最多者，也就是統整了傳統左右派兩大陣營中最高枕無憂的人（參見第十四章圖14.1及表14.1）。

　　這三個彼此差異甚大的個案很具啟示性，因為都說明了天底下實在沒有什麼事情是一開始就可預見結局。一切都是由於動員策略、檯面上的政治意識形態的權力關係運作後的結果。當然，這三個國家都有著難以抹滅的共同點，都是因為二戰後階級類型的左右派政黨制度逐漸被一套多元菁英體系代替；至於這套菁英體系的成員，一邊是左派婆羅門，吸引了教育程度最高者，而另一邊是右派生意人，號召了所得與財富都最雄厚的人。但在這幅看來大致相同的藍圖裡，多重的演變過程、軌跡道路卻都是可能的，更何況，眼前最新的運作制度極為脆弱又搖擺不定。左派婆羅門在強調財富重新分配，或是擁抱市場這兩翼中逐流，至於右派生意人，一邊描繪著民族主義或是本土主義路線，另一邊則主張繼續守著商場或是市場兩大方向。隨著每一陣營內部的潮流走向，或是搓揉中的新綜合體，各式各樣的軌道、交叉口，以及有可能纏綿不絕的效應，都有可能冒出來。當我們分析完不同國家、不同的選舉歷程後，我們便可在下一章節再回到這一個問題點。

在後殖民英國高升上揚的身分認同分歧現象

　　我們現在就來討論英國的身分認同分歧的問題。首先，我們現成擁有的資料以及這些資料所能呈現出來的事實經過，都跟法國個案極為相似。我們一開始會先處理受訪者自己聲稱的宗教傾向，這宗教項目的調查，在英國從1950年代起舉行的每一選後調查都沒缺席過，所以，可以讓我們追溯從1955年到2017年為止的議會選舉中種種選舉分歧現象的演變。

　　我們可以發現，（跟法國相同的是）直到1960年代、1970年代，英國就普遍程度而言，還是單一宗教、單一種族的國家。在1964年的議會

選舉後，96%的選民宣稱自己信仰英國不同的基督教中的其中一個，3%的選民宣稱沒有任何宗教信仰，只有1%的選民聲稱隸屬其他宗教（尤其是猶太教，還有就是微乎極微的伊斯蘭、印度教、佛教）。[52] 不過，宣稱自己無任何宗教信仰的人從1960年代、1970年代的末期起開始戲劇性的成長，1964年時只有3%的選民占比，1979年時是31%，而2017年時則高升到48%。法國1967年時宣稱自己無任何宗教信仰的選民有6%的占比，2017年時則是36%，所以，英國的改變速度遠比法國還快（參見第十四章圖14.14）。另外，英國此變革也是比美國還快速，但一般說來，美國人的宗教性格是遠比歐洲人還更強烈。[53]

若要論及其他的宗教，我們可注意到，在英國，宣稱自己是穆斯林信徒的選民，1979年時的比例是低於1%，1997年時超過2%，2010年時是3%，2017年時則達到5%上下。法國在1988年時，宣稱自己是穆斯林信徒的選民只是略高於1%，2002年時是2%，2007年時是3%，2017年則是5%，所以，英國的進展速度跟在法國的情況可說是不相上下。當然，穆斯林選民的地理出身地區，在英國（主要是來自南亞，尤其是巴基斯坦、印度、孟加拉）以及在法國（以北非地區為大宗：阿爾及利亞、突尼西亞、摩洛哥）各不相同。這也反映出這兩個國家各自不同的殖民、後殖民歷史。在十九世紀、且直到1950年代、1960年代為止，這兩個國家正是兩大跨越全球的殖民帝國中的龍頭，然而，直到1970年代、1980年代，這兩個國家在各自的領土上都未曾有過基督教徒、穆斯林信徒具體實在的共同生活經驗，[54] 也都是在1990年代到2020年期間，才開始目睹穆斯林選民的比例漸漸地升到5%的占比（以絕對數字來說，5%並不高，但若是以未曾有過互動經驗，或是種族混合經驗來說，這數字具有獨特的意義）。

跟法國相同的是，至今我們討論的資料都是有關於選民此一項目。如果我們分析的是居住在英國的人，且無論其國籍為何或是否已登記在選民名冊上，隨著資料來源的差異，在2010年代末期，自認為是穆斯林的總人口大約是在7%到8%上下，跟在法國的比例是大致相同的。在英國的

個案裡，我們還可以注意到，宣稱不信仰基督教或伊斯蘭，而是信仰其他宗教的選民，其總人數也同樣有增加的現象，在2010年代時，已提高到3%到4%的占比（其中2%是印度教徒，猶太教低於1%，佛教連同其他宗教則不到1%的占比）。

如果我們以宗教為指標來分析英國選民的投票行為（參見圖15.16），我們可發現，整體結果跟在法國觀察到的現象是極為相近的（參見第十四章圖14.15）。長久以來，相較於信仰基督教的選民，無宗教信仰的人更明顯傾向工黨，只不過在英國這兩者的差距並沒有法國來得顯著。至於穆斯林選民，我們可注意到，自從1980年代、1990年代起，他們便以80%到90%的支持度湧向工黨，這就跟在法國一樣，穆斯林選民往往都是支持左派陣營的政黨。[55]英國穆斯林選民投票給工黨的比例，若跟其他選民相比較，差距可高達四十個百分點。另外，跟法國一樣的是，這一差距不能完全以選民的社會經濟特質來解釋。[56]

英國資料的特色之一是，從1983年起，在英國舉辦的選後調查都包

圖15.16. 1964到2017年間英國的政治衝突與多元宗教的關係

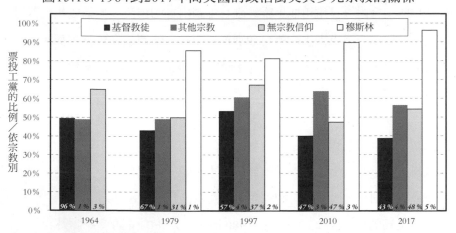

在2017年時，在自稱是基督教徒（英國國教徒、其他清教徒、天主教徒）的選民中，工黨贏得39%的支持度，在其他宗教（猶太教、印度教等，但不包括伊斯蘭）中，則有56%的得票率，至於在無任何宗教信仰的選民中，工黨獲得了54%的支持度，而在穆斯林選民中的支持度則是96%。來源與數據：參見 piketty.pse.ens.fr/ideologie.

括了受訪者的人種資訊，而且由受訪者自我認定。不過，英國的調查從來都沒有祖父母的出身來源國家的相關問題，以致於無法跟在法國取得的最近時期資訊做比較。具體而言，英國選後調查中有關人種類別的歸類方式，可讓受訪者自己選定是「白人」、「非洲－加勒比海後裔」、「印度－巴基斯坦人」、以及「其他」（這一類別統整了就人種而言自稱是「中國人」、「阿拉伯人」、「其他亞洲人」等等）。[57]例如，在2017年的選後調查中，在願意回答這一問題的選民中，89%的人都自稱是白人，3%是非洲－加勒比海後裔，6%是印度－巴基斯坦人，2%則是其他選項。其中，41%的白人投票給工黨，在非洲－加勒比海後裔中的比例是81%，82%的印度－巴基斯坦人支持工黨，其他種族團體則是68%的占比（參見圖15.17）。

我們都可再次發現，投票行為表現出各類極端衝突，跟在法國觀察到的現象規模很類似，尤其若是牽涉到受訪者是否宣稱祖父母中至少有一人是出身北非或是非洲時（參見第十四章圖14.18）。另外，我們也注意到，英國選民中有一部分的人拒絕回答這個問題，且其比例高低具有顯著意義。在2017年時，這相當於5%的選民，幾乎等於不認為自己是白人的選民比例的三分之一。這可能是牽涉到有外國出身的選民，無論雙親是否異族通婚，但以問卷上提出的所有類別選項而言，他們或許認為那都無法代表他們，或更廣泛而言，這些人並不特別認同某一特定的人種類別，不過也有可能們認為這個問題很突兀。無論如何，我們都觀察到在這些人中，77%的人都支持工黨，雖然這一現象未必可用社會經濟特質來解釋。我個人認為，這個例子正說明了，這些人種的類別區分並不是很簡單的問題，因為那逼迫每個人把自己塞進他們認為事不關己的蘿蔔坑中去，結果則可能是導致不同的社會團體之間的界限更難以跨越。[58]

就英國的研究個案而言，在1980年代，98%的受訪選民認為自己是白人，當時非白人的比例是2%，但其中80%到90%的人都已經傾向投票給工黨。[59]一般說來，雖然英國是到了1980年代、1990年代時，種族分

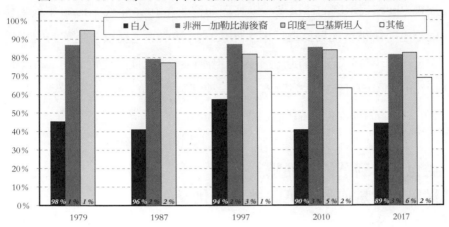

圖15.17. 1979到2017年間英國的政治衝突與人種類別的關係

在 2017 年時，工黨的得票率，在自稱是「白人」的選民中是 44％，在「非洲—加勒比海後裔」的選民中是 81％，在「印度—巴基斯坦—孟加拉人」中則是 82％，至於「其他類別」的選民，則是 69％（包括了「中國人」、「阿拉伯人」等等）。在 2017 年時，5％的受訪選民拒絕回答這個有關於人種的問題，其中 77％的人都票投工黨。來源與數據：參見 piketty.pse.ens.fr/ideologie.

歧的現象才真正激起大眾的敏感神經，但其實在 1960 年代末期以及 1970 年代時，就已經可以觀察到，這類議題被政治化利用的雛形且手法相當粗暴。若跟法國相比較，法國的情況是這類歐洲以外地區的移民問題的政治化操作，跟一個新政黨（國民陣線）登上政治舞臺，且剛好是同一時間點；而英國則是，這個移民問題的政治化利用的過程，以某一程度來說，是跟保守黨—工黨這兩黨獨大體制的內部運作有關，特別是保守黨內部反移民勢力愈來愈擴大的現象。[60] 在二次大戰後，歷任英國政府都曾經試著以大英國協這一框架取代過去殖民帝國，並促進大英國協內部的合作關係可以自由流通。尤其是 1948 年有關於國籍的法案，原則上都容許大英國協的成員國的人到英國定居，然後取得國籍。自由流通的原則也是法蘭西共同體（Communauté française）、法蘭西聯盟（Union française）等不同政體的基本原則之一，法國在 1946 年到 1962 年間曾寄望藉著法蘭西共同體、法蘭西聯盟的架構來進一步發展，並將舊有的殖民帝國轉變成可說是更民主，也更平等的聯邦體制（參見第七章）。但實際上，無論是在英國還是

法國，自1960年代的初期，便開始實施更嚴格的管制，目的都是為了監控來自前殖民地區的移民潮。以英國而言，在1950年代、1960年代，移民潮主要是來自加勒比海地區、印度、巴基斯坦（從東非赴英的規模較小）。那一波移民潮其實規模不大，但跟兩次大戰期間或更久遠前的年代相比的話，卻有新的代表意義。第一波管制措施在1961年時設置，然後在1965年、1968年更加緊縮、嚴厲。

從包威爾到英國獨立黨：
移民問題是如何在英國被政治化操作

　　1968年時，來自歐洲以外地區的移民問題被政治化操作的現象，由於保守黨議員包威爾（Enoch Powell）謾罵抨擊的作風，而有新的解讀取向。他的言論經常被引用，也被到處散發。他再三表明，如果移民潮持續不斷，「血河」將淹沒英國。他舉例提到美國的種族暴動，並且非常擔憂，害怕如果英國還是執意走同一條路，最後也會發生如在美國的暴動事件。[61]在1979年的競選活動中，移民議題變得非常突出。在美國，將種族與身分分歧等問題刻意政治化正是共和黨競選策略的酵素之一。這種操作直接決定了尼克森在1968年、1972年，以及雷根在1980年的勝利。而這種情形在英國也是一樣的，移民與身分認同的分歧等現象也被政治利用，有助於柴契爾勝選的動員策略中的要素。

　　在1979年的選後調查裡，問卷中有關於英國「種族關係」問題的分析結果，非常清楚地表達了這一議題被政治化後，選民的諸多看法。支持保守黨的選民中，70%的受訪者認為只有中止移民此一措施才能夠「改善種族關係」，勉強可說是30%的受訪者則認為製造更多的就業機會、蓋更多的住宅才是解決之道。相反地，在支持工黨的選民中，60%的人認為製造就業機會、建造住宅是優先的解決方法。[62]另外，當我們詢問他們，兩大黨中，哪一個政黨是最有可能中止移民潮，35%的受訪者拒絕回答。至於

那些願意回答的人，對他們來說，道理是很簡單的：63%回答保守黨，只有2%主張工黨。

在1980年代、1990年代期間，支持工黨的選民（以及一部分的保守黨選民）由衷希望，在社會、經濟政策上，將可協調出更和諧的社會氣氛並伴隨著更開放的移民措施，但他們所面對的，卻是更嚴峻的考驗。柴契爾在1979年時便已放話要加強管制移民，隨之她便大力緊縮社會支出預算、邊界封鎖也更加嚴厲。新工黨在1997年上臺執政時，也繼承了這兩大路線。在2001年9月11日的恐怖攻擊事件之後，布萊爾政府在2003年、2004年間待命準備連同美國入侵伊拉克，當時工黨絕大多數的議員都表決通過特別法案，雖然這些法案的目的在於打擊恐怖主義，但在另一方面，以現實而言，也可以用來逮捕收押、驅逐出境成千上萬名沒有合法證件的人。奇瑪曼達‧恩格茲‧阿迪契（Chimamanda Ngozi Adichie）在2013年出版的小說《美國佬》（*Americanah*）[9] 便述說著，伊菲美盧（Ifemelu）去了美國好幾年後音訊全無，因此在2013年那陣子，歐賓澤（Obinze）也決定到英國碰碰運氣。他在奈及利亞是頂著大學文憑的，在英國卻淪為掃廁所的人。為了擁有工作權，他便跟一個出身低下的同鄉、凡松‧毆畢（Vincent Obi），借用健保卡號碼，也因為如此，他必須把他賺來的錢分35%給凡松。他跟歐畢在故鄉的社會位階，到了英國整個全部翻轉過來。由於出身工黨的內政部長、大衛‧布蘭克特（David Blunkett）施行的反移民圍剿措施，毆比茲最後想出的解決辦法就是去試試假結婚這條路，而且正好有些貪婪無厭的安哥拉人就靠這賺錢。不過，後來凡松威脅必須跟他分擔45%的收入，毆賓澤卻沒放在心上。凡松大怒，於是就去跟歐賓澤的老闆告狀。歐賓澤便在婚禮那天被逮捕，然後遣送回奈及利亞。在那一瞬間，毆賓澤的面孔，因在場歐洲人那傲慢的眼神而顯得憔悴無助，那幾個歐洲人依然瞪眼看著這些自以為選擇了自己命運的非洲人，然而非洲人給自己改運的

---

⑨　譯注：Americanah 一詞的意思是「變成跟美國人一樣的奈及利亞人」。

方法卻是靠著不法勾當，即使說來正是歐洲人的法律把移民推入罪惡深淵。

　　在此，我們可注意到，1990年到2000年這段期間，正是新工黨掌權時代（1997年到2010年），也相當於是英國選舉參與程度直趨滑落的年代，特別是在低下階層中（參見第十四章圖14.7-14.8）。這樣的情況看起來似乎是因為，如果可做的選擇只是限於工黨與保守黨而已，但很多選民對這樣的現實並不滿意，而且這些保守黨好像只是照章演練，先是大聲疾呼治安問題、反對移民，再來就是痛罵工黨軟弱無能。

　　從2010年代起，英國移民政治化炒作的現象又換上新裝，其中某些要素轉嫁成歐洲移民問題。2008年的金融危機讓歐洲到處都不時燃起憤世嫉俗卻又沮喪徬徨的火花。以法國來說，原本國民陣線在2007年的選舉時，支持率已直逼冰點，但卻在2012年、2017年的大選成為飛上枝頭的鳳凰。至於英國，英國獨立黨本著重新振作的熱忱，胡言亂語地咒罵移民和歐盟；此外，由於東歐數個國家在2004年（尤其是波蘭、匈牙利、捷克、斯洛伐克）以及2007年（羅馬尼亞、保加利亞）時紛紛加入歐盟，造成在英國出現一大批來自東歐的移民潮，他們從此可享受歐盟境內自由交通的權利，就如同二次大戰後，在大英國協境內，勞動大眾是可以自由遷徙的。[63]

低下階級與歐洲不歡而散

　　保守黨主張，在英國展開是否脫離歐盟的運動是有必要的。當然，在某程度上，這可以用來應付某一部分的保守黨人或選民持續高漲的壓力。2005年的議會選舉時，英國獨立黨只獲得2%的選票，2010年時，則是3%；但在2015年的議會選舉時，跳升到13%的支持度。在上述期間，它也在2014年的歐洲議會選舉時贏得戲劇性的勝利（在英國獲得27%的支持率），以大排場進駐歐洲議會。但基於英國議員的選舉方式，英國獨立黨能施展的力量還是有限的：在2015年的英國大選中，英國獨立黨僅取得一席次。然而，當時保守黨的首相卡麥隆（David Cameron），為了確保能

夠抵制工黨的競爭，以便再次勝選為首相，便決定在其政黨的競選政見中承諾，一旦蟬聯則舉辦公投，決定是否讓英國退出歐盟。在贏得選舉後，2016年便舉行了這一攸關脫離歐盟與否的公投。卡麥隆當時聲明，已經跟其他會員國取得他期待中該有的妥協。他一方面說道，這些要求須為祕密形式方為上策，也才能跟更多成員國展開協商，但在另一方面，無論是在2015年的選舉之前或之後，他從來沒有真正清楚明白地解釋那些祕密協商是什麼。2015年的競選成績可算是圓滿，他最後也呼籲所有英國人要投下「留在歐盟」那一票。似乎他並沒有說服選民，52%的選民都支持「脫離歐盟」。

於是，在2016年到2019年間，英國與歐盟便陷入漫漫無期的談判，商討如何實行諸多新條約、如何組織歐盟與諸英國列島的未來關係（或者應該說是其中一部分的英國，因為愛爾蘭繼續待在歐盟，但是蘇格蘭打算自行舉辦公投、決定是否揮手告別英國，以便成為歐盟成員）。若說勞動者在英國與歐盟之間自由交通的原則並不包含在協商內容，是一件已成定局的事情，但這對於制定未來遷徙自由的遊戲規則毫無幫助，更不用說是對已在歐盟定居的英國人（或是現今住在英國或是在英國工作的歐洲人）。至於貨物、服務、資本的自由流通問題，這牽涉到在哪個範圍內英國必須遵守歐盟規定，還有它未來如何跟世界其他地區簽訂協約。最大的困難之處在於，這些複雜的問題在公投期間的辯論中，幾乎完全被略而不論。一旦「脫離歐盟」得勝時，英國應該跟歐盟討論的問題本質到底是什麼，這一點並沒有事先確定清楚，但就算公投結果是「留在歐盟」時，雙方應該商量的問題本質也是一片空白。

在現階段，我們很難預測英國跟歐盟未來諸多關係的演變，即使是牽涉到歐盟內部運作的條約，在未來會有哪些轉變，現在也無法預料。然而，很重要的是去強調說，可能的走向是多元的；還有，現今歐盟組織在未來或許會有重大的變化，而這也是一個深深牽引著歐洲人的議題。一般說來，只是事後之明地去醜化最後導致英國脫離歐盟的政治策略，數落那是

投機伎倆、缺乏遠見，或假設英國選民是一群民族主義的黨工，其實都是過於簡單的說法。這段歷史性插曲其實可能有不同的唱法，而在未來，也有可能再次令人跌破眼鏡。但如果眼前成真的已成定局，那正是因為歐盟的建設有嚴重缺陷，過去不同國家的政治領袖（這也包括了英國的工黨與保守黨政治人物，而且他們肩上的政治責任也是超乎這一切，至於法國、德國，以及其他國家的政治人物也是一樣的）所搭建出來的那個歐盟，並不令人滿意。

如果我們分析2016年時是否脫離歐盟的公投選民結構，並以教育程度、所得、財富多寡為指標的話，呈現出來的結果是很簡單明瞭的。無論指標為何，社會類別最低下者幾乎都投票主張「脫離歐盟」，只有位居十分位數高標準的那30%的選民才支持「留在歐盟」（參見圖15.18）。

相較於財富最多的選民，高文憑者似乎對歐盟表現出更深刻的依戀，這樣的現象，或許是因為一部分家財萬貫的選民期待在脫離歐盟之後，能因此將英國打造成避稅天堂（這也是一部分支持脫離歐洲的保守黨人高喊的口號）。[64] 終究說來，最令人震驚的是，無論是用哪個社會階層化指標（教育程度、所得、財富）來測量，歐盟問題導致了低下、中間和上層階級之間難以想像的間隙裂痕。特別是因為這樣的階級性選民結構，長期以來就已經不再被認為是政黨制度的基本特質，而且又因為在另一方面，特別是在1990年代、2020年代，政黨制度已質變成多元菁英體系（投票給工黨的選民多是教育程度最高，傾向投票給保守黨的選民，則通常是所得、財富持有都明顯偏高者），所以公投結果顯示出這樣的階級化結構，便更出乎眾人意料。

尤其是，在英國2016年是否脫離歐洲的公投中所觀察到的現象，代表著非常高程度的社會分歧，而法國在1992年以及2005年先後有關於歐洲議題的公投結果，表達出來的也是相同的分歧結構，而這正是最讓人震驚之處（參見第十四章圖14.20）。換句話說，即使中間有數十多年的距離、而且又是在不同的國家，我們卻都可以觀察到低下階級跟歐洲聯盟不歡而

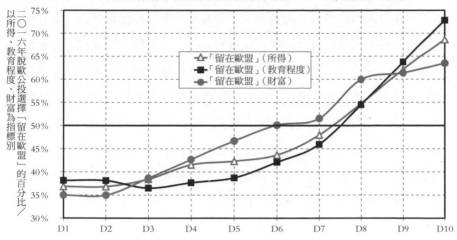

圖15.18. 英國國內因歐盟而產生的分歧：2016年的脫歐公投

二〇一六年脫歐公投選擇「留在歐盟」的百分比／以所得、教育程度、財富為指標別

針對2016年是否脫離歐盟的公投（主張「脫離歐盟」者以52%的總得票率取勝），選民結構呈現出社會高度分裂不合的景象：所得、教育程度、財富都位居十分位數的高標者，都是明顯支持「留在歐盟」，至於位居十分位數的低標者，則贊成「脫離歐盟」。注解：D1的意思是指全部選民中總指標最低的那10%的人口（以所得多寡、文憑高低、財富持有程度的整體分布而言，有時有所調整），D2是次低的那10%，以此類推，D10便是總指標最高的那10%的人口。來源與數據：參見 piketty.pse.ens.fr/ideologie.

散的現象。在英國——猶如在法國——歐洲議題在1990年代到2020年代期間，已變成是高文憑菁英跟財金領袖、也就是左派婆羅門跟右派生意人的統合因素（大致說來就是維持歐洲聯盟現有的組織系統），但平庸無奇的中下社會階層卻聚在另一邊打對臺（反對現有的歐盟正是讓他們齊聚一堂的理由，卻未必會因此激盪出一個詳盡的另類做法）。當我分析法國個案時，我也已經表達過，如果我們只是大而化之地，用在低下階級中廣受歡迎且似乎令人無法抗拒的民族主義、種族主義來解釋這個現象，那其實是過於簡單的說法，而且也不具說服力。中低社會階層的種族主義主張並沒有比菁英階層中的種族主義還來得更沒道理：一切都只在於到底國際主義主張所倚靠的社會政治計畫書的內容是寫了什麼。

歐盟計畫主要是建立在各個不同地區、人物之間普遍又無所不有的競爭上，例如貨物、資金、勞動者的自由流通，但毫無任何設立共同工具以保證更廣泛的社會與賦稅正義的企圖心。就這一觀點而言，歐盟的運作跟

世界上其他類似地區性、聯邦式組織截然不同，例如美利堅合眾國、印度聯邦。在這兩個例子中，我們都可在聯邦層次上看到預算統合、累進稅徵收方式，雖說制度仍有待改善，但就眼光而言，都比現今我們可在歐洲聯盟看到的還更遠大。[65] 說到歐盟時，它的聯邦預算是微乎其微地：僅有將近整個歐洲的生產總毛額的1%。相對地，在印度聯邦或是美國都是15%到20%的總生產毛額。歐洲沒有任何聯邦層次的課稅項目，然而在印度——如同在美國——最重要的經濟參與者都負擔著最沉重的稅率，尤其是所得、繼承等累進稅，還有就是營業利得稅等；而且，這些稅收項目都是一貫地中央統籌於聯邦層次。歐盟提供的是一個完全相反的例子，在這個地區性的政治組織中，最純粹、完全的競爭關係幾乎可說是唯一的聚合因子。

然而，在不同成員國之間的賦稅與社會競爭中，撿到最多好處的，都是勢力最強大的。特別是，英國脫離歐洲一事更凸顯了這類勞動者自由流通的模式有其限制，更何況，也沒有任何社會、賦稅的共同規則，或說任何具有約束力的遊戲規則。英國和法國在1950年代、1960年代，連同他們各自過去的殖民地區，也以另一種方式共同經歷了自由流通的有限性，這段經驗也告訴我們，共同的社會與政治規律的需求也應該配合著人類活動的自由。如果歐盟無法自我修正、重新來過，進而成為另類計畫的化身，例如以圍繞著簡單、清楚明白的社會與賦稅正義等措施而搭建出來的計畫，那麼若要低下或中等階級改變心意並對歐洲另眼相待，是不太可能的事情。因此，另一場告別式，或者是某一本土主義、單一身分認同的意識形態綁架了歐洲計畫，只不過是時間早晚的問題。若要找到走出這些死路的可能關卡，我們應該去做一些更深入的分析。因此，首先就必須繼續去探討在不同國家中選舉分歧結構的轉變；換句話說，跳出英國、美國、法國這些既有框架。所以現在就讓我們來檢視其他西方、非西方選舉民主國家的經驗，尤其是在歐洲其他地區以及印度等。

16 │ 社會本土主義：
       後殖民社會的身分認同陷阱

　　我們方才研究了英國、美國和法國自戰後以來在政治和選舉分歧的轉變過程。尤其從這三個國家中，我們觀察到1950至1980年期間政黨體系的「階級主義」結構到了1990至2020年代如何逐步被多元菁英政黨體系取而代之，在這其中，高教育程度的黨派（左派婆羅門）和高收入及財富的黨派（右派生意人）輪替執掌政權。這段時期末段最值得注意的是以全球化組織和歐盟為核心的相關衝突不斷升高，特權階級普遍贊成保留現有體制，而愈來愈不滿現有體制的弱勢階級合理地產生了被拋棄感，於是各種不同的民族主義的和反移民意識形態巧妙地利用弱勢階級的這種被拋棄感。

　　在本章我們首先要提的是，在這三個國家裡截至目前為止所觀察到的演變過程，也同樣發生在德國、瑞典和幾乎所有歐洲和西方的選舉民主國家。我們還將分析在東歐（特別是在波蘭）觀察到的一種政治分歧的特殊結構。這項特殊結構說明了後共產主義幻滅對於政黨體制轉變和社會本土主義興起的重要性，社會本土主義的出現是後共產主義和後殖民主義世界的產物。我們將分析克服社會本土主義陷阱及規畫適合布局歐洲的社會聯邦制之可能性。接著，我們將探討非西方選舉民主國家政治分歧之結構變

化，特別是在印度和巴西。在這兩個國家裡，我們將看到階級式的分歧沒有完全發展的案例，這將有助於我們更能理解西方的軌跡和全球不平等的動態。在下一章，也就是最後一章，這些不同的歷史經驗最終將引導我們從跨國的視角檢驗在二十一世紀初可以推動新形參與式社會主義的綱領要素。

從勞工政黨到高學歷政黨：相似性和差異性

首先要明確地指出，我們無法像探討法國、美國和英國一樣如此詳盡地討論每一個國家，一方面是因為這麼做將會大大超出本書的篇幅，另一方面是因為目前尚未有系統地蒐集到所有國家的資料數據。在本章，我們將以相當簡潔扼要的方式介紹當今歐洲和西方其他選舉民主國家的主要選舉結果。有關印度的情況，我們會有更詳盡的分析（並對巴西稍作分析）。印度的民主制度其涵蓋的居民和選民都超過所有西方選舉民主國家，除此之外，研究從1950和1960年代到2010年代印度選民結構和社會政治分歧的轉變，清楚顯示我們迫切需要走出西方的框架，才能更瞭解不平等政治意識形態的決定因素，以及重分配合併（coalitions redistributives）的形成條件。

有關於西方選舉民主國家，最主要的結論就是英國、美國和法國的選舉結果代表的是一種更普遍的演變趨勢。首先我們注意到教育程度的分歧發生了逆轉現象，不僅在我們研究過的英、美、法發生，也在歐洲一些構成社會民主主義歷史核心的國家發生，尤其是德國、瑞典和挪威（見圖S16.1）三國。這三個國家把在戰後數十年來過去性質類似於工人黨的黨派（在社會底層民眾得票率特別高），到了二十世紀末和二十一世紀初已變成高學歷政黨，轉而在高教育程度的選民中獲得較多選票。

舉例來說，我們觀察到德國於1990年至2020年期間，社會民主黨和其他左派及生態環保主義的政黨（特別是左派黨〔Die Linke〕和綠黨）在

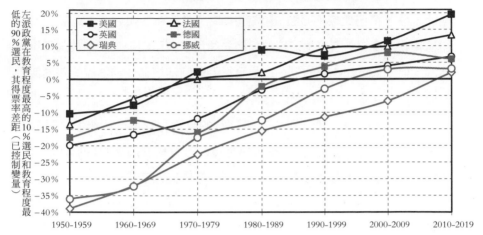

圖16.1. 1950至2020年代教育程度分歧的逆轉現象

在1950年至1970年代，美國民主黨和歐洲左派政黨（勞工黨—社會民主主義黨—社會黨—共產黨—激進派政黨—生態環保政黨）在低教育程度的選民中得票率較高；在2000年至2020年代，這些政黨的支持者變成高教育程度的選民。而在北歐，儘管此一趨勢延遲發生，但亦顯著朝相同方向發展。注解：「1950-1959」表示1950至1959年進行的選舉，「1960-1969」表示1960至1969年的選舉，其餘以此類推。來源與數據：參見 piketty.pse.ens.fr/ideologie

高教育程度選民的得票率，比在低教育程度選民的得票率高五至十個百分點，然而過去在1950年至1980年期間，這些政黨在高教育程度選民的得票率，比在低教育程度選民的得票率低約十五個百分點。為了確保在不同時期和不同國家盡最大可能做出比較，在此將重點放在觀察教育程度最高的10%選民和教育程度最低的90%選民投票情形（已將控制變量納入考慮之後，也就是說，合理推論「所有其他條件都相同」）。不過我們仍應說明清楚，在法國、美國和英國的情況也一樣，若以具有高等教育文憑和沒有高等教育文憑的選民來做比較，或是以教育程度最高的50%和最低的50%選民做比較，所觀察到的趨勢是相似的，而且無論是在控制變量納入考慮之前或之後，皆是如此。[1]值得注意的是，前述德國左派政黨的得票結果顯示教育程度分歧的現象大幅逆轉，這與英國工黨的得票情形幾乎如出一轍（參見圖S16.1）。而綠黨的崛起對德國發展軌跡所發生的影響亦值得關注。從1980年至1990年代，高教育程度民眾有很大一部分將選票投給環保主義的政黨。然而我們仍須強調，針對社會民主黨本身的得票而言，[2]

發現得票率與教育程度之間的分歧亦同樣發生逆轉現象（儘管到了這一時期的末段，情況比較不明顯）。整體來說，雖然在各國之間，政黨的體制結構和政治潮流各有差異，正如我們先前比較在法國、美國和英國所見的情況，但令人意想不到的是，這些政黨的體制結構和政治潮流的差異似乎對於我們在此研究的大趨勢影響有限。

　　在瑞典和挪威方面，戰後階級分歧的政治化程度令人震驚。具體而言，在1950年至1970年間，社會民主黨在教育程度最高的10%選民之得票率，比在教育程度最低的90%選民約低三十至四十個百分點。相較之下，這項得票率的差距在德國和英國約為十五至二十個百分點，在法國和美國約為十至十五個百分點（參見圖16.1）。這表示北歐的社會民主主義黨派是何等仰賴工人和體力勞動階層的超級強大動員力量。[3]這也使得個人財富極度不平等的現象到了二十世紀初終告結束（尤其是在投票制度按財富比例的瑞典），並在戰後時期建立了難得的平等社會（參見第五章）。然而不可否認地，我們觀察到在這兩個國家從1970年到1980年代開始感到這項選舉基礎正逐漸削弱，一直延續到1990年至2020年代。教育程度較低的選民漸漸地不再信任社會民主黨，到了末期，社會民主黨在高教育程度的選民中獲得最高票數。若與我們在美國和法國觀察到的大幅逆轉，以及在英國和德國幅度稍小的逆轉來做比較，瑞典和挪威的社會民主黨在大眾階層的得票率當然維持在較高水準。但現在所有國家在跨越了超過半個世紀後，顯然都朝著同一個方向發展。

　　各國現有的選舉後調查資料無法完全追溯到1950年代。礙於調查進行的類型和檔案的保存狀況，若想要在有系統性且可比較的基礎上對全體選民結構進行分析，往往要到1960年代才可能開始，甚至於要到1970年代或1980年代。然而蒐集到的資料證明了在西方選舉民主國家裡，教育程度分歧的逆轉是一個極其普遍的現象。在幾乎所有研究過的國家中，我們觀察到左派政黨（勞工黨、社會民主黨、社會黨、共產黨、基進黨，以及不同國家衍生的各種類似政黨）的得票趨勢在過去半個世紀期間已經翻

轉。在1950年至1980年期間這些左派政黨的得票率和選民的教育程度成反比：選民的教育程度愈高，就愈少投票支持這些政黨。後來經過逐步演變，到了1990年至2020年期間，這部分的得票率漸漸地變成明顯增加：教育程度愈高的選民對這些政黨的投票率愈高（顯然已經從本質上改變了）。我們也在不同的國家發現同樣的演進過程，例如在義大利、荷蘭或瑞士，以及澳洲、加拿大和紐西蘭（參見圖16.2）。[4]

從調查問卷我們還發現依照收入和財富發展的投票情況，在各個不同國家得到的結果與法國、美國和英國相同。[5]

在這個總體架構內，每個國家基於其社會經濟結構和本身的政治意識形態，表現出一些重要的特性。這些不同的軌跡值得深入分析，若仔細探討可能會大大超出本書的範圍。[6]不過，我稍後會談義大利的情況，它是戰後政黨制度提前瓦解和社會本土主義形態的意識形態出現的典型例子。

先進國家在選舉民主的發展中，普遍出現政治區分結構的轉變，唯一真正例外的，看來是日本。我們在歐洲和西方國家所觀察到，戰後時期形

圖16.2. 政治分歧與教育程度

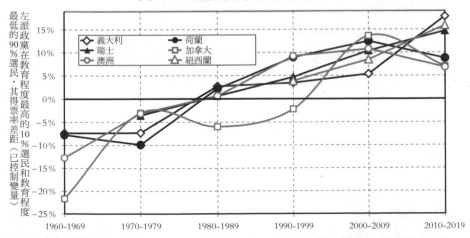

在1960年至1980年代，左派政黨（勞工的、社會主義、社會民主主義、共產主義、激進派、生態環保等政黨）結合了教育程度低的選民；在2000年至2020年代，這些政黨結合了教育程度高的選民。我們發現美國和歐洲，以及加拿大、澳洲和紐西蘭發生同樣的選舉結果。注解：「1960-1969」表示1960至1969年進行的選舉，「1970-1979」表示1970至1979年的選舉，其餘以此類推。來源與數據：參見 piketty.pse.ens.fr/ideologie

成的一種階級主義的政黨體系，在日本從未真正發生過類似情況。自民黨
自1945年以來在日本幾乎穩坐執政大位。根據過去的歷史，這個獨占鰲
頭的保守黨在鄉村、農業人口和和都市的資產階級都獲得高度支持。自民
黨以重建國家計畫作為核心，在美國占領和鄰近俄羅斯和中國而加劇的反
共主義等複雜背景下，成功結合了經濟和工業界的菁英族群以及傳統日本
人。相反地，民主黨（主要反對黨）的票源主要來自城市受薪階層的中、
低收人口和高學歷人口，這些高學歷分子抗議美國的出現和自民黨所體現
的新道德和社會秩序，不過，民主黨無法持續形成多數以輪替政權。[7]更
普遍來說，日本政治衝突的特殊結構應與日本人以民族主義和傳統價值區
分的獨特方式有關。[8]

重新思考戰後左右派政黨體系的瓦解

讓我們回顧一下，相較於十九世紀至1914年所觀察到的收入與財富
高度集中，多數國家在1950年至1980年期間，收入和財富不平等的情況
到了歷史低點。這種不平等現象的大幅降低，一部分歸因於1914年至
1945年間的重大衝擊和破壞。另一部分原因，也是特別重要的一點，那就
是人們開始深刻質疑十九世紀和二十世紀初期絕對保護私有財產的意識形
態主流，尤其是在1950年至1980年期間明確針對降低不平等建立的各項
制度、社會和財稅政策（混合財產制、社會保險、累進稅等，參見第十、
第十一章）。在所有西方選舉民主國家中，政治體系是在1950年至1980年
期間，在圍繞著階級主義的左右派衝突之中，以及組織重分配的辯論而建
立的。社會民主主義的政黨（廣義來說，就是美國的民主黨以及歐洲的社
會民主黨、工黨、社會主義和共產主義等政黨聯盟）仰賴社會底層的選民
基礎，而右派和中間偏右的政黨（美國的共和黨和歐洲基督教民主黨、保
守黨和自由保守黨的各種聯盟）則在具有社會優勢的選民中吸引更多的選
票。無論面對哪一種社會分層（按收入、學歷、資產），情況都是如此。

這種政治衝突的階級結構在戰後幾十年期間已非常廣泛地蔓延各地，所以人們常認為這是唯一可能的結構，其他任何形式的結構都只能是暫時的且不正常的。實際上，這種階級主義形式的左右派結構乃因應一個獨特的歷史時刻，是在某些特定社會經濟和政治意識形態條件下的產物。

在我們研究的所有國家裡，這套左右派體系在過去半世紀中已逐漸瓦解。黨名往往維持不變，就像美國的民主黨和共和黨儘管經過多次蛻變，黨名仍然維持不變。至於其他國家的情況，有些加快了專有名詞的更新過程，比如近數十年來的法國和義大利便是如此。但無論如何，不管黨名維持不變與否，1990年至2020年期間西方選舉民主國家的政治衝突結構已和1950年至1980年期間的政治衝突結構沒有太大關聯。在戰後時期，左派的選舉在所有國家都是工人政黨；近幾十年來幾乎在各國已變成高學歷政黨，學歷愈高的選民對其支持度愈高。在我們研究的所有國家中，教育程度較低的選民逐漸停止投票給這些政黨，這使得選舉的教育分歧完全逆轉，同時大幅減少教育程度較低的民眾參與選舉。[9]在這麼多的國家裡，左派政黨和低教育程度選民之間產生如此大的隔閡，而且是橫跨六十年的長期過程中逐漸發展，這不可能是誤會。

戰後左右派體系的瓦解，特別是大眾階級對於曾經在1950至1980年期間支持的政黨已不再信任的這項事實，可以解釋為這些政黨和政治團體不懂得更新其意識形態和程序綱領，並調整成適合應對過去半個世紀以來已出現的各項新的社會經濟挑戰。這其中尤以教育擴張和經濟全球化最為重要。隨著教育擴張和高等教育的空前發展，左派的選舉逐漸變成高學歷和教育系體系佼佼者的黨派（「左派婆羅門」）。而右派的選舉仍然屬於高收入和高資產者（「右派生意人」），儘管明顯地愈來愈少。這造成左右兩派聯盟輪替執政所制定的社會和租稅政策都更為相近。此外，隨著貿易、金融和文化交流以世界經濟的規模發展，各國面臨愈來愈激烈的社會競爭和施惠於擁有高教育資本和高金融資本人士的稅收競爭（concurrence fiscale）[①]的壓力。然而，社會民主主義的政黨（廣義上的）從未真正尋求

在民族國家的範圍之外發展國際規模的重分配計畫。在某個層面來說，他們從未回應鄂蘭在1951年已經對他們所提出的批評，當時她指出，唯有發展新的跨國政治形式，才能規範世界經濟肆無忌憚的力量（參見第十章）。然而他們反其道而行，從1980年至1990年代開始大力促進資本流動的全面自由化運動，無須交換訊息，亦不受監管或共同徵稅（甚至在歐洲內部也沒有，參見第十一章）。

在殖民帝國結束後，舊工業強國與擁有廉價勞動力的貧窮國家及新興國家之間的貿易和競爭加劇，以及新移民潮的大量增加，也在近幾十年期間促成發展出一種以前未曾有過的身分和民族宗教的選舉分歧，此現象特別是在歐洲發生。一些極右派的反移民新政黨於焉興起，右派選舉政黨（無論是美國的共和黨、英國的保守黨或歐洲大陸的其他右派政黨）面對移民問題也表現出強硬立場。不過，有兩點要特別強調。首先，戰後階級主義的左右派結構瓦解過程是從1960年至1970年代開始逐漸演進的，也就是說，遠早於大多數西方國家的移民分裂變得真正顯著時（普遍來說，從1980年至1990年代開始顯著，在某些國家甚至更最近才開始）。此外，若檢視西方不同的國家，一個令人驚訝的發現是，教育分歧的逆轉現象在最近半個世紀間於各國以同樣的速度發展，與種族或移民分歧的重要性沒有明顯關係（參見圖16.1和16.2）。

換言之，如果很明顯的近幾十年來反移民政黨（或是舊黨的少數反移民者）愈來愈殘酷地利用身分分歧訴諸選票，我們也可以清楚看出這並非導致教育分歧發生逆轉現象的原始因素。有一種比較令人滿意的解釋是，社會民主主義的政黨令大眾階級產生被拋棄感，這份被拋棄感成為滋養反移民言論和本土主義意識形態的肥沃土壤。然而，被拋棄感的根源來自於社會民主黨缺乏重分配的企圖心，在修正這項缺失之前，很難看出還有什

---

① 譯注：指透過盡量減少總體稅收或特殊稅收優惠來鼓勵生產性資源流入或阻止這些資源外流。

麼能阻止這塊土壤一再被利用。

最後，影響戰後的左右派體系瓦解的最近期因素無疑是蘇維埃共產黨垮臺，此一重要事件導致各種政治意識形態彼此的勢力平衡產生深刻變化。長期以來，共產主義「反面模式」（contre-modèle）的存在本身已形成一股勢力，有助施壓於資本國家的菁英階級和初期反對重分配的政治勢力。但這也更加限制了社會民主主義政黨的重分配企圖心，事實上，這些社會民主政黨已融入反共陣營，幾乎沒有動力投入發展出一種國際社會主義的替代模式並超越資本主義和財產私有化。尤其是1990年至1991年共產主義反面模式解體，使得許多政治團體——特別是在社會民主黨內部——認為像重分配這等雄心壯志，其實是沒有必要的，而且市場有其自動調節的機制，這項機制已延伸至歐洲和全球範圍，足以定義一個新的政治遠景。就在1980年代和1990年代的關鍵時刻，政府實施許多重大措施，尤其是社會民主主義的政府，首先是資本流動完全自由化（未經監管），到最後這些社會民主主義的政府已不知要如何修正回來。

後共產主義的東歐，社會本土主義興起

東歐國家的情況清楚說明了後共產主義的幻滅和歐洲的競爭意識形態，對於戰後政治分歧的左右派體系瓦解所產生的作用。隨著東歐共產政權垮臺，在過渡到選舉民主期間，舊時的單一執政黨經常是轉變成社會民主主義的政黨，並與其他小黨合併或重組。儘管這些社會民主主義的政黨過去犯下諸多錯誤，引發很大一部分輿論的反對聲浪，且出於各種可以理解的理由被不斷地指責，但許多國家行政部門和大型企業領導人士都聚攏在社會民主黨派，他們在過渡期的第一階段也往往擔任重要職務。

曾於1993年至1997年及2001年至2006年執掌政權的波蘭民主左派聯盟便是一例。這些政黨急欲揮別共產主義並親近歐盟，採用的計畫綱領往往只是名義上的「社會民主」。他們認為第一優先要務是企業私有化和

開放市場迎接來自西歐的競爭和投資，以求達到進入歐盟的標準，這是他們期待已久的。再者，在歐洲方面缺乏任何稅收協調的情況下，幾個東歐國家（包括波蘭）為了吸引資金，也在1990年代和2000年代初期對企業利潤和高收入者實施超低稅率。

問題是歷經後共產主義過渡期以及加入歐盟後所得到的結果，並未完全符合原先的期待。鑑於所得不平等的加速惡化，大部分波蘭民眾感到被排斥在外。德國和法國的投資經常只是為他們自己的股東創造可觀的利潤，而原先承諾波蘭民眾的工資增加卻未必實現。這使得波蘭民眾對歐盟的幾個強權大國非常不滿，認為這些大國老提他們在公共補助（transferts publics）上所謂的「慷慨」，卻略過不提他們在波蘭和其他東歐國家實現的私人利潤流出明顯超過公共補助的流入（參見第十二章圖12.10）。加上東歐的政界自1990年代以來充斥金融醜聞，主要與財產私有化有關，還經常涉及當權者的親屬。幾件貪腐案同時揭露媒體與政經界菁英之間據稱的特殊關係（特別是2002年至2004年間在波蘭的賴文〔Rywin〕案）。[10]

在此沉重背景下，民主左派聯盟在2005年的波蘭選舉中大敗（只贏得10%的選票），「左派」幾乎完全從政治舞臺上消失。自2005年的選舉以來，波蘭政治選舉的衝突源於自由保守主義的公民綱領黨與民族保守主義的法律與公正黨之間的勢力抗衡。然而值得注意的是，自2000年代初和2010年代期間，公民綱領黨和法律與公正黨兩個陣營的選民非常明顯地朝著階級路線發展。在2007年、2011年和2015年的選舉中，自由保守主義的公民綱領黨在高收入和高學歷的選民中獲得最多票數，而民族保守主義的法律與公正黨則最受社會底層的選民支持，他們的收入和學歷也是最低的。至於社會民主主義的民主左派聯盟，在這場政治勢力的抗衡中幾乎沒有太大影響力，其選民屬於社會中階地位。[11] 投票給他們的民眾，收入略低於平均水準，學歷則略高於平均水準，但無論如何，相較於公民綱領黨和法律與公正黨兩個陣營，其選民階級和過去相比差距甚微。（參見圖16.3和16.4）。[12]

　　在布魯塞爾、巴黎和柏林當局看來，大家往往注意到法律與公正黨經常對歐盟表示不滿，他們指責歐盟將波蘭視為二流合作夥伴，而公民綱領

圖16.3. 2001年至2015年波蘭的政治衝突與收入

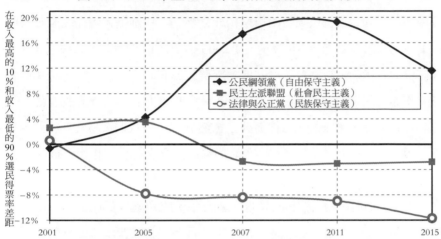

在 2001 年至 2015 年選舉期間，（自由保守主義的）公民綱領黨的得票與收入最高的民眾更加緊密結合，而（民族保守主義的）法律與公正黨的得票集中在收入最低的民眾。來源與數據：請參見 piketty.pse.ens.fr/ideology.

圖16.4. 2001年至2015年波蘭的政治衝突與教育程度

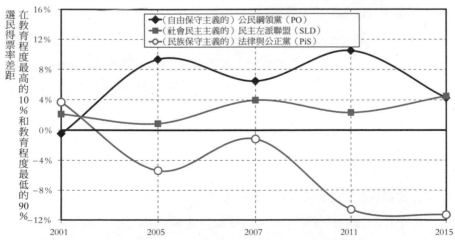

在 2001 年至 2015 年選舉期間，（自由保守主義的）公民綱領黨的得票與教育程度最高的選民更加緊密結合，而（民族保守主義的）法律與公正黨的得票集中在教育程度最低的選民。來源與數據：請參見 piketty.pse.ens.fr/ideology.

黨則是歐洲階級的好學生，總是很快接受歐盟的決定和規則，宣揚「自由和不受扭曲的競爭」（concurrence libre et non faussée）原則。法律與公正黨提出充分理由捍衛威權和傳統主義的價值，例如他們強烈反對墮胎和同性戀伴侶。[13]不過我們仍然必須補充，法律與公正黨自2015年上臺執政以來實施多項有利於最低收入者的租稅和社會措施，特別是大幅提高家庭津貼和重新估算最低養老金。相反地，從2005年至2015年執政的公民綱領黨，其施行的政策通常對社會頂層的優勢族群最為有利。一般來說，法律與公正黨不如公民綱領黨擔心預算規則，在社會政策方面也花費更多經費。

從這層意義上來說，法律與公正黨發展出一種我們可稱之為「社會民族主義」或「社會本土主義」的意識形態，建立在社會和租稅方面的重分配措施，及強硬捍衛波蘭身分（認為其身分受到沒有祖國的菁英威脅）。在2015年的難民危機之後，歐洲外來的移民問題變得更加嚴峻，法律與公正黨因此強烈抵制歐盟試圖（後來很快放棄）在歐盟成員國分配安置移民的計畫。[14]然而我們仍應注意一點，那就是在移民問題真正成為熱烈討論的議題之前，在公民綱領黨和法律與公正黨的選民當中，階級結構已然存在。

可惜在目前的階段不可能以有系統的方式比較自1990年代後共產主義過渡期以來東歐各國選舉分歧結構的演變，主要因為現存可用的選舉後調查資料不足。[15]這其中牽涉多種不同的情況，政治團體和意識形態的更新速度也很快。然而值得注意的是，社會本土主義已有擴展的趨勢，並混合著對歐洲外來移民的一種絕對敵視（這已成為令人討厭的布魯塞爾菁英們陰險地想要強加於民的象徵，儘管就歐洲的人口規模而言，要處理的難民人數實際上算是極少），還有一整套社會政策，目的在於證明社會本土主義派比親歐派更關心大眾階級和中產階級。

我們特別觀察到匈牙利的發展概況與波蘭相近。自2010年以來，該國一直由民族保守主義的青年民主聯盟黨及其領導人奧班（Viktor Orbán）掌控政權，奧班毫無疑問地已將自己確立為歐洲本土主義意識形態的主要

領導人之一。儘管與德國的基督教民主聯盟和其他不同國家的中間偏右政黨正式隸屬於同一個歐洲議會黨團，但自2015年的難民危機以來，奧班毫不猶豫地在全國各地懸掛看板強烈反對難民，並以巨幅海報譴責匈牙利裔億萬富翁索羅斯（George Soros）的不良影響，明指猶太人和全球化的菁英階級戕害歐洲人民的陰謀。至於照顧社會方面的具體行動，青年民主聯盟黨和法律及公正黨一樣，強調提高家庭補助津貼，這顯然成了社會本土主義最具象徵性的政策。[16]他同時設立了有補貼的工作職務，讓失業者在忠於政權的政府機關和市長的監管下工作。青年民主聯盟黨還計畫支持匈牙利國內企業家和大型公司的發展，例如為他們保留公共採購合約，這麼做也有助於確保他們的政治忠誠度。這些措施表明了青年民主聯盟黨懂得對抗歐洲條約制定的嚴格預算原則和競爭法規，不像他的那些政治競爭對手，尤其是常遭批評對歐盟布魯塞爾總部唯命是從的社會民主主義人士。[17]

　　從這個觀點來看，青年民主聯盟黨在2010年成功取得政權的情況值得回顧。2006年的選舉與2002年一樣，由匈牙利社會民主主義的「匈牙利社會黨」贏得大選（該黨直接源自1956至1989年的執政黨「匈牙利社會主義工人黨」，並於1990年重建），當時匈牙利社會黨面對的競爭對手是正在崛起的「青年民主聯盟黨」所領導的聯盟。社會民主派的領袖久爾恰尼（Ferenc Gyurcsány），是2004年至2009年的匈牙利總理，也是企業家，在該國於1990年代進行財產私有化政策後成為全國第一批富人之一。他在2006年甫獲連任不久，向黨內幹部發表談話，這原本是內部機密，不料遭到匈牙利主要媒體公開批露。在這次談話中，久爾恰尼直言不諱地說出自己為了確保勝選這幾個月以來是如何撒謊，尤其向選民隱瞞即將發生的預算削減，遭砍的項目主要是社會支出和健保改革，依據他的判斷這些削減是無法避免的。此言論一經曝光，如同投下震撼彈，引發前所未有的示威浪潮。奧班和青年民主聯盟黨反倒趁機利用這段醜聞，聲稱從這個事件中已得到了期待已久的有力證據，證明社會民主黨極度虛偽。事實上，

對於像青年民主聯盟黨這樣的政黨來說這是一個絕佳機會，他們最初是一個民族保守主義的政黨，宣稱其在社會關懷方面比所謂的社會民主黨派更周全，而社會民主黨派則被指責為真正的自由主義者、親市場派及親菁英派。自從2008年金融危機和歐洲國家實施撙節政策以來，情勢變得更加嚴峻，總理久爾恰尼最終不得不在2009年辭職。這一連串事件導致社會民主主義的黨派在2010年的選舉慘敗，且接下來的選舉連輸，讓青年民主聯盟黨不僅在2010年贏得大選，也輕鬆贏得2014年和2018年的國會選舉。[18]

社會本土主義興起：義大利情況

倘若我們以為社會本土主義的發展僅限於東歐，對西歐和世界其他地區毫無影響，那可就錯了。相反地，東歐形同一個實驗室，混合了兩種成分催化社會本土主義達到高峰，而且這兩種成分在其他地方發現的幾乎都不如在東歐具有如此極端的形式，促進了社會本土主義的興起：第一種成分是強烈感受後共產主義幻滅和反普世主義，導致嚴重的身分退縮②；第二種成分是世界性的（主要是歐洲的）經濟組織阻礙了落實具協調性、高效率及平和的社會重分配政策以及減少不平等的各項政策。從這個觀點出發，我們觀察到義大利在2018年的國會選舉出現了社會本土主義形式的聯盟，所以研究選後的義大利結構尤其能獲得有關這方面更多的訊息。

相較於其他西方選舉民主國家，義大利的第一個獨特之處是在1992年反黑手黨的法官小組展開調查並揭露黑金政治醜聞，此一事件被稱作「淨手運動」（義大利文：Mani Pulite），戰後以來的政黨體系因此發生了天崩地裂的劇變。這起事件造成了自1945年以來一直主導義大利政治舞臺

---

② 譯注：身分退縮（replis identitaires），亦即與不同出身、宗教或文化的人隔離，其原因往往出於外在的情況困難

的兩個政黨垮臺：基督教民主黨和社會黨。政治光譜居於右派的基督教民主黨，1990年代被一個複雜且不斷變化的政黨組合取代，其中的政黨包括貝魯斯柯尼（Silvio Berlusconi）的自由保守派義大利力量黨（Forza Italia）和北方聯盟（Lega）。北方聯盟起初是一個區域主義和反捐稅的政黨，訴求「帕達尼亞」（Padanie，義大利北部）財政自治，譴責政府將稅收轉移給既懶惰又腐敗的南義大利。自2015年難民危機以來，北方聯盟轉變為民族主義和反移民的政黨，專門驅逐外國人，譴責黑人和穆斯林的侵入威脅到義大利。北方聯盟吸引了反移民的大眾階級選票，尤其是在北區，該黨在北區亦保有一批反捐稅的企業高層和獨立人士的穩固支持基礎。

　　至於政治光譜偏左的政黨，情況也沒有比較單純。自從社會黨在1992年垮臺並在1994年解散，開啟了一段組織重組和更新時期。義大利的共產黨長期以來與法國的共產黨一直是西歐最強大的，但由於受到蘇聯解體的嚴重衝擊，1991年決定轉變成新的結構，於是成立左派民主黨。後來基於一統左派政黨的企圖心，遂與其他參與的政黨比照美國民主黨的方式，在2007年創立民主黨。2013年民主黨人士舉辦的選舉中，倫齊（Matteo Renzi）獲選為新一任民主黨領導人，2014年至2016年出任總理執政，領導由民主黨為首的政黨聯盟。

　　除了黨名的改變，必須提醒注意一事，即左派政黨（義大利社會黨、義大利共產黨、左派民主黨、民主黨）的選民結構在義大利歷經過去幾十年來已澈底改變。雖然這些政黨於1960年代至1970年代在大眾階級獲得最多選票，但隨後情況完全逆轉。從1980年代至1990年代開始，義大利社會黨和義大利共產黨（然後是左派民主黨）在高教育程度的選民中獲得最多票數。這種趨勢在2000年代至2010年代更加明顯。在2013年和2018年的選舉中，高教育程度的選民對民主黨的投票率比其他選民高出二十個百分點。[19]民主黨領導的政策——尤其是倫齊政府執政不久後決定有關雇主對於員工的解僱程序應予以放寬（《就業法》〔Jobs Act〕），引發工會強烈抗議和大規模示威（2014年10月在羅馬的示威遊行達一百萬人）——使得

大眾階級和低收入民眾對民主黨更加不滿。民眾大力支持德國基督教民主
聯盟總理梅克爾的改革，以及事實上，確定議會通過依靠的是義大利民主
黨和義大利力量黨的選票聯盟，這幫助我們確立了一個觀點，即民主黨與
它在戰後的社會主義–共產主義起源已無太大關連。

　　義大利政界的最新成員是五星運動黨。該黨乃由喜劇演員葛里洛
（Beppe Grillo）於2009年所創，代表一個反制度和反菁英的政黨，無法以
慣常的左派或右派將其歸類，但其中一項重要宗旨是創造基本收入。相較
於民主黨，五星運動黨的主要票源來自於低教育程度的選民、該國南部的
大眾階級、對所有政黨失望的選民，以及被該黨重視偏鄉的社會問題和承
諾未來發展所吸引的選民。五星運動黨成功地利用民眾對過去幾個執政黨
的不滿，尤其是對於義大利力量黨和民主黨，幾年後五星運動黨便在選舉
中得到四分之一到三分之一的選票。

　　在2018年國會選舉時，選民分為三個主要區塊：五星運動黨贏得
33%的選票，民主黨贏得23%以及右派政黨聯盟贏得37%。[20]右派政黨聯
盟本就缺乏協調，因為它包含了反移民的北方聯盟（17%），自由保守主
義的義大利力量黨（14%）和其他民族保守主義的小黨（6%），這些小黨
在前兩者之間游移不定。沒有任何單一黨贏得多數席位，必須靠結盟才能
合組政府。五星運動黨和民主黨曾一度考慮結盟，但彼此之間的不信任感
太過強烈。反觀五星運動黨和北方聯盟，這兩黨反對倫齊在義大利議會的
《就業法》和在2014年的示威遊行之時已有共識，於是同意整合兩黨主張
以擬定一套計畫，據此作為治理國家的基本方針，一方面建立五星運動黨
提倡的保障最低收入制度，另一方面則是北方聯盟捍衛的強硬反難民政
策。[21]這兩大政黨將其治國計畫體現於任命五星運動黨的年輕領導人迪馬
尤（Luigi Di Maio）擔任經濟發展部以及勞動與社會政策部部長，主要負
責最低收入和該國南區的土地使用規畫和投資政策。而北方聯盟的領導人
薩爾維尼（Matteo Salvini）則位居內政部長的戰略職位。這使他得以從
2018年夏天起，展開大規模的反移民行動，尤其是阻斷援助地中海難民的

人道主義船隻進入義大利海岸的所有入口。

自2018年以來執掌義大利政權的五星運動黨－北方聯盟黨聯盟，很清楚地是一種社會本土主義的政治意識形態聯盟，這自然讓人聯想波蘭的法律及公正黨政府和匈牙利的青年民主聯盟政府。當然，沒有什麼能擔保義大利五星運動黨－北方聯盟黨聯盟永久穩固結盟，何況目前看起來是國內兩大主要政黨各有一片天，完全無意合併為一。此外，其合作關係也呈現緊張狀態，一切似乎都指明本土主義的一方占上風。薩爾維尼的反難民行動使其受歡迎程度日益升高，很可能使北方聯盟在下次選舉中超越五星運動黨，甚至完全不需要和它合作。不過我們仍然從中看到一個簡單的事實，那就是在義大利（而且還是歐元區第三大經濟體）這樣一個古老的西歐選舉民主國家都可能出現社會本土主義的聯盟，說明了這種現象不會局限於後共產主義的東歐。各個國家的社會本土主義領袖，尤其是奧班和薩爾維尼，他們公開地展現其反菁英的默契，並打算向歐盟提供反移民和社會方面的多項共同觀點。[22]

論社會本土主義陷阱與歐洲幻滅

我們不禁要問，與上述同類型的政治意識形態聯盟是否可能擴大發展到其他國家，尤其是法國，這將對歐盟的整體政治平衡產生可觀的影響。假如我們檢視2018年義大利選舉期間的選票分布，可分為三個區塊（或者更確切地說是四個區塊，若考慮到在右派政黨聯盟的組成部分又區分為北方聯盟和義大利力量黨，此外，與五星運動黨的結盟也是各自分開計算的），我們注意到這種意識形態的空間結構與在2017年法國總統選舉第一輪[23]所觀察到的四個區塊分布，不僅有重要的共同點，亦有顯著的差異點。在法國的政治環境中，最接近五星運動黨和北方聯盟兩黨結盟關係的應是極左派的不屈法國黨和民族陣線（後於2018年更名為「國民聯盟」）的相互靠攏。不過在現階段，不屈法國黨和國民聯盟結盟似乎不可能實

現。國民聯盟聚集了反移民最為激烈的選民，而不屈法國黨（如同2017年所表示）則正好相反，他們的選民最為支持移民。[24]

不屈法國黨的選民及其黨內幹部支持的社會政策和貧富重分配的形式，已寫在共產主義和社會主義左派的歷史裡，例如累進稅的參考文獻。而國民聯盟的基礎則建立在一個完全不同的意識形態語料庫，因此很難設計出一個可供研議兩黨共同行動的綱領，至少短期內不可能。儘管國民聯盟多次試圖得到他人尊重並希望眾人遺忘它的歷史淵源（包括維琪政府的支持者、殖民主義者和布熱德主義者〔poujadists〕[③]），比如透過更改黨名，但國民聯盟仍舊是一個政黨的繼承者，而這個政黨就絕大多數的不屈法國黨選民來看，根本不值得往來。[25]

然而在義大利觀察到本土主義發展之快速，提醒我們對於在中期可能出現的多種發展軌跡保持謹慎。經過幾次的轉變使得2018年義大利社會本土主義聯盟成為可能。我們首先必須強調，自1992年的戰後政黨制度瓦解以來，義大利的政治慢慢地解體腐敗，造成有害的影響。在一個普遍質疑黨派組織和對舊制結構及承諾幻滅為顯著特徵的環境中，過去人們一直相信牢不可破的政治意識形態里程碑粉碎了，經過數十年後，從前被認為不可能的聯盟也能變得可以接受。[26]

話說義大利的社會本土主義之所以成形，也是因為義大利的特殊地形容易被移民利用以致引發衝突。義大利的地理位置利於大批難民從地中海抵達上岸，他們來自敘利亞、中東和非洲經利比亞[27]抵達上岸。其他歐洲國家急切地向全世界——特別是向義大利——教導慷慨仁慈，然而大部分歐洲國家面對基於人道和理性的難民配置計畫時卻拒絕配合。事實上，法國的態度尤其虛偽：法國警察在義大利邊境大批部署並驅逐移民，最後估計法國自2015年以來接待的難民比德國少十倍。[28]2018年秋天，幾艘被義大利驅逐的人道主義船隻行經，法國政府同樣決定對其關閉港口，甚至拒

③　譯注：布熱德所創立的保障小商人和手工業者聯盟。

絕授予旗幟給地中海救援組織（SOS Méditerranée）的船隻，被控當時海上溺水人數慘重卻仍停留在碼頭。薩爾維尼逮住機會痛斥法國態度，特別是針對 2017 年當選的年輕總統馬克宏的態度；在他眼中，馬克宏是歐洲菁英的完美化身，面對移民問題只會保持偽善態度，這讓薩爾維尼在面對義大利輿論時，有更充分的理由為自己強硬的反移民政策辯護。

　　我們必須指出，這種指控虛偽的言論是反移民運動的典型辯詞。國民聯盟和所有這類政黨一樣，總是抨擊菁英們對於移民問題的崇高想法，批評他們總是急於贊成開放邊界，但前提是這些菁英們不承擔任何後果。[29]不過這類的爭論策略（特別是法國的尚－馬利·雷朋和瑪莉寧·雷朋從 1980 年到 1990 年所說的）通常難以令人信服。很清楚地，訴諸這種策略的人，主要是煽動仇恨，以便更加提升自己的權力。然而就薩爾維尼和歐洲（特別是法國和義大利）的移民衝突案例來說，由於該項虛偽指控已擴大到國際範圍，反而得到了一種獨特的可信度。這個具體形勢部分說明了北方聯盟在義大利愈來愈受歡迎。同時也讓大家更能理解，為何五星運動黨儘管在難民問題上相對溫和，卻可以在強烈反難民的計畫基礎上同意與北方聯盟達成執政協議，但這麼做可能讓五星運動黨也被視同站在指控菁英虛偽的行列。

　　最後，可能也是最重要的，義大利社會本土主義聯盟的建立基礎是依靠對歐盟規則的普遍不滿，特別是預算規則，這些規則被指控防礙了義大利投資及從 2008 年的經濟危機和隨後的債務清償中復甦。事實上無可爭論的，德國和法國在 2011 年至 2012 年期間提出要求，歐盟決議歐元區所有國家強制削減赤字，這項決議造成經濟活動水準大幅滑落，引發新一波的經濟衰退和失業率升高，在南部歐洲尤其嚴重（參見第十二章）。同樣很清楚地，關於歐洲層級的共同公共債務和共同利率的問題，法、德持保守主義，這項發展將與創建單一貨幣一致，並將使得歐元區南部國家免受投機和金融市場的風險，許多人認為絕大部分原因是德國和法國寧願維持超低利率以便自己繼續從中受益，即使這意味著任憑歐洲草案交由未來

市場和金融危機決定。

當然，北方聯盟黨和五星運動黨提出的對應政策絕非完美架構，而且也欠缺協調一致。在北方聯盟當中部分人士似乎打算退出歐元回歸里拉，認為藉此將可適度利用通貨膨脹，有望加速縮減公共債務。然而，多數義大利人對於這項做法可能帶來的難以預期結果仍感憂心。北方聯盟和五星運動黨的多數領導階層普遍比較希望召開會議改變歐元區的內部法規，以及歐洲中央銀行的權力可做不同的運用。也就是說，既然歐洲中央銀行當初為了拯救銀行能印製好幾萬億歐元鈔票，為什麼現在不能讓義大利的還款日寬限到經濟有起色的時候？這些複雜又前所未有的辯論，仍然是相當含糊不清且難有進展，本書稍後會再詳談。

不過可以肯定的是，不能讓這些問題無限期地拖延下去。社會對於歐盟的不滿，以及對於歐盟並沒有為了最大多數人的利益像為了拯救金融業那樣，耗費如此多的精力和調動如此多的資源，因而產生了深刻誤會，這些不滿和誤會不會只是魔杖一揮就憑空消除。

義大利的情況也顯示，對歐洲的希望幻滅促成北方聯盟和五星運動聯盟，此一幻滅感是形成社會本土主義聯盟的一種強力結合劑。而北方聯盟及其領導人薩爾維尼之所以如此危險的原因，正是他們有能力將本土主義和社會言論連結到移民言論，甚至是債務和金融相關言論，然後把所有這一切都歸咎於菁英虛偽。這樣的結合劑將來也可能在其他國家促成社會本土主義聯盟的形成，包括在法國也有可能，像是不屈法國黨和國民聯盟的選民就對歐洲深感失望。事實上歐盟經常被利用為執行反社會政策的工具，正如我們看到後來在 2017 年到 2019 年爆發黃背心運動（以提升歐洲競爭力為名廢除富人稅，卻對大多數人口加重開徵碳稅以資助一切支出），不幸的是同樣的發展趨勢可能發生。比方說，只要本土主義的政黨投機地接受淡化其激烈的反移民言論，而將注意力轉往社會問題以及與各種歐洲體制的角力，那麼，不排除將來有一天會出現像北方聯盟和五星運動黨的社會本土主義聯盟在法國上臺執政。

民主黨，成功的社會本土主義？

　　某些讀者，包括那些通常不贊成反移民論的讀者，也可能會以正面的眼光看待社會本土主義的政治團體在歐洲上臺執政。畢竟，1930年代在美國推行新政，繼而在1960年代支持公民權，最後在2008年選出黑人總統的民主黨，難道不是名符其實的社會本土主義政黨嗎？事實上，民主黨曾經支持奴隸制度，後來還一度打算將奴隸送回非洲，內戰後的民主黨在社會差異主義（sociale-différentialiste）意識形態的基礎上重建，混合了對美國南方黑人非常嚴格的種族隔離政策，與對白人（特別是義大利和愛爾蘭的白人移民，以及更普遍的白人大眾階級）的社會與平等主義政策，或者說，至少比共和黨的政策更注重社會與平等（參見第六章）。直到1940年代至1950年代，民主黨才開始認真考慮去除其意識形態綱領中的種族隔離主義部分，最終在捍衛公民權人士的壓力下，到了1960年代才完全消除種族隔離意識形態。

　　遵循此例，我們可以想像在未來幾十年法律及公正黨、青年民主聯盟黨、北方聯盟和國民聯盟將在歐洲走同樣的路徑，對「歐洲本土人士」（Européens de souche）採取相對平等的社會措施，對移民和非歐洲裔的外來移民及其子女則採取非常嚴苛的政策。也許過了半個世紀或更長時間，進入到第二個階段，本土主義的成分終於淡化並消失，甚至可能在一個最後得到掌控的框架下，轉變成開放接納多元族裔。不過，達到這樣的願景要經歷許多困難。首先，民主黨在成為施行新政和提倡公民權的政黨之前，已造成多項重大損害。從1870年代到1960年民主黨的議員及南部各州的警察和司法行政部門對黑人強制實施種族隔離政策，阻止黑人小孩和白人小孩上同所學校，支持或包庇三K黨以及其他類似組織對黑人施加懲罰性私刑。但若因此認為這種發展軌跡是通往新政和公民權的唯一可能途徑，這個想法其實是毫無意義的。因為根據各個政治團體的動員能力，其他不同的替代方案、可行軌跡和分支路徑都是有可能的。[30]

在歐洲目前情況下，倘若社會本土主義政黨普遍地執掌政權，可能造成的潛在損害將會是同樣性質的。他們一方面已經開始在執政國家進行驅逐難民，另一方面成功地要求其他心生恐懼的歐洲國家政府實施限制移民政策，此外還有數千人在地中海死亡，數十萬人被困在利比亞或土耳其的難民營。如果這些政黨的行動完全不受限制，他們很可能針對在歐洲定居的非歐洲裔移民及其後代採取重大暴力措施，包括追溯性撤銷國籍和驅逐出境，就如歷史上在歐洲和美國一些號稱民主政權的作為一樣（參見第十四章）。

此外，我們可能要嚴重懷疑當前的社會本土主義政黨是否有能力實施真正的社會重分配政策。十九世紀末到二十世紀初，美國民主黨為開發新的社會重分配工具做出貢獻，特別是在1913年至1916年針對所得和遺產徵收的聯邦稅，1930年代的聯邦社會保險制度（退休、失業保險）和最低工資制度，別忘了，還有1930年至1980年期間針對最高收入和資產的累進稅率提高到美國史上最高等級（參見第十章圖10.11和10.12）。檢視波蘭法律及公正黨、匈牙利青年民主聯盟黨或義大利五星運動黨和北方聯盟黨的結盟在執政期間的講話和做法，令人驚訝的是，他們都沒有針對最富有的人口提出任何明確的加稅，而這項加稅對資助國家的社會政策是非常有用的。以法律及公正黨的例子來說，他們的做法是刪減了一些針對高所得者的租稅優惠，這樣一來確實增加了來自最富裕家庭的稅收，而波蘭新政府則不敢提高所得稅的最高邊際稅率。[31]

成員國之間的競爭與貿易本土主義意識形態的高漲

關於五星運動黨和北方聯盟黨的結盟，其中別具意義和啟發性的一點是，五星運動同意將北方聯盟在2018年國會選舉期間提出的單一稅率制（flat tax）——源自北方聯盟黨自成立以來反稅收的傳統特色——納入執政合約。如果這項措施全面實施，這將意味著無論收入多寡，均課以同一固

定稅率，累進稅制（即對愈高收入課以愈高稅率，對愈低收入課以愈低稅率）將因此完全被取消。這導致從中、高收入者徵得的稅收大量減損，難以想像對最低收入者課徵同等的所得稅率將能夠補償損失。因此，政府在財源匱乏又逃避解決的情況下，就很可能貸款舉債，就像1980年代雷根改革的方式。這項嚴重的衍生結果也解釋了為何該單一稅率的計畫被推遲，並且未來可能只會在最低限度內應用，搭配減少累進稅而不是完全廢除。然而，五星運動黨能夠同意這樣的提議，說明了該黨缺乏代表自己特色的意識形態支柱。令人費解的是他們取消課徵最高收入者所有形式的累進稅，那麼雄心勃勃的保障全民基本收入制度和龐大的公共投資計畫將從何處籌措財源？

關於二十一世紀的社會本土主義人士並不偏好累進稅制，有多種不同的解釋方式。從中可以看出一種意志，那就是特別不願意和社會民主主義、社會主義、工黨或羅斯福左派的過去傳統有所關聯。五星運動黨熱中推行全民基本收入，認為它創新又現代，但對於能提供政府財源的累進稅制卻興趣缺缺，認為它過於錯綜複雜。我們必須再次強調，自從中央銀行於2008年大規模實施貨幣擴張以來，大幅改變了行為模式。從歐洲央行創造數萬億歐元拯救銀行業的那刻起，社會本土主義人士就很難相信有必要使用複雜、潛在不公平和可規避的稅收來資助基本收入或實體經濟（économie réelle）的投資。在五星運動、北方聯盟和其他社會本土主義黨派的發言中不斷出現呼籲貨幣擴張。只要歐洲各國政府還沒有提出其他更有說服力的動用資源方式，例如對富人開徵歐洲稅，那麼，將資金轉向債務以及利用貨幣擴張作為社會支出的主要財源的想法，將繼續得到社會本土派選民和更廣泛的歐洲輿論普遍認同。

社會本土主義人士對累進稅制缺乏興趣，另一部分原因是幾十年來在意識形態上向來反對稅制，以及神聖化「所有人對抗所有人」（tous contre tous）的絕對競爭原則所產生的結果。事實上，二十一世紀初的超級資本主義最大特徵是國與國之間競爭加劇。各國較勁吸引高收入者和資本持有

者的競爭，在十九世紀末和二十世紀初就已經存在。但過去的規模不像現今如此廣大，一方面是因為交通工具和訊息技術已不同以往，另一方面，也是最重要的，是1980年代和1990年代以來為了發展全球化組織所訂定的國際條約，實際上已將這些技術用在保護最富有人口的法律和稅收特權，而非謀福最多數人。事實上還有其他可行辦法，例如，廢除資本自由流動的組織條約，代之以資產所在地公開登記的監管體系，使願意配合的國家能夠對跨國資產及所得徵收重分配稅（impôt redistributif）。[32] 這需要展開大型的國際合作和超越民族國家的宏偉格局，特別是對於那些以全球規模來說比較小型的國家（例如歐洲國家）。然而很明顯地，對於這類超越國家民族的國際主義，本土主義和民族主義的政黨在結構上都不具備發展能力。

　　因此，二十一世紀初的社會本土主義的政治團體看來極不可能發展出任何具有偉大企圖心的累進稅和社會重分配形式。最有可能的情形就是一旦他們上臺執政，不管希不希望，都會陷入稅收和社會競爭，以及提升經濟領域的困境。在爆發黃背心運動危機時法國的國民聯盟黨表示反對廢除富人稅，那只是出於投機主義罷了。若國民聯盟執政，很可能會強化租稅傾銷（dumping fiscal）的路線以求吸引投資，並取消對富人的徵稅，一方面是因為這樣更符合其舊有的反稅收背景和各民族之間相互競爭的意識形態，另一方面是因為他們拒絕國際性的合作和聯邦制度，以致陷入租稅傾銷的邏輯。總而言之，歐盟很可能因為民族主義的政黨執政而走向解體一途（或至少說，增強國家權力以及統一歐洲驅逐移民計畫），致使租稅和社會的競爭力量加劇，並朝向不平等惡化和身分退縮的趨勢。[33]

探討貿易本土主義意識形態及其傳播

　　換句話說，社會本土主義很有可能在實踐中導向貿易本土主義類型的意識形態。以川普的例子來說，那顯然是一個假定的選擇。在2016年總

統競選期間，川普當然試圖給自己一個社會層面的定位，將自己形容成美國勞工的最佳捍衛者，聲稱美國勞工是墨西哥和中國激烈競爭下的受害者，還被民主黨菁英拋棄。但川普政府提議的解決方案，除了或多或少典型的本土主義措施（如減少移民潮、修建邊境牆、支持英國脫歐和本土主義類型的歐洲國家政府），最重要的是，他們已經不顧一切採取有利於最富有人口和最高流動性人口的租稅傾銷。1986年，雷根推動的《稅務改革法》（Tax Reform）著重在降低所得稅的累進稅率（最高稅率降至28%，隨後在老布希和柯林頓時期提高到35%至40%左右，但再也沒有恢復到以前的水準。川普在2017年與國會協商的稅收改革乃仿效雷根的稅改方案，並將邏輯進一步推進，特別著重在降低企業和企業家的所得稅率。美國聯邦企業所得稅稅率從1993年以來原本一直維持在35%，在2018年大幅調降為21%，並對海外盈餘匯回實施租稅特赦，造成該稅項收入因此減少了近一半，降稅或許非常有利於提升世界競爭力，然而稅收是公共財政的重要財源。[34] 此外，川普還特別針對企業合夥人（entrepreneurs non salariés）——例如他自己——實施一項所得稅減免措施，其繳納的企業所得（公司收入）最高稅率此後調降為29.6%，而另一方面，最高個人所得稅率調降至37%。這兩項措施的綜合影響就是首次出現最富有的0.01% 納稅人的稅率（尤其是前四百名最富有的納稅人），比財富地位在最富有的百分之幾和千分之幾之下的納稅人還要低，直逼最貧窮的50% 人口應繳納的有效稅率（taux effectif）。[35] 川普還希望完全取消遺產累進稅率制，但就這點尚未獲得國會同意。

　　尤其值得注意的是川普和馬克宏這兩位新總統稅改的相似之處，且都在2017年底推行。在法國，除了前面已提過的廢除富人稅，新政府還通過了將公司稅從33%逐步調降到25%，股息和利息所得稅率調降為30%（而非適用於最高個人所得稅率55%）。事實顯示像川普政府如此本土主義立場鮮明的政府，與理應更具國際視野的馬克宏政府，兩者採取的財政政策在意識形態和政治實踐上卻表現出諸多共同之處。用詞可能各有不同：

川普稱之為「創造就業者」（job creators），而馬克龍較喜歡說成「領導先鋒」（premiers de cordée）。但基本上根據兩者發展出的「所有人對抗所有人」的競爭意識形態，不但要求對高流動性的納稅人提供更多的減稅，還要求平民大眾珍惜這些新的恩人為他們帶來如此多的福祉和創新（即使這意味著他們忘記了這一切其實來自於公共教育、基礎研究系統以及供私人分享的公共知識）。

這使得這兩個國家的政府都面臨風險，包括不平等的趨勢將更惡化，以及大眾階級和中產階級面對全球化所產生的被拋棄感將更為嚴重。川普強調自己比其對手民主黨能夠更有效地控制移民潮，並在對於來自世界其他地區的不公平貿易競爭比民主黨更加警覺，[36] 自認可以走出困境。他還很有技巧地表示，在美國與其他國家的全球經濟大戰中，製造就業機會者比民主黨的知識菁英更有用得多。[37] 知識菁英不斷地被指責為喜歡高高在上和對人說教，總是很快地又創造出另一種新的文化時尚潮流，而這些新文化時尚潮流對於美國價值觀和社會或多或少是危險的。川普尤其大力抨擊氣候變遷成為熱烈關切的新議題，在他看來，這是科學家、民主黨及周圍所有嫉妒美國的那些人杜撰的，目的是要阻撓美國強大。[38] 這種反智主義（anti-intellectualisme）也被歐洲和印度的其他本土主義政府利用，這也說明了擴大教育和讓公民更善加利用科學知識極為重要。[39]

相較於美國總統，法國總統賭的是反面。他把反對者推向本土主義和反全球化主義，希望能藉此保持政權，並押注法國多數選民是寬容與開放的，一旦時機來臨時，這份寬容與開放可阻擋法國選擇社會本土主義的道路（實際上無論如何都極有可能變成一種貿易本土主義路線，就像川普那樣）。從本質而論，這兩種意識形態都認為除了施行租稅傾銷圖利富人以外，沒有其他任何替代方法，而且認為產生政治分歧的唯一方面仍集中在國際主義與本土主義的鴻溝上。[40] 川普和馬克宏這兩種意識形態都是立基於過度簡化事實真相和大量地欺騙民眾感情掩飾真正意圖。事實上，實踐重分配的野心仍可從國家層面來著手，包括在小型的民族國家，例如歐洲

國家。[41]更何況，以美國層面來說，只要聯邦政府有政治意願，[42]絕對有辦法要求遵守各項租稅決議。再者，促進更公平和永續發展模式的國際合作無論如何是無法禁止的，尤其是在稅收方面的合作。

探討歐洲社會聯邦制的可能性

為了掙脫社會本土主義的陷阱，最自然的解決方法是發展社會聯邦主義形式，利用國際主義和民主聯邦主義促進財富重新分配和社會正義。我知道這條路不好走。我們希望歐洲的重建能夠既和平又和諧，不過很不幸的，這個假設的可能性不大。比較實際的方式，無疑是做好準備迎接一場混亂局面，以及各種政治、社會和金融等危機──這場混亂危機可能導致歐盟或歐元區面臨解體的風險。但不管將來的危機為何，無論如何也必須重建：沒有人打算回到封閉經濟自給自足的狀態，因此必須制定新的條約以便組織國與國之間的關係；如果可能，還要做得比當前條約更令人滿意。在此我將把重點放在社會聯邦制在歐洲情況下實現的可能性。不過我們會看到這些研究功課觸及的範圍更廣，一方面是因為歐洲採取的租稅和社會政策對世界其他地區能夠產生重大影響，另一方面是因為這裡提到的跨國合作形式可適用於其他區域性的結盟（例如在非洲、拉丁美洲或中東）並可規範區域性結盟的成員國之間關係。

歐盟是一項複雜且創新的嘗試，其宗旨在於組織一個「歐洲人民之間不斷地更加緊密的聯盟」（union sans cesse plus étroite entre les peuples européens）。然而實際上，歐盟自《羅馬條約》（1957年）以來建立基礎架構，成立了歐洲經濟共同體，直到《馬斯垂克條約》（1992年）建立歐洲聯盟以及《里斯本條約》（2007年）制定歐盟現行運作規則，更重要的目標在於組織一個大型市場，確保貨物、資金和勞動力的自由流動，但沒有一套共同的租稅和社會政策。在此提一下歐盟機構的基本操作原則。[43]一般而言，歐盟做出的決定，無論是法規、指令，還是其他任何性質的立法

議決案，都必須由兩個共享歐洲立法權的機構通過：其一是由歐盟成員國的國家元首和其行政首長組成的歐洲高峰會，包括部長級參與的理事會，視不同條文和指令處理的問題性質而定：例如財政部長理事會、農業部長理事會等；其二是歐洲議會（Parlement européen），它是自1979年以來由普選產生，各成員國的代表人數乃根據該國人口數量（不過小國可得到比例上較多的代表人數）。[44] 各項決議由歐洲執行委員會（Commission européenne）提出法案和執行，該委員會主要作為一種行政機關和歐洲政府，由一名主席領導和多位委員負責不同領域，其任命必須經議會批准。

就形式上來說，整體具有典型的聯邦議會結構外觀，它包含了一個行政機構和兩個立法機構，然而其中有兩個特點讓這套體系非常不同於慣常的結構。第一是強制要求全體一致同意的規則，第二是部長理事會事實上在任何情況下都不適合納入多元化和民主的議會審議程序。

首先必須注意，大部分的重大決議，尤其是關於歐盟的財政和預算以及社會保障系統的各項決議都必須經過部長理事會的一致同意才能通過。[45] 而有關於內部市場的監管，諸如像貨物、資金和人員的自由流動，以及與世界其他地區的貿易協定，基本上這些是歐盟賴以建立的共同決議，採用「條件多數決」規則。[46] 但有關制定共同租稅、預算和社會政策，特別是涉及各成員國的公共財政，則適用一致同意規則。具體來說，這表示所有國家都擁有否決權。例如，盧森堡大約有五十萬居民，僅占歐盟人口（五點一億）的0.1%，若它希望在本國對企業所得課徵0%的稅率，致使鄰國的稅基被吸引到盧森堡，則沒有人能夠阻止。各個國家，無論是盧森堡、愛爾蘭、馬爾他還是賽普勒斯，不管是多麼小的國家，都可以動用否決權阻止任何稅收措施。因為歐盟訂定的條約還保證資本和投資的絕對自由流通，無需負擔任何稅收合作義務，於是綜合了這所有條件形成了各國無止盡地競相對移動性最強的人口實施租稅傾銷。

此外，正因為缺乏任何共同稅收和真正的共同預算，使得歐盟更像是一個商業聯盟和國際組織，而非真正的聯邦政府。在美國或印度，中央政

府仰賴兩院制，使其得以徵收資源以提供公共項目的支出。在美國和印度的情況，其聯邦預算的財源主要來自課徵個人所得、遺產、企業所得的聯邦稅收，約占國內生產總值的15%至20%，而歐盟預算僅占1%，在缺乏共同稅收的情況下，經成員國一致同意通過決議由各國政府付款挹注預算。

探討跨國民主空間的建造

我們要問的是如何解決這種情況。第一種可能的解決辦法是將條件多數決的規則擴展到稅收和預算項目。當然，要說服小國放棄財政否決權肯定不容易，在此先不多談。要實現採用條件多數決，很可能必須組織一個聯盟來對其他國家施加壓力，並脅之以重大制裁。但無論如何，如果我們能夠成功要求二十八個成員國（若英國確認脫歐[④]，很快就會變成二十七個，但目前仍不確定）採用條件多數決規則，或者聯合那些決定往前邁進的國家，組成一個比較小規模的國家合作團體，我們只要能夠在其中採用條件多數決就心滿意足了，但難題是出在財政部長理事會（或一些政府部門首長的理事會）是完全不適合發展真正歐洲議會民主的組織。

這其中的原因很簡單：歐盟的財政部長理事會是由每個國家的單一代表所組成，是國與國之間利益角力的機器，完全無法容許多元化的審議和構成大多數意見。具體而言，在歐元小組（Eurogroupe）[47]裡面，僅德國部長一人就代表八千三百萬公民，法國部長代表六千七百萬公民，希臘部長代表一千一百萬公民，其餘以此類推。在這種情況下，當然不可能心平氣和地商議。特別是，大國的代表不容許與自己國家關係重大的財政或預算決議案遭到公開否決。其結果是歐元小組內部的決議幾乎都是用達成共識做掩飾，以非公開的方式進行審議，最後才全體一致同意通過。再加上該組織對於建立民主議會的基礎原則毫無概念，因此沒有任何修正和辯論、

---

④ 編注：英國已於 2020 年 1 月 31 日脫歐。

發言時間和投票等程序。想到這樣的機構審核通過的財政法律要用在數億人身上，實在荒謬。從很早以前開始，至少從十八世紀的大西洋革命以來，大家就知道議會的重要功能是投票表決稅收政策，仔細耐心研究租稅、稅基和稅率規定，並要求在公民和記者的注視之下進行公開發言辯論的表決審議過程。每一個國家的多元化意見都應該被充分且廣泛地表達。就定義而言，財政部長理事會絕不可能符合這樣的條件。[48]我們做個簡單概述：以歐盟部長理事會為核心和主導角色而建立的當前這些歐洲機構將歐洲議會限縮至次要角色，其設立目的是為了監管一個大型市場和締結各政府之間的協議；絕非為了通過財政和社會政策。

第二種可能的解決辦法是將稅收投票表決權完全移交給歐洲議會，最相信聯邦主義觀點的歐洲政治領導人一般來說會支持這項做法。歐洲議會是由普選直接產生，遵守組織議會發言公開辯論的一般規定，並依據多數決規則做出決議，所以歐洲議會顯然更適合表決通過稅收和預算提案。然而即使這個解決辦法很清楚地比目前的配置令人滿意，但它也存在一些困難點。重要的是仔細評估新的解決辦法所涉及的所有範圍，以及導致難以實現的原因。我們首先要注意，歐盟布魯塞爾決策中心因缺乏透明度且受到遊說團體左右，構成了非常嚴重的問題，[49]要實現歐洲民主，無論如何需要徹底改革重新設計規則。接著，我們必須瞭解，像這樣將財政權轉移到歐洲議會，其隱含的意義是成員國的政治組織將不會在歐洲稅收政策的表決上直接代表投票。[50]這樣的前景本身未必有問題，而且它也存在於其他情況，但仍值得仔細研究。

在美國，聯邦預算和稅收以及所有的聯邦法律都必須由美國國會通過，國會議員也是為此目的而選舉產生，而非直接代表各州的政治組織。在此情況下，所有法律條文必須經美國國會兩院通過完全一致的議案版本才成立。眾議院按各州人口比例組成，而參議院則由各州選出兩名參議員代表（無論州的大小）。這項制度中，兩院沒有從屬關係不分上下，此外它也不是同類型議會制度的典範，常有停滯不前的僵局。不過幸虧它在大

小不同的州之間維持一定的平衡，所以美國國會大致運作正常。[51]在印度也有兩院：一是人民院（Lok Sabha）⑤，由公民直接選舉產生，其選區經過精心畫分以確保在全國領土範圍按人口比例選出代表；二是聯邦院（Rajya Sabha）⑥，其成員由印度各邦與聯邦屬地的立法機關間接選舉產生。[52]但如果出現意見不同，兩院可以用召開聯合會議的方式通過最終條文。鑑於人民院的人數較多，在聯合會議時明顯占優勢。[53]尤其是在租稅和預算方面的法律（如貨幣法案），人民院自動地擁有最終決定權。

　　我們當然可以想像在歐洲有一個類似的解決方案：例如對於歐洲稅收和這些稅收資助的預算法案通過與否，歐洲議會可以擁有最終決定權。然而有兩個關鍵差異使得這樣的一個解決方案窒礙難行。首先，歐盟二十八個成員國不太可能同意將財政主權授予歐洲議會，至少在最初階段是如此。因此必須由希望向前邁進的部分國家在歐洲議會內先組織分會。這並非不可能，但是組織分會勢必要承受與其他國家分裂的後果。接著，若二十八個成員國全都同意或是由一部分樂觀向前的國家組成分會，這些歐洲民族國家與美國和印度最主要的差別在於他們早在歐盟成立之前就已經存在了，這表示他們可以憑著本國的國會自由地通過或退出國際條約。這些成員國的國家議會（德國聯邦議院、法國國民議會等）幾十年來，甚至自十九世紀以來，一直以投票通過各項稅收和預算議案。隨著時間演進其稅收和預算已達到相當可觀的規模，約占國內生產總值的30%至40%。

　　這些稅捐經過這些機構的發言辯論和投票表決通過，才制定了歷史上創新的社會和教育政策以及發展模式，就整體而言是歷史上的一大成功。稅收使歐洲國家達到史上所見的最高生活水準，同時限制了不平等的程度（至少與美國和世界其他地區相比是如此）並促進健康和教育機會平等。這些國家議會及其目前通過的預算和稅捐將繼續存在，至少絕大部分是如

⑤　譯注：人民院即是印度國會的下議院。
⑥　譯注：聯邦院即是印度國會的上議院。

此。沒有人認為在布魯塞爾做一切決策是眾所期待,也沒有人認為歐盟的預算可以或應該從國內生產總值的1%飆升到40%,並取代國家、地區、市鎮或社會保障基金的預算。就如財產制度應該是去中心化和共同參與的一樣,理想的政治制度組織和邊界系統應盡可能依靠地方分權和各級行動者的動員。

以國家議會主權為基礎建立歐洲議會主權

因此,如果想建立一個順應歐洲現實的真正跨國民主體制,看來同時以各成員國的國家議會為基礎更為恰當,或者至少一部分得是如此。其中一種可能的做法是在那些有意願的成員國之間創造一個稱做「歐洲大會」(l'Assemblée européenne)的機構,組成成員一部分來自各國議會(按照每個國家人口和出席的各個不同政治團體之比例),另一部分則來自歐洲議會(同樣按照那些決定積極向前的國家代表當中出席的各個不同政治團體之比例)。至於分配的比例涉及複雜的考量,在此尚無明確決定。不過最近歐洲論壇出現一個提案,支持這項現行假說(hypothèse de travail)的可能性,提議像這樣的「歐洲大會」可以80%的成員來自各國的國家議會,另外20%則來自目前的歐洲議會成員。[54]

上述提案依據的是「歐洲民主化條約草案」,[55]其優點是無需修改現有條約即可適用於任何有意願跟進的成員國。雖說最好一開始就愈多國家跟進愈好,特別是德國、法國、義大利和西班牙(這四個國家占歐元區70%以上的人口和國內生產總值),但如果少數國家想要提前組成一個聯合議會也是完全可行的,比方說法-德聯合議會或法-義-比聯合議會。[56]總之,該提案的主旨是將四大共同稅的同意權移交「歐洲大會」,包括:企業所得稅、高收入稅、高資產稅和碳稅。例如,在該提案隨附的預算案中,這些稅收可帶來約4%的國內生產總額,一半可用於資助償還國家預算(如此一來便可降低對大眾階級和中產階級的徵稅,到目前為止

他們一直是歐洲稅收競爭的受害者），一半則用來投資能源轉型、研究和培訓計畫，以及接待移民之促進和社會互助基金。[57]這只是一個說明性的提案，顯然要由「歐洲大會」來訂定稅制和希望努力的優先項目。[58]

重點是為審議和民主決策提供一個空間，才能在歐洲層級通過財政、社會和氣候正義的有力措施。正如我們從分析1992年、2005年和2016年的法國和英國公投當中，看到歐盟與大眾階級之間的隔閡已達到相當可觀的程度。[59]在缺乏具體可見的措施得以顯示歐盟可以用來達成財政和社會正義的目標，所以難以預測現實將如何改變。

前面所提來自國家議會的成員當然也可以調整成不同的比例來運作，例如80%改成50%。這個問題值得廣泛討論和深入思考。從技術上來說，來自國家議會的代表比例改為零也同樣適用該系統。在這種情況下，所稱的「歐洲大會」將會與當前的歐洲議會合併（不過來自歐洲議會的參與成員將僅限於由希望朝此路線前進的國家所選出來的）。如果有足夠數量的國家決心朝這個方向邁進並將財稅主權交付給這個類似歐洲議會的次級組織，那麼現況將大為改善。

不過依我看，來自國家議會的代表比例減少過多（例如低於50%）將可能帶來重大風險。最明顯的是，如果國家議會非常不贊同「歐洲大會」通過的租稅和社會政策，他們隨時可以決定退出該機構並終止其制定的條約。只要各國的國會保有主權承諾本國遵守（因此也包括退出）某國際條約，沒有人對此表示反對，而且這構成最重要的權力，因此拒絕他們參與歐洲稅收的投票表決似乎很奇怪。[60]是故，國家議會代表的比例不宜減少太多。

再者，特別是讓各成員國的議會積極涉入「歐洲大會」，實際上可使各國的國會選舉擴大轉變為歐洲的選舉。具體來說，只要成員國的議會開始積極參與「歐洲大會」，各國國會選舉的參選政黨和候選人便無法再推卸責任，永遠將過錯歸咎於布魯塞爾的歐盟總部，還推說自己與歐盟所做的選擇無關（很不幸地，隨著時間愈來愈久，這種態度已成為歐洲各國政

客最喜歡玩弄的花招）。一旦某些國家議會議員在「歐洲大會」中代表他
們的政治團體，並且有可能改變「歐洲大會」的多數，這些參選人在本國
的國會選舉期間也必須向選民說明他們打算捍衛哪些歐洲政策（哪些歐洲
稅收，哪個預算案，哪項收入移轉至國家預算，諸如此類）。[61] 這樣一來，
本國的政治生態將被深刻地歐洲化。就這層意義上，依靠各成員國國家議
會的主權作為基礎來建立一種歐洲的議會主權，依我看，比起現在將各成
員國的國家議會排拒於外，然後完全仰賴一個獨立操作的歐洲議會，這項
改變將可建構更具野心的歐洲聯邦制形式[62]。最重要的是這項跨國的議會
主權，其創新的建構方式看來更適合歐洲與其他聯邦國家（如美國、印度、
巴西、加拿大、德國等）去發展條件非常不一樣的政治和歷史現實，因而
歐洲必須要有新的方法。[63]

重新建立相互信任，制定共同的公平正義標準

　　為使不同國家更容易接受這項新的議會架構，並彰顯其主要目標在於
減少國家內部的不平等，前述的提案還將嚴格限制簽署國之間的轉移上
限。這點可能看起來是技術性的，甚至令人不快，但鑑於目前歐洲各國之
間充滿不信任的氣氛，若希望取得進展，這無疑是唯一途徑。

　　根據目前的歐盟預算（約占國內生產總值的1%），歐盟委員會公布每
個成員國的「年度預算差額」（soldes budgétaires annuels），即每個國家貢獻
給歐盟的支出款項與從歐盟得到的收入款項之間的差額。在1998至2018
年期間，最大的淨貢獻國家是德國、法國和英國，而根據年度不同，淨貢
獻差額約在國內生產總值的0.2%至0.3%左右波動。[64]有關貢獻給歐盟的
轉移支付，這項議題在英國脫歐的公投中產生了不可忽視的影響。[65]根據
歐洲民主化條約和「歐洲大會」計畫的新預算（在草案中擬占國民生產總
額的4%）將對當前歐盟簽署國額外追加預算。為防範被否決的風險，該
草案預設各簽署國在本次追加預算框架下的收入和支出的差額或移轉收支

的差額，不得超過國民生產總額的0.1%。[66]若在這方面能達成共識，自然可以降低或再提高限制門檻，無需修改草案實質內容。

　　這關乎一項根本要點，因為「提款機聯盟」（l'union de transfert）[⑦] 已成了所有歐洲反思的僵持點。特別是，自2008年危機以來，譴責「提款機聯盟」風險已成為德國政治高層（尤其是在總理梅克爾領導的基督教民主聯盟內部，以及社會民主黨內部）被廣泛討論的話題，在北部的歐洲國家更是普遍議論（特別是在荷蘭）。總而言之，每次只要有關共同稅或共同預算的提案，就會有人說歐洲南部國家和法國（被批為管理不善）試圖挪用北部的歐洲國家（被認為是善良又勤奮）辛苦攢下的財富。我在這裡不好說我們怎麼會被不信任到這種程度，這種不信任有時近乎身分衝突。法國政府一再抱怨歐洲預算規則，可是這些規則是他們自己當初一起表決通過的，而且到現在也沒有提出任何新的改善規則，很可能就是這種態度早就激怒了整個德國和其他歐洲地區。在此同時要提醒，希臘的債務危機最初是該國當局大量操弄預算赤字的統計數據，最後引起大眾強烈不信任。[67]反過來看，如果按照德國的言論，認為只要每個國家都按照德國模式調整本國經濟體系，所有歐洲問題都會得到解決，很明顯地，這種說法不成立：因為世界上沒有人能夠吸收像德國等同一個歐洲規模那麼大的貿易順差。[⑧] 此外，把焦點全放在公共補助也是有欠周詳。實際上，私人貿易帶給國家的利潤極為龐大，尤其是在鄰國進行高利潤投資的那些國家（如德國）。要知道，東歐國家的私人利潤流出遠超過公共資金流入。[68]未來最重要的是我們必須深刻反思，將統合歐洲所帶來的資金流動和私人利潤納入考量（以及推行的政策和現行的法律和財政框架如何影響這些資金流動和私人利潤），以免落入只求關注公共收支平衡的狹隘觀點。[69]

　　然而在經歷了十年的金融危機後，歐洲各國之間確實普遍存在不信任

---

⑦　譯注：歐盟為了挽救成員國的倒債危機提出救市方案，因此被喻為提款機聯盟。
⑧　譯注：自2016年至2019年連續四年德國貿易順差世界第一。

感，每個人都覺得自己沒有得到合理的對待，所以倘若對於可能產生的轉移支出沒有預先限定上限，德國政府（或是法國政府及其他國家政府）似乎都不太可能成功說服公眾同意將租稅和預算權移交給「歐洲大會」。若真能將提議的0.1%上限提高，那將是一件好事，[70]但即使不成，也不能以此做為否決該草案的藉口，在沒有明確轉移的情況下，該草案仍保留所有用途。主要是因為歐元區幾個主要國家的平均收入差距不大，所以真正的挑戰首先是減少本國內部（而不是國與國之間）的不平等。[71]換句話說，所有國家（當然包括德國）的大眾階級和中產階級都可受惠於更大的租稅正義。比如說終於有一套租稅系統對大企業課徵比中小企業更高的稅率，對最高收入者和高財富者課徵比低收入者更高的稅率，對最高的碳排放量者課徵比最低的碳排放量者更高的稅率。能夠在每個國家內部實施更公平的稅制並避免稅收競爭的風險（因為這些新稅將會同時在數個國家實施），就算沒有移交權力給「歐洲大會」，僅僅改革稅制這個簡單的事實本身就已經構成了決定性的進步。

再者，在計算公共補助支付時，自然不應包括在單一國家內進行的支出和投資，以求符合所有國家平等受惠的共同利益目標，例如對抗全球暖化、難民援助基金和接待來自其他簽署國的學生。由於共同預算的目的是為歐洲的公共財提供資金，這些公共財也將以類似的方式惠及所有簽署國，最終目標顯然是希望各國公民能夠以身為同一政治共同體成員的身分理解這套預算辦法，而不是戴著國家收支平衡的有色眼鏡評估，我們可以期待這方面的問題愈來愈小。但要做到這點，大家必須同意從逐漸建立信任感的原則做起，畢竟民族主義的陷阱何其多。

解決歐洲經常性的公共債務危機

在此提出的社會聯邦主義方案首重實現財政、社會和氣候正義的偉大企圖心。這關係到如何使一個多國的共同體（現在是以歐洲的背景做考

量，但它可以適用於其他背景）可以證明國際主義能夠實現更公平的政策，勝過那些經常以歐洲統合（以及更常見的國際經濟一體化和全球化等）為名目進行無休止的競爭，實際上是維護最具流動性人口的利益。當時在歐元區危機的特定背景下，一群國家選擇創造單一貨幣，同時維持十九種不同的公共債務和利率，我們在此所提的方案也包括（如果「歐洲大會」決定這麼做）替各國全部的或部分的債務整合再融資利率（taux de refinancement）的可能性。[72]

　　還有，考慮到前述的不信任氣氛，如果想要避免誤解，創造向前邁進的機會，最重要的是要清楚明確。這不是在分擔債務。換句話說，不是把德國的債務（2018年占國內生產總額64%）和義大利的債務（占國內生產總額132%）全部一起打包，卻沒有清楚記下誰在裡面放了些什麼，然後要求德國和義大利的納稅人共同還清。總不能想因為義大利年輕人對於自己繼承到的債務，不如德國年輕人有責任感。[⑨] 不是說這個想法本身完全荒謬，只是很難想像德國哪個政黨能用這樣的解決方法當選。[⑩] 跨國的公平規範和邊界重新定義的程序都必須考量政治和歷史因素，不論是在債務或其他問題都是如此。具體而言，在此所提的歐洲債務解決方案，主要是源自2012年在德國的「公共債務贖回基金」（fonds de rédemption de la dette publique）啟發，其中最大的差別在於由一個民主機構（「歐洲大會」）來決定償還率而不是由一套自動規則。[73] 換句話說，「歐洲大會」可以決定將簽署國的全部或部分債務集中納入同一個再融資基金，並在每年債務到期前，決定哪一部分應通過發行共同債券（titres de dette commune）進行再融資。最重要的一點是，每個帳戶都保持分開獨立，所以各國繼續各自償還本國的債務，但所有國家適用的利率完全相同。

---

⑨　譯注：根據「經濟合作暨發展組織」調查資料顯示，義大利年輕人就業意願偏低。資料統計時間自1981年至2008年。

⑩　譯注：德國是歐盟經濟實力的重要支柱，例如2010年為了應對歐洲主權債務危機而成立的「歐洲金融穩定機制」，德國為最大出資者，其比例超過27%。

　　這一點可能看似技術性，但它其實是根本性的。歐債危機的禍源實際上就是歐元區各國之間的利差引發了金融市場的混亂局面——在2008年爆發歐債危機前夕，歐元區的債務並沒有比美國、日本或英國高。問題出在這種不良的集體組織，加上歐洲國家未能創立共同債券，這也解釋了歐元區國家自2008年危機以來宏觀經濟一直表現不佳的原因。總之，歐元區因為自己本身的失誤，將最初源自美國私人金融機構的金融危機變成永續的歐洲公共債務危機。然而這為歐洲國家帶來極嚴重的後果，尤其是失業率上升和反移民運動更加激烈，儘管歐盟在2008年危機之前一直以統合能力著稱：不僅失業率下降，極右派也逐漸式微，但歐洲的移民流量仍高於美國。[74]

　　同時要提醒的是，歐元區國家為因應債務危機而緊急起草的條約並沒有解決任何長期性的問題，且未來還必須用各種不同的方式修改（除非接受這些條約永遠不會被遵守，那將只會招致不滿並增加緊張壓力）。2012年《經濟暨貨幣聯盟穩定協調與治理公約》制定的新規則，理論上規定赤字不得超過國內生產總額的0.5%。[75]除非有「特殊情況」，否則違者原則上將受到自動懲罰。但在實務中，這些規則完全不適用，它們太荒謬了。確切來說，這些歐洲條文所針對的一直是次級赤字（déficit secondaire），即支付債務利息之後的赤字。如果一個國家的債務等於國內生產總額的100%，利率為4%，那麼利息將為國內生產總額的4%。因此，要實現將次級赤字限制在0.5%，就必須實現國內生產總額3.5%的基本盈餘（excédent primaire）。換句話說，納稅人應繳納的稅款將比他們受惠的費用更高，兩者差距等於是國內生產總額的3.5%，而且可能要持續幾十年。理論上，《經濟暨貨幣聯盟穩定協調與治理公約》的方法並非不合邏輯：一旦拒絕採用特別措施、延長還款期限和取消債務，通貨膨脹就會幾乎為零且經濟成長受限，那麼，唯有巨額的基本盈餘才能在未來數十年減少相當於國內生產總額100%的債務。然而，我們必須衡量這種選擇帶來的社會和政治後果。這就是說，未來數十年來我們都必須投下龐大資金去償還

債務和利息給金融資產持有人，而這麼做將使我們在能源轉型、醫學研究或專業培訓方面缺乏資金。

這些規則實際上並未被應用，而且可能永遠都不會。舉例來說，2018年秋，歐洲執行委員會與義大利社會本土主義政府之間因為赤字問題引發新的危機。義大利政府希望將赤字提高到國內生產總額的2.5%，而他們上屆政府曾經承諾1.5%。後因歐洲執行委員會反對，最終妥協訂定為2%，實際上可能在2%到2.5%之間（所以不管如何都絕對超過正式規定的0.5%，看來沒人認真看待這項正式規定）。鑑於目前義大利的債務利息約占國內生產總額的3%，這表示該國目前的基本盈餘約在國內生產總額的0.5%至1%之間，這可不是一筆小數目：這筆金額可以讓義大利高等教育的總預算（略高於國內生產總額的0.5%）變成兩倍，甚至三倍之多。

我們可以安慰自己說，如果執行委員會和歐元小組當初決定更加嚴格地應用這些規則，又享受這樣的彈性，那麼所需要的基本盈餘將會高出許多。但實際上，他們先是寫出超嚴格的規則，然後因為這些規則太過荒謬又選擇忽視，最後在不透明的情況下閉門談判，商議出一個模糊不清的妥協方案，這完全脫離議會辯論審議的程序，[76]除非未來的收支平衡只需要固定比正值稍稍高一點的基本盈餘（低於國內生產總額的1%）就能達到，才可能解決問題，但這是個賭注。換句話說，我們要求負債國家的稅收收入必須完全涵蓋其所有支出，甚至稍微多一些，但不要求他們強行償還過去的債務。總而言之，這就等於將舊債進行債務重整，並延長還款期限（這似乎是通情達理的折衷方案）。問題是，所有這一切實際上並沒有明確的設定執行規則，以至於對每個國家提出的要求往往不一樣且變化多端。

在2015年顯然有一個羞辱希臘的政治選擇，在歐洲各政府當局（尤其是德國和法國）看來，希臘選出了一個基進左派的政府，讓反撙節的基進左派聯盟（Syriza）上臺執政，這是極其不當的罪過，而今希望歐洲各國伸出援手紓困，各國顯然可以選擇羞辱希臘。基進左派聯盟是由希臘社會政黨（泛希臘社會主義運動黨〔Pasok〕於2009至2012年金融風暴期間執

政而名聲大挫）左派的各種共產主義、社會主義和生態主義的政黨合併而成，在贏得大選之後，嘗試說服其他歐洲領導人放寬先前承諾的預算政策條款。然而歐洲各國領導人為避免帶給基進左派聯盟一個具有象徵意義的勝利，且擔心引發群起仿效現象（尤其是當時在西班牙「我們能」（Podemos）黨強勢崛起），於是決定對希臘進行新的預算清算，儘管其經濟活動水準仍比2007年低25%，仍將基本盈餘目標定為國內生產總額的3%。[77] 在此過程中，大家忘了儘管基進左派聯盟有些不足之處，但其優點是不啻為國際主義的政黨，它對歐洲開放，並集體聲援抵達希臘海岸的移民。如果當時能夠仰賴這樣的政黨為歐洲制定更公平的稅收政策，包括讓希臘富人，以及德國和法國的富人貢獻更多的稅收，那會是更明智的選擇。[78] 或許基進左派的選民對於所採取的措施感到氣餒。不過三年後，也就是2018年，一個社會本土主義政府接掌義大利政權，驅逐外國人是該執政聯盟的主要共同目標之一，考慮到其國家規模，不得不採取比較寬容的態度。[79]

　　雖然超低利率降低了利息，但這種情況不會永遠持續，目前歐元區的利息是國內生產總額的2%（平均赤字為1%，基本盈餘為1%），相當於每年超過兩千億歐元，反觀每年投資在交換學生的伊拉斯謨（Erasmus）計畫的二十億歐元，相較之下少得可憐。雖然這是一個可能的選擇，但無法確定它是否為因應未來的最佳選擇。如果將這筆資金用來投資培訓和研究，那麼歐洲很可能超越美國成為世界一流的創新中心。不管怎麼說，像這樣的選擇可以在民主議會論壇提案辯論。如果再度發生金融危機，或是利率上升，大家會很快地明白2012年制訂的預算規則暴露出的危險，屆時必須採取非常手段，然而由於沒有及時在合法的民主框架內去處理這些複雜問題以及找出最佳折衷辦法，各國之間的怨懟和緊張氣氛極可能浮現。[80]

以債務歷史為基礎，提出新的解決方案

在此提出的解決方案是建立在對於議會民主的信賴之上。惟有經過公開、辯論和多元化意見表達的審議過程才能為這些決定提供必要的正當性，並即時因應經濟、社會和政治形勢的變化。該是時候重新修正1992年《馬斯垂克條約》裡的錯誤觀念（2012年的《經濟暨貨幣聯盟穩定協調與治理公約》使其更加嚴重）。根據該條約大家可以不經議會民主程序發明一種共同貨幣，無須共同債務和共同稅收的制度，只要應用一套自動預算規則即可。然而若按照前述提案成立「歐洲大會」，那麼這個「歐洲大會」便有權決議彙集各國全部或部分債務然後訂定再融資利率，以及債務的未來償還率和債務重整。這也意味著希望受惠於共同債券和共同利率的國家必須服從「歐洲大會」的多數決（根據定義，每個國家在「歐洲大會」中僅能占有限權重）。如果他們希望自己保留對本國債務和赤字的主權，則無法享受使用共同利率。至於彙集的債務，「歐洲大會」將自由選擇還款率和債務重整。[81]因應的解決方案可建立在長期的基本平衡（équilibre primaire）狀態：即稅收涵蓋支出，不多也不少。這等於一種債務重整，延長債務償還期。只要共同債務的利率很低（這種情況必然導致歐洲央行大量持有這些共同債券，且歐洲央行的行動有助於維持低利率，不受金融市場波動影響），[82]如果未來的名義增長率（croissance nominale）顯著提高（目前還不確定），那麼在未來的幾十年裡，過去的債務存量占國內生產總值的比例將愈來愈低。[83]

有些人可能恨不得把這個基本平衡的規則刻在石頭上奉為圭臬。[84]畢竟，一旦我們有可能以民主的方式創造公平的稅制，特別是將來成立了「歐洲大會」，便有可能通過適用於所有簽署國的高收入和資產稅，而且以稅收涵蓋支出通常是最佳原則。問題是在某些情況下，例如爆發經濟危機招致暫時性稅收驟減時，這條規則顯然過於僵化。在長期利率超低的情況下也是同樣的道理（就像有人認為當前的狀況是私人資金缺乏投資標

的），[85]反觀公共當局，他們能夠推動一些具有前瞻性的策略投資。這些投資可能首重能源轉型、全球暖化以及研究和專業培訓方面。[86]至於公共當局在這些方面的投資能夠確認做到何等程度和組織到多大規模，這當然牽涉複雜。不過仍然必須要有一個合法的機構來決定我們是否處於適合這類投資的狀態。在沒有相反經驗可供對照的情況下，最佳方式就是在議會論壇的架構下進行多元化和公開的審議，當選的代表在最大公平的條件下投票表決。若只想用僵化和自動的規則（而且是沒有任何歷史經驗可以佐證的假設）代替所有這些更可行的辦法，這樣的想法是民主虛無主義（nihilisme démocratique）的一種形式。[87]

　　在實際操作時，「歐洲大會」也可以決議採取具體措施以加速債務減少，例如對私人財產徵收累進稅和特別稅。這些措施在第二次世界大戰結束和1950年對於迅速減少公共債務和釋放財政利潤方面發揮了重要和積極的作用，使得國家當局能夠投資在促進經濟成長和重建的項目，尤其是在德國和日本最為顯著（參見第十章）。如果回頭檢視這些經驗，過去使用的那套方法中最具爭議的地方無疑是利用通貨膨脹，它肯定有助於強行減少公共債務，但代價是殘忍地掠奪了社會低階民眾的部分儲蓄。在此情況下，依據過去這些經驗，似乎有足夠理由在歐洲央行的職權範圍內維持低通膨目標，並將著重於確實有效的措施，尤其是實施累進稅制，且此次在歐洲方面，包括長期債務重整（主要由歐洲央行發揮穩定超低利率的作用）和特別稅措施（「歐洲大會」可能會通過）都將進行明確的協商。「歐洲大會」可以決議進行債務重整並延長償債期限，例如延長至歐元區國家恢復到危機前的就業水準和正確的成長軌跡（特別是南部歐洲，更普遍來說是整個歐元區）。「歐洲大會」還可以再度延長償債期限直到其他如氣候暖化等優先項目取得足夠的進展，這看起來相當合理。[88]

　　最後總結並強調這裡所談的並不是要提早決定未來遵循的步驟，而是說明我們需要建立一個確實的合法民主機構，如「歐洲大會」，以歐盟成員國的國家議會代表和歐洲議會的代表為基礎建立，才能夠裁決許多已經

開始浮現的複雜問題。如果認為歐洲公共債務帶來的龐大問題光靠著機械式地應用2012年通過的預算條約就能解決，這種想法完全不切實際。該預算條約大致來說，就是要歐洲國家大眾階級的納稅人心平氣和地接受在未來幾十年內釋出巨額的基本盈餘。自2008年以來，債務危機加劇了歐洲國家之間舊有的緊張關係，最後導致歐盟幾個主要原始發起國家之間誤解和不信任日趨嚴重，尤其是德國、法國和義大利。其中潛藏嚴重的政治破裂，甚至歐元區解體的可能性。如果繼續主張只有在國家元首和財政部長的閉門會議以及強硬的權力平衡中才能夠解決這些問題，很可能再度導致緊張關係。唯有跨國性的真正議會民主機構，才能根據現有的歷史經驗和當前問題的永續解決方案，深入並公開審查不同的選擇方案。

歐洲社會聯邦轉型的政治條件

剛才提出的社會聯邦主義方法，其優點是它原則上使希望強化政治和財政統一的一群歐洲國家（我們在此先稱之為「歐洲議會聯盟」〔l'Union parlementaire européenne〕，以區別於歐盟）能夠朝這個方向前進，無須向歐盟的二十七或二十八個成員國提出質疑辯論。最理想的情況是該「歐洲議會聯盟」的初始核心成員國應該包括歐元區的四個最大國家（德國、法國、義大利、西班牙），或是至少其中兩個或三個國家，如此才足以支撐這個強化聯盟順利運作。當然盡可能所有歐元區國家從一開始就加入更為理想，但一些歐元區以外的國家也可能希望盡快加入。[89]「歐洲議會聯盟」的初始核心國不論有五個、十個還是二十個國家，理論上都不妨礙該聯盟與歐盟和平、持久地共存，要說服所有國家加入需要一些時間，接著才能與歐盟重新統合。在此過渡期間，「歐洲議會聯盟」的成員國將同時參與該聯盟建立的機構和布局（從成立歐洲大會和通過共同稅收支付預算開始）以及當今歐盟的機構和政策。如果「歐洲議會聯盟」能證明自行運作良好，並能開始彌補歐洲在財政、社會和氣候正義的赤字，那麼估計幾乎

全數歐盟成員國在幾年內會加入，甚至可能立即加入。

　　儘管希望如此，但可惜的是，這個平順景象並非唯一可能發生的情形。在實際執行時，一些押了大注在租稅傾銷的國家，像盧森堡和愛爾蘭等，將會激烈議論並提出反對。這些國家不僅肯定會拒絕加入「歐洲議會聯盟」，而且無疑地會試圖推翻該項計畫，因為他們認為建立這樣一個強化的聯盟有違現行條約，甚至於向歐盟法院（Cour de justice de l'Union européenne, CJUE）提起訴訟，訴訟理由是唯有全面修訂歐洲條約（請求修訂亦需要成員國全體一致同意）才有可能終止全體一致同意的稅收規定，以及成立一個「歐洲大會」並授予權力以多數票通過這些稅收相關規定。關於必須在全體一致同意的條件下，才能終止當初根據全體一致同意原則制定的規則，這項論點看起來尤其不符合現實而且是沒有出路的死胡同；然而其中所涉及的國家利益是如此的重大，所以可別以為這種論點不會得到支持。歐盟法院在認為已經沒有其他可行的法律途徑可解決危機之後，2012年有效通過跨政府條約以應付金融緊急情況，所以我們可以認為歐盟法院很可能採取同樣的做法，將以民主和社會緊急情況為名，批准《歐洲民主化條約》（或類似條文）。[90]然而，法律不是一門精確的科學，完全無法保證歐盟法院會同意，在此情況下，這些支持強化議會聯盟專案的國家將必須承擔起責任，宣告廢除條約（即擺脫現有的歐洲條約以迫使各簽署國重新談判新條約）。

　　同時還必須強調，無論採用何種方式通過民主化條約（或類似條文），在核心國家內建立共同稅收，幾乎不可避免地將與那些不願意加入聯盟的國家產生緊張關係。尤其在過渡階段，那些對企業所得、高收入和財富及碳排放將來可能已經開始徵收共同稅的「歐洲議會聯盟」成員國自然需要向非成員國尋求示範性合作，特別是有關於跨國利潤的流動、收入和金融投資組合以及碳交易等方面的訊息傳遞交流。根據過去的經驗，他國簽署這種合作協議不太可能是出於自發性，因此配合意願往往不高，所以實施具勸阻性的貿易制裁很可能是達到預期效果的唯一有效手段。例如有關公

司稅方面，遇到國際之間欠缺充分協調時，理想的解決辦法是根據在不同國家的商品銷售和服務比例，來分配跨國公司的全球利潤（無論利潤正式產生在何地，況且地點經常是虛報的）。[91] 我們有充分理由相信，若歐元區的幾個大國對盧森堡和愛爾蘭決心實施制裁，將能夠迅速獲得勝訴。然而，前提是必須真正展現出這種決心，尤其是被制裁的國家肯定會譴責這類的制裁明顯違反現有條約。[92]

例如，我們看到美國在 2010 年發出威脅，揚言撤銷瑞士多家銀行的銀行執照──這才打破雙方僵局，迫使瑞士政府修改（部分的）銀行立法，並向美國稅務部門提供美國納稅人在瑞士銀行開戶的充分訊息。反觀歐洲方面，倘若德國、法國和義大利對盧森堡或瑞士有提出（或將提出）這樣的威脅，那麼盧森堡或瑞士肯定駁斥該制裁不符合現有的歐洲條約。可惜這種制裁是扭轉事件發展的必要手段，甚至很可能必須使用一段時間才會產生真正的影響。

總而言之，真正的問題不在於法律或制度：最重要的是政治和意識形態。關鍵點是那些受到稅收競爭影響最深的國家，尤其是大國（如法國、德國、義大利、西班牙）是否認為這項問題的重要性足以證明主動採取戰略的合理性，甚至對不願合作的國家實施勸阻性制裁（可能需要單方面退出現有條約）。到目前為止，大多數政府和政黨所持的做法，尤其是在社會主義和社會民主主義等多種不同黨派執政的國家，認為稅收競爭確實是一個問題，但只要盧森堡、愛爾蘭和所有相關國家不願接受放棄否決權，那麼很不幸地，這個問題便無望解決。然而這種方法長久以來很明顯地根本無濟於事。主要困難是因為那些大國的政府當局認為問題沒有嚴重到必須同意讓一小群準備向前邁進的國家去創立一個獨立分開的政治機構（例如在此提議的歐洲大會）。面對這種分裂風險而心生猶豫是可以理解的。但最終現狀帶來種種可能的風險，依我看，嚴重程度都不及大眾階級與歐盟之間明確且可能致命的分離。我們也可以認為，建立一個跨國的財政議會主權和民主辯論空間以組織這方面的審議，這段過程是脆弱的，而且幾

乎不可避免地必須從少數國家做起，而後方能擴及其他國家（一旦具體證明其可行性之後）。換言之，如果要等到全部二十七或二十八個國家準備好要向前邁進，才啟動建構過程（愈早啟動愈有益），很可能無法確定要等到何時。[93]

　　基本上，如果該過程尚未發生，無疑地是因為許多中右派和中左派的政治團體和運動，尤其是在德國和法國，持續認為稅收競爭（尤其在稅徵已達歷史新低的情況下，還向各成員國施壓以避免稅負過高）帶來的利益高過於不斷地給予流動性最強的人口降稅優惠的成本，或者至少認為，試圖結束租稅競爭牽涉高度複雜的政治問題，衡量之下沒有充分的理由顯示必須這麼做。[94]另一個同樣強烈的意識形態因素是歐盟長期以來保障的權利，即貿易致富和貨物、資本與人員跨國自由流動的神聖權利，然後再藉由吸收侵蝕鄰國的稅基製造第二次致富。這是一個非常具體地建構在歷史和政治層面的意識形態，最後結果是使所有國家的社會頂層人口更富有（包括德國和法國的社會頂層），而大眾階級和中產階級並未受惠（不論是愛爾蘭的或盧森堡的大眾和中產階級亦未受惠）。然而這種權利長久以來一直受到保護，到最後也被視為理所當然了。[95]

　　最後歸納並提醒注意，儘管準備退出現有條約無疑地是達成建立新條約的必要條件，但絕不是充分條件。自2008年爆發危機以來，許多政治團體如西班牙的「我們能」和法國的「不屈法國」的想法已經發展到不惜以退出作為威脅，其訴求是要求歐盟實施新政策，尤其是維護租稅與社會和諧。[96]問題是到目前為止這些政治團體對於期望在歐洲建立的新政策系統，始終沒有明確指出具體內容。總之，大家都很清楚要退出哪些條約，但對於應該加入哪些新條約卻毫無概念。這種策略的問題在於它很容易被捍衛歐洲現狀的政治團體扭曲諷刺為反歐洲，特別是自2008年危機以來德國和法國的政府當局（這些政府當局事實上以歐洲一體化理念作為操弄工具，強迫大家接受他們的不平等意識形態並拒絕開徵歐盟層級的共同稅）在那些擔憂歐洲解體前景的公眾眼中，這是該政黨不合格的有力論

據，於是阻止其執掌政權。如果這些政黨還是成功上臺執政，例如在法國，存在的風險就是成員國之間（特別是法國和德國之間）不信任感日益加深，實際上導引各國走向相互憎恨和誤解一途，進而引發退出歐洲條約既混亂又失控的過程，最終這一切將會打擊大家原先對理想歐洲的滿心期待。另一個風險，在我看來至少是同樣可能發生的，就是共同擁護雖然可以避免解體，但缺乏對新歐洲機構及財政與社會協調相關規畫的明確承諾，最後結果是一個沒有遠大謀略又令人失望的妥協，這都是因為在這些複雜且至關重大的政治問題上，沒有事先的公開辯論和充分的公民自主權。[97]

分離主義陷阱和加泰隆尼亞症候群

　　歐洲的社會聯邦制轉型面臨的挑戰遠超出歐洲框架。這實際上 涉及以全新的方式來組織全球化的可能性，也就是說，最終是否有可能將組織自由貿易和商業聯盟的條約以更寬廣的願景重新訂定，提出永續發展和公平模式的國際協議，以期達到租稅、社會和氣候正義。而缺乏這樣的國際協議，其風險之一就是不斷地追逐租稅傾銷，不平等隨之加劇，身分退縮和仇外心理亦進一步擴大，於是渴望執政的反移民政黨便趁勢利用民眾這種不滿情緒。

　　另一個風險我們稱之為分離主義陷阱，在2017年加泰隆尼亞試圖組織自決（autodétermination）公投時尤其看到這種陷阱如火如荼地蔓延。普遍來說，加泰隆尼亞信奉地區主義，是基於收入和教育水準所產生的分歧程度大得令人驚訝。當加泰隆尼亞選民被問及是否支持擴張地方自治權力（直至自決）的訴求時，結果顯示選民的收入和教育程度愈高，對於區域主義理念的支持度愈高。在收入或教育程度最高的10%選民中，有80%的受訪者支持區域主義理念；反之，在收入最低或教育程度最低的50%選民中，只有40%至50%支持區域主義（見圖16.5-16.6）。

　　若將觀察範圍縮小到僅限於支持自決公投者（並排除那些支持在西班牙內部擴張地方自治權力的人），我們注意到分歧極為顯著：愈是特權階級，就愈強烈支持獨立，尤其是高收入者。[98]

　　西班牙從2009年至2010年開始遭受經濟危機的重創，我們注意到經濟危機發生後獨立自決的支持度急劇增加，再加上歐洲實施緊縮政策導致2011年至2013年期間經濟嚴重衰退。回顧2008年當時只有20%的加泰隆尼亞選民支持自決權的想法，而2011年有32%，到了2016年達到35%。[99]基於自決的支持度迅速增加，加泰隆尼亞政府不顧馬德里政府的意見，於2017年9月組織獨立公投，遭到主張繼續留在西班牙的人士抵制，引發的憲法危機仍在持續。[100]

　　特別引人關注的是，加泰隆尼亞的社會特權階級比社會底層民眾更顯著支持加泰隆尼亞的地區主義。將此次公投投票的社會概況與1992年和2005年在法國以及2016年在英國組織的歐盟相關公投進行比較，我們觀察到特別有趣的現象是社會特權階級普遍支持歐盟，而社會底層民眾則反

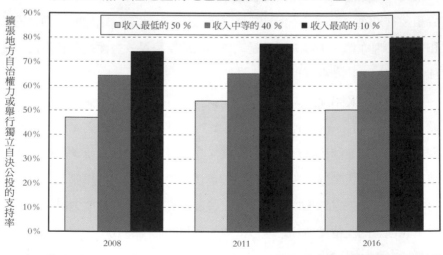

圖16.5. 加泰隆尼亞的地區主義和收入，2008至2016年

2008年，收入最低的50%加泰隆尼亞選民中有47%支持擴張地方自治權力或舉行獨立自決公投（兩者合計），相比之下，收入中等的40%的選民中，支持率為64%，在收入最高的10%選民中，支持率為74%。來源與數據：參見 piketty.pse.ens.fr/ideologie

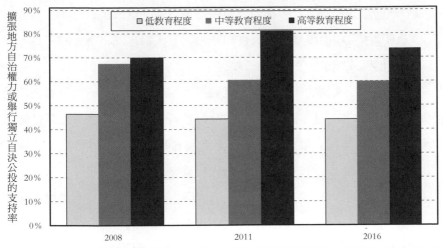

圖16.6. 加泰隆尼亞區域主義和教育程度，2008至2016年

2016年低教育程度（不超過小學畢業程度）的加泰隆尼亞選民對於擴張地方自治權力或舉行獨立自決公投支持率為44%（兩者合計），而在中等教育程度選民的支持率為60%，在高等教育程度的選民支持率則為74%。來源與數據：參見 piketty.pse.ens.fr/ideologie

對之。[101]此外，這兩種社會概況完全相符，因為事實顯示支持加泰隆尼亞獨立（或擴張地方自治權）的社會特權階級完全不想脫離歐盟；相反地，他們希望以獨立國家的身分留在歐盟，以便能夠一邊繼續受惠於歐洲的商業和金融整合，一邊同時完全保有加泰隆尼亞自己的稅收。

　　這當然並非完全將加泰隆尼亞的地區主義歸因於上述財政理由。本身文化和語言的因素，以及佛朗哥主義和殘酷的馬德里獨裁政權留下的歷史記憶也是重要理由。不過，財政自治在加泰隆尼亞的問題上扮演核心角色仍然是不爭的事實，主要是因為相較於西班牙其他地區的平均水準，加泰隆尼亞的確富裕許多。經濟寬裕的納稅人想到自己繳納的稅金有一部分流向其他地區就特別感到不快，這是很自然的事。反之，大眾階級和中產階級可能對財政和社會團結的優點更敏感些。從這個角度來說，我們必須要強調一項重點，那就是西班牙的財政分權規則已經使西班牙成為世界上地方分權最充分的國家之一，即使與那些大得多的聯邦國家相比也是如此。尤其自2011年以來，西班牙的所得稅稅基由聯邦政府和地區政府各占一

半。[102]這樣的租稅體系產生許多問題，因為它破壞國家內部的團結理念，導致各地區之間相互對立，在涉及像所得稅這樣的財政工具時，尤其成為問題，因為所得稅應該是縮減最貧窮和最富有人口之間不平等的工具，並且超越了地區或職業。[103]

相較之下，美國的所得稅收一直幾乎專屬於聯邦稅收，而且其人口是西班牙的七倍，向來以防止權力集中及尊重各州權力而聞名。尤其是聯邦所得稅從1913年創立以來，確保了累進稅制的功能，所得愈高，課徵稅率也愈高。[104]加州（單單一個加州的人口就幾乎和整個西班牙一樣多，等於加泰隆尼亞的六倍）的富有納稅人可能原本希望把聯邦高所得稅收保留一半給自己和孩子們；但這想法從來都沒有被實現過（說實話，他們從來沒有真正試過，因為這個想法會被解讀為分裂主義式的宣戰）。另一個地理位置比較靠近西班牙的例子——德意志聯邦共和國，其所得稅完全是聯邦制的：各州不得投票決定額外的稅率，也不得自己保留任何稅收，不論巴伐利亞納稅人認為如何。確切地說，區域或地方層級額外稅率的邏輯本身並非一定有害，前提是要適度限制。西班牙政府選擇將所得稅與各地區之間五五對分，這種做法無疑已經太過頭了，導致現在面臨部分加泰隆尼亞人希望透過獨立來保留百分之百的稅收。

歐洲在這場危機中也承擔了沉重的責任。除了對歐元區危機嚴重管理不善，尤其是西班牙受到重創，再加上，歐盟這幾十年來推動的發展模式一直是以同時可以擁有一切的理想作為基礎：既要整合歐洲和全球大型市場，又不承擔團結和資助公共財的實際義務。在此情況下，何不讓加泰隆尼亞成為盧森堡模式的避稅天堂來試試運氣呢？事實上，根據許多加泰隆尼亞獨派人士的看法，最理想的計畫是這樣的：建立一個獨立的國家以便可以保留全部收入來發展加泰隆尼亞，並且必要時盡可能針對流動性最高的人口減輕稅負以吸引外來投資，若能擺脫與西班牙其他地區一起團結努力的重擔，這一切都將變得更加容易。如果歐盟比照美國擁有相同的聯邦預算，並由聯邦累進所得稅和遺產稅提供資金，那麼毫無疑問地，加泰隆

尼亞問題的政治化將會完全不同。具體來說，如果加泰隆尼亞高收入者繳納的大部分稅款都用在歐洲聯邦預算，就像美國那樣，那麼從財務的角度來看，脫離西班牙帶來的利益就變得有限。加泰隆尼亞要逃避團結稅（solidarité fiscale）⑪的義務，勢必要脫離歐盟，冒著被排除在歐洲大市場之外的風險，這在許多加泰隆尼亞獨派人士看來，付出的代價難以彌補。我並不是說加泰隆尼亞的區域主義和獨立運動會在這樣的體制下立刻消失，也不是說應該會消失。但它將大幅式微，特別是重心將會回到真正重要又複雜的文化、語言和教育問題，而不是稅收問題和各地區之間彼此算計設法從中牟利的帳目。加泰隆尼亞危機乃架構在領土之間廣泛競爭的基礎上，由於完全缺乏財稅團結而產生的一種歐洲症候群，即人人為己的邏輯。這個情況也再次闡明政治制度與不平等問題之間，以及邊界制度與財產制度之間緊密交織的關係。

意識形態失調、租稅傾銷和小國症候群

我們同時必須注意到稅收競爭的誘惑力有多大，包括那些原始意識形態並沒有特別傾向利用稅收競爭的地區或國家都難以抗拒。像是盧森堡在成為避稅天堂之前，並沒有明顯的意識形態傾向使用這種方式吸引資源。但是，從開始全球化組織（尤其是有關資本自由流動的條約）起，提供了啟用這項策略的可能性，租稅傾銷的誘惑變得太過強烈，無論原始意識形態的預防措施為何都無法抵擋。對於小國來說尤其如此，由於考量本國的經濟規模，藉此有望吸引來自世界各地的投資，尤其是吸引龐大的稅基（實體存在的或紙上虛構的），這些利益足以補償因為降低富人稅而造成的國內稅收損失。[105]

---

⑪ 譯注：團結稅制可以是重分配稅制，即透過徵收累進稅重新分配個人收入或財富的政策；或是地方當局之間的平衡制度。

　　有關意識形態失調，瑞典是一個特別極端的例子。[106]在1991年至1992年間的瑞典銀行危機期間，該國深刻體驗一個小國在大規模金融和資本流動中的脆弱性和易損性。這場危機本來可以當作一個機會用來重新思考1980年代放鬆金融監管衍生的種種危險。但實際上有人將它當作工具操弄，尤其是幾十年來認為瑞典的社會模式已經走過頭的一群人士，他們認為社會民主主義的政黨執政太久，該是國家走向新的自由模式的時候了，這個新模式源自1980年代英國保守改革派的新自由主義。瑞典在1991年至1994年進行了一次短暫的政黨輪替，自由保守派聯盟大幅降低所得稅和財富稅的累進稅率，並從1991年起對資本所得（利息和股利）一律按30%的比例稅率課稅，這也是首次與累進稅率切割。⑫ 這種意識形態運動在1990年代和2000年代持續運作，最後瑞典在2005年和2007年分別廢除了累進遺產稅及累進財富稅。[107]

　　瑞典在2005年決定廢除遺產稅，與香港（2006年）幾乎同時決定，這說明「小國症候群」（syndrome du petit pays）的擴散威力。一些較大的國家，如德國，英國、法國、日本或美國都保留累進遺產稅，到了2010年代末期，這五個國家遺產稅的最高邊際稅率在30%至55%之間。[108].換句話說，瑞典社會民主主義的政黨認為在財富代代傳承的過程中，取消一切形式的課稅是有益的，而德國基督教民主聯盟、英國保守黨、法國自由戴高樂主義派，甚至美國共和黨則偏向保留這部分的稅收，課徵的稅率在過去幾十年有下降趨勢，不過就頂層的財富來說，稅收仍然非常可觀。[109]在瑞典辯論這些相關問題時，主要關切重點是擔憂資金外流到其他國家。無論是充分合理還是誇大其辭，這些擔憂並沒有使瑞典政府提出改革資本自由流動的基本規則或在歐洲建置新的稅收合作方案。這種情況和加泰隆尼亞一樣，解決方法其實很簡單：只要從歐盟層級開徵累進遺產稅即可。

---

⑫ 譯注：指的是將個人所得分為勞動所得與資本所得兩類。其中勞動所得按累進稅率課稅，資本所得按比例稅率課稅。

瑞典社會民主派人士從不認為從歐盟層級徵稅的提議是合適的，這顯示出二十世紀和二十一世紀初的社會民主主義，在其布局構思和意識形態的行動計畫上，仍局限於民族國家的範圍。當然，即便如此瑞典仍然比其他國家更平等些，這要歸功於全國人民繳納的大量稅收和各式扣繳款項，提供了瑞典先進的社會福利制度以及優質又免費的教育系統（包括高等教育）。無論如何，2005年到2007年的取消遺產稅和財富稅，使得瑞典收入和財富分配不均的現象加劇並創下自2000年以來所觀察到的最高峰，最終可能削弱瑞典的福利國模式。[110] 此外，就國際方面來說，瑞典這種不合作態度使其他國家要維持累進稅制變得更加複雜困難，無論是在富有國家或貧窮與新興國家。[111]

另外補充一點，「小國症候群」正拓展延伸到更大的國家。從世界規模的觀點來看，隨著新興國家的勢力崛起和世界經濟前所未有的發展規模，幾乎所有國家都變成小國。首先當然法國、德國和英國都算是，在某種程度上，美國也是一樣。對於英國保守派領導人來說，選擇英國脫歐正是為了利於英國轉變為避稅天堂和管制和監督寬鬆的金融中心（自1980年代以來一直以某種方式進行的後工業轉型過程）。未經社會聯邦制度的轉型過程，急於追求全球化的行動方針很可能導致像英國這類的發展軌跡大為增加。

社會地方主義陷阱和跨國的國家建構

考慮到社會聯邦主義道路和跨國公權力建構的高度困難性，一些政治團體也可能轉而採取社會地方主義（social-localiste）形態的策略，意即從地方層級來推動平等和新的經濟替代形式。比方說，加泰隆尼亞獨立運動還包含左派政治團體，儘管為數不多，但他們認為比起馬德里政府，加泰隆尼亞，更有可能推動新的社會嘗試（還有為了擺脫西班牙的君主制，最終建立共和制）。在此情況下，試想在可能的加泰隆尼亞國內部，標榜促

進不同發展模式（即不同於避稅天堂）為宗旨的自由保守派人士，極有可能完全壓倒並支配這些勢力。

促進社會地方主義的行動方針當然是完全合理的，尤其是地方和社區層級的行動提供了重新定義社會關係和財產關係的可能性，正可彌補中央層級不及之處。然而重要的是，必須將其置於更廣泛的社會聯邦主義框架內。為了釐清各種不同形式的加泰隆尼亞地區主義之間模糊差異，並與那些只想為自己和孩子們保留稅收的人士有所區別，必須有所行動才能產生效益，例如加泰隆尼亞共和左派黨（獨派）表明，贊成從歐洲層面著手進行對高收入和高資產徵收共同累進稅。不管邁向社會聯邦制的道路多麼複雜艱辛，不能因此就不表示支持，而相反地，我們正是應該清楚表示支持這項策略。

尤其不容忽視的是，社會地方主義會導致各項行動受到限制，如果缺乏更高層級的法規和政策加以補足，其局限性往往非常顯著。我們以最近在柏林發生的反谷歌動員示威為例。經過這次動員，谷歌終於在2018年10月決定放棄在克魯茲堡區（Kreuzberg）設立「園區」。這項專案計畫在倫敦、馬德里、首爾、聖保羅、特拉維夫和華沙都已經存在，谷歌原本打算在柏林利用一家舊電器廠的紅磚建築物作為數位領域的會議、活動和專業培訓之用。當地的地方團體發起「谷歌滾蛋」（Fuck Off Google）示威行動，強烈譴責該企業造成當地房地產投機、租金上漲和收入微薄的家庭因此被迫離開，導致該地區已進入中產階層化的演進途徑，而所有這一切都是因為一家大規模逃漏稅的公司，在各國獲利卻幾乎不用繳稅（尤其是在德國）。這起事件在柏林引起相當大的轟動，德國基督教民主聯盟黨人士指責社會民主黨、綠黨和左派黨在首都柏林組成的三黨執政聯盟散布「對企業家懷有敵意」（hostile aux entrepreneurs）的氣氛，該聯盟也為自己提出辯護。[112]

這類的地方動員引起一些複雜的問題。聽到基督教民主聯盟黨談論「企業家」和有關那些幾乎不繳稅的公司，當然是相當令人難以忍受，尤

其是這個政黨從2005年到2019年一直是德國聯邦政府（歐洲第一經濟大國）的領導者，面對這樣的狀況卻從未採取任何措施來加以改變。同時，很清楚地，這種地方動員成效有限，一方面可能另有其他城市和社區願意接受設立谷歌園區，另一方面，真正的挑戰是能夠在歐洲層級對這種規模的公司課徵稅收和落實監管。然而迄今為止，社會民主黨、綠黨和左派黨的執政聯盟都還沒有提出一個共同行動綱領允許歐盟轉型，使其能夠在歐洲層級對大型企業所得徵收共同稅，或者至少從法、德或更多其他的國家層級來徵稅。此外，一味堅持社會地方主義，拒絕以更具偉大企圖心的社會聯邦主義作為結盟基礎，這樣的做法提供了特別有效的攻擊角度。

　　至於其他國家的情況，尤其是在美國，有時候會比較容易將社會地方主義結合社會聯邦主義。舉例來說，從2018年11月起代表紐約州的新任美國聯邦國會議員寇蒂茲（Alexandria Ocasio-Cortez），同時也是「美國民主社會主義者」組織的成員，她在反對亞馬遜計畫於布魯克林區建立新總部的抗議行動中受到眾人矚目。如同在柏林的谷歌事件，這次行動特別關注一項事實，那就是亞馬遜這家大型企業不僅獲得的利潤幾乎不用繳稅，而且經過許多有意歡迎該企業進駐的城市經過一番角逐後，亞馬遜原先還準備接受一筆非常慷慨的公共補助。此外，亞馬遜阻撓員工在公司內組織工會一事也加深衝突，最後該公司於2019年1月放棄計畫。不出所料，共和黨和川普派的遊說團體群情激憤地指責寇蒂茲。[113]然而像寇蒂茲這樣具有民選官員身分的人士，和在柏林舉行抗議的活動分子是不一樣的，他們在美國有機會可以從聯邦層級倡導規範大型企業的政策和制定累進程度更高的稅率，他們不會放棄這樣的機會（寇蒂茲尤其贊成對高收入課徵70%以上的稅率）。[114]而在歐洲方面，需要動員促進歐洲體制轉型，同時組織相關的跨國聯盟，才有可能建立社會聯邦的平臺。

印度政黨體系與分歧的建構

我們剛才用相當詳盡的方式研究了歐洲社會聯邦制的發展條件，主要是希望藉此能夠避免掉入社會本土主義的陷阱。雖說歐洲案例的某些經驗教訓具有更廣泛的關聯性，但那仍然是相對特殊的案例。如果想更清楚瞭解選舉分歧的轉變過程和大型聯邦國家內部政治意識形態衝突的結構，甚至是選舉民主國家的身分退縮風險，那麼絕對不能局限於歐洲和美國的研究。這就是為什麼我們現在要走出西方國家，關心印度以及接下來巴西的政治分歧問題。

以印度的情況來說，研究其政黨結構和選舉分歧的演變特別有意思，一方面因為它是世界上最大的聯邦議會制共和國（十三億人口，而歐盟為五點一億，美國為三點二億），另一方面因為我們將可看到自1960年代至1970年代以來，政黨制度朝向階級主義式的系統方向發展，而西方選舉民主國家則在過去半個世紀期間經歷相反方向的演變。這項歷史經驗富含教育意義，因為它說明了平等聯盟和階級分歧的建構可以借道好幾條路徑，而非依賴單一的軌跡和特殊事件（例如兩次世界大戰和1930年代在西方國家發生的危機）。為了重新思考聯邦主義的問題，以及更清楚瞭解過去幾十年間在歐洲形成的身分和民族宗教分歧，將目光轉移到西方以外的世界非常重要。印度也有類似的分歧，此外它還有更古老的多信仰主義（multiconfessionnalisme）經驗，比較這些問題在不同情況下的政治化表現形式可帶給我們許多啟示。

在1947年印度與巴基斯坦分治及印度獨立後的第一次選舉中，印度國民大會黨在印度政治體系中明顯居於主導地位。印度國民大會黨成立於1885年，它是透過和平和議會途徑領導國家走向獨立的一個政治組織，因此享有極大的正當性。印度國民大會黨一直以印度的「世俗主義」（sécularisme）和多信仰的觀點作為基礎，強調尊重每個人，無論是有宗教信仰者（包括印度教、穆斯林、基督教、錫克教、佛教和猶太教）或無宗

教信仰者。1950年同樣是由印度國民大會黨領導，在憲法框架內制定配額和「保留」（réservations）制度，主要目的在於讓昔日的賤民階層和受歧視的原住民部落——官列種姓／官列部落——能夠有機會進入高等教育、政府公共部門工作和選舉公職。這些政策的宗旨在於使國家擺脫舊種姓制度遺留下來的嚴重不平等，這些不平等在英國殖民主義下更加惡化。實際上，印度國民大會黨也是一個依靠傳統地方菁英的政黨，他們往往來自最高種姓，尤其是婆羅門學者——如尼赫魯－甘地（Nehru-Gandhi）家族。印度國民大會黨在財產和教育方面採用一種進步主義結合多種形式的社會和政治保守主義，這點可以從印度缺乏真正的土地改革、對社會貧窮階層在公共、衛生和教育方面投資不足的實際情況中得到證實（參見第八章）。

在1951年、1957年和1962年的國會選舉中，印度國民大會黨獲得45%至50%的選票，由於其他的政治勢力分散，以及根據適用的投票制度，[115] 單單印度國民大會黨即獲得人民院的絕大多數席位。其餘的選票由許多意識形態迥異的政黨瓜分，包括區域主義、共產主義、民族主義和社會主義等派別，且沒有一個可以真正威脅到印度國民大會黨。在1957年和1962年的選舉中，印度共產黨成為國內第二大黨，在聯邦大選得到大約10%的選票。[116] 印度教民族主義的印度人民同盟（BJS）以將近7%的得票率位居第三。在1960年代到1970年代期間，印度國民大會黨一黨獨大的穩固勢力開始逐漸瓦解。1977年發生了第一次政黨輪替，印度國民大會黨的得票率不到40%，人民黨（Janata Party）取得勝利。然而，這只是一個因應當時政治局勢臨時組成的反印度國民大會黨的結盟，集結了反對英迪拉・甘地（Indira Gandhi）領導的左派和右派政黨，各黨之間並沒有真正的共同議程和意識形態。[117] 局勢可說仍然未定。後來印度國民大會黨發憤團結，在1980年重返政權。總而言之，從1940年代末到1980年代末的四十年間，印度幾乎一直持續在印度國民大會黨和尼赫魯－甘地家族歷任總理的治理之下。[118]

經過印度國民大會黨統治的第一階段之後（1950至1990年），印度選

舉民主在1990至2020年期間進入第二階段，最明顯的是逐步發展成真正的多黨制，使聯邦政府得以政黨輪替。事實上，若檢視各黨派在人民院選舉得票的變化，將發現印度國民大會黨的地位從1990年以來持續下滑，從1989年選舉將近40%的得票率下降到2014年不到20%。但若加上與印度國民大會黨結盟的中間派政黨，得出2014年總得票率約35%，所占區塊比起戰後頭幾十年顯然要小得多，不過仍不容小覷（參見圖16.7）。[119]

　　此外，自1990年以來印度人民黨[120]聲勢不斷攀升。1989年，印度人民黨及其結盟政黨的得票率略高於15%，而在2014年的選舉中，他們的得票率接近40%。[121]印度人民黨是在1980年人民黨聯盟（反對國度國民大會黨）失敗後成立的，其前身是從1951年到1977年一直捍衛印度教民族主義的印度人民同盟。確切來說，從1996年至2004年期間，印度人民黨在與其他反對國民大會黨的政黨組成聯合政府的背景下，已經多次領導聯邦政府。2014年印度人民黨及其親近盟友在人民院首次取得過半席次，

圖16.7. 1962至2014年印度國會選舉（人民院）分析

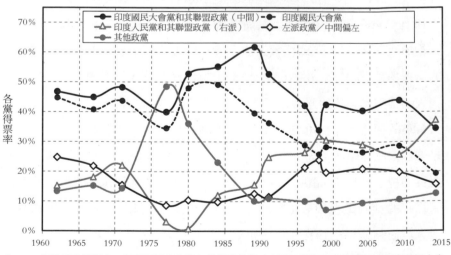

在2014年的國會選舉中，印度國民大會黨和其聯盟政黨（中間）獲得34%的選票（印度國民大會黨獨占19%），印度人民黨（印度教民族主義）和其聯盟政黨（右派）獲得37%的選票，左派和中間偏左政黨（社會黨、大眾社會黨、印度共產黨等）獲得16%的選票，其他政黨獲得13%的選票。注解：在1977年國會選舉期間（緊急狀態結束後），人民黨集結的反印度國民大會黨之左派和右派政黨，在此歸類於「其他政黨」。來源與數據：參見 piketty.pse.ens.fr/ideologie.

為印度選舉帶來一番新氣象，使得該黨能夠在總理莫迪（Modi）的指揮下掌控國家方向。

總而言之，我們觀察到自1990年以來印度已經形成兩大選舉陣營，一個是以印度國民大會黨為中心，另一個以印度人民黨為中心。值得注意的是，隨著時間演進，印度人民黨已經成為一個巨大的政治和基進分子機器。它自稱為「世界上最大的政黨」。[122]印度人民黨（如同它的前身印度人民同盟）也是廣大的印度教傳教組織「國民志願服務團」的政治和選舉附屬團體，[123]該組織聯合締結了從印度教童子軍到真正的準軍事結構的許多青年運動。成立於1925年的國民志願服務團，其意識形態大多與印度國民大會黨正好相反。印度國民大會黨要在世俗主義和宗教多元化的基礎上統一印度，而國民志願服務團一直堅持印度教民族主義，嚴格信奉印度教和強烈反對穆斯林。曾是國民志願服務團創始人之一的高瓦克（M. S. Golwalkar），於1939年在該組織的主要創始文本中，提到了印度教徒和穆斯林之間的「八百年戰爭」。高瓦克闡述伊斯蘭教如何嚴重妨礙印度教和整個印度文明的發展，他直言不諱地指出，幾千年來印度教已經達到基督教和伊斯蘭教從未有過的細膩和講究程度。[124]此外，在英國統治近兩個世紀之後遺留下來的羞辱感和後殖民的復仇需求也深具影響。

為了促進印度教文明的復興，國民志願服務團和印度人民黨提出了理想社會組織的完美願景，很顯然地不能將之總結為宗教派別的暴力。尤其是體現在各方面的社會和諧與平衡原則，例如在素食主義，以及對傳統家庭價值觀、印度教和梵文文化的尊重等方面，對這些組織提倡的教義產生了關鍵影響力。不過，對伊斯蘭教的敵意從未消停。國民志願服務團和不同的印度教宗教組織從1984年以來引起的社會動盪愈來愈激烈，主要是為了在北方邦的阿約提亞（Ayodhya）重建一座印度教寺廟，阿約提亞是《羅摩衍那》（*Râmâyana*）[13]中提到羅摩神（dieu Rama）的神祕城市，印度

---

[13]　譯注：其意為「羅摩的歷險經歷」，是印度的偉大史詩，也是印度文化的重要基礎。

人民黨的聲勢也因此竄起。1992年印度教人士摧毀了在阿約提亞的巴布里清真寺（Babri Masjid）（建於十六世紀），經過多年的暴力衝突之後，最後在國民志願服務團和印度人民黨的組織支持下，印度人民黨上臺執政，跨出決定性的一步。[125] 該起重大事件也成了後來無數次類似動亂的起因，使國家持續壟罩在陰影之下。[126] 一直到2019年選舉，承諾在阿約提亞清真寺遺址上重建一座羅摩神廟仍然是印度人民黨競選宣言的優先訴求之一。[127]

除了印度國民大會黨和印度人民黨兩大主要選舉陣營之外，我們也必須注意到由左派和中間偏左派政黨形成的第三勢力也一直存在（參見圖16.7）。在第三勢力的政治團體中不僅聚集了不同的共產黨組織（印度共產黨、印度共產黨〔馬克思主義〕等），還包括大量聲稱源自於社會主義或社會民主運動的政黨，例如社會黨（源自於1977年至1980年與人民黨結盟的世俗主義分派，以及1989年至1991年與人民平臺〔Janata Dal〕的短暫重組），還有低種姓政黨如「大眾社會政黨」（Bahujan Samaj Party，我們稍後會再談）。[128] 這些政黨在某些邦內扮演核心政治角色，並在聯邦層級獲得約20%選票。通常他們在意識形態上更接近印度國民大會黨，而非印度人民黨，但未必與這兩大黨其中之一有正式結盟。在2019年的選舉中社會黨和大眾社會黨形成了明確的聯盟。他們與印度國民大會黨的和解將是未來幾年的重要挑戰之一。[129]

印度政治分歧：在階級、種姓和宗教之間

現在讓我們檢視印度不同選民的結構是如何演變，以及其各自的意識形態。首先按照種姓和宗教觀察印度人民黨及其結盟政黨的得票概況（參見圖16.8）。[130]

一般來說，我們看到印度人民黨的選民投票結構總是極為分歧。這一點也不意外，因為穆斯林的選民從來不會青睞這個政黨（只有不到10%的

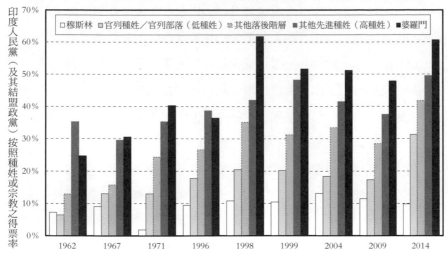

圖16.8. 1962年至2014年印度人民黨按照種姓和宗教之得票分析

2014年印度人民黨（印度教民族主義）和其結盟政黨在穆斯林選民中得票率為10%，在官列種姓／官列部落（低種姓）選民中為31%，在其他落後階層（中間種姓）選民中為42%，在其他先進種姓（指除了婆羅門以外的高種姓）選民中為49%，在婆羅門選民中為61%。來源與數據：請參見 piketty.pse.ens.fr/ideologie

穆斯林選民投票給它）。換句話說，90%的穆斯林選民一向都將選票投給印度人民黨以外的政黨。有鑑於印度人民黨強烈反對穆斯林的言論，這個結果是意料之中。在印度教選民中，我們觀察到印度人民黨的得票率一直與種姓高低成正比，因為在愈低種姓的選民中，特別是以前的賤民和原住民部落（官列種姓／官列部落），投票給印度人民黨及其結盟政黨的傾向就愈低。然後到了其他落後階層略微上升，最後在高種姓的選民中達到高峰，尤其是在婆羅門的選民。例如，在1998年和2014年的選舉中，我們看到超過60%的婆羅門選民投票支持印度人民黨。

　　為了正確解讀這些結果必須提醒一點，那就是從1960年代至2010年代穆斯林選民約占印度人口的10%至15%，而官列種姓／官列部落約占25%，其他落後階層占40%至45%，高種姓占15%（包括6%至7%的婆羅門）。[131] 確切來說，印度人民黨的選民分歧如此明顯地趨向於高種姓，其實是相當合乎邏輯的。這項規律性發展反映了低種姓選民的主要觀念，

認為印度民族主義人士重視傳統的社會秩序以及高種姓人口的象徵和經濟
主導地位。特別是，印度人民黨及其結盟政黨經常表示反對照顧低種姓的
配額制度，認為這是在以和諧著稱的印度教社會內部製造不必要的分裂根
源，而且附帶地，由於必須提供低種姓保留名額，他們自己的孩子進入大
學就讀、公家機關工作和擔任選舉公職的名額相對變少。針對印度人民黨
所持立場，受惠於「保留名額」的種姓（包含官列種姓／官列部落和其他
落後階層）對其支持度通常不如高種姓選民，這也是極為自然的。

　　如果我們現在檢視印度國民大會黨和其結盟政黨以及左派和中左派政
黨的得票，我們觀察到一些模式與印度人民黨的得票表現正好相反（參見
圖16.9至16.10）。換句話說，印度國民大會黨與左派政黨在穆斯林選民當
中的得票率最高，接著在低種姓選民（官列種姓／官列部落和其他落後階
層）選民的得票率稍稍減少，最後在高種姓選民的得票率大幅下滑，尤其

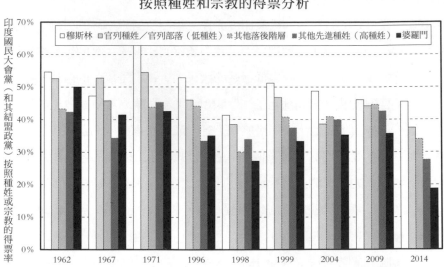

圖16.9. 1962年至2014年印度國民大會黨（和其結盟政黨）
按照種姓和宗教的得票分析

2014 年印度國民大會黨和其結盟政黨在穆斯林選民中得票率為 45％，在官列種姓／官列部落（低
種姓）選民中為 38％，在其他落後階層（中間種姓）選民中為 34％，在其他先進種姓（除了婆羅
門以外的高種姓）選民中為 27％，在婆羅門選民中為 18％。來源與數據：請參見 piketty.pse.ens.fr/
ideologie

圖16.10. 1962年至2014年印度左派政黨按照種姓和宗教的得票分析

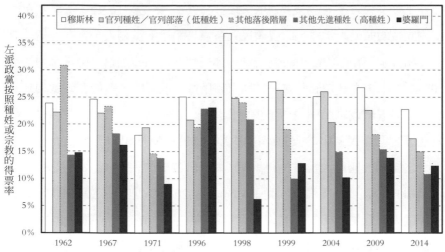

2014年左派政黨／中間偏左政黨（社會黨、大眾社會黨、印度共產黨等）在穆斯林選民中得票率為23 ％，在官列種姓／官列部落（低種姓）選民中為 17％，在其他落後階層（中間種姓）選民中為 15 ％，在其他先進種姓（除了婆羅門以外的高種姓）選民中為 11 ％，在婆羅門選民中為 12 ％。來源與數據：請參見 piketty.pse.ens.fr/ideologie

在婆羅門選民的得票率下滑最嚴重。初步判斷，這表示國會和左派政黨一直在捍衛印度的世俗主義願景，特別是保護穆斯林選民對抗印度人民黨，並且付諸行動以求減少以前受歧視的低種姓和高種姓之間的不平等，特別是實施配額制度。

不過有幾點要說明清楚。首先，必須強調所觀察到的分歧程度。在穆斯林選民中，支持印度國民大會黨及其結盟政黨的選票經常可達50%至60%，另外有20%至30%支持左派和中左派政黨（加總共有80%至90%的選票）。在最低種姓（特別是官列種姓／官列部落）選民中觀察到的得票率僅略微下降。相反地，在高種姓選民中的得票率下降到非常低的水位，尤其是在後期。

特別值得注意的是，印度國民大會黨在1960年代（即使缺乏1962年之前的選後調查資料以致無法明確指出，但很可能在1950年代即是如此）獲得高種姓選民的大量支持，尤其是婆羅門在1962年和1967年的選舉中

比其他高種姓——剎帝利（kshatriya）、拉吉普特人（rajputs）、巴尼亞人
（baniya）等——更極力支持印度國民大會黨（參見圖16.9）。這證明在印
度獨立後的頭幾十年裡，印度國民大會黨幾乎是一黨獨大，它在包括地方
菁英和婆羅門在內的社會各個階層，都得到非常高的選票比例，平均約為
40%至50%，尤其是尼赫魯－甘地家族所屬的婆羅門，對於在印度獨立前
後的地方層級政黨結構發揮了重要作用。[132] 在1960年代，印度國民大會
黨在婆羅門選民當中的支持率仍然僅略低於穆斯林和印度教低種姓的選
民。之後印度國民大會黨的得票情況完全改變。高種姓的支持度在1970
年代和1980年代往下滑落，到了1990年至2010年期間隨著高種姓的選票
被印度人民黨搶占，對印度國民大會黨的支持下滑更甚。到了2014年的
選舉，印度國民大會黨的得票已經和1960年代大不相同：穆斯林和低種
姓的選民持續信任印度國民大會黨，但隨著種姓等級愈高，印度國民大會
黨的得票率就愈明顯降低。

　　綜合以上各點，得到的結論是：在過去的半個世紀裡，印度逐漸從實
現獨立的政黨所形成的一黨獨大體系（印度國民大會黨在社會所有階層獲
得大量支持，包括從最底層到菁英階層）轉變為「階級主義」式的政黨體
系，就這層意義上來說，印度人民黨主張的印度教民族主義取得了高種姓
選民大量支持，而印度國民大會黨和左派政黨的支持選票主要來自低種姓
選民。

　　換言之，正當階級制度在西方選舉民主國家中逐漸式微，取而代之的
是愈來愈常出現的多重菁英體系（「左派婆羅門」獲得高教育程度選民的
選票，而「右派生意人」則專攻那些擁有最高收入和財富的選民）形成了
現今西方選舉民主國家的特色，然而在印度，隨著所有高種姓（婆羅門、
戰士和商人）離開印度國民大會黨轉向印度人民黨，階級主義式的政黨體
系於焉出現。

階級分歧出現在印度之艱難歷程

然而，這裡有一個基本問題仍有待釐清：在印度觀察到的選舉分歧是否真的可以被描述為「階級主義」的分歧，難道不應歸類為「種姓主義」比較符合它的性質嗎？也就是說，印度的選舉分歧，與種姓身分和宗教身分的緊密關係超過與社會經濟層面的關係。要準確回答這個問題並不容易，一方面是因為這些不同的面向相互連結非常緊密，另一方面，由於選後調查的資料中可用來清楚區分個別因素的數據不夠完整。

有關於各種不同面向之間的相關性，首先必須提醒，高種姓的平均教育程度、收入和財富顯著高於其他人口。特別是在英國殖民時期人口普查中申報為婆羅門的已經是擁有最高學歷和最多財富的印度人，他們在二十世紀末和二十一世紀初不同的階級制度中仍然穩居社會頂層地位。其他高種姓人口的受教育程度平均比婆羅門低得多，但在收入和財富方面的優勢大致相當。反之，穆斯林仍舊在各方面平均處於相對低階地位，僅略高於官列種姓／官列部落，而其他落後階層的地位則介於這些低種姓和高種姓之間的中間位置。[133] 換句話說，圖16.6至16.8以種姓高低階級表示的選舉分歧，大致相對應於教育、收入和財富的社會經濟階級。[134]

不過，雖然種姓階級和社會經濟階級這兩種階級架構平均來看似乎重疊性幾乎一致，但推及個人就不見得可以完全吻合。也就是說，仍然有不少高種姓選民（包括婆羅門）的教育、收入和財富，比其他落後階層、穆斯林或官列種姓／官列部落的民眾還要更低。此外，應該考慮到社會的不平等表現在不同面向彼此之間的關連性，而且在各邦的情況各異（比如說，北印度的高種姓人口總數往往比南印度多很多），且種姓和階級的政治化在不同區域也可能形式迥異。為了釐清這些問題，最自然的方法是引入控制變項，即推定「所有其他條件相同」。遺憾的是，印度的選後調查並不包含能夠讓我們正確計算選民收入和財富的變量（或者說，至少在一段時間內沒有一個可供比較的基礎）。如果對邦、年齡、性別、學歷和城

市單位規模進行控制，我們得到的結果如下所示。

首先，如果剖析印度人民黨在高種姓選民（相對於其他選民）的得票率，就會發現引入控制變項後，在一定程度上降低了「高種姓」效應的幅度。儘管如此，該效應仍然非常強烈，甚至有隨著時間演進而增加的趨勢（參見圖16.11）。

我們剖析印度人民黨在最低種姓（官列種姓／官列部落）選民當中相對於在其他選民的得票，獲得以下的比較結果（參見圖16.12）。

最後要說的是，我們很清楚的觀察到印度人民黨在印度教（所有種姓加在一起）和穆斯林選民之間一直存在的宗教分歧幾乎沒有因為引入控制變項而減弱，而且最重要的是隨著時間的演進，分歧更加擴大（見圖16.13）。

如果我們有更好的社會經濟控制變項（尤其是在收入和財富方面），很難說將會如何影響這些結果。不過很清楚的是，宗教分歧的效應依然存在，這點並不令人意外，因為印度人民黨向來強烈反對穆斯林。鑑於控制

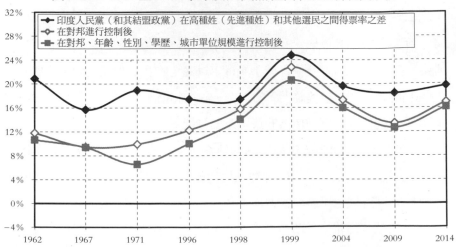

圖16.11. 1962至2014年印度人民黨在高種姓的得票分析

在1962至2014年期間，在引入控制變項之前和之後，高種姓選民（先進種姓）一直都比其他選民投更支持印度人民黨（和其結盟政黨）。種姓效應（引入控制變項之後）似乎隨著時間的演進而更為增強。資料和數據來源：參見 piketty.pse.ens.fr/ideologie

圖16.12. 1962至2014年印度人民黨在低種姓的得票分析

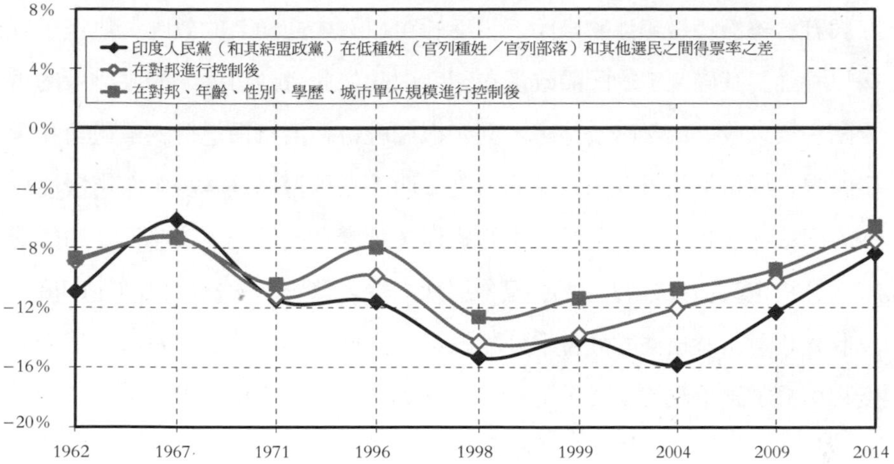

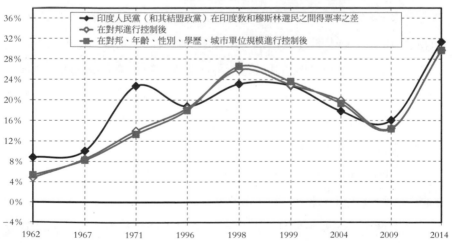

在 1962 至 2014 年期間，不論在引入控制變項之前和之後，印度人民黨（和其結盟政黨）在低種姓選民（官列種姓／官列部落）的得票率始終低於在其他選民中的得票率。資料和數據來源：參見 piketty.pse.ens.fr/ideologie。

圖16.13. 1962至2014年印度人民黨和宗教分歧

在 1962 至 2014 年期間，在引入控制變項之前和之後，印度教選民（所有種姓全列入計算：官列種姓／官列部落、其他落後階層和先進種姓）一直都比穆斯林選民投更多選票給印度人民黨（和其結盟政黨）。這種宗教分歧隨著時間的演進而加劇。資料和數據來源：參見 piketty.pse.ens.fr/ideologie

變項（除了邦以外）影響微弱，所以很可能種姓效應仍然非常顯著。既然
在與社會經濟特徵無涉的條件下，種姓可以有如此顯著的效應，無怪乎直
接以種姓為基礎制定的配額政策在印度引起如此激烈辯論。如果印度的重
分配主要以收入或財富為基礎，例如根據社會經濟特徵進行課徵稅負和現
金轉移，或根據父母收入或家庭財產（而不是根據種姓本身）作為優先錄
取大學或進入政府公共部門工作的條件，那麼在此情況下倘若種姓還能繼
續成為決定政治分歧的主要原因，那就太令人驚訝了。然而目前在印度，
以收入和財富為根據的社會重分配政策迄今施行規模還是很有限，配額制
度也引發了嚴重政治衝突，這種基於種姓發生的政治化結果至少和基於階
級的政治化結果是一樣的，並不會令人大感意外。

探討大眾階級的命運共同體感知

　　就西方經驗的觀點，這些結果特別富含經驗教訓，因為它驗證了根據
所使用的動員策略，尤其是我們選擇使用的社會重分配工具，是如何嚴重
影響歷史上和政治上建構的選舉分歧。這些結果並非永恆不變，它們依據
複雜多變的政治意識形態結構，而且隨著時間演進可能發生不同的變化。
值得注意的是，我們觀察到近幾十年在歐洲和美國的選舉民主國家中，白
人大眾階級往往不會投票給那些穆斯林或黑人少數群體支持的政黨，但在
印度，情況正好相反。印度教低種姓和穆斯林少數群體會將選票投給相同
的政黨（即印度國民大會黨和左派政黨）。這又是一個寶貴的經驗教訓，
顯示在大眾階級裡並不像在菁英階層裡將種族主義或伊斯蘭恐懼症視為理
所當然。那些態度是歷史和社會造成的，取決於我們服從（或我們不服從）
的團結工具以及相互部署的動員策略。

　　在此情況下，雖說低種姓的印度教徒和穆斯林將選票投給相同的政
黨，這並非僅僅因為這兩個群體同樣感到被高種姓和印度人民黨的印度教
民族主義人士當作攻擊目標，也是因為配額制度建立了低種姓和穆斯林之

間一種實際的團結。在此尤其要強調指出，從1990年開始，因為實施優惠於其他落後階層的新配額制度而產生的結構效應。大家應該記得，戰後最早建立的保留名額制度僅涉及以前的賤民和原住民部落（官列種姓／官列部落）。1950年的憲法確實有規定該制度擴及其他社會弱勢群體（其他落後階層），但由於這個問題引發激烈爭議，所以直到1990年才真正執行在1978年至1980年間，由曼達爾委員會（la commission Mandal）[14]所議定的工作內容和建議，落實了優惠其他落後階層的保留名額制度。[135]然而，最重要的是，不同於之前實施於官列種姓／官列部落的配額將穆斯林排除在外，這項從1990年起實施於其他落後階層的保留名額制度同時包含印度教和穆斯林的弱勢階層。藉此建立了一個遵照委員會、程序和標準的系統，用以判斷不同社會群體的生活條件和物質匱乏情況（主要依據工作類型、住房、資產和土地持有情況），而不考慮宗教區別。而且對於所有群體皆採用同一收入標準，倘若收入超過標準則無法享有保留名額的優惠。[136]

這些新的配額遭到高種姓強烈反對，他們的擔心不無理由，因為提供給這些弱勢階級的保留名額將會奪走他們孩子的寶貴名額。印度人民黨尤其激烈抵制這項制度，認為它不僅占了其選民子女的名額，而且還要提供一部分名額給他們鄙視的穆斯林少數群體。相反地，居於下層階級的印度教徒和穆斯林之間，正因為這項保留名額制度而發展出一種利益和命運共同體關係，進而團結一致捍衛這項制度。在這些辯論脈絡中，面對印度上層社會的高種姓人口持續打壓，主張捍衛低種姓（官列種姓／官列部落、印度教的其他落後階層以及穆斯林）權利的幾個政黨應運而生。其中特別值得一提的是名為「Bahujan Samaj Party」的低種姓政黨，其黨名一般翻譯為「大眾社會黨」。該黨創建於1984年，建黨宗旨是捍衛下層階級的權利

---

[14] 譯注：由國會議員曼達爾提出，該委員會全名為「社會和教育落後階層委員會」（The Socially and Educationally Backward Classes Commission）。

和推翻上層階級的特權,帶領該黨的是極具個人魅力的領袖瑪雅瓦蒂
(Kumari Mayawati),她是前賤民階層中第一位領導地方政府的女性,大眾
社會黨在1993年的地方選舉中為了將印度人民黨逐出北方邦的權力範圍,
遂與社會黨結盟。雙方選舉衝突從1990年代持續到2010年代,對整個國
家產生了相當大的影響。[137]

　　不管這種以保留名額作為基礎的政治規畫其局限性如何,也不論這些
新政黨巔峰時期的聯盟有時帶來多大的混亂,不可否認的事實是,就統一
的意義上來說,1990年至2020年期間這些低種姓政黨的發展,對於不平
等問題的政治化和大眾階級的動員發揮了關鍵影響。在某種程度上,正如
當年美國新政的公共工程和社會保險促進美國社會底層的白人和黑人之間
形成一種利益共同體(至少在一段時間內),而在印度實施在其他落後階
層的保留名額制度,也建立了印度教徒和穆斯林弱勢族群之間一種命運共
同體的團結。

階級分歧、身分分歧:印度的社會本土主義陷阱

　　社會經濟的階級分歧和重分配問題將會使印度的選舉民主結構在未來
幾十年變得如何?儘管這些問題顯然不可能預先有答案,但我們仍然可以
提出幾個假設,並強調矛盾力量的存在。首先,有一連串因素促使身分分
歧更加顯著。概括來說,配額制度在印度引發如此重大的激烈辯論,這是
非常值得思考的問題。即便這些政策可能在更廣泛的社會和財政政策整體
上占有一定的分量,但其本身不足以成為獨立議題。此外,保留名額有時
會引發亞種姓(sous-castes)和迦提(jatis)之間在各自區分的邊界問題上
無止境的衝突,而且還可能使身分衝突更加陷入僵局。

　　此外,印度人民黨近幾十年來一直企圖進一步激化宗教分歧和反穆斯
林的情緒。它在1990年代反對提供其他落後階層配額未果後,在2000年
代和2010年代逐漸改變政治戰略。由於意識到單靠訴求高種姓無法贏得

多數，印度人民黨開始爭取吸引印度教的大眾階級。這項戰略的具體表現
就是任命莫迪為該黨領導人（第一位來自其他落後階層而非高種姓的印度
人民黨領袖），而且2014年大選獲勝，也證明了印度人民黨的戰略成功。
事實上，如果觀察選民結構的變化，就會發現印度人民黨及其結盟政黨於
2014年的國會選舉時，在官列種姓／官列部落和其他落後階層的選民中所
取得的成績令人刮目相看（參見圖16.8）。印度人民黨實際上已經成功地
使印度教徒的投票選擇與穆斯林有所區隔。在某些邦內低種姓政黨設法利
用統一的口號動員大眾階級的投票，在北方邦這種現象比較不明顯，但在
印度北部的其他許多邦，像是莫迪的家鄉古吉拉特邦（Gujarat）都出現了
印度教徒和穆斯林的投票選擇已經區隔開來（參見圖16.14）。[138]

　　印度人民黨在莫迪領導下，吸引印度教徒選票的戰略主要依賴幾個支
撐重點。[139]莫迪除了強調自己是出生自古吉拉特邦（與巴基斯坦接壤）一
個卑微的小茶販家庭，但他在八歲時便加入國民志願服務團成為活動分

圖16.14. 印度人民黨按照種姓、宗教和邦的得票分析（1996至2016年）

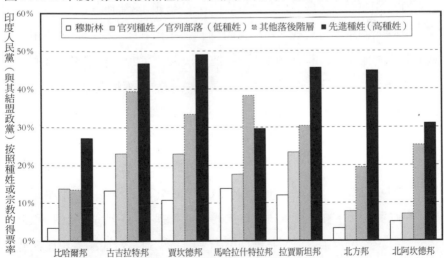

在印度所有的邦，印度人民黨（與其結盟政黨）在先進種姓（高種姓）選民的得票率高於在其他
落後階層（中間種姓）、官列種姓／官列部落（低種姓）和穆斯林選民。注解：此處顯示的結果是
1996至2016年地方選舉的平均值。來源與數據：請參見 piketty.pse.ens.fr/ideologie

子；他總是譴責印度國民大會黨掌握在特權王朝的手中，更重要的是，國民大會黨沒有能力解決內憂（穆斯林）和外患（巴基斯坦）以保衛印度的安全。在此必須提醒注意一點，那就是與巴基斯坦分治以及隨後印度教和穆斯林人口交流所留下的深刻痕跡。[140] 就某種程度上來說，在查謨－喀什米爾邦（Jammu-et-Cachemire）衝突仍然持續，該地的穆斯林分離主義人士強烈反對依附印度，據印度政府稱，這些穆斯林分離主義者正在利用巴基斯坦作為準備恐怖行動的後方基地。莫迪和印度人民黨於2002年在古吉拉特邦煽動的反穆斯林暴動，是印度自1947年以來最激烈的暴動，當時有人發布宣傳單，控訴穆斯林民眾疑似從巴基斯坦入侵準備起義，而毫無根據的傳言則四處散播。[141] 同時值得關注的是，2000年至2001年間在德里和2008年至2009年間在孟買所發生的穆斯林恐怖襲擊（涉及巴基斯坦裔和印度裔的突擊隊）對印度造成的創傷是難以磨滅的。[142]

印度穆斯林人口約有一點八億人，其中有些人自十一世紀以來就已被伊斯蘭化，如果認為這些人必須為這些恐怖襲擊（或正在積極準備巴基斯坦入侵）負個人責任，這種想法實在沒有多大意義，或是經常指控印度國民大會黨和左派政黨串通伊斯蘭聖戰也不具意義。然而面對如此重大的創傷，每個人都試圖替這些事件在客觀意義上尋找解釋，而指認幫兇和代罪羔羊很不幸地成了普遍的態度。[143] 在此情況下，在2019年選舉前幾個月，穆斯林分離主義分子在普爾瓦馬（Pulwama，位於查謨和克什米爾邦）襲擊印度警察部隊，印度隨後採取行動空襲巴基斯坦境內的營地（對莫迪而言，這是展現自己實力的絕佳機會），進而對競選和公眾輿論的風向產生了決定性影響，形勢變得有利於印度人民黨，這樣的發展並不令人意外。[144]

值得注意的是，透過強化宗教分歧所牽涉的政治利害關係不僅僅只是暴力和動亂問題。在印度人民黨統治的幾個邦裡，特別是古吉拉特邦和馬哈拉什特拉邦，為了對穆斯林施加壓力（同時也對基督徒和佛教徒施壓，只是在程度上較輕些）都已制定相關立法，一方面加強禁止屠宰動物的法律（禁令擴大到所有牛隻，不再僅限於提供牛乳的母牛，導致經常發生民

間動用私刑處置屠宰者），另一方面則嚴加規定改信其他宗教的程序（就印度教民族主義人士來看，原來的規定過於彈性，受到穆斯林和基督教傳教士的濫用，他們指控年輕的穆斯林利用愛情聖戰〔love djihad〕引誘容易受騙的印度教年輕女孩改信伊斯蘭教）。

　　基本上，這些辯論的重點在於清楚界定群體邊界，也就是哪些人屬於或不屬於同一個民族群體（communauté nationale）。從2014年以來印度人民黨和國民志願服務團領導人士發表的多次聲明中顯示，其目標是反對1950年憲法所保障的世俗主義和多元宗教（迄今為止，印度人民黨由於未達三分之二多數，故無法隨心所欲地進行改革）。[145]現在印度人民黨已進行全面改編學校和大學課綱，目的就是要從獨尊印度教和反伊斯蘭教的觀點介紹印度歷史。因此，這些辯論都聚焦在群體的各種邊界（frontière），從印度目前的情況來看，就是某些人想重新定義本國內部群體的邊界，以界定合理歸屬於該民族群體的人，以及必須服從或離開的人。

　　有關於群體邊界的衝突（外部或內部），在不同情況下可能有不同的形式。像是在美國，十九世紀時就有人提出要把黑人送回非洲，[146]然後從1865年到1965年採取的解決辦法是把黑人趕出白人區。拉美裔美國人在1930年代的種族暴動被驅逐出境，而沒有合法身分的移民後裔現在受到威脅。在歐洲，過去和當今辯論的重點有時仍在於取得國籍的條件、先前歸化的正當性，甚至可能是將國籍取消和將不受歡迎的移民及其後代驅逐出境。儘管每個案例的問題和背景不盡相同，但都說明了一件事，那就是假定所有人事先合意屬於同一群體，那麼，和不同群體的邊界衝突可能凌駕於財產和社會經濟重分配的議題之上。

階級分歧的未來與印度的重分配：交叉影響

　　儘管這些因素不斷擴大身分和宗教分歧，然而，必須強調的是，有另外一股力量正朝著相反方向推進，而且在力道上至少可說是勢均力敵。首

先我們看到印度人民黨的親市場（promarché）和親商（probusiness）經濟策略，原本應該保障國家的國際實力，實際卻導致經濟增長的成果嚴重分配不均。印度人民黨因此面臨與美國共和黨以及川普同樣的兩難境地。面對大部分選民幾乎沒有從全球化和親商政策中得到任何利益的這項事實，他們確實可能選擇激化有關身分的言論，例如反對穆斯林或拉美裔，而且他們肯定不會放棄這樣的機會。但這麼做就可能讓其他政治團體有機會提出更具說服力的替代方案。在印度的情況，值得注意的是2019年的競選活動中，特別聚焦於國會提案研擬引入「全民基本收入計畫」。[147]擬議發放的金額是每戶每月六千盧比，按購買力平價（en parité de pouvoir d'achat）[15]計算約等於兩百五十歐元（若直接按當期匯率計算則約等於三分之一），這在印度是很龐大的金額（印度每戶家庭收入中位數不超過四百歐元）。這個計畫將會涵蓋最貧窮的20%印度人。估計支出成本非常高昂（略高於國內生產總值的1%），但還不至於高到無法克服。

　　這項保障基本收入的提案至少具體明顯地強調了社會經濟重分配的問題，並超越了先前確保少部分低種姓民眾能進入大學就讀、在公家機關工作和參與選舉公職的配額和保留機制，但這些還不夠。透過建立像保障基本收入這類措施等，顯然可以在出身不同和信仰不同的大眾階級之間創造出命運共同體的願景。然而，如同所有基本收入政策向來必須面對的挑戰，究竟它是奇蹟方案還是像雇傭合約終止後的結清餘額。[16]印度在最近一段時間裡醫療保健的公共支出停滯不前，在教育的公共支出甚至下降（占國內生產總額之百分比）。[148]然而，印度與中國差距的擴大主要就是在這一領域（中國能夠調動更多的資源來提高全體民眾的教育和健康水準），這對中國未來的發展助益甚大（參見第八章）。因此，最重要的是必須找出減少貨幣貧窮（pauvreté monétaire）[17]和投資社會政策之間的複雜平

---

⑮　譯注：購買力平價乃根據各國不同價格水準計算貨幣之間的等值係數，以便對各國的國內生產總值做合理的比較，這種理論匯率與實際匯率有時差距很大。

⑯　譯注：意謂全民基本收入政策的公共支出將會排擠其他社會福利政策的實施甚至終止。

衡點。

　　事實上，該提案的最大限制因素是印度國民大會黨選擇對資金來源三緘其口。這尤其令人扼腕，因為它原本可以是印度國民大會黨恢復累進稅的大好機會，以及從1980年代和1990年代新自由主義的歷史邁向嶄新的一頁，回想那段時期裡印度國民大會黨執掌的政府深受雷根－柴契爾主義的影響，選擇大幅降低所得累進稅，從此所得不均急遽擴大。[149]最可能的原因是印度國民大會黨擔心如果對高收入者或大型企業徵稅，將會受到印度人民黨和商界（大量資助印度教民族主義人士）的猛烈抨擊，所以偏向採用另一種說詞，解釋未來將利用經濟增長來資助全民基本收入的支出，而無需任何額外徵稅。這種策略是可以理解的，但卻很可能破壞印度國民大會黨公開發言的可信度，最重要的是，一旦印度國民大會黨勝選，這將限制其行動能力以及在社會和教育方面的投資，正如其過去執政時期的情況。

　　此外，在缺乏印度本國最需要的強有力社會和租稅正義措施的情況下，印度國民大會黨和左派政黨（特別是印度共產黨、印度社會黨和大眾社會黨）之間難以締結更明確的聯盟。面對印度人民黨及其結盟政黨的挑戰，基於過去幾十年選票和選民結構的演變發展，像這樣的政黨間彼此靠攏是很自然的。特別是，相較於印度人民黨的選民，印度國民大會黨和左派政黨的選民分布已經變得非常接近（參見圖 16.8-16.10）。另外，值得注意的是競選期間社會主義的政黨（社會黨）和低種姓政黨（大眾社會黨）締結「加斯班達」（Gathbandhan）新聯盟，並特別在他們創立聯盟的選舉宣言中提出財產聯邦稅，這也是該稅則首次在印度被提出，其稅收總額約等於印度國民大會黨提議發放的全民基本收入所需資金。[150]

　　由於該次選舉期間國家安全是關注焦點，形勢有利於印度人民黨的強

---

⑰　譯注：根據「法國國家經濟統計局」定義，「貨幣貧困」是指一個人（或家庭）的生活水準低於其所在國家的貧窮線，並妨礙其正常生活和參與共同的經濟、社會以及文化活動。

人領袖莫迪，相對於其他政黨（印度國民大會黨和左派政黨）的軟弱且無法緊密建立聯盟，2019年選舉結果出爐，印度教民族主義的印度人民黨再度上臺執政。[151]這些辯論議題在未來幾年仍然會繼續。印度選舉對世界其他地區的重要性將愈來愈大。一方面是因為印度對全球的影響力愈來愈大，另一方面是因為這些辯論是從身分識別和不平等問題發展出來的，最終與西方選舉民主國家所討論的問題非常接近。不過我們觀察到印度有兩項重要的差異，且對世界其他地區特別有啟發意義。第一，當西方民主國家逐漸擺脫了1950至1980年期間以階級結構為主的政治衝突，印度的民主在1990至2020年這幾年來反而特別走向階級分歧的形式。[152]第二，當西方民主國家裡白人大眾階級與黑人和穆斯林少數群體的選票已經漸行漸遠，在印度，印度教低下階層和穆斯林少數群體的選票卻投給相同的政黨。從僵持不下的身分、宗教和不平等的緊繃關係，跨越到建立世俗主義和重分配的聯盟，未來有好幾種可行的軌跡。無論如何，未來所做出的選擇以及建立的不斷變化和不穩定的勢力平衡，其迴響將遠遠超出印度範圍。

在此也必須指出，印度根據1950年憲法建立的平權和保留名額制度本身也正在轉變並重新定義。該制度原先是為了替以前受到歧視的低種姓（不可接觸者和原住民部落）創造向上流動的機會，朝向更高的社會地位等級。更普遍來說，其目的是透過配額來減輕過去所遺留下來沉重的不平等包袱，也就是種姓社會和英國殖民主義的歷史沉積。在1990年該制度擴大到「其他落後階層」，到了1993年設定父母所得的門檻。若父母所得超過門檻則不具資格獲得配額（不論以前的階級或種姓為何）。在2018年將該收入門檻的適用範圍擴大到以前的不可接觸者（intouchables）和原住民（官列種姓／官列部落）。印度人民黨政府眼見無法如願以償地減少下層階級的配額，於是在2019年初採取措施為高種姓（包括婆羅門）開放新配額，若其父母收入低於同一門檻則可享有保留名額的優惠，這項措施使得收入高於這一門檻的高種姓民眾利益受損。[153]值得玩味的是印度人民黨決定採取該措施，其實是因為其選民中有很大一部分是貧困的高種姓，

由於其社會經濟和教育地位太低，以至於無法從國家經濟成長中充分受益。該法案經人民院幾乎一致通過。這些演進表明了起初立基於種姓和迦提的配額政策，未來很可能逐漸轉向以父母所得、財產或其他個人的社會經濟條件作為配額基準。

在西方社會納悶大眾階級的子女為何在頂級教育體系、議會或是最高政治和行政職位的占比如此之低的同時，印度的經驗及其轉變模式特別值得近距離觀察，而且在這個過程中無須特別將其理想化，亦無須過度負面看待。[154]當然，保留足夠資金以便開放教育和醫療健康服務提供給最大多數人，以及實施具有野心魄力的政策以減少收入不平等和重新分配財產，這些都是不容取代的要務。不過，除此之外，若能將社會出身納入考慮以制定學校分配機制或選舉程序，將使其他政策更加完備，這一點下一章會再詳述。

然而，發生在歐洲和美國的政治意識形態演變過程，對印度未來出現的軌跡也將發生決定性的影響。我們已經提到了1980年代英國「新保守主義」對世界其他地區租稅政策產生的影響，尤其是對於印度。而未來也將是如此。目前正值社會黨和大眾社會黨提議徵收財富累進稅以資助印度國民大會黨的保障基本收入提案，印度人民黨大可以趁機向大眾解釋說這些社會主義的瘋狂念頭在哪裡都不適用，國家的繁榮首先必須建立在社會秩序和財產制度的穩定之上等等。如果歐洲要開始建立一個真正的社會聯邦制，或者如果美國要回到它過去成功應用的高度累進稅制，就像美國民主黨人士也愈來愈熱烈地討論這項議題，那麼印度和世界其他地區的辯論肯定會轉向。相反地，如果富有國家的低稅率競爭繼續加劇，那麼，像社會黨和大眾社會黨聯盟這類的提案想要說服印度公共輿論將會特別困難，因為商界必然強烈反對並進而影響該國政治生態和媒體。在此情況下，印度人民黨堅持強硬反對穆斯林身分會是最有可能的發展路線。全球各種不同的不平等制度與其轉變的連結已到了前所未有的緊密程度。

巴西未完成的不平等政治化

　　我們剛剛看到的選舉民主實例，主要是關於印度獨立後所創立的一些政黨，在這幾十年間朝向階級主義發展，這與我們在西方國家所觀察的轉變背道而馳。在此，我們顯然不可能分析所有西方以外的後殖民社會在政治分歧方面的結構變化，畢竟如此繁重的工作無法在本書有限的探討範圍內完成。不過，巴西的情況特別值得一提，巴西在1989至2018年期間形成了具體的階級主義政黨體系，同樣地面臨重分配與世界其他政黨交叉影響的重大挑戰。

　　回顧1888年巴西廢除了奴隸制，它是歐洲－大西洋地區最後一個廢除奴隸制的國家；更廣泛地說，該國當時仍然是全球最不平等的國家之一。同時要注意的是，巴西直到軍事獨裁（1964至1985年）結束及1988年通過新憲法後，投票權才普及全民，且無須要求教育條件。[155]首次總統普選於1989年舉行，前工會成員魯拉（Lula da Silva）獲得進入第二輪選舉資格，在勞工黨的支持下成功拿下47%的選票。他在2002年第二輪選舉以61%的得票率獲勝，2006年以同樣的成績再次勝選，巴西傳統菁英總是嘲笑他教育程度低，說他無法在其他國家面前稱職地代表巴西，他的當選在某種程度上標誌著巴西進入了普選時代的象徵。後來在魯拉的退讓下，羅賽芙（Dilma Rousseff）參選，儘管勞工黨在總統選舉中又獲得了兩次勝利，但與對手差距愈來愈小（2010年為56%，2014年為52%）。最後，民族主義保守派候選人波索納洛（Jair Bolsonaro）在2018年選舉第二輪以55%的得票率擊敗了勞工黨候選人哈達德（Fernando Haddad）的45%得票率，這代表該國政治史上新的轉捩點。[156]

　　然而，引人注意的是，巴西勞工黨的選民結構，以及更普遍來說，整個巴西的政黨制度，是在獨裁統治結束後短短三十年間逐步建立起來的。在1980年代早期，勞工黨最初在工廠勞工、城市受薪的中低階層，以及發動群眾抗議獨裁統治的知識分子中獲得最高選票。[157]就巴西的國家規

模而論，鑑於低教育水準和低收入現象以農村和貧窮地區最甚，1990年代勞工黨選民的教育程度仍略高於該國的平均水準（但收入略低於平均水準）。換句話說，巴西在軍事獨裁結束時，就像獨立後的印度一樣，其得票結構並不是自發性的階級主義。在魯拉上臺執政之後，勞工黨得票的社會組成顯著改變。2006、2010、2014和2018年的選舉結果證明勞工黨在教育程度最低和收入最低的選民中持續得到最高選票（參見圖16.15）。[158]

這項發展趨勢在地方選舉也很顯著。在巴西最貧窮地區，尤其是該國東北部，愈來愈多選民投票支持勞工黨，而較富裕地區則逐漸疏離該黨。在2014年和2018年的選舉中，巴西東北部選民持續高度支持羅賽芙和哈達德，而南部地區和城市（如聖保羅）則明確反對勞工黨。這種情況清楚表示其投票的社會和地理結構夾雜非常明顯的種族分歧。從2006年開始，我們觀察到黑人或混血（即略微超過一半的人口）選民比白人選民更大力支持勞工黨，包括將個人的其他社會經濟屬性納入考量後，結果仍然如此。[159]

圖16.15. 1989至2018年巴西不平等的政治化

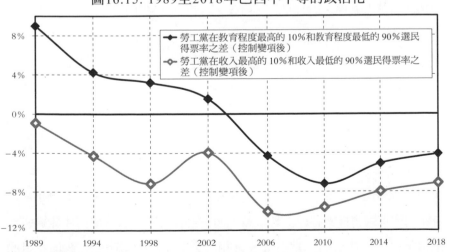

1989至2018年期間巴西勞工黨的得票愈來愈明顯地來自於收入和教育水準最低的選民，與軍事獨裁結束後的前幾次選舉情況不同。來源與數據：請參見 piketty.pse.ens.fr/ideologie

　　勞工黨的得票朝這個方向發展其實是呼應它所施行的政策方向。從 2002年起，勞工黨政府將施政重點放在減少貧困，特別是設立「家庭補助金」（Bolsa Familia）的社福計畫。我們觀察到巴西的數據顯示基本收入強勁增長，特別是在該國最貧困地區，因此「家庭補助金」和勞工黨在相關群體（包括農工、貧困農民、家庭傭工或服務業和營造業的低收入工人等）當中非常受歡迎。相反地，這些人的雇主往往認為這些社會政策花費太高，助長了工資要求反而不利於雇主。在此情況下，勞工黨政府還大幅調高最低工資，事實上在獨裁統治時期最低工資的實際價值已經崩潰，後來在 2010年代初恢復到 1950年代和 1960年代初期水準。[160] 勞工黨同時為黑人和混血的大眾階級設立大學優先入學的機制，但到目前為止，大學校園裡仍難得看見這些族群的學生。

　　毫無疑問地，這些重分配政策和階級分歧的大幅升高激化了巴西傳統菁英重新控制局勢的意圖，甚至導致 2016年羅賽芙被彈劾，接著 2018年波索納洛當選總統。波索納洛標榜自己將終止巴西傾向社會主義。他毫不掩飾對軍事獨裁的熱情以及強調尊重社會秩序、私有財產和極度安全政策。被外界稱為巴西川普的波索納洛也利用挑釁種族分歧和對白人秩序的懷舊建立群眾基礎，而且是在「白種人」已經正式不再國家裡擔任多數代表。[161] 然而，顯然在選舉民主當中，權力的自然耗損在這種政治逆轉中發揮了作用，勞工黨在 2002至 2016年期間所施行的政策有明顯瑕疵，亦產生了影響。人們自然會想到，在政治競選活動和媒體的資金來源從未受到適當監管的國家裡，勞工黨本身沒有自己的管道來支付需長久經營的黨政系統，當然也就沒有能力認真打擊巴西的腐敗問題。這些缺點當然部分與巴西的選舉制度和體制難以形成議會多數有關。儘管勞工黨在 2002到 2010年總統選舉中多次大幅領先，也在第二輪投票獲得超過 50%的選票，但從未掌握國會多數利於推動政策，而是必須與許多政黨協商才能通過法案和預算。[162] 由於勞工黨在這些有關於公共生活的透明度和政治獻金的改革問題從未向全國人民交代清楚，以至於留給民眾的印象是勞工黨只是

將就現行的制度，對於灰色地帶並無改革決心。

此外必須指出，勞工黨在對抗不平等方面成果不盡理想。雖然低收入者很明顯地已經從政府施行的政策受到照顧，最貧窮的50%人口在2002到2015年期間其收入的份額[18]已有所增長。問題是這項改善所得的政策完全由中產階級支付，或者更明確地說，是介於最貧窮的50%人口和最富有的10%人口之間的社會群體付出代價，而最富有的10%人口成功地維護了自己的優越地位（儘管在巴西他們的地位已經異常地高），也保護了其利益絲毫未損。至於最富有的1%人口，我們甚至觀察到在2002年到2015年期間其在全體納稅人總收入的份額也是增長的，仍然高於最貧窮的50%人口的兩倍。[163]這些令人失望和矛盾的結果，簡單來說就是因為勞工黨從未著手進行過任何真正的租稅改革。勞工黨推動的社會政策是由中產階級資助支出而不是由最富有的人口，原因很簡單，就是勞工黨從來沒有努力對抗該國的結構性租稅累退性（régressivité）的問題，僅針對消費課徵高額的稅捐和間接稅（例如巴西電費要繳納高達30%的稅費），而巴西對最高收入和資產所課徵的累進稅，其調幅是史上最低的（例如巴西的最高遺產稅率是4%）。

同樣地，勞工黨這些政策的缺陷一方面是基於理論和意識形態的局限性，一方面是因為無法在議會獲得多數席位。在巴西，正如在歐洲和美國，如果不改變政治、體制和選舉制度，就不可能將不平等減至最低。此外，還要注意就像在印度的情況一樣，外部的影響至關重要。顯而易見地，如果魯拉和勞工黨能夠在國際政治和意識形態正處於非常有利於累進所得稅和財產稅之際，搭上順風車推行政策，就會更容易發揮效益。[164]反觀現在國際競逐的加強租稅傾銷，具體有利於發展波索納洛和民族保守主義運動所體現的不平等和身分取向，就像在印度的莫迪和印度人民黨一樣

---

⑱ 譯注：份額，指在國民收入中所占的比重。

身分分歧，階級分歧：邊界和私有財產

　　巴西的例子與印度一樣，證明了走出西方框架才能更清楚地瞭解不平等和重分配的政治動態是何等的重要。在1990年代至2020年代期間，正當歐洲和美國面臨盛行於1950年代至1980年代階級分歧的左右派政黨體系削弱以及即將崩潰的威脅時，印度和巴西出現了各種形式的階級分歧，它們遵循特定的社會政治途徑，並帶有特殊的脆弱性和可能性。這些不同的發展軌跡也說明了政治和意識形態衝突的基本特質是多維度的（multidimensionnel）。

　　具體來說，我們可以在每個案例中清楚地區分出身分類型的分歧和階級類型的分歧。身分分歧涉及邊界問題，也就是大家所認同的政治群體的分界線，畫分出其成員的身分、出身起源和民族宗教。而階級分歧則與社會經濟不平等和重分配問題有關，特別是關於私有財產的問題。各種分歧在歐洲和美國、印度和中國、巴西或南非、俄羅斯或中東都會有不同的形式。但是我們在大多數社會中都發現階級和身分這兩種維度，且經常伴隨著多重分支（multiples ramifications）和次要維度（sous-dimensions）。

　　整體來說，只有消除身分分歧，階級分歧才會被凸顯：要讓政治衝突能夠集中在私有財產、收入和教育程度的不平等問題上，首先必須就該群體的各種邊界達成共同的見解。然而，身分分歧不僅僅是政治行為者的一種發明而已，他們試圖將身分分歧當作工具操弄以提升自身的權力（即使這類的政治行為者在任何社會中都很容易被辨識）。群體的邊界畫分涵蓋多項複雜又重要的問題。在世界經濟中，各種不同的社會透過商業、金融、移民和文化的流動而產生互相連結，但每個社會仍然是獨立運作的政治群體，至少在一定程度上，要如何從動態的觀點描繪這些關係的形式至關重要。後殖民世界使不同的人類群體在同一社會之中有了互動和混合的機會，各個群體之間以前彼此幾乎沒有接觸過（除了用武力或殖民統治的方式）。這是相當重大的文明進步，但同時也引發新的身分分歧。

再者，共產主義的崩潰令人們對公正經濟，和透過社會與租稅正義克服資本主義的可能性不再抱太大希望，至少在一段時間內會是如此。換句話說，就在強化身分分歧的那一刻起，階級分歧正在消退。這很可能是1980年代和1990年代以來不平等現象加劇的主要理由。許多技術性或經濟學的解說都沒有掌握到一項基本要點，即組織經濟關係和財產關係的方法事實上有好幾種，我們在本次調查中所看到各種不平等體制極其多樣的政治意識形態就是最好的證明。

一方面強化身分分歧和群體邊界激起的衝突，另一方面弱化有關財產的分歧和辯論：這種模式幾乎在世界各地隨處可見。但除了這種一般模式之外，不同社會之間的多重變化是非常深入的。多樣的軌跡表明了社會和政治的動員戰略非常重要，絕非任何類型的決定論可預先論斷。採取長遠和互相比較的觀點在此必不可少。早在二十世紀兩次世界大戰之前，歷史上就已經發生了不平等體制的深刻變革，所以倘若設想再發生像大戰這樣的重大衝擊將不平等降至最低程度，那實在是冥頑不靈又有失妥當。經由研究印度和巴西的情況，也證明身分分歧對階級分歧的支配並非不可避免。在這兩個國家中，各種不同來源和身分的大眾階級能夠處在同一個重分配的政治聯盟中。一切都取決於我們為自己所制定的體制工具，以及社會和租稅政策，期望來自不同根源的群體能夠明瞭那些凝聚而非分化他們的事物。

我們對其他國家選舉結構的研究將可以進一步說明這種普遍的現實情況。[165]拿以色列來說，堪稱最極端的選舉民主例子，身分衝突凌駕一切之上。與巴勒斯坦人民和以色列阿拉伯人的關係幾乎已成為政治唯一關切要點。在1950至1980年期間，以色列的勞工政黨在政黨體系中占據核心地位，強調減少社會經濟的不平等和發展原始合作形式。工黨由於未能及時提出可行且適合其相關的人類群體之政治解決方案——包含建立一個巴勒斯坦國或發展一種原始形式的兩國聯邦國——因此幾乎從以色列選舉舞臺消失，讓主張國土安全的派系之爭不斷攀升。[166]在穆斯林國家中，我

們看到選舉衝突中的宗教和社會問題，隨著時間演進，根據不同國家以不同的方式結合。在土耳其，凱末爾主義的（kémaliste）共和人民黨在1950至1970年間是最世俗，且最受大眾階級歡迎的政黨。與宗教情感分離最明顯的例子是土地改革和重新分配土地給貧窮的農民，這不僅使地主不滿，也使所有希望保護宗教財產基金會的土地，以及其社會影響力的人士之間的不滿。在1990至2010年期間，正義與發展黨用穆斯林和民族主義復興的言論成功地號召了眾多大眾階級的選民，而共和人民黨的票源則部分轉向城市。[167] 我們觀察到印尼的土地改革發揮了類似的刺激作用但持續時間更長。[168] 我們也提過南非沒有進行土地改革，後種族隔離（postapartheid）時代的一黨獨大，使得階級分歧的發展變得不確定（參見第七章）。經由蒐集資料並仔細研究這些不同的經驗，可更有效地理解在社會經濟和絕對保護私有財產的（propriétariste）政治意識形態之間的衝突，與民族宗教和身分分歧之間複雜的相互作用，並在西方框架之外觀察到軌跡的豐富多樣性。

　　然而對於每個文化領域、每個國家或地區的軌跡，無論其本身的獨立自主空間有多大，我們都不能忽視居於主導地位的意識形態所產生的全球性關鍵影響。正如我們已經看到的印度和巴西情況，執政當局的政治力量能否推動可信的重分配策略以及尊重不同階級的多元聲音，西方國家當下的意識形態發展是重要關鍵。[169] 鑑於美國和歐盟在全球經濟、商業和金融舉足輕重的地位，以及對組織貿易的法律規範具有決定性影響力，因此在美國和歐盟內部正在發生的政治和意識形態變化將左右大局。而中國和印度的未來發展，以及巴西、印尼和奈及利亞的中期發展，也將在日益緊密連結的全球意識形態中扮演更重要的角色。可以肯定的是，意識形態的重要性不會減少，事實上恰恰相反。在這個聲稱後意識形態（postidéologique）的時代，實際上完全被意識形態左右，面臨空前複雜的財產制度和邊界系統相關問題；而且對於解決方案也從未如此充滿極度不確定。儘管如此，我堅信在這段歷史逐漸發展的旅途盡頭，我們可以藉著

本書提到的歷史經驗，試圖描繪兼具參與式和國際性的社會主義輪廓，亦即從過去的經驗中找出財產制度和邊界系統的新組織形式，以期建立一個公平的社會並減輕身分的威脅。這是本書最後一章即將探討的重點。

民粹主義辯論的死胡同與陷阱

在我們討論這個問題之前，有一個術語必須先予以澄清。在本次調查中，我盡可能避免使用「民粹主義」的概念。原因很簡單：這個概念無法正確分析當前正在進行的演變。我們觀察到全球不同地區的政治意識形態衝突深刻刻畫在多重維度裡。這些維度特別容易暴露群體邊界系統和私有財產制度的分歧。然而近來在公開辯論中常被使用的「民粹主義」概念，有時已經到了過度濫用的程度，經常是把所有東西都混合在一起變成了難以消化的大雜鍋。

「民粹主義」這個概念太常被政治人物當作工具操弄，任何他們不喜歡的以及亟欲擺脫的東西，都被稱作「民粹主義」。根據我們瞭解，反移民或者極力詆毀外國人的政黨會被視為「民粹主義」。然而要求富人繳納更高稅額的言論也會被定義為「民粹主義」。假如某個政黨提出公共債務可能無法全額償還，那麼也會被毫不猶豫地稱為「民粹主義」。在實際應用上，這個字眼儼然已成為終極武器，允許實際上的社會特權階級預先否定與其政治選擇和計畫方案相左的任何批評。不再需要辯論任何實質內容，例如有幾種可能的租稅或社會政策，以及組織全球化有多種模式的事實。只消把對手定為「民粹主義」就足以終止理性

討論和思考。法國從2017年總統大選以來使用「民粹主義」已蔚為流行，極左的梅龍雄和極右的瑪莉寧‧雷朋在第一輪投票中號召集結的選民全都被歸類為「民粹主義」，[19] 但是要知道，支持梅龍雄的選民一般而言對

---

⑲　譯注：梅蘭雄未能順利進入第二輪投票。

移民最為開放，而支持雷朋的選民是最強烈反對移民的（參見第十四章表 14.1）。在美國 2016 年的總統大選中，這個字眼也經常出現，不論是主張國際主義和社會主義的桑德斯和提倡本土主義的商人川普都被歸類在「民粹主義」。而在印度，人們也可以選擇將莫迪領導的反穆斯林的人民黨，與其他社會主義和共產主義的政黨，或者主張完全相反綱領和選擇的低種姓政黨，全都稱作「民粹主義」。在巴西，「民粹主義」這個標籤有時還被交換用在指稱波索納洛所體現的威權保守主義運動或前總統魯拉的勞工黨。

在我看來，「民粹主義」的概念是絕對要避免的，因為它使我們無法好好思考世界的複雜性。尤其政治衝突的多維度特性在這種概念裡找不到解決的出口，而且它忽略了各種邊界問題和財產問題所持立場可能非常不同。我們反而必須更加仔細辨識這些問題涉及的不同面向，最重要的是準確且嚴謹地分析不同政治和體制的真正解決方案。辯論民粹主義面臨的第一個問題便是它的空洞性：這個概念不容大家談論任何具體內容。關於公共債務的辯論，特別是歐元區的，也許是使用這種概念所觸及的最低點。因此一旦有政治人物、示威者或公民提出上述債務可能無法立即全額償還，一些富有批評頭腦的評論者就會怒罵厚顏無恥：這就是最佳「民粹主義」寫照。

這樣的行為也透露出，那些自認洞察力敏銳的評論者幾乎全然忽略了公共債務歷史的來龍去脈，特別是幾個世紀以來，尤其在二十世紀，已經有多次取消公債的經驗，而且結果經常是成功的。1945 至 1950 年期間在許多西方國家，特別是德國、日本、法國和大多數歐洲國家，發生了公共債務超過國內生產總額的 200%，後來在幾年內透過對私人資本徵收特殊稅、直接取消債務、延長償還期限或通貨膨脹等混合方式取消公債（參見第十章）。歐洲的建構始於 1950 年代，因為當時已經遺忘了過去的債務，所以大家便把希望轉向年輕一代並投資於未來。每種情況確實是不同的，現在我們必須根據歷史經驗的成功和局限性來找出新的解決方案，才能擺

脫當前公共債務引發的問題，正如我在前面已經嘗試說明的。但是，若有人自己本身處於近乎無意識的歷史無知狀態，卻對開啟必要且不可避免的辯論的人士隨意扣上「民粹主義者」的帽子，這真的令人難以忍受。具體來說，義大利北方聯盟、五星運動黨的領導人、法國的黃背心活動分子等，皆提議舉行全民公投以取消債務，當然他們沒有全盤考慮這個問題的複雜性，而且事實上這個問題不能用「是」或「否」來解決。當務之急是討論出明確的體制、租稅和財務模式以利進行債務重整，因為正是這些「細節」才能成事，比方說規畫將取消債務的任務落在最富有的人身上（例如透過財富累進稅）或相反地訴諸於最貧窮的人（例如透過通貨膨脹）。對這些有時令人困惑但合理的社會需求，回應方式不應是終止辯論，而是應該開放辯論，深究個中隱含的複雜性。

　　最後要注意的是，辯論民粹主義最壞的結果，可能是產生新的身分衝突，並阻礙所有建設性的討論。話說這個名詞雖然一般都是反面的，但一些被指控為民粹主義的人也用它來作為定義自己身分的正面因素，不過通常與那些用它來詆毀他們的人一樣，說詞全都含糊不清，這自然增加了混亂氛圍。某些反移民的政黨還使用「民粹主義」一詞來表明他們關切的是「人民」（這些政黨被認為是一致反對移民的），而非想把無限制的移民潮強制配置到整個地球的「菁英」。但近年來，一些所謂的「激進」左派政黨（如西班牙的「我們能」黨或法國的不屈法國黨）也提到「民粹主義」，在使用時有時也是思慮欠周，例如為了彰顯他們不同於以前被指控為背叛大眾階級的舊「左派」政黨（社會主義和社會民主主義的政黨），他們才聲稱主張「民粹主義」。要指控他人可以好好構思，而不是只需要堆砌的、圖騰式的和模稜兩可的含糊術語。在實際應用上，這個術語主要是用來持續強調其目標是團結「人民」對抗菁英（或對抗「種姓」，視情況而定，也可能是金融、政治或媒體方面，或前述皆然），卻完全避免明確討論大家期望建立的體制，以求實際改善大眾階級的生活條件，例如在歐洲方面。「民粹主義」一詞有時會回歸到否認意識形態的重要性：它暗示著一個假

設，即純粹又穩固的勢力平衡是唯一重點，而且只要建立起勢力平衡以及
「人民」獲勝，各項制度的細節本身將會自行調整。[170]

　　然而，本書所研究的不平等體制的歷史卻證明了事實正好相反。大規
模的歷史變遷是源自時局轉折、短期動員、政治意識形態發展，以及長期
體制問題所匯集而成。十九世紀末二十世紀初，以美國人民黨（People's
Party）為首的運動發揮了實質有益的影響，不是因為它主張「民粹主義」
（其本身既非必要也不充分），而是因為它實際上是一個以政治和意識形態
為根基的運動，尤其是達成了1913年美國《憲法第十六條修正案》通過和
創立聯邦所得稅，這項稅制成為歷史上最進步的稅制之一，並為「新政」
提供資金和縮減不平等。

　　基於上述這些理由，我認為重要的是小心防範「民粹主義」辯論的死
胡同和陷阱，專注於解決實質的問題，特別是重新檢視財產規範與租稅、
社會和教育制度，以及群體的邊界。也就是說，專注於建立能夠實現公平
的社會、租稅和政治體制，並使得階級分歧的重要性重新凌駕於身分分歧
之上。

17 ｜ 二十一世紀參與式
社會主義要素

　　在這本書裡我試圖介紹有關不平等制度被合理化的歷史，上溯古代的三級社會和奴隸制社會，下續後殖民社會和現代的超級資本主義社會。所有人類社會都需要提出理由來聲辯他們的不平等是具有正當性的。歷史乃依人類社會發展的意識形態構成，透過複雜多變的體制、社群連結，以及財產權和邊界等要素組織而成。雖然在不平等制度被合理化的過程中，確實不免夾有統治階層的虛偽成分，但也包含了一些還算合情合理與真實可靠的要點，仍值得我們從中汲取經驗教訓以供未來所用。

　　在本書最後幾章，我也試圖說明從1980年代至1990年代以來的社會經濟不平等加劇所造成的重大危險。在標榜貿易國際化和教育高等化[①]的背景下，曾經成功在二十世紀縮減社會不平等的社會民主聯盟和左右派政黨體系，由於未能與時俱進地適應變局，因而逐步走向瓦解。1980年代的新保守主義崛起與蘇聯共產主義的垮臺，以及發展出「新所有權主義」的新意識形態，皆造成二十一世紀初全球收入和財富的驚人集中，甚至已無

---

① 譯注：意指隨著生產力發展和國民所得提高，包含教育在內的第三產業在國內生產總額和就業中的占比也隨之日益提升，簡言之，即教育高等化。

法控制。這些不平等現象讓各國之間的緊張局勢持續升溫。由於缺乏有效的全民平等政治改革方案，這些挫折感加深了身分認同和民族主義的分裂，目前在世界上幾乎所有地區，包括在美國和歐洲、印度和巴西、中國或中東，都可看到這種現象。一旦人們認為當前的社會經濟組織和階級不平等已無他法可解，自然也只能將變革希望投注到社會群體的分界和身分認同的激情之上。

　　然而，1980年代至1990年代以來逐漸興盛的超級不平等論述並非注定的結果。雖然這項新論述部分是共產主義垮臺的歷史產物，但它也是因為知識未能充分傳播、學科之間過於僵化的藩籬，以及公民對經濟和金融方面的訊息掌握有限，才放任這些問題持續惡化。根據現有的歷史經驗，我深信克服現有的資本主義制度弊端並為二十一世紀規畫新的參與式社會主義架構，是完全有可能的；也就是說，我們可以利用「社會共有制」（propriété sociale）、教育，以及知識和權力的共享為基礎，以全民為目標，展望新的平等願景。在這最後一章裡，我試著把前面幾章提過的歷史經驗做一番整理，歸納出幾項對達成平等目標有利的要素。我將從公平財產所有權的條件談起。首先這需要發展社會共有制、共享投票權和參與公司決策的新形式，同時實施高度累進財產稅以資助「全民基金」（dotation universelle en capital）的支出，藉此建立暫時性財產的觀念以取代永久性的私有財產觀念，實現貨物和財富的永久流通。此外，我還會分析如何利用累進所得稅的稅收資助「基本收入」和達到教育公平的目標。最後我將討論民主和社會群體分界的問題，以及思考當前的世界經濟組織該如何重組才能在社會、租稅和氣候正義的基礎上，建立跨國民主制度。

　　我們必須清楚認識到，面對如此複雜的問題，如果宣稱能夠提供一套令所有人滿意和信服的解決方法，大家閉著眼睛照做即可，那只是無稽之談。接下來我所要論述的，顯然不是這種完美解方。所有關於不平等制度的歷史都表明，要實現歷史變革，關鍵在於社會和政治動員，以及實際的試驗。歷史是危機的產物，絕不是像教科書般如此一清二楚。為了更清楚

說明，我想在本書的最後一章再占用一點時間，將現有資料所提供的歷史教訓及帶領我捍衛目前立場的資料做一番總結。我無法預測未來的危機會以何種形式出現，抑或是人們將如何利用既有的思想來走出新的路線。但毫無疑問地，意識形態將繼續發揮核心作用，無論結果好壞。

作為參與和審議的公平正義

何謂公平社會？我在本書提出一個不完美的定義：公平社會是使其全體成員得以享有盡可能最廣泛的「基本善」（biens fondamentaux）。這些基本善主要包括教育、健康、投票權，以及更普遍地所有人得以盡可能充分參與各種形式的社會、文化、經濟、公民和政治生活。公平社會能夠組織社會經濟關係、財產關係以及收入和財富的分配，以使最弱勢族群享有盡可能良好的生存條件。公平社會並不表示全體一致或絕對平等，但只有當差異是源起於人類不同的渴望和個別獨特的生活選擇，且得以改善生活條件並增加對弱勢族群開放機會的範圍時，收入和財產不均才有可能是公平的。但這必須得到證實，不是靠猜想假定，且不應利用這種論點來正當化任何程度的不平等，畢竟這太常發生了。

要利用這項對公平社會的不精確定義來解決所有問題顯然是難上加難。從長遠來看，只有藉由全體公民的歷史和個人經驗進行集體審議，才是解決之道。這也是為什麼審議既是目的也是手段。這個定義雖不夠精確，但仍可依此設定一些原則。尤其是公平享有基本善的權利：不能為了提供某些群體更廣泛的機會參與政治、接受教育或增加收入，而剝奪了其他群體的投票、就學或醫療健康的權利。不過這裡有個問題值得注意，那就是該如何拿捏基本善（教育、醫療健康、住房、文化等）的範圍？這個問題顯然要經過公共討論，而且必須考慮所涉及的社會與歷史背景才能妥善做出決定。

一般來說，當我們著手探討特定歷史與社會中的公平概念，分析公平

正義的衝突如何在言論、社會體制、租稅和教育制度中體現時，有趣的問題就開始了。可能有些讀者覺得我剛才闡述的正義原則和羅爾斯（John Rawls）於1971年發表的正義論相近。[1]就某部分來說，確實如此，但除此之外，我還加入了存在於不同文明中更古老形式的類似原則，以及1789年頒布的《人權和公民權宣言》（Déclaration des droits de l'homme et du citoyen）第一條中提到的類似原則。[2]然而，法國大革命或美國獨立時依據類似的平等原則發表的偉大宣言，完全沒有阻止兩國的社會以嚴重不平等的方式繼續存在，在十九世紀和二十世紀初甚至加劇，更別說殖民統治、奴隸制度和法律支配的粗暴制度一直持續到1960年代為止。這就是為什麼我們必須對社會正義的抽象原則和一般原則都要審慎以對，尤其要特別注意這些原則在每個特定社會、在具體的政治體制裡不同的體現方式。[3]

接下來要介紹參與式社會主義的各項要素，這些論點主要是啟發自本書介紹的歷史發展過程，特別是二十世紀初以來不平等制度發生的重大轉變。這些要素所設想的歷史背景是二十一世紀初的社會。我們將會討論到的某些要素，需要在國家機器、行政和財政能力相對先進的國家才得以實現，從這層意義上來說，它們比較適合直接用在西方和非西方的先進國家。不過我在設定要素時是從全面性的目標著眼，所以也可以逐步在貧窮和新興國家應用。這裡提出的建議源自社會民主主義傳統，強調超越私有財產制、推動員工和員工代表對公司治理的共同參與（例如公司勞資共治制度對德國和北歐國家的社會民主發揮核心作用）。事實上，我比較傾向使用「參與式社會主義」一詞，如此更能強調參與和去中心化的目標，清楚表示不同於二十世紀蘇聯和其他共產國家中央高度集權的國家社會主義（在中國公共部門仍廣泛實行）。此外，教育制度、財產的暫時所有權制與累進稅制在我規畫的未來願景中，都將扮演關鍵角色，其中累進稅曾經是英國進步主義的重要主張，在法國大革命期間也引發熱烈討論（儘管最終未能付諸實現）。

鑑於民主式的社會主義和社會民主主義在二十世紀獲得非常正面的成果，特別是在西歐，我認為「社會主義」一詞在二十一世紀的今天仍然值得使用。本書除了要喚起這項傳統，還要努力超越傳統，並尋求方法克服近幾十年來所觀察到的社會民主主義最明顯的缺陷。無論如何，我在這裡提出的各項建議，它們的實質內容比它們被貼上的標籤更為重要，僅管我也可以理解有些讀者認為蘇聯（或是近年來那些只是打著「社會主義」名號卻無實質作為的政府）的歷史經驗已經讓「社會主義」一詞澈底崩壞，寧願發明新的術語（即使我不同意這點）。總之，我仍然希望這些讀者密切注意我的論證和相關建議，實際上這些建議考據了相當多的經驗和傳統。[4]

最後要說明，我在這裡所辯護支持的選項乃對應以下的思想實驗：假設我們擁有無止盡的時間，在一個全球巨大集會場地進行辯論和審議，辯論主題是世界公民如何以最好的方式組織財產、租稅、教育制度、社會群體的邊界以及民主體制本身。根據寫這本書所積累的歷史知識，我將會一一介紹我提出的選項，希望盡可能說服更多的人，以期落實這些目標。雖說我認為這種思想實驗是有效用的，但它在某些方面顯然是人為假設的。首先，沒有人會有無止盡的時間。尤其是政治團體和政黨常常沒什麼時間將他們的想法和建議傳達給公民，而且公民往往也不想花太多時間關注他們（公民往往有非常充分的理由，比起聽政治人物說話，生活中有其他更要緊的事）。

接著，也是最重要的一點是，倘若這種無限期的審議實驗真的發生了，那麼無疑地將引領我跨入另一個階段並深刻修正自己捍衛的立場。因為現在我所捍衛的立場，只是反映了我目前為止所蒐集到的非常有限的論據、資訊和史料，每一次新的討論都進一步豐富了我思考的基礎。我透過閱讀文章書籍、有幸參加的會議和辯論，已經深刻地修改我原先的立場，未來也會不斷地修正。換句話說，最重要的是公平正義應該被視作一直在進行中的集體審議結果。沒有任何一本書或任何一個人能夠獨自定義理想

的財產制度、完美的投票制度或神奇的稅率表。隨著人類社會的歷史發展，惟有實際進行廣泛的群體試驗，我們才能在個人經驗和盡可能擴大規模（在無法無限延長時間的情況下）的審議基礎上朝目標邁進。我在下文所提出的要素，乃根據前面幾章分析的歷史軌跡，僅針對試驗指出一些可能的途徑。

論超越資本主義和私有財產

何謂公平的財產所有權？在定義參與式社會主義與思考如何超越資本主義之前，這是我們必須嘗試回答的一個最複雜又最核心的問題。在本書的調查範圍內，我將私有財產權定義為基於絕對保護私有財產的一種政治意識形態，而資本主義則是私有財產權向大規模工業時代、國際金融時代，以及當今數位經濟時代的擴大延伸。資本主義仰賴的是經濟力集中在資本所有者的手中。原則上，不動產資本的所有者可以決定他們希望租給誰和租金多少，而金融和專業資本的所有者則根據「一股一票」的原則，掌握公司的管理權，尤其是可以決定雇用何人和支付多少薪水。

在實務上，這種嚴格的資本主義模式已經發生過多重的變化和修正，私有財產的觀念也因此自十九世紀以來，隨著法律、社會制度以及稅收制度的變化而發展。一方面，法律和社會制度的變化限制了財產權所有人的權力，例如，租戶得到長期保障，房東不得任意驅逐租戶和調漲租金，甚至如果租用時間夠長，租戶還可以低價購買該住房或土地（相當於真正的財產重分配）。同樣地，公司股東的權力也受到勞動法和社會立法的嚴格規範，在一些國家，員工代表甚至和股東一樣在董事會享有投票表決權，這項制度真正地重新定義財產權。另一方面，租稅制度亦有助於縮減財產權所有人的權利。至於累進遺產稅，在二十世紀期間大多數進步國家的最高稅率達到30%至40%（在美國和英國甚至長達幾十年維持在70%至80%），事實上這等於將永久財產所有權轉變為一種暫時性的財產形式。

也就是說，每一個年齡層都可以積累大量財富，但在轉移給下一代或其他潛在繼承人時，必須將大部分財富返還給社會，使他們的下一代或潛在繼承人必須在新的基礎上重新開始。此外，累進所得稅的稅率在二十世紀曾經達到與遺產稅相同水準（在英、美等國家甚至更高），歷史上所得稅的針對目標，是對高資本所得進行徵稅，這也導致了隨著時間愈來愈久，要永久保有高額財產變得愈加困難（除非大幅減少生活開銷）。

為超越資本主義和私有財產制，同時實施參與式社會主義，我提議從兩方面著手並加以深化。簡言之，法律和租稅制度仍有很大的努力空間可以改善現況：一方面，加強企業內部的權力分配，確立資本為社會所有；另一方面透過對高額財產徵收高度累進稅，實行資本所有權的暫時性原則，該稅收用以資助「全民基金」，進而促進財產永久流通。

企業內部權力共享：實驗策略

我們先從社會財產開始談起。自1940年代末至1950年代初以來，德語系國家和北歐國家在企業內部實行勞資共享投票表決權的制度。因此在德國，員工代表在公司的董事會占一半投票表決權數，在瑞典（包括在瑞典的小公司）則占三分之一投票表決權數，且完全不受持股影響（詳盡分析參見第十一章）。這項企業內部「勞資共治」（cogestion）的新規則是從十九世紀末以來工會及其政治盟友不斷抗議示威、艱苦戰鬥的結果，到了第一次世界大戰後，特別是在第二次世界大戰結束時，才終於達到對勞方較有利的局面。實質的法律改變與重要的憲法創新同時並進，尤其是1919年和1949年的《德國憲法》定義財產權具有社會性，根據普遍利益（intérêt général）和社會群體福利（bien de la communauté）制定法律，財產權不再是神聖不可侵犯。儘管「勞資共治」制度最初遭到股東強烈反對，迄今仍舊順利實施了半個多世紀且在有關國家獲得很大的共識。

目前所有證據都顯示，實行「勞資共治」獲得顯著成果。它促進了員

工更充分參與公司的決策，制約股東權力，防範因股東權力過度擴張經常帶來的損害，以及平衡短期財務利益。「勞資共治」促進德語系和北歐國家興起新的社會和經濟模式，它是目前為止實際試驗過最具生產力和不平等程度最低的模式。因此，我認為在其他國家立即實施「勞資共治」規則是合理的，並採用最高規格，即員工代表在所有私營企業，包括最小的私人公司的董事會或管理層占有一半的投票表決權數。[5]

儘管德語系和北歐國家的公司勞資共治制度未來充滿展望，但也受到諸多限制，首先是在投票表決的票數相同時，股東仍擁有最後決定權。長遠來看，有兩種改善途徑特別值得研究。其一，為達到分散財產權，實施累進稅制、「全民基金」和財產流通（稍後將分析）防止財產權過度集中，讓員工能夠獲得公司股份，如此一來，員工新增的股東投票權，加上員工在董事會既有的一半投票權，便有可能改變股東多數。其二，按出資額分配投票表決權的規則應重新予以考慮。正如我在前面已經指出的，取消出資額與管理權力之間的對應關係並不符合普遍利益，至少對於最小型的公司來說是如此。試想，如果有一個人將他全部財力都投注在他費盡心思的專案計畫上，那麼，他比前一天才剛雇用的員工擁有更多的投票數，並不違反常理，何況這位員工可能還準備存錢發展他自己的計畫（參見第十一章和第十二章）。

在這裡我們要問的是，除了保障員工代表在任何情況下享有一半的投票權數之外，對大型企業的大股東投票權數設定上限是否合理。最近針對某家「非營利性媒體公司」有提到相關建議：凡超過公司資本額10%的出資額，僅能獲得按出資額三分之一分配之投票權數，而出資額較低的投資者（包括媒體公司的記者、讀者、公眾集資等）之投票權數亦比照增加。最初這項提議是針對媒體和非營利組織規畫，[6]實際上也可以擴大應用到其他行業別和營利機構。一般來說，如果公司規模夠大，最理想的做法可能是對超過資本額10%的所有出資額皆採類似的投票表決權數上限。[7]而之所以這樣做的理由是為了避免在一個大型組織中，無限制地集中權力交

由單一個人掌控，進而剝奪集體審議的機會。

　　在此一提，即使沒有股東制，許多行業別不論是私立或公營機構，同樣運作良好，例如多數私立或半公立的大學採基金會形式。那些貢獻資金給學校的慷慨捐贈者有時也會獲得一些回饋（例如優先錄取他們的孩子，甚至可能成為董事會的一席），這其中的程序應該受到更嚴格的監管。基金會的組織模式也有其他需要修正的問題。[8]不管怎麼說，捐贈者的地位比股東弱得多。他們的出資一旦納入了大學的資本捐贈，是不可能收回的，但是董事會卻可任意決定繼續遵守承諾或取消，這種情況對股東和其子女是不可能發生的。不過這一切並不會阻止捐贈者提供資金，也不會妨礙這些組織繼續運作，正好相反。曾經有人試圖以股份公司的形式組織大學或學校，但結果很慘（想想川普大學〔Trump University〕），後來也就沒什麼人做這類嘗試了。[9]這清楚說明了大幅限制出資者的權力不僅可行，還能提升組織運作品質。對於未來將發揮核心作用的行業別如醫療健康、文化、交通或環保類的相關機構組織，我們可以進行類似的觀察。整體而言，認為股份公司模式和「一股一票」規則是經濟組織無法超越的最佳形式，這樣的觀點根本禁不起分析。

　　減少財產集中和限制大股東的投票權數，這兩種是超越德語系和北歐國家「勞資共治」制度最自然的方法。另外還有一些方法，例如最近在英國引發討論的一些提案，像是由員工和股東共同混合組成的大會選出部分董事（參見第十一章）。如此一來可以促進發展協商和結盟的新形式，克服「勞資共治」所導致的陳規定型作用。如果現在就此終結辯論，那是毫無意義的：因為這些組織和社會關係的新形式，必須在具體的試驗和真實的社會歷史軌跡中才能發展成形。然而，至少可以肯定的是，透過社會共有制和企業內部的權力分享，有多種途徑可以超越「勞資共治」制度和克服資本主義缺陷。

累進財產稅和資本流通

要超越資本主義，僅靠社會共有制以及企業內部分享權力和投票表決權是不夠的。一旦我們接受私有財產將會繼續在公平社會中發揮作用，特別是在中小企業中，最重要的就是找出適當的體制架構以防止私有財產無限集中。從公共利益的角度來看，不論造成集中的理由為何，私有財產無限集中無益於公共利益。在這方面，歷史的教訓非常清楚：直到二十世紀初，幾乎在每個社會都發生財產高度集中（尤其是在歐洲社會），我們觀察到最富有的10%人口持有總財產的80％至90％（高達60％至70％的總財產由最富有的1%人口持有），這完全不符合公共利益。最明確的證明是1914年至1945年期間世界歷經重大衝擊和政治意識形態轉變後，不平等的顯著降低並未抑制經濟發展。二戰後財產集中度比1914年之前明顯下降（約50％至60％的財產集中在最富有的10％人口，只有約20％至30％的財產集中在最富有的1％人口），然而經濟卻加速成長。[10]無論「美好年代」（1880至1914年）的財產所有人有何看法，貧富極度不均不是經濟繁榮和工業發展的必要代價。事實上，所有跡象都顯示，財富極度不均加劇了社會和民族主義的緊張情勢，同時阻礙了社會和教育投資，而社會和教育投資正是可以幫助戰後財富平衡發展的途徑。此外，自1980至1990年代以來，美國、俄羅斯、印度、中國都出現嚴重的財產集中，甚至是歐洲（僅管程度較低），這證明極端的財富不平等可以因為種種不同理由而重新構成，例如因為優惠性的私有化而賺取暴利，或操作大型投資組合而獲得更高的資金報酬率，但財富集中並不一定會為多數人帶來更高的經濟成長，事實上正好相反。[11]

為了避免財產過度集中再度形成，累進遺產稅和累進所得稅必須繼續發揮它們在二十世紀發揮過的作用。當時財富和所得的最高邊際稅率達到70%至90%（尤其是在美國和英國），而且事後看來，這幾十年反而是我們所觀察到經濟成長最強勁的時期。[12]然而，歷史經驗顯示，僅徵收這兩

種稅仍然不足，還需以年度累進財產稅作為補充，年度累進財產稅是確保資本真正流通的核心工具。

　　這其中有幾個原因。首先，相較於所得稅，財產稅比較不容易被操縱，特別是對於擁有最高財富者而言，他們的應稅收入往往只占其財富極小的一部分，而他們的實際經濟收入則積累在家族財產或特定結構中。如果只限於課徵累進所得稅，那麼言下之意就是那些擁有最高財富者所繳納的稅額，與其真正財富規模相比實在是微乎其微。[13]

　　此外還要注意的是，財富本身就是為社會共同支出做出稅收貢獻的能力指標，並且這項指標至少與年收入一樣具有相關性和可持續性，雖說年收入可能因各種不同原因而有所變化，但這些原因未必會對公平稅收總額產生影響（或者說，這無論如何不是唯一考量）。例如，如果一個人擁有重要財產，例如房屋、建築物、倉庫和工廠等，基於某些理由，比方說因為業主將這些不動產留作自用或幾乎閒置，因此這些財產沒有產生大量收入（在未經操縱的合法情況下），這當然不構成免稅的理由。事實上，在徵收不動產稅（包括對住宅房屋、辦公室或是執行業務所需之任何性質的資產）的所有國家，例如美國的房地產稅或法國的不動產稅，都不會因為高資產者（個人或公司）持有的資產未產生收入而考慮免除徵稅。[14]實際上，問題在於這些源自十八世紀或十九世紀的財產稅，基於歷史原因，許多類型的資產是免稅的（尤其是無形資產〔actifs immatériels〕和金融資產），更重要的是它們通常按財產價值徵收比例稅（所有資產適用單一稅率，無論個別持有的資產規模）。因此，這些財產稅的重分配效應非常有限。相較之下，若實施累進稅制，根據個人財產總額（即特定人持有的各種性質的資產、房地產、執行業務所需之資產、金融資產的總價值，扣除負債後的財富淨額）按適用的累進稅率徵稅，不論是在過去或現在都能更有效發揮重分配效應。[15]

　　另外要補充的是，雖然遺產累進稅也算是一種財產稅（因為它僅涉及財產的轉移，與任何收入無涉），兩相比較之下，年度財產稅的優點在於

可以更快速地因應每個人的財富變化和貢獻稅收的能力。例如，我們不用等祖克柏或貝佐斯到了九十歲要轉移他們的財富時才來徵稅。遺產稅就其設計邏輯而言，其實不是讓新建立的財富可以貢獻稅收的最好工具。尤其現在世界平均壽命大幅提高，更應借重年度財富稅（impôt annuel sur le patrimoine）。同時必須指出，當前的年度財產稅（例如美國房地產稅或法國不動產稅）儘管有其局限性，但還是能夠徵得比遺產稅顯著更多的稅收；且與遺產稅相比，大眾對它的接受度較高。整體來看，據所有相關調查結果顯示，令人訝異的是遺產稅是民眾最排斥的課徵稅目之一，而年度財產稅和所得稅則相對地獲得很高的接受度，至於累進財富稅（如法國的富人稅或美國的百萬富翁稅〔millionaire tax〕）據調查受到多數民眾支持。[16] 換句話說，納稅人寧願在幾十年期間，每年繳納約 1% 至 2% 的財產稅，而不是在遺產移轉時一口氣繳納 20% 至 30% 的遺產稅。

　　部分社會低收入階級和中產階級對遺產稅反感，可能是因為他們對遺產稅的實際負擔產生錯誤認知（那些反對累進稅的政治團體自然會維護這種認知）。但這也反映了一些不動產首購者一種可以理解的擔憂：由於他們的現金和金融資產往往有限，所以擔憂將來他們的孩子必須一次性地繳納如此高額的遺產稅，勢必被迫出售財產（可能是住屋、鄉間的度假屋或小公司等），才能籌到應繳稅款。[17] 綜合上述各項因素，證明年度財產稅比遺產稅發揮更重要的作用（就稅收而言），不過前提是年度財產稅必須採累進制。[18]

財產所有權的分配擴散與全民基金

　　最後，也是最重要的一點，累進財產稅看來是目前為止最能確保增加財產流通和分配的必要工具。可以肯定的是，累進遺產稅和所得稅從二十世紀初以來應用至今，確實在過去一個世紀期間使得資本主義國家的所得和財富不均顯著減少，不論是在歐洲、美國或日本。儘管這項歷史變化具

有重要意義，但也不可輕忽當今財產仍然高度集中的事實。在歐洲，1900
年至1910年期間最富有的10%人口擁有的資產在總資產的占比為80 %至
90 %左右，到了2010年至2020年期間約為50 %至60 %。而除了最富有
的10%人口的財產占比仍舊高居不下，受惠於財產分配的幾乎也全是中間
階層的40%人口（其財產占比已經從10%上升到30%至40%）。根據可查
資料，所有國家無論在任何時期，財產分配從來沒有真正擴及最貧窮的
50%人口，他們的財產占比仍舊維持在5%至10%左右（甚至低於5%）。
[19]從1980年代和1990年代以來，幾乎所有國家的弱勢階層（最貧窮的
50%人口）和中產階級（他們是排在最富有的10%人口後面的40%人口）
的財產占比都縮小，尤以美國為甚，在2010年代期間美國最富裕階層（最
富有的10%人口）所持有的財產在私有財產總額的占比明顯上升至70%以
上。這種情況在歐洲也是如此，只是程度較小，還有在印度、中國和俄羅
斯這些國家的財富集中程度正迅速接近美國（俄羅斯的情況甚至超過美
國）。[20]

　　最貧窮的50%人口僅獲得非常有限的財產分配，這意味著社會弱勢
階層參與經濟生活的機會亦隨之受限，尤其是在創業和參與治理公司方
面。這不符合追求公平社會的全民參與理想。為了更廣泛地分散財產所有
權，歷來已進行了多項嘗試，特別是在土地改革方面，將數百或數千公頃
的大莊園拆分給農民，使他們可以在自己的土地上工作和獲得收益（而不
是付租金給地主）。十八世紀末和十九世紀初法國大革命期間，在法國進
行土地重分配，按各地情況分配不一，即使最貧窮的農民不見得是第一順
位的優先受益者（參見第三、第四章），但至少曾經有過改革的努力。在
過去兩個世紀期間，許多國家實施了更具雄心的土地改革，例如十九世紀
末和二十世紀初幾十年間在愛爾蘭和西班牙、1910年革命後的墨西哥、第
二次世界大戰後日本和韓國，甚至於1970年代和1980年印度的某些邦（如
西孟加拉邦或喀拉拉邦）。[21]

　　土地改革措施在各種不同的背景下對分配財產發揮了重要作用，不過

還是面臨幾個結構性問題。首先，缺乏明顯的正當理由說明財富重分配應該僅限於土地所有權重分配（除了施行簡單以外，尤其是在以農村為主的社會中）。在實務上，不同形式的資本是互補的，其他類型資產（如設備、工具、倉庫、辦公室、建築物、流動資金、各種金融資產）過度集中，也會產生與土地所有權過度集中同樣性質的問題。特別是這會導致經濟力過度集中在少數人的手中。此外，很多人誤以為土地改革能夠一次性地重新分配財產權，此後便可永保社會和諧發展。然而，歷史經驗顯示，隨著以前的農業社會逐漸被工業財產、房地產和金融財產為基礎的社會取代，財富的極端不平等往往會以其他形式自我複製。財富重新集中的原因有很多，包括僅有利於少數人的經濟動盪（例如從有利的私有化牟取暴利或技術革命），以及各式各樣的積累機制使得最大的初始持有（détention initiale）可以比其他持有方式更快速增長（透過金融收益、市場勢力〔pouvoir de marché〕或法律和稅制優化）。

如果真的想要擴大分配財產，好讓最貧窮的50%人口能夠大幅提高其財產占比，進而充分參與經濟和社會生活，那麼就必須把土地改革的觀念轉化成有關全部私有資金的永久性過程。最合乎邏輯的做法是建立一套「全民基金」發放給全國年輕人（例如年滿二十五歲），同時以累進財產稅稅收資助該項支出。在設計上，這樣的制度可以將財產分配擴及社會底層，並限制財產往社會頂層集中。

累進稅鐵三角：財產稅、遺產稅、所得稅

為了釐清這些觀念，我在表17.1提出一個能夠資助「全民基金」的稅制參考範例。整體來說，公平社會的租稅制度以三大累進稅項為基礎：年度累進財產稅、累進遺產稅和累進所得稅。[22] 在該圖表中，每年的財產稅和遺產稅收入相當於約5%的國民所得，[23] 這些稅收將全數用在資助「全民基金」。至於累進所得稅，以及包括社會捐和累進碳稅在內的收入相當

於約45%的國民所得，用於資助其他公共支出，特別是實施「基本收入」制度以及更重要福利的國家——包括健康、教育和退休養老金等。[24]

首先我將集中討論財富的部分，這包括了累進財產稅和遺產稅以及「全民基金」構成的全部。至於所得和福利國家的部分，將於稍後討論。

有幾點需要特別強調，就是一般來說，在這裡所提出的數字僅用於說明參考，精確的參數還需要經過深入的討論和廣泛的民主審議，本書無意就此終止這些討論和審議程序。[25]同時要明確指出的是，有關財富資助「全民基金」的部分，具體來說，只要財產稅和遺產稅的稅收大約相當於國民所得的5%，便足可支付每位年滿二十五歲年輕人一筆大約相當於每個成年人平均財富60%的補助資金。[26]

讓我們舉個例子。在富裕國家（如西歐、美國、日本），2010年代晚期每個成年人的平均私人財富約為二十萬歐元。[27]以此作為基礎估算，提

表 17.1. 財產流通與累進稅

累進財產稅 （資助年輕人的「全民基金」）			累進所得稅 （資助「基本收入」、福利國家與環保）	
平均財富的倍數	年度財產稅 （有效稅率） （taux effectif d'imposition）	遺產稅 （有效稅率）	平均所得的倍數	有效稅率 （包括社會捐和碳稅）
0.5	0.1%	5%	0.5	10%
2	1%	20%	2	40%
5	2%	50%	5	50%
10	5%	60%	10	60%
100	10%	70%	100	70%
1000	60%	80%	1000	80%
10000	90%	90%	10000	90%

擬議的稅制包括累進財產稅（年度財產稅加遺產稅），資助發放給年輕人的「全民基金」；累進所得稅（包括各種社會捐和累進碳稅）資助「基本收入」和福利國家及生態環保（諸如醫療健康、教育、退休養老金、失業救濟金、能源補助等）。這套財產流通系統是參與式社會主義的組成要素之一，再加上企業內部的員工代表和股東之間各享有50%投票表決權的勞資共治制度。注解：在此所舉的例子中，累進財產稅收入占國民所得5%（用於資助發放給每位年滿二十五歲年輕人一筆相當於每個成年人平均財富60%的「全民基金」）；累進所得稅收入占國民所得45%（分別用於資助年度「基本收入」以及福利國家和生態環保，其中年度「基本收入」相當於稅後平均所得60%，占國民所得5%；用於資助福利國家和生態環保的部分，約占國民所得40%）。

供給每位年輕人的補助資金將為十二萬歐元。事實上，這項制度等於是一種所有人共同繼承的形態。鑑於當前財產的高度集中，最貧窮的50%人口幾乎沒有所得（僅擁有平均財富的 5%至10%），而在最富有的10%人口當中，一些年輕人繼承了幾十萬歐元，甚至幾百萬或幾千萬歐元。按照此處提議的制度，每個年輕人都可以得到相當於一個成年人平均財富60%的補助資金，以便展開他們的個人和職業生涯，有了這項補助資金，年輕人可以用來購買住房或作為創業基金。必須要強調的是，這種全民的公共繼承制度同時使每位年輕人得以在二十五歲便擁有一筆資金，而現行的私人繼承制度則對繼承的年齡存有相當大的不確定性（例如需考慮死亡的年齡各異，以及幾歲時子女出生等），而且實際上，隨著平均壽命上升，遺產轉移的時間只會愈來愈延遲。同時必須強調，在此提出的制度將使資產年輕化，所有跡象皆顯示，這對社會和經濟活力發揮非常積極正面的作用。[28]

上述制度具有悠久的傳統基礎。早在1795年，潘恩（Thomas Paine）在其著作《土地正義論》（*Justice agraire*）便曾提出以遺產稅來資助「基本收入」支出，並做了一番辯護。[29]最近，阿特金森 (Anthony Atkinson) 提出使用累進遺產稅收入來資助發放給年輕人的補助資本。[30]此處擬議制度的主要新穎之處，在於同時利用遺產稅和年度累進財產稅的稅收來為年輕人的補助資金提供財源，此一作法不但增加資助資金，還使財產得以大量和永久的流通。[31]值得注意的是，我提議資助「全民基金」支出的資金金額相當龐大（國民所得的5%），因此最富有人口繳納的財產稅和遺產稅將顯著增加。[32]儘管如此，相較於所有應稅額（此處義務繳納的稅負訂定為國民所得的50%），這還是個小數目。我們絕對可以考慮比上述制度更具野心的「全民基金」制度，例如，移轉支出的金額相當於所涉社會的平均財富。[33]

在此必須指出的是，依我的看法，這套制度最重要的使命，是與前面所分析的勞資分享投票表決權，和設定大股東投票表決權上限的新規則雙管齊下，一起應用。如此一來，財產的擴散和年輕化，將對經濟力的實際

分配和更新產生更廣大的效益。

探討回歸累進稅制和永久性的土地改革

現在讓我們談談可以資助整體支出的累進稅稅率和級距表。關於最高遺產和最高所得稅率，我建議對財富和收入超過平均值十倍以上者適用稅率大約在60%至70%左右，財富和收入超過平均值百倍以上者適用稅率約80%至90%（參見表17.1）。[34]這些稅率與二十世紀許多國家採用了幾十年的稅率一致（特別是在1930年至1980年間的美國和英國），就經濟成長而言，那段時期是目前觀察到經濟成長最活躍的時期。[35]從這些歷史經驗判斷，重新採用累進稅是合理的。[36]此外，這將表現出減少貧富不均的明確意圖，清楚切割雷根式的新保守主義，並且有機會為選舉和政治衝突結構帶來重大的結構重組效應。

前述的稅率級距表中最具創新及值得進一步討論的部分，是關於年度累進財產稅。就實際實施情況來看，歷史上對財富課徵的稅率級距相當不一致。歷史上自十九世紀便有不動產（自住或營業使用）稅制，例如美國的房地產稅或法國的不動產稅，目前有效稅率約為1%。問題出在設計不動產稅制時，往往忽略了金融資產（富人擁有更多的金融資產）和債務（原則上，在較不富裕的人口當中負債比例較高），實際上不動產稅相對於納稅人財富的比例而言，具有顯著的累退性，也就是說，最低財富者的稅負占其全部收入的實際比例，比最高財富者高得多。[37]至於累進財富稅，二十世紀期間在不同國家已實施過，特別是歐洲的德語系和北歐國家，以及法國在過去幾十年間實施的富人稅，稅率一般從對最低財富課徵0%到對最高財富課徵2%至3%不等（參見第十一章）。

在進行土地改革期間，較大面積的土地有時意味著稅率反而更高。例如，如果必須將所有超過五百公頃的土地重新分配給沒有土地的農民，那麼這相當於對兩千公頃的土地課以75%的有效稅率。[38]我們可以想像，假

設一個人獨自擁有整個愛爾蘭，或者一個人獨自擁有對其他人類來說具有
無限價值的物質或處方，那麼很清楚地，若朝著正確的方向發展，重分配
率將會接近100%。[39]這就像在二戰後對房地產和金融資本徵收各種不同
的特殊稅，當時最高財富適用的稅率達到40%至50%（有時甚至更高，參
見第十章）。

　　在表17.1中所示累進財產稅的稅率級距表當中，試圖以一致的方式合
併這些不同的經驗。低於平均財富者，稅率為0.1%，然後逐漸上升，達
到平均財富兩倍者，其稅率為1%；達到平均財富百倍者，其稅率為10%；
達到平均財富千倍者（假設每個成年人的平均財富為二十萬歐元，即相當
於兩億歐元），其稅率為60%；達到平均財富萬倍者（即二十億歐元），其
稅率為90%。相較於當前在許多國家對房地產按比例徵稅的現行制度，這
套稅率級距表可以讓最不富裕的80%至90%人口減少實質稅負，進而有
助於他們的財富上升。反觀對於最高財富者，其稅負將因此加重。以億萬
富翁來說，90%的稅率相當於他的財富馬上變成十分之一，並將使得億萬
富翁在總財富的持有占比降至比1950至1980年期間更低。[40]

　　我再次強調，這裡提出的稅率僅作說明用途，尚需要經過集體審議和
深入的實驗才能明確訂定適用稅率。累進財產稅的優點之一，就是提高資
產的透明度。換句話說，實施這樣的稅收制度，稅率有可能比此處指出的
還來得更低些，還能夠提供更多關於不同程度的財富增長速度的資訊，然
後根據該社會自訂的財產去集中化目標，調整未來適用的稅率。現階段掌
握到的資訊顯示，自1980年至1990年以來，最高財富以每年約6%至8%
的平均速度增長（參見第十三章表13.1）。這表示需要至少5%至10%的稅
率才能夠降低財產分配過度集中在社會頂層人口，或者至少能夠維持既有
比例。[41]同時請注意，並非一定要對最高財富一次性地課徵約60%或90%
的稅率（除了特別緊急情況）：分攤在幾年期間內課徵10%或20%的稅率
也能產生同樣的效果。表17.1中顯示的稅率主要是為了指出可能的範圍並
激發大家討論。

最後要明確指出，無論如何，這裡設想的累進財產稅和遺產稅涉及所有的財富，也就是說，由特定人持有或收取的所有不動產、營業資產和金融資產的總價值（扣除負債後的財富淨額），無一例外。[42]同樣地，累進所得稅必須包含總收入，即所有的工作收入（包括薪資所得、退休津貼、自營作業所得等）和資本所得（如股息、利息、利潤、租金等）。[43]現有的歷史經驗表明，在實施累進稅制的情況下，如果對不同形式的資產和收入沒有以同等方式對待，那麼合法避稅的行為和橫向不公平（injustice horizontale）的賦稅，很可能會嚴重妨礙制度運作，無論就技術上或民主接受度而論皆為不利。[44]特別是，對特定類型的資產免徵財產稅或遺產稅是沒有道理的，因為這樣只會鼓勵避稅。[45]

邁向社會共有和暫時性的財產所有權

綜上所述，這裡提出的參與式社會主義模式，是希望藉由兩大主軸以超越當前的資本主義：第一，財產的社會共有權制和公司內部共享投票表決權，第二，財產的暫時所有權制和資本流通。結合這兩大要素，我們最終建立的財產制度與今天大家所熟知的私人資本主義大不相同，並將以此來真正超越資本主義。

這些提議可能看來基進。然而我必須指出，不論是公司的權力分享以及累進稅制的興起，實際上都是延續源自於十九世紀末和二十世紀初的發展路線。然而近幾十年來這項演進運動被打斷了，一方面是因為社會民主黨派沒有與時俱進地提出新的改革，其改革方案亦未加以國際化，另一方面則是因為蘇聯共產主義的瓦解，使世界走向毫無限制的放鬆資本管制時代，並從1980年代和1990年代以來放棄了所有實現平等主義的雄心壯志（毫無疑問地俄羅斯及其寡頭政權就是最明顯的例子，參見第十二章）。1980年代新保守主義和新所有權主義的推動者，以及民族主義和反移民路線的支持者，先後填補難得出現的政治意識形態真空，使得形勢更趨惡

化。然而，自2008年爆發金融危機以來，一場新的運動開始嶄露曙光，於是有關新形式的權力分享和累進稅制的辯論和提議亦紛紛出現（參見第十一章）。新所有權至上的意識形態的確仍然非常活躍，回歸本土主義的誘惑也依舊強烈，但仍舊出現了一種顯而易見的變化。此處指出的要素僅僅是這運動的一部分，我在本書已嘗試將這項運動重新放在更寬廣的歷史視野進行觀察。

尤其是前述的暫時所有權概念，其實只是二十世紀嘗試實施過的累進遺產稅制和所得稅制的進一步延伸。一般來說，租稅制度的設計基礎是將財產視為一種社會關係，因此與社會關係一樣應該予以規範。有些人認為財產絕對是私有的，個人對某些特定財產存有自然和不可侵犯的權利形式，然而這樣的想法是禁不起分析的。財產的積累始終是社會進步的成果，尤其仰賴公共基礎建設（特別是法律、租稅和教育體系），還有社會分工和人類幾世紀以來累積的知識。在這些條件下，積累大量財富者應該每年將一部分財產歸還給社會，這完全合乎邏輯，因此財產所有權應該是暫時性的而不是永久的。基本上，反對這項邏輯的唯一論點是所謂的「潘朵拉盒子」論點，聲稱一旦質疑私有財產制，將不可避免地引發無法控制的混亂，因此最好永遠都不要打開盒子。但這種保守的論點已被二十世紀的歷史經驗徹底推翻，歷史已經證明了高度累進稅不但與經濟快速成長可以並行不悖，更是社會及教育平等發展策略的重要一環。

我必須強調一個事實，歷史經驗提供的是可能的試驗路徑，而不是現成的解決方案。關於公司的資本、權力和投票表決權之間的連結，以及累進稅制和財產永久流通的關聯，只有透過成功的實際試驗才能化想像為現實，一如過去不平等制度轉變的歷史經驗中所見。[46]

探討在單一國家的資產透明度

在理想情況下，回歸累進稅制以及發展累進財產稅應在盡可能擴大的

國際合作環境中進行。最好的解決辦法是建立公共金融登記制度，使政府和稅務機關能夠交換有關各國發行的金融資產最終所有者的相關資訊。其實像這樣的金融登記早已存在，但大部分掌握在私人代理機構手中。有意於此的國家，例如美國、歐洲以及世界其他國家，其實只要與這些私人代理機構更改協議條款，相互連結建立公共登記制度即可，並不會有任何技術上的困難（參見第十三章）。

　　稍後我將談到全球化組織該如何改變法律框架，如何規範金融和商業交易重訂條約，以便發展世界級的社會聯邦制度。在這個階段，我只想指出，對於減少不平等和建立公平的財產所有權，各國政府擁有很大的自決權可以選擇各種因應措施，無需等待國際合作到位，尤其像美國或中國這樣的大國，很顯然可以這麼做，印度很快地也將可以。毫無疑問地，只要美國的聯邦政府具有政治意願，一旦做了任何稅務決議便絕對有能力要求執行。前面章節已經提過美國於 2010 年對瑞士銀行發出制裁威脅，結果瑞士方面立即修改法規（參見第十三章）。這方面還可以用更有系統的方式完成。

　　值得一提的是，美國公民無論住在世界何地，美國大部分的稅法對他們仍然適用。換句話說，任何想要逃避美國稅務法規的人都必須放棄美國公民身分，在某些情況下還必須放棄在美國從事經濟活動（甚至必須放棄直接或間接使用美元，無論在世界任何地方），這對個人或公司來說顯然必須付出非常昂貴的代價。[47]美國正在針對引入聯邦財富稅進行辯論，而且這類提案還附帶採取基進措施以利嚴格執行規定，例如徵收「退場稅」（exit tax），[②]也就是說，對選擇放棄美國國籍並將資產轉移至美國以外其他地區者，徵收相當於其資產價值 40% 的退場稅。[48]總結來說，美國是否會實施更高度累進的稅制（可能包括前述的累進財產稅和資本流通），純屬政治和意識形態的問題，而不是技術問題。

---

② 譯注：或稱出走稅、棄籍稅。

　　還有一個要點必須指出，一些規模不大的國家，像是法國，儘管顯然可以從國際合作的發展中獲得更多收益，但它們也有相當大的空間可以靈活操作，並在本國實施自己的政策。也就是說，各國不僅可以在國內建立企業內部分享權力和投票表決權的新規則（如德國或瑞典等國，幾十年前便開始應用勞資共治規則，無需等待這些規則在國際間緩慢推廣），也可以在國內實施累進財產稅和改善收入不均及降低財富不均。這點非常重要，因為它顯然不同於許多倡議人士近幾十年來認定全球化將迫使所有人接受單一政策（而該政策正是這群倡議人士所主張的）的宿命論主張，正是這樣的宿命論導致人們放棄經濟體制改革的偉大願景，並退回到民族主義和本土主義。舉例來說，從 1990 至 2018 年，法國富人稅的稅收增長了四倍多，增長速度是國內生產總額的兩倍多，清楚表明了像富人稅這類稅務措施可在單一國家實施，並且能大幅增加國內稅收。[49] 另外還要明確指出的是，財富稅的執行一直處於嚴重鬆散的狀態，特別是財稅審查不夠確實：歷屆政府都選擇讓個人自行申報資產，缺乏有系統的查核驗證。其實只要從銀行和金融機構提供的金融資產資訊（同時依現有的土地和建物的不動產登記資料，並根據最近交易更新估算價值），便可建立一套預先填寫的資產申報系統，就像現在申報所得稅的常規做法。如此一來，富人稅的稅收增長將會比目前所觀察到的更強勁。

　　更廣泛而言，即使在沒有國際合作的情況下，一個中等規模的國家（如法國）仍然可以致力於提升資產的透明度，這是不受任何國際規範禁止的。當然這部分是指在本國境內的不動產，無論是住宅房屋還是營業資產（包括辦公室、工廠、倉庫、店鋪、餐廳等），對象甚至能包括所有在該國從事經濟活動或產生經濟利益的企業。在此我們以法國的不動產稅做為案例。如同美國的房地產稅或其他國家的類似稅項，法國的不動產稅是由持有位於法國境內不動產（住宅或營業用途）之所有權人繳納。

　　在此必須清楚說明，不動產稅應由該不動產的全部所有權人繳納，無論他們是個人或公司，也無論他們是在法國還是國外（或是無論由在法國

或在國外的人持有）。目前，不動產稅的稅額計算與該不動產所有權人本身的身分及持有的財產規模無關（因為它是按固定比例徵收的比例稅），所以政府不需要任何額外資訊來核定稅收（除了課稅對象的個人名字或機構名稱之外）。如果涉及公司或各種法律組織（如控股公司、基金會等），執行單位絕對可以要求所有權人提供股東的身分和持股資料，並對違者施以勸阻性的處罰。[50]在獲得必要資訊後，法國稅務局（如同其他國家的稅務機關）可進一步利用銀行和金融機構提供的金融投資組合相關資訊，將不動產稅轉變為對個人財富淨額課徵的累進財富稅，並自動計入法國的所有住宅房屋或營業資產，不論是直接持有或透過股票、合夥股份或其他任何類型的金融管道持有。一般來說，稅務機關還可以應財稅立法所需，在必要時要求在法國有經濟活動或經濟利益的所有公司提供公司持有者相關資訊。[51]

　　唯有達到資產透明，才能建置統一的累進財產稅。財產稅源自過去的不動產稅和財富稅，實施財產稅對中低階財富者或還在準備進階成為業主的人，都有顯著的減稅效用，只有對已經擁有大量財富者才增加稅負。[52]例如，假使有一個人擁有價值三十萬歐元的房地產或營業資產，同時又有二十五萬歐元的債務，則應按財富淨額五萬歐元徵稅。依照17.1所示的累進稅率級距表，最後結算財產稅幾乎為零。因此，相較於目前的不動產稅，其稅負大為降低。然而，假使另一個人擁有價值三十萬歐元的房地產和價值兩百萬歐元的金融投資組合，依目前的稅制，他所要繳納的不動產稅其實與前者相同（這說明了直接源自十九世紀初的現行稅制，其實是荒謬、不公平和過時的）。若按照新制，那麼後者應納稅額將會增加。[53]

　　有了這樣的稅制，對於持有在法國的房地產或營業資產者，其唯一可能的避稅策略就是離開法國領土並出售相關資產。面對這種情況，有關當局可以採用類似退場稅的因應措施。[54]無論如何，採取這種避稅策略將涉及出售不動產（住宅和公司），連帶影響國內不動產的價格下降，那麼，居留在國內的人將可能有能力買進這些不動產（居留在國內的人自然是最

多數人，其中有數百萬非常有能力的人）。如此想來，這項做法引起的不動產價格下跌將會是一件好事，至少在一定程度上可說是如此。現在法國房地產價格不斷飆升（尤其在大都市），其他國家也是如此，部分原因便是法國和外國買家購置不動產的目的只在於囤產，其實這些不動產可以有效地移轉給比較不富裕的人持有。重點是，像法國這樣的國家，絕對能夠妥善要求在其領土上持有資產的所有公司、政治實體（entité）和法人，遵守這項資產透明的新義務，而且並不需要徵得其他國家的同意。[55]

租稅正義納入憲法

最後補充說明，發展新型的累進稅以及將現有的財產私有制轉變為財產社會制和暫時制，都可能需要修改憲法。這在過去也發生過，所以並不是什麼新鮮事。美國就曾經在1913年為了設立聯邦所得稅和後來的聯邦遺產稅而修改《美國憲法》。德國也曾為了在公司治理結構中發展勞資共治和納入工會，於1919年和1949年通過憲法中納入新的社會和集體財產定義。[56] 同樣地，為了實施前面討論的共享投票表決權、累進財產稅和所得稅制度，修改各國的現行憲法勢必在所難免。

整體來說，在十八世紀末和十九世紀期間制定的憲法和權利宣言往往深受當時的私有財產權意識形態影響。在過去，這方面尤其體現在憲法完全保護私有財產權，而且無論當權政府的政治傾向如何，都不容以任何藉口質疑私有財產的權利。就是在這樣的背景下，英、法兩國於1833年和1848年在通過廢除奴隸制度時，選擇的經濟補償對象才會是奴隸主人而非奴隸本人。事實上，以當時統治階級的思維，自然會認為既然剝奪了奴隸主人的蓄奴權利，那麼給予他們公平的補償是天經地義的事。反之，沒有人認為應該要給予奴隸補償以彌補他們所遭受的錯誤對待（參見第六章）。尊重財產權所有人的思想繼續深入許多在二十一世紀初仍然有效的現行憲法中，若要實現真正的財產流通和「全民基金」制度，尤其應該修正這些

憲法。同時要趁此機會在憲法中制定一項以累進稅制為基礎的租稅公平原則，規定較富裕公民應納的稅額在其所得和財產總額所占比例，不得低於較貧窮公民（一旦法律如此規定，較富裕公民的應納稅額占比自然會更高，任何大法官不得對此加以限制）。[57]

本著同樣的精神，憲法或基本法（lois fondamentales）應要求政府對於各類所得和資產的實際稅收，公布精確的年度估算，讓公民能夠瞭解情況以便公開討論這些問題，這樣他們的代表才能夠根據可靠的資訊調整稅收系統的參數。這一點尤其重要，因為缺乏充分詳盡的資訊，往往會限制公民對這些問題進行動員和監督的可能。這不僅在資本主義的選舉民主國家裡（租稅嚴重缺乏透明度，例如在歐洲、美國和印度），就連在其他政治體制也是如此。特別是在共產主義中國或俄羅斯，政府一方面宣示打擊貪腐的決心，另一方面公布的租稅資料卻嚴重缺乏，兩者之間往往形成了強烈對比（參見第十二章和第十三章）。

另外必須提醒，在西方國家負責確保憲法得到尊重以及對法律爭端擁有最終裁決權的各國最高法院和其他憲法法庭，在面對社會和經濟問題上往往表現得極為保守。一旦發現憲法隱藏的細微漏洞，大法官便會趁機主張個人的黨派觀點作為填補，試圖把個人觀點充當法律規則。在最高法院的歷史上，從十九世紀到二十一世紀初便多次發生類似事件，充分證明了對法官在經濟和社會事務中行使的權力，需要極度謹慎並保持警惕。1895年美國最高法院裁定聯邦所得稅違憲時，採取明顯保守的方式解釋憲法中模糊未明的條款（經漫長過程後才有了《1913年的憲法修正案》）。次年，即1896年，同樣一批法官，對「普萊西訴弗格森案」（Plessy v. Ferguson）做出造成嚴重傷害的判決——南方各州可按照自己的意願實施種族隔離並且完全合法。[58]

在1930年代，美國最高法院再度以侵犯企業自由和私人契約自由作為違憲理由，多次否決國會所通過有關新政的社會和金融立法。[59]1936年11月，小羅斯福總統以61%的選票連任，他對於自己提倡的政策必須一

再推遲執行感到憤怒，遂於1937年初宣布要提出一項法案以便任命新大法官解決僵局。[60]最後，最高法院面對政治當局施壓，幾個月後便決定修改判例，通過了之前被否決的法律草案，也就是具有至高意義的《最低工資法》。[61]

自1970年代至1980年代以來，由於歷任共和黨總統任命了多位大法官，最高法院再度趨於保守，尤其是藉著司法解釋權捍衛「言論自由」，接連廢除限制私人資金用於政治和競選經費的相關立法。[62]如果民主黨人士將來決定要在這方面重新立法，就必須從修改美國憲法開始（非常複雜困難，但既然過去已經有過多次經驗，必要時可考慮），或者更簡單地，直接修改組成最高法院大法官的相關法律，不過大家可能普遍對此抱持懷疑。[63]

然而大法官濫用司法權力的案例，很不幸地，不是只在美國最高法院。德國的基爾霍夫（Paul Kirchhoff）事件尤其明顯。基爾霍夫是一位對稅收制度極為反感的稅務律師，他在德國2005年的競選期間曾被視作梅克爾未來財政部長人選，最後卻提出了一項令人震驚的提案：他建議將最高所得固定在25%的單一稅率。在政治領域，當然人人皆可自由表達意見，但他的意見並不怎麼吸引德國人：他的提案顯然大大降低了基督教民主聯盟黨的預期優勢，梅克爾最終不得不與社會民主黨結盟，疏遠了這位顧問。但值得玩味的是，1995年，同樣是這位基爾霍夫先生，時任德國憲法法院的法官，做出了一項判決——任何超過50%的所得稅率皆屬違憲。該判決引起譁然，最終在1999年被其他的德國憲法法官推翻，參與的法官在2006年證實，設定稅率限制並不屬於法官的職權範圍。

法國某位憲法委員會前主席——他曾經多次擔任保守派政府的部會首長——最近宣稱他最感到自豪的是2012年的一項判決，該判決宣布對超過一百萬歐元的收入徵收75%的邊際稅率是違憲的。他認為該判決是合理的，因為根據《法國憲法》，稅收是一種「貢獻」（contribution），不能是「掠奪」（spoliation）。[64]但問題是，法國憲法根本沒有設定這樣的具體數值限

制，這純粹是出自他個人詮釋。[65]當然就像所有公民一樣，這位憲法委員會前主席可以自由地認為二十世紀許多國家（特別是美國和英國）在幾十年期間對最高所得和遺產採用約70%至90%的稅率，仍未能達到預期的效果；或者更廣泛地說，根據他的看法，這不是一個良策（參見第十章圖10.11和10.12）。他可以透過媒體、演講或向他的朋友提倡他的論點，甚至寫一本書。但他利用身為憲法法官的職權，將個人觀點置於法律之上，甚至不需要任何嚴肅的論據，這個事實清楚見證了何謂濫用職權。

在做出總結的同時，要提醒大家注意，憲法法院和終審法院（tribunaux de dernier recours）是非常寶貴和脆弱的機構，因此必須限制當選的政府代表利用職能將其當作達成個人目的的工具。然而，正因為這些司法機構是如此寶貴而脆弱，注意防範被託付如此重要任務的大法官濫用職權與破壞司法，也同樣重要。這些案例說明了為何釐清法律和政治是關鍵所在。我認為，最明智的做法是以非累退性概念作為基礎，設定租稅正義的最低原則（即較富裕公民所繳納的稅額在其全部收入和財產所占比例不得低於最貧窮公民），並將其納入憲法，同時強制要求政府公布稅收分配的充分資訊以供評判。尤其是必須經由法律和民選議會的審議，以及根據歷史和個人的所有可用經驗，在沒有大法官干預的情況下設定理想的累進稅率。

基本收入和公平薪資：累進所得稅的作用

到目前為止，我主要專注在財產擴大分配的問題。儘管它很重要，但對於減少不平等，這絕不是唯一的挑戰。在表17.1中所示的租稅制度，累進財產稅（年度稅收和遺產稅併計）的年度收入相當於5%的國民所得，而累進所得稅則相當於45%的國民所得。當然，這並不表示前者的重要性只有後者的九分之一。在我的規畫中，累進財產稅和全民基金組成的財富部分，對財富和經濟力的分配具有結構性和長期的影響，其重要性遠遠超過狹義的租稅。事實上，在我看來，累進所得稅應該作為國家社會福利和

一般公共支出（包括教育、健康、退休養老等）的主要財源。首先要說明，為簡單起見，我所談的累進所得稅不僅是狹義上的所得稅，還包括從薪資、自營收入，甚至資本所得中扣繳的社會捐和其他社會保障的徵稅等。

從某種意義上來說，這些社會保障的徵稅實際上類似於所得稅的形式，徵稅的金額乃根據所得，有時會依照薪資或收入高低適用不同費率。最主要的區別在於，這些徵稅通常不是支付給國家總預算，而是支付給特定的社會基金（caisses sociales），例如專門用於資助醫療保險、養老金或失業救濟金等各類社會保障基金。我認為像這樣分門別類的社會基金和徵稅制度能夠繼續實行是非常重要的。鑑於徵稅的總體水位非常高（在此設定為國民所得的50%，但如果確有需要，理論上可以更高），所以最重要的盡力促使稅收真正為民所有以及用在他們的社會支出，透過設立不同的社會基金專責特定的支出，並對稅收的來源和去處更普遍地做到最大程度的透明化。

在實務上，我們觀察到各國課徵的項目組合存在很大差異。西歐國家於1990年至2020年期間，國民義務繳納的稅額穩定維持在國民所得的40%至50%左右，以一般的情形來看，其中所得稅（包含營利事業所得稅）約相當於國民所得的10%至15%，[66]而社會捐（和其他社會保障的徵稅）可達到國民所得的15%至20%左右，至於間接稅（如增值稅和其他消費稅）則約為國民所得的10%至15%左右。[67]一般來說，十九世紀之前，間接稅（特別是關稅）是在所有國家中最具主導地位的徵稅，後來逐漸改以所得稅和社會捐為主要徵稅方式。就我的觀點，間接稅缺乏真正的正當理由（除了那些為了糾正負面的外部效應〔externalité〕而制定的間接稅以外，例如碳稅，稍後再詳加討論），[68]理論上應該改為對收入或財產徵稅。特別是間接稅（如增值稅）無法根據所得或財產來分配稅負，就經濟和民主透明度的觀點，這是一項重大限制。[69]

有關不同類型的公共支出和國家社會福利（如全民健康保險、退休的統一制度等）適合的組織方式，若要對其詳盡分析恐將遠遠超出本書的範

圍。教育支出的分配顯著影響不平等現象的產生及延續，稍後我會再詳談。在此討論焦點將著重於「基本收入」制度在福利國家和公平社會中發揮的作用。「基本收入」是保障最低收入的制度，在許多國家，特別是在大多數西歐國家，這是極好的一件事。我們能夠，而且也必須得改進這些制度，特別是促進自動化和普及化，尤其是對於無家可歸的遊民，他們不論在基本所得、住所，以及更普遍地在社會和工作上的適應與融合，都遇到很大困難。我們同時必須將基本收入普及到所有低薪和低收入者，依照核列的低薪和低收入者清單，盡可能持續性地發放「基本收入」，而且透過連結累進所得稅系統自動支付給有關對象（亦即從源頭自動提撥），無須額外的申請程序。

例如，比較具有企圖心的「基本收入」版本，如表17.1所示，還可以針對沒有其他資源者，支付相當於稅後平均所得60%的最低收入，並且隨著收受對象的收入增加，支付金額將減少，所涉及的對象約占總人口的30%，總成本約為國民所得的5%。[70]再次強調，這裡的參數僅供說明用途：最後選擇的做法值得廣泛的討論協商，並不是在這裡討論就可以得到最終解決方案。[71]

不過，有一點要強調，那就是社會正義不應只做到保障「基本收入」便止步不前。在表17.1的示例中，福利國家的公共支出約占國民所得的40%（特別是健康和教育系統、養老金、失業津貼和家庭補助金等），而「基本收入」約為國民所得的5%，全民基金亦為5%左右。相關的數量級（ordre de grandeur）非常重要。它們表達了一項觀點，那就是公平的社會必須建立在每個人的基本生活需求獲得滿足的基礎上，其中列為重要項目者有健康、教育、工作、勞工關係和薪資（非指老人退休金或失業救濟金）。目標是改變所得和財產的整體分配，進而改變權力和機會的分配，而不僅僅是保障基本收入而已。我們應該要有宏偉的企圖心，建立一個以公平的工作報酬為基礎的社會，也就是公平的薪資。實施「基本收入」可以幫助收入過低者改善收入。然而，這同時需要全盤考量，尤其是重新思

考相關的配套措施該如何規畫。

尤其在教育制度方面。鑑於投注在菁英學校的資源向來超過在社會弱勢學生普遍就讀的學校，要讓每個學生將來都有機會獲得合理報酬的工作，就必須澈底改變這種虛偽諂媚的做法。同時這也牽涉到《勞工法》（droit du travail）制度，更廣泛地說是法律制度。這其中包括薪資、最低薪資、薪資等級，以及員工代表和股東之間的共享投票表決權等，這些都有助於建立公平的薪資和更平等的經濟力分配，並使員工對公司決策有更深入的參與。

最後是有關租稅制度。除了累進財產稅和有利於提升員工參與度的全民基金之外，我們要強調累進所得稅的作用，它應該透過將收入差距縮小到符合公平社會的水準，以達到公平薪資的目的。尤其歷史經驗顯示，以70%至90%左右稅率作為所得稅的最高邊際稅率，可以消除高得離譜的薪酬，從而為較低薪者爭取更多利益，並提升整體經濟和社會效率（參見第十一章）。事實上各種跡象表明，表17.1的稅率表將可縮小薪資差距，並提高最低階和中階受薪者的薪資分配。[72]

我們同時注意到，按照所建議的稅率級距，收入約在平均所得兩倍的納稅人便達到相對較高的課稅標準，即整體有效稅率約40%（包含社會捐）。對於實現偉大企圖和普及全民的福利國家來說，這是必要的財源，特別是資助醫療健康和退休養老金的支出。不過我們仍要提醒，如果欠缺這樣的公共系統，勞工必須支付昂貴的私人養老基金和私人醫療保險，在實務上，最後結果將發現這筆開銷比公共系統花費更高。[73]

總而言之，我們不能將「基本收入」當成奇蹟方案，以為有了它，其他制度都變得不必要。在過去，保障「基本收入」的概念有時被操弄成「結清」所有社會保障，以此作為大幅削減其他社會政策支出的正當理由。[74]因此，最重要的是，必須以更宏偉的企圖心來思考如何規畫「基本收入」的配合措施，其中應包括累進財產稅和所得稅、全民基金以及福利國家等整體規畫。

碳稅徵收採累進制的問題

現在要談的是碳稅問題。正如我之前所說，隨著財富不均加劇，全球暖化成了二十一世紀初全球面臨的重要挑戰。當中有幾個理由證明財富不均和全球暖化這兩個問題是息息相關的，而且唯有同時處理才能徹底解決。首先，碳排放事實上高度集中在一小群人身上，最主要是世界上富有國家（尤其是美國）中的高所得和高財富者，他們的碳排放量最高（參見第十三章圖13.7）。其次，面對氣候變遷造成生活方式如此巨大改變，以至於如果沒有建立嚴格可信且公平的標準，這些變化在社會和政治上都難以被接受。換句話說，當富裕國家和新興國家的社會底層和中產階級發現社會頂層族群依舊安然自在地繼續過著高檔生活的消費模式，而且還繼續製造更多的碳汙染，難以想像中低階層民眾還會願意盡最大努力減少碳排放。

因此，為了減少上述不平等，我們必須實施各項措施，尤其對高所得和高財富的稅負大幅調高累進稅率，這看來是對抗全球暖化的必要條件。然而，這還不是充分條件，其他最常被提到的有效工具是對碳排放徵稅。不過，若要推行這個解決方案，必須先做到下列幾項要點。首先，不可將碳稅視作解決問題的唯一途徑。減碳最有效的方法往往是對汽車排放、加熱設備、建築保溫等制定嚴格規範、禁令和法規，而非提高碳價格。

接著，要讓碳稅被大眾接受並充分發揮減碳作用的絕對條件，就是將碳稅的所有稅收，用於補償那些受到增稅影響衝擊最大的中低收入家庭，以及資助能源轉型的支出。最自然的方式是將碳稅納入累進所得稅制度，如表17.1所示。也就是說，一旦碳稅增加，就會根據平均支出的結構，計算它對應各種收入階級的平均影響，然後自動調整累進所得稅稅率表，以及轉移支付和「基本收入」的費率以便抵銷影響。我們因此將保留價格信號（signal prix）（即消費碳含量高的物品會比消費低碳物品花費更高，藉此鼓勵改變消費模式），但不會對最低所得者的總購買力造成壓力。[75] 反

觀法國卻在2017至2018年間調降高財富和高所得富人的稅負，同時對最貧窮人口徵收碳稅，以資助前項減少的稅收，最終導致了黃背心危機和整個法國碳稅制度陷入困局。因此，絕對要避免使用法國這種方法（參見第十三、第十四章）。

最後，我們也許會合理懷疑是否該使用累進制徵收碳稅。迄今為止所使用的碳稅形式，基本上是按固定比例徵稅。換句話說，對所有碳排放均按同一比例稅率計徵，無論這個人一年的碳排放量是接近全球平均排放量的五噸或十噸（二氧化碳當量），還是接近全世界碳排放量最高的1%人口──他們每年排放一百或一百五十噸。這項制度的問題在於，碳排放量最高的人可能不會改變他們高碳消費的生活模式，只要他們經濟上負擔得起，所以即使建立了大多數人都能接受的碳排放量的公平標準，也並不一定是減碳的最佳途徑。若透過累進所得稅和財產稅全面減少社會經濟的不平等，將可縮減這些不平等的差距，也更能被多數人接受，但是否令人滿意還有待商榷。另外一個解決方案也曾被提及，那就是「碳卡」（carte carbone），主要建立在每個人分配到相等的年度排放配額（例如五或十噸），同時允許每個人交易自己的全部或部分配額。這樣一來，最貧窮或製造最少碳汙染者可以立即從交易排放配額獲取經濟利益，並因此容許富人或製造最多碳汙染者可以排放更多。然而，這等於再次承認擁有足夠經濟能力的人便可無限制地享有汙染權。況且，鑑於企業界已經歷過排汙權交易市場，便更讓人深信像這樣的市場如果延伸到個人身上，極有可能造成市場劇烈波動並遭到高度操弄，最後導致投機熱潮以及參與者利用犧牲他人利益賺取巨額利潤，並將造成價格信號異常錯亂。

更好的解決方案可能是從個人消費者層面著手，對碳排放徵收真正的累進稅。例如，可以對個人排放量的前五噸徵很低的稅或完全不徵稅，接下來的十噸徵稅提高些，依此類推直到排放量的最高限額，超過限額的任何排放都將被禁止，違者將處以勸阻性制裁──例如對其收入或資產課徵「沒收稅」（taxation confiscatoire）。[76]如同實行「碳卡」的假設前提一樣，

這個解決方案首先必須能夠測量個人的碳排放量。沒錯，這涉及許多複雜的技術問題，但只要大家認為這是關乎地球未來的核心問題，肯定有辦法予以克服（例如利用個人支付卡內紀錄的資訊）。[77]而且現在已經有一些消費實際上已採用這種措施，例如電費。初步階段也可以從一些與個人碳排放量相關性較高的商品和服務著手：對相關商品或服務設定較高的稅率，類似累進碳稅，比方說對航空運輸使用的燃油設定更高稅率，或是從商務艙機票著手可能更好。無論如何，可以肯定的是，發展永續的氣候政策，必須根據最大多數人可接受的環境正義和租稅正義的規範。然而，目前的情況卻全然不是如此。[78]

建立教育公平標準

現在我們來談公平教育的問題。基於多種原因，教育是值得我們關切的核心問題。一般而言，透過教育和知識傳播實現解放應是所有公平社會計畫的核心，尤其是參與式社會主義。此外，從歷史上可以得知，教育進步才是推動經濟發展和人類進步的關鍵，而不是將不平等和財產神聖化。[79]我們在前面的章節也看到教育擴張和高等教育發展的同時，政治分歧如何發生澈底的逆轉。在1950年代和1980年期間，民主黨、工黨和各種社會主義和社會民主派的政黨在受教育程度最低的選民中獲得最多選票支持。後來這種分歧形勢逐漸逆轉，到了1990年代至2020年期間，這些政黨反而在受教育程度最高的選民中取得最多票數。簡言之，戰後形成的工人政黨的政治勢力到了二十世紀末和二十一世紀初逐漸成為高學歷政黨。最常見的解釋是，受教育程度較低的選民感覺被這些政黨拋棄了，因為這些政黨愈來愈常將注意力和優先順序轉向教育制度的贏家（這些人在某種程度上也是全球化的贏家）。這種政治意識形態的轉變對我們的調查具有重大意義，特別有助於我們理解造成戰後左右派政黨體系瓦解，以及1980至1990年代以來不平等加劇的一項重要因素（參見第十四至十六章）。

　　我們已經多次強調美國的大學入學存在非常嚴重的不平等，進入大學的可能性與父母收入排名占全國百分比密切相關，而且最好的大學與其他大學之間的教育系統階級畫分極為明顯（參見導論圖0.8及第十五章）。假如民主黨想再度獲得選民支持，顯然就必須拿出實際證據表示它更關心社會弱勢族群和一般階層的孩子，並改善他們的教育條件，同時減少對那些父母出自頂尖專業學院和大學的孩子過分關注。我們還注意到，法國等其他聲稱以平等的公共體系辦學的國家，同樣也存在不平等的教育和偽善的菁英言論，只是模式各有不同（參見第十四章）。

　　為了清楚說明這點，我在圖17.1中展示了當前法國實施的公共教育投資之分配情形。若檢視2018年所有年滿二十歲的年輕人，根據最新的調查和趨勢估計，他們在整個接受教育期間（從幼兒園到高等教育）享有的公共教育投資總額平均約為十二萬歐元；若以十五年的受教期間來計算，平均每年花費八千歐元。但這只是平均數字，與現實情況差距很大，這些差距主要與結束學業的年齡、就讀的中學類型，以及高等教育的類型關係密切。[80]在這一個年齡層當中，享有公共投資最低的10%學生，每人獲得約六萬五千至七萬歐元的公共教育投資總額，而享有公共投資最高的10%學生則每人獲得二十萬至三十萬歐元。第一組由十六歲（完成義務教育的年齡）即離開學校、相當於接受教育時間將近十年的人組成，平均每年花費的成本在六千至七千歐元之間。第二組是接受高等教育時間較長的人，偶有超過二十五歲的，受教育時間超過二十年。除了接受高等教育的時間長短不同之外，決定教育支出不平等的另一個重要因素是篩選嚴格的頂尖高等教育，特別是菁英制的「高等專業學院預備班」學生獲得的公共教育投資總額遠高於普通大學的學生。[81]

　　最後的結果就是差距變得非常大：以享有公共投資最高的10%學生和最低的10%學生做比較，就會發現不同的學生群體之間不平等的公共投資金額，差距可達十五萬歐元之多；如果以享有最多公共投資的學生和公共投資最少學生做比較，甚至相差超過二十萬歐元，相當於法國目前成人

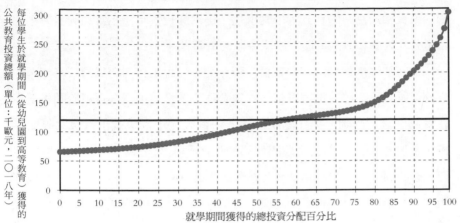

圖17.1. 法國教育投資的不平等（2018年）

2018 年二十歲的這一個年齡層學生，在整個就學期間（從幼兒園到高等教育）受益的公共教育投資總額平均約為十二萬歐元（即約十五年的就學期間，平均每年花費八千歐元）。在這一個年齡層當中，從公共教育投資中受益最少的 10% 學生僅享受到大約六萬五千至七萬歐元的公共教育投資總額，而從公共教育投資中受益最多的 10% 學生則享受到二十萬至三十萬歐元。注解：2015 至 2018 年期間，在法國制度中各級學校和每年的平均教育成本逐級遞增，幼兒園和小學約五千至六千歐元、中學約八千至一萬歐元、大學約九千至一萬歐元以及高等專業學校預備班約一萬五千至一萬六千歐元。來源與數據：參見 piketty.pse.ens.fr/ideologie

的平均財富。這有點類似某些孩子比其他孩子獲得更多遺產，而且遺產本身已經是分配不均了。[82] 更何況，即使接受教育時間較短的學生並不一定來自弱勢家庭，而接受教育時間最長的學生也未必來自最具優勢的家庭，但這兩個維度之間自然存在顯著的正向關係，因此，在很多情況下，公共教育投資和私人遺產的效應相互疊加。[83] 最後必須強調的是，我們在進行估算時所做的假設，可能導致大幅低估這些差距的實際數字。特別是，我們在此使用的菁英學院和普通大學的官方估算成本，很可能嚴重低估了實際差距。[84]

　　現在讓我們來談談教育投資的公平分配是根據哪些原則來定義的。再次重申，正如我們討論公平財產和公平租稅一樣，這裡顯然不是要提供一個最完美的解決方案（事實上我也無法提供），在此只是單純地為集體審議提出一些可能的途徑。首先，很清楚地，我們必須也將私人教育投資納入考慮，因為它會擴大教育經費的不平等差距。像法國這種以公共教育體

系為主的國家，影響還算有限。但在美國的影響就非同小可，那些進入美國最昂貴和最富有的私立大學的學生，提供的投資可達相當高的水準，遠超過公立大學和其他社區大學學生享有的資源。[85]

像在法國觀察到的公共教育投資分配，可說是相對自然的公平標準，它確保所有兒童都有權獲得相同的教育資金，且這筆資金可用於國民基本教育或是職業培訓。換句話說，假若一個人在十六歲或十八歲便離開學校，那麼在國民基本教育期間他只使用了七萬歐元或十萬歐元的教育經費，居於同一個年齡層享受教育經費最少的40%人口之列。然而，在他往後的一生中，仍可再利用十萬或十五萬歐元的教育經費，便躋身於享受國民基本教育經費最多的10%人口之列（見圖17.1）。[86]換句話說，這筆公共教育資金讓很早離開學校的人到了二十五歲、三十五歲或終其一生任何時候都可重新接受教育培訓。[87]理論上，也可以將這筆資金加到「全民基金」，然後允許這些人在符合某些條件下將其中一部分用作金融資本。然而，我認為用來增加每個人接受教育的機會更好，特別是對來自社會弱勢背景的年輕人。[88]鑑於多數人重返校園（在許多情況下這無疑仍是理論性的）的可能性不高，因此最重要的是，我們必須對中小學教育投注更多必要的投資，以便在國民基本教育期間透過教育真正實現解放。

然而，教育投資領域存在著極大的偽善。以法國和其他許多國家的教育資源配置為例，按理應將教育資源優先用於社會弱勢地區小學、國中和高中。實際上，正如先前所述，反而是最具社會優勢的教育機構擁有經驗豐富、訓練有素和薪酬最高的教師，這種效應明顯剝奪了分配給在弱勢區域服務的新教師或短期約聘教職的微薄津貼。[89]如果希望分配給條件最差的中小學的資源實際增加，那麼第一個目標就是提高圖17.1所示的最低教育投資水準，使教育經費的分配因此更加平等和公正。

摒棄教育偽善，提高透明度

　　整體而言，如果希望建立一套可被大眾接受的公平教育標準，提高資源分配的透明度是絕對必要的。目前在大多數國家中，規範教育經費的程序相當不透明，社會群體和公民難以掌握資訊。我們發現在愈具有社會優勢的學校，教師的平均薪資愈高，或甚至某些特定群體的學生（同樣也是較具優勢的）獲得的公共教育投資，超過同一個年齡層其他群體的四倍。如果從來沒有人真的去審視它們或討論相關議題，甚至迫使他們做出改變，那所有這一切都將順理成章。我絕對無意說界定教育的公平性很容易，當然也不會是由本書來結束這場辯論。但為了促成真正的辯論，首先最重要的是立法（甚至由憲法規定）要求公開教育投資的數據，使其成為一種法律義務。這樣我們才能夠設定目標，並逐年檢查目標達成的程度。

　　在此情況下，我認為合理的目標應該有二：一方面國中和高中的教師平均薪資不應再依優勢學生的增加比例而遞增；另一方面，應大幅增加對弱勢中小學的實際投資，使得每一個年齡層的教育投資的整體分配更加平等（如圖17.1所示）。這些不容忽視的改變作法，必須能夠公開接受檢驗，同時可以促使來自弱勢家庭的學生有更多機會接受高等教育。相關研究都指出，早期投資，尤其是在中小學，是糾正不同社會背景的孩子之間學業成就不平等的最佳途徑。

　　儘管如此，在高中和大學的入學和分發程序中，為落實優先配置資源至弱勢學生，應將學生的家庭社會背景納入考量。這方面可透過不同的方式來達成，其一是直接考慮個人出身（例如依父母收入的積分系統，加上學校成績，或者利用各校分配到的社會配額，可能會是比較好的辦法）；其二是根據學生居住區或學校所在地（例如指定某地區國中或高中最優秀的學生可自動錄取特定學校）。再次聲明，我的目的不是在此一口氣解決所有複雜微妙的問題。唯有精密的實驗和廣泛的討論，並在公民參與支持的情況下，透過廣泛的社會和政治協調之後才能找到適當解決辦法。而且

隨著形勢的發展，現在做出的選擇將來仍需不斷進行審視、改進和調整。然而，我認為重要的是必須強調：建立一套所有人都能接受的公平標準，或者退一步說，至少建立一套能獲得集體最低限度信任的公平標準，其實是一項極其複雜且脆弱敏感的過程。它要求所有相關資訊的高度透明，然而政府官員往往不習慣於資訊透明化，甚至學校的管理階層也是如此。

　　一些國家在為社會特定群體的入學實施配額和「保留」制度具有比較長時間的經驗，例如印度。從1950年開始，印度首先為過去在歷史上備受歧視的群體實施保留名額制度，然後到了1990年擴展到所有社會弱勢階層，這在重塑該國政治意識形態衝突的結構方面，發揮了重要作用（參見第八章及第十六章）。雖然這些經驗具有豐富的教育意義，但顯然不能直接套用在不同的環境。歐洲有許多國家最近開始在錄取入學的程序中將家庭背景納入考慮，但可惜的是透明度明顯不足。在法國，高中錄取分發透過「全國性高中入學網站」（Affelnet），大學錄取分發先是使用「高考後之錄取學制」（APB）的網路系統填選志願申請入學，後來從2018年起改為透過「高等教育申請入學網站」（Parcoursup）。然而，不論是高中還是大學的錄取公式演算法，至今仍高度維持國家機密。[90] 此外，申請入學將家庭背景和父母收入納入考量的機制，存在嚴重的不連續性，難以達成社會共識。[91] 在美國，法院禁止在錄取入學的程序中納入種族因素，同時也禁止使用父母收入的因素（這點有很大的討論空間），因此經常藉助於參考學生戶籍。[92] 遺憾的是這種機制並未如預期促進融和，因為受益的往往是居住在弱勢地區當中條件最優越的群體。因此，一般而言，最好參考個人特徵（例如父母收入）。在英國已有利用抽籤（考試成績達到一定標準以上的學生）的提案，使進入菁英學校的機會能夠民主化，實際上這相當於在所涉群體中應用社會配額。另外，這種隨機化的好處是可以約束父母為了讓孩子考試分數更高，而在金錢和情感上過度投資，像是在孩子還很小的時候就花錢額外輔導——這種做法只會使得那些父母缺乏資源也沒有門路與管道的小孩更加被邊緣化。[93] 理想的折衷辦法是對分數的重視必須適

度（達到一定標準即可），並將社會融合的目標同樣視作重要的學習。毫無疑問地，這些才剛剛開始的辯論勢必在未來幾十年將發揮核心作用。這些議題才剛進入政治討論，最終可能促進重新改變政治與教育分歧的結構。[94]

最後，我將以中小學與高等教育階段公立和私立學校並存所帶來的具體問題作結論。在實務上，私立學校一般按特定的法律章程和財政規定，直接或間接地獲得公共資金。最重要的是，他們參與實踐一項重要的公共服務，即實踐每個兒童都有獲得教育和知識的權利。在此情況下，私立學校必須與公立學校接受同樣的共同監督，包括可用資源和入學程序，否則私立學校將會立即規避公共部門努力建立並獲得認可的公平標準。好比在法國，私立的小學、國中和高中除了擁有豐富的公共資源，還有學生家長提供的資源，甚至有權挑選社會背景適合該校的學生（參見第十四章）——這就教育公平而言，難以證明其正當性。在美國，私立大學拒絕公布他們的錄取規則和演算方法，要大家相信他們的說法，聲稱學校對校友的子女和捐贈者的子女，在錄取入學方面僅給予適度優惠（參見第十一章、第十五章）。同樣地，這種做法對發展讓所有人都可接受的公平標準並沒有多少助益。

近幾十年來，由於國際市場上資本報酬率增長，使得富有的私立大學所獲得的資金捐贈驚人地增長，尤其是在美國，這同時也引發了具體問題。[95]為限制捐贈資金無限增長，過去的公開辯論中曾經有一項提案，建議將捐贈資金每年必須花費的份額，從目前的4%至5%（依學校而定）增至10%或15%。問題是那些最富有的大學已經富有到不太知道要如何花掉他們的預算，反觀那些學生多數來自社會弱勢階層的公立大學和學院卻嚴重缺乏資源。[96]在此情況下，對大學獲捐的資金徵收累進稅，徵得的稅收用來資助貧窮學校的基金，似乎就是相當合乎邏輯的政策。至於採用的稅率級距表當然不必和個人的財產稅相同，因為這牽涉到不同的背景和特定的社會經濟現實，而且也不是我在這裡就能處理的，但我認為這類問題值

得思考。如果任由菁英大學和弱勢大學之間的資源差距無限擴大，我們很難想像在美國會有公平的教育。對於其他如文化、健康或媒體等不同行業別的基金會和非營利組織，也可能會有同樣的問題。在各種不同情況下，答案都應取決於普遍利益以及人們如何定義普遍利益。[97]

公平民主：民主平等券

在本書中研究的所有歷史軌跡都表明，不平等的結構與現行政治體制之間的關係相當密切。無論是在以前的三級社會，還是十九世紀盛行的所有權至上社會，甚至奴隸社會或殖民社會，在在顯示讓某種類型的不平等制度得以持續的，正是政治權力的組織方式。自二十世紀中葉以來，人們有時以為西方社會的政治制度在選舉民主和議會政治的形式下，已達到無法超越的完美境地。事實上，這種模式還有顯著可以改進的空間，而且也愈來愈受到爭議。

當今政治權力的組織方式最明顯的缺陷，就是無法解決日益嚴重的不平等問題。我在本書試圖表明，這些困難必須放在不平等制度複雜的政治意識形態的長期歷史背景下重新檢視。想要找出解決方法還需要對現行的政治規則進行重大變革。例如我之前提到過，透過公司權力共享、累進財產稅、建立社會共有和暫時性的財產所有權，這部分可能需要改變法律和憲法架構。過去出現類似問題時也是如此，例如德國在1949年將公司勞資共治和財產社會化納入憲法；美國在1913年修改憲法通過聯邦所得稅和遺產稅制度，設定了史上最高的累進稅率。其他國家的政治法規修正也對減少不平等現象發揮了同樣重要的作用。在英國，下議院於1910年至1911年發生的憲法危機中，最後必須終止上議院的否決權，才使累進稅制得以通過。在法國，如果參議院還保留在第三共和國時期享有的否決權（社會黨和共產黨人士在1945年至1946年期間曾經奮力抵制該權），那麼1945年和1981年的社會和租稅改革將難以實現。倘若認為未來會有所不

同，那將是錯誤的想法：政治體制的轉變與不平等結構的轉變將繼續齊頭並進、相互影響。以太過複雜為藉口而不願改變政治規則，無異於忽視歷史的教訓，放棄任何真正改變的可能。在第十六章我已經提過關於租稅方面的歐盟一致同意規則，以及必須在社會聯邦主義的基礎上重建歐洲。稍後我將再進一步討論改變跨國經濟和社會組織相關規則和條約之必要性。

　　政治體制的另一個方面也迫切需要關注：那就是為「政治生活」（vie politique）和民主選舉提供資金。理論上，普選權的基礎原則很簡單：即一人一票。在實務上，金融和經濟利益都會對政治進程發揮巨大影響，無論是直接透過政黨和競選的籌資，還是間接透過媒體、智庫或大學等。我在前面已提過的非營利媒體組織的案例，它可以成為新聞產業的典範，使新聞和媒體公司面對他們的資助者時能夠保持更大的獨立性（尤其是面對主要的大股東時，幸好有投票表決權上限）。[98]此外，直接的政治獻金也要慎重考慮，理由很明顯，因為這可能會導致政黨和政治運動的優先考量產生偏差，並妨礙推動消除不平等的措施。比方說，有錢人往往強烈反對實施更高的累進稅率。

　　事實上，有關政治籌資的問題從未被真正全面思考過。可以肯定的是，確實有許多國家已經立法限制私人資金的政治影響力，一些國家還引入初步試探性的公共資助制度，例如1950年代的德國、1970年代和1980年代的美國和義大利，以及1990年代的法國。但令人驚訝的是，這些嘗試極為零散不全，尤其缺乏相互依賴的基礎。各國在其他方面的立法可能比較顯而易見，各國之間的傳播效應和相互學習速度也比較快（例如累進稅在某種程度上便是如此，無論影響是好是壞）。然而，關於政治獻金方面的立法則不同，各國幾乎完全獨立行事。茱莉亞・卡熱（Julia Cagé）最近仔細研究了這段複雜的歷史，得到的啟發極其豐富。她分析了目前已經實際試驗過的各種措施後，最終認為「民主平等券」（bons pour l'égalité démocratique）將會是特別具有未來發展性的制度。[99]

　　簡言之，「民主平等券」這個概念是為每個公民每年提供價值五歐元

的票券，公民可以自行選擇分配給任何一個政黨或政治團體。他們也可以利用在驗證個人收入和財產申報時，在線上做出選擇。被選擇的政黨或政治團體必須達到民眾支持度最低門檻（可設定為1%）才符合資格。如果個人選擇不支持任何政黨（或者所選的政黨得到的支持度未達最低門檻），其「民主平等券」的價值將依據其他公民做出的選擇按比例被分配。[100] 這點尤其重要，因為若缺乏這項規則，最後將會導致公共資助系統失敗，例如美國就曾因為許多公民選擇不資助任何政黨公共資金，最終導致制度難以為繼。然而，民主不應僅是選擇題：即使有些人不願參與，公共資助也不應因此減少（更何況金額不大）。實施「民主平等券」制度，還必須同時規定完全禁止企業和其他法人的政治捐款（許多歐洲國家已經這麼做，例如法國自1995年開始）以及嚴格規定個人的私人捐贈和繳交黨費的上限（卡熱建議設定在每年兩百歐元）。這種新的政治籌資制度還包括對所有希望提名候選人的政黨和政治團體，規定多項極為嚴格的義務，不僅要公開帳目，對於目前極不透明的內部章程和治理規則都要求完全透明化。

邁向參與式與平等的民主

「民主平等券」的中心目標是促進參與式與平等的民主。目前，龐大的私人政治獻金嚴重影響政治進程的傾向。這種情況在美國尤其明顯，近幾十年來，美國政治捐款的公共法規（這些法規始終不足）已被最高法院的判例推翻得蕩然無存。印度和巴西等新興國家的民主選舉也有這類情況，在歐洲亦是如此。這些國家的現行法規同樣寬鬆不足，有時甚至令人感到憤慨。以法國為例：在法國個人對政黨的政治獻金，個人年度捐款限額為七千五百歐元，其中三分之二還可以從個人所得稅中扣除（捐款七千五百歐元可以申報扣除五千歐元）。實際上，我們觀察到捐款金額接近上限的捐款人，毫不意外地都是非常富裕的納稅人，特別是收入最高的1%人口。換句話說，富人的政治偏好是直接且明確地由其他納稅人的稅

金補助支出。所涉金額不容小覷：政黨和政治組織捐款的減稅總額每年約為六千萬至七千萬歐元，這與法國政府撥給各政黨的公共資助金合計總額大致相當（按上一次立法選舉中獲得的選票和席位比例計算）。[101] 具體而言，法國現行制度相當於每年每名公民繳納的稅金中大約二至三歐元用於政府撥給政黨的資助金，而通常富人才有能力捐贈的政治獻金享有高達五千歐元的抵稅額度，這樣的制度等於是由全國納稅人在為最富有者的政治偏好補貼支出。若實施「民主平等券」，就可完全取消政治捐款的抵稅規定，才能夠以平等的方式重新分配稅收。相較於現行制度根據前次的選舉結果提供公共資助資金，這項提案將更能鼓勵積極的公民參與，並促進政黨和政治團體大幅革新。

正如茱莉亞・卡熱的提案所言，「民主平等券」的邏輯亦可適用於政治籌資以外的其他方面。特別是可以取代現有的稅收減免和捐贈抵稅，現行制度等同於拿其他納稅人繳納的稅金去補貼最富有者的文化或公益捐款偏好。換句話說，我們可以從目前用於這些減稅和抵稅的金額著手，以等額票券的形式分配給所有納稅人。至於哪些協會、基金會或行業類別（衛生、文化、扶貧、教育、媒體等）符合資助資格可列入捐贈名單，這值得廣泛地討論。同樣地，這項機制也可為棘手的宗教善款問題提供一個重新思考的途徑。[102]

至於應該為這項制度分配多大的資金規模才算合理，這也是核心問題之一，在此暫不作定論。若所涉金額在總稅收所占比例很大，那麼這將是非常複雜的直接民主形式，可由公民自己決定應該如何花費大部分公共預算。現今民主進程往往和人民的期待落差甚大，在此情況下，這將是讓公民重建民主進程最具展望性的途徑之一。[103] 在實務上，議會審議制度還是提供了決議大多數公共資金分配的必要框架。預算決議要求在公民和媒體的監督下進行廣泛透明的審議。我們可以透過參與式預算、「民主平等券」與公投來擴大直接民主的範圍，[104] 但直接民主不太可能直接取代議會民主審議制度。「民主平等券」的精神是使議會民主更具積極性和參與性，

讓所有公民（無論社會背景和經濟能力如何）都能長久參與政治團體和集
體組織的更新，並因此能夠構思選舉綱領和計畫，然後在選舉產生的議會
框架內進行審議和做出決議。[105]

跨國人口移動的公平性：以全球格局重新思考社會聯邦制

現在讓我們來談談在定義公平社會時最為微妙的一個問題，那就是跨
國人口移動的公平性。目前的世界組織是建立在我們所習慣的假定之上：
因為人們長久以來如此習慣，習慣到甚至認為這些假定是無法取代的，但
實際上它們對應的是一套非常具體的政治意識形態政權。人們一方面認為
國與國之間的關係必須建立在貨物、服務和資金絕對自由流動的基礎上，
拒絕接受這些規則的國家則會被排除在文明世界之外。另一方面，人們卻
認為國家內部的政治選擇，特別是在租稅、社會或法律制度方面，因為只
牽涉本國範圍，所以必須遵守嚴格的國家主權。問題是，這些假定馬上就
產生矛盾，尤其近幾十年來矛盾不斷擴大，甚至可能使當前的全球化進程
遭到破壞。要解決這個問題，就必須改用不同方式來組織全球化，訂定更
具遠大目標的條約來取代目前的貿易協定，如此才能促進公平和永續發展
模式，包括可驗證的共同目標（特別是關於公平稅收和碳排放），並需要
通過適當的民主審議程序（以跨國的議會形式）。必要時，新的共同發展
條約可納入促進貿易的相關措施。不過新條約不宜再以資金的自由流動作
為核心要點，貿易和金融必須回歸它們本來應該如是的模樣：它們是用來
達到更高目標的手段，而非目的。

現行制度最明顯的矛盾之一，便是貨物和資金自由流動的組織方式是
利用大幅降低各國選擇自己的租稅和社會政策的權力。換句話說，現行有
效的國際法規所提供的遠非其所聲稱的中立框架，而是積極推動採取某些
政策，直接強行限制各國的國家主權。我們已經具體看到自1980年代和
1990年代以來實施的資本流動自由化協議中，並沒有設立任何租稅合作及

資訊自動傳輸機制以追蹤跨境資產及其所有權人身分的資訊（參見第十一、第十三章）。這種情形尤以歐洲為甚，歐洲是帶領全球化運動的重要角色，其制定的一些規則事實上妨礙了各國政府打擊離岸結構的避稅和規避監管（或者最起碼可以說，若各國希望實施適當制裁，只能被迫終止條約）。[106] 選擇這套特定的法律制度，部分反映了某些參與者有意識地希望推動歐洲國家之間的租稅競爭。這是 1980 年代至 1990 年代期間一些輕率決定所造成的結果，當時沒有預想到那些決定會對未來幾十年造成影響，特別是有關避稅天堂和離岸金融的增長。總而言之，這些協議是在另一個時代簽訂的，當時大家並不像現在如此憂心不平等問題的惡化、金融資本主義過度發展以及身分認同退縮和民族主義的問題。

此外，由於公平正義的表現形式愈來愈趨向跨國性，關於公司和租稅選擇的嚴格國家主權的幻象，事實上也被摧毀了。話說富裕國家提供貧窮國家資金援助（儘管提供的援助既不足夠，又經常不符需求），並非只是因為顧及自身利益（比方說杜絕難民潮湧入），更是因為富裕國家的人民（或至少其中一部分人民）認為出生在貧窮國家的人，其人生的發展機會比他們受限許多是一件不公平的事情。而這種不公平的不平等（inégalité injuste）必須得到糾正。即使不能完全糾正，但隨著理解到局勢的複雜和多變，尤其根據彼此在援助資金以及成功的發展策略實施之間掌握到的有限資訊，富裕國家願意付出一定的成本花費，在某種程度上起碼糾正部分的不公平現象。在這方面值得注意的是，目前將國民所得毛額的 1% 作為發展援助的參考基準，雖然不是特別慷慨的數字，但和同類型的其他補助相比，總金額仍然相當可觀。[107]

此外，在有關環境、人類世（anthropocène）、生物多樣性和氣候變化的辯論中，跨國和全球正義的看法發揮愈來愈重要的作用。眾所皆知的是，我們為限制全球暖化所做的努力確實不夠。然而，世界上某些國家和地區正在減少碳排放，他們沒有等待世界其他地區便開始採取具體行動。在人人為己、各國各謀其利的世界裡，這項事實難以解釋。相關討論中明

顯存在大量偽善和前後矛盾之處。2015年12月，一百九十六個國家在巴黎舉行會議，就限制地球升溫幅度控制在與前工業（préindustriels）時代相比最多不超過攝氏1.5度的理論目標達成一致。這尤其需要讓大量石油繼續留在地底下，例如阿爾伯塔省（Alberta）的油礦砂，加拿大方面才剛剛重新啟動了開發計畫。不過，這並不妨礙歐盟在2016年與加拿大簽訂新的貿易條約——《全面經濟貿易協定》（CETA），內容包括對貿易和投資自由化具有約束力的措施，但並未涉及任何環境或租稅措施。其實雙方在締約時本來可以增訂碳排放目標或最低共同企業所得稅率，並透過驗證機制和制裁措施確保執行順利，就像在商業貿易或金融事務的做法一樣。[108]

當前全球化的組織模式和跨國正義的表現形式，兩者之間最大的矛盾點自然是人員自由流動的問題。在主流規範的帶領下，文明國家必須遵守貨物、服務和資金的絕對自由流動，卻又可以完全隨心所欲地反對人員自由流動，因此這個問題在某種程度上成為唯一具備正當性的政治衝突主題。好比歐盟的概念是指在歐盟內部實現自由流動，同時保持對來自非洲和中東的人士（包括那些逃離苦難和戰爭的難民）實行更加嚴格的政策。自2015年爆發難民危機以來，大多數歐洲領導人都同意阻斷移民湧入，無論代價如何，甚至為了制止後面接踵而至的難民潮而任憑成千上萬的難民淹死在地中海。[109]部分歐洲輿論不認同這樣的政策，但另有一部分的輿論對歐洲地區以外的移民表示強烈敵意，並遵從自1980年代至1990年代以來在歐洲利用身分議題發展的排外本土主義政治運動，造成政治分歧的結構發生重大轉變。正如前文所見，這項轉變早在移民分歧成為核心問題之前已經開始，或者至少可以這麼說：除了反移民的態度，人們放棄了所有具備宏偉企圖心的重分配和減少不平等的政策，這也是造成今日政治分歧的因素（參見第十四、第十五章）。

總之，無論是在發展援助、環境保護還是人員的自由流動方面，正義的表現形式確實到達了跨國的層級，只不過它們往往既混淆又矛盾。尤其

是正義的表現形式不是永遠一成不變，而是隨著歷史脈絡和政治演變而構成。

邁向跨國正義

　　基於這些前述考量，我們究竟該如何定義「跨國正義」？從發展程度相近的國家開始討論會容易些，例如從歐洲國家開始。我們在前一章已經瞭解社會聯邦制的模式如何在歐洲範圍內運作（參見第十六章）。原則上，委由一個跨國的公民大會（在本例中為前一章提議的「歐洲大會」）負責做出共同決議，包含在全球公共財方面，如氣候政策和相關研究，以及在全球租稅正義方面，例如對最高財富和收入、大型企業和碳排放徵收共同稅的可能性（參見表 17.2）。整體而言，這種「跨國議會」（Assemblée transnationale）可由成員國的國會成員組成，或者由專為此目的選舉產生的跨國議員組成，甚至可以由兩者混合組成。以歐洲的情況來說，我強調的重點是以國會的主權為基礎，發展出歐洲的議會主權，使各國的國會議員投入政治進程，防止他們口徑一致地以抗議的姿態推卸責任，否則最終可能導致全體瓦解。當然，「跨國議會」的組織方式有很多種，可依具體

表 17.2. 全球化新組織：跨國民主

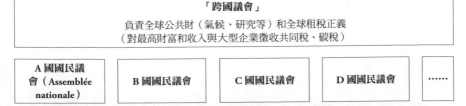

「跨國議會」
負責全球公共財（氣候、研究等）和全球租稅正義 （對最高財富和收入與大型企業徵收共同稅、碳稅）

A 國國民議會（Assemblée nationale）	B 國國民議會	C 國國民議會	D 國國民議會	……

根據所提議的組織，規範全球化（貨物、資金和人員流動）的條約今後將規定在各國之間和區域聯盟之間，建立一個負責全球公共財（氣候、研究等）和全球租稅正義（對最高財富和所得以及大型企業徵收共同稅、碳稅）的「跨國議會」。注解：A、B、C、D 國可能是法國、德國、義大利、西班牙等國家，在此情況下的「跨國議會」將會是前文擬議的「歐洲大會」；或者 A、B 等也可能是區域聯盟，例如歐盟、非洲聯盟等，在此情況下，「跨國議會」將會是「歐非聯盟大會」。根據情況，「跨國議會」可由各國的國會議員和／或專為此目的特別選舉的跨國議員組成。

情況採納和實驗不同的解決方案。

我們也看到了轉移支付（transferts）在歐洲極為敏感，即使是在平均收入水準幾乎相同的國家之間也是如此，例如德國和法國。這證明了在建立信任關係的漸進過程中，有必要對轉移支付的規模嚴加限制。讓我們期待聯合計畫和共同目標的重要性，未來能夠超越跨國轉移的瑣碎會計核算問題，尤其是有關環境保護和氣候變遷、研究和新知識的生產、維護正義和減少不平等方面。一般來說，沒有任何自然的理由足以解釋，何以巴伐利亞人和下薩克遜人（Bas-Saxons）之間的團結，或者巴黎人和布列塔尼人（Breton）之間的團結，能夠勝過他們與皮埃蒙特人（Piémontai）或加泰隆尼亞人之間的團結程度。所有這些團結都不是自發性的：它們是依循歷史脈絡和政治演變構建而成，透過證據和共同實現的成果證明了融合成同一個社會群體的利益，超越彼此畫分邊界的邏輯。[110]

我們可以擴大歐洲這種跨國民主模式的應用範圍。鑑於人員和經濟交流的緊密關係日益增加，最理想的做法是促進區域型的合作，例如歐盟和非洲聯盟，[111] 或是歐盟和美國之間的合作等等。遇到需要決議的情況，若可依據各國政府間訂立的條約直接做出決定，當然沒有理由將其委託給「跨國議會」。然而，有許多決議需要不斷修改和進一步闡明，尤其必須經過議會論壇公開討論和質詢的審議程序，才能夠聽取每個成員國不同的意見，並澈底擺脫由各國首腦閉門會議做出決定而導致國家利益衝突不斷（或被認為是國家利益並由此構成的衝突）的局面。例如，對於在非洲投資的歐洲跨國公司（或是未來有一天可能是在歐洲投資的非洲公司），前文提到的「歐洲與非洲大會」便可以負責決議通過企業所得的課稅模式，並引入補償措施因應全球暖化，甚至於規範移民潮。

有關援助資金的轉移支付，重要的是從一開始就設定限額和規模，但不排除未來可能有所修改。相較於目前的發展（援助資金大部分用於支付西方國家的顧問酬勞），未來一般原則可以設定為，只要符合尊重個人權利和選舉程序的原則（必須嚴格定義），轉移資金應直接充分用於有關國

家的預算。近幾十年來之所以對非洲的國家建設缺乏實際成效，其中一項
重要因素是某些組織，包括國際、政府或非政府組織的援助，繞過了非洲
（或更普遍來說的貧窮國家）的國家機構。此外，富裕國家快速取消商業
稅造成稅收損失，大家卻沒有設法協助發展更公平的稅收也是因素之一，
尤其有關企業所得、個人所得和財富的稅收制度，實際上是與公平稅收背
道而馳（參見第十三章圖13.12）。若目前由富國資助的官方發展援助，直
接全額支付給非洲各國政府，可望為非洲國家帶來可觀的資源，用以改善
教育和醫療品質。沒有人能夠預測這種跨國的審議和民主程序最後導向何
方，但也有可能逐漸建立起教育平等的標準（即每一位兒童，無論出生在
歐洲還是非洲，都有權獲得相同的教育投資），最後，也因此建立了人人
平等的全民基金標準。[112]

　　理論上，「跨國議會」可對人員自由流動制定共同遵守的規則。在這
方面，不妨提醒一下，目前即使在歐盟內部，對人員的自由流動也存在某
些重要限制。在實務上，歐盟成員國的公民有權未經特別授權在其他成員
國旅行和工作，相較於對非歐盟國家公民的現行制度，這項權利意義重
大，因為其他非歐盟國家的公民為了取得工作簽證需要經過特定且通常非
常繁瑣的程序，不論是對本人和其雇主雙方都是如此。儘管如此，如果歐
盟成員國公民遷徙到另一個成員國但沒有找到工作，那麼他們在該國的居
留權通常只限三個月。此外，他們在其他成員國必須居住或工作連續五年
才有資格獲得該國的社會救助及永久居留權。[113]理論上當然可以修改歐
洲的條約讓他們立即享有該國社會救助福利而無需等待。但若是如此，就
必須對相應的社會支出的互助形式加以規定。從這個例子可以看出，要保
障公民的基本權利（首先是人員的自由流動），就應當一併處理財政和預
算問題才合乎邏輯。除非同時在這兩大陣線上同時取得進展，否則最終可
能失去平衡並使整體環境變得更脆弱。[114]

　　另一個同樣說明了這點的例子是大學學費。法國政府在2019年決定
只有來自歐盟的學生才能繼續適用目前相對低廉的學費註冊入學（學士每

年一百七十歐元，碩士每年兩百四十歐元），非歐盟學生則必須繳納高出許多的學費（學士每年兩千八百歐元，碩士每年三千八百歐元）。雖然政府法令確實有訂定免除學費的規定，但符合適用資格的學生不超過10%。換句話說，在絕大多數情況下，來自馬利或蘇丹的學生要繳納的學費是來自盧森堡或挪威學生的十到二十倍，儘管前者的父母收入可能只有後者的十分之一或二十分之一。[115]無怪乎許多法國學生和學者都難以信服現任政府設定的這套新標準合乎正義的邏輯。

這種情況值得注意，因為它再次闡明了要解決自由流動的問題，便需要結合公共服務的資金互助問題，也因此需要設立共同稅收。在這種情況下，所有歐洲學生可以到自己選擇的任何國家學習，並繳納與該國學生一樣的學費，這是很好的事。但如果有準備共同資助資金，這個原則會運作得更好，比方說，從歐洲層級對最高收入徵收聯邦稅，可經由「歐洲大會」討論及通過適用的累進稅率級距表。如果只有創造權利卻不籌措資金，甚至禁止徵收共同稅，同時又替加重租稅競爭創造有利條件，使得原本可以資助高等教育和公共服務的公平稅收發展更加困難，這顯然不是長久維護權利的最好方法。此外，如果有了這種共同資助制度，至少可以在有意願投入的歐洲國家之間建立，那麼自然可以為非歐盟學生規畫解決方案。具體來說，如果德國和法國透過對學生家長的收入徵收累進共同稅來資助大學，那麼，對於有關馬利學生提出類似的協定也是合乎邏輯的。換句話說，德國、法國和馬利之間可以簽署共同發展條約，馬利學生得以根據條約享受與德國和法國學生相同的學費，條件是對馬利富有家長的收入也徵收同樣的累進稅，並將稅收納入資助大學的共同基金。[116]無論如何，這是一種可能成立的正義標準，依我看，經由公共討論和質詢的民主審議過程，最終將會導向這樣的選擇。

在合作與退卻之間：跨國不平等制度的演變

　　我剛才描述的是一幅大家同心協力朝向更寬廣的跨國民主所呈現的互助合作理想景象（宛如田園詩般的祥和美好），其最終目的是希望達到建立公平的共同稅收、全民享有平等的受教育權和「全民基金」，希望人員自由流動能夠更加普遍，相當於廢除實際上的邊界。[117] 但我並沒有忽略其他不那麼美好的情況也有可能發生。正如我們在上一章所見，姑且不論歐盟的所有會員國，即使僅僅極少數的其中兩三個會員國，是否很快就會經由民主程序達成協議以通過共同稅收制，目前都還是未知數。在此之際，印度與其十三億人民成功做到通過對全民徵收累進所得稅，並且制定了共同規則，使弱勢階級有機會進入大學。印度模式當然也要面對其他不同的難題，但至少顯示了印度民主聯邦制度採取的某些做法，可能是法國人、瑞士人和盧森堡人想都沒想過的。建立一套互信的跨國正義標準是既細膩複雜又極為敏感脆弱的工作，任何人都無法預測這些合作未來將如何演變。

　　在朝向全球性社會聯邦主義理想合作的道路，與普遍的民族主義和身分退縮的道路之間，自然存在著許多可能的路徑。為了邁向更公平的全球化，有兩項原則最為關鍵。第一，雖然我們清楚明白目前許多貿易往來和金融交易的規則和條約需要大幅改變，但在廢止現行規則和條約之前，最重要的是確保新的國際法律架構擬定妥當。正如我們在上一章中看到有關歐洲體制的改革，政治領導人可能很容易決定宣布退出現行條約，但對於要用什麼樣的新條約來取代，卻沒有具體說明。英國脫歐就發生了類似情況。英國保守黨選擇向選民提議透過公投來決定是否要脫離歐盟，但並未就此表明一旦退出後打算如何規畫與歐盟未來的關係。然而，除了回歸到自給自足的封閉經濟（沒有人希望如此）之外，還有很多方法可供規範這些關係，而2016年英國脫歐公投後的公共討論顯示，即使想要僅就其中一項達成一致意見都困難重重。[118]

　　第二，即便我們應該要在退出現有框架之前，確保擬妥新的合作提案架構，但我們也不可能等到所有人都同意後才開始向前推進。因此，關鍵是要從少數國家走向社會聯邦制開始，設法讓一些國家相互締結共同發展條約，同時開放給其他有意願的國家加入。從歐洲層級拓展到更廣泛的國際層級亦是如此。例如，不論一個或幾個國家宣布廢止現有的資金自由流動條約，它們必須首先建立一個新的框架並邀請有意願者加入。新的框架裡仍然允許國際投資和跨境財產所有權，但前提是建立申報義務以及相關的必要合作，如此才能根據每個人的納稅能力，尤其是根據其財產規模和收入，以公平的方式分配稅負。

　　同樣地，對不合作國家所施行的制裁須採可逆形式，必須清楚表明制裁的目的在於建立合作、平等和包容的制度，而不是用強硬手段加劇國際緊張關係。例如我們提過的企業所得稅情況。理想的解決方法是歐洲和全球其他所有國家停止惡性競爭，建立新的合作關係。如此一來，有關課徵企業所得稅，便可根據企業在各國領土上進行的實際經濟活動，確保大型跨國企業賺取的利潤以透明的方式在各國之間分配，而且適用的最低稅率應符合應徵稅捐的一般稅率等級和福利國家的支出。在實務上，如果無法就企業利潤分配達成一致意見，那麼無論那些國家（包括單一國家）都可以單獨實行，方法是依該企業在其領土上實現的產品銷售和服務，按其在全球所占比例，徵收全球稅收中的份額。[119]有些人會譴責這種做法等於回歸保護主義（protectionnisme）的形式，但實際上某些部分是很不一樣的：它的目標是針對企業所得，而不是貿易，是基於缺乏企業合作提供透明資訊，才將貿易資訊作為分配利潤的一個可驗證指標。未來一旦達成充分合作，資訊得以透明化，這個過渡制度將可由更完善的制度取而代之。

　　企業稅尤其重要，因為全球租稅制度目前面臨的最大風險無疑是各國競相對企業提出低稅優惠，不斷朝向免稅趨勢發展。從長遠來看，如果不採取基進措施遏止低稅競爭，到最後徵收累進所得稅也將難以實踐。[120]其他稅收也是同樣的邏輯。我在前文討論過累進財產稅。針對拒絕配合股

權資訊透明化的公司，可按其在有關國家的貨物和服務銷售額的比例，換算金額併入財產總額，再從累進財產稅中徵稅。碳排放的徵稅也是如此。由於缺乏適當的協調政策來減少碳排放，所以必須根據商品和服務在各國的銷售基礎徵收碳稅。不過在這一點上必須明確指出，減少碳排放需要不同的合作解決方案（例如，它可以採取協調累進稅〔taxation progressive coordonnée〕的形式對個人排放徵稅），而且必須指出該採取何種途徑以實現目標。

　　綜上所述，當今的全球化意識形態興起於1980年代至1990年代期間，目前正面臨危機和重新定義的階段。不平等現象的加劇使富裕國家的社會底層和中產階級產生被剝奪感，逐漸不信任國際一體化（intégration internationale）和無限擴張的經濟自由。這些緊張局勢促使民族主義和身分認同運動興起，並可能對貿易制度帶來不可預知的挑戰。民族主義的意識形態也可能（無疑地是很可能）激化所有國家彼此之間無止盡的競爭，以及對外採取低稅競爭和社會傾銷[3]，對內則針對少數族群和移民強化身分認同和威權主義，藉此團結社會全體對抗其宣稱的敵人。而且，這種情況不僅在歐洲和美國出現，也出現在印度和巴西，以及在某種意義上來說，在中國對異議分子上的情況也是如此。面對立基於自由主義和民族主義的意識形態宣告破產，如今唯有以社會聯邦主義和新的世界經濟合作組織為基礎，發展真正參與式和具備國際視野的社會主義，才能解決矛盾。鑑於眼前挑戰的規模巨大，我嘗試建議了一些可行途徑，向大家闡述事實上有一些解決方案可供我們逐步朝著實現目標的方向前進。當然這些建議的目的不是為了提供一個一勞永逸的解決方案，而是表明人類社會對於意識形態和體制的想像力不會就此停止。本書所探討的各種不平等制度的歷史，證明了政治意識形態的內容寬廣，且在每條道路出現分岔點的時刻，短期的時局轉折和長期的思想演變事實上都發揮了作用。每一種意識形態都有

---

③　編注：社會傾銷（social dumping），指高工資的工業化國家進口相對廉價的外國產品。

缺陷存在，但每一個人類社會都需要意識形態，才能解釋不平等現象的存在。此刻我們也需要一種新的意識形態，一種跨越國族疆界的意識形態。

結論

　　我在本書中試圖闡述不平等制度歷史的經濟、社會、知識和政治層面，其中包含了從前的三級社會和奴隸社會，到現代後殖民和超級資本主義社會，種種合理化和結構化社會不平等制度的相關歷史。不消說，如此浩繁的內容，絕非一本書就能窮盡。由於研究基礎不夠完備，本書的結論自然是脆弱且暫時的。本書研究的主要使命，在於未來能夠得到進一步擴大與延伸，變得更加豐富。我個人最大的希望是，這本書能夠幫助讀者清楚思辨自己對社會各種平等和不平等現象的想法和意識形態，進而對這些問題激發出新的反思。

意識形態鬥爭與尋求正義的歷史

　　恩格斯和馬克思在1848年的《共產黨宣言》中寫道：「人類社會的歷史，就是一部階級鬥爭史。」儘管所言甚是，但在本書的尾聲，我想重新將這句話改寫成：「人類社會的歷史，就是一部意識形態鬥爭和尋求正義的歷史。」換句話說，思想和意識形態在歷史中扮演關鍵角色。個人的社會地位儘管非常重要，仍不足以打造公平正義的社會、財產、邊界、稅收、

教育、薪資或民主的思想理論。然而，如果對這些複雜的問題沒有準確的答案，對政治試驗和社會學習缺乏清晰的策略，那麼鬥爭將找不到意義明確的政治出口。最後導致的結果是，一旦取得政權後所建立的政治意識形態，有時甚至比原先要推翻的更加壓迫人民。

二十世紀的歷史以及共產主義的垮臺，使當今人類迫切需要仔細研究不平等制度及其自圓其說的方式，最重要的是為政治經濟組織研究出可行的體制架構，使人類和社會可以真正得到解放。我們不能將不平等的歷史簡單歸結為壓迫人民者與捍衛人民者之間永遠的對立衝突，不平等的歷史是建立在雙方複雜的知識和體制的建構。當然，占主導優勢的一方在這些建構中，或多或少會夾雜著偽善，以期能持續掌權，但這仍值得我們仔細審視。意識形態的鬥爭不同於階級鬥爭，其仰賴的是分享知識和經驗、尊重他人、審議和民主協商。對於公平財產、跨國人口移動的公平性、公平民主、公平稅收或教育，沒有任何人擁有絕對的真理。人類社會的歷史可被視為一部尋求正義的歷史，唯有透過詳細對照比較個人和歷史的經驗，以及盡可能地廣泛審議，人類才能朝著尋求正義的方向往前邁進。

然而，意識形態的鬥爭和對正義的追求，需要表達明確的立場和鬥爭的目標。從本書所分析過的實際例子來看，我深信憑藉參與式社會主義和社會聯邦制，可以超越資本主義和私有財產制，以實現公平正義的社會。最重要的是貫徹社會和臨時財產制，除了一方面在公司對股東的投票權設定上限，股東與員工共同分享投票權和權力；另一方面，也要對財產課徵高度累進稅、實踐全民基金和貨物的永久流通。同時實施累進所得稅制和碳排放的集體監管制，所徵得的稅收用於資助社會保險和「全民基本收入」、生態轉型和建立真正平等的受教育權。最後還需要共同簽訂以社會、租稅和氣候正義的量化目標為核心的共同發展條約，以期發展新的全球化組織，且商業交易和金融流動必須以實現這些目標為條件。為了重新定義相關的法律架構，勢必得有一定數量的現行協議退場，特別是 1980 至 1990 年間簽署生效的有關資金自由流動的協議，這些協議阻礙實現上述目

標，因此必須推動遵守金融資訊透明化、租稅合作和跨國民主原則的新規則來取代。

本書有些結論可能看起來基進，實際上則與十九世紀末以來歷經法律、社會和租稅制度深刻變革的社會民主主義運動路線一致。二十世紀中葉由於教育機會相對平等以及實施基進的創新舉措，例如在德語系國家和北歐國家實施的公司共同管理制度或在英國與美國的累進稅制，使得福利國家得以建立，不平等現象因此顯著下降。然而，1980年代的新保守主義和共產主義的垮臺打斷了這項運動，全球在1980至1990年間因此進入了一個全新的階段：完全信奉「市場的自我調節」和「財產的準神聖化」。在標榜全球化貿易和擴大高等教育的時代背景下，由於社會民主陣營的聯盟無法超越民族國家的框架，亦未更新未來藍圖，最後導致曾經讓戰後不平等差距縮小的左右派政治體系也隨之崩潰。然而，當人類面臨各種艱鉅挑戰，包括不平等再度攀升至歷史高點、反全球化和新形式的身分退縮，以及2008年金融危機爆發，在在都讓人們意識到放鬆管制的全球資本主義弊端已現。人們於是開始重新思考，如何規畫一套更公平、更永續的新經濟模式。在此蒐集的有關參與式社會主義和社會聯邦主義的各項參考資料，大多只是採取在世界不同地區明顯可見的發展，並將其演變重新放在更寬廣的歷史視野中觀察分析。

然而，從本書所研究的各種不平等制度的歷史顯示，這些政治意識形態的轉變絕不是必然與注定的。仍有可能存在不同的發展路徑，這要看短期的時局轉折和較長期的思想演變如何交互影響。除此之外，從各種路徑中所激發出的不同思維，往往在危機時刻可以派上用場。可惜目前的實際情況卻與此背道而馳：各國之間新一波的競爭逐漸惡化，租稅和社會傾銷正在帶來嚴重風險，最終可能強化民族主義和身分認同。這種情形在歐洲、美國、印度、巴西與中國都明顯可見。

打破以西方為中心的視角

　　我在本書討論不平等制度的歷史時，試圖將觀察視角擴及世界各地，
不單單局限在西方國家。事實證明印度的例子尤其具有啟發意義。印度既
是人類社會中極具規模的民主聯邦制案例，該國的發展也向世人展示了國
家如何透過法治克服過去種姓社會遺留下來的嚴重不平等，特別是這些不
平等在歷經英國殖民後變得更加僵化。印度政府為此發展了配額和「保留」
制度，讓來自弱勢和歷史上受到歧視的社會階層得以在大學入學、公共就
業和公職人員選舉方面享有保留名額。當然，光憑這些並不足以解決所有
問題，要達到真正的平等還需要更多的努力。但這些經驗對世界其他國家
來說非常值得借鏡，尤其是西方的民主國家，因為這些國家很快也將面對
如何解決龐大的教育不平等問題（長期以來避而不談的問題）。此外，西
方國家才剛開始學習多信仰主義（而印度早在十個世紀以前就已經知道）。
總之，我在本書中試圖告訴讀者，回顧不平等制度的漫長歷史，對於瞭解
當今世界是何等的重要，尤其是有助於瞭解歐洲的私有財產制和殖民勢力
如何影響歐洲以外的三級社會發展。我們之所以研究以前的不平等意識形
態及其中的複雜與幽微之處，除了是因為這些歷史痕跡依然存在於當今的
不平等結構裡頭，也是因為這能讓我們比較過去與現在的意識形態，進而
發現今日的意識形態未必比昨日的更加明智，因此未來同樣會遭到取代。

　　儘管我盡了最大努力來拓廣視角，但我還是要說，這本書的視角分布
仍然相當不平衡：雖然比起我的上一本書或許稍微好些，但問題依舊存
在。比方說，不斷重複提到法國大革命，一再援引歐洲和美國的經驗，著
重程度遠超過他們的人口比例。社會學家古迪（Jack Goody）在其著作《歷
史的偷竊》（ The Theft of History ）中，精準地批評人們經常不由自主地用西
方中心觀點來書寫歷史，即使是在立意良善的社會科學家筆下有時也難免
如此，總是把不屬於歐美的科學發明歸功於歐美，甚至將彬彬有禮的愛
情、追求自由、重視親情、核心家庭、人道主義或民主政治等文化慣習視

為歐美的創見。[1]我在這本書中盡力避免犯下這種偏見，但不確定自己是否真能做到。原因很簡單：我的觀點深受自己根深蒂固的文化背景與有限的知識影響，尤其是受到我極為薄弱的語言能力影響。身為本書作者的我，只能精通法文和英文，並且只熟悉相對有限的一手資料。然而，本書研究觸及的範圍卻是如此廣闊，或許太過廣闊了。所以如果有任何領域的專家發現本書某些地方過於約略或簡化，我要向他們表示歉意。我希望很快就會有更多研究來補充和取代我的不足之處，幫助我們更進一步瞭解各種不同面向的不平等制度，特別是在本書較少論及的地理和文化方面。

毫無疑問，我的看法也會受到我個人的人生歷程影響，影響程度甚或超越我自己的想像。我跟大家提一下我的家庭背景，是這樣的背景使我接觸到豐富多樣的社會環境和政治主張。我的兩位祖母在她們那一代受到父權體制的壓抑，其中一位雖然過上資產階級的生活，卻沒能擁有快樂的人生，於是很早便於1987年在巴黎去世。另一位祖母年僅十三歲就在農場做女僕，那時正值二戰期間。她於2018年在安德爾－盧瓦爾省（Indre-et-Loire）去世。我的一位曾祖母出生於1897年並於2001年去世，她會跟我說法國在1914年的故事，說當時法國正準備對德國進行報復。我出生於1971年，成長過程中父母給了我充分自由。我在1989年時還是個學生，我從收音機裡聽到共產主義獨裁政權垮臺的事，兩年後便聽到了波斯灣戰爭爆發。若要解釋我的歷史觀和經濟觀為何會在成人後出現大幅變化，我想我所發現的歷史資料和過去所讀過的書籍會是主要原因（和現在相比，當時的觀點比較偏向自由派，較少社會主義）。特別是我在2001年發表的文章《二十世紀法國高所得群體研究》（Hauts Revenus en France au xxe siècle），使我瞭解到過去一個世紀裡不平等現象的縮減伴隨了多少的暴力事件。2008年的金融危機也促使我對全球資本主義的金融資產和國際化的脆弱性產生興趣，開始研究資本與其積累的歷史，而這些都是《二十一世紀資本論》（2013年出版）的核心主題。本書的基礎建立在新的資料，主要來自殖民歷史和選舉後的調查資料，這引領我發展出一套研究不平等政

權與政治意識形態的方法。不過，前述對自我經歷的重建可能還是太過理
性，忽略了我個人其他的成長歷程也可能在無形中對本書的論點產生影
響。儘管如此，我在本書還是盡可能嘗試還原我在研究過程中的所思所
感，也就是說，讓讀者瞭解是哪些歷史資料、著作和閱讀材料引領我走到
現在，引領我去捍衛這些立場。

論社會科學的公民和政治角色

今日的社會科學家十分幸運。社會支付酬勞請他們閱讀書籍、探索新
的資料、從各種可利用的檔案和調查中盡可能地學習更多知識並加以綜合
整理，然後再將所學回饋給支付他們酬勞的人（即社會上的其他人）。他
們有時會在無謂的學科爭論和身分地位衝突上浪費太多時間。儘管如此，
社會科學確確實實存在，並且是公共辯論和民主對話不可或缺的一部分。
我在本書試圖展示如何實際利用各種社會科學的方法和材料，來分析不平
等制度歷史的社會、經濟、政治和知識層面。

我深深以為當代的民主混亂，部分源自於在公民和政治領域的經濟學
知識已經脫離了其他社會科學而變得過於「自主化」。這種自主化部分是
經濟領域的技術和複雜度愈來愈高的結果，但另一部分也是因為運用經濟
知識的專業人士，無論是在學界還是商界，經常不由自主地將專業知識和
分析能力妄稱歸其專有而加以壟斷。實際上，唯有交叉運用經濟學、歷史
學、社會學、文化學和政治學等各種方法，才能讓我們更進一步理解社會
經濟現象，對於研究社會階級之間的不平等及其在歷史上的轉變來說更是
如此。本書的內容之所以豐富，正是因為匯聚了來自各種專業的多位社會
科學研究人員的研究心得，沒有他們，就不會有我們這份研究。[2] 除此之
外，我也嘗試向讀者展示文學和電影的視角如何不可或缺，因為它們能夠
補充社會科學的觀點。

經濟學領域的過度自主化，事實上也是歷史學家、社會學家、政治學

家和哲學家太過習慣把經濟問題留給經濟學家的結果。然而，一如我在本書的研究顯示，政治和歷史領域的經濟學同樣也涉及所有的社會科學。我認為社會科學家在做分析時，都應該要統合社會經濟學的各項研究，只要對分析有用，每次分析都要蒐集量化數據與歷史資料，必要時更得採用其他學科的方法和材料。有很大一部分的社會科學家自動放棄了量化和統計資料，這尤其可惜。我們唯有先嚴格檢視這些資料及其社會、歷史和政治的建構條件，方能合理地使用它們。如果繼續維持這樣自動放棄的態度，不僅無端賦予經濟學領域過度的自主權，也促使經濟知識陷入貧脊枯竭。希望這本書對於彌補這項缺陷能有所貢獻。

　　經濟學領域的過度自主化不僅有害於相關研究，更會對公民政治產生不利的影響，因為它助長了宿命論和無力感。今天的新聞工作者和公民已經太習慣於順從經濟學家的專業知識，無視於經濟學家的專業知識本身其實相對有限，而且往往婉拒對員工薪資和企業所得、稅收和債務、貿易和資本等問題表達自己的看法。如果人民真的如同民主政治所聲稱的是國家的主人，那麼這些理解議題就是必要的。我們沒有道理因為這些問題極為複雜，就把它們全留給一小撮專家去處理。道理正好相反：正因為這些議題是如此複雜，所以唯有仰賴我們每一位公民的判斷、探索和經驗，共同進行廣泛的集體審議，才可能使我們朝解決這些問題的方向邁進。幫助公民重新掌握經濟和歷史的知識，這正是這本書最終極的目的。即使讀者不同意我的某些結論也無妨，因為我認為，重要的是開放辯論，而不是終止辯論。如果這本書能喚醒讀者對新問題的關注，並使讀者能夠擁有以前不具備的知識，那麼，我的目標就圓滿達成了。

注釋（下冊）

第十章

1 參見卡爾・博蘭尼，《鉅變》（*The Great Transformation: The Political and Economic Origins of Our Time*，1944；譯注：法文版於 1983 年由 Gallimard 出版；中文版於 2020 年由春山出版）。博蘭尼為匈牙利經濟學家兼史學家，1933 年逃離維也納前往倫敦，後於 1940 年移民美國，1940 至 1944 年間，他分析歐洲當時爆發的嚴重衝突並撰寫成書，後來成為經典之作。對博蘭尼而言，正是十九世紀被奉為圭臬的市場自我調節的意識形態導致了 1914 至 1945 年間歐洲社會的自我毀滅，並導致經濟自由主義長期遭受質疑。

2 圖 10.1 至 10.3 中的歐洲所得不均估計值為英國、德國、法國、瑞典的平均值（這些國家可取得的長期資料最完整）。我們能取得的其他國家的估計值可追溯至二十世紀初（包括荷蘭、丹麥與挪威），而其所呈現的變化十分相近。長期而言，日本的變化也十分類似，近年的數值落在美國與歐洲之間。參見線上附錄，特別是補充圖表 S0.6 以及 S10.1 至 S10.5。亦可參見導論圖 0.6。

3 圖 10.4 與 10.5 中的歐洲資產不均估計值為英國、法國、瑞典的平均值。我們能取得的其他國家的估計值可追溯至二十世紀初（可惜筆數不如所得方面那麼多），而所呈現的變化十分相近。參見線上附錄。

4 在此也要強調，資產高度集中且較所得更加集中的情形出現在每個年齡層之中。參見線上附錄。

5 關於缺乏資訊透明及所牽涉的政治議題，參見第十三章。

6 這種情形在法國、美國及瑞典尤其明顯。參見第四章圖 4.1 及 4.2，以及第五章圖 5.4 及 5.5。關於十九世紀的美國，可取得的資料不夠完整，但從現有數據亦可看出集中度增加的趨勢。不過資料也反映出南北戰爭結束、南方黑奴販子的財產瓦解之後出現了財富大洗牌的特殊現象。

7 參見巴特斯（L. Bartels），〈德國的最高所得，1871-2014 年〉（Top Incomes in Germany, 1871-2014），WID.world，進行中研究報告系列，No. 2017/18，《經濟史學報》（*Journal of Economic History*），2019；戴爾（F. Dell），《不平等的德國：德國的所得與資產不均，從俾斯麥到施洛德政府的資本積累動態與課稅（1870-2005 年）》（L'Allemagne inégale.

Inégalités de revenus et de patrimoine en Allemagne, dynamique d'accumulation du capital et taxation de Bismarck à Schröder 1870-2005），博士論文，法國高等社會科學院（EHESS），2008。

8 關於 1850 年代前工人薪資的停滯與利潤占比因此大幅成長的狀況，參見艾倫（R. Allen），〈恩格斯停滯期：英國工業革命時期的技術變遷、資本積累和貧富不均〉（Engels' Pause: Technical Change, Capital Accumulation, and Inequality in the British Industrial Revolution），《經濟史探索》（Explorations in Economic History），第 46 (4) 期，2009，頁 418-435。亦可參考皮凱提，《二十一世紀資本論》，出處同前，法文版頁 24-30，以及本書第六章，圖 6.1 及 6.2。此外，許多研究皆證實在工業革命初期出現勞力密集度提高與生活條件惡化的狀況（評估方式之一為同年齡人口的身高）。參見尼可拉斯（S. Nicholas）、史代克（R. Steckel），〈英國勞工在工業化初期的身高與生活水準〉（Heights and Living Standards of English Workers during the Early Years of Industrialization），《經濟史學報》，第 51 (44) 期，1991，頁 937-957。亦可參考德‧佛理斯（J. De Vries），〈工業革命與勤勞的革命〉（The Industrial Revolution and the Industrious Revolution），《經濟史學報》，第 54 (2) 期，1994，頁 249-270；沃斯（H. J. Voth），〈十八世紀倫敦的時間與勞動〉（Time and Work in Eighteenth-Century London），《經濟史學報》，第 58 (1) 期，1998，頁 29-58。

9 1870 到 1914 年這段期間的複雜情況（實質薪資上升但所得與財產不均擴大）讓我們更能理解 1890 到 1910 年間歐洲社會主義者為何會挑起各種激烈爭議，例如在德國社會民主黨內部，愛德華‧伯恩斯坦（Eduard Bernstein）的修正主義論點（他質疑馬克思主義者關於薪資停滯與革命之必然性的假說）與卡爾‧考茨基（Karl Kautsky）、羅莎‧盧森堡（Rosa Luxemburg）支持的正統派路線產生衝突（他們汙名化伯恩斯坦的改良主義，當時他已準備與政府合作，甚至將成為國會的副議長）。以後見之明的角度，當初薪資確實有成長（即使幅度有限），不過伯恩斯坦對於財產分散與貧富差距縮小的看法應是過度樂觀。

10 特別建議參考基多‧阿爾法尼（Guido Alfani）針對 1500 到 1800 年間義大利與荷蘭財產集中度變化的研究（財產最高十分位的占比為總額的 60 至 80% 左右，且呈現上升趨勢，其部分原因在於國家採用了累退稅制）。請參見阿爾法尼、迪‧圖力歐（M. Di Tullio），《最大的一份：前工業化時代歐洲的貧富不均與租稅國家的興起》（The Lion's Share: Inequality and the Rise of the Fiscal State in Preindustrial Europe），劍橋大學出版（Cambridge University Press），2019。亦請參見線上附錄。

11 一些考古研究（例如人類學家穆爾德〔Monique Borgerhoff Mulder〕的研究）顯示，漁獵－採集社會中的財產集中度很低，和農業發明後的社會相比，當時可以累積和移轉的財物很少（在農業發明後的社會中，財產的集中度似乎很快便達到和十五至十八世紀歐洲社會相同的水準）。這些研究的可信度有待商榷，而且針對的社會規模都很小，但是它們某種程度上還是證明了二十世紀財產集中度的稀釋有其歷史特殊性。參見線上附錄。

12 另一個應納入考量的因素是資本利得在國民所得中占比的減少：在十九世紀末及二十世紀初，這個數值約在 35 至 40% 之間，1950 到 1970 年間則為 20 至 25%，2000 到 2020 年間則為 25 至 30%。上述變化主要是勞資對抗以及雙方發揮談判籌碼的結果。參考皮凱提，《二十一世紀資本論》，出處同前，第六章，以及線上附錄。

13 參見線上附錄。

14 如果私人資本（按市場價值）與國民所得的比值等於 2，這代表所得達平均值的人如果每年儲蓄 10%，二十年後將可躋身資產持有型中產階級；如果比值為 8，則需要八十年時間。如果要瞭解數值大小，英國和法國在 2010 年代每人每年的國民所得約為三萬

五千歐元，而圖 10.8 所顯示的比值約為 5 至 6，代表每人平均資產額為二十萬歐元左右。我們會在以下幾章中再次討論目前的資產結構（主要可參考第十一章圖 11.17）。

15　參見線上附錄及皮凱提，《二十一世紀資本論》，出處同前，第三章，圖 3.1 及 3.2。

16　參見皮凱提，《二十一世紀資本論》，出處同前，第三至五章（特別是法文版頁 232-237）。關於更完整的解析與資料序列，請參考皮凱提、祖克曼（G. Zucman），〈資本回來了：富裕國家的財產－所得比，1700-2010 年〉（Capital is Back : Wealth-Income Ratios in Rich Countries, 1700-2010），《經濟學季刊》，第 129 (3) 期，2014，頁 1255-1310，與文中提及之附錄。這份研究的主旨是系統性的檢視十八世紀初以來與公、私財產之結構與總額有關的各種資料及估算。在此也要特別說明，圖 10.8 所顯示的資產萎縮不只出現在歐洲國家，也出現在日本，美國的情況則較不嚴重（其起始點較低）。

17　參見安德里厄（C. Andrieu）、勒馮（L. Le Van）、普洛斯特（A. Prost），《將自由化收歸國有：從烏托邦到妥協》（Les Nationalisations de la Libération. De l'utopie au compromis），巴黎政經學院出版部（Presses de Sciences Po），1987，以及皮凱提，《二十世紀法國高所得群體研究》，出處同前，頁 137-138。

18　實際操作下，由於通貨膨脹的影響（物價在 1940 至 1945 年間漲到三倍以上），這項稅賦等於對所有財富縮水不夠多的對象課以 100% 的稅率。但是安德烈・菲利普（André Philip，戴高樂臨時政府中的工人國際法國支部閣員）認為，這項特別稅無可避免的會壓迫到「那些未曾得利的人，也許還會壓迫到那些就金錢而言財產縮水的人，因為他們財富增加的速度不及物價整體上漲的速度，但是當大批法國人傾家蕩產的時候，他們設法大致保住了財產」。參見《政治年度 1945 年》（L'Année politique 1945），頁 159。

19　我們將在第十一章中再度討論這些問題。在此特別說明，如果我們使用帳面價值（而非市場價值）來衡量德國社會持有的財產，則在圖 10.8 中，1970 到 2020 年德國的水準會與英、法齊平（甚至略略超過）。相反地，英美企業的股票市值自 1980 年代以來之所以大幅上漲，主要是股東協商權提高的結果（而非實質投資增加）。參見線上附錄。參見皮凱提，《二十一世紀資本論》，出處同前，第五章圖 5.6。

20　在法國，若以 1914 年為基數 100，租金指數與一般物價指數的比值在 1919 至 1921 年間落在 30 至 40，1948 至 1950 年間則為 10 至 20，其後漸漸提高（1970 至 1980 年間約為 70，2000 至 2010 年間回到 1914 年的 100）。參見皮凱提，《二十世紀法國高所得群體研究》，出處同前，頁 89，圖 1.8。

21　要特別說明的是，德國超低的不動產增值率（部分原因來自各種租金管制手段）亦可解釋圖 10.8 中 2000 至 2020 年間的各國差距。更廣泛而言，假設我們能以可完全相比的方式衡量不同時代資本存量的社會價值（而非市場價值），尤其是考慮權力分享的政策對公司市值的影響，以及租金凍漲對不動產市值的影響，則圖 10.8 中，2000 至 2020 年間資本積累的程度很可能會超越 1880 至 1914 年間的水準。參見線上附錄。

22　換句話說，扣除折舊後的淨投資額（總投資額與資本折舊的差額）往往是負的。值得注意的是，考慮到國民所得之成長（1913 至 1950 年間雖低但並非完全歸零），如果私人資本與國民所得的比值始終很高，代表一定有固定且相對高的投資流量。舉例來說，若每年所得成長率為 1%，則每年一定要有 8% 的投資流量，資本／所得比才能保持在 8 的水準。參見皮凱提，《二十一世紀資本論》，出處同前，第三章。

23　參見前注書，頁 169-179。

24　二次大戰後的美元金本位制稍微長壽了點：1946 年實施，1971 年隨著美元與黃金停止兌換而告終。

25　德國的計算未納入 1923 年（當年物價漲為一億倍），因此所衡量的是 1914 至 1922 年以及 1924 至 1950 年間的平均通貨膨脹率。

26　1920 年代的金融儲蓄的確因股票崩盤大為縮水，然而 1945 到 1948 年的通貨膨脹造成

的額外打擊同樣不可小覷。因應作為之一便是最低養老金（minimum vieillesse），一種
1956 年為無收入來源的老年人所設立的制度，以及發展分配性的退休金制度，於 1945
年實施，但經過一段時間後規模才逐漸擴大。

27　這些針對私人資產的高度累進稅在各項具備「分擔負擔」（Lastenausgleich）精神的政策
下同樣持續實施到 1980 年代；分擔負擔制度的目的是為了補償來自東歐國家的德國難
民在國界變動過程中所承受的損失。參見休茲（M. L. Hughes），《扛起失敗重擔：西德
與社會正義的重建》（*Shouldering the Burdens of Defeat: West Germany and the Reconstruction
of Social Justice*），北卡羅萊納州大學出版（The University of North Carolina Press），1999。

28　參見嘉洛斐－維拉（G. Galofré-Vila）、麥斯納（C. Meissner）、麥基（M. McKee）、史塔
克勒（D. Stuckler），〈1953 年倫敦債務協定的經濟影響〉（The Economic consequences of
the 1953 London Debt Agreement），《歐洲經濟史評論》（*European Review of Economic
History*），第 23(1) 期，2018，頁 1-29。

29　1919 至 1923 年間，法國與英國也有許多針對這類做法的辯論，不過這些做法並未見
效。如欲概覽為消除公共債務而從私人資本挖錢的各種經驗，請參見艾肯格林（B.
Eichengreen），〈資本稅的理論與實際〉（The Capital Levy in Theory and Practice），收錄於
唐布希（R. Dornbusch）、德拉吉（M. Draghi），《公共債務管理：理論與歷史》（*Public
Debt Management : Theory and History*），劍橋大學出版（Cambridge University Press），
1990。關於上述辯論，亦可參考約翰・希克斯（J. Hicks）、烏蘇拉・希克斯（U.
Hicks）、羅斯塔斯（L. Rostas），《對戰爭財富課稅》（*The Taxation of War Wealth*），牛津大
學出版（Oxford University Press），1941。

30　經過推算，在 1400 到 1800 年間，歐洲錢幣中的金、銀含量平均減少了五分之三到三分
之二，代表四百年間每年的平均通膨率為 0.2%，但實際狀況比較接近物價長期保持穩
定，只是偶爾會發生突然下跌數十個百分點的情形。參見萊茵哈特（C. Reinhart）、羅
格夫（K. Rogoff），《這次不一樣：八百年金融危機史》（*This Time is Different : Eight
Centuries of Financial Folly*），普林斯頓大學出版（Princeton University Press），2009，第
十一章（譯注：中文版為劉道捷、陳旭華翻譯，大牌出版，2015）。

31　關於法國大革命時期對累進稅制的辯論，參見第三章，表 3.1。

32　其後，1814 到 1914 年間公共債務增加的原因主要是戰爭賠償及「給貴族移民的十億」
（milliard aux émigrés）等特殊措施所致。參見皮凱提，《二十一世紀資本論》，出處同
前，頁 210-213。

33　參見卡爾・博蘭尼，《鉅變》，出處同前，頁 52-53。

34　參見線上附錄及阿慕賀（V. Amoureux），《公共債務及其不平等效應：從十九世紀的英
國經驗出發》（*Public Debt and Its Unequalizing Effects: Explorations from the British Experience
in the Nineteenth Century*），巴黎經濟學院（PSE），2014。

35　有些國家，尤其是德國、瑞典及大部分北歐國家，在二十世紀初發展出第三種形態的累
進稅，亦即每年課徵的資產所得稅。我們將於第十一章再做討論。

36　一般而言，圖中顯示的最高邊際稅率適用於高額所得與遺產的一小部分，通常是最高百
分位甚至最高千分位的群體；不過事實上這就是資產與所得去集中化最明顯的階層。我
們稍後會再討論不同階層適用的實際稅率之變化。

37　要特別釐清的是，此處僅考慮聯邦所得稅與遺產稅，通常除此之外還需要繳納州稅，根
據不同時期，附加的稅率約在 5 到 10% 之譜。

38　圖 10.11 所顯示的稅率並未納入 1920 年施行的法律針對以下兩類人口增收的 25% 稅
率，一是單身無子的納稅人，二是已婚但「結婚滿兩年仍未生子」的納稅人（納入後
1920 年的最高稅率將為 62%，1925 年則為 90%）。這項很有意思的設計見證法國因出
生率下降受到的創傷有多深，也見證財稅制度立法者如何以無窮的想像力表達他們對國

家的恐懼與期盼；這項制度在 1939 到 1944 年間變成「家庭補助稅」（taxe de compensation familiale），1945 至 1951 年間則成為家庭商數（quotient familial）制度的一部分（已婚但無子女的夫妻原本可獲兩單位補助，如果「結婚滿三年」仍未生子，補助將降至 1.5 個單位；各位會注意到 1920 年由國民集團通過的年限在 1945 年組成的國民議會手中延長了一年）。關於歷次發展及其辯論的詳細分析，請見皮凱提，《二十世紀法國高所得群體研究》，出處同前，頁 233-334。

39　此處僅簡略說明，完整的資料及結論請參見線上附錄及皮凱提、波斯特－維奈（Postel-Vinay）、羅森塔爾（Rosenthal）合著，〈收租者的終結：巴黎 1842-1957 年〉（The End of Rentiers: Paris 1842-1957），WID.world，進行中研究報告系列，No. 2018/1。

40　參見卡納迪恩（D. Cannadine），《英國貴族的式微與沒落》（*The Decline and Fall of the British Aristocracy*），出處同前，頁 89。

41　關於高薪機制，參見本書第十一章及皮凱提、賽斯、斯坦切娃（S. Stantcheva）合著，〈高額勞動所得的最佳稅制：三個彈性的故事〉（Optimal Taxation of Top Labor Incomes: A Tale of Three Elasticities），《美國經濟學報：經濟政策》（*American Economic Journal: Economic Policy*），第 6 (1) 期，2014，頁 230-271。高額所得階層的納稅人漸漸減少，也部分解釋了所得最高百分位及千分位所適用的實際稅率為何會在 1930 至 1950 年間以及 1960 至 1970 年間下降。實際稅率事實上從未及於法定的邊際稅率，另一個原因也在於當時的政府選擇讓某些所得類型適用例外規定（例如資本利得〔plus-value〕），1960 年代之後尤其明顯。關於不同類型的稅捐及每個百分位適用的實際稅率，詳細的資料序列請見線上附錄及皮凱提、賽斯、祖克曼合著，〈分配式國民所得統計：方法與美國的估計值〉（Distributional National Accounts: Methods and Estimates for the United States），《經濟學季刊》（*Quarterly Journal of Economics*），第 133 (2) 期，2018，頁 553-609。

42　然而我們也會注意到，同樣受戰爭破壞甚巨的日本，在 1950 到 1980 年間也對高額遺產課徵極高稅率，現在也仍然十分強調應對高額遺產移轉行為課徵重稅。

43　關於此一主題，請見布朗利（W. Elliot Brownlee），《美國聯邦課稅簡史》（*Federal Taxation in America: A Short History*），劍橋大學出版（Cambridge University Press），2016。本書作者同樣強調聯邦政府（以及各州）十九世紀時因出售邊界地帶的公有土地，長期享有非稅收性質的收入，這也可解釋為何後來有些人反對徵稅。

44　關於此一時期以及相關辯論，可參見侯桑瓦隆（P. Rosanvallon），《平等人的社會》（*La Société des égaux*），瑟伊（Seuil）出版社，2011，頁 227-233。亦可參考德拉隆德（N. Delalande），《稅的戰爭：自 1789 年以來的同意與抵抗》（*Les Batailles de l'impôt. Consentement et résistances de 1789 à nos jours*），瑟伊出版社，2011。

45　參見威爾福·金恩，《美國人民的財富與所得》（*The Wealth and Income of the People of the United States*），麥米倫出版社（Macmillan），1915。本書作者為威斯康辛大學經濟學及統計學教授，他所蒐集的資料雖然不夠完整，但揭露了美國許多州的狀況，他並將這些資料與歐洲的估計值相比較，發現兩者的差距不如他原本設想的高。

46　參見費雪，〈為公共服務的經濟學家〉（Economists in Public Service），《美國經濟評論》（*American Economic Review*），第 9 (1) 期，1919，頁 5-21。費雪主要受到義大利經濟學者里尼亞諾（Eugenio Rignano）見解之啟發。參見艾瑞格斯（G. Erreygers）、迪·巴托羅梅奧（G. Di Bartolomeo），〈關於尤金尼歐·里尼亞諾的遺產稅提案之辯論〉（The Debates on Eugenio Rignano's Inheritance Tax Proposals），《政治經濟史》（*History of Political Economy*），第 39 (4) 期，2007，頁 605-638。

47　長期而言，美國會提升的主因來自聯邦政府的稅收，整個十九世紀到一次大戰為止，其稅收／國民所得比都不超過 2%，1930 年提高到 5%，1950 年提高到 15%，1960 年代之後維持在 20% 左右。而各聯邦州及其他地方自治團體的稅收自十九世紀末以來便維

持在國民所得的 8 至 10% 左右。參見線上附錄。

48　特別推薦參考林德特（P. Lindert），《走向公共：十八世紀以降的社會支出與經濟成長》（*Growing Public: Social Spending and Economic Growth since the Eighteenth Century*），劍橋大學出版（Cambridge University Press），2004。

49　圖 10.15 所呈現的資料序列，是將重要歐洲國家（英、法、德、瑞典）可取得且適切的長期資料平均後所得。整體而言，這些數值範圍可視為代表西歐及北歐國家的狀況。要特別說明的是，公共支出總額實際上可能會稍微高於圖中分配給各用途的稅收，因為還需考慮非稅收性質的收入（例如使用某些公共服務時使用者需繳交的部分費用）以及赤字（雖然長期而言，基本赤字的平均值通常幾近於零，這是債息所致）。參見線上附錄。

50　2017 年，法國公部門（國家、地方自治團體與醫院）的受雇者相當於全國工作機會總數的 21%，相對的，私部門則占 79%（12% 為非受雇的獨立工作者，67% 為私部門受雇者）。

51　舉例來說，針對後 50% 的所得總量（大略相當於二十一世紀初歐洲 80% 所得較低的人口），實際的平均稅率可以訂為 30%，針對前 50% 的所得總量（約相當於 20% 所得較高的人口）可以訂為 60%。我們將會看到，法國等國家目前實行的強制課徵制度在整體結構上顯然累進性較低。參見第十一章圖 11.19。

52　目前歐洲一般的分布狀況如下：總額三分之一左右來自所得稅（含營利事業所得稅）；三分之一來自社會福利提撥金及各種對薪資及其他所得課徵的社會捐；三分之一來自間接稅（商業增值稅及其他消費稅）以及資產與遺產稅（不到十分之一）。不同類別的區分有時十分隨意（尤其是前兩種：對薪資及各種所得課徵的社會捐有時幾乎無異於狹義的所得稅），真正的問題往往在於整體稅捐的累進性以及稅捐的撥付與管理，而非形式上的名稱問題。各位也會注意到，歐盟成員中最窮的國家的整體稅收規模明顯較小（在羅馬尼亞及保加利亞僅達國民所得的 25 至 30%），一般而言窮國的稅收也低於富國。參見線上附錄及第十三章圖 13.12。

53　反事實歷史（histoire contrefactuelle，按：亦稱架空歷史、虛擬歷史）具有悠久的傳統。公元一世紀的史家李維（Tite-Live）就曾想像亞歷山大大帝當初如果向西走並征服羅馬，結果會是如何。1776 年，吉朋（Edward Gibbon）想像鐵錘查理（Charles Martel）打輸了 732 年的普瓦捷（Poitiers）之役，因而出現一個伊斯蘭教（且高度文明的）歐洲。1836 年，作家喬佛伊（Louis Geoffroy）想像拿破崙在 1812 到 1814 年打敗俄羅斯與英國，1821 到 1827 年征服印度、中國和澳洲，美國國會更在 1932 年表示降服，使他成為統治全世界的皇帝。2003 年，弗格森（Niall Ferguson）想像一個（他認為）更好的世界，在那裡，1914 年的英國外交家會讓德國擊垮法國與俄國，而二十世紀的地球會被英吉利與德意志帝國統治，而不是美俄霸權。參見德呂埃莫茲、辛加拉維魯，《試論曾經可能的歷史：反事實分析及未至的未來》，出處同前（按：見第八章），頁 22-37。

54　特別推薦參考以下著作：徐夫（K. Scheve）、斯塔薩維奇（D. Stasavage），《課有錢人的稅：歐洲與美國的公平課稅史》（*Taxing the Rich: A History of Fiscal Fairness in Europe and the United States*），普林斯頓大學出版（Princeton University Press），2016。關於戰爭在不平等史上的決定性作用，亦可參考席代爾（Walter Scheidel），《校正的力量：暴力與石器時代到二十一世紀的不平等史》（*The Great Leveler : Violence and the History of Inequality from the Stone Age to the Twenty-First Century*），普林斯頓大學出版，2017。

55　列寧在他 1916 年的經典著作《帝國主義是資本主義的最高階段》（*L'Impérialisme, stade suprême du capitalisme*）之中也使用當時能夠取得的金融投資統計數據，證明敵對殖民強權競逐資源是十分重要的現象。

56　例如 1881 年馬賽發生造成死傷的反義暴動（數年後發生了 1893 年的艾格莫特〔Aigues-Mortes〕大屠殺），起因是人們懷疑義大利工人對著列隊前進的法國軍隊吹口哨，而這些軍隊剛剛占領突尼西亞，傷害了義大利的利益。參見諾瓦里耶（G. Noiriel），《法國庶民史》（*Une histoire populaire de la France*），出處同前，頁 401-405。作者認為這是移民議題在法國走向政治化的起始點之一。

57　不過各位也會注意到，為了替工人及農人退休金法案找到財源，法國在 1910 年通過法案，大幅提高遺產稅的累進性，這代表不論有無發生戰爭，法國應該都會實施所得稅。參見第四章。

58　為了證明《勝利稅法》再度提高稅率有其道理，連唐老鴨都出動了，他是 1943 年《用稅金打敗軸心》（*Taxes to Beat the Axis*）這部卡通片的知名主角。

59　在 1920 年的圖爾大會（congrès de Tours）上，多數代表決定脫離工人國際法國支部（簡稱 SFIO）並創建共產國際法國分部（Section française de l'Internationale Communiste，簡稱 SFIC），SFIC 後來改為法國共產黨並持續參與《人道報》（*L'Humanité*）運作。相反地，大多數 SFIO 國會議員選擇不離開這個被共產黨人抨擊為更「布爾喬亞」的中間路線組織。

60　同樣在 1919 年，德國的投票方式改為祕密投票。從 1871 年開始，所有德國男性原則上都有投票權（法國亦同），但沒有隱密的投票小間，這實際上會影響他們的表達自由，端視地方菁英人士的控制力有多強。

61　參見第五章及參見線上附錄，補充圖表 S10.11a-12a。

62　參見線上附錄，補充圖表 S10.11b-12b。值得注意的是，德國的累進稅率在 1920 年曾大幅調高，在納粹政權時期則維持在相當高的水準。但納粹政府的政策卻有利於工業界恢復其利潤水準（尤其是戰略產業）並拉開薪資階層，導致所得差距大幅提高，這點在 1933 到 1939 年間的最高百分位群體尤其明顯，而這個走向與其他國家完全相反（參見線上附錄及圖 10.3）。當時各國的社會不平等都明顯改善，法西斯與納粹卻更專心致力於打擊外部敵人與強化秩序及階級，而非減少國家共同體內部的差距。

63　關於海耶克提出的專制的所有權主義（propriétarisme autoritaire），參見第十三章。欲瞭解 1938 年李普曼研討相關論述的批判性分析及後續發展，參見歐迪耶（S. Audier），《李普曼研討會：「新自由主義」的起源》（*Le Colloque Lippmann. Aux origines du « néolibéralisme »*），水岸出版社（Le Bord de l'eau），2012；同作者，《新自由主義：知識考古學》（*Néo-libéralisme(s). Une archéologie intellectuelle*），格拉賽（Grasset）出版社，2012。

64　博蘭尼並未直接使用「所有權社會」（société de propriétaires）這個說法，但這確實是他談的對象。具體來說，他主要討論的是幾乎將私有財產奉為神祇的體制，他認為這是 1815 到 1914 年的世界的一大特徵。大體而言，我認為「所有權絕對主義」這個詞比「自由主義」更切中此處的問題，自由主義一詞令人容易混淆談的是經濟自由主義或政治自由主義。

65　雖無意美化，博蘭尼特別指出在 1795 年與 1834 年修法之前，英國的各版《濟貧法》（Poor Laws）訂有移動的限制，同時規定額外薪資依穀物價格指數調整且由地方經費支付，之後工業菁英們才強迫整個國家接受自我調節的單一市場的概念。不過我們可以指責博蘭尼並未說清楚他期望二戰後能施行的勞力流動性與薪資形成規範所涵蓋的地域範圍究竟為何（民族國家、歐洲、歐洲加非洲、全世界），以及要以何種形式規範之。參見博蘭尼，《鉅變》，同前出處，第六至十章。

66　不過各位會發現，博蘭尼的書並未談及如何改善問題：他其實並未正式討論公共財產、土地改革、財產重分配、累進稅等問題。他的書主要是敘述如何崩毀，而非如何重建。

67　參見以下書中的模擬分析：夏爾（C. Charle），《帝國社會的危機：德國、法國、大英帝國（1900-1940 年）。比較社會史評論》（*La Crise des sociétés impériales. Allemagne, France,*

Grande-Bretagne, 1900-1940. Essai d'histoire sociale comparée），瑟伊（Seuil）出版社，2001。

68 圖 10.16 中的估算值涵蓋各國現有的疆域，主要呈現其數值範圍，而非絕對精確之數值。參見線上附錄。

69 出生率下降和去基督教化（依據出生登記及受洗證明計算）一樣是始於 1750 至 1780 年間，在神父與大革命關係較深的地區較為明顯。其他國家都沒有這麼早就發生人口轉型。參見吉納尼（T. Guinnane），〈生育率的歷史轉型〉（The Historical Fertility Transition），《經濟文獻期刊》（*Journal of Economic Literature*），第 49 (3) 期，2011，頁 589-614；墨菲（T. Murphy），〈積習（有時）難改：關於法國生育率下降，省分差異能告訴我們什麼？〉（Old Habits Die Hard〔Sometimes〕: What Can Département Heterogeneity Tell us about the French Fertility Decline?），第 20 (2) 期，《經濟成長學報》（*Journal of Economic Growth*），2015，頁 177-222。

70 依照 1913 年的國界，德國（六千七百萬人）和法國（三千九百萬人）的人口差距比此處提及的還大（六千三百萬對四千一百萬）。當時德國人口每年成長將近一百萬人。參見線上附錄。

71 參見線上附錄。我們未將《凡爾賽和約》產生的債務納入圖 10.9 中的德國公共債務資料序列（亦未納入圖 7.9 的海外資產中），一方面是因為納入之後必須修改尺度，另一方面是因為如此一來也必須將這些債務算進英、法的資產下，但這基本上不符現實，因為這些債務的償還從未真正開始。

72 關於法國人漸漸察覺到德國支付賠款會造成不利的後果，可參考索維（A. Sauvy），《戰間期的法國經濟史》（*Histoire économique de la France entre les deux guerres*），法雅（Fayard）出版社，1965-1975。這本書雖然已經過時，仍不失為作者在 1938 年擔任財政部長雷諾（Paul Reynaud，十分反對人民陣線〔Front populaire〕與四十小時工時法案）顧問時留下的重要見證。作者後來在戰後成為法國增長主義人口統計學（démographie populationniste）的領頭人物。

73 順帶說明一下，過度推崇生產主義與重商主義的世界（生產額與貿易出超成為這個世界的內在目的，其部分原因可能是為了保護自己不受國際金融市場及其翻轉的影響）運作起來和過度推崇殖民主義與所有權的世界同樣荒謬。

74 他對知識分子階級的厭惡似乎一方面來自他賦予這個階級的兩種特性，即和平主義與無效率（「一個由體能退化、意志薄弱、信奉懦弱的和平主義的學者組成的民族，將永遠無法征服天空；他們甚至無法確保自己在這片土地上的生存」，頁 213），另一方面，他可能有偏好自我再製及蔑視社會的傾向（「人們馬上反駁，說大家不會想要讓一個高級公務員的寶貝兒子變成工人，因為另一個父母是工人的人會比前者更有能力。依照目前大眾對於勞力工作價值的看法，這種反駁也許可以成立。這就是為什麼一個種族主義國家應該依據完全不同的原則來思考工作的意義。國家必須這麼做，即便它得投入好幾世紀進行教育、終結對勞力工作不公平的蔑視」，頁 227）。亦請參見頁 5 及頁 69-73。關於此處參考的版本，請見線上附錄。

75 他甚至懷疑法國人在準備進行大換血以及大混血：假設法國人的殖民政策持續下去，「最後一群承襲法蘭克血統的人將消失」，「巨大的混血帝國將從剛果覆蓋到萊茵河」（見頁 322-336）。亦請參見頁 338-339，令人意外地，此處提及與一些印度或埃及爭取國家解放的團體的會面或會議，而希特勒則不太認同這些團體。

76 根據可取得的資料，德國在 1940 到 1944 年間占領法國時，可能從法國生產的財富中搜刮了其中的 30 至 40%。然而，考慮到德國製造的暴力與種族屠殺行為，我們不確定計算這些物質搜刮效率是否真的有意義。參見歐奇諾（F. Occhino）、俄斯特林克（K. Oosterlinck）、懷特（E. White），〈贏家能命輸家賠多少？納粹靴下的法蘭西〉（How Much can a Victor Force the Vanquished to Pay? France under the Nazi Boot），《經濟史學

報》（*Journal of Economic History*），第 68(01) 期，2008，頁 1-45。

77　他的基本主張（奠基於古代神話之分析，而我們前面曾在印度的例子中提及，這種方法
　　並不總是適合用來分析社會性的歷史變化，而且可能會形成文化差異的刻板印象）是日
　　耳曼－斯堪地那維亞神話與宗教有大量集中於戰士儀式的內容，缺乏同時代在義大利－
　　塞爾特文化與印度－伊朗文化可找到的三重功能制衡的形式。參見艾里朋，《我們該燒
　　死杜梅齊勒嗎？神話、科學與政治》，出處同前，頁 185-206。

78　想想第九章提及的歐洲毒販與中國的亞當斯密派。

79　參見漢娜‧鄂蘭，《極權主義的起源》（*Les Origines du totalitarisme*），第三部：極權主義
　　（*Le Système totalitaire*，原版為 1951 年出版），瑟伊（Seuil）出版社，"Points. Essais" 系
　　列，2002，頁 122-123。

80　鄂蘭順帶提到法國不太敢嘗試在議會中加入殖民地代表，英國的態度則相反。參見漢
　　娜‧鄂蘭，《極權主義的起源》（*Les Origines du totalitarisme*），第二部：帝國主義
　　（*L'Impérialisme*），瑟伊出版社，"Points. Essais" 系列，1982，頁 26-27。

81　有意思的是，鄂蘭認為美國憲政模式之所以能成功，原因在於拓荒者社會創造的初始狀
　　態相對平等（如果不談奴隸的話。鄂蘭也很快將之拋下腦後），這使得政治領域可以不
　　必處理階級不平等和社會正義的問題（她認為這些問題在政治領域永遠無法和平的徹底
　　解決），相對地，歐洲的舊制度腳下踩著長年積累的不平等，導致人們緊抓著社會問題
　　與階級暴力議題不放。參見鄂蘭，《論革命》（*Essai sur la révolution*，原版為 1963 年），
　　伽利瑪（Gallimard）出版社，1967，頁 84-164。在此之前，她曾經將現代反猶主義的
　　爆發——她認為起因是到了十九世紀末，民族國家及其銀行體系不再需要猶太人的跨國
　　金融網絡來發行債券——與法國大革命時對貴族階級傾巢而出的暴力相比擬：既然這些
　　貴族早已失去用處，可以復仇的時機也就成熟了。見《極權主義的起源》，第一部：反
　　猶主義（*L'Antisémitisme*），瑟伊出版社，"Points. Essais" 系列，1973，頁 25-26。在鄂蘭
　　眼中，似乎只有新世界可以不受這些歷史遺留下來永難平息的怨恨所束縛。

82　關於上述辯論可參考以下著作的清楚說明：羅森波姆，《全球主義的崛起》，出處同前，
　　頁 100-178。

83　將程序設計為兩階段是為了避免各國偏好造成的影響。最初的計畫中還包括保留給專家
　　及知識分子的席位，但這個想法後來被捨棄了。

84　自從聯合國大會在 1963 年通過決議 A/RES/1991 之後，安理會的十個成員中會有五位
　　來自非洲及亞太地區國家，兩位來自拉丁美洲國家，兩位來自西歐國家，一位來自東歐
　　國家。

85　1943 年，威爾基（Wendell Willkie，1940 年不幸與小羅斯福打對臺的共和黨總統候選
　　人）發表了《天下一家》（*One World*），以樂觀而豐富多彩的文筆記錄他 1942 年剛完成
　　的飛機環遊世界之旅，以及旅途中會見的政治領袖與世界各地的人民。參見羅森波姆，
　　《全球主義的崛起》，出處同前，頁 4-5。

86　參見海耶克，《通往奴役之路》，勞特里奇（Routledge）出版社，1944，頁 3-10 和頁 66-
　　67。海耶克在此書中特別提醒英國讀者注意 1942 年工黨通過的「計畫社會平臺」
　　（platform for a planned society）以及 1930 年代工黨人士的一些言論，這些言論暗示要讓
　　工黨政策完全實現，就需要從議會到政府都擁有大量工黨代表，也需要透過某種憲法措
　　施讓他們的改革得以不受未來選舉的影響。

87　斯皮內利曾在 1984 年撰寫一份歐盟制度改革提案並獲得歐洲議會通過（當時他是議
　　員），稍後會再提及。參見第十六章。

第十一章

1　費邊社（Fabian Society）成立於 1884 年，目標是提倡以改良主義且漸進的方式過渡到

民主社會主義，而不要採取暴衝式的革命（因此社名是暗指公元前三世紀最擅長打消耗戰的古羅馬將軍費邊〔Fabius〕的戰術）。費邊社今日仍是與工黨結盟的社會主義學社之一。費邊社的碧翠絲・魏柏（Beatrice Webb）與西德尼・魏柏（Sidney Webb）夫婦於1895年創立倫敦政經學院，貝佛里奇在1919至1937年間擔任其校長。關於工黨的思想史，參見貝維爾（M. Bevir），《英國社會主義的誕生》（*The Making of British Socialism*），普林斯頓大學出版（Princeton University Press），2011。

2　激進黨（本名為「共和派、激進派與激進社會主義黨」〔Parti républicain, radical et radical-socialiste〕）是由第三共和初期數十年間立場最激進的共和黨人組成。該黨主張「在尊重私有財產的前提下進行社會改革」並反對實施國有化。他們在社會經濟問題上較社會黨與共產黨保守，二次大戰後在法國政壇上失去重要地位。直到1971年，社會黨依然被通稱為工人國際法國支部。

3　關於社會民主主義模式及法國發展的經典研究，參見貝古鈕（A. Bergounioux）、馬南（B. Manin），《社會民主主義，或是一種妥協》（*La Social-Démocratie ou le Compromis*），巴黎大學出版社（PUF），1979。關於歐洲社會民主主義的多元性，參見基特謝爾特（H. Kitschelt），《歐洲社會民主主義的轉型》（*The Transformation of European Social Democracy*），劍橋大學出版（Cambridge University Press），1994。亦可參考艾斯平－安德生（G. Esping-Andersen），《福利資本主義的第三世界》（*The Three World of Welfare Capitalism*），普林斯頓大學出版（Princeton University Press），1990。

4　《歐巴馬健保法》（2010年施行）的目的是強制未納保的人在政府補助下購買私人保險。這項政策在實施上遇到極大困難，主要是因為許多共和黨執政的州強烈反對，而且最高法院判例限制了聯邦政府要求各州實施社會政策的權限。現在許多民主黨領袖提出類似「全民健保」（Medicare for all）這樣更有企圖心的提案，希望將聯邦醫療保險擴大適用於全民。

5　1950至1980年間，阿根廷的稅收水準介於美國與歐洲之間（30至40%的國民所得），巴西的水準則再低一些（貧富不均卻嚴重得多）。相反地，墨西哥與智利的稅收一直都低得多（低於20%的國民所得）。參見線上附錄及摩根（M. Morgan）的研究。

6　依照圖11.1的定義，此處所謂歐洲包含西歐及東歐（總計超過5.4億居民）。如果只看西歐，則與美國的差距還會更大。參見第十二章圖12.9。

7　近期關於德國實施共同經營制之分析，參見麥高希（E. McGaughey），〈共同經營之談判：德國企業與勞動法之歷史〉（The Codetermination Bargains: The History of German Corporate and Labour Law），《哥倫比亞歐洲法期刊》（*Columbia Journal of European Law*），第23 (1) 期，2017，頁1-43。亦請參考西爾維亞（S. Silvia），《一起顧店：戰後德國的產業關係》（*Holding the Shop Together : German Industrial Relations in the Postwar Era*），康乃爾大學出版（Cornell University Press），2013。德國稱為「Mitbestimmung」的制度，在法文裡可譯為「codétermination」（共同決定）或「cogestion」（共同經營）。我選擇使用後者，因為我認為可更充分傳達其意涵。

8　例如2019年時下薩克森州持有福斯汽車13%的資本，而該公司的章程賦予其20%的表決權。

9　「土地之分配及利用，應由聯邦監督，以防不當之使用，並達到確保所有人與所有家庭均可享有健全居住環境之目的，尤其是要確保人口繁多之家庭可享有符合其需求之家園與經濟活動……因應住宅之需要……或發展農業有必要取得土地所有權時，得徵收之。」（第155條）。

10　「土壤與土地、天然資源與生產工具，得依據法律規定轉移為公有財產或置於其他形式之集體管理之下。」（第15條）。

11　墨西哥的《1910年憲法》與《1917年憲法》和德國的《威瑪憲法》幾乎可算是同一時

期的產物，同樣打開了通往財產重分配之路，更打開了大型土地改革之路，只是不如德國的共同經營制成功。這也證明了擁有一部接納社會共有制的憲法並不足夠，更重要的是當時的社會力量與政治力量也必須能抓住這些新契機。

12　關於這些辯論，參見麥高希（E. McGaughey），〈共同經營之談判〉（The Codetermination Bargains），出處同前。亦可參考克爾（C. Kerr），〈戰後德國的工會運動與權力重分配〉（The Trade Union Movement and the Redistribution of Power in Postwar Germany），《經濟學季刊》（Quarterly Journal of Economics），第 68 (41) 期，1954，頁 556-557。

13　更精確地說，目前施行的法律規定二十五至一千人的企業要保留兩席，超過一千人的企業要保留三席，基於經營會議的規模，這兩個例子中的席次大致符合三分之一的比例。

14　這兩國的員工董事席次等於股東任命的董事人數的一半，亦即正好是總席次的三分之一。在挪威，人數在三十到五十人的企業也會提供一席員工董事。參見線上附錄。

15　參見麥高希（E. McGaughey），〈公司是否會加深貧富不均？〉（Do Corporations Increase Inequality?），倫敦國王學院（King's College London）跨國法研究所（Transnational Law Institute），2016。我們後面將再討論其他關於管理階層薪資議定的要素，尤其是稅率的累進度。

16　關於建立僱傭規約以及真正的「薪資社會」（société salariale）的緩慢過程，參見卡司特爾（R. Castel），《社會議題的蛻變》（Les Métamorphoses de la question sociale），出處同前，頁 594-595。舉例來說，必須等到 1969 至 1977 年，月薪制才在法國成為常態。亦可參見卡司特爾、亞侯許（C. Haroche），《私有財產、社會共有與擁有自我》（Propriété privée, Propriété sociale, Propriété de soi），法雅（Fayard）出版社，2001。

17　參見麥高希（E. McGaughey），〈公司是否會加深貧富不均？〉（Do Corporations Increase Inequality?），出處同前。

18　眾多學者皆研究過這段動員的歷史，可參考巴托里尼（S. Bartolini），《1860-1980 年歐洲左派的政治動員：階級分裂》（The Political Mobilization of the European Left 1860-1980: The Class Cleavage），劍橋大學出版（Cambridge University Press），2000。關於歐洲的組織網絡及 1860 年代開始主要在第一國際（1864-1876）之下發展出的第一批工人互助團體（entraide）與罷工基金（caisse de grève），可參考以下的突破性分析：德拉隆德（N. Delalande），《抗爭與互助團體：工人團結的年代》（La Lutte et l'Entraide. L'âge des solidarités ouvrières），瑟伊（Seuil）出版社，2019。

19　更精確地說，目前法律規定經營會議成員不足十二人時，員工董事應有一席，十二人以上時應有兩席。2013 年的法律適用於在法國雇用員工超過五千人的企業（或在全球雇用超過一萬人），這個門檻在 2015 年調降為在法雇用超過一千人（或在全球雇用超過五千人）。

20　1988 年密特朗在他的〈告法國人書〉（Lettre aux Français）中承諾「兩不」（「ni-ni」，即不進行新的國有化，也不進行新的民營化）。他提出此一承諾來安撫人心，並譴責警察對抗議學生的暴力行為（學生反對調漲註冊費）以及 1986 年右派廢除富人稅的輕率決定，以此成功連任。

21　一般認為關係較不緊密的原因在於法國的選舉制民主與全民普選比社會民主主義及工會主義發展得更早（德國和英國則大致相反），導致工會對國會議員和政權感到不信任（工會長期受 1791 年禁止職業人員結社及成立行會的法律所影響，直到 1883 年才得以合法化）。可參見杜瓦傑（M. Duverger），《政治黨派》（Les Partis politiques），阿曼柯林出版社（Armand Colin），1951 年，頁 33-34。

22　事實上，1918 年的「黨綱第四條」為多種形式的財產制打開了空間，因為它如此陳述工黨的宗旨：「確保勞力或勞心之勞工皆可充分享有勞動之成果，並基於生產、流通與交易手段之共同持有與每個企業可達到的最佳全民經營與監察制度（popular administraion and control），確保最公平的分配。」1995 年通過的黨綱則這麼寫：「工黨是主張社會民主主義的政黨。本黨相信，共同奮鬥的力量能讓我們成就一個人所無法完成之事，為我們每一個人創造實現真正潛能的條件，並為所有人創造一個權力、財富與機會掌握在多數人而非少數人手中的共同體，讓我們享有的權利反映我們應盡的義務，讓我們在團結互助、包容尊重的精神下自由的生活在一起。」

23　一次大戰之前也是如此，1899 年的漢諾威會議（Hanover Congress）中，伯恩斯坦的「修正主義」改革論遭到排擠即是一例。參見第十章。

24　在 1930 至 1932 年數次重大選舉中，社民黨和共產黨獲得的票數和議員席次合起來較國社黨為多（例如 1932 年 11 月的選舉中，社民黨和共產黨共獲得 37% 的得票率與兩百二十一席，國社黨則獲得 31% 得票率與一百九十六席），正因這兩個黨無法合作，才讓納粹黨有執政的機會。

25　關於此一思想背景，參見麥高希（E. McGaughey），〈共同經營之談判〉（The Codetermination Bargains），出處同前。

26　1997 至 2002 年執政的法國社會黨以及 1997 至 2010 年執政的英國工黨的確曾試圖推動其他轉型工作，尤其是減少工時（法國）以及實施某種補習教育（主要是英國）。不過關於財產制度與國際金融制度的關鍵問題，社會黨與工黨的表現都相對保守。

27　相對地，德國的經濟困境（主要與 1990 年代及 2000 年代初期兩德統一有關）很可能延緩了共同經營制的傳播。

28　歐洲《公司法第五號指令法案》還遇上了一個難題，即 1972 年版的草案傾向德國的二元制模式。1983 年版與 1988 年版放棄此種立場，但保留高比例的員工代表制（占經營會議組成的三分之一至半數），最後未成功通過。參見線上附錄。

29　關於這項提案和相關討論的歷史，參見麥高希（E. McGaughey），〈英國職場的投票權：股東的壟斷與「單一管道」〉（Votes at Work in Britain: Shareholder Monopolisation and the 'Single Channel'），《產業法期刊》（Industrial Law Journal），第 47 (1) 期，2018，頁 76-106。

30　在布洛克委員會中，工會主義者和雇主也相互對立，是靠著法學者和學者的票數才讓天秤倒向最後的結論。

31　除非能明確規定使用何種機制和程序來任命那 y 個政府董事，並確保制度運作的狀況令人滿意（這件事本身並非完全不可能，但需要具體的實踐經驗）。

32　2017 年，21% 的法國私部門受雇者工作的企業僅有不到十名員工，40% 工作的企業為十到兩百五十人，26% 工作的企業為兩百五十到五千人，13% 工作的企業超過五千人。此外，獨立工作者（非受雇者）占就業人口的 12%，相對地，公部門（中央政府、地方自治團體及醫院）受雇者占就業人口的 21%，私部門（含各類企業及協會）受雇者則占 67%。其他歐洲國家的分布情形也十分類似。參見線上附錄。

33　雖然僅限於大企業，但以美國的環境來看，這些法案同樣非常具有突破性。《獎勵工作法》（Reward Work Art，2018 年 3 月提出）的草案中規定上市公司至少要有三分之一的董事是由員工依「一員工一票」的原則選出。《問責制資本主義法》（Accountable Capitalism Act，2018 年 8 月提出）的草案則主張超大型企業（營業額超過十億美元者，不論是否上市）之員工董事（employee directors）應達 40%，並要求董事會等「會」（board）中需達 75% 的多數同意始可進行政治獻金（依照最高法院的先例，不得禁止企業為政治獻金）。這些草案至今沒有任何一個通過，不過能送進國會討論已是一項突破。

34　延伸閱讀：布萊西（J. Blasi）、佛里曼（R. Freeman）、克魯斯（D. Kruse），《公民的一份：讓所有權重回民主政治》（The Citizen's Share: Putting Ownership Back into Democracy），耶魯大學出版（Yale University Press），2013。亦請參考歐特（J. Ott），《當

華爾街遇上皇后區大街：找尋投資者的民主》（*When Wall Street Met Main Street: The Quest for an Investors' Democracy*），哈佛大學出版（Harvard University Press），2011。

35　參見麥高希（E. McGaughey），〈給勞動的十二點計畫與給勞動法的一份宣言〉（A Twelve Point Plan for Labour and a Manifesto for Labour Law），《產業法期刊》（*Industrial Law Journal*），第 46 (1) 期，2017，頁 169-184。亦可參考尤因（K. Ewing）、韓狄（G. Hendy）、瓊斯（C. Jones）編，《給勞動法的一份宣言》（*A Manifesto for Labour Law*），工作權益研究中心（Institute of Employment Rights），2016；作者同前，《落實勞動法宣言》（*Rolling out the Manifesto for Labour Law*），工作權益研究中心（Institute of Employment Rights），2018，頁 32-33。

36　亦可參考費雷拉斯（I. Ferreras）的提案，見《企業作為政治實體：透過經濟兩院制拯救民主》（*Firms as Political Entities: Saving Democracy through Economic Bicameralism*），劍橋大學出版（Cambridge University Press），2017。費雷拉斯認為企業應該由員工大會和股東大會一起領導，任何一方都不應凌駕另一方，就像一些選舉制民主國家的兩院制。其優點在於可促使各方追求對彼此都有利的折衷點，風險則是可能會導致決策卡關。

37　參見柯爾（D. Cole）、歐斯壯（E. Olstrom），《土地與其他資源之所有權》（*Property in Land and Other Resources*），林肯土地政策研究所（Lincoln Institute of Land Policy），2012。另參見葛哈伯（F. Graber）、洛歇（F. Locher），《擁有自然：歷史上的環境與所有權》（*Posséder la nature. Environnement et propriété dans l'histoire*），阿姆斯特丹出版社（Éditions Amsterdam），2018。

38　十八、十九世紀時在股東大會這類政治性集會中偶爾會採取這種做法，亦即人們有兩種做法，一種是完全遵從「一股一票」的比例制原則，另一種是依照財富或資本多寡為選民或股東排序，區分好幾個不同的投票權階級。參見第五章。

39　參見卡熱（J. Cagé），《拯救媒體：資本主義、群眾募資與民主》（*Sauver les médias. Capitalisme, financement participatif et démocratie*），瑟伊（Seuil）出版社，2015。

40　關於員工自治的討論，可參見侯桑瓦隆（P. Rosanvallon），《我們的思想史與政治史，1968-2018 年》（*Notre histoire intellectuelle et politique, 1968–2018*），瑟伊（Seuil）出版社，2018，頁 56–77。

41　此處使用的資料序列來自經濟合作暨發展組織（OECD）與美國勞工統計局（Bureau of Labor Statistics）。讓我們把狀況簡化一下：每年兩千小時的工時等於每週四十小時乘以五十週（休假兩週），一年一千五百小時等於每週約三十五小時乘以四十四週（休假八週）。德國 2015 年的平均工時是每就業者每年一千三百七十小時（法國為一千四百七十小時，英國為一千六百八十小時，美國為一千七百九十小時），這也反映了兼職工作的發達。參見線上附錄。現有的歷史研究顯示，1870 到 1913 年間美國的工時明顯較短，在兩次大戰間則與歐洲漸漸趨同，1970 年代後反過來明顯高於歐洲。參見修伯曼（M. Huberman）、明斯（C. Minns），〈不變的時間：舊世界與新世界的勞動日數與時數，1870-2000 年〉（The Times they Are not Changin': Days and Hours of Work in Old and New Worlds, 1870-2000），刊載於《經濟史探索》（*Explorations in Economic History*），第 44 (4) 期，2007，頁 538-567。

42　舉例來說，法國的每週法定工時從 1997 至 2002 年減少為三十五小時，與此同時，低薪勞工的時數愈來愈彈性，購買力也持續停止成長；對管理階層而言，工時減少倒顯得較為有利（主要是能享有更多休假日數）。在英國和美國，除了過去數十年間工時減少的幅度極低，同時還出現工會明顯衰微（政治力量與立法力量並未承接缺口）、薪資差距急劇擴大的現象。要分析各國工時之組成及減少的軌跡，恐怕大大超出本研究的框架。

43　原因可能是一個員工要獨自協商工時有實際上的困難，也可能因為人們傾向維持某種生活水準的常規：我們不想當第一個犧牲部分購買力的人，即便集體的傾向是希望擁有更

多自由時間。等到只針對受薪階級的法律通過後，獨立工作者的工時才降低，這件事暗示第二個因素有其重要性。不過目前可取得的資料還不夠完備，無法解決上述問題。

44　理論上，假設無法進入就業市場的人往往是教育程度最低的一群，則法國 2010 年代的生產力之所以如此高，部分原因可能是就業率相對不高。然而如果假設自 2005 年後法國工時的變化與德國的變化相同（這一年兩國的就業率極為接近），據此修改生產力的資料序列，則法國的生產力會在 2010 至 2015 年間略低於德國和美國的水準，不過整體而言對我們的比較沒有明顯影響。參見線上附錄與補充圖表 S11.4。重點是各國工時的差異與集體決策（關於每週工時、有薪假等）更有關連，與非自願的低度就業較無關連。

45　關於各種可取得的資料，參見線上附錄。此處引用的就學率主要取自下列作者依據大量既有研究所整理的數據，見 Jong-Wha Lee、Hanol Lee，〈人力資本的長期數據〉（Human Capital in the Long-Run），刊載於《發展經濟學期刊》（*Journal of Development Economics*），2016。

46　「從一開始，關於公共教育的規定便再清楚不過的展現出美國文明最獨樹一格的特色⋯⋯市鎮官員必須確保家長讓子女入學；如果家長拒絕，他們有權處以罰款；如果家長持續不從，這時社會將站出來取代家庭，將孩子帶走，並剝奪大自然給予父親卻遭到濫用的權利。」（《民主在美國》〔*Democracy in America*〕，1835，頁 42）

47　關於各州詳細數據，參見恩格曼（S. Engerman）、索可洛夫（K. Sokoloff），〈新世界的選舉權制度變遷〉（The Evolution of Suffrage Institutions in the New World），刊載於《經濟史學報》（*Journal of Economic History*），第 65 期，2005，頁 906，圖 2。

48　參見第五章，圖 5.3，頁 218。歐洲與拉丁美洲國家的對比特別明顯（尤其是巴西、墨西哥、阿根廷、智利），拉美白人成年男性的選舉參與度直到 1890 至 1910 年為止都低於 10 至 20%。參見前注書，頁 910-911，圖 3。關於十九世紀阿根廷菁英從重商主義——專制主義意識形態緩慢轉變為所有權至上——納貢選舉制意識形態的過程，及其與財富形式重組之關連（從出口白銀到形成大量過剩農產）。參見阿德曼（J. Adelman），《資本共和國：布宜諾斯艾利斯與大西洋世界的法律轉型》（*Republic of Capital : Buenos Aires and the Legal Transformation of the Atlantic World*），史丹福大學出版（Stanford University Press），1999。關於拉丁美洲國家在二十世紀沒有出現貧富不均改善的時期，參見威廉遜（J. Williamson），〈拉丁美洲的貧富不均：殖民淵源、大宗商品熱潮或未發生的二十世紀貧富均等化〉（Latin American Inequality: Colonial Origins, Commodity Booms or a Missed Twentieth Century Leveling），刊載於《人類發展與能力期刊》（*Journal of Human Development and Capabilities*），第 16 (3) 期，2015，頁 324-341。

49　特別推荐參考高爾丁（C. Goldin），〈高中畢業在美國：二十世紀中等教育的推廣與變遷〉（America's Graduation from High School: The Evolution and Spread of Secondary Schooling in the Twentieth Century），刊載於《經濟史學報》（*Journal of Economic History*），第 58 (2) 期，1998，頁 345-374；同作者，〈人力資本的世紀與美國的領導地位：往日的美德〉（The Human Capital Century and American Leadership: Virtues of the Past），刊載於《經濟史學報》（*Journal of Economic History*），第 61 (2) 期，2001，頁 263-292。

50　參見線上附錄。目前可取得資料並不完備，但這些數值範圍，尤其各國間的差距，則是相當確定的。

51　1685 年驅逐新教徒後，1698 年首度由國王發布敕令（édit royal）規定每個堂區（paroisse）都要有一個學校以傳授教理並建立書寫的宗教文化。義務教育經費由稅金支付的原則在 1792 至 1793 年時已經獲得採納，但從未實行過。自 1833 年開始，市鎮當局必須支付教師的薪水，國家自 1850 及 1860 年代開始提供津貼，1889 年之後負責支

付所有薪餉（與此同時，堂區神父〔curé〕不再發給教師道德證明〔certificat de moralité〕）。參見傅赫（F. Furet）、歐祖夫（J. Ozouf），《讀與寫：法國的識字教育，從喀爾文到費希（Jules Ferry）》（Lire et Écrire. L'alphabétisation des Français de Calvin à Jules Ferry），午夜出版社（Éditions de Minuit），1977。亦可參考普洛斯特（A. Prost），《法國教育史，1800-1967 年》（Histoire de l'enseignement en France, 1800-1967），阿曼柯林出版社（Armand Colin），1968。

52　參見卡納迪恩（D. Cannadine），《勝利世紀》（Victorious Century），出處同前，頁 257 及 347。

53　參見林德特（P. Lindert），《走向公共：十八世紀以降的社會支出與經濟成長》（Growing Public: Social Spending and Economic Growth since the Eighteenth Century），出處同第十章所述，卷二，頁 154-155。

54　現在英國的總教育支出與其他歐洲國家（德、法或瑞典）不相上下，約為國民所得的 6%。參見線上附錄。

55　我們也會看到，如果把東歐算入歐洲，歐洲的貧富差距仍舊明顯較低。參見第十二章圖 12.9。

56　參見貝特朗（M. Bertrand）、摩斯（A. Morse），〈涓滴式消費〉（Trickle-Down Consumption），《經濟學與統計學評論》（Review of Economics and Statistics），第 98 (5) 期，2016，頁 863-879；庫姆霍夫（M. Kumhof）、洪席耶（R. Rancière）、懷南特（P. Winant），〈不均、槓桿作用與危機〉（Inequality, Leverage and Crises），《美國經濟評論》（American Economic Review），第 105 (3) 期，2015，頁 1217-1245。針對美國的信貸管制，參見海曼（L. Hyman），《債務人國度：赤字下的美國史》（Debtor Nation: The History of America in Red Ink），普林斯頓大學出版（Princeton University Press），2011；同作者，《借貸：美國式的債務：個人信貸如何塑造美國中產階級並差點讓整個國家破產》（Borrow: The American Way of Debt: How Personal Credit Created the American Middle Class and Almost Bankrupted the Nation），雋永經典出版（Vintage Books），2012。

57　此處擇要呈現的結果係以系統化之方式綜合各種現有資料來源所得，包括稅務檔案、家戶調查、國民所得統計。參見皮凱提、賽斯、祖克曼，〈分配式國民所得統計：方法與美國的估計值〉（Distributional National Accounts: Methods and Estimates for the United States），出處同前。詳細資料序列請見線上附錄。

58　給予窮人的主要現金補助（食物券除外）是勞動所得稅收抵免（Earned income tax credit，EITC），這是一種類似法國的就業津貼（前身為工作津貼〔prime pour l'emploi，PPE〕）的負所得稅，目的是提高低薪勞工的可支配所得。EITC 的擴大適用與 2008 年金融危機後的減稅措施，皆解釋了納入稅捐與現金補助後的所得為何會稍微高於納入兩者前的所得。如同對其他國家的做法，此處所指納入稅捐與移轉支付之前的所得其實包含政府給的退休金（扣除相應的社福扣繳），如果不這麼做，算出來的退休人士所得會過低。如果把範圍限於勞動年齡人口，會發現過去半個世紀中後 50% 貧窮人口的平均所得同樣處於停滯。參見前注書，圖 4，頁 585。此外，稅率累進性的下降意味著後 50% 群體與前 1% 群體適用的有效稅率差距比 1930 至 1970 年間小了很多。參見前注書，圖 9a，頁 599，以及本書第十章，圖 10.13。

59　我們也可以納入其他實物補助（如教育或維持治安的公共支出），只是會更難確定應歸屬給誰，也更難提出令人滿意的詮釋。相關之詳細結果請參見線上附錄。

60　和對美國一樣，針對法國的估計值也是系統性的綜合可取得的各項資料得出的結果，包括稅務檔案、家戶調查、國民所得統計。參見博齊奧（A. Bozio）、賈班第（B. Garbinti）、古畢－勒布雷（J. Goupille-Lebret）、吉佑（M. Guillot）、皮凱提，〈1990 至 2018 年法國的貧富不均與重分配：稅後分配式國民所得統計提供的證據〉（Inequality and Redistribution in France 1990-2018: Evidence from Post-Tax Distributive National Accounts (DINA)〉，世界不平等資料庫（WID.world），工作報告系列（Working Paper Series），No. 2018/10。估算結果與其他不均指標（如吉尼係數）相同，將不同年齡階層分開考慮（例如排除退休者）時結果亦會相同。詳細資料序列參見線上附錄。

61　從這個角度來看，此處呈現之估算結果凸顯「前分配」概念的重要性。參見歐尼爾（M. O'Neill）、威廉遜（T. Williamson），〈前分配的許諾〉（The Promise of Predistribution），智庫「Policy Network」，2012；湯馬斯（A. Thomas），《平等共和國：前分配與有產民主》（*Republic of Equals: Predistribution and Property-Owning Democracy*），牛津大學出版（Oxford University Press），2017。然而必須注意的是，這個概念有時被用來支持最小重分配的想法，更被用來淡化累進稅的作用（這不是倡議者的本意）。我所強調的正好相反：累進稅（尤其對超高所得課以 70 至 90% 稅率）實際上是足以影響「前分配」最重要的制度之一，容後再敘。

62　關於薪資結構表（尤其是最低與最高薪資）——特別在雇主擁有強大協商權力的狀況下——如何幫助穩定員工並提高員工對公司投入的心力，可參考皮凱提之分析：見《二十一世紀資本論》，出處同前，第九章，頁 487-497。亦請參考法柏（H. Farber）、赫伯斯特（D. Herbst）、庫西姆克（I. Kuziemko）、奈督（S. Naidu），〈二十世紀的工會與不平等：調查數據中的新證據〉（Unions and Inequality Over the Twentieth Century: New Evidence from Survey Data），美國全國經濟研究所（NBER），工作文件（Working Paper），No. 24587，2018。

63　參見德倫農谷（E. Derenoncourt）、蒙修盧（C. Montialoux），〈最低工資與種族不平等〉（Minimum Wages and Racial Inequality），哈佛大學（Harvard），2018。〔譯注：2018 年版本可於此處下載：https://scholar.harvard.edu/files/elloraderenoncourt/files/montialoux_jmp_2018.pdf。另於 2020 年刊載於《經濟學季刊》（*The Quarterly Journal of Economics*），第 136 卷，第 1 期，2021.2，頁 169–228。〕

64　在 1960 年代末，美國的實質最低薪資是全世界最高的。2010 年代末，美國已明顯被德、英、法、荷、比、澳及加拿大超越。參見肯沃西（L. Kenworthy），《社會民主主義式資本主義》（*Social-Democratic Capitalism*），牛津大學出版（Oxford University Press），2019，頁 206，圖 7.12。北歐國家則繼續仰賴薪資協商。

65　參見皮凱提、賽斯、斯坦切娃（S. Stantcheva），〈高額勞動所得的最佳稅制：一段關於三個彈性的故事〉（Optimal Taxation of Top Labor Incomes: A Tale of Three Elasticities），出處同前。

66　前注書，請特別注意圖 3、5、A1 以及表 2-5。

67　可參考柏西（M. Pursey），〈執行長薪酬與要素份額：美國企業中的協商效應，1970-2011 年〉（CEO Pay and Factor Shares: Bargaining Effects in US Corporations, 1970-2011），巴黎經濟學院（PSE），2013。亦請參考凱利希（M. Kehrig）、文生（N. Vincent），〈勞動報酬份額下降之微觀水準剖析〉（The Micro-Level Anatomy of the Labor Share Decline），美國全國經濟研究所（NBER），工作文件（Working Paper），No. 25275，2018；劉斯原（E. Liu）、米安（A. Mian）、蘇斐（A. Sufi），〈低利率、市場力量與生產力成長〉（Low Interest Rates, Market Power, and Productivity Growth），美國全國經濟研究所（NBER），工作文件（Working Paper），No. 25505，2019。美國人對過度膨脹的私人壟斷行為或許愈來愈有所警覺了，從大型網路平臺必須受到政府管控的相關討論愈來愈熱烈即可見一斑。

68　參見線上附錄。

69　特別推薦參考高爾丁（C. Goldin）、凱茲（L. Katz），《教育與科技的賽跑：美國教育因素薪資落差之變遷，1890-2005 年》（*The Race Between Education and Technology: The*

Evolution of US Educational Wage Differentials, 1890-2005），哈佛大學出版－美國全國經濟研究所（NBER），2007。亦請參考皮凱提，《二十一世紀資本論》，出處同前，第九章，頁 485–486。

70　從代間流動來看，法國與德國一般而言介於英、美（流動性最低）與北歐及斯堪地那維亞國家（流動性最高）之間。參見線上附錄。

71　參見戴維斯（J. Davis）、馬松德（B. Mazumder），《1980 年後代間流動的減少》（*The Decline of Intergenerational Mobility after 1980*），芝加哥聯邦儲備銀行（Federal Reserve Bank of Chicago），工作文件（Working Paper），No. 2017-05，2017。亦請參考契提（R. Chetty）、葛勒斯基（D. Grusky）、赫爾（M. Hell）、韓德倫（N. Hendren）、曼杜卡（R. Manduca）、納蘭（J. Narand），〈消逝中的美國夢：1940 年以降的絕對所得流動趨勢〉（The Fading American Dream: Trends in Absolute Income Mobility Since 1940），《科學》（*Science*），第 356(6336) 期，2017，頁 398-406；菲佛（F. Pfeffer），〈成長中的教育部門財富鴻溝〉（Growing Wealth Gaps in Education），《人口學》（*Demography*），第 55(3) 期，2018，頁 1033-1068。

72　我們在其他國家也觀察到相同的多元性。高等教育中私人經費的占比在日本與韓國相對較高，智利和哥倫比亞也是，相對地，在中國、印尼與土耳其則相當低，阿根廷與墨西哥也是。在中小學教育方面，私人經費的占比則一概很低（最多 10 至 20%）。參見線上附錄，圖 S11.11。

73　美國高等教育部門所有的資源約占國民所得的 3%，在歐洲則約占 1 至 1.5%（義大利是最匱乏的，排在西班牙、法國與德國之後，而瑞典、丹麥與挪威名列前茅）。這些資源也包括政府撥給大學學術研究工作以及各研究機構的經費（狹義的大學經費僅占國民所得的 0.5%）。參見線上附錄。

74　美國八百五十間擁有校務基金的大學在 1980 至 1990 年間平均每年獲得的實質報酬率是 8.2%（扣除通膨與所有管理費用後），其中後四百九十八間基金較少的大學（低於一億美元）的報酬率是 6.2%，前六十間基金較多的大學（超過十億美元）報酬率是 8.8%，哈佛、耶魯和普林斯頓則為 10.1%。前六十間基金較多的大學在校務基金總額中的占比從 1980 年的 50% 左右提高到 2010 年的超過 70%。這樣的落差應是規模經濟所致：要從事報酬率最高的投資（海外的未上市股票、原物料的衍生性商品等）需要非常豐厚的資金。參見皮凱提，《二十一世紀資本論》，出處同前，第十二章，表 12.2，頁 714-719。

75　根據上海發表的 2018 年版世界大學排名，前二十大由十六間美國大學與四間歐洲大學組成，前兩百大中有六十九間美國大學、八十間歐洲大學、四十一間亞洲與大洋洲大學以及十間來自其他國家的大學，前五百大中有一百三十九間美國大學、一百九十五間歐洲大學、一百三十三間亞洲與大洋洲大學以及三十三間來自其他國家的大學。

76　參見米爾（J. Meer）、羅森（H. Rosen），〈利他主義與校友捐款的子女週期〉（Altruism and the Child Cycle of Alumni Donations），《美國經濟學報：經濟政策》（*American Economic Journal: Economic Policy*），第 1(1) 期，2009，頁 258-286。

77　美國最近發展出一個新的辭彙來指稱這種享有一切優勢的繼承人族群：信託基金寶貝（trust fund babies），其中信託基金指的就是常常被用來傳承大筆財產的法律制度。2018 年，一個男子樂團（WDW）甚至寫了一首歌就叫作〈信託基金寶貝〉（Trust Fund Baby）。這些來自明尼蘇達州和維吉尼亞州的男孩表示他們想要的是獨立的女孩，會自己修車和解決麻煩，與此對照的當然就是信託基金寶貝，那些擁有一切、腦中想的只有錢的女繼承人。

78　針對哈佛大學與麻州州政府的關係變化，參見麥格爾（N. Maggor），《婆羅門資本主義》（*Brahmin Capitalism*），出處同前，頁 26-28、96-104。

79 關於推廣高等教育帶來的貧富不均與意識形態挑戰，亦可參考陶德（E. Todd），《我們身處何方？人類歷史素描》（*Où en sommes-nous ? Une esquisse de l'histoire humaine*），瑟伊（Seuil）出版社，2017。

80 參見線上附錄。可供比較各國教育預算的資料非常不完備，但是與更早期的區隔一望即知。

81 主要參見第十三章、第十四章及第十七章。關於法國的教育投資不均，參見第七章圖7.8。亦請參考祖貝（S. Zuber），《法國的教育公共支出不均，1900-2000 年》（*L'Inégalité de la dépense publique d'éducation en France, 1900-2000*），法國高等社會科學院（EHESS）碩士論文，2003。並參考線上附錄。

82 認為雷根主義成功的想法建立在一個複雜的政治與意識形態結構上，主要是基於美國成功贏得對蘇聯的政治與軍事競賽（反倒與美國本身施行的經濟與財稅政策沒有太大關係），能拉近與歐洲經濟成長率的差距則是次要因素（這是無論如何肯定會發生的事，因為戰後追趕經濟成長的時期已經告終）。

83 關於其他「不均陷阱」的例子，例如十七至十八世紀的荷蘭（當時經濟菁英大致上已讓公權力成為為一己利益服務的俘虜，尤其是公共財政，他們讓債務不斷累積在國家身上，從而阻斷了整個社會發展的可能性），參見馮·巴維爾（B. van Bavel），《看不見的手？公元 500 年以降經濟市場的興起與衰退》（*The Invisible Hand? How Market Economies Have Emerged and Declined since AD 500*），牛津大學出版（Oxford University Press），2016。

84 順帶一提，1986 年《單一歐洲法》所確立的「四大自由流通」在性質上與小羅斯福在1941 年著名的國情咨文演說中提出的「四項自由」相當不同（即表現自由、信仰自由、免於匱乏的自由、免於恐懼的自由）。

85 特別推薦參考米勒渥（A. Milward），《歐洲如何拯救民族國家》（*The European Rescue of the Nation-State*），勞特里奇（Routledge）出版社，2000。

86 只需要一個國家，好比盧森堡或愛爾蘭，就可以擋下整套共同稅制的草案。我將在第十六章中進一步詳細討論此一問題。

87 參見《歐盟的課稅趨勢》（*Taxation Trends in the European Union*），歐盟統計局（Eurostat），2018，頁 35，圖 17。有些國家像法國一樣，還有達 30% 或以上的法定稅率，愛爾蘭和盧森堡的稅率則在 10% 或以下。在一個完美協調的國際租稅體系下，企業的營利事業所得稅可以只是個人累進所得稅下一筆單純的預先扣繳。但實際上，由於十分缺乏協調合作與交換資訊的程序來解決最終股東的身分與各種逃稅與避稅管道之問題，企業稅往往是唯一能真正確保收到稅金的制度。參見第十七章。

88 直到 1980 年代初期，美國的聯邦營利事業所得稅稅率介於 45 至 50% 之間，在雷根執政時降到 30 至 35%。其後在 1992 年到 2017 年間穩定保持在 35%（這筆稅之外還有州稅，一般在 5 至 10% 之間），2018 年在川普手中降至 21%。這可能會導致美國與歐洲國家乃至與全世界再次展開降稅競逐。

89 關於英國人對於福利歐盟的失望，參見阿特金森十分有意思的見證：阿特金森（T. Atkinson），《扭轉貧富不均》（*Inégalités*），瑟伊（Seuil）出版社，2016，頁 360-362。（譯注：中文版為吳書榆翻譯，天下文化，2015 年出版。）

90 參見阿布德勞（R. Abdelal），《資本規則：打造全球金融》（*Capital Rules: The Construction of Global Finance*），哈佛大學出版（Harvard University Press），2007。這項調查主要依據當時幾位主事者的證詞（尤其是德洛爾〔Jacques Delors〕與拉米〔Pascal Lamy〕）。亦請參考雅布科（N. Jabko），《市場的歐洲：關於行不太通的策略的一段歷史》（*L'Europe par le marché. Histoire d'une stratégie improbable*），巴黎政經學院出版（Presses de Sciences Po），2009。

91　德國基民黨對資金自由流通的堅持大多出於秩序自由主義（ordolibéralisme）之觀點，並具體化為 1950 及 1960 年代西德簽訂的眾多雙邊條約。可參考潘尼奇（L. Panitch）、金丁（S. Gindin），《製造全球資本主義：美利堅帝國的政治經濟》（*The Making of Global Capitalism: The Political Economy of American Empire*），Verso 出版，2012，頁 116-117。

92　另一個目的則是藉由引入國際資金降低政府的借貸成本，不過這些不同的目的並未真正獲得在檯面上公開表達與辯論的機會。

93　1997 年金融危機促使國際貨幣基金組織（IMF）重新評估歐洲對短期金流澈底自由化的規範，並採取更彈性的原則，允許某些對資本的管控，這與 1944 年的《布列敦森林協定》（accords de Bretton Woods）的精神相符。阿布德勞（R. Abdelal），《資本規則》（*Capital Rules*），出處同前，頁 131-160。

94　同理，我們不應誇大德國秩序自由主義的角色。法國的自由派傳統也很強，在十九世紀、二十世紀初及戰間期非常重要，在 1960 及 1970 年代間也因為季斯卡（Valéry Giscard d'Estaing）重獲重視。季斯卡自 1959 至 1974 年一路從國務祕書當到財政部長，並在 1974 到 1981 年間擔任總統。接著，他在 2001 至 2004 年間擔任歐洲未來會議（Conférence sur l'avenir de l'Europe）的主席，這個會議最後形成《歐洲憲法條約》（Traité constitutionnel européen），這份條約實質上將資金自由流動以及財稅議題需一致決的規定奉為圭臬。2005 年，法國公投否決《歐洲憲法條約》，後來由於 2007 年的《里斯本條約》做了些微調整，終於獲得議會表決通過。我會在後面回頭更詳細討論這些歐盟條約的規定。主要可參考第十二章及第十六章。

95　參見維克斯（S. Weeks），〈集體努力，私人積累：創建盧森堡投資基金，1956-1988〉（Collective Effort, Private Accumulation: Constructing the Luxembourg Investment Fund, 1956–1988），會議文章，傑佛遜大學（Jefferson University），2019。

96　20 到 39 歲之間的集中度特別強，在 2015 年的法國，這個年齡階層中 62% 的資產握在前 10% 富人手中（這個年齡層只有少數人擁有資產，因此遺產的分量相當重）；在 40 至 59 歲的階層則為 53%，60 歲以上為 50%，對全體人口的平均值則為 55%。在每個年齡階層中，後 50% 的貧窮人口都幾乎一無所有（所有階層中皆只擁有 5 至 10% 的資產）。參見線上附錄，補充圖表 S11.18。關於各年齡層的概況與組成的詳細結果，參見賈班第（B. Garbinti）、古畢－古布雷（J. Goupille-Lebret），皮凱提，〈財富不平等動力學的會計統計〉（Accounting for Wealth Inequality Dynamic），出處同前。

97　二十世紀初創設累進所得稅時，其首要目標是對最高額的資本利得課稅，而大多數國家都有利於勞動所得的優惠機制，例如法國的分類課稅（impôt cédulaire，對薪資的課稅比對變動資本利得更優惠）。在 1960 及 1970 年代，美國與英國依然對資本利得（unearned income）課徵比勞動所得（earned income）更高的最高稅率。

98　詳細結果可見博齊奧（A. Bozio）、賈班第（B. Garbinti）、古畢－勒布雷（J. Goupille-Lebret）、吉佑（M. Guillot）、皮凱提，〈1990 至 2018 年法國的貧富不均與重分配：稅後分配式國民所得統計中的證據〉（Inequality and Redistribution in France 1990-2018: Evidence from Post-Tax Distributive National Accounts (DINA)）。關於方法的討論請見線上附錄。

99　英文中有兩種不同的用語，一種是對所繼承遺產課的稅（稱為「inheritance tax」，稅率依據每位繼承人獲得的遺產占比而定），一種是對死者擁有的財產所課的稅（稱為「estate tax」，針對的是過世者的總資產，與繼承人之間如何分產無關；此處的財產〔estate〕可分為不動產〔real estate〕與動產〔personal estate〕，例如家具或金融資產）。歐洲國家的制度一般屬於「inheritance tax」，美國實施的則是「estate tax」。

100　可參考 Jong-sung You，〈土地改革、貧富不均與貪汙：韓國、臺灣與菲律賓之比較歷史研究〉（Land Reform, Inequality, and Corruption: A Comparative Historical Study of Korea,

Taiwan, and the Philippines〉,《韓國國際研究期刊》(*Korean Journal of International Studies*),第 12 (1) 期,2014,頁 91-224。亦可參考川越俊 (T. Kawagoe),〈日本戰後的農地改革:經驗與課題〉(Agricultural Land Reform in Postwar Japan: Experience and Issues),世界銀行 (World Bank),1999。亦可參考賴世和 (E. Reischauer),《日本與日本人的歷史》(*Histoire du Japon et des Japonais*),第二卷,出處同前,頁 22-30。賴世和為前美國駐日大使,對日本人態度十分高傲,對社會主義亦無太多認同,但是在那個與共產主義對抗的時代,他卻對土地改革及財產均等化的成果大表讚賞。

101 參見第八章及所引用關於巴納吉 (A. Banerjee) 研究之書目資料。土地的重分配發生在 1977 年左派陣線 (Left Front,由印度共產黨主導) 在西孟加拉邦勝選之後,以及 2011 年前的執政期間。

102 根據現有的估計值,在 1910 年革命爆發前夕,墨西哥 1% 的人口持有超過 95% 的土地,而土地改革由 1910 年代一直延續到 1970 年代。參見桑德生 (S. Sanderson),《墨西哥的土地改革,1910-1980 年》(*Land Reform in Mexico, 1910-1980*),愛思維爾出版 (Elsevier),1984;多爾納 (P. Dorner),《拉丁美洲土地改革之理論與實際:回顧分析》(*Latin American Land Reforms in Theory and Practice: A Retrospective Analysis*),威斯康辛大學出版 (University of Wisconsin Press),1992。

103 這種將財產視為社會共有資產的「團結互助式」(solidariste) 觀念,1890 年代的布儒瓦 (Léon Bourgeois) 和涂爾幹 (Émile Durkheim) 曾以同樣的方式主張過,以證明累進所得稅與遺產稅的正當性。關於此一主題,參見卡司特爾 (R. Castel),《社會議題的蛻變》(*Les Métamorphoses de la question sociale*),出處同前,頁 444-449。

104 我會在第四部回頭討論此一對正義的 (不完美的) 定義。參見第十七章。

105 參見亨利・喬治 (Henry George),《進步與貧窮》(*Progress and Poverty*),1879,頁 342-359。關於此處提及之補償請見第六章。

106 具體而言,亨利・喬治的提案原本可以落實為一項所得稅,對每個人所持有土地的租賃價值課以 100% 的稅率 (不論土地有否出租),或是實施相當於土地價值 4% 的資本稅 (假設租金報酬率是 4%) 也有同等效果。

107 休伊・朗的規畫是對淨值一百萬美元 (相當於平均值的七十倍) 以上的資產課以累進稅,其邊際稅率會逐漸提高,最高會對達到五千萬美元 (平均值的三千五百倍) 的資產課以 100% 稅率,同時他也明確表示必要時可以調整稅率表,將資產額的天花板改為一千萬美元 (平均值的七百倍)。他的主要目標是保障每個美國家庭都擁有平均資產額三分之一的資產 (亦即平均值為一萬五千美元時應擁有五千美元),並明確表示他無意反對私人擁有財富,只要是合理且不違背道德即可。整個計畫中處處以宗教性文字來質疑為何一小群人可以控制國家絕大多數的財富:「上帝邀請我們所有人來這裡享用一切我們需要的飲食。祂對我們的土地微笑,我們收穫豐盈以供給吃穿。祂向我們展示地下的鐵和其他東西,以做成一切我們所需。祂向我們揭露科學的奧祕,讓我們的工作能容易一些。上帝呼喚:『來我的宴席。』然後發生了什麼事?洛克斐勒、摩根那一群人站上前來,拿走足夠一億兩千萬人能吃的食物,留下只夠五百萬人吃的食物給剩下的一億兩千五百萬人。數百萬人只能挨餓,無法享有上帝賜予我們的好東西,除非我們請求這些人將一些東西還回來。」參見線上附錄。

108 法國 2018 年的不動產稅稅收約為四百億歐元 (等於國民所得 2%),美國的稅收則為五千億歐元美元 (超過國民所得 2.5%)。

109 法國與美國目前實施的稅率約為財產價值的 0.5 至 1% (各州或地方自治團體或有不同)。由於這兩個國家在 2010 年代的私有財產總額大約相當於五到六年的國民所得 (見第十章圖 10.8 以及線上附錄的圖 S10.8),可知其稅收為何很容易便達到好幾個百分比的國民所得,儘管還有一些豁免規定。

110 由於地方自治團體之間競相爭取最有錢的納稅人，只有全國性或聯邦層級的稅才可能真正大幅提高累進性。

111 法國在 2007 到 2011 年間嘗試建立一套稅盾（bouclier fiscal）制度，亦即設定納稅總額占所得（而非資產）的比例上限，當時只有為主要住宅繳納的不動產稅被計入上述總額的一部分。

112 原則上，前者在進行投資的國家或地區可能需要繳納相當於法國不動產稅或美國財產稅的稅捐。

113 機器與設備有時會被納入財產稅的稅基，或是透過其他地方稅而部分受到課徵，例如過去法國的營業稅（taxe professionnelle）。實務上，機器設備的稅負一般都明顯低於不動產。

114 參見麥格爾（N. Maggor），《婆羅門資本主義》（*Brahmin Capitalism*），出處同前，尤其是頁 76–95 與頁 178–203。

115 但未必歐洲各地都是如此：如果我們相信雨果（Victor Hugo）在《芒什海峽的群島》（L'Archipel de la Manche）一書中所述，十九世紀英國根西島（Guernesey）課徵的不動產稅是針對人們持有的整體資產，這讓對世事充滿好奇心且比較習慣法國制度的小說家十分驚訝。參見雨果，《海上勞工》（Les Travailleurs de la mer，1866 年版），伽利瑪（Gallimard）出版社，Folio 書系，1980，頁 67。

116 同一時期的另一項政治對抗正好與城市邊界的擴張有關，因為必須擴張才能納入新的市郊聚居區或讓新的人口聚居區形成獨立城鎮：希爾斯持正面意見，市中心的資產家們則持反對意見，因為他們不想和新市區分享稅收。參見麥格爾（N. Maggor），《婆羅門資本主義》（*Brahmin Capitalism*），出處同前。這個事件再次凸顯租稅體制、政治體制與行政畫制度之間的結構性關連。

117 1915 年通過個人財產完全免稅的政治與行政運作過程，參見布洛克（C. Bullock），〈麻州的財產稅與所得稅〉（The Taxation of Property and Income in Massachusetts），《經濟學季刊》（*Quarterly Journal of Economics*），第 31 (1) 期，1916，頁 1-61。

118 參見費斯曼（R. Fisman）、格拉斯東（K. Gladstone）、、庫西姆克（I. Kuziemko）、奈督（S. Naidu），〈美國人想要對資本課稅嗎？線上問卷調查所獲之證據〉（Do Americans Want to Tax Capital? Evidence from Online Surveys），美國全國經濟研究所（NBER），工作文件（Working Paper），No. 23907，2017。具體而言，這份調查將兩者（所得與資產）同時呈現在問卷上，詢問受訪者個人認為何者是公平的稅。針對同樣的所得（例如每年十萬美元），受訪者認為擁有一百萬美元資產的人付出的稅金總額應該比沒有資產的人多，相對於擁有一千萬美元資產的人則應該比較少。如果改為資產額不變、所得改變，結果亦同。

119 我們將在後續章節更仔細檢視這些問題，可參見第十三及第十七章。

120 這項提案影響的是資產超過平均值一百倍以上的人口（相當於每對夫妻五十萬美元或每人二十五萬美元），比例低於總人口 0.1%，卻占有總資產的 20%，是相當重要的稅收來源，估計超過國民所得的 1%。參見賽斯（E. Saez）、祖克曼（G. Zucman），〈累進財富稅會如何運作？〉（How Would a Progressive Wealth Tax Work?），加州柏克萊大學（Berkeley），2019；同作者，《不公不義的勝利》（*The Triumph of Injustice*），諾頓（Norton）出版社，2019（譯注：中文版為陳儀翻譯，《不公不義的勝利：如何扭轉貧富不均？資本主義與租稅正義的民主激辯》，八旗文化，2020 年出版）。

121 近來一些研究者主張針對所有資產課徵一種高稅率（7%）的比例稅，以強迫財產經常重新分配。參見波斯納（E. Posner）、韋爾（G. Weyl），《激進市場》（*Radical Markets: Uprooting Capitalism and Democracy for a Just Society*），普斯林頓大學出版（Princeton University Press），2018。（譯注：中文版為周宜芳譯，《激進市場：戰勝不平等、經濟停

滯與政治動盪的全新市場設計》，八旗文化，2020 年。）不過由於完全沒有累進性，這套方案可能會導致財產愈來愈集中而非分散（然而研擬者表示其主要目標是幫助土地和財產快速重新分配）。

122 針對社會黨與共產黨的政策以及從戰間期到 1980 年代關於累進資產稅的辯論之詳細分析，請參考皮凱提，《二十世紀法國高所得群體研究》（*Les Hauts Revenus en France au XXe siècle*），出處同前，頁 373-389。針對凱佑（J. Caillaux）1914 年的提案以及 1947 年與 1972 年的提案，亦可參考葛羅斯洛德（J. Grosclaude），《富人稅》（*L'Impôt sur la fortune*），貝爾傑－勒富侯（Berger-Levrault）出版社，1976，頁 145-217。

123 在 2018 年改革前夕，財富團結稅（ISF）帶來的稅收約為 50 億歐元（不及國民所得的 0.3%），而土地稅的稅收則為 400 億歐元（超過國民所得的 2%）。

124 參見格倫納斯特（H. Glennerster），〈被放棄的富人稅：1974 至 1976 年英國財政部的角色〉（A Wealth Tax Abandoned: The Role of UK Treasury 1974-1976），倫敦政經學院（LSE），2011。

125 更精確的說，當財產價值低於十二萬五千鎊時，交易時需支付的稅金為 0%，財產價值介於十二萬五千鎊至二十五萬鎊時稅率為 1%，價值介於二十五萬鎊至五十萬鎊時稅率提高至 3%，價值介於五十萬鎊至一百萬鎊時稅率為 4%，價值介於一百萬鎊至兩百萬鎊時稅率為 5%（2011 年制定的新稅率），價值超過兩百萬鎊時稅率為 7%（2012 年新制）。這套累進稅制相當令人意外，因為這些登記稅在大多數國家都是比例稅（例如法國），而且 1993 年取代人頭稅（poll tax，這個稅值讓柴契爾下臺）的地方稅「市政稅」（council tax）事實上幾乎和人頭稅的累退性一樣強（比例上，市政稅的稅額增加的速度比主要住宅的租賃價值慢得多）。延伸閱讀：阿特金森（T. Atkinson），《扭轉貧富不均》（*Inégalités*），出處同前，頁 267-268，圖 7.3。

126 關於 1870 年後德國稅制的變化，參見戴爾（F. Dell），《不平等的德國》（*L'Allemagne inégale*），出處同前。

127 瑞典制度的特色在於 1911 年到 1947 年之間採用了所得與資產聯合課稅的方式，1948 年之後才發展為兩套不同的系統。更詳細的分析，參見杜里茲（G. Du Rietz）、漢瑞克森（M. Henrekson），〈瑞典財富稅制度（1911-2007 年）〉（Swedish Wealth Taxation, 1911-2007），收錄於漢瑞克森與史登古拉（M. Stenkula）編，《瑞典的課稅制度：1862 年以降之發展》（Swedish Taxation: Developments since 1862），Palgrave 出版，2015。

第十二章

1 參見莫安（N. Moine），〈窮人可以不是無產階級嗎？1920 年代邁入 1930 年代之際發生在莫斯科某街區的公民權剝奪〉（Peut-on être pauvre sans être un prolétaire ? La privation des droits civiques dans un quartier de Moscou au tournant des années 1920-1930），刊載於《社會運動》（*Le Mouvement social*），第 196 期，2001 年 7-9 月。

2 參見卡迪奧，《小偷社會：史達林時代的社會主義財產保障》（*La Société des voleurs. La protection de la propriété socialiste sous Staline*），法國高等社會科學院（EHESS），2019。亦可參考卡迪奧，〈漢恩案：基輔，1952 年冬〉（L'affaire Hain. Kyiv, hiver 1952），《俄羅斯世界筆記》（*Cahiers du monde russe*），第 59 卷，第 2-3 期，2018。

3 作為比較，目前俄國的在監率（同樣以成年人口百分比表示）為 0.7%，中國為 0.3%，所有西歐國家皆低於 0.1%。參見線上附錄。

4 參見莫安（N. Moine），〈損失、贈與、掠奪：1940 年代蘇聯的史達林文化、外援與戰利品〉（La perte, le don, le butin. Civilisation stalinienne, aide étrangère et biens trophées dans l'Union soviétique des années 1940），《年鑑：社會科學史》（*Annales. Histoire Sciences sociales*），第 2 期，2013，頁 317-355；同作者，〈衡量二戰時期蘇聯人民的物質損失：

私有財產走向正當化？〉（Évaluer les pertes matérielles de la population pendant la Deuxième Guerre mondiale en URSS: vers la légitimation de la propriété privée ?），《歷史與衡量》（*Histoire & Mesure*），第 18 卷，第 1 期，2013，頁 187-216。

5　如果將範圍嚴格限於金錢性質的所得，則最高十分位的占比僅占所得毛額的 20%（而非 25%），最高百分位的占比則低於 4%（而非 5%）。參見線上附錄與諾瓦科梅（F. Novokmet）、皮凱提、祖克曼合著，〈從蘇維埃到寡頭：俄國的不平等與財產，1905-2016 年〉（From Soviets to Oligarchs: Inequality and Property in Russia, 1905-2016），WID. world，工作報告系列，No. 2018/2，《經濟史學報》（*Journal of Economic History*），2018。

6　具體而言，最高百分位占比為 4 至 5% 代表前 1% 薪酬最高的人的平均所得是全體平均所得的四至五倍，與最低所得（一般接近平均所得的一半）相比通常為八至十倍。

7　參見莫安（N. Moine），〈史達林時代的通行證制度：從史達林的大清洗到國土的分裂（1932-1953 年）〉（Le système des passeports à l'époque stalinienne. De la purge stalinienne au morcellement du territoire [1932-1953]），《現代與當代歷史雜誌》（*Revue d'histoire moderne & contemporaine*），第 50-1 期，2003/1，頁 145-169。

8　參見薩繆森，《經濟學》（*Economics*），第 8 版，麥格羅希爾（McGraw-Hill）出版，1970，頁 831。

9　可參見邁克爾·曼（M. Mann），《社會權力的起源，第四冊：全球化（1945-2011 年）》（*The Sources of Social Power, vol. 4 : Globalizations [1945-2011]*），劍橋大學出版，2012 年 12 月 28 日，頁 182。

10　參見陶德（E. Todd），《最後的陷落：蘇維埃世界的解體（評論集）》（*La Chute finale. Essai sur la décomposition de la sphère soviétique*），侯貝拉豐出版社（Robert Laffont），1976 年初版，1990 年及 2004 年增訂新版。

11　經過漫長的議會攻防，雷根在 1986 年對美國國會通過的《全面反種族隔離法》（Comprehensive Anti-Apartheid Act）下的制裁機制動用否決權，不過國會決定推翻其否決並確認投票結果，使法律正式生效。

12　參考以下展覽內容：《達卡 1966 年：泛非洲主義藝術節紀事》（*Dakar 1966. Chroniques d'un festival panafricain*），法國國家凱布朗利博物館（musée du quai Branly），巴黎，2016 年 2 月至 5 月。

13　1988 年 1 月，當時種族隔離措施依然存在，古巴空軍介入面臨南非裝甲車壓境的安哥拉。1991 年 7 月 26 日，卡斯楚向曼德拉說明：「我們決定不惜冒險犯難也要和安哥拉人站在一起，解決這個問題。」曼德拉來訪是為了表達「我們感覺欠了古巴人民很大一筆債」，他強調這次勝利的歷史影響，而對手的挫敗「打破白人壓迫者所向無敵的神話」並成為打倒種族隔離「鬥爭的轉捩點」。參見卡斯楚與曼德拉演說集《古巴與非洲：平等的勝利》（*Cuba et l'Afrique. La victoire de l'égalité*），時代精神出版（L'Esprit du temps），「有何新鮮事？」（Quoi de neuf ?）叢書，2018。

14　共產政權對避孕行為的態度絕非一段線性發展的歷史。例如蘇聯在 1920 年成為全世界第一個允許實施自願妊娠終止的國家，1936 年加以禁止（史達林時期加強鼓勵生育），1955 年又恢復合法。

15　以下著作中彙整的資料十分值得研究：卡爾邁可（S. Carmichael）、狄利（S. Dilli）、瑞馬（A. Rijpma），〈1820 年以來的性別不平等〉（Gender Inequality since 1820），收錄於《過得如何？1820 年以來的全球生活幸福度》（*How was life ? Global Well-Being since 1820*），OECD，2014，圖 12.9，頁 238。

16　在電影《以祖國之名》（*Land and Freedom*，1995 年）中，肯洛區（Ken Loach）把 1936 年西班牙一個小村莊的討論搬到鏡頭前，參加會議的人爭論著土地應由城鎮、國家還是個人持有的問題，而這個問題導致無政府主義者、史達林主義者與托洛斯基派之間的

衝突愈演愈烈，實質上增強了支持佛朗哥、教會與所有權主義的敵對力量。

17 實際運作上，不同規模企業提供的工作機會與產值大小的分布相當均衡，因此關於不同組織下應如何進行權力分配與所有權分配的問題，需要持續提供解決方案。

18 參見線上附錄與諾瓦科梅、皮凱提、祖克曼合著，《從蘇維埃到寡頭：俄國的不平等與財產，1905-2016年》，圖2，出處同前。

19 參見皮斯托（K. Pistor），《財富背後的法律密碼：法律如何創造財富與不平等》（*The Code of Capital: How the Law Creates Wealth and Inequality*），出處同前。（譯注：中譯版為趙盛慈翻譯，大塊文化，2019年出版。）

20 主要可參考努嘉黑德（D. Nougayrède），〈後蘇時期俄國的法律外包〉（Outsourcing Law in Post-Soviet Russia），《歐亞法律期刊》（*Journal of Eurasian Law*），2014；同作者，〈尤科斯石油，返程投資與轉移中的公法／私法典範〉（Yukos, Investment Round-Tripping, and the Evolving Public/ Private Paradigms），《美國國際仲裁評論》（*American Review of International Arbitration*），2015；同作者，〈境外公司在新興市場經濟中的運用：一個案例研究〉（The Use of Offshore Companies in Emerging Market Economies: A Case Study），《哥倫比亞歐洲法期刊》（*Columbia Journal of European Law*），第23卷，第2期，2017。亦請參考葛斯塔夫森（T. Gustafson），《命運之輪：俄國的石油與權力之戰》（*Wheel of Fortune. The Battle for Oil and Power in Russia*），哈佛大學出版（Harvard University Press），2012。

21 關於此一推估值，更詳細的介紹請參考：諾瓦科梅、皮凱提、祖克曼合著，《從蘇維埃到寡頭：俄國的不平等與財產，1905-2016年》，出處同前，頁19-23。

22 參見祖克曼，〈消失的國家財富：歐洲和美國是淨債務人還是淨債權人？〉（The Missing Wealth of Nations. Are Europe and the US Net Debtors or Net Creditors?），《經濟學季刊》（*Quarterly Journal of Economics*），第128卷，第3期，2013，頁1321-1364；同作者，《富稅時代》（*The Hidden Wealth of Nations*），芝加哥大學出版（University of Chicago Press），2017（譯注：中文版是由法文版譯出，詹文碩翻譯，寫樂文化，2015年出版）；同作者，〈全球財富不均〉（Global Wealth Inequality），《經濟學年度評論》（*Annual Review of Economics*），第11卷，第1期，2019，頁1-48。

23 參見祖克曼，〈跨境課稅：追蹤個人財富與企業利潤〉（Taxing Across Borders: Tracking Personal Wealth and Corportate Profits），《經濟展望期刊》（*Journal of Economic Perspectives*），第28卷，第4期，2014，頁121-148；阿斯特席德（A. Alstadsæter）、約翰森（N. Johannesen）、祖克曼合著，〈誰擁有避稅天堂的財富？鉅觀證據與對全球不均的影響〉（Who Owns the Wealth in Tax Havens? Macro Evidence and Implications for Global Inequality），《公共經濟學期刊》（*Journal of Public Economics*），第162期，2018，頁89-100。

24 關於討論這種心態的代表性著作，可參考波依科（M. Boycko）、史列佛（A. Shleifer）、衛詩尼（R. Vishny），《俄國的私有化》（*Privatising Russia*），麻省理工學院出版（MIT Press），1995。

25 從某種角度來看，俄國（或至少一大部分俄國菁英）會因打擊避稅天堂與金融黑箱蒙受的損失和美國會因對抗氣候暖化而損失的一樣多。參見第十三章。

26 2014年併吞克里米亞以及對烏克蘭東部採取軍事行動後，俄國曾受到貿易制裁。此次危機爆發的前因是烏克蘭試圖加入歐盟而非俄國的貿易與政治圈。

27 歐盟的司法系統有時會打擊「不當取得」的財富，例如非洲國家領導人的家人（如赤道幾內亞總統之子泰奧多林・奧比昂〔Teodorin Obiang〕）持有的資產，這也表示資產凍結和徵收在技術上完全可行（參見皮凱提，《二十一世紀資本論》，出處同前，頁712-713）。然而俄國規避法律的規模過於龐大，以致必須透過財稅手段而非只靠司法手段

就能解決。當一個十分貧窮的國家因竊占自然資源的行為而受害（例如幾內亞的森林，奧比昂的財富即由此而來），司法系統也可能因此更加積極（也可能是因為當財富披上了黑色的皮膚便顯得更加可疑）。

28　詳細結果與上述推估所使用的資料來源與方法，請見皮凱提、祖克曼、楊利，〈中國的資本積累、私有財產與不均擴大，1978-2015 年〉（Capital Accumulation, Private Property and Rising Inequality in China, 1978-2015），WID.world，工作報告系列，No. 2017/7，收於《美國經濟評論》（*American Economic Review*），2019。參見線上附錄。

29　參見周瑞（J. Ruet），《不結盟的資本主義：新興國家，或世界的新產業關係》（*Des capitalismes non alignés. Les pays émergents, ou la nouvelle relation industrielle du monde*），行動理由出版（Raisons d'agir），「課程與研究」（Cours et Travaux）叢書，2016。周瑞亦強調在印度、巴西或印尼，國家的持有在工業方面依然扮演相當重要的角色（較中國為弱，但比歐洲－美國－日本這一集團的國有程度高）。俄國的公有資本在全國資本中的占比下滑的速度比中國快得多，但儘管有資金外流的問題，比值依然相當高（2010 年代末期約為 15 至 20%）。這是因為俄國天然資源豐富，而且幾個非常龐大的能源企業依然掌握在國家手中。參見諾瓦科梅、皮凱提、楊利、祖克曼合著，〈從共產主義到資本主義：中國與俄國的私有 vs. 公有財產與貧富不均〉（From Communism to Capitalism : Private vs Public Property and Inequality in China and Russia），《美國經濟學會－論文與會議記錄期刊》（*American Economic Association* [Papers & Proceedings]），第 108 卷，2018，頁 109-113，亦可見於世界不平等資料庫（WID.world），工作報告系列，No. 2018/2。

30　關於各資產類別的詳細資料序列，參見皮凱提、楊利、祖克曼合著，〈中國的資本積累、私有財產與不均擴大，1978-2015 年〉，出處同前，WID.world 2017，圖 5-6。亦請參見線上附錄。

31　若要確認數值範圍，當時公有資本淨額通常相當於一年的國民所得（公有資產約為國民所得的 150%，公共債務則不到 50%），而私有財產總額（同樣扣除債務）一般約相當於三年的國民所得。參見第十章，圖 10.8。亦請參考線上附錄與皮凱提、祖克曼，〈資本回來了：富裕國家的財富－所得比，1700－2010 年〉（Capital is Back: Wealth-Income Ratios in Rich Countries, 1700-2010），《經濟學季刊》（*Quarterly Journal of Economics*），第 129 卷，第 3 期，2014，頁 1255-1310，可於其中找到各國的詳細資料序列。

32　參見皮凱提，《二十一世紀資本論》，出處同前，第五章，頁 289-294，圖 5.5。

33　讓我們回想一下，在大相逕庭的政治意識形態與社會經濟背景下，十六到十八世紀歐洲國家的財產總額約有 25 至 30% 握在教會組織手中（例如法國、西班牙以及解散修道院前的英國），這也讓教會擁有自己的資源，可以影響社會組織並引導社會的精神與物質發展。參見第二章圖 2.3。兩者相比令人產生許多想法，但也許很難用來預測未來中國模式會如何變化。

34　可參考歷史學家兼經濟學家秦暉（Qin Hui）的研究，已翻譯為英文並收錄於期刊《中國經濟》（*The Chinese Economy*），2005 年 7-10 月。關於秦暉的經歷與文化大革命後的人生軌跡，參見〈大家族分產〉（Dividing the Big Family Assets），《新左派評論》（*New Left Review*），第 20 期，2003 年 3-4 月，頁 83-110。

35　考量到法律的修訂，我們估算公有的農地占比在 1978 至 2015 年間逐漸由 70% 下降至 40%。不過，即使選擇了其他假設，對於中國整體財產結構變遷的全貌而言只會有些微影響（因為相較於企業與都市的不動產，農地的重要性有限）。參見皮凱提、祖克曼、楊利，〈中國的資本積累、私有財產與不均擴大，1978-2015 年〉，出處同前。

36　相反地，獨一無二且目前為止未出售過的資產（如羅浮宮或艾菲爾鐵塔）不會被納入計算，或是依據高度假設性的標準計算其價值（根據面積或替換費用），而這些計算方法大大低估了資產的潛在市場價值。

37　即所謂「國民經濟會計制度 2013」（SNA 2013）。國民經濟會計制度的規則大約每隔十年會由國際組織及統計研究機構共同進行修訂，原則上施行於所有國家。針對西歐國家，圖 12.8 呈現的推估值直接引自各國的國民經濟會計。但針對中國，由於官方沒有編製資產帳，我們將相同的定義套用於不同來源取得的第一手資料上。參見線上附錄。

38　即便僅考慮無形資本、科學技術知識與個人專業資格對 GDP 的貢獻（依照目前對 GDP 的定義），得到的資本化價值（valeur capitalisée）也會是私人財產總額的兩倍以上（因為國民經濟會計中算出的勞動占比通常是資本的兩倍以上）。不過這種狹隘的計算方式忽略了一件事：幾乎所有人活在世上都非常想要的東西——親身體驗（如呼吸山中純淨的空氣、欣賞傳世佳作等）——並沒有被計入 GDP 和國民所得之中，真是萬幸。

39　從嚴格的理論觀點來看，公有財產的負值可以無限大：我們甚至可以在腦中想像一個政體，其中私人憑著持有的金融憑證便掌握了所有未來的稅收，甚至所有其他人民的所得，讓其他人實質上變成這些資產家的奴隸。這種狀況在古代常常發生（當時奴隸常常是龐大債務或戰爭賠償的結果；參見第六章）。就算不想得那麼遠，我們也很清楚未來公有資本的赤字非常可能會擴大。

40　參見第十章圖 10.8，以及線上附錄補充圖表 S10.8。私有化與公有財產的萎縮只解釋了一部分的私人資產成長（介於五分之一至三分之一間，依國家不同），其他部分則來自在經濟緩慢成長的過程中累積的儲蓄，更重要的是不動產和股票價格的增長，而這些增長有一部分是法律與政治制度朝有利所有人的方向改變之故。詳細的分項資料請見第十章及線上附錄。

41　日本與德國的資產狀況是正值，美國和英國是負值，其他歐洲國家則接近打平。整體的狀況就官方數字而言是輕微赤字，不過考慮到這些國家的私人所有權人透過避稅天堂取得的資產，一切都顯示真正的落點明顯是正值。參見祖克曼，〈消失的國家財富：歐洲和美國是淨債務人還是淨債權人？〉，出處同前。

42　平均來說，在 1970 到 2015 年間，幾乎所有富裕國家的公共債務利息都與次級赤字（déficit secondaire）相等（除了義大利的利息高於赤字），這與基本赤字幾近為零的情況相符（不過這段時期由於經濟成長低落，整體負債大幅成長）。參見線上附錄。我會在第十六章回頭討論歐洲預算法規與基本、次級赤字的概念。

43　若要一個最近（且引發激烈爭議）的例子，可參考法國政府 2019 年通過的巴黎機場集團私有化法案。法國政府預計可因此筆交易進帳八十億歐元，雖然在此之前，法國已因廢除富人稅（ISF）與資本利得累進稅而拱手讓出每年五十億歐元的稅收。

44　參見諾頓（B. Naughton），〈中國是社會主義國家嗎？〉（Is China Socialist?），《經濟展望期刊》（*Journal of Economic Perspectives*），2017，圖 1。亦可參考皮凱提、祖克曼、楊利，〈中國的資本積累、私有財產與不均擴大，1978-2015 年〉，出處同前，表 A313。

45　關於中國貧富不均惡化引發的憂慮，可參見李實（L. Shi）、佐藤宏（H. Sato）、史泰麗（T. Sicular），〈中國貧富不均的惡化：和諧社會的挑戰〉（*Rising Inequality in China. Challenges to a Harmonious Society*），劍橋大學出版（Cambridge University Press），2013。

46　參見皮凱提、祖克曼、楊利，〈中國的資本積累、私有財產與不均擴大，1978-2015 年〉，出處同前。

47　參見柯斯卡（G. Kostka），〈中國的社會信用體系與輿論：解釋人民的高度贊同〉（China's Social Credit Systems and Public Opinion: Explaining High Levels of Approval），柏林自由大學（Freie Universität Berlin），2018。（譯注：刊載於《新媒體與社會》（*New Media & Society*），第 21 卷，第 7 期，2019，頁 1565–1593）亦請參考閻小駿（Xiaojun Yan），〈維穩工程：後鄧小平時代專制政權對大學生的政治控制〉（Engineering Stability: Authoritarian Political Control over University Students in Post-Deng China），《中國季刊》（*The China Quarterly*），第 218 卷，第 1 期，2014 年 6 月；黎安友（A. Nathan），〈中國

中產階級之謎〉（The Puzzle of the Chinese Middle Class），《民主期刊》（*Journal of Democracy*），第 27 卷，第 2 期，2016 年 4 月，頁 5-19。關於大量蒐集個人資訊及個別評分的工作以何種方式將自身界定為一種道德上可接受的資本主義積累與經濟價值的提取，參見富卡德（M. Fourcade），〈蒼蠅與餅乾：二十一世紀資本主義的結盟與解體〉（The Fly and the Cookie: Alignment and Unhingement in 21st-Century Capitalism），《社會經濟評論》（*Socio-Economic Review*），第 15 卷，第 3 期，2017，頁 661-678；富卡德、希利（K. Healy），〈像市場一樣觀看〉（Seeing Like a Market），《社會經濟評論》，第 15 卷，第 1 期，2017，頁 9-29。

48 關於 1980 年代開始中國所得稅的制定與（極度不透明的）運作，參見皮凱提、錢楠筠（N. Qian），〈中國與印度的所得不均與累進所得稅〉（Income Inequality and Progressive Income Taxation in China and India），《美國經濟學報：應用經濟》（*American Economic Journal : Applied Economics*），第 1 卷，第 2 期，2009，頁 53-63。

49 例如我們知道有些省分和城鎮設有所得稅的例外條款，不過實際的運作掩蓋在重重黑幕下，瞭解的人很少。

50 官方數據與修正數據的詳細比較，參見皮凱提、祖克曼、楊利，〈中國的資本積累、私有財產與不均擴大，1978-2015 年〉，出處同前。亦請參考線上附錄。

51 2008 至 2017 年間俄國公開的財政資料至少有一個優點，亦即分為非常多個級距（包括所得超過一百億盧布以上的級距），不過所使用的所得概念十分不清楚且經常不一致。參見諾瓦科梅、皮凱提、祖克曼合著，《從蘇維埃到寡頭：俄國的不平等與財產，1905-2016 年》，出處同前。

52 關於此議題，參見金洛年（N. Kim），〈韓國的高額所得，1933-2016 年〉（Top Incomes in Korea, 1933-2016），WID.world，工作報告系列，No. 2018/13；Cheuk Ting Hung，〈香港與新加坡的所得不均，1980-2016 年〉（Income Inequality in Hong Kong and Singapore, 1980-2016），WID.world，2018；朱敬一（C. Chu）、周德宇（T. Chou）、胡勝正（S. Hu），〈臺灣的高額所得，1977-2013 年〉（Top Incomes in Taiwan, 1977-2013），WID.world，工作報告系列，No. 2015/6。

53 參見 Cheuk Ting Hung，〈香港與新加坡的所得个均，1980-2016 年〉，出處同前。

54 關於此議題，參見裴敏欣（M. Pei），《出賣中國：權貴資本主義的起源與共產黨政權的潰敗》（*China's Crony Capitalism: The Dynamics of Regime Decay*），哈佛大學出版，2016。（譯注：中文版為梁文傑翻譯，八旗文化，2017 年出版）

55 參見魏簡（S. Veg），《在人民之間：業餘史家、獨立導演、維權律師與部落客，從草根崛起的力量，當代中國知識分子的聲音與行動》（*Minjian. The Rise of China's Grassroots Intellectuals*），哥倫比亞大學出版（Columbia University Press），2019。（譯注：中文版為曾金燕、徐曦白翻譯，聯經出版，2021 年出版。）

56 參見習近平著，《習近平談治國理政》（文集）（法文版書名為「La Gouvernance de la Chine」），北京，2014，頁 137-141 及頁 470-475。（譯注：對應中文版的頁數可能為頁 116-118 及頁 393-396）

57 例如 1914 年前的法國，當時第三共和的政治經濟菁英解釋，因為法國如此平等（感謝大革命），所以沒有必要實施德國和英國已經採用的那種財稅改革。參見第四章。

58 我們也注意到，公共廁所和衛生設施的簡陋是《兄弟》（法文版由 Actes Sud 於 2008 年出版）的重要主題，用來述說 1960 及 1970 年代共產主義下的慘況（也是為了讓調皮的李光頭可以拿他對女性身體構造的知識去換點錢來吃三鮮麵）。同樣的主題在《阿斯婭與黃金母雞》（*Riaba ma poule*）中也十分常見，這是 1994 年由安德烈‧康查洛夫斯基（A. Kontchalovski）執導的一部關於後蘇時期的精彩童話片。

59 關於此一主題，參見古迪（J. Goody），《歷史的偷竊》（*The Theft of History*），劍橋大學

出版，2006，第九章，2012 年再版。作者指出，這些制度的採用多少是經過充滿偶然與掙扎的歷程後得到的結果，完全不是出於文化本質的差異。舉例來說，如果美國黑人當時占人口多數（或屬於強勢的少數族群），美國很可能不會在 1960 年代賦予黑人投票權，而且或許到現在依然採用類似南非種族隔離制的方法進行統治。（見古迪，《歷史之賊》，出處如上，頁 252）。

60　在此必須補充一項一般性的批評，我們前面曾經提及，之後也會回頭討論：在西方議會制政體下，法律的內容會受到憲法與憲法法庭法官相當嚴格的審查，因此往往使既有的私有財產權得到不同形式的庇護。

61　許多研究都以美國的政治運作被富人綁架為主題。例如海克（J. Hacker）、皮爾森（P. Pierson），《贏家全拿政治：華盛頓當局如何讓富人更富－並背棄中產階級》（Winner-Take-All Politics. How Washington Made the Rich Richer – And Turned its Back on the Middle Class），西蒙與舒斯特出版社（Simon & Schuster），2011；史洛茨曼（K. Schlozman）、佛巴（S. Verba）、布雷迪（H. Brady）合著，《此曲不從天上來：不平等的政治聲量與失落的美國民主承諾》（The Unheavenly Chorus: Unequal Political Voice and the Broken Promise of American Democracy），普林斯頓大學出版，2012；科納（T. Kuhner），《資本主義對民主政治：政治中的金錢和自由市場憲法》（Capitalism v. Democracy. Money in Politics and the Free Market Constitution），史丹福大學出版，2014；巴特斯（L. Bartels），《不平等的民主：新鍍金時代的政治經濟學》（Unequal Democracy. The Political Economy of the New Gilded Age），普林斯頓大學出版，2016。

62　主要可參考茱莉亞．卡熱（J. Cagé），《拯救媒體：資本主義、群眾募資與民主》（Sauver les médias. Capitalisme, financement participatif et démocratie），出處同前；同作者，《民主的價碼：一人一票，票票「等值」？》（Le Prix de la démocratie），出處同前（譯注：中文版由賴盈滿譯，時報文化，2021 年出版）。

63　政府試圖在 2017 年成立一個新的制憲議會，但反對派拒絕參加這些新選舉。在美國與其他西方國家的支持下，2015 年選出的議長在 2018 年時自行宣布就任總統（支持馬杜洛的則是中國和俄國）。新的選舉可望於 2019 至 2020 年舉行。關於查維茲時代的分析，參見羅柏茲（K. Roberts），《拉丁美洲的路線變換：新自由主義時代下的政黨體系》（Changing Course in Latin America: Party Systems in the Neoliberal Era），劍橋大學出版，2014。作者認為，委內瑞拉政黨體系的解體與流於暴力（先前的狀況相對平穩），原因可能與 1988 年大選後政壇一再陷入風暴有關：中間偏左的民主行動黨靠著反國際貨幣基金組織的論調贏得選舉，幾個月後卻大砍預算，引發 1989 年卡拉卡斯的流血暴動，之後民主行動黨出身的總統在 1993 年因貪汙被解職，接著 1998 年查維茲贏得選舉（他本人曾在 1992 年參與發起政變）。

64　我們可以想想法國大革命時期對於貴族財產取得途徑的辯論或是英國十九世紀的愛爾蘭問題（見第三至五章），以及奴隸主與殖民地的財產取得途徑（見第六至九章），或是本章中所提及俄國或中國寡頭取得自然資源和國營企業的途徑。

65　參見古迪，《歷史之賊》，出處如上，頁 251。

66　關於 2016 年研討會上散發的文件，請見線上附錄。想浸淫於中國對這些問題的論點，閱讀《環球時報》顯然是最直接的方式。

67　「活躍」（militant）的概念正被重新改寫中，參與的方式也是（支部開會的頻率減少，但網路上的行動更加積極），與此同時，世界各國的傳統政黨也正走向瓦解（如義大利與法國）。

68　參見胡錫進的訪談，《世界報》，2017 年 10 月 15 日。

69　針對香港民主運動中複雜的政治意識形態變遷，參見魏簡，〈香港回歸後「本土主義」的興起與公民認同：對中國民族國家的提問〉（The Rise of "Localism" and Civic Identity in Post-Handover Hong Kong: Questioning the Chinese Nation-State），《中國季刊》，第 230 卷，2017 年 6 月，頁 323-347。

70 參見李成（C. Li），〈中國的共產黨國：權力的結構與動態〉（China's Communist Party-State: The Structure and Dynamics of Power），收錄於約瑟夫（W. Joseph）編，《政治在中國：導論》（Politics in China: An Introduction），頁 203-205，圖 6.4，牛津大學出版，2010。亦可參考李成，《習近平時代的中國政治：集體領導的再評估》（Chinese Politics in the Xi Jinping Era. Reassessing Collective Leadership），布魯金斯研究院（Brookings Institution），2016，頁 42-44。

71 直到 1970 年代為止，西方的社會主義、共產主義與社會民主主義政黨都是靠著下層階級的積極運動分子打下重要戰役，但自此以後這些政黨的組成變得明顯傾向幹部階級與從事知識性職業的人口，選民結構也是。參見第十四至十六章。

72 全國人民代表大會的成員約有三千人，每年僅開會十天，常務委員會成員則有一百七十五人（自全國人大中選出），在休會期間開會，其權限範圍由全國人大年會決定。依據《中華人民共和國憲法》的規定，全國人大擁有的權力範圍最廣（可議決法律案、選舉國家主席等），而且是由中國全體公民所選出。實際上，投票採取間接形式且分為多個層級，不同層級的候選人全都必須得到中國共產黨控制的委員會的批准。

73 參見線上附錄及皮凱提，《二十一世紀資本論》，出處同前，頁 872-877。

74 關於此主題，參見里德爾（R. B. Riedl），《非洲民主政黨體系的專制起源》（Authoritarian Origins of Democratic Party Systems in Africa），劍橋大學出版，2014。作者認為，一般而言由前單一政黨推動政治轉型（如塞內加爾與迦納）會比因單一政黨垮臺導致的轉型（如貝南或尚比亞）更成功。值得注意的是，塞內加爾 1976 年通過的憲法中針對政黨加以規範，其第二條便規定要建立三大政治思想派別：「憲法允許的三個政黨應分別代表以下思潮：自由民主思想；社會主義民主思想；共產主義或馬列思想。」社會主義民主思想的位子已經有桑戈爾的社會黨，自由派則有瓦德的塞內加爾民主黨。相對地，馬克思主義與共產主義者不願被收編為這場幾乎沒有革命成分的民主轉型運動的一員，並繼續保持部分地下組織的狀態。

75 社會民主派的民主左派聯盟黨曾於 1993 至 1997 年及 2001 至 2005 年間執政，在波蘭的後共產時代轉型中扮演重要角色，之後在 2005 年選舉中潰敗，取而代之的是自由主義保守派的公民綱領黨與民族主義保守派的法律與公正黨之間的對抗。參見第十六章。

76 參見皮翁特考夫斯基（M. Piatkowski），《歐洲經濟成長冠軍：波蘭經濟崛起之啟示》（Europe's Growth Champion. Insights from the Economic Rise of Poland），2018，頁 193-195。作者也強調共產時期建立的平等教育制度發揮了正面作用，幫助人們打破在戰間期依然高度不平等的社會組織與制度。

77 參見線上附錄與布隆樹（T. Blanchet）、江瑟（L. Chancel）、格辛（A. Gethin）合著，《歐洲有多平等？由分配式國民所得統計中獲得之證據，1980-2017 年》（How Unequal is Europe? Evidence from Distributional National Accounts, 1980-2017），WID.world，2019，圖 9。亦可參考《世界不平等報告 2018 年》及後面引用的諾瓦科梅之研究。

78 參見線上附錄及布隆樹、江瑟、格辛合著，《歐洲有多平等？由分配式國民所得統計中獲得之證據，1980-2017 年》，出處同前，圖 4。

79 歐盟的總預算約為歐盟 GDP 的 1%。預算來源主要是每個成員國依國民所得毛額（RNB；GNI）比例計算後繳納的費用。總預算由歐洲議會及領袖高峰會（採一致決）共同通過。關於這些預算數據請見線上附錄。

80 參見諾瓦科梅，《在共產主義與資本主義之間：1890-2015 年東歐所得與財富不均之變遷（捷克、波蘭、保加利亞、克羅埃西亞、斯洛維尼亞、俄羅斯）（評論集）》（Between Communism and Capitalism. Essays on the Evolution of Income and Wealth Inequality in

Eastern Europe 1890-2015 [Czech Republic, Poland, Bulgaria, Croatia, Slovenia, Russia]），法國高等社會科學院（EHESS），2017。上述各國之研究可於世界不平等資料庫（WID. world）查詢。參見線上附錄。

81　針對薪資占比下降的不同原因，請見線上附錄。亦可參考皮凱提，《二十一世紀資本論》，出處同前，第六章，以及卡拉巴伯尼（L. Karabarbounis）、尼曼（B. Neiman），〈全球性的勞動占比萎縮〉（The Global Decline of the Labor Share），《經濟學季刊》（*Quarterly Journal of Economics*），第 129 卷，第 1 期，2014，頁 61-103。

82　舉例來說，如果當時從匈牙利或捷克流出的利潤減少 30%，這些國家每年可增加的獲利約為 GDP 的 2 至 2.5%。參見圖 12.10。

83　直到 1990 年代為止，德國和法國的出口與進口流量水準不相上下（約為 GDP 的 20 至 25%）；1995 年到 2015 年間，德國的流量加倍（2015 年為 GDP 的 40 至 45%），法國的成長則較和緩（2015 年為 30%），也與世界各國普遍走向較一致。德國的變化來自與東歐生產體系高度整合，同時形成了可觀的貿易出超與外部資產的大量積累。參見線上附錄與補充圖表 S12.10。亦可參考第七章圖 7.9。

84　歐洲央行管理委員會是由歐元圈各成員國的央行行長（一國一席）與六名執行理事會成員（主席、副主席及四名其他成員）共同組成，理事會成員每八年由歐盟高峰會依條件多數決任命（需達 55% 的國家及 65% 的人口）。一般而言，這種方式會增加大國在管理委員會中的代表性。例如 2019 年初，執行理事會中有一名義大利人、一名西班牙人、一名法國人、一名德國人、一名比利時人和一名盧森堡人。歐元於 1999 年 1 月 1 日引入銀行與企業做為計價貨幣，2002 年 1 月 1 日起以鈔票和錢幣的形式供個人使用，在 1999 年初，歐盟十五個成員國中有十一國使用，到了 2019 年初，二十八個成員國中有十九個國家使用。

85　參見線上附錄與補充圖表 S12.11。「次級信貸」是風險非常高的不動產貸款，美國金融管制的過度自由化成了次貸發展的溫床。雷曼兄弟曾是美國最重要的商業銀行之一，其於 2008 年 9 月破產，引爆 1929 年以來從未見過的金融大恐慌，直到聯準會大力介入以避免形成破產骨牌效應。2009 年底，歐洲央行宣布若是信評機構降低希臘公債的信用評級，將不再接受希臘公債作為貸款的擔保品，這麼做無異於將共同貨幣的未來放在過去幾年間從未以誠實著稱的機構手中。殖利率投機潮就是在這樣的刺激下產生的。

86　參見線上附錄與補充圖表 S12.12a 到 S12.12c。由於 2011 至 2012 年出現這樣的萎縮，歐元圈直到 2015 年才恢復 2007 年的經濟活動水準（即 GDP）（美國雖然是金融風暴的起點，但 2007 年時的 GDP 已超過歐洲 10%），而直到 2018 至 2019 年，歐元圈的人均 GDP 才恢復過去的水準。

87　2012 年形成的新歐盟預算條約（即《穩定、協調與治理條約》，原文為 Traité pour la stabilité, la coordination et la gouvernance，簡稱 TSCG）規定赤字上限為 0.5%，而非 1992 年《馬斯垂克條約》下的 3%，此外還制定了一個違反規定時的自動制裁機制（實際上無太大作用）。參見線上附錄與第十六章。

88　此即歐洲穩定機制（Mécanisme européen de stabilité，MES），同樣是透過 2012 年簽署的一份新條約而建立。

89　參見博蘭尼，《鉅變》法文版，伽利瑪出版社（Gallimard），「Tel」叢書，2009 年。見第十章。

90　關於歐洲理事會與其他歐盟機構之間的連繫，參見第十六章。

第十三章

1　參見第四章圖 4.1、4.2、第五章圖 5.4、5.5，以及第十章圖 10.4、10.5。

2　請參見 L. Assouad, L. Chancel, M. Morgan, *Extreme Inequality : Evidence from Brazil, India,* the Middle East and South Africa, WID.world, 2018, *AEA Papers and Proceedings*, vol. 108, mai 2018, p. 119-123。

3　參見第六、七章。至於奴隸制度對於巴西不平等現象所造成的長期影響，可參考 T. Fujiwara, H. Laudares, F. Valencia, 《*Tordesillas, Slavery and the Origins of Brazilian Inequality*》, Princeton University Press, 2019.

4　參見第十章、第十一章。在本書第四部我們將再處理該議題（尤其是第十五章）。

5　在這裡中東地區指的是從埃及到伊朗、橫跨土耳其到阿拉伯半島的區域，擁有將近四億兩千萬人口。若想深入瞭解這些數據的由來，請參見 F. Alvaredo, L. Assouad, T. Piketty, 《*Measuring Inequality in the Middle East 1990-2016 : The World's Most Unequal Region ?*》, WID.world, Working Paper Series, n°2017/5, *Review of Income and Wealth*, 2019.

6　參見 T. Piketty, *Le Capital au XXI siècle, op. cit.*, p. 877-879.

7　參見第十二章圖 12.5。另外，這一點足以顯示出，當富裕的財產所有人替沒有任何累進稅法，但專制的不平等體制站臺時，也不得不擔心公眾輿論以及社會政治的權力關係很可能隨時大翻轉的情況。2017 年沙烏地阿拉伯的穆罕默德王儲（Mohamed ben Salman）在首都利雅德的麗池卡爾頓飯店（Ritz-Carlton），軟禁了當地主要的億萬富翁（包括了王室成員以及黎巴嫩總理），也剝奪了他們所有的財產，該事件重新改寫了私人財產權，也提醒世人，在這些以私人財產為權力焦點的體制（régimes propriétaristes）中，對立派系間的權力關係一直都存在。

8　參見 F. Alvaredo, L. Assouad, T. Piketty, 《*Measuring Inequality in the Middle East 1990-2016 : The World's Most Unequal Region ?*》, WID.world, Working Paper Series, n°2017/5, figures 9a-9b, 以及相關線上附錄。至於奴隸制度下與殖民社會中的不平等現象，參見第七章圖 7.2、7.3。

9　其實在這一地區並非沒有重新畫定國界或是建立嶄新的國家組織的企圖，只是直到現在，往往淪為專制又大行擴張版圖的當權者的謀略。1990 到 1991 年海珊（Saddam Hussein）所為即為一例，否則，便是如同 2014 到 2019 年間的「伊斯蘭國」（Etat islamique, Daech），名為復興哈里發（Califat）光榮的藍圖，實為戰爭侵略又鄙視女性，既落伍過時又野蠻粗暴的行為（譯注：阿拉伯聯盟的全名是 League of Arab States〔LAS〕, 1945 年於埃及開羅建立的組織，統整了中東地區與某些信仰伊斯蘭教的非洲國家，一般認為這是泛阿拉伯主張〔Pan-arabisme〕的產物。Daech 是法文世界裡伊斯蘭國的阿拉伯文拉丁化簡稱，有時也拼寫成 Daesh。Califat 也可拼寫成 Khalifat 或 Khaliphat，原是政治組織首領〔Calife〕的頭銜，而後廣泛引申為道德首領的權力、政治首領統治下的地理範圍，或該首領所建立的朝代與政府組織）。

10　參見第十章，特別是漢娜・鄂蘭有關於歐洲議題的分析（譯注：自我定義為「女性、猶太人，但非德國人」的鄂蘭是哲學家、政治理論學者，曾師從當時德國最頂尖的神學、哲學、精神病學與心理學大師，例如，胡塞爾、海德格、雅斯培等人，1941 年離開歐陸抵達紐約後，便開始從事記者與編輯等工作，也身兼立論、寫作等）。

11　參見導論中的相關討論。世界不平等資料庫組織的籌成始自 2000 年，現今結合了百名以上的研究人員，分布各大洲七十餘國，並與其他諸多專精於不平等現象的機構與組織密切合作，例如，CEG、CEQ、LIS，以及聯合國發展計畫。參見世界不平等資料庫網站，以及 *Rapport sur les inégalités mondiales 2018*（wir2018.wid.world）（譯注：CEG 全名是 Center for Equitable Growth，讀者可參考 ceg.berkeley.edu，CEQ 全名是 Commitment to Equity，隸屬美國的杜蘭大學〔Tulane University〕，請參見 commitmentoequity.org）。

12　就此而言，若論及圖 13.2-13.6 要表達的分配狀況，裡面的數字是已將退休金與失業補助金都計算在內的所得（但都已扣掉相關的繳納金額與扣除額），但並不包括其他的金融流動或是直接與間接的稅捐。在歐洲與美國，若將其他稅捐與流動都包含在內時，不

平等程度則下降 20% 到 30%（這正是上述例子的情況，當我們去計算平均所得中最富有的 10% 和最貧窮的 50%、這兩者間的比值時）。參見第十一章，圖 11.9。南非與中東的稅捐重新分配是最低的（若是考慮到這兩地區累進稅率是很低的，或者根本沒有累進稅率，此外，間接稅帶來的稅收是很可觀的，那麼不平等程度大致可降低 10% 左右，否則就是完全不受影響），因此，在圖 13.5-13.6 裡，事實上，國家間的差距是更懸殊的。另參見線上附錄。

13　參見導論中有關於「大象曲線」的討論與圖 0.5。

14　參見 T. Piketty, *Le Capital au XXIe siècle, op. cit.*, p. 417-425.

15　以定義而言，本書使用的十分位數與百分位數都可用來計算吉尼係數，讀者也都可在世界不平等資料庫中找到這些係數（不過，相較於十分位數與百分位數，吉尼係數比較不清楚）。相反地，單只有吉尼係數時，是無法呈現出十分位數與百分位數的數值，而且在僅集中於吉尼係數或是這類指標的分析裡（例如，Theil），往往十分位數與百分位數的數值都被省略不論（譯注：Theil 即泰爾指數）。

16　這類的比值，有時寫成 P90/P50、P90/P10。如果一個社會裡，前 5% 最富者擁有全部的所得或私人財產總額，同時，其他 95% 最窮者都差不多落在同一程度，那麼這時候這類比值就會等於 1（完全平等）。

17　關於印度的例子，可參考 L. Chancel, T. Piketty, Indian Income Inequality 1922-2015：From British Raj to Billionaire Raj ?, WID.world, Working Paper Series, n°2017/11.　印度在 2002 年到 2016 年期間，完全中止公布其稅捐數據，在當今「資訊時代」，可謂特例。至於巴西，可參考 M. Morgan, Falling Inequality Beneath Extreme and Persistent Concentration：New Evidence on Brazil Combing National Accounts, Surveys and Fiscal Data, 2001-2015, WID.world, Working Paper Series, n°2017/12. 針對這兩個國家的研究都顯示出，在最近幾年，最高所得者的收入快速成長。在美國的例子裡，也是由於使用了稅捐與行政機關的數據，因而清楚地顯示出，最近這十幾年的不平等狀態乃歷史新高，參見 T. Piketty, E. Saez, Income Inequality in the US, 1913-1998, *Quarterly Journal of Economics*, vol.118, n°1, février 2003. p.1-39；T. Piketty, E. Saez, G. Zucman, Distributional National Accounts：Methods and Estimates for the United States, *Quarterly Journal of Economics*, vol. 133, n°2, mai 2018, p. 553-609.

18　參見 L. Assouad, Rethinking the Lebanese Economic Miracle：The Concentration of Income and Wealth in the Lebanon 2005-2014, WID.world, Working Paper Series, n°2017/3；L. Czajka, Income Inequality in the Cote d'Ivoire 1985-2014, WID.world, Working Paper Series, n°2017/8；R. Zighed,*Income Inequality in Tunisia：An Application of Pareto Interpolations to Labor Income in Tunisia over the Period 2003-2016*, PSE, 2018.

19　所謂的「官方」測量，我指的是政府管轄下的統計機構所公告出版的測量方式。這裡必須說明的是，這類缺乏透明的作業方式的責任來源，可歸咎於政治權力，還有就是現成稅捐數據都極為貧乏的緣故，但絕非是服務於這些稅捐機構的工作人員的關係，相反地，他們往往是第一個要求讓資料更通行普及的人。

20　國民所得也稱之為「國內生產淨額」，或是「國民所得淨額」（也就是跟「國內生產毛額」或是「國民所得毛額」相對比的概念，這兩個毛額的概念都把來自國外的收入也計算在內，但是沒有扣除資本的消耗）。若欲探究這些不同項目的概念，以及全國會計的簡史，參見 T. Piketty,《二十一世紀的資本論》（*Le Capital au XXIe siècle*），第一章。至於國民所得（revenu national par habitant），則相當於尚未扣除賦稅與資本流動等的國民平均所得。國民所得雖然也相當於，除賦稅與資本流動等之後的平均所得，但條件是必須把所有的公共支出都計算在內，尤其是某些社會支出：教育、醫療、國防等等。參見線上附錄。

21 自然資本耗損是最嚴重的問題，可是還有其他問題也很嚴重，但在這裡無法一一詳述。例如有一個在未來非常值得注意的問題，那就是各家各戶的私有消費跟公司行號內部所謂的「中間」消費，到底兩者的界線何在（公司行號內部的中間消費，就現實而言，可被歸納在公司行號的主管與所有人額外的私人消費，雖然這個現象在所得最高的人口裡占了相當高的比例，但是在計算國民所得與不平等程度時，都沒有被列入考慮）。如此的偏差卻非常可能嚴重地導致我們低估不平等程度的問題。

22 這個現象舉世皆然，但在富有國家特別明顯，參見 T. Blanche, L. Chancel,《National Accounts Methodology》, WID.world, Working Paper Series, n°2016/1, figure 2.

23 若就定義，以全世界而言，來自國外與輸往國外的所得淨額是互相抵銷的（當然，條件在於把避稅天堂裡的流動全計算在內）。就現實來說，這些在國內外流動的所得淨額（基本上，絕大部分的流動都是資本所得，其次就是在國外的短期工作所得）是比耗損的總額還更低：一般都是在國內生產毛額的正負 2% 左右，且往往都是在正負 1% 左右。不過，的確有些國家是由國外投資者把持著，往外流動的金額可高達國內生產毛額的 5% 到 10%，或甚至更高比例（一般而言都是貧窮國家，例如非洲撒哈拉沙漠以南的國家，但也有可能是以外國投資為經濟主力的國家，例如愛爾蘭，其流向國外的比例超過國內生產毛額的 20%）。相反地，在有些國家流向國內的比例可達國內生產毛額的 5% 到 10%，例如，法、英兩國在美好時代的期間，或是現今挪威等石油出產國。參見線上附錄。

24 假設資本額是國內生產毛額的 500%，當固定資產的消耗值是平均每年 10% 時，這就等於是每年貶值 2%，平均每年 15% 的固定資產消耗值等同是每年 3% 的貶值率。但就現實而言，貶值率的大小端賴資產類型：通常若是建築物或倉庫時，貶值比例可能每年低於 1%，但有些設備可高達每年 20% 到 30% 的貶值率。

25 對石油生產國、以及眾多貧窮國家（特別是非洲國家）而言，每年自然資源的開採淨值可高達國內生產毛額的 10% 到 20%。參見線上附錄中可參考的資料，以及相關的不確定性。亦可參閱 E. B. Barbier, Natural Capital and Wealth in the 21st Century, *Eastern Economic Journal*, 2016 ; ID., *Nature and Wealth : Overcoming Environmental Scarcity and Inequality*, Palgrave Macmillan, 2015. 亦可參考 G. M. Lange, Q. Wodon, K. Carey, *The Changing Wealth of Nations 2018. Building a Sustainable Future*, World Bank, 2018, p. 66, fig. 2B3.

26 參見 N. Sterne, *The Stern Review: The Economics of Climate Change*, Cambridge University Press, 2007.

27 參見《Global Warming of 1,5°C, IPCC（Intergovernmental Panel on Climate Change）》, 2018, 以及 IPCC/ GIEC 在 www.ipcc.ch 的所有報告。

28 史迪格里茲（Joseph. E. Stiglitz）在其報告（*Report by the Commission on the Measurement of Economic Performance and Social Progress, 2009*）也提出，在公共辯論中，應該使用國民所得而非國內生產毛額的概念，只是直到今天，仍只是紙上談兵。（譯注：史迪格里茲是美國經濟學家，2001 年的諾貝爾經濟獎得主。在 2008 年，他與其他兩位經濟學者，阿馬蒂亞・沈恩〔Amartya Sen〕、讓－保羅・菲圖西〔Jean-Paul Fitoussi〕，受邀於當時的法國總統，成立一個測量經濟狀況與促進社會進步為主旨的委員會，並最後提出書面報告。法文原版報告參見 https://www.vie-publique.fr/sites/default/files/rapport/pdf/094000427.pdf）

29 在此必須說明的是，國民會計帳（comptes nationaux patrimoniaux）的概念（相對於傳統的全國會計帳，單單只專注在年度生產與所得的流動，國民會計帳的概念可以用來對比不同類型的經濟主體的資產存量與負債內容）是一個很新的概念，它本身的演變也相當快速。1993 年與 2008 年通過的國民經濟會計制度（System of National Accounts,

SNA）此一新規範，更促進了國民會計帳這一概念的普及。這項概念還正在眾多國家中擴展，在未來想必還會因為不同的社會、經濟和政治參與者的動員而持續演變。參見線上附錄。

30 參見第十章圖 10.8，以及線上附錄。

31 參見線上附錄，以及之前已提過的研究文章，E. B. Barbier,《Natural Capital and Wealth in the 21st Century》, 2016.

32 請參見 A. Kapczynskik, *Four Hypotheses on Intellectual Property and Inequality*, Yale Law School, 2015；G. Krikorian, A. Kapczyskik, *Access to Knowledge in the Age of Intellectual Property*, MIT Press, 2010. 另可參考 J. Boyle, The Second Enclosure Movement and the Construction of the Public Domain, *Law and Contemporary Problems*, hiver 2003, p. 33-74; D. Koh, R. Santaeulalia-Liopis, Y. Zheng,《Labor Share Decline and the Capitalization of Intellectual Property Products》, School of Economic and Finance, Working Paper, n°873, 2018.

33 針對更詳細的研究方法論與研究結果，請參見 L. Chancel, T. Piketty,《Carbon and Inequality : From Kyoto to Paris. Trends in the Global Inequality of Carbon Emissions（1998-2013）and Prospects for an Equitable Adaptation Fund》, WID.world, Working Paper Series, n°2015/7. 另外也可參見 L. Chancel, *Insoutenables inégalités. Pour une justice sociale et environnementale*, Les Petits Matins, 2017.

34 至於每個國家的詳細情況，請參見前述之 L. Chancel, T. Piketty,《Carbon and Inequality : From Kyoto to Paris. Trends in the Global Inequality of Carbon Emissions（1998-2013）and Prospects for an Equitable Adaptation Fund》, 表 E4。

35 尤其如果以為單純又激烈的權力關係（也包括美國的軍武力量）是無關大局的，那就實在太幼稚了。美國總統川普經常重複說著，氣候暖化這個發明是用來勒索美國的，另一方面，他也要求美國的「盟友」應該付出一筆更高的代價，理由則是因為截至目前美國單方面支撐著周密的軍事防衛系統。至於美國權勢的重要性（目前而言是占全球人口的4%，全球國內生產毛額總值的15%），在未來數十年只會持續縮減，這也是為何世界其他國家若能一起制定其他經濟與商業規則，將是愈來愈重要的議題。

36 請參見 N. Stern, J. Stiglitz, *Report of the High-Level Commission on Carbon Prices*, Banque mondiale, 2017.

37 就現實而言，眾人經常對此產生混淆，原因在於這項二氧化碳稅往往被當成是在已存在的諸多能源稅上（特別是針對汽油）再加上一筆的稅，而且以現有的課稅來看，有時也被認為是用來修正使用能源時產生的其他負面結果（例如空氣汙染、塞車）。問題是，這一切往往都不夠透明，導致許多人常對國家產生懷疑，例如國家藉口以環境問題來徵稅，但事實上卻是為了資助其他優先項目（很不幸的是，事實往往也是如此）。

38 我們都已觀察到，不同國家、所得各有高低的社會團體使用飛機的狀況，也各自有別，因此，在機票上課徵累進稅而得到的國別差異，跟當一個國家的二氧化碳排放量高於世界平均值時、便課徵累進稅而得到的國別差異，這兩個國別差異的整體分布是很接近的。如果要達到一個累進程度更細緻的結果，就必須對經常旅行者課更高的稅。請參見前述之論文，L. Chancel, T. Piketty,《Carbon and Inequality : From Kyoto to Paris. Trends in the Global Inequality of Carbon Emissions（1998-2013）and Prospects for an Equitable Adaptation Fund》, 表 E4 及附錄。

39 特別是撤銷了一般財富稅，然後以財富團結稅來替代。我將在第十四章重新檢討這個例子。

40 另外一個最常被提出來的例子，就是國際海運中使用的燃料油，也被減免二氧化碳排放稅。

41 在此強調的是，十九世紀期間，歐洲地區的私人財產乃高度集中於少數人之手，而在一

次大戰之前的數十年，仍繼續加劇毫不減緩。參見第四章圖 4.1、4.2，以及第五章圖 5.4、5.5。

42　歐洲中央銀行主持的第一波調查始於 2010 年，題為家庭金融與消費調查（*Household Finance and Consumption Survey,* HFCS），第二波則是在 2014 年（在不同國家共訪問了八萬戶以上家庭）。

43　有時這些保管者也同時扮演了票據交換所（chambre de compensation, *clearing house*）的角色，尤其是為了在證券交易時，可讓整個轉移過程更安全。

44　關於施行這類公共金融地籍圖（Global Financial Register, GFR）的技術問題（不簡單，但都是可以克服的），參見 *Rapport sur les inégalités mondiales 2018*, Seuil, p. 467-476.　另請參見 D. Nougayrede,《Towards a Global Financial Register？Account Segregation in Central Securities Depositories and the Challenge of Transparent Securities Ownership in Advanced Economies》, Columbia Law School, 2017. 以及，T. Piketty, *Le Capital au XXIe siècle, op. cit.*, p. 840-852；G. Zucman, *The Hidden Wealth of Nations, op. cit.*；T. Pogge, K. Mehta, *Global Tax Fairness,* Oxford University Press, 2016.

45　舉例而言，自從 2010 年起，法國便施行已事先由稅捐機關填寫好的申報方式，但在該表單中，名為壽險的契約（這是一種長期投資的產品，數十多年來在法國非常受歡迎，而理由正是因為免稅，跟真正所謂的壽險是毫無關係）所滋生出來的各類型利息與股息，一旦滿足了某些條件，例如，投資時限的長短，便消失無影。另外，這些免稅條件也是隨時改變，以致於這類內含著豐富情報的資訊很快就失去價值。

46　針對勞動與資本所得的「雙重徵稅」（taxation duale）條例（這是讓資本所得享有不同於勞動所得的課稅方式，通常以固定比例來計算），是 1991 年繼銀行危機後，首先在瑞典施行（參見第十一章），然後在 2009 年擴大到德國，2018 年起法國也實施這套做法。實際上，這類改革往往也保留了過去的免稅項目，例如，某些金融所得並沒有以最新的共同稅法（droit commum）的比例性數率來計算（例如，法國的壽險）。

47　德國 2009 年的改革也因此造成有關於資本所得的稅捐數據都銷聲匿跡，使得研究勞動、以及資本所得的不平等程度與演變的學者倍感艱辛。關於此議題，參見 C. Bartels, K. Jenderny,《The Role of Capital Income for Top Income Shares in Germany》, WID.world, Working Paper Series, n°2015/2；C. Bartels,《Top Income in Germany, 1871-2004》, WID. world, 2017, *Journal of Economic History*, 2018.

48　法國國家統計與經濟研究中心（Institut National de la Statistique et des Etudes Economiques, INSEE）從 1996 起，便將這套混合模式利用在名為勞動跟賦稅與社會所得對比調查（Enquêtes emploi appariées avec les revenus fiscaux et sociaux, ERFS）上。北歐國家也長年以來便把行政與稅捐檔案裡有關於所得的資訊，套用在調查訪問中，且往往為重要元件。

49　在法國，猶如眾多其他國家，行政機關便因此不再發行自十九世紀起精心編撰又沉甸甸的統計公報（bulletins statistiques），因為他們認為在做預估時，既然有新穎的電腦檔案，公報就不再是必備資料了。但很不幸的是，這些電腦檔案的保存環境異常惡劣，以致於，1980 年、1990 年代起的稅捐資料，往往比在這時期之前的內容還更貧乏。參見線上附錄。

50　同樣地，必須去公開真正繳納的稅額（不只是跟財產有關的稅額，也包括由財產滋生出來的所得）。原則上，如果國際間都很務實地使用銀行資訊自動交換系統，那麼在國際間公開這類資訊應該是可行的。

51　後面章節將再回到中央銀行應該採取的措施此議題的討論（尤其是歐洲中央銀行），尤其央行的首要功能是確保整體銀行系統的償付能力與穩定性，而不是去影響家庭財富是如何分配的問題。然而，中央銀行的任何決定都會根本地決定著資產的價格高低，以及

資產的分配趨勢，所以，如果中央銀行對於個人財富的瞭解是建立在殘缺不全的方法上，那麼它任何有關於金融資產的決策都無法使人滿意。

52　有關於榮克的採訪，參見《Le Luxembourg n'avait pas le choix, il fallait diversifier notre économie》, *Le Monde*, 28 novembre, 2014.

53　請參見已提及之論文，A. Alstadsæter, N. Johannesen, G. Zucman,《Who Owns the Wealth in Tax Havens ?Macro Evidence and Implications for Global Inequality》;《Tax Evasion and Inequality》, *American Economic Review*, 2019 ;《Tax Evasion and Tax Avoidance》, Berkeley, 2019. 另外，亦請參見 *Rapport sur les inéqualité mondiales 2018*, fig. 5.3.1 ; G. Zucman,《Global Wealth Inequality》, *Annual Review of Economics*, 2019, fig. 8-9.

54　若欲參考更詳細的分析，參見 E. Saez, G. Zucman,《Wealth Inequality in the United States since 1913 : Evidence from Capitalized Income Tax Data》, *Quarterly Journal of Economics*, vol. 131, n°2, 2016, p. 519-578.

55　特別是，針對諸多逃避遺產稅的手法，稅務機關似乎來得更寬容些，尤其若是透過家庭信託（family trusts）以及其他不同的法律架構，進而促使繼承遺產的價值最小化，或者是使其消失在某些半真半假的慈善社團的帳目中。至於為何稅務機關在所得申報上投注更多的注意力，這很可能是由於所得稅的進帳在聯邦稅收架構中分量不輕的關係。

56　死亡率的加乘指數其計算方式是，遺產相關數據除以相關人年齡的死亡率，但又以財富等級排列來修正死亡率的差異。當相關人年齡愈高則死亡機率也愈高時，這套計算方法就愈不準確。參見線上附錄。

57　資本化的計算方法是，透過資本賺取的所得（利息、股息等等）去除以平均投資報酬率。這個方法的優點是，能夠去利用資本所得非常高時的賦稅數據（而在家庭訪談時，這類資訊很難取得），但很容易忽略了同等級資產的報酬率，其實往往不盡相同。參見線上附錄。

58　若欲參考更詳細的分析，參見 F. Alvaredo, A. Atkinson, S. Morelli,《*Top Wealth Shares in the UK over more than a Century（1895-2014）*》, WID.world, Working Paper Series, n°2017/2. 若欲詳細比較，利用這兩套方法去研究 1920 年到 1975 年期間而得出的不同結果，參見 A. Atkinson, A. Harrison, *The Distribution of Personal Wealth in Britain*, Cambridge University Press, 1978.

59　若欲參考更詳細的分析，參見已提及的論文，B. Garbinti, J. Goupille-Lebret, T. Piketty,《*Accounting for Wealth Inequality Dynamics : Methods and Estimates for France（1800-2014）*》。以財富稅計算出來的結果也顯示了相同的趨勢。參見第十四章。

60　長久以來，法國稅務機關的資料是世界首屈一指，藉著歷史檔案中跟遺產繼承相關的個人數據，我們可研究自法國大革命以來財產集中持有的演變趨勢（第四章）。1901 年時，遺產稅的計算改成累進稅制之後，1902 年到 1964 年期間，稅務機關便定期公布非常詳盡的資料，包括了遺產額、資產種類、年齡、親子關係等等。自 1970 年、1980 年代起，這些年度報告都消失了，稅務機關只是每四、五年公告內容不詳、品質低劣的檔案，以致於相對於一百年前，我們現今掌握的繼承與遺產分配資訊是更貧乏的。參見線上附錄。

61　這正是瑞典自 2007 年、挪威自 2014 年起的情況。一般而言，北歐國家的個人財富登記狀況，直到不久前都還是非常進步，但在最近這幾年稅務政策改革後幾乎解體。這幾年的金融醜聞也許正反映著政策改變後的趨勢，然而，這依然可能只是冰山一角。在第十六章中，我將再探討北歐國家這類矛盾的情況。

62　參見 T. Piketty, *Le Capital au XXI siècle, op. cit.,* p. 701-708. 至於那些幾乎將財富都大把大把地投資到大企業裡的億萬富豪，雜誌公布的數字應該是很接近事實。但若論及各形各色的投資組合，事情可能就更複雜，也更不確定，所以究竟牽涉到多少財富，數字很可

能都被低估了。

63　歐洲中央銀行的某些研究都曾試著利用這類雜誌中億萬富豪的排名來修正家庭金融與消費調查（HFCS）所得到的初步結果，相關例子可參見 P. Vermeulen,《How Fat is the Top Tail of the Wealth Distribution ?》, Banque centrale européenne, 2014. 這類努力是值得肯定的，但結果都不令人滿意。最好的方式是，歐洲國家以及他們的稅捐與統計機關，提供給歐洲中央銀行可信度更高、內容也更一致的資訊來源，而不是去屈就媒體的調查結果。

64　例如，2018 年呈交國會的舒默－亨利茲法案（loi Schumer-Heinrich），用意正是督促聯邦政府建立國民會計帳分配資料庫（comptes nationaux distributifs）。

65　英國 1832 年的《選舉法》（參見第五章）明言，選舉權僅限於男性，但是隨著地方勢力的運作與權力關係，早已登記在過去的選民名單上的女性財產所有人（尤其是寡婦或是未婚者）卻是可能存在的例外（但事實上，少之又少）。

66　女性選舉權有時是階段性的，以英國為例：1918 年時，限於擁有財產、年滿三十歲以上者，1928 年時，則與男性同等條件（年滿二十一歲、不須擁有財產）。

67　參見已提過的論文，T. Piketty, E. Saez, G. Zucman,《Distributional National Accounts : Methods and Estimates for the United States》, fig. 7.

68　不幸的是，由於資料取得的種種限制，針對每個國家，我們現有的資料並非都是可彼此相比擬的。如果數據更精確的話，很可能我們就可以計算出更多，也更有意義的相異性。例如，巴西最近的估算顯示出，所得最高的前 1% 中，女性占比在 2000 年到 2015 年間，很可能高達 25% 到 30%，非常明顯地遠遠超過法國與美國的數字。參見 M. Morgan, *Essays on Income Distribution Methodological, Historical and Institutional Perspectives with Applications to the Case of Brazil*（1926-2016）, PSE et EHESS, 2018, p. 314, fig. 3.8.

69　參見本書第八章，有關於 Esther Duflo 及其同事的研究。

70　在非受雇的行業裡（務農、手工藝匠、經商等），長久以來往往不申報女性配偶的職業活動，即使女性的工作時間是跟男性相同（說到工作時間，實際上還必須加上整理家務的時間），後果經常是女性配偶無法領取退休金，也無法享受完整的社會福利。

71　根據一般常見的估計，男女在相同職位時，平均薪資的差別是 15% 到 20%，這類計算方式往往低估了不平等的程度，這是因為這類估計都忽略了實際上男女並不執行相同的職務。欲究 1970 年到 2015 年期間，男女不平等的年齡別，參見線上附錄，圖表 S13.11. 其他細節請參見 B. Garbinti, J. Goupille-Lebre, T. Piketty,《Income Inequality in France : Evidence from Distributional National Accounts》, WID.world, Working Paper Series, n°2017/4, *Journal of Public Economics*, 2018.

72　參見 C. Golden, L. Katz,《The Most Egalitarian of All Professions : Pharmacy and Evolution of a Family-Friendly Occupation》, NBER, 2012. 有關於工作生涯中家庭生活大受影響的問題，請參見 H. Kleven, C. Landais,《Gender Inequality and Economic Development : Fertility, Education and Norms》, *Economica*, vol. 84, n°334, 2017, p. 180-209.

73　參見 C. Bessiere, S. Gollac,《Un entre-soi de possédant（e）s. Le genre des arrangements patrimoniaux dans les études notariales et cabinets d'avocat（e）s》, *Sociétés contemporaines*, n°108, 2017, p. 69-95 ; C. Bessiere,《Reversed Accounting. Legal Professionals, Families and the Gender Wealth Gap in France》, *Socio-Economic Review*, 2019.

74　參見 N. Fremeaux,《The role of Inheritance and Labor Income in Marital Choices》, *Population*, vol. 69, n°4, 2014, p. 495-530.

75　參見 P. Mary,《Inheritance and Marriage in Paris : An Estimation of Homogamy（1872-1912）》, PSE et EHESS, 2018.

76　參見 D. Yonzan,《Assortative Mating over Labor Income and Its Implication on Income

Inequality：A US perspective 1970-2017》, CUNY, 2018；B. Milanovic, *Capitalism Alone*, Harvard University Press, 2019, fig. 2.4, p. 40.

77 在法國，若沒有特別協議時，婚姻制度的原則是配偶雙方（在男女共同生活的形式中，結婚的傾向愈來愈低）乃財產共有制：婚姻期間取得的資產（biens）是雙方各自都擁有一半（即使是工作所得也是如此），但是婚前所繼承的或取得的，則是各自所有。如此不對等的現象，很可能是因為男女工作性質之差異強烈，以及女性工作所得偏低之故。

78 論及該長期演變之現象，參見 N. Fremeaux, M. Leturq,《Prenuptial Agreements and Matrimonial Property Regimes in France（1855-2010）》, *Explorations in Economic History*, 2018；ID.,《The Individualization of Wealth in France》, Paris 2 Panthéon Assas et INED, 2018.

79 參見 J. Cage, L. Gafenne,《Tax Revenues and the Fiscal Cost of Trade Liberalization, 1792-2006》, *Explorations in the Economic History*, vol.70, octobre 2018, p. 1-24.

80 特別是，在金融危機來襲之前，歐洲中央銀行的資產與負債規模遠超出美國聯邦儲備系統的兩倍之高（至今，這樣的差距還是沒有改變），這項事實的主要意義是，在歐洲經濟的投資運作裡，諸私人銀行有更重要的分量，也更願意提供企業借貸（至於在美國，主要都是依賴諸金融市場的運作）。

81 論到歐洲遲緩的反應，首先是因為 2009 年到 2010 年起，歐元流通地區，公債引起的危機，以及 2011 年到 2012 年間，歐洲經濟活動再度衰微，而當時的美國已掙脫危機。參見第十二章，以及線上附錄，圖表 S12.11、S12.12。

82 2018 年底歐洲中央銀行的資產負債總額高達四兆七千億歐元（相當於歐元地區總生產毛額、即十一兆六千億歐元的 40%）。若與過去相比，2008 年初時，歐洲中央銀行的資產負債總額是一兆五千億歐元，換句話說，在不到十年內，貨幣擴張總值高達三兆兩千億歐元。相關細節參見線上附錄。

83 在此很值得一提的是，在 2008 年的反清算主義者（anti-liquidationniste）的共識中，多少是來自於重貨幣主義者（monétariste）對於 1929 年危機的新解讀。這是由於傅利曼（Milton Friedman）在控訴 1930 年代初期由聯邦政府推動的縮減政治，以及通貨緊縮措施之後，他最後結論道，一套適當的貨幣政策（去保障一個溫和又規律的通貨膨脹），就能夠有效避免經濟蕭條，而且經濟馬上復甦起跳。換言之，根本不需要新政（New Deal）、社會福利，或是累進稅制來約束資本主義：只要完善的聯邦儲備系統就夠了。美國在 1960 年到 1970 年代間，一部分的民主黨人幻想著完成新政未竟的事業，但當時輿論則開始擔心美國的沒落，因為歐洲相對是朝氣蓬勃的。傅利曼的政治宣言言簡意賅又強而有力，這就是為何在那時反應熱烈。傅利曼與芝加哥學派的研究都助長了對於國家勢力擴大的不信任，也因此鞏固了 1980 年代「新保守主義」（révolution conservatrice）的智識背景。請參見 M. Friedman, A. Jacobson Schwartz, *A Monetary History of the United States*, 1857-1960, Princeton University Press, 1963,1992 再刷；T. Piketty, *Le Capital au XXIe siècle, op. cit.*, p. 896-606.

84 參見第十章圖 10.8，以及線上附錄中的附表 S10.8。

85 （若採取這樣的作法）就實際而言，將會有一部分的私人財產所有人希望保留其財產（biens），所以，這樣的政策會導致所有資產價格（prix des actifs）全面上漲，後果則是必須去生產更高價值的貨幣擴張，否則就無法取得所有的私人資本（capital privé）。

86 日本的公債已超過國內生產毛額的 200%，但是這些公債都被諸多公共部門（尤其是諸多退休基金）以及中央銀行交叉持有。至於瑞士，瑞士法朗常被作為儲備資產（actifs de réserve, 這個現象跟瑞士實際的經濟規模毫無關係），基於此國際強烈需求，瑞士中央銀行只能以大量的貨幣擴張來應付，以避免瑞士法朗的匯率過度升值。

87 參見 A. Turner, *Between Debt and the Devil Money, Credit, and Fixing Global Finance*, Princeton

University Press, 2016. 亦請參見 C. Durand, *Le Capital fictif. Comment la finance s'approprie notre avenir*, Les Prairies ordinaires, 2014；A. Tooze, *Crashed. How a Decade of Financial Crisis Changed the World*, Viking（Penguin），2018.

88　圖 13.13 中，1999 年之前歐元地區的曲線代表的是德法兩國的平均值。這一曲線可再加以分解，細節則請參見線上附錄中的附表 S13.13。在 1945 年到 1946 年間，若論及中央銀行的資產負債總額規模，在法國是國內生產毛額的 80% 到 90%，在德國則是40% 到 50%。在第一次與第二次大戰期間，直接給政府用來支付戰爭的借貸，都在中央銀行的資產負債總額規模的演變中扮演著極為重要的角色。參見 E. Monnet, *Controlling Credit. Central Banking and the Planned Economy in Postwar France 1948-1973*, Cambridge University Press, 2018, p. 67, fig. 1. 跟當今情況的最主要差別是，當時的借款馬上就用在新的支出上。

89　這個預算比值跟前一時期相比，幾乎是相等規模，跟現在正在商議的 2021 年到 2027 年期間的預算也差不多。歐盟預算的次要來源是每個國家的附加稅收入，以及去課徵進口物品與服務的關稅，但是關稅總額是很微弱的。

90　請參見第十章。在十九世紀與二十世紀初，聯邦政府的預算大約是美國國內生產毛額的2%（這樣的比例反而比較接近當今的歐盟，但跟現今美國聯邦政府的情況差異很大）。

91　請參見 2013 年 5 月 24 日的 *Evening Standard*,《This Is Going to Be our Zoo TV》（這是報導謬思樂團的標題）。主唱貝拉米（Matt Bellamy）在 2017 年時坦言投票支持英國離開歐盟。（譯注：關於這段演唱插曲，讀者可參見以下影片網址連結：https://www.youtube.com/watch?v=xLT7fn3P5Fc）

92　原書三冊各別是在 1973 年（*Rules and Order*）、1976 年（*The Mirage of Social Justice*）和1979 年（*The Political Order of a Free People*）發表的，隨後又修訂、合冊，因而有 1982年的版本（*Law, Legislation and Liberty. A New Statement of the Liberal Principles of Justice and Political Economy*）。我參見的是 1982 年的版本。

93　參見 F. Hayek, *The Constitution of Liberty*, 1960, in *Collected Works*, vol. 7, p. 430-150. 海耶克強調所得稅是可以稍微帶些累進原則，目的在於補償間接稅可能產生的短收，總之是點到為止，否則我們可能不知道該在哪裡停下腳步。

94　參見 *Law, Legislation and Liberty*, Routledge, vol. 1, 1982, p. 83-144.

95　參見 *Law, Legislation and Liberty*, Routledge, vol. 3, 1982, p. 109-132. 在此必須強調的是，這些地方層級的執政議會可修訂一般的稅制，但只能是在立法議會通過的稅務規則與計算表套上一個相當比例的係數，換句話說，這無法調整社會團體之間的組成關係。

96　當時在多次訪問中，海耶克解釋，相對於某種高喊民主的政體，常因協商中的規則而原地踏步，他偏好類似「皮諾契風格」的極權政體，因為這類極權政體尊重經濟自由主義的規則以及財產法。可參考例如 1981 年 4 月在《El Mercurio》的訪問：〈就我個人而言，相對於一個沒有自由主張的民主政權，我更偏向自由放任的極權者〉（Personnellement, je préfère un dictateur libéral à un gouvernement démocratique sans libéralisme）。參見 G. Chamayou, *La Société ingouvernable. Une généalogie du libéralisme autoritaire*, La Fabrique, 2018, p. 219-220.

97　參見 G. Todeschinit,《Servitude et travail à la fin du Moyen Age : la dévalorisation des salariés et les pauvres "peu méritants"》, *Annales. Histoir Sciences sociales*, 2015. 另外，亦參見 *Au pays des sans-nom. Gens de mauvaise vie, personnes suspectes ou ordinaires du Moyen Age à l'époque moderne*, Verdier, 2015.

98　參閱 C. Dunoyer, *De la liberté du travail, ou Simple Exposé des conditions dans lesquelles les forces humaines s'expriment avec le plus de puissance, Guillaumin*, 1845, p. 382-383.

99　參見 E. Boutmy, *Quelques idées sur la création d'une faculté libre d'enseignement supérieur*, 1871.

另可參考 P. Favre,《Les sciences d'Etat entre déterminisme et libéralisme. Emile Boutmy（1835-1906）et la création de l'Ecole libre des sciences politiques》, *Revue française de sociologie*, vol. 22, n°3, 1981, p. 429-465.

100 參見 P. Bourdieu, J.-C. Passeron, *Les Héritiers. Les étudiants et la culture*, Editions de Minuit, 1964, p. 10.

101 參見本書導論圖 0.8、第十一章及第十七章圖 17.1。

102 參見第十四、十五、十六章。

103 一般認為正是在這本既幽默又意義深遠的寓言故事中,首見成就主義（méritocratie）一詞。

104 參見第十五章。荒謬的是楊恩在 1978 年被工黨政府任命為上議院議員,他也在職到 2002 年為止（雖然他公開表明反對布萊爾的種種作為）。

105 例如《雪國列車》（*Transperceneige*）這套由傑克・羅博（Jacques Lob）與尚－馬利・羅雪特（J.-M. Rochette）於 1984 年出版的漫畫集,隨後在 2013 年由（韓國導演）奉俊昊（Bong Joon-ho）改編成電影《末日列車》（*Snowpiercer*）,我們可以注意到,在那段時期,這類氣候末日往往是以階級鬥爭的手段來解決:坐在列車後面車廂的無產階級必須格殺坐在列車頭的特權階級才能夠拯救人類。2017 年的連續劇《使女的故事》（*La Servante écarlate*）,是改編自瑪格莉特・愛特伍（Margaret Atwood）1985 年的小說,其主要情節是,在汙染與有毒垃圾造成人類生育力大減之後,美國人打算建立神學政權以重組社會根基。墨西哥人與加拿大人雖老早就知道他們的鄰居是假人假意,有時也會壓榨別人,但從沒想到會如此極端。

106 參見 R. Reich, *Just Giving. Why Philanthropy Is Failing Democracy and How It Can Do Better*, Princeton University Press, 2018.

107 參見 J. Cage, *Le Prix de la démocratie, op. cit.*, 以及本書第十二章。

第十四章

1 我們已在導論圖 0.9 中強調過這一點。

2 「左派」在這裡的用法純粹只是當政黨用這個詞彙來自我命名時,總之,這個字眼絕沒有任何千秋萬世、至死不渝的涵義。我後面會再回到這一點。

3 若欲探究以十分位數來計算所得和財富持有這兩面向的詳細結果,請參考本章圖 14.12-14.13。

4 有關於教育程度此一面向更詳細的結果,請參見本章圖 14.9-14.11。

5 在美國,自從 1948 年起,選後調查通常是由全美選舉研究中心（American National Election Studies）主持。至於英國,最完整的調查結果都是出自英格蘭選舉研究中心（British Election Study,BES）的數列分析。在法國,自 1958 年起,大部分的訪問調查都是來自於全國政治科學基金會（Fondation nationale des sciences politiques,FNSP）的合作計畫,其中也包括了該基金會旗下諸多不同的研究中心（尤其是政治科學學院的政治研究中心〔Centre de Recherches politiques de Science Po, Cevipof〕）。諸多機構都儲存並且公開這些研究檔案,尤其是政治社會研究校際協會（Inter-university Consortium for Political and Social Research,ICPSR）、全國選舉研究中心（National Election Studies,NES）、公共統計衍生的資料文獻—政治科學資料中心（Archives de données issues de la statistique publique - Center for Socio-Political Date,ADISP-CDSP）、選舉制度比較研究中心（Comparative Study of Electoral Systems,CSES）。讀者切勿把這些選後調查跟一般選舉結束後的民意調查相混淆,一般民意調查的問卷規格多半輕薄短小、內容粗略（但有時樣本量極為可觀,例如,1972 年起美國的全美出口民調〔National Exit Poll,NEP〕的數列便是相當龐大,所以我也會使用這些資料,目的則是用來檢驗、確認全美

選舉研究中心的資料）。請參見線上附錄。（譯注：以上這些位於美國、英國和法國的研究與資料中心往往冠著 National 一詞，但那僅是地理範圍擴及全國的意思，這些機構都是附屬於大學院校的研究中心，有時某固定比例的經費是來自〔聯邦〕政府或是高等教育與科學研究部門的預算，但基本上，經費都是由獨立基金會籌措管理，因此在中譯時都避免「國家」、「國立」等詞。又，原書中所有位於法國的研究中心、儲存並公開檔案的機構，作者都僅以縮寫標示，為求言之有物，譯者將全名標列於後。）

6　所有從這些選後調查整理出來的詳細內容，以及用來把原始檔案轉換成本書援用的資料數列的電腦代號，讀者都可到附錄所屬的網站上查詢。另外，請參見托瑪‧皮凱提（T. Piketty），《左派婆羅門 v.s. 右派生意人——擴大中的不平等與改變中的政治衝突結構（1948 到 2017 年法國、英國與美國的顯著事實）》（Brahmin Left vs Merchant Right. Rising Inequality and the Changing Structure of Political Conflict〔Evidence from France, Britain and the US, 1948-2017〕），世界不平等資料庫（WID.world），工作報告系列（Working Paper Series），Nº2018/7；蓋辛（A. Gethin）、馬爾汀涅－托雷達諾（C. Martinez-Toledano）、托瑪‧皮凱提（T. Piketty），《政治分歧與不平等——1950 到 2018 年期間選舉式民主政體的顯著事實》（Political Cleavages and Inequality. Evidence from Electoral Democracies, 1950-2018），高等社會科學院（EHESS），2019 年 3 月；巴涅爾杰（A. Banerjee）、蓋辛（A. Gethin）、皮凱提（T. Piketty），《印度國內分歧持續擴大？1962 到 2014 年期間選民結構改變的顯著事實》（Growing Cleavages in India？Evidence from the Changing Structure of the Electorates 1962-2014），世界不平等資料庫，工作報告系列（Working Paper Series），Nº 2019/05；寇斯（F. Kosse）、皮凱提（T. Piketty），《1949 到 2017 年期間德國與瑞典改變中的社會經濟與選舉分歧》（Changing Socioeconomic and Electoral Cleavages in Germany and Sweden 1949-2017），世界不平等資料庫，2019 年；林德涅（A. Lindner）、諾瓦科梅（F. Novokmet）、皮凱提（T. Piketty）、札威斯札（T. Zawisza），《1992 到 2018 年期間在中歐與東歐的政治衝突與選舉分歧》（Political Conflict and Electoral Cleavages in Central-Eastern Europe, 1992-2018），世界不平等資料庫，2019 年。

7　具體而言，有關於第二次世界大戰之前的選舉研究，我們可以去對比地方層次的選舉結果（鄉鎮村等），以及同樣是地方層次但來自普查或是行政、稅捐機關現成可及的資料。這類地理學取向的選舉研究方法往往有其限制（最主要是因為這個研究方法沒有任何來自個人投票行為的觀測資料），然而這是唯一可以讓我們溯及過往的方法。我在以下段落會介紹用這套研究方法做出來的分析個案，這是安德烈‧西格德（André Siegfried）在 1913 年時相當了不起的首創。（譯注：西格德〔1875-1959〕是法國地理、歷史與社會學家，曾被選為法蘭西學院的院士，也曾在法蘭西學苑教授經濟地理、政治地理，被尊為法國政治選舉研究的先鋒。）

8　在這一圖表上，研究初期的信賴區間都稍微比較擴散，這是因為樣本數量比較小（只有兩千到三千個樣本數，而非四千到五千個）。隨後的圖表都省略了這些小量樣本，目的是為了讓圖示更簡潔，不過，在此請讀者注意的是，這些波動幅度微弱的變差量（兩到三個百分點，或者更低），通常不具統計顯著性。

9　舉例來說，圖 14.1、14.2 顯示出來的教育程度的效應，都是把控制變項考慮進去後的結果，尤其是性別、年齡、家庭狀況、所得和持有的財富等變項。同樣地，圖 14.1 中的所得效應，也是把性別、年齡、家庭狀況、教育程度、持有的財富都考慮進去後的結果（持有財富的效應也應用了同樣的方法）。如果不做這些其他變項的控制，演變趨勢也是保持不變的，但將控制變項納入計算後，演變趨勢則更強烈。請參見線上附錄中的補充圖表 S14.1a、S14.2a，以及以下段落的討論。

10　例如，在法國 1950 年代到 1960 年代前後的訪談中，投票給共產黨的事實常被規避，且

含糊宣稱是投票給社會黨,以致於整體而言仍是偏向左派政黨,而且相當符合最後票選的結果。在 1990 年代到 2000 年期間,在一般訪談與民意調查中,投票給國民陣線(Front national)也常是避而不談,但從 2010 年代即便不再如此。(譯注:國民陣線向來被視為極右派,自 2018 年起已改組換名為 Rassemblement national〔國民聯盟〕,過去長期屬於邊緣性組織,自 2000 年起已三次擠入總統大選的第二輪投票。本書作者在本章節多有描述、分析。)

11　訪談的檔案通常都經過加權處理,使之能夠得到跟票選結果完全相同的內容(但都顧及到使之能夠保留著樣本總體所要代表的每個國家的社會人口結構),在本章節討論的研究結果、所做的計算,都是利用這些經過加權處理的檔案。如果我們去使用原始檔案(沒有經過加權處理),即使有教育程度、所得、持有的財富等等導致出來的差異,觀察到的整體趨勢卻是一樣的。請參見線上附錄。

12　參見線上附錄,補充圖表 S14.1b-S14.1c 以及 S14.2b-S14.2c。

13　具體而言,在 1948 年到 2017 年間的選後調查中,無論是在法國、美國還是英國,教育程度、所得與財富之間的共變係數都具有某程度的穩定性(教育程度與所得之間的係數大約是 0.3 到 0.4,所得與財富之間則是 0.2 到 0.3,教育程度與財富的共變係數則是 0.1 到 0.2 左右;係數若是 0,代表著共變完全不存在,係數若等於 1,那就是一個絕對共變關係)。請參見線上附錄。由於樣本數量有限,能夠拿來分析這些不同的社會面向的變項資料即使可及卻也不盡完善,所以我們的資料來源就變得很容易略微低估這些共變關係,而且也無法讓我們在這穩定的整體現象中看到任何潛在的轉變。其他更詳細的資料來源(但並不包括選舉等變項)則顯示出,從 1980 年代到 1990 年代起,這些共變關係有持續增強的可能。在之後的段落我會再回來討論這一點。

14　參閱李普塞(S. Lipset)、羅肯(S. Rokken),〈對立結構、政黨制度與選舉策略的重整:作為本書的導論〉(*Cleavage Structures, Party system and Voter Alignments⊠An Introduction*),收錄於李普塞(S. Lipset)、羅肯(S. Rokken)編,《政黨制度與選舉策略的重整:一個跨國比較的視野》(*Party Systems and Voter Alignments⊠Cross-National Perspectives*),自由出版社(The Free Press),1967 年。

15　有關於十九世紀末期、二十世紀初期,在英國政治體制的轉變中,自由黨、累進稅制,以及愛爾蘭問題所扮演的角色,請參考第五章。

16　尤其是,「工人階級」(classe ouvrière 或是 working class)這類的概念,在選後訪談調查中,經常被用來分析諸多政治分歧現象的演變,但實際上,在工業部門提供了超過40% 的就業機會的社會中,以及,相對地,在工業部門供應不到 10% 的就業機會的社會中,很明顯地,這類工人階級的概念並沒有相同的意義。相較於在當今社會研究中經常使用的職業活動類別,教育程度、所得和財富這三個面向的十分位數所能傳達的社會政治意涵比較薄弱,但是,這三個面向可以用來對比過去根本無法做比較研究的社會。最理想的狀態是,同時去應用這兩套不同形式的研究語言。

17　在 1960 年代由李普塞與羅肯首創的研究取向,就某一廣泛程度而言,都是集中在歐洲政黨制度(這些政黨也正是在十九世紀以及二十世紀前半葉發展出來的),或甚至是北歐的政黨制度,這多少是因為羅肯是挪威籍、李普塞是美國籍的關係,或許李普塞也曾經寄望著種族分歧將會逐漸消退。

18　舉例來說,美國的政治科學為美國獨立以來、史上先後出現的不同政黨制度編上號碼,這是美國學者獨有的做法,其他地方的學者都沒有這種習慣,而且就算把美國政黨制度發展過程的獨特性也納入考慮,這樣的做法也不是很有說服力。參見第六章,針對這些不同體系有提供簡單介紹。

19　尤其,諸多研究都將焦點集中在歐洲地區反移民政黨的勢力坐大,身分認同與移民問題使政治分裂高升的現象(有時候,相關學者甚至建議在李普塞、羅肯提出的研究框架

裡，增加這一個過去沒有的，然而已有規律發展意義的分歧面向），但是，這些研究通常都沒有注意到，種族分歧在美國的政黨制度發展過程中所扮演的角色。參見博恩史爾（S. Bornshier），《政治分歧與右派民粹主義》（*Cleavage Politics and the Populist Right*），天普大學出版（Temple University Press），2010 年。以及已提及的基契爾特（H. Kitschelt），《歐洲社會民主主義的轉變》（*The Transformation of European Social Democracy*）；《西歐的極右派》（*The Radical Right in Western Europe*），密西根大學出版（University of Michigan Press），1995 年。

20　英美選舉制度（單名投票、單輪投票制〔scrutin uninominal à un tour〕）容易讓選票都集中在遙遙領先的前兩大黨，而法國的制度（單名投票、兩輪投票制〔scrutin uninominal à deux tours〕）則有利讓更多數的政黨都登上舞臺，並經常性地維持各自的勢力。若欲深入探究選舉制度與政黨制度兩者之間的連帶關係，請參考前面章節已提及的書籍，杜瓦傑（M. Duverger），《政治黨派》（*Les Partis politiques*）。李志法（A. Lijphard），《競選制度與政黨制度── 二十七個民主政體的專題研究，1945-1990》（*Electoral Systems and Party Systems. A Study of 27 Democracies, 1945-1990*），牛津大學出版（Oxford University Press），1994 年。

21　法國所有從 1950 年代起進行的選後訪談調查的問卷中，都包括了政黨的左右派屬性歸類的問題（一般而言，是在一個程度指標上，尺度從一到七或者是一到十的範圍）。依照選民打的指標分數的平均結果而言，一般選民都毫不猶豫地把共產黨放在社會黨的左邊，再來，社會黨的右邊是中間黨派，然後依序是中間偏右、傳統右派，以及極右派。選民的自我定位也是依照同樣的模式：認同共產黨的選民在程度指標上選擇的自我定位，會比認同社會黨的選民所選的位置還更左邊；另一方面，認同社會黨的選民所選的位置又比認同中間黨派的選民所選的位置還更偏向左邊，以此類推。參見線上附錄。

22　2017 年時，共和前進黨與民主運動黨聯手參與議會選舉（第一輪投票的得票率是32%），不過在選後調查中，一般選民都將這個聯盟歸為中間派系（這是相較於其他黨派而言），不過，在圖 14.3-14.5 中，這個平均值又可細分成中間偏左占 50% 的比例，中間偏右也是 50% 的比例。在後續段落我會再回到這一點。

23　我使用的主要資料是議會選舉的第一輪投票結果（這是由於有時候在第一輪投票後，選區內的勝負即已決定，以致於很多選民在第二輪的時候就不去投票了），以及總統大選的第二輪投票結果（通常投票率也是最高的）。若在同一年同時有議會與總統選舉，而且總統大選的第二輪又是左右兩陣營對峙時，例如圖 14.1-14.2，以及某些其他圖表便是這類情況，那麼曲線圖都只彙整了總統大選的第二輪結果（例如，2012 年時，總統大選的第二輪票選結果與議會選舉的結果幾乎是完全一樣的）。至於 2017 年的情況，我在後續段落會再回到這場激戰，不過關於這一年，我只使用了第一輪投票的相關資料。

24　法國史上第一次（男性）公民普選總統是在 1848 年，不過，勝選者卻決定自封為皇帝，且廢除了選舉制度。從 1872 年到 1962 年期間，法國總統是由議會選出，職權也受到限制。戴高樂在 1962 年舉辦公投，公投結果贊成恢復公民普選總統的制度，並從1965 年起生效，但在另一方面，總統權責也大幅擴張。與議會選舉（候選人若是在第一輪投票時贏得 12.5% 以上的投票率時，就可以進入第二輪複選）相反的是，總統初選後，只有前兩名得票率最高的候選人才能夠參加第二輪複選。

25　這裡標示出來的參與率都是議會選舉的第一輪投票、總統大選的第二輪投票（總統選舉的第二輪投票率通常是最高的，我在前面段落也已提出說明）。

26　我們可以注意到 2008 年歐巴馬首次競選時，投票率又高升到 58%。圖 14.7 呈現出來的美國選情，都是在總統大選時觀察到的。一般而言，議會選舉（參議院、眾議院）的投票率則又更低（若是期中選舉，尤為低落）。

27　更詳細說來，由於樣本數量、以及蒐集到的資料多有限制的緣故，所以導致了無論是就所得、教育程度，或是所持財富的多寡而言，上下階層之間的投票率差距是很接近的。如果能有更完整的資料，或許就能夠在某些層面上對比出更明顯的差距。這裡也必須強調的是，在此段落討論的是法國總統大選時上下階層的投票率差距，但如果是議會選舉時，上下階層的差距其實還更大（在 2012 年到 2017 年間，所得最高的那 50% 的人口的投票率，相較於所得最低的那 50% 的人口的投票率，兩者差距高達 12% 到 15%，跟在美國觀察到的差距幾乎是相等的，但是比在英國的差距還更大）。參見線上附錄。

28　直到 1960 年代為止，美國南方某些州的黑人族群是幾乎不可能去做選民登記（最主要是因為有所謂的教育程度標準，但事實卻是在執行時，完全被白人族群掌握的行政機關扭曲）。1964 年與 1965 年間的聯邦法律都撤銷了這些最粗暴的行為，但仍然給予州政府足夠空間，還是可以在造冊的時候，間接地在社會組成、種族因素上動手腳。

29　透過這兩項選後調查，我們可以發現，住在法國、擁有法國國籍的人口中，大約有 6% 的人口沒有去登記選舉，詳細而言，在白領與教育程度最高者中的比例約是 4%，勞工階層、教育程度較低者約是 10%（十八歲到二十五歲人口中約有 11% 的比例，六十五歲以上人口則有 2%）。參見線上附錄。圖 14.8（資料來源都只限於登記在選舉名冊上的人）的估算並沒有把這些偏差列入考慮，因為在其他年分的研究中並沒有類似資訊。（譯注：若做最簡要的對比，臺灣沒有所謂的選民登記制度，而在法國，符合法定資格的公民必須自行到居住地的市政府報到、登記。原則上是沒有登記日期的限制，但實際上，存在著生效期限的限制，以 2022 年 4 月 10 日〔第一回合投票〕、4 月 22 日〔第二回合投票〕的總統大選為例，必須最晚在 3 月 4 日前完成登記手續。）

30　在《分析多重意見得以構成決定的機率與應用》（*Essai sur l'application de l'analyse à la probabilité des décisions rendues à la pluralité des voix*）一書中，孔多塞曾經簡要說明了選舉制度中此曖昧之處：針對某共同利益，如果每個參與者都擁有資訊與經驗，並且都不吝在辯論會上提出，那麼多數決的原則就能夠有效地彙集這些資訊，而且，選舉就像是一組「評審團」，沒有任何人會讓極權取代選舉，因為這對誰也沒好處；相反地，如果選舉只是化約成敵對利益的爭鬥，那選舉就會在混亂的多數決循環週期中喪失活力（因為每個可能的決定都會被任何另一個多數決的可能決定擠下臺）。參見線上附錄。（譯注：孔多塞〔法文全名：Jean-Antoine-Nicolas de Caritat, marquis de Condorcet，1743-1794〕是法國大革命時期的哲學家、數學家，後入選為法蘭西院士，也曾是法國大革命時期的議會議員。）

31　至少在歐洲是如此的。相對於歐洲，美國選舉制度從來就沒有掀起熱烈的社會動員，這很可能是因為相對於歐洲的社會民主經驗，美國新政並沒有任何社會實踐的意圖（參見第十一章）。

32　我在後續段落會再回來討論 2017 年選舉特殊之處，以教育分歧這角度來說，它完全延續了之前諸多選舉的特點。

33　中學修業文憑（或者是其他同等級的文憑，例如，中等教育第一階段的修業文憑〔BEPC〕）是國中畢業時頒授的（基本上是十五歲時），而全國高中畢業會考是在結束高中學業後（基本上是十八歲）的競試，通過檢定者可申請就讀大學。（譯注：BEPC 於戰後 1947 年頒訂，1959 年廢除，正是中等教育年限逐漸拉長，但中等教育文憑的市場價值也逐漸降低的見證。）

34　參見線上附錄，圖表 S14.10。如果我們可以去區分出不同的大學系所、學科，或是各高等專門學院，無疑地，我們就可以去呈現出更有意義的變化與演變趨勢。但很不幸的是，我們現有可及的樣本量，還有在選後調查中所使用的問卷（把所有高等教育中修業年限較長的文憑都歸為同類），都不容許我們去做這樣的分析。

35　在網站上的附錄中，讀者可找到有關於統計迴歸資料的所有細節，以及在處理原始檔案

時，用來計算這些結果的電腦代號。另外，亦參見之前已經提過論文，托瑪‧皮凱提，《左派婆羅門 v.s. 右派生意人──擴大中的不平等與改變中的政治衝突結構。1948 到 2017 年法國、英國與美國的顯著事實》（*Brahmin Left vs Merchant Right. Rising Inequality and the Changing Structure of Political Conflict. Evidence from France, Britain and the US, 1948-2017*）。

36　參見線上附錄，圖表 S14.11a。在美國 1980 年到 1984 年間，此一差距甚至成負數：當時十八到三十四歲的選民，相較於六十五歲以上者，稍微更偏向投票給雷根，在 1948 年到 2017 年所有的美、法、英的選舉中，這是唯一的反例。另一方面，十八到三十四歲的選民（相較於六十五歲以上選民的投票傾向），在 2015 年到 2017 年時，投票給英國工黨的機率多出了幾乎 40%，在法國 1970 年代時，投票給左派的機率則多出了 25% 到 30%，在美國 1960 年代時，投票給民主黨的機率則高出了 15% 到 20%（在 2008 年到 2012 年時，也是一樣的趨勢）。把眾多社會經濟因素（性別、教育程度、所得、財富、父母親的職業等等）都列為控制變項後，這些差距還是保持著差不多大小的幅度，不過，如果是將宗教、宗教習慣列為控制變項後，這些差別則明顯縮小，甚至有時完全改觀，這正是法國最近這數十多年的情況：在自認為是天主教徒的選民中，年紀愈輕的（雖然這類選民是很少的）比年紀較長者更傾向投票給右派。針對這一點，請參考已提過的論文，托瑪‧皮凱提，《左派婆羅門 v.s. 右派生意人──擴大中的不平等與改變中的政治衝突結構。1948 年到 2017 年法國、英國與美國的顯著事實》（*Brahmin Left vs Merchant Right. Rising Inequality and the Changing Structure of Political Conflict. Evidence from France, Britain and the US, 1948-2017*），圖 2.2g。

37　參見線上附錄，圖表 S14.11b。

38　參見愛德隆（L. Edlund）、潘德（R. Pande），〈女性為何轉向左派？性別間的政治代溝與婚姻制度的衰微〉（Why Have Women Become Left-Wing？The Political Gender Gap and the Decline in Marriage），《經濟學季刊》（*Quarterly Journal of Economics*），第 117 卷，第 3 期，2002 年 8 月，頁 917-961。另可參見，英格勒哈爾特（R. Inglehart）、努理斯（P. Norris）〈發展中的性別代溝理論：全球視野中的女性與男性投票行為〉（The Developmental Theory of the Gender Gap：Women's and Men's Voting Behavior in Global Perspective），《國際政治科學評論》（*International Political Science Review*），第 21 卷，第 4 期，2000，頁 441-463。

39　我們可以注意到，在 1950 年代、1960 年代，當我們去控制某些社會經濟因素（教育程度、所得、財富、父母親的職業等等）等變項後，女性投票一面倒向右派的趨勢並沒有太多改變，而且無論是就哪個社會階層而言，結果都一樣。然而，若將宗教與宗教習慣列入考量時，性別此一面向的效應完全失靈：在所有自稱為教徒的選民中，女性投票給右派的傾向並沒有比男性還來得更明顯。但我們還是可以假定，在 1950 年代、1960 年代，大部分的女性表現出來的一些篤信宗教行為，其實是跟某些信仰制度密切相關，例如女性在家庭中或在子女教育中扮演的角色。請參考已提過的論文，托瑪‧皮凱提，《左派婆羅門 v.s. 右派生意人──擴大中的不平等與改變中的政治衝突結構。1948 到 2017 年法國、英國與美國的顯著事實》（Brahmin Left vs Merchant Right. Rising Inequality and the Changing Structure of Political Conflict. Evidence from France, Britain and the US, 1948-2017），圖 2.2c。

40　我們也可以注意到，若將所得與財富都列入考量後，曲線幅度則會往上升，這其實是很合邏輯的，因為教育程度最高的人，通常所得與財富也是最高的，另一方面，所得最高、財富最多的人，也常傾向把選票投給右派。這跟年齡產生出來的效應是相同的，只不過是往相反的方向進行（參見圖 14.11）。

41　參見線上附錄的圖表 S14.11c-S14.11d。

42　特別是，阿爾福特指數（indice d'Alford）是傳統上用來計算一般勞動工人，以及所有其他人口在投票給社會民主黨派（或者是工黨、民主黨、社會黨，端賴每個國家不同的背景）時的差別。阿爾福特指數在 1950 年代、1960 年代時，在所有的民主國家都非常地高（在北歐國家可高達 40%、50% 左右，而在瑞典或是挪威等國家，勞動工人票選左派的機率則可高達 70%、80%）。然後，在 1980 年代、1990 年代便逐漸降低，到了 2000 年、2010 年代時，則幾乎降到零點（有時甚至是負數）。可參閱阿爾福特（R. Alford），〈社會階級結合投票行為時的一個建議指標〉（A Suggested Index of the Association of Social class and Voting），《輿論季刊》（*Public Opinion Quarterly*），第 26 卷，第 3 期，1962 年秋天出版。巴爾土黎尼（S. Bartolini），《1860-1980 年歐洲左派的政治動員──階級分裂》（*The Political Mobilization of the European Left, 1860-1980. The Class Cleavage*），劍橋大學出版（Cambridge University Press），2000 年出版。伊凡斯（G. Evans），《階級政治學的終結？階級投票差異的比較性研究》（*The End of Class Politics? Class Voting in Comparative Context*），牛津大學出版（Oxford University Press），2000 年出版。英格勒哈爾特（R. Inglehart）、努理斯（P. Norris），《川普、英國脫歐與民粹主義的興起：一貧如洗、文化反彈》（*Trump, Brexit and the Rise of Populism : Economic Have-Nots and Cultural Backlash*），哈佛甘迺迪學院出版（Harvard Kennedy School of Government），2016 年，fig. 7。這類計算的限制在於，工人的概念隨著國家與時代不盡相同，而且牽涉到的勞動人口的定義也一直在改變中。

43　具體而言，圖 14.11，以及圖表 S14.11c-S14.11d 中所顯示的演變趨勢，都沒有因為將勞動部門（例如究竟是公共部門、私人部門的雇員，或者是獨立、非受雇者）或者職業類別（工人、雇員、主管、或其他勞動人口）列為控制變項後而產生變化。但仍必須強調的是，整體選後調查中，可追溯到的職業類別，從 1950 年代到 2010 年代不時產生變化，而且樣本量大小也大致決定了去分析不同的交叉效應的可能性。參見線上附錄。

44　以法國左派而言，把選票投給共產黨的人，相較於投給社會黨的人，向來是屬於更低下的階級，教育程度也更低。但是投票給共產黨與社會黨的行為，都以差不多的規模，逐漸質變成教育程度較高的人的偏好（至少就初步估計而言，再一次地，由於樣本量有限，能做的推演也是有限的），而且，隨著票選共產黨的比例持續降低，整體演變的速度便顯得更急遽。無論如何，最重要的是，在某些左派選民結構向來跟法國的左派選民結構完全不同的國家裡（特別是英美國家），我們還是可以觀察到這個教育分歧逆轉的現象。因此，這一演變的確是牽涉到一個更廣泛的政治與智識根本的問題。

45　參見已提及之論文，基契爾特（H. Kitchelt），《西歐的極右派》（*The Radical Right in Western Europe*），密西根大學出版，1995 年；博恩史爾（S. Bornshier），《政治分歧與右派民粹主義》（*Cleavage Politics and the Populist Right*），以及英格勒哈爾特（R. Inglehart），《現代化與後現代化：四十三個社會中的文化、經濟與政治轉變》（*Modernization and Postmodernization : Cultural, Economic and Political Change in 43 Societies*），普林斯頓大學出版（Princeton University Press），1997 年出版；已提及的論文，英格勒哈爾特（R. Inglehart）、努理斯（P. Norris），《川普、英國脫歐與民粹主義的興起：一貧如洗、文化反彈》（*Trump, Brexit and the Rise of Populism : Economic Have-Nots and Cultural Backlash*）。

46　當然，比起大部分的選民或是公民來說，的確有些政治人物是可能有機會去參與某些決定。在這裡，我只是想很簡單地強調，如此這樣一個漫長的演變是眾多不同參與者的角力關係，絕對不是去依照任何事先準備好的計畫書。

47　選後調查的內容並無法區分受訪者是出身公立或是私立教育部門，也無法得知任何有關於科系或是文憑的細節。然而我們可以注意到，在某些國家像是美國，高等教育制度以私有體系為主，卻也存在著教育分歧逆轉的現象，這正說明了新興的成就主義的意識形

態是具有相當大的彈性的。

48　事實上，就競選版圖而言，法國首都巴黎在 1970 年代、1980 年代之前，向來是右派的大本營，然後從 1990 年代、2000 年代起，突然間倒向「左派」（特別是在 2001 年的市長選舉時，社會黨贏得多數，從此之後就一直高居寶座），這事實本身便是極為重要的跡象，不免引人深思。我們也可以在諸多前景看好的世界級都市發現到類似的演變，例如倫敦、紐約。

49　1967 年時法國義務教育的最高年齡限制由十四歲改成十六歲（1953 年起出生的孩童開始生效），但卻必須等到 1973 年才有全國統一學制的國中（換句話說，原則上所有十一歲到十五歲的孩童都可進入普通國中、修讀相同的學業內容）。在這之前，中下階級的小孩，即使在十一歲或是十二歲取得初等教育畢業證書，往往還必須待在小學的特別班級中、直到符合義務教育規定的最高年齡限制為止。參見以下卓越的研究，格涅（J. Grenet），《學校教育普及化、教育政策與不平等現象》（*Démocratisation scolaire, politiques éducatives et inégalités*），高等社會科學院（EHESS），2008 年出版；〈擴大義務教育就足以提高收入嗎？法國與英國義務教育法的教訓〉（Is Extending Compulsory Schooling Alone Enough to Raise Earning？Evidence from French and British Compulsory Schooling Laws），《斯堪地那維亞經濟學季刊》（*Scandinavian Journal of Economics*），第 115 卷，第 1 期，2013 年出版，頁 176-210。

50　自從十九世紀起，最好的普通高中裡便設立了準備進入高等科學與商業專門學院的預備班，此一制度非常完善、以致於甚至跟一般的大學教育制度毫無交集可言。當今政治學院的課程（我在第十三章已提到，特別是在討論 1872 年時政治學院的創辦人艾蔮爾．卜特米〔Emile Boutmy〕那種獨尊、恃才傲物的態度）就現實而言，幾乎就是要擠進國立行政學院（Ecole nationale d'administration）的預備班。國立行政學院在 1945 年創校，後來也加入高等專科學院的行列（從 1974 年起，法國共有六名總統，其中有四名出身國立行政學院）。

51　1981 年到 1986 年、1988 年到 1993 年、1997 年到 2002 年、2012 年到 2017 年，這些期間都是由社會黨執政，且在國民議會贏得絕對多數席次（有時僅是社會黨本身，有時是跟共產黨、基進組織與黨派、綠黨等聯盟）。

52　我們可聯想到，例如，在 1988 年到 1993 年時，降低公司行號的利得稅額的政策，2000 年到 2002 年時，減免所得稅的措施，還有 2012 年到 2017 年時，雇主的課徵額度也往下調降。

53　參見本赫達（A. Benhenda）、格涅（J. Grenet），《法國低下階層的學校教師異動、年資與素質》（*Teacher Turnover, Seniority and Quality in French Disadvantaged School*），巴黎經濟學院（Paris School of Economics，PSE），2016 年出版；本赫達（A. Benhenda），《缺課、代課與生產力：教師給我們的確切教訓》（*Absence, Sustituability and Productivity：Evidence from Teachers*），巴黎經濟學院（Paris School of Economics，PSE），2017 年出版。

54　參見博通（H. Botton）、米勒投（V. Miletto），《區里、平等與學校教育──大法蘭西島地區教育資源的區域不均等現象》（*Quartiers, équalité, scolarité. Des disparités territoriales aux inégalités scolaires en Ile-de-France*），全國學校制度研究中心（Centre national d'étude des systèmes scolaires，Cnesco），2018 年出版，以及卡洛（P. Caro），《法國大都會地區地理區域因素造成的教育資源不平等》（*Inégalités scolaires d'origine territorailes en France métropolitaine*），全國學校制度研究中心（Centre national d'étude des systèmes scolaires，Cnesco），2018 年出版。

55　參見《現任教師的策略──國際學生能力評量計畫的啟示》（*Effective Teacher Policies. Insights from PISA*），經濟合作暨發展組織（OCDE），2018 出版。（譯注：PISA 的全名是 Programme for International Student Assessment，這是經濟合作暨發展組織推行的評

鑑，可參考 https://www.oecd.org/pisa/，至於在臺灣實行的評量架構，可參考其官方網站：https://pisa.irels.ntnu.edu.tw/project.html。）

56 校內出身優勢的學生比例偏低的那 10% 的國中裡，教師每月平均薪水（各類津貼都計算在內）是低於兩千四百歐元，然後，薪水便隨著優勢學生的比例而遞增，出身優勢子弟最多的那 10% 的學校裡，教師每月薪水則達近兩千八百歐元。至於在高中，出身優勢的學生比例偏低的那 10% 的學校（以同樣的標準來衡量）裡，教師每月平均薪水是低於兩千七百歐元，優勢子弟最多的那 10% 的學校裡，教師每月薪水則大約是三千兩百歐元。在國中，因為學生人數而產生的效應，在優勢學生比例偏低的那 10% 的學校最明顯，至於其他那 90% 的學校，投資在每個學生上的預算是幾乎一樣的。參見本赫達（A. Benhenda），《法國低下階層學校裡的教師特質、以及投資在每個學生上的費用》（*Teaching Staff Characteristics and Spendings per Student in French Disadvantaged Schools*），巴黎經濟學院（Paris School of Economics，PSE），2019 年出版。

57 參見皮凱提、法勒德內爾（M. Valdenaire），〈法國小學、國中與高中班級人數多寡對學業成績造成的影響——根據 1997 年的初等教育長期追蹤研究與 1995 年的中等教育長期追蹤研究來計算〉（*L'Impact de la taille des classes sur la réussite scolaire dans les écoles, collèges et lycées français. Estimations à partir du panel primaire 1997 et du panel secondaire 1995*），法國教育部（ministère de l'Education nationale），《評鑑與統計》（*Les Dossiers évaluations et statistiques*），第 173 期，2006 年 3 月出版。就每一班級的學生人數問題，在被列為教學優先地區的小學，自 2017 學年起，小學一年級新生的班級人數將減半，顯然是朝向一個正確的方向。然而，還是必須強調的是，這一措施的設計是以最低成本來計算的（將近兩億歐元，相當於教育部〔譯注：法國的教育部只管轄初等與中等教育，高等教育隸屬於另一政府部門。〕0.4% 的年度預算，參見線上附錄），而且，單靠這一項措施，根本就不可能去彌補天淵之別的資源差距，現今教育制度幾乎遺棄了出身低下的學生（參見第十七章，圖 17.1）。

58 法國（這個國家動輒就教訓世人政教分離的大道理）為了建立現今公、私立學校系統之間的平衡而導致，卻也相當令人驚訝的特有現象之一就是，公立小學每週固定一天不上課（1882 年到 1972 年期間是每週四，然後自 1972 年起是每週三），目的是為了讓學生去上天主教要理問答（catéchisme）。除了每週三因為公立學校沒課，所以給低下階層的孩童帶來不少麻煩之外，這套制度也為追求男女職業平等製造了不少負面效應。參見范·艾芬戴爾（C. Van Effenterre），《論性別的規範與不平等》（*Essais sur les normes et les inégalités de genre*），高等社會科學院、巴黎經濟學院（EHESS、PSE），2017 年出版。2012 年到 2017 年間，曾有一個不算大膽的嘗試，那就是公立小學每週一到周五都有課，不過自 2017 年起，又回到每週三不上課的制度。（譯注：法國私立中小學裡約 95% 屬於天主教學校〔全法國約八千所中小學，自數十多年前有逐年略為增加的趨勢〕。）

59 參考格涅（J. Grenet），《加強巴黎國中的校內社會混合度》（*Renforcer la mixité sociale dans les collèges parisiens*），巴黎經濟學院（Paris School of Economics，PSE），2016 年出版。

60 參考法克（G. Fack）、格涅（J. Grenet）、本赫達（A. Benhenda），《區域切割與學生分發的過程如何影響法蘭西島大區高中的社會混合程度》（*L'Impact des procédures de sectorisation et d'affectation sur la mixité sociale dans les lycées d'Ile-de-France*），公共政策中心報告第三卷（rapport N° 3 de l'IPP，Institut des politiques publiques），2014 年 6 月出版。

61 參見線上附錄，圖表 S14.11e。

62 選後訪問調查的問卷中通常都涵蓋了十到十五個所得區塊，所得最高的區塊又刻意做了更精細的分割，如此則可以在整體分配的最高段表達出極具顯著性的梯度。至於使用的方法論，包括了去計算十分位數與百分位數，則假設在每一區塊內的選民結構是均質一

致的（以財富、教育程度為指標而切割出來的區塊，也是用一樣的方法），所以，每一區塊的內部梯度差異的問題便略而不論，但也導致表現出來的坡度與逆轉都傾向極小化。參見線上附錄。

63　當我們去查看最原始的調查結果時（也就是沒有做任何變項控制時），情況正是如此，而把控制變項都納入考慮後，這樣的分配趨勢還更加明顯。參見線上附錄、圖表S14.1a-S14.1c。

64　若欲探求一套理論模式，以用來分析各類信仰是如何在個人生涯上產生效應，以及社會升遷又是如何在政治態度產生效應的，參見托瑪‧皮凱提（T. Piketty）、〈社會升遷與重新分配的政策〉（Social Mobility and Redistributive Politics），《經濟學季刊》（*Quarterly Journal of Economics*），第 110 卷，第 3 期，1995 年出版，頁 551-584。此一理論架構可擴展到當社會中存在著兩套社會升遷機制時（職業活動的效應、學業成績的效應），這便可導引出兩套成就主義的信仰制度，並用來理解一套存在著多元菁英的政治體制。參見已提及的論文，托瑪‧皮凱提，《左派婆羅門 v.s. 右派生意人——擴大中的不平等與改變中的政治衝突結構。1948 年到 2017 年法國、英國與美國的顯著事實》（*Brahmin Left vs Merchant Right. Rising Inequality and the Changing Structure of Political Conflict〔Evidence from France, Britain and the US, 1948-2017〕*），section 5。

65　圖 14.13 中的曲線的時間起點是 1970 年代，這是因為從 1978 年的選後調查起，我們的問卷才更詳細、包括是否擁有不同類型的資產的問題。有關於這項非常具有啟示性的調查研究，參見卡佩德維治（J. Capdevielle）、杜波利耶（E. Dupoirier）、〈財富的效應〉（L'effet patrimoine），出自《左派法國，票選右派？》（*France de Gauche, vote à droite?*），全國政治科學基金會出版（Presse de la FNSP—Fondation nationale des sciences politiques），1981 年出版。有關於強調財富是投票時的決定性因素的研究成果，可參見貝爾松（M. Persson）、馬爾丁松（J. Martinsson）、〈財富多寡的經濟性投票行為與資產價值：賦稅登記資料的最新顯著事實〉（Patrimonial Economic Voting and Asset Value：New Evidence from Taxation Register Date），《英國政治科學期刊》（*British Journal of Political Science*），第 48 卷，第 3 期，2016 年出版，頁 825-842；傅柯（M. Foucault）、納多（R. Nadeau）、雷文－貝克（M. Lewis-Beck）、〈財富傾向的投票行為：重新定義衡量標準〉（Patrimonial Voting：Refining the Measure），《選舉研究》（*Electoral Studies*），第 32 卷，第 3 期，2013 年出版，頁 557-562；傅柯（M. Foucault）、〈有無恆產者掌中的法國政治〉（La France politique des possédants et des non-possédants），出自貝利諾（P. Perrineau）、魯班（L. Rouban）、《我們之間的民主》（*La Démocratie de l'entre-soi*），全國政治科學基金會出版（Presse de la FNSP—Fondation nationale des sciences politiques），2017 年出版。本書提到的選後調查所得到的結果跟這些學術研究成果是相當一致且相差甚微，所以我能夠更深入地去比較財富、所得和教育程度這三個因素在投票行為上產生的效應，尤其是再去把這三項因素的效應問題放在一個比較歷史的研究視野中。

66　西格德也提到，地主往往掌有資源，也用來施壓普通農民與佃農，相同的情況也發生在教士與幼童的家長之間：如果必要的話，三重功能社會的上等人知道該如何壓制下等人。就如同阿爾努（Arnoux）（參見第二章），西格德也毫不掩飾地說道，比起傳統貴族，教士、教會主持的學校、教會慈善活動更常帶給他親切和藹的感覺。他還強調，在議會裡，往往也有更多的議員傾向支持課徵所得稅（而且，相較於諸多中間偏右的共和黨議員，一些主張徹底自由放任的人，其他議員也都更傾向支持課徵所得稅）。參見安德瑞‧西格德（André Siegried），《第三共和時期法國西部的政治版圖》（*Tableau politique de la France de l'Ouest sous la Troisième République*），阿爾蒙‧柯蘭出版（Armand Colin），1913 年出版，頁 89-92、頁 240-251，1995 年法國國家印刷局再刷。

67　總之，我們仍可以強調的是，1945 年、1946 年期間，社會黨與共產黨在政府、議會中

合作短暫，卻有決定性的貢獻，尤其是醫療保健福利制度的施行、修改第四共和的憲法以撤銷參議員的否決權（在第三共和時期，由於參議員的否決權作祟，導致諸多稅捐、社會改革全被凍結）。出身共產黨的議員也在加強真正的所得累進稅制等政策上，貢獻良多，特別是取消了減免前一年度的稅額的計算方式。關於這些發生在 1945 年時的重大辯論，參見之前已提及的托瑪・皮凱提，《二十世紀法國高所得群體研究》（*Les Hauts revenus en France au XXe siècle*），頁 302-305。

68　傳統上，擁有小筆私人財產的人、自己當老闆的獨立業者都看好基進派系，所以這個所得稅的計算問題經常讓社會黨、共產黨人跟基進派系衝突不斷。在 1907 年、1908 年期間的議會辯論中，凱佑多次提辯，企圖捍衛一套中性的、以整體收入為課徵基礎的想法，因為如此才能夠讓「相較於『小企業主』、『小生意人』的所得來說，大型股份有限公司（sociétés anonymes）的經理們，從此不再享有優惠稅額」，凱佑甚至直接點名說道，「學校老師、稅捐機關的收稅人員、鐵路局的員工，這些人在種田的農人、自己開店謀生的人看來，通常都是有錢人」。參見托瑪・皮凱提，《二十世紀法國高所得群體研究》（*Les Hauts revenus en France au XXe siècle*），頁 218-219。

69　有關於這些議題在立法程序與政治衝突上的演變，參見前已提及的托瑪・皮凱提，《二十世紀法國高所得群體研究》（*Les Hauts revenus en France au XXe siècle*），頁 305-319。馬葉（N. Mayer），《店鋪抵制左派》（*La Boutique contre la gauche*），政治科學學院出版社（Presses de Sciences Po），1986 年出版。針對私人財產所引發出來的政治衝突又進一步變得愈來愈僵化的問題（尤其若是不動產），參見米歇爾（H. Michel），《財產所有人的訴訟案——法國十九世紀末到二十世紀的國家與私人財產》（*La Cause des propriétaires. Etat et propriété en France, fin XIXe siècle - XXe siècle*），貝朗出版社（Belin），2006 年出版。

70　1953 年 7 月洛特省（Le Lot）聖色瑞（Saint-Céré）的文具商皮爾・卜嘉（Pierre Poujade）開始策動他住的小鎮裡的手工藝匠、商人站出來反對稅務機關的稅務員，幾個月之後，他又成立了「商人與手工業者保衛聯盟」（UDCA，Union de défense des commerçants et artisans）。整個卜嘉運動的高潮是 1954 年、1955 年左右，中間穿插了好幾次「游擊行動」，目的在於援助被殘酷無情的稅捐制度逼得走投無路的小生意人、手工藝匠。「商人與手工業者保衛聯盟」在 1955 年 1 月喊出「罷稅」口號，然後在 1956 年的選舉中異軍突起，贏得議會席次（並組成一個卜嘉人議會團體，其中包括了尚—馬利・雷朋）。卜嘉團體往往醜化種種方便了受薪階層的政策，尤其若是牽涉到「巴黎的白領階層」，理由則是因為這些人在卜嘉人眼中都正好證明了，位居國家權力中心的「現代化推手」以及「狼心狗肺的技術官僚」，無論他們個人的政黨色彩為何，其實根本不在意獨立自主的小老闆的死活。然而，這批卜嘉人卻也毫不在意他們反猶太人的主張（antisémitisme），也因為如此，當時巴黎白領階層最常翻閱的《快訊週報》（*L'Express*）甚至在其封面上攻訐卜嘉人是「卜嘉道夫」（Poujadolf）。（譯注：當今一般法國輿論都已將 antisémitisme 這個詞定義為反猶太人的主張，這卻是最近的現象。Sémitisme 原意來自 Sémite〔閃米特人〕，取自 Sem〔或寫成 Chèm〕，他是諾亞〔Noé〕的兒子、被視為阿拉伯人與猶太人的共同祖先，antisémitisme 在不久前的字義是反對閃族人。至於 Poujadolf，乃借自希特勒的名，Adolf〔音譯「道夫」〕。）

71　薪水階層獨享的 20% 的免稅額（這還不包括 10% 的「工作支出」〔frais professionnels〕），後來也擴大到獨立業者，但最後在 2005 年時全部取消、一併納入所得申報時的計算表內。（譯注：「工作支出」指的是交通、食宿等支出，通常不需在申報時出示證明，而是申報人直接自行扣除。）

72　例如，1848 年年初時，新上臺的共和體制決定提高不動產稅，這讓擁有小筆土地的農人相當不高興，這件事可用來解釋，為何拿破崙三世（Louis-Napoléon Bonaparte）在鄉下大受歡迎，因為他反對提高不動產稅，並暗示將轉嫁到城市人的間接稅上。關於這一

主題，可參考已提及的諾瓦里耶（G. Noiriel），《法國庶民史》（*Une histoire populaire de la France*），頁 353-354。（譯注：拿破崙三世〔1808-1873〕是法國第二共和唯一男性公民普選出來的總統，隨後他廢除共和體制、自立帝王，因他又是拿破崙一世的姪子，故常被稱為拿破崙三世。）

73　如果讓享譽盛名的私立高中以及這些高中的預備班也能夠享有公立高中的公共預算，最後的結果就是，無論小孩是去念聖德－潔娜維芙（Sainte-Geneviève）高中還是路易－勒－孔（Louis-le-Grand）高中，家長撿到的是一樣的便宜，因為這兩所高中出來的學生，最後差不多都進了相同的高等專門學院。（譯注：念聖德－潔娜維芙、路易－勒－孔分別是巴黎市中心的私立、公立高中，前者位於第六區而後者在第五區。）

74　參見第八章。第十六章分析當今印度隨著種姓、階級而分裂出來的選舉分歧時，我會再回到這一點。

75　西格德的研究指出，長期以來，一般人對天主教的敏銳情懷，也跟護衛著傳統的三重功能社會秩序的態度息息相關（或多多少少對於城堡、教院等所象徵的地方菁英角色存在著更深厚的依戀）。此外，這三級功能的社會秩序，就廣泛程度而言，正是中央集權國家形成之前的地方所有權主義規範的表現。這裡的討論焦點在於，這是一種政治意識形態的依戀，換句話說，是建立在一套勉強可被接受的信仰體制上。一方面，這套信仰體制是跟社會組織、財產優先至上的種種作法、理想的教育制度等環環相扣，另一方面，這一整套信仰又在某範圍內牽涉到社會經濟利益，只不過，不能完全都歸因到社會經濟利益的層面。

76　在 1958 年到 1962 年的調查中沒有關於宗教信仰的問題。

77　就這一個調查結果而言，如果分析範圍是局限在三十五歲以下的選民，那各自的比例則是 55% 與 24%。這些結果都相當符合其他更大規模的宗教信仰研究的結果。參見以下段落引述的「歷程與出身」調查。

78　有時問卷可區分出，根本不履行任何教規的人，或是在重大的宗教性節慶（復活節、聖誕節等等）或家庭喜慶時（結婚、受洗、喪禮等等），才參加相關儀式的人。但區分性很不統一、不夠明確，這也是為何本書的分析只取是否固定地，或是否有時間上的一致性作為區分標準。

79　在其他宗教的這一類別中，清教徒（大致是 1.5% 到 2% 的選民比例）與猶太徒（勉強可說是 0.5%）的比重都相當穩定，至於佛教、印度教等，則有輕微的增加趨勢，由 0.5% 升高到 1% 或 1.5% 左右，這些數字變化因調查而有差異，且樣本數量很有限，所以未必都有統計學上的顯著意義。至於選民中的穆斯林比例，由 1988 年時小於 0.5% 的比例，升高到 2012 年、2017 年時 5% 左右的比例，則是非常顯著的。

80　如果我們用相同的指標來分析（至少每個月去參加一次宗教儀式），我們可以發現，履行教規的穆斯林比例，在 1995 年到 2017 年時，是在 15% 到 25% 左右（數字隨著調查而有輕微的差異），也就是，比自稱是履行教規的天主教徒的比例更高（在這一段時期，這相當於所有天主教徒中 10% 到 15% 的比例），反言之，這也凸顯了自稱為穆斯林，但不履行教規的人約占 75% 到 85%（自認為是不履行教規的天主教徒，比例大致是 85% 到 90%）。

81　最近的選後調查（例如 2012 年的調查）涵蓋了所有的居民（也因此讓我們觀察到，沒有去辦理登記選舉手續的現象常被低估，而且也隨著年齡與職業而有差異），但若是牽涉到一些最詳細的問題（尤其是宗教、原國籍或出生地等），則只有已經登記在選舉名冊上的人，且又在另外歸類後，才會被抽出來做訪問。

82　在 2008 年到 2009 年期間舉行、名為「歷程與出身」的調查顯示，十八歲到五十歲的居民中，約 8% 的人口是穆斯林信徒。參見包雪曼（C. Beauchemin）、哈美勒（C. Hamel）、西蒙（P. Simon），《歷程與出身──調查法國的多元人口》（*Trajectoires et*

Origines. Enquête sur la diversité des populations en France），全國人口研究中心出版社（INED Editions〔譯注：INED 全名是 Institut national d'études démographiques〕），2015年，表 1，頁 562。若根據 2016 年的另一項調查，十五歲以上居民中，大約 6% 的人自認為是「穆斯林信徒」。如果把自認為「屬於穆斯林文化」的人也算在內，這一數字則可升高到 7%，若連小孩也算在內（有鑑於其家庭平均人口數通常較高），那麼數字則可能是 8.5%。參見艾勒・卡路易（H. El Karoui），《伊斯蘭，一門法國宗教》（*L'Islam, une religion française*），伽利瑪出版社（Gallimard），2018 年，頁 20-26。這些有關於穆斯林信徒的定義概念都很粗糙，也不確定，隨著使用的問卷和受訪者對於一己身分的看法，所得到的結果內容就會產生差異，尤其是有關於一己身分認同的定義問題，是多元又混亂的。這往往會隨著提出的問題、使用的詞彙，而讓受訪人產生正反認同（這跟自認為是否屬於猶太或是天主教信仰的人一樣，很難一概而論）。

83　有關於印度的宗教信仰結構的演變，參見第八章表 8.2。

84　參見已提及的安德瑞・西格德（André Siegried），《第三共和時期法國西部的政治版圖》（*Tableau politique de la France de l'Ouest sous la Troisième République*）。

85　參見線上附錄，圖表 S14.15a-S14.15b 則有完整的資料。

86　若比對西格德的分析，在傳統守舊的選舉區域裡，財富不高的農民常把選票投給天主教候選人，說來其實是很類似的現象。

87　現成資料也指出，清教徒選民的投票傾向，很接近不履行教規的天主教徒，而猶太教選民的投票趨勢，則向來非常接近無任何宗教信仰的選民（即使在我們的研究時期的最後階段，這些現象似乎都不是很確定）。可及的資料是有限的，所以我們無法提出比一般性觀察還更確實的結論（就 1960 年代到 2010 年代的初步觀察而言，這個一般性結論是有效的），也無法去研究清教徒與猶太教徒選民這兩者在這一整段時期中的差距、以及差距內部的細緻變化。

88　參見線上附錄，若欲探究完整的資料，參見圖表 S14.17-S14.18。在 2017 年的選舉中，左派以及中間派系的諸候選人，在穆斯林選民中，一共贏得了 91% 的選票，其中 66% 是投給梅龍雄／阿蒙陣營，25% 則是投給馬克宏陣營，這樣的比例分配，看起來是很符合這兩大陣營各自對於移民、資源重新分配議題的態度（參見後述表 14.1）。如此強烈的左派傾向，尤其是倒向不屈法國此一派系的現象，博德（S. Beaud）在 2017 年時執行其相當精彩的民族誌調查時，也有相同的觀察（《貝勒烏米一家人眼中的法國——側寫這家人 1977 到 2017 年的日子》〔*La France des Belhoumi. Portraits de famille, 1977-2017*〕，發現出版社〔La Découverte〕，2018 年出版），尤其是北非移民後代中的年輕女子更傾向左派，而男性則似乎對政治較冷淡，也比較不抱幻想。（譯注：梅龍雄〔Jean-Luc Mélenchon，1951-〕於 2016 年創立不屈法國，但他自 1980 年代中期就已投入政壇，遊走於左派陣營中偏左路線。阿蒙〔Benoît Hamon，1967-〕向為社會黨中堅，曾聯合數名在法國頗具聲望的哲學家、經濟學家〔包括本書作者〕以及民代後，提出全民無條件基本收入〔revenu de base, revenu universel d'existence〕、大麻合法化等政見，2017 年總統大選前、在左派陣營內部的初選落敗後，退出政壇。）

89　自從 1889 年的法律頒布以來，在法國的一般做法是，在法國出生但父母親都是外國人時，可在十八歲的時候歸化法國，前提則是必須符合某些條件（尤其是居住年限、就學，以及偶而也要求必須表達要成為法國人的意願），但經常引起辯論，且多少也已有變更。另一主要準則是 1851 年時開始實行的「雙重在地出生權」（每一個在法國出生的人，若父母親也都在法國出生，那當事人出生時便是法國人）。參見維冶（P. Weil），《誰是法國人？法國大革命起法國國籍的歷史》（*Qu'est-ce qu'un Français ? Histoire de la nationalité française depuis la Révolution*），卡爾瑟出版社（Grasset），2002 年。

90　藉著 1940 年 7 月 22 日頒布的法條，法國曾經重新審查自 1927 年起歸化為法國籍的所

有申請案，這牽涉到將近一百萬人，主要都是信仰猶太教的法國人。參見札克（C. Zalc），《剝奪國籍——維琪政府時期撤銷國籍的歷史》（*Dénaturalisés. Les retraits de nationalité sous Vichy*），門檻出版社（Seuil），2016 年。

91　1929 年到 1936 年間，眾多墨西哥裔的美國人在驅逐出境的政策（往往公權力背後大力支持）中被迫離開美國，估計全部人數高達一百萬到一百五十萬人（其中約 60% 的人擁有美國國籍）。參見第六章。

92　尤其是，有些人主張「移民」讓法國破費、高達金山銀海（若是就連續好幾個世代後的角度來說，這樣的指控是毫無意義，因為法國的人口結構裡，很大一部分的人都是來自外國），這是沒有任何證據的說法：最近這幾年外國移民所繳的稅已平衡支出，甚至稍微高於支出。可參見穆湖（E. M. Mouhoud），《法國移民——迷思與事實》（*L'Immigration en France. Mythes et réalités*），法雅出版社（Fayard），2017 年，頁 72-76。有關於此一主題的國際比較研究，可參見巴涅爾杰（A. Banerjee）、杜夫羅（E. Duflo），《艱困時代的經濟學思考》（*Good Economics for Hard Times*），公共事務出版社（Public Affaires），2019 年，頁 18-50。

93　後續篇幅會再回來拆解 2017 年的選情。

94　2002 年、2017 年的總統大選後舉辦的選後訪談調查都指出，穆斯林選民在第二輪投票中是百分之百地都把選票投給跟國民陣線打對臺戲的候選人。的確，樣本量是很有限的（大約是一百到三百名穆斯林選民的樣本量，數量隨著調查與每次調查的整體樣本量而有差異）。但明擺著的事實是，在這兩次大選，我們找不到任何一個穆斯林選民把票投給尚－馬利·雷朋或是瑪莉寧·雷朋，這正說明了衝突的嚴重性到底有多高。若欲探究更完整的結果，請參看附錄。

95　這個問題提出時，並不提供任何有關於這些名詞的精確意義，也不說明加在父母、（內、外）祖父母一詞前後的形容詞到底所指為何（出生時的國籍為何、活著時的國籍、出生地、居住地等等），而是讓每個受訪者自行解讀、研判。

96　受訪者可以回答兩個不同的外國地區，差不多 10% 的受訪者正是這類情況，而各種可能的組合則是應有盡有。這裡所討論的，只牽涉到如果只有一個外國地區時，但就算把所有的情況都考慮進去，其實得到的結果是很類似的。另外，這些調查結果跟「歷程與出身」的結果是很吻合的，但兩者不能拿來做詳細對比，因為各自的研究領域與問卷內容是不一樣的。參見之前已提及的，包雪曼（C. Beauchemin）、哈美勒（C. Hamel）、西蒙（P. Simon），《歷程與出身——調查法國的多元人口》（*Trajectoires et Origines. Enquête sur la diversité des populations en France*），表 1-3，頁 37-41。

97　詳情如下，宣稱有北非出身的受訪者中，58% 自認為是穆斯林，6% 是猶太教徒，10% 是天主教徒，2% 是清教徒或其他宗教，24% 是毫無宗教信仰。至於宣稱有撒哈拉沙漠以南的非洲國家出身的受訪者裡，40% 自認為是穆斯林，30% 是天主教徒，10% 是清教徒或其他宗教，20% 是沒有任何宗教信仰。

98　確切而言，2012 年時，社會黨候選人在穆斯林選民中的得票率，相較於其他選民的得票率，兩者間的差異是四十二個百分點。如果我們去控制年齡、性別、家庭狀況、文憑、所得、財富、父母親的職業等變項時，那差距就縮小為三十八個百分點，但若再控制是否出身國外此一變項時（且細分成數個不同的地理區域：義大利、西班牙、葡萄牙、其他歐洲國家、北非、撒哈拉以南的非洲國家、歐洲以外地區），則下降到二十六個百分點的差距。參見附錄中的圖表 S14.18。但也必須強調的是，樣本量有限，所以無法做更深入的分析。

99　基督教與伊斯蘭之間的敵對狀態有其更深遠的過去，特別是可追溯到十字軍東征，以及地理大發現（Grandes Découvertes）等時代，尤其是地理大發現，就某程度而言，動機多少是為了繞路避開並包圍伊斯蘭仇敵。參見第八章。

100 德國第三帝國的創始人的腦海中始終有著黑人軍隊駐守萊茵河畔的影像，甚至有一天這些黑人會占據歐洲的心臟地區。參見第十章。

101 參見勒・柏拉（H. Le Bras），《發現移民──土地與血源》（*L'Invention de l'immigré. Le sol et le sang*），黎明出版社（Editions de l'Aube），2014 年出版。在此提醒讀者，美國十九世紀初期支持奴隸制度的菁英（首先就是傑佛遜），他們堅持廢除奴隸制度的條件是把奴隸都送回去非洲，因為他們認為在同一土地上和平共處、平等對待是根本無法想像的事情。參見第六章。

102 根據一項以從殖民地返回法國的僑民為受訪對象的調查顯示，住在阿爾卑斯山沿海省份（Alpes-Maritimes）的黑腳人（pieds-noirs）中，從 1980 年代、1990 年代起，投票給國民陣線的比例便高達 55%。參見孔塔（E. Comtat），〈『歷史創傷』與票選國民陣線：阿爾及利亞戰爭的記憶如何影響著返法僑民的政治主張〉（"Traumatisme historique" et vote Front national : l'impact de la mémoire de la guerre d'Algérie sur les opinions politiques des rapatriés），《記憶與政治筆記》（*Cahiers Mémoire et Politique*），第 5 期，特輯名稱：雜記（Varia），2018 年，表 2。（譯注：pieds-noirs 一詞直譯是腳黑的人，指的是法國殖民阿爾及利亞時期，在阿爾及利亞的法國人──因為雙腳踏在黑色大陸上，故以名之。這個名詞是二戰後才發明的，也擴及到殖民時期在阿爾及利亞生活的歐洲人，或是其他受法國殖民的北非地區。）

103 居住問題也是一樣。

104 參見布蘭伯（Y. Brinbaum）、彌爾斯（D. Meurs）、普里蒙（J.-L. Primon），〈就業市場的狀況：工作地位、就業和歧視〉（Situation sur le marché du travail : statuts d'activité, accès à l'emploi et discrimination），收錄在已提及的包雪曼（C. Beauchemin）、哈美勒（C. Hamel）、西蒙（P. Simon），《歷程與出身──調查法國的多元人口》（*Trajectoires et Origines. Enquête sur la diversité des populations en France*）◎

105 例如，同樣是黎巴嫩出身時，跟「米歇爾」（Michel）相比之下，名字叫做「穆罕默德」（Mohammed）的人，更容易給人能力不佳的印象。這些效應是很強大的：就相同的履歷內容來說，有穆斯林名字的年輕人得到面試機會的比例是低於 5%，其他非穆斯林者則有 20% 的機會。如果履歷上又標明參加穆斯林童子軍的經歷，那面試機會馬上跌至谷底，但若是天主教或是清教徒組織的童子軍，卻是加分效果。冠有猶太教名字也會受到歧視，但不會比穆斯林名字所承受的壓力還更高。這裡根據的研究是去分析六千家中小企業所提供的，且具代表性的工作機會。參見法勒佛（M. A. Valfort），《面試時的宗教歧視：一個千真萬確的事實》（*Discriminations religieuses à l'embauche : une réalité*），蒙田智庫機構（Institut Montaigne），2015 年出版。

106 另外，印度在第一階段時，保障名額的施行僅限於在印度教的範圍裡受到歧視的社會團體（也就是，印度憲法認定的種族與部落團體〔scheduled castes，scheduled tribes〕），故不包括穆斯林信徒（然而，穆斯林也是一樣地貧窮，在眾多地區也備受歧視，但如果在一開始就列入保障名單上，很可能會引發相當激烈的反對聲浪）。在第二階段時，此一政策才擴及其他落後種姓階層（other backward classes），且包括穆斯林信徒。參見第八章。這些政策的演變也決定性地改變了印度的政治分歧局勢與政黨制度。參見第十六章。

107 為了讓分析過程更簡單，我把「完全贊成」、「傾向贊成」合併成同一組，「傾向不贊成」、「根本不贊成」合併成另一組，至於拒絕回答者，則全部排除（小於 5% 的比例）。

108 自從 1988 年起，這個問題便一直出現在問卷中。在 1980 年代末期，以及 1990 年代時（失業率正達尖峰），反對移民的選民（如上述就問卷提出的問題來定義），高達 70% 到 75%。參見線上附錄，圖表 S14.19a。1985 年到 2000 年（維持在 70% 到 75%），以及 2000 年到 2020 年（50% 到 60%）期間，都可觀察到反移民的情緒降溫，就某程度而

言，這個降溫現象是因為世代交替，而且反種族歧視運動正如火如荼展開。如果以為這代表著移民問題的嚴重性降低，那可是大錯特錯。相反地，這可以解讀成是衝突上揚，兩個大小差不多的陣營各據山頭、勢不兩立。

109 參見線上附錄，圖表 S14.19b。在 2002 年時，問題的問法就不一樣了，以「縮減貧富差距」的重要性來提問（63% 認為這是「極為重要」以及「非常重要」，37% 認為「還算重要」或「不是很重要的」）。在此必須強調的是，一般說來，從 1950 年代、1970 年代到 2000 年、2020 年代這些期間，選後調查的問卷上，沒有任何政治意味的問題是用跟這種口氣一模一樣的問法提出來的，這造成了在分析政治信仰體系時很大的限制（這也是為何研究分歧現象的轉變時，如果把焦點放在教育程度、所得、財富上，至少這三類型資訊的好處是，它們在時間與空間上都是可比較的）。當然，最理想的狀態顯然是能夠針對不平等、私人財產、稅制、教育制度等等提出精確又連續相關的問題。

110 這時應該會有兩種情況：國際主義－平等主張對打本土主義－不平等主張；或者是，國際主義－不平等主張對打本土主義－平等主張。

111 參見線上附錄，圖表 S14.19c。

112 分別是阿爾多（代表勞工鬥爭黨〔Lutte ouvrière〕），卜圖（Poutou，代表反資本主義新黨〔Nouveau Parti anticapitaliste〕），這兩人在 2017 年時，對於貧富間資源重新分配的問題，以及國際主義問題、保護移民等議題，都持有更澈底無保留的態度。在 2019 年的歐洲議會選舉時，這兩政黨推舉出來的候選人都鼓吹歐洲社會主義合眾國（Etats-Unis socialistes d'Europe），猶如邁向普世的社會主義共和國的第一步。（譯注：這兩名極左派候選人，依然參選 2022 年的總統大選，即使其第一回合的票選成績，毫不令人意外地敬陪末座〔共有十二名候選人，法國總統候選人參選的必要條件之一是必須有五百名鄉鎮市長的簽名支持，有意競選者無法取得五百名鄉鎮市長的簽名背書是常有的事情〕。）

113 後續段落中我將再回來討論所謂「不是完全關上大門」的移民政策路線（實際上，卻是非常嚴厲又保守），而且自 2017 年起便已付諸實行。參見第十六章。

114 我們很難用典型標準來區分阿斯凌諾／瑟米納德／拉薩勒這三人，他們三人對整體結構的影響也是很有限的。

115 右派在 1986 年時取消左派在 1981 年時設立的超級財富稅（impôt sur les grandes fourtunes）。但右派於 1988 年時選舉大敗，於是堅信不能再拿此稅當作選舉籌碼，但後來在 1990 年時，左派又設置了財富稅。沙柯吉在 2007 年時又設定了一套賦稅盾牌制度（隨著所得高低來決定全部稅捐總和的最高額度），實際上，就等同是讓最富裕的人減免一大部分的財富稅。然而在 2012 年大選前，他隨即撤銷這項即不受歡迎的措施，卻同時也大幅度降低財富稅的額度（最高的額度是用來課徵價值一千七百萬歐元以上的財富，但額度數由來 1.8% 下修到 0.5%）。不過，沙柯吉此一措施卻來不及施行：繼 2012 年選舉且勝選而出的社會黨政府，又局部地把某些額度恢復到原有的數值。於是，最高額度降低到 1.5%，用來課徵價值一千萬歐元以上的財富，理由則是當時的利率很可能下跌。這樣的說法頗令人感到好奇，因為擁有最多金融財富的人，他們的資金都不是拿來買國庫券（bons du Trésor），而且國庫券的利率成長是比一般金融商品的平均報酬更高（參見第十三章表 13.1）。

116 這群沒有去投票的人，他們住在自己的房子的比例只有 41%，相對地，梅龍雄／阿蒙陣營的比例是 48%，雷朋／杜邦－艾紐陣營則是 51%，馬克宏陣營是 69%，以及斐永陣營，78%。另外，這些缺席者中，持有高等教育文憑的比例是 19%，每月所得高於三千歐元的比例是 8%，綜合而言，相當於雷朋／杜邦－艾紐陣營的程度。參見線上附錄。

117 這群沒有去投票的人，他們不願回答這兩個問題的比例，差不多是 51%，而去投票的

人，他們不願回答的比例是低於 10%。沒有去投票但是願意回答這兩個問題的人，相對於平均值，都很明顯地支持保護窮人（54%）、反對移民（64%），但態度還是比去投票的四大陣營的選民顯得更遲疑一些。

118　平等主張－國際主義此一陣營內的兩大候選人，在選舉兩個月的前夕，各自吸引到的選民投票意願是差不多相等，但最後集中到梅龍雄身上，他的路線更徹底堅決，在公共辯論時也表現出更狂熱的態度。讓選票效力極大化的原則確實發揮了效用，讓有機會進入第二輪的候選人由五名變成四名，但也僅限於此而已。

119　國際主義－不平等主張獲得大勝（66% 對比 34%），對絕大部分的法國選民而言，國民陣線反對移民的立場是非常極端的。

120　或者如果馬克宏陣營中，最傾向左派路線者也揮手告別的話，但就某範圍而言，這似乎也已經是事實了。

121　若欲深入分析這一政治意識形態空間三分為自由放任主義、民族主義、社會主義的局面，可參考卡爾森堤（B. Karsenti）、雷謬（C. Lemieuxi）,《社會主義與社會學》（*Socialisme et Sociologie*），高等社會科學院出版社（Editions de l'EHESS），2017 年出版。簡單說來，自由放任主義強調市場至上，讓原本鑲嵌在複雜脈絡中的經濟活動完全解放（désencastrement），面對這些主張，民族主義的回應則是讓民族成為僵化的供品（réification）、全國不同種族化整為零、同舟共命，至於社會主義則高倡以教育制度、知識科學解放人類。（譯注：「désencastrement」一詞是相對於「encastrement」〔英文「embeddedness」〕，這是經濟社會學的關鍵概念之一，一般都將討論焦點投向博蘭尼〔Karl Polanyi, 1886-1964，出生於奧匈帝國時期的奧匈帝國境內的經濟學家，後離開歐洲、定居英美加三國，被視為經濟歷史學、經濟人類學的最重要人物之一〕所著的《鉅變》〔*La Grande Transformation*，臺灣早有翻譯本〕，爭執內容則是如何解讀「彼此互惠」〔réciprocité〕、「重新分配」〔redistribution〕兩大交換經濟特質的曖昧性。「réification」的原意是抽象事物轉變成具體實物，或者是原本流動、運動中的事物變成靜止僵硬，在馬克思主義思想中，特指在資本主義的經濟市場中人類活動轉變成商品，僅剩交換價值〔即所謂的「物化」〕。）

122　具體而言，在 2017 年投票給梅龍雄／阿蒙／馬克宏的這 52% 的選民，是很接近在 2012 年的總統大選時，53% 的選民在第一輪投票時，那些若非投給左派候選人（14%），否則就是投給中間偏右的白伊盧（9%），而且，跟在 2012 年第二輪投票時，投給歐蘭德的那 52% 選民的差異並不大。（譯注：白伊盧〔François Bayrou，1951-〕原是擁有高級教師學銜的法文教師，但自 1980 年代初期即獻身政治活動，曾任教育部長。）

123　我這裡套用的是阿馬布爾（B. Amable）、帕隆巴里尼（S. Palombarini）他們兩人合著的一本書的書名：《資產階級陣營的幻夢——社會聯盟與法國模式的未來》（*L'Illusion du bloc bourgeois. alliances sociales et avenir du modèle français*），行動有理出版社（Raisons d'agir），2017 年出版。

124　這跟英國布萊爾的新工黨在 1990 年代末期、2000 年代初期搖旗吶喊著開放社會（société ouverte）和封閉社會（société fermée）兩者勢不兩立，是很類似的。（譯注：論及開放社會一詞，不免令人想到波普〔Karl Popper，1902-1994〕所著的《開放社會及其敵人》〔*The Open Society and Its Enemies*〕，除了該書在英美世界的輿論影響力之外——如本書作者強調之英國新工黨、第三條路〔The Third Way〕等口號——就法國當代學術背景而言，提出開放與封閉社會之對比者至少有柏格森〔Henri Bergson，1859-1941〕：開放社會是建立在開放的道德情操、充滿活力的宗教實踐上，因此社會氣氛是洋溢著博愛、動人的宗教經驗，可藉此匯聚最基本的人文社會。波普該書在二次大戰時結稿，強調的是以理性、民主精神來治理的人間社會，著重個體自主獨立，這也是為何

在後冷戰初期很快便被植入自由經濟市場的精神，反對極權、也反對管制。）

125 「非本土在地人」在法國與歐洲背景中，可能就是來自歐洲以外國家的移民（特別是穆斯林信徒），若是在美國的背景，則可能是黑人，美國民主黨（原是擁護奴隸制度的政黨）在十九世紀末時，成功地改頭換面，然後在二十世紀前半葉，成為擁抱社會本土主義的黨派：論及白種人時（尤其是當時初到美國的歐洲白種人移民，像是愛爾蘭人、義大利人等），他們比共和黨人有更多社會福利、平等分配的主張，但若論及黑人時，卻是毫不留情的種族隔離作風。參見第六章。我在隨後章節中會再回到這主題上，在當今二十一世紀初歐洲發生像這樣的演變時，將會有什麼樣的風險。參見第十六章。

126 在眾多以國民陣線的選舉結論、及其社會與地理結構正逐步改變為研究領域的書籍中，參見墨傑爾（G. Mauger）、貝勒提爾（W. Pelletier），《大眾階級與國民陣線——選情釋義》（*Les Classes populaires et le FN. Explications de vote*），鄉巴佬出版社（Editions du Croquant），2016 年出版。勒‧柏拉（H. Le Bras），《國民陣線的賭注》（*Le Pari du FN*），否則出版社（Autrement），2015 年出版。（譯注：一般而言，Croquant 是一種堅硬的餅乾，大多產於法國南部、地中海沿岸。這個名詞也指鄉巴佬、農民，通常帶著負面意味，由來是十六世紀時，法國西南部一帶的農民因賦稅沉重——尤其是人頭稅——而掀起暴動，當時農民反對地方的收稅官要求國王主持正義，後人猜測運動根源似乎是出自 Crocq 此一村落，因此成為名稱來源。）

127 最近的研究結果顯示，單只是賦稅競爭本身，就足以使歐洲最貧窮的那 50% 的人口的所得、生活品質都確確實實地降低了（計算方式多有差異，但幅度在 10% 到 20% 之間）。可參考穆諾（M. Munoz），《賦稅競爭讓窮人損失了多少？衡量歐洲的賦稅傾銷在社會福利上的效應》（*How Much Are the Poor Loosing from Tax Competition ? Estimating the Welfare Effects of Fiscal Dumping in Europe*），世界不平等資料庫，2019 年出版。我們很難去斷定（其實是根本不可能），在什麼範圍之內，這樣的損失是高於或是低於商業活動整合後帶來的收益，尤其隨著活動部門、每個人是勞工還是消費者的不同立場，商業活動整合帶來的收益是可高可低的。至於金融整合後製造出來的可能收益，當今可及的研究指出，其實得到的利益是比想像中還更低的（遠低於國民所得的 1%）。參見顧杭察（P. O. Gourinchas）、杰能（O. Jeanne），〈從國際金融整合蒸發掉的收益〉（The Elusive Gains from International Financial Integration），《經濟研究評論》（*Review of Economic Studies*），第 73 卷，第 3 期，2006 年，頁 715-743。

128 在此必須強調的是，有關於殖民地獨立與否的問題和所得到的答案，整體說來，若要以受訪者的社會經濟特徵來區分的話，並沒有顯著的結果。參見線上附錄。

129 我在此強調，1992 年（我第一次投票）和 2005 年時，我都是投「贊成票」，以我的文憑階等來說，我當時期待著符合社會、賦稅正義的歐洲終將來臨。但我認為這等樂觀等待的態度是愈來愈危險，也愈來愈難以堅持。

130 參見第十二章。我會於第十六章再處理歐洲條約改革此一問題點。

131. 川普跟馬克宏兩人在意識形態、稅捐政策上，有著相當令人驚訝的相似點，隨後章節中，我們將再回到這一點。參見第十六章。

132 當然，去跟一個公寓屋主買他的公寓，並不會因此產生任何新的投資機會；但是，去跟一個擁有金錢投資組合的人購買他的投資組合，更不會去刺激出任何新的投資組合。把不動產或是金融投資商品的本質，以及，這些投資會不會衍生出新的投資機會這兩件事搭上關係，無論就邏輯或經驗而言，都是說不通的。

133 參見第十一章圖 11.17。我想在此強調，在法國——猶如在大部分的國家——個人財富的主要課徵來源都是不動產此一項目，且課以比例稅率，通常就是不動產稅或是各種不同形式的財產稅（property tax）。

134 針對法國個人財富的分配演變趨勢，現有不同的資料來源、以及相關的分析，可參考已

提及的書籍之一，迦爾本提（B . Garbinti）、古皮樂－列伯瑞（J. Goupille-Lebert）、托瑪·皮凱提，《如何解釋財富分配的不平等趨勢：在法國的方法論與計算》（*Accounting for Wealth Inequality Dynamics : Methods and Estimates in France*）。根據財富申報資料而整理出來的不平等趨勢，以及根據所得、繼承申報資料而整理出來的不平等趨勢，這兩大趨勢是很類似的。但仍必須在此提出，財富稅從創置到現在，已經公開的內容是很貧乏的，這主要是因為這類資訊始終被視為敏感的主題，政治與行政機構仍主觀希望作為掌握此一資訊的獨占機構，還有一個原因就是，金融行政的最高主責機關相當敵視此課徵項目。

135 參見線上附錄，圖表 S14.20。財富稅被不動產財富稅取代後，此一稅收項目的總額在2018 年、2019 年間，就變成只有原先總額的四分之一，相當於回到 1990 年時的規模。

136 我們在此重申，贏得 2012 年大選後組成的歐蘭德政府（局部地）恢復了原有的財富稅的稅率，但是，前任政府將財富稅的免稅額由八十萬歐元提高到一百三十萬歐元，三百萬歐元以下的財富也不用詳細申報，針對這兩項措施，歐蘭德政府並無任何舉動。另外，自從三百萬歐元以下的財富不再需要做細目申報起：擁有一百三十萬到三百萬歐元的財富的人（占所有必須申報財富稅的人口總數的四分之三），只要申報一個總數就好了，行政機關也沒有任何辦法做有系統的監控。若是去比較事先已填寫好的所得申報單的做法（尤其是薪水階層的申報單），這中間的差距令人難以接受。另外，在 2012 年到2017 年間，當時的政府一上臺就得面對卡宇札克醜案（affaire Cahuzac），身為社會黨的預算部長，他以為只要不申報他在瑞士的銀行戶頭，那就可以不繳稅了（事情之所以被揭發，是因為記者勤勉地調查，而不是稅捐行政機關的調查），也因此，政府拒絕讓財富申報也採用事先填寫的申報方式，這實在令人驚訝萬分。畢竟我們或許都曾經以為，在這一醜聞之後，更透明的做法且一貫有系統的財富申報方式將會付諸實行。

第十五章

1 就如同分析法國個案，所有從這些選後調查整理出來的詳細內容，以及用來從原始檔案轉換成本書引用的資料數列的電腦代號，讀者都可到附錄所屬的網站上查詢。另外，參見之前已提及的文章，托瑪·皮凱提（T. Piketty），《左派婆羅門 v.s. 右派生意人──擴大中的不平等與改變中的政治衝突結構。1948 到 2017 年法國、英國與美國的顯著事實》（*Brahmin Left vs Merchant Right. Rising Inequality and the Changing Structure of Political Conflict. Evidence from France, Britain and the US, 1948-2017*）。

2 美國參、眾兩議院的選舉往往地方色彩濃厚。另外，相較於總統大選，參與這兩議院選舉的投票率通常較低（尤其若是期中選舉時）。

3 跟在法國個案中相同的是，如果能夠依照院所、科系去整理出更詳細的內容，是再好不過了，但是樣本大小、問卷內容都不符合這樣的要求。

4 參見線上附錄中相關的詳細數列資料。

5 在我們研究的這整段期間內，美國黑人選民通常更明顯偏向投票給民主黨（隨後將再回到這項主題）。但由於他們的教育程度往往較低（就平均程度而言），以致於讓我們原本預計的假說，也就是文憑決定了是否投票給民主黨的效應，產生縮減的現象。一旦我們去做「其他條件都不變」的推理時（以白人選民但也以黑人選民而言），那麼是否偏向投票給民主黨時，文憑產生效應的現象便又更強烈明顯。

6 參見第十四章圖 14.9-14.10、有關於法國個案的曲線圖。另外，我們可注意到，在美國的個案中，在 2016 年時，中學肄業的人（high-school dropouts），相較於持有中學文憑的人，更傾向投票給民主黨。但這只牽涉到很少數的一群人（占全體選民 9% 的比例），而產生此現象的主要原因是這些選民都出身弱勢團體。

7 在圖 15.6 中所標示的文憑、所得、財富效應，都是把其他控制變項列入考慮後（假設

其他條件不變），所呈現出來的結果。如果其他控制變項都略而不論時，得到的結果也是大致相同的，只不過必須等到 2000 年時，文憑效應才會在零點以上（在之前法國個案研究時，我已經說明了，控制變項的調整可以讓文憑效應跟所得、財富效應有所區分，進而被抽離出來）。另外，我想在此強調，由於樣本量有限，所以若只是去比較某一年度跟其他年度時，兩者間的差距未必有意義，但是長期的演變卻有明確的顯著性。若欲探究各個變項及其信賴區間，讀者可參考附錄裡的圖表 S15.6a-S15.6d。

8　法國的選後調查自 1978 年起，問卷裡便包括了有關於受訪者持有的不同類型的資產非常詳細的問題（不動產、股份、營業資產、金融投資組合等等）。而在美國，除了某些少數的調查或是在某些年度，非常特別地，蒐集來的資料裡包括了持有財富的詳細資料（我們也因此湊巧地發現，在美國，財富持有程度影響著是否投票給共和黨的行為，這跟法國是一樣明顯的現象，投票給右派時，財富多寡具有某程度的效應），否則在絕大部分的選後調查中，問卷裡都只涉及到是不是擁有不動產的問題而已，以致於圖 15.6 裡的曲線所要表達的推論結果並不是很精確。

9　例如，根據最新研究的推論，2017 年時，位居工作所得的最高十分位數的人中，其中 30% 的人也都位居資本所得的最高十分位數，而在 1980 年時，這樣的重疊現象只有 15% 的比例。參見米蘭諾維奇（B. Milanovic），《只有資本主義的世界》（*Capitalism Alone*），哈佛大學出版（Harvard University Press），2019 年，第 37 頁，圖 2.3。然而，必須注意的是，工作所得與資本所得這兩層面的共變性依然是有限的。

10　美國競爭最激烈的大學中，至少有三十八所是這樣的情況。可參見柴提（R. Chetty）、佛萊德曼（J. Friedman）、賽斯（E. Saez）、屠爾納爾（N. Turner）、楊甘（D. Yagan），《社會遷升成績單：國際遷升歷程中大學院校的角色》（Mobility Repost Cards : The Role of Colleges in International Mobility），研究報告（Working Paper），2017 年、第 59 期，人力資本與經濟發展契機國際工作團隊（Human Capital and Economic Opportunity Global Working Group）。（譯注：Human Capital and Economic Opportunity〔HCEO〕隸屬於美國芝加哥大學，有興趣的讀者參見：https://hceconomics.uchicago.edu/，內有部分關於臺灣的研究成果。）

11　至於在法國，薪資跟財富之間的共變關係似乎沒有隨著時間演進而提高的現象：整體趨勢仍是穩定不變的，甚至由於繼承而來的財產的比重又提高了，以致於高薪資、高財富間的共變關係還稍微降低。參見線上附錄。

12　參見第十二章提及的諸多研究。另外諸多研究亦指出，美國兩大黨的政治領袖總是偏向迎合菁英團體的喜好，以致於忽略了低下團體的需求。參見吉勒斯（M. Gillens），《富裕與影響》（*Affluence and Influence*），普林斯頓大學出版（Princeton University Press），2012 年；帕奇（B. Page）、吉勒斯（M. Gillens），《美國民主？哪裡出錯了，我們可做些什麼》（*Democracy in America ? What Has Gone Wrong and What Can Be Done about It*），芝加哥大學出版（University of Chicago Press），2017 年出版。湯馬斯・法蘭克（Thomas Frank）則提到，民主黨人已經拋棄了階級衝突（conflit de classe）此一議題。參見，湯馬斯・法蘭克（Thomas Frank），《肯薩斯州出了什麼問題？保守人士如何深入美國家庭》（*What's the Matter with Kansas ? How Conservatives Won the Hearth of America*），侯特平裝書出版社（Holt Paperbacks），2005 年出版。最底層的選民深深感受到的正是政治人物這類背棄行為，卡德林・杰・卡梅爾（Katherine J. Cramer）稱之為「憤世嫉俗的政治策略」（politique du ressentiment），參見卡德林・杰・卡梅爾，《憤世嫉俗的政治策略－威斯康辛州的鄉土意識與史考特・沃克的興起》（*The Politics of Resentment. Rural Consciousness in Wisconsin and the Rise of Scott Walker*），芝加哥大學出版（University of Chicago Press），2016 年。（譯注：史考特・沃克〔Scott Walker，1967-〕曾任 2011 年到 2019 年位於美國中西部、緊鄰五大湖區的威斯康辛州州長，2011 年時，由於眾人對其

社會政策不滿，最後啟動了罷免州長的議程。沃克可說是美國史上第一個歷劫歸來的政治首長，2016 年競選共和黨黨內總統候選人，但被川普擠下臺。而至於階級衝突〔conflit de classe〕，可說是最吸引年輕子弟的「馬克思主義的基本名詞」。首先，這牽涉到社會階級的概念，此非馬克思的個人發明，但在歐洲自十八世紀起，尤其是法國大革命之後，儼然成為社會學中階層化現象的基本理論概念：「社會階級」彼此之間是有位階高低的，所以並非平起平坐或是中性不帶色彩的「社會團體」，例如，馬克思主張人類歷史就是一篇篇社會階級產生衝突，繼而社會階級彼此鬥爭的紀錄，尤其是擁有生產工具的資本家階級以及沒有生產工具的無產階級之間的鬥爭。當然，到底階級鬥爭是不是社會團體間的衝突的唯一，或是最根本的面向，正是有待商榷之處。）

13　根據美國 1976 年通過的總統競選活動時的公共補助規定，接受補助的候選人必須擔保其競選支出絕不超過某最高限度。候選人也可以選擇不接受任何公共補助（這正是歐巴馬在 2008 年時的選擇，卻也是史上第一次），於是便無任何支出限制。請參見已提過的論文，卡熱（J. Cage）《民主的代價》（Le Prix de la démocratie）。

14　我們也可以注意到，像川普這種政治領導人物公開表達出反對知識、反對「婆羅門」的態度，並不是美國共和黨特有的行為：歐洲右派不乏這類作風，例如義大利的貝魯斯柯尼（Silvio Berlusconi）、法國的沙柯吉也類似。（譯注：貝魯斯柯尼〔Silvio Berlusconi，1936- 〕是 1994 年到 1995 年、2001 年到 2006 年、以及 2008 年到 2011 年時的義大利國家元首，亦是媒體大亨，屢因私生活而廣受批評。）

15　我們並沒有 1870 年到 1940 年期間的選舉調查結果，不過，就我們可在地方層次所觀察到的選舉結果看來，無可置疑的是，在這段期間，黑人選民（當他們擁有投票權時）有時絕大多數都是熱烈擁護共和黨候選人。例如，1870 年代初期，在路易斯安那州靠著黑人選票而上臺的共和黨州政府，隨後馬上被高舉種族隔離旗幟的民主黨人反制（參見第六章）。總之，在此必須強調的是，相較於主張種族隔離的南方民主黨人，北方的民主黨人很快就採納了另一套身分認同政策，以及截然不同的黨政綱領，這讓他們很快就可以在黑人選民前擊敗共和黨人或至少打成平手（更何況，共和黨並不是很熱衷拉攏黑人選民）。蓋洛普民意調查中心保存了 1932 年、1936 年、1940 年，以及 1944 年的總統大選後的調查檔案，很可惜的是，相較於 1948 年起舉辦的選後調查，蓋洛普的檔案內容卻更粗糙。不過，我們還是可以據此觀察到，那時候的民主黨－共和黨兩大黨的選民結構，跟 1948 年到 1960 年間的兩大黨的選民結構是相當接近的，只不過，投票給羅斯福的選民多半集中在中等、中下階層（同時包括了白人選民和黑人選民），至於富裕階層中，投票給羅斯福者則寥寥無幾。參見線上附錄。（譯注：蓋洛普民意調查中心〔現今名稱是 The Gallup Organization〕創立於 1958 年，是美國最知名的民意調查中心，但也提供企業管理、人力資源管理、統計分析等服務，在不少國家都設有分部。有興趣的讀者請參見：https://www.gallup.com/corporate/212381/who-we-are.aspx。）

16　美國拉丁裔選民在 2016 年時大約占全體選民 16% 的比例，其他少數人種（尤其是亞裔）則大概是 3% 的比例。美國人口普查長期以來都是由調查者主觀認定的方式來決定一個人的種族類別（特別是在蓄奴時期），然後便逐漸轉向受訪者自我宣稱的方法來決定一個人的種族身分，而且可在選擇項目中選擇好幾個答案。參見修爾（P. Schor），《計算、分類。美國人口普查史》（Compter et Classer. Histoire des recensements américains），高等社會科學院出版社（Edition de l'EHESS），2009 年。

17　2018 年時，南非農改、謠言滿天，川普立即表達對當地白人農場主人的支持（參見第七章），這也是他對主張白人至上者釋放出來的正面訊息。

18　2002 年時瑟蒙德百年大壽（當時依然擔任參議員），密西西比州的參議員洛特（Trend Lott）、也是共和黨在參議院的黨魁，毫不遲疑地公開表態：「我想針對我的州說幾句話。當斯特羅姆‧瑟蒙德出面競選總統時，我們都把票投給了他。我們那時都因此感到

非常驕傲。如果那時候其他的州都跟隨我們的腳步，我們就不會有後來這麼多年的種種問題。」洛特重提 1948 年的競選往事、公開表達親近種族隔離主張的態度，而且還視之為榜樣，旋即引起風波，最後不得辭去黨魁一職，但依然保有共和黨參議員的席位。參見恩杰樂（S. Engel），〈美國種族政策史〉（History of Racial Politics in the United States），收錄在羅梅爾（J. Roemer）、李（W. Lee）、范‧德爾‧史特拉藤（K. Van Der Straeten），《種族主義、仇外與所得分配——先進民主體制中幾個政治課題》（*Racism, Xenophobia and Distribution. Multi-Issue Politics in Advanced Democracies*），哈佛大學出版（Harvard University Press），2007 年，頁 41-43。（譯注：Dixiecrats 結合了形容詞「dissident」——即不合群、意見不同者——以及希臘字根「crat」，意思是領導者、有權力的人，或者是某一權力組織中的人。）

19　參見白立（M. Bailley）、譚吉杰爾（S. Danziger），《打擊貧窮方案的遺產》（*Legacies of the War on Poverty*），羅素沙吉基金會（Russell Sage Foundation），2013 年出版。還有就是，卡斯西歐（E. Cascio）、喬爾登（N. Gordon）、瑞貝爾（S. Reber），〈進步的代價：條件性補助、以及南部地方州學校如何消弭種族隔離〉（Paying for Progress : Conditional Grants and the Desegregation of Southern School），《經濟學季刊》（*Quarterly Journal of Economics*），第 125 卷，第 1 期，2010 年，頁 445-482；同前三名作者，〈地方政府對聯邦補助的回應：在南方州引進《教育法案》第一條後的顯著事實〉（Local Responses to Federal Grants : Evidence from the Introduction of Title I in the South），《美國經濟學季刊：經濟政策》（*American Economic Journal : Economic Policy*），第 5 卷，第 3 期，2013 年，頁 126-159；白立（M. Bailley）、孫（S. Sun）、汀普（B. Tempe），《窮苦小孩的預備學校：啟蒙方案在人力資本與經濟自主的長期影響》（*PrepSchool for Poor Kids : The Long-run Impact of Head Start on Human Capital and Economic Self-Sufficiency*），密西根大學（University of Michigan），2018 年出版。（譯注：《教育法案》第一條於 1965 年通過，是當時詹森政府打擊貧窮方案的主要政策之一，有志讀者不妨參考邁阿密的學校董事會官方網站：https://title1.dadeschools.net/#!/。至於預備學校則類似法國高中的預備班，目的在於輔導青少年進入菁英大學就讀。）

20　事實上，這類政策從沒有在美國實行過。一方面，強調南方自主的白人非常敵視這樣的做法，另一方面，承受後果的黑人也沒有做出相對等的動員。這也都解釋了，雖然在南北戰爭結束後曾有「四十英畝，一頭騾子」（des acres et de la mule）等賠償美意，但事實上，就黑人所承受的歧視，以及在奴隸制度時期其勞動，卻從沒被支付過一毛錢的事情，並沒有任何金錢賠償，也沒有任何耕地分配（參見第六章）。（譯注：「四十英畝，一頭騾子」的正確英、法文分別是 40 acres and a mule 和 40 acres et une mule〔本書作者撰寫時僅以簡單複數帶過〕。）

21　可參考恩杰樂（S. Engel），《美國種族政策史》（*History of Racial Politics in the United States*），收錄於已提及的羅梅爾（J. Roemer）、李（W. Lee）、范‧德爾‧史特拉藤（K. Van Der Straeten），《種族主義、仇外與所得分配——先進民主體制中幾個政治課題》（*Racism, Xenophobia and Distribution. Multi-Issue Politics in Advanced Democracies*）。

22　以雷根的例子而言，我們還可以注意到，在過去的演藝生涯中，他也曾經扮演過美國史上典型的南方邦聯人物的角色。以《信望之路》（*La Piste de Santa Fe*）這部 1940 年，與艾羅爾‧弗林（Errol Flynn）、奧利維亞‧德‧哈維蘭（Olivia de Havilland）攜手合作的電影為例，故事發生在 1854 年間的堪薩斯州，一名矢志廢除奴隸制度者，他行徑瘋狂又毫不留情，使得人心惶惶，他也寧願犧牲自己的子女以滿足其狂熱的政治作為。這樣的結局並非沒有道理：在南方邦聯的世界裡，他們對待自己的奴隸的方式有時也不是很糟糕的，所以，必然要找出一條漸進婉轉之途，讓整個環境慢慢演變。幸運的是，來自西點軍校的年輕士官（其中包括雷根），坦然實際，也都看清這名廢奴主張者——約

翰·布朗（John Brown）——危險的真實面目，也不願屈服於其膝下。

23 參見第十四章圖 14.16-14.17，以及附錄中的圖表 S14.17a-S14.17b。

24 美國自 2000 年初期以來，民主、共和兩黨對於移民問題意見不同，但移民問題在兩黨對峙中又變得愈來愈重要，這樣的現象跟拉丁後裔與其他少數族群的人口占比增加的現象，是平行相關的，因為其實直到 1980 年代、1990 年代為止，兩大黨對於移民問題的立場是大致相同的。參見伊特威爾（R. Eatwell）、古德溫（M. Goodwin），《全國性的民粹主義－以暴動反對自由民主制》（*National Populism. The Revolt Against Liberal Democracy*），企鵝出版社（Penguin），2018 年出版，圖 4.2，頁 150。

25 自我宣稱是穆斯林的選民在 2010 年代中的占比約是 5%。參見第十四章圖 14.17。

26 有關於異族通婚的比例高低，若男女其中一方是來自摩洛哥或是突尼西亞時，這個比例是 30%，若是阿爾及利亞，則是 35%，這都跟如果是來自葡萄牙的比例差不多。但若是來自西班牙、義大利時，比例可高達 60%，論及土耳其時，則只有 10%。請參見包雪曼（C. Beauchemin）、羅摩（B. Lhommeau）、西蒙（P. Simon），〈移民歷史與移民的社會經濟性格的側寫〉（Histoires migratoires et profiles socio-économiques），收錄於《歷程與出身——調查法國的多元人口》（*Trajectoires et Origines. Enquête sur la diversité des populations en France*），全國人口研究中心出版社（INED Editions），〈大型調查研究〉系列（Grandes Enquêtes），2015 年，頁 54 表 6。至於異族通婚愈普及的趨勢，若是有關於 1970 年代到 1990 年代期間、跟來自北非的人的通婚現象時，可參考屠德（E. Todd），《移民的命運－西方民主體制下的種族融合與隔離》（*Le Destin des immigrés. Assimilation et ségrégation dans les démocraties occidentales*），門檻出版社（Seuil），1994 年，頁 302-304。

27 根據「歷程與出身」調查，我們可發現到，在北非出身的法國人中，到了第三世代時，只有 23% 的人還冠著傳統的阿拉伯－穆斯林名字。另外，占多數決的一般法國人口以及移民後代，他們通婚後做出的妥協方式，並不是以典型的法國名字為解決問題的辦法來源，而是隨著愈來愈流行、帶著國際色彩的名字而起舞，這是因為擁有多元文化背景的家長較容易認同這類跨國際的名字（例如，米拉〔Mila〕、露娜〔Louna〕、莎拉〔Sarah〕、伊涅斯〔Inès〕、亞尼斯〔Yanis〕、納耶勒〔Nael〕、廉姆〔Liam〕、耶丹〔Ethan〕、亞當〔Adam〕、拉揚〔Rayan〕等等）。參見庫勒蒙（B. Coulmont）、西蒙（P. Simon），〈移民家長給他們在法國的小孩取什麼樣的名字？〉（Quels prénoms les immigrés donnent-ils à leurs enfants en France ?），《人口與社會》（*Populations et Sociétés*），第 565 期，2019 年 4 月。（譯注：讀者可在網路上找到這些具國際色彩的名字的相關資訊，音譯結果也因中介語言〔英、法、西班牙、阿拉伯文等〕而有差異。）

28 異族通婚的比例（以在 2015 年結成連理者為例），在拉丁裔、其他來自亞洲的少數族群中，約是 25% 到 30%，在一般白人中大概是 10% 的占比。請參見，李維斯彤（G. Livingston）、布朗（A. Brown），〈美國異族通婚－羅英夫婦訴維吉尼亞州判決一案五十年後〉（Intermarriage in the US 50 Years after Loving v. Virginia），皮尤民調研究中心（Pew Research Center），2017 年出版。（譯注：Loving v. Virginia 即皮凱提所提到的，美國 1967 年高等法院針對異族通婚做出的判決，羅英（Loving）是那對提告夫妻的姓名，讀者可在網路上找到相當豐富的資料。）

29 1991 年 6 月 19 日席哈克在奧爾良（Orléans）做了一場非常有名但令人遺憾的演講，他當時說道：「我們的問題，並不是因為法國有外國人，而是因為外國人太多了。有人說法國現在的外國人沒有比二次大戰前還來得多，這可能是真的，但現在的外國人跟以前的外國人是不一樣的，這就有很大的差別了。我們可以確定的是，西班牙人、波蘭人、葡萄牙人來法國工作，是比起穆斯林、還有黑人來說，還少點麻煩……三、四天前，我跟阿蘭·朱佩（Alain Juppé）在古特多（Goutte-d'Or）散步，那裡住著一些法國工人；

而以這樣的工人來說，他跟他老婆兩個人都得工作，兩個人的薪水每個月加起來大概是一萬五千法朗。這個工人住在低租金住宅，每天他就眼睜睜看著，就在他住的那一層，隔壁一個家庭擠在一間公寓裡，裡面有一個父親、三到四個妻子、二十多個小孩，靠著社會福利每個月淨賺五萬法朗，當然，就是沒去工作也有這筆錢！（按：現場熱烈掌聲）再來，如果加上吵死人的聲音、難聞的味道（按：現場大笑），那這個住在同一層的法國工人怎麼可能不抓狂？他鐵定捉狂的。就是這麼一回事。我們必須設身處地替這些工人打算，如果你們也去那裡走一趟，一定會跟我有相同的反應。我這麼說跟種族歧視是沒有任何關係的。」（這段摘要取自全國視聽資料館〔 Institut national de l'audiovisuel〕官方網站）。這一段演講後來啟發了位於南法土魯斯（Toulouse）的音樂團體 Zebda，在 1995 年創作〈吵死人、又難聞〉（Le Bruit et l'Odeur）一曲。

30　例如，一方面，某些少數團體在合法工作的就業市場上飽受歧視，在另一方面，他們更明顯地去參與一些非法但利潤豐厚的活動（例如走私毒品），去證明這兩層面或許有某些關聯，看起來似乎是很合理的作法。無論如何，這比往這些人身上套上一些天生又永遠擺脫不了的犯罪性格還更合情合理。但很不幸的是，這永遠都無法說服那些不想被說服的人（尤其是那些可從這些文化主義、精粹主義，或擺明就是種族主義的信仰裡占盡道德便宜或是物質利益的人）。有關於在法國監獄中，出身北非、非洲的人的占比偏高的現象，可參見艾容（F. Heran），《隨著移民潮──測量、辯論、行動》（Avec l'immigration. Mesurer, débattre, agir），發現出版社（La Découverte），2017 年出版，頁221-231。這個占比偏高的現象是確實的，即使看起來似乎沒有美國監牢中的黑人比例來得極端（在美國這環境裡，被關進監牢的比例比歐洲還高出兩倍；參見第十二章）。

31　請參見庫吉姆寇（J. Kuziemko）、華盛頓（E. Washington），〈為什麼民主黨輸掉了南方？把新資料植入一個陳腐的辯論〉（Why Did the Democrats Lose the South？Bringing New Date to an Old Debate），《美國經濟學刊》（American Economic Review），2018 年。這兩名作者指出 1960 年代在美國南方很多人都改變政黨偏好，而首要原因就是對於種族問題的態度，而且跟所得、文憑都毫無關聯。

32　參見之前已提及的羅梅爾（J. Roemer）、李（W. Lee）、范・德爾・史特拉藤（K. Van Der Straeten），《種族主義、仇外與所得分配──先進民主體制中幾個政治課題》（Racism, Xenophobia and Distribution. Multi-Issue Politics in Advanced Democracies）。還有，亞雷西納（A. Alesina）、葛拉耶瑟爾（E. Glaeser）、薩瑟爾多特（B. Sacerdote），〈為什麼美國不是歐洲模式的福利國家？〉（Why Doesn't the United-States Have a European-Style Welfare State？），《布魯金斯經濟活動研究報告》（Brookings Papers on Economic Activity），第 2 期，2001 年；亞雷西納（A. Alesina）、葛拉耶瑟爾（E. Glaseser），《在美國、歐洲打擊貧窮：一字之別》（Fighting Poverty in the US and Europe：A Word of Difference），牛津大學出版（Oxford University Press），2004 年。

33　針對這項議題，必須在此強調的是，諸多民主黨代表、參議員都放行通過 1986 年的《稅制改革法案》，這表達了某種投機心態，還有就是對於累進稅制這主張的重視程度，其實是相當有限的。在這樣的環境下，實在不需驚訝，柯林頓執政期間（1992 年到2000 年）重新設置累進稅制的成績是很有限的。1999 年到 2006 年間上演的美國連續劇《白宮風雲》（West Wing）正表達了這類柯林頓格調的貪婪：高唱改革路線的總統頂著諾貝爾經濟學獎的皇冠，但實際上，他並不是很願意去提高家財萬貫者的稅捐。總之，最後當共和黨人試著廢除遺產稅時，他還是妥協地投下否決票（劇中很諷刺地改成往生稅〔death tax〕，正是布希等共和黨人在 2001 年秋天要搶關通過的事件，當時這段插曲也被改寫入戲）。

34　雷根在 1980 年、1984 年時都在加州大勝。

35　在此強調的是，美國的財產稅（相當於法國的不動產稅〔taxe foncière〕）從十九世紀初

期起幾乎就沒改革過，或做任何最新調整。請參見第四章及第十一章。

36　就目前的情況來說，當今美國財產稅（或說是土地稅）的計算方式還更不合理，因為一個財富持有是一萬美金淨值的人（擁有一棟價值五十萬美金的房子，銀行借款是四十九萬美金），跟一個擁有一千萬美金財產的人（擁有一棟價值五十萬美金的房子，金融投資組合總額是九百五十萬美金），這兩個人不只都被課徵相同稅率的財產稅，連要繳的稅額都是一樣的（因為金融資產、債務都不列入考慮）。

37　請參見費斯曼（R. Fisman）、葛拉德史通（K. Gladstone）、庫吉姆寇（J. Kiziemko）、迺杜（S. Naidu），《美國人希望在資本上課稅嗎？網路調查而來的顯著事實》（*Do Americans Want to Tax Capital ? Evidence from Online Surveys*），華盛頓公平成長中心（Washington Center for Equitable Growth），2017 年出版。眾多民意調查亦顯示出，在大部分的國家裡，若針對高額財富課徵多種不同形式的累進稅是民心所望的。

38　針對這一主題，請參見馬庭（I. Martin），〈是學校補助糾紛案引發了納稅人的不滿嗎？賽拉諾與第十三號公投提案〉（Does School Finance Litigation Cause Taxpayer Revolt ? Serrano and Proposition 13），《法律與社會學刊》（*Law & Society Review*），第 40 卷，第 3 期，2006 年；同前一作者，《一而再、再而三的抗稅運動：財產稅如何改變了美國政治》（*The Permanent Tax Revolt : How the Property Tax Transformed American Politics*），史丹佛大學出版（Stanford University Press），2008 年。另外還有，西特朗（J. Citrin）、馬庭（I. Martin），《抗稅運動之後：三十年後回顧加州第十三號公投提案》（*After the Tax Revolt : California's Proposition 13 Turns 30*），IGS 出版社（IGS Press），2009 年。更廣泛而言，目的在於降低地方州內部初等、中等學校資源不平等分配的種種改革措施，在1970 年代、1980 年代都陸續在美國各地施行，但其正面效應，都由於區域、地方州之間，所得、財產不平等都日漸加劇而大打折扣，甚至最後可說是原本在某一世代內學校資源集中不平等的現象，在最近這數十年還更明顯（如果只考量初等、中等教育機構，差距只是輕微的，但若把高等教育機構也涵蓋在內的話，差距則是非常大）。請參見伯諾（C. Bonneau），《美國教育投資集中的現象（1970-2018 年），比較法國個案》（*The Concentration of Educational Investment in the US , 1970-2018, with a Comparison to France*），高等社會科學院（EHESS），2019 年。有關於地方州投入的改革，可參考傑克森（C. Jackson）、詹森（R. Johnson）、培爾斯寇（C. Persico），〈以教育與經濟成果論學校支出的效應：學校補助改革後的顯著事實〉（The Effects of School spending on Educational and Economic Outcomes : Evidence from School Finance Reforms），《經濟學季刊》（*Quarterly Journal of Economics*），第 131 卷，第 1 期，2015 年 10 月，頁 157-218。

39　在此提醒讀者的是，希拉蕊在 2008 年民主黨黨內初選時正是捍衛著這類型的全民保健系統，當時歐巴馬反對這類做法，理由則是這樣的改革未免過度干涉。但最後，歐巴馬提案在 2010 年通過，內容卻是更小的格局，也更複雜（未必更容易被接受）。

40　在下一章節，我將重新處理川普風格的商人－本土主義式意識形態，它在歐洲的同路人，以及轉向社會本土主義的可能。

41　有關於《國民補助預算案》，以及上議院最後的結局，參見第五章。

42　社民黨（Social-Democratic Party）創立於 1981 年，主將是工黨內部偏中間路線的派系，在 1988 年時跟自由黨人聯合組成自由－民主聯盟。

43　英國第一場大規模的選後調查，而且檔案也妥善無誤保存下來的，是 1963 年的選後調查（美國則是 1948 年，法國是 1958 年），但 1963 年的選後調查的問卷裡也包括了1955 年、1959 年的回溯性問題，本章節也一併利用介紹（就如同法國 1958 年的調查裡也包括了 1956 年回頭追溯的問題）。所有這些選後調查研究的細節，以及用來將原始檔案轉換成最後結果的電腦代號，都可在網站上找到。

44　若欲詳究各個控制變項列入考量後，英國教育分歧現象逆轉的詳情，請參見第十四章圖

14.2，至於諸變項內容，請參見附錄中的圖表 S14.2a-S14.2c。無論用哪個變項作為指標，我們都可觀察到英國這一逆轉的時間起點較晚的現象。

45　請參見〈我是自由派人士嗎？〉（Am I a Liberal ?），收錄於《民族與雅典學苑》（*The Nation & Athenaeum*），1925 年 8 月 8、15 日。這篇文章實是凱因斯參與在劍橋學區舉辦的夏日自由學園（Liberal Summer School）時的發言（後也在《勸說集》〔*Essay in Persuasion*〕一書中重新刊印，參見哈爾寇爾特出版社〔Harcourt Brace〕，第四章，第三節，頁 323-338。）凱因斯於 1946 年辭世，差不多就是自由黨消聲匿跡時；因此，很難猜想他會不會或者在哪個時間點投向工黨陣營。（譯注：Liberal Summer School 於 1921 年創立，當時是每年一次且維時一週的論壇活動，討論嶄新的自由主義思想、英國國內與國際局勢在一次戰後的新政策走向等議題，吸引並聚集了當時曼徹斯特自由主義學者、倫敦政經學校院健將，以及諸多不願冠上一般世俗標籤的學者。2004 年起活動改名成凱因斯論壇〔Keynes Forum〕。又，讀者可合法地自網路下載《勸說集》一書的英文原文，此書的中文簡體版已出版多年。）

46　參見第十章。跟凱因斯不同的是，海耶克也很懷疑自由派者，因為他認為這些人都會走火入魔成為左派信徒、干涉主義者，尤其若是受到如凱因斯這類經濟學者、知識分子的影響時。

47　舉例而言，所得稅、以及遺產稅的最高稅率，在 1979 年前都是 75%，然後在 1980 年代降到 40%，遺產稅的最高稅率至今仍維持在這一幅度上下，所得稅則到 2009 年為止都一直維持著此稅率（但在 2010 年時，又上升到 50%，2013 年時微降到 45%）。請參見第十章圖 10.11-10.12。

48　英國大學的最高註冊金額在 1998 年時是一千英鎊，2004 年時高升到三千英鎊，然後在 2012 年時又攀升到九千英鎊。學生繳的註冊費在英國大學的總預算中的占比，似乎在 2010 年代重新回到 1920 年時的比例，並跟美國大學並駕齊驅。關於這主題，可參考卡本特（V. Carpenter）整理出來的數列資料，內含歷年的數據，〈高等教育中公私資源的替換：費用分擔政策是否過頭了〉（Public-Private Substitution in Higher Education : Has Cost-Sharing Gone Too Far），《高等教育季刊》（*Higher Education Quarterly*），第 66 卷，第 4 期，2012 年 9 月 20 日，頁 363-390。

49　若欲詳究不同的控制變項（尤其是在有無列入計算後）、信賴區間等，請參見附錄中的圖表 S15.15a-S15.15d。英國有關於財富持有的資料比美國詳細。特別是，我們可以得知房屋所有人是不是還有銀行貸款，在某些調查報告中，我們還可以知道受訪者是不是有投資組合這類的資產，尤其是在 1980 年代國營企業私有化後所舉辦的調查裡，資料內容又更加詳細。於是這便讓我們注意到，財富的選票效應幾乎就是一昧投票給保守黨（這一財富效應比所得更強烈，也比文憑效應還更明確），整體說來，跟法國的趨勢是一樣的。但這些有關於財富持有的資料多少存在著一些缺陷（英國資料沒有法國資料來得精準），因此在提出解釋時，亦須謹慎小心諸變項條件。

50　有關於這些提問的分析，請參見第十一章。

51　三十五歲以下的英國選民，以及六十五歲以上者，兩者投票給工黨的百分比差距，在 2017 年的議會選舉時，高達四十個百分點，這是自 1945 年以來前所未見的差距，而且不只是在英國是頭一遭，如果我們去比較二戰以來，在法國投票給左派陣營的現象，或是在美國票投民主黨的現象，這個數字也是空前絕後的。參見線上附錄，圖表 S14.11b。

52　在 1964 年的調查中，自我宣稱是基督教徒的選民占 96%，其中 65% 是英國國教徒，22% 是其他類別的清教徒，9% 是天主教徒。在這些自稱是基督徒的選民中，信仰英國國教的選民向來強烈支持保守黨，其次就是其他的清教徒團體，最後則是天主教徒（天主教徒投票給工黨的比例是跟無任何宗教信仰者的比例相差不多）。我們可在 1955 年

到 2017 年的諸多選舉中觀察到這些分歧現象。在美國,有關於共和黨、民主黨的選舉行為中,清教徒與天主教徒之間也有著大同小異的分歧現象。細節請參見附錄。

53 在美國的選後調查中,直到 1960 年代為止,不到 5% 的選民是毫無任何宗教信仰的,2010 年代時則為 20% 上下。至於剩下的那 80% 的選民,若排除其中自稱是猶太教徒的 1.5% 者,以及不到 1% 的其他少數宗教者,那麼剩下則多是不同教派的基督教徒。尚有其他指標也都可證明美國人民更強烈的宗教性格(基督教為主)。例如在 2015 年時,80% 的美國成人表示相信上帝,在歐洲,同一問題的平均值是 51%(但內部差異甚大:瑞典是 18%,法國 27%,英國 37%,德國 44%,義大利 74%,波蘭 79%),巴西是 88%,土耳其則是 94%。請參見朱冶(M. Jouet),《非比尋常的美國-是什麼讓美國跟世界其他地區相隔開來、又自成一格》(*Exceptional America. What Divides America from the World and from Each Other*),加州大學出版(University of California Press),2017 年,表 3,頁 90。

54 在更久遠的時代前,歐洲社會中就已經有來自非洲的穆斯林少數族群,只不過,他們的人數長期始終是微乎其微(低於總人口數的 0.1%)。例如,柏林在第一次到第二次世界大戰期間共計差不多兩千到三千名穆斯林。請參見莫達德勒(D. Motadel),〈一個穆斯林市民階級的多層次世界:兩次大戰間德國伊斯蘭少數族群的社會文化環境〉(Worlds of a Muslim Bourgeoisie : The Socio-Cultural Milieu of the Islamic Minority in Interwar Germany),收錄在德俊(C. Dejung)、莫達德勒(D. Motadel)、奧斯特爾哈米爾(J. Osterhammel)主編的《全球市民階級-帝國時代中產階級的崛起》(*The Global Bourgeoisie. The Rise of the Middle Classes in the Age of Empire*),普林斯頓大學出版(Princeton University Press),2019 年。另可參考莫達德勒(D. Motadel),《歐洲帝國中的伊斯蘭》(*Islam in the European Empires*),牛津大學出版(Oxford University Press),2014 年。另外,根據法國 1777 年時人口普查結果,有色人種總計五千名。當時卻已引起擔憂,這是為何 1763 年時諸多行政命令均已禁止通婚,隨之在 1777 年時又禁止有色人種(即使是自由、非奴隸身分)在法國本土通行。請參見已提及的諾瓦里耶(G. Noiriel),《法國庶民史》(*Une histoire populaire de la France*),頁 182-185。

55 若論及信仰其他宗教的選民,我們可注意到,自稱是印度教信仰者的投票行為,大致跟穆斯林信徒的傾向相同(在 70% 到 90% 的幅度內,偏好投給工黨),至於其他宗教者(猶太教、佛教等等,調查資料並沒有進一步細分項目),其傾向則貼近總人口的整體趨勢。由於樣本量有限,所以無法做更細緻的分析。伊斯蘭與印度教信徒的統計,自 1983 年起的選後調查,便在問卷中跟其他宗教分開來、各成一項目(1983 年的選後調查也包括了過往的資訊,例如,1979 年選舉的資訊)。若欲探究詳情,請參見附錄。

56 參見附錄。

57 這一問題的問法是:「請選出最符合您的人種類別團體或是出身背景的選項」。隨著時間演進,可選擇的答案也稍有調整。「白人」此一類別統合了英國／大英國協／白人。受訪者也可以選擇自己屬於混合／多元種族團體,並且又細分成白人／加勒比海黑人,或是白人／非洲黑人(這兩類別跟非洲-加勒比海後裔都歸為同組,而且,鑑於總人數有限,所以,全歸於同一組後,無礙整體結果),或甚至是白人／亞洲裔(這一類別都是歸於「其他」)。其他細節可參考附錄。

58 當然這不是為了炫耀法國種族多元化政策的成效:有關於種族歧視的研究工作仍應該擴大(特別是,「歷程與出身」這一類型的定期性調查,蒐集了父母、祖父母的出生地等資訊),另外,種族歧視行為也應該特別加重處罰(尤其是針對某些已可辨認出就是種族歧視行為的措施,並且跟調查研究合作)。不過,在進行調查研究或是人口普查時,去詢問每個人的種族身分類別時,將會使不同社會團體間的界限變得更僵化且難以超越,所以似乎對解決問題毫無幫助,或根本有害無益。

59　圖 15.17 裡，1979 年的結果是來自於 1983 年的選後調查，當時問卷裡回溯過往、提出有關於之前的選舉的問題；1979 年的結果跟 1983 年的結果是很類似的。

60　諸多政黨都因此展露頭角，以便吸引反移民的票源：在 1960 年代、1970 年代，英國國民陣線便已登場，英國國家黨則在 1990 年代、2000 年時加入政治版圖，最近則有英國獨立黨（不過，爭議焦點已轉向歐盟的問題），但由於選舉過程的關係，這些政黨在諸多議會選舉中，至今還沒有取得強而有力的席次。

61　參見丹西基爾（R. Dancigyer），〈英國的種族史與仇外現象〉（History of Racism and Xenophobia in the United Kingdom），收錄在之前已提及的，羅梅爾（J. Roemer）、李（W. Lee）、范·德爾·史特拉藤（K. Van Der Straeten），《種族主義、仇外與所得分配——先進民主體制中幾個政治課題》（Racism, Xenophobia and Distribution. Multi-Issue Politics in Advanced Democracies），頁 130-165。

62　問卷中提出的問題是：「為了改善國內的種族關係，我們是應該停止移民，或者是應該在大城市提供更多的工作與住宅？」在後來的選後調查裡，這個問題的提問方式已有所調整，以致於我們根本無法討論到底受訪者的答案產生了哪些變化。一般說來，必須強調的是，政治意識形態的分析都受制於選後調查提供給我們的現成素材的性質。若要研究意識形態的演變，同樣可行的途徑是去使用政黨公告世人的宣言、計畫書等等，這也是《政治宣言比較研究》（Comparative Manifesto Project）所匯集的要項，我們可在其研究出版中發現，自從 1980 年代、1990 年代起，非常明顯的「右傾」現象，這一現象涵蓋了經濟、移民議題，也觸及了社會民主黨派、工黨、社會黨等等。針對這一主題，可參考已經提及的，蓋辛（A. Gething），《分裂結構與財富分配政策》（Cleavage Structures and Distributive Politics），頁 12，圖 1.2。總之，這些原素材本身都不是很精確，隨著時間、空間的改變，要拿來做比較研究時也不是很完善。（譯注：Comparative Manifesto Project 是一設立在德國的跨國合作研究中心，涵蓋自二次戰後迄今有關於上千政黨的研究素材、出版等，有志讀者請參見主要是英文的官方網站：https://manifesto-project.wzb.eu/）

63　在 2004 年以及 2007 年擴大歐洲範圍的條約裡（這些條約使歐盟由原本 2003 年時的十五會員國，擴大為 2004 年時二十五會員國，以及 2007 年時二十七會員國）已考慮到，新進成員國的勞工的自由遷徙權利將會受到某些暫時性約束，而且舊有的成員國有權施行這些暫時條例，不過，所有管制最晚都必須在 2011 年時撤銷。事實上，這些管制在 2004 年到 2011 年間都先後在不同國家境內一一解除。

64　然而，由於諸選後調查中有關於持有財富高低的資料有限，以致於無法針對這一面向做更深入或更令人滿意的探討。

65　我們或許也可以拿中國作為比較的例子，這個國家的賦稅設計跟美國、印度是相近的，只不過，中國政治體制的根本並不是選舉制度，否則拿來跟美國、印度（或者是巴西）做比較，會是頗為貼切的。

第十六章

1　有關德國和瑞典選舉得票結果的詳細分析，參見線上附錄及柯斯（F. Kosse）與皮凱提的《1949 至 2017 年德國和瑞典正在變化的社會經濟與選舉分歧》（Changing Socioeconomic and Electoral Cleavages in Germany and Sweden 1949-2017），同前文所引。

2　參見線上附錄圖 S16.1。

3　在圖 S16.1 同時將瑞典和挪威主要的社會民主主義政黨或勞工政黨納入比較，包括瑞典的社會民主工人黨和挪威的工黨（Arbeiderpartiet）以及其他左派政黨（社會主義、共產主義的或性質類似的政黨）或生態主義的政黨等，發現其發展趨勢與德國和法國相同。若針對瑞典社會民主工人黨的得票率來看，可以觀察到教育程度分歧的逆轉趨勢亦極其

明顯。參見線上附錄和圖 S16.1。

4　有關在二十一個國家所做的選舉結果比較分析，請參見線上附錄和格辛（A. Gethin）、馬丁內斯─托萊達諾（C. Martinez-Toledano）與皮凱提的《1950 至 2018 年政治分歧與不平等。來自選舉民主國家的例證》（*Political Cleavages and Inequality. Evidence from Electoral Democracies, 1950-2018*），同前文所引。

5　特別是，按照教育程度區分的得票率幾乎在所有國家都發生了逆轉的現象，與之相比，按照收入區分的得票率卻普遍下降（儘管下降的幅度愈來愈小），於是形成「婆羅門左派」和「商人右派」的多元菁英政黨體系。參見線上附錄和圖 S16.2。

6　我們在不同國家觀察到選舉分歧的結構，其演變過程有非常大的相似度，這說明了某些共同因素終究比經常提到的各國特性更重要。然而，儘管這個總體架構很重要，在這個大趨勢當中，我們仍不應掩蓋不同國家和地區的政治意識形態之多重變化性。比方說，不同的家庭結構，其連結的投票行為之變化性，可用來說明一個地區的投票行為之多重變化性，無須過度質疑整體的相似性。關於家庭結構和政治意識形態之間的連結，請參見經典研究由布拉斯（H. Le Bras）和陶德（E. Todd）合著的《法國的發明》（*L'Invention de la France*），Hachette 出版，1981 年；《歐洲的發明》（*L'Invention de l'Europe*），陶德著，Seuil 出版，1990 年；同作者的《家庭體系的起源》（*L'Origine des systèmes familiaux*），Gallimard 出版，2011 年。

7　參見格辛（A. Gethin）所著《分裂結構與財富分配政策》（*Cleavages Structures and Distributive Politics*），同前引書，頁 89-100。同時參見麥克埃爾文（K. Mori McElwain）所著《日本政黨體系制度化》（*Party System Institutionalization in Japan*）及（A. Hicken）和（E. Martinez Kuhonta）合著《亞洲政黨體系制度化》（*Party System Institutionalization in Asia*），劍橋大學出版，2015 年，頁 74-107。

8　在 1967 年的《萬延元年的足球隊》（*Le Jeu du siècle*）一書中，大江健三郎精彩地說明日本高知識菁英階層與大眾階級之間複雜又暴力的關係，特別是城鄉差距、傳統價值觀，還有自明治時代（1868 年）以來一直存在的國家現代化問題，更不用說日本群島在地緣政治的定位、與美國的關係，以及對抗韓國的勞動力。

9　參見圖 16.1 和 16.2 及第十四章圖 14.8 和 14.9。

10　波蘭著名電影製片人賴文（Lew Rywin）因試圖向波蘭最大新聞集團「亞哥拉」（Agora）詐取數百萬歐元而被判刑。他倚仗當時在位總理的權勢，向亞哥拉集團提議拿出一筆錢以利通過廣播法修正案。

11　在 2007 年、2011 年、2015 年的選舉票數統計，民主左派聯盟得票率不到 10%，而公民綱領黨和法律與公正黨各占 30% 至 40% 左右。

12　有關這些結果的詳細情形，請參見林德納（A. Lindner）、諾瓦科梅（F. Novokmet）、皮凱提、扎維薩（T. Zawisza）的《1992 至 2018 年中東歐政治衝突與選舉分歧》（*Political Conflict and Electoral Cleavages in Central-Eastern Europe, 1992-2018*），巴黎經濟學院（PSE），2019 年。

13　在此同時提醒，自 2015 年起擔任歐洲高峰會（Conseil européen）主席的唐納‧圖斯克（Donald Tusk）於 2007 年至 2014 年擔任總理和公民綱領黨的領導人。參見第十二章。

14　2015 年危機，特別是在 2012 至 2014 年敘利亞內戰爆發後大量難民湧入，導致約一百萬人的難民潮，占歐盟人口（共計五億一千萬人）的 0.2%，這些難民主要由德國接待。歐盟國家隨後決定阻斷這波難民潮的流動路徑，特別在 2016 年與土耳其簽署一項金援難民協議，主要目的在於將難民安置在土耳其領土的難民營。我們稍後將看到，自 2008 年經濟危機以來，就整體而論，進入歐盟的移民潮實際上已減少。然而，2015 年「移民縱隊」（穿越巴爾幹到達德國和北歐）引發媒體大幅報導，尤其是密集的政治操弄，對整起事件的表現產生了深遠的影響。

15　有關可用資料的分析，參見林德納、諾瓦科梅、皮凱提、扎維薩的《1992 至 2018 年中東歐政治衝突和選舉分歧》，同前文所引。

16　家庭津貼，更普遍來說，是對於生育的社會和財政措施，以達到降低不平等（提供每個小孩同等金額的津貼，這對於低收入者的重要性甚於高收入者），同時表達了在不求助於移民的條件下，國家有增加人口的需要。法律與公正黨和青年民主聯盟黨自 2015 年以來採取的家庭補助措施則是每胎（從第二胎起算）一萬美金的補助金鼓勵生育，這其實源自俄羅斯政府於 2007 年推出的生育補助計畫，明顯地對於扭轉人口負成長具有顯著效果。參見雅科夫列夫（E. Iakovlev）、索瓦喬夫（I. Sorvachev）的《有條件式的高額育兒津貼之短期和長期效益》（*Short-Run and Long-Run Effects of Sizable Conditional Child Subsidy*），新經濟學院（New Economic School），莫斯科，2018 年。

17　在實務上，這並不妨礙青年民主聯盟黨在經濟問題方面保留舊時的威權自由主義的基礎，就像 2018 年底通過法律提升雇主的權利，例如強制加班。

18　青年民主聯盟黨領導的聯盟（也包括基督教民主聯盟〔KNDP〕的基督教民主黨）在 2010 年、2014 年和 2018 年的選舉分別獲得 53%、45% 和 49% 的選票，匈牙利社會黨則分別為 24%、19% 和 12%（而 2002 年和 2006 年兩邊打成平手，各約為 41% 至 43%）。在青年民主聯盟黨所領導的全體聯盟政黨當中，「更好的匈牙利運動」（Jobbik）政黨屬於極右派（在上次選舉中約占 20% 的選票），其路線比青年民主聯盟黨更強烈反對黑人和穆斯林移民（然而黑人和穆斯林移民都不在匈牙利）。

19　參見圖 16.2。有關於義大利選舉各黨派教育程度分歧的詳細結果，參見線上附錄和格辛、馬丁內斯—托萊達諾與皮凱提的《1950 至 2018 年政治分歧與不平等。來自選舉民主國家的例證》（*Political Cleavages and Inequality. Evidence from Electoral Democracies, 1950-2018*），同前文所引。

20　其餘的選票（7%）投給這三個主要政黨以外的小黨派。在 2016 年的選舉中，五星運動黨贏得 26% 的選票，民主黨贏得 30%，右派政黨聯盟則是 29%。

21　簡單來說是如此，因為北方聯盟同時還提議取消稅收，而發放全民最低收入需要稅收資助。稍後會就這點進一步說明。

22　2018 年 8 月在米蘭舉行的聯合記者會上，匈牙利總理說道：「我們已經證明可由陸路阻止移民，他（薩爾維尼）證明了可由海路阻止移民。」而義大利內政部長則明確指出：「今天開始了一段共同的旅程，在未來幾個月中會接著採取許多其他措施，以求將工作、健康和安全的權利放在首位。所有歐洲菁英們拒絕我們的一切。」參見《世界報》（*Le Monde*），2018 年 8 月 29 日。2019 年的歐洲選舉亦證明了義大利聯盟的本土主義一方正超越五星運動黨而居於上風。

23　參見第十四章表 14.1 和圖 14.19。

24　此處參考 2017 年總統大選期間選民的「國際平等主義」（internationaliste-égalitaire）的部分，不僅包括不屈法國黨的得票情形，還有其他左派政黨（即使大多數選票都集中在不屈法國黨的候選人，主要是考慮到進入第二輪的可能性，基於相關的狀況和戰術原因）。參見第十四章，表 14.1。

25　同時也是因為不屈法國黨黨內高層絕大多數一直採取支持接待移民的立場。

26　2015 年播出的《1992 年》系列節目，對義大利政治史上這一關鍵年分做了非常清晰且富教育意義的回顧，讓大家更意識到政黨制度的分解過程要花費多長時間，我們看到諾特（Leonardo Notte）雖滑頭但熱情，是一家廣告公司的年輕員工，並替魯斯卡尼拉高聲勢。當中有一位波斯灣戰爭的退役軍人博斯科（Pietro Bosco），他歷盡風霜生活困頓，後來在一群老羅馬政客和他們的陰謀下，意外當選了北方聯盟的代表。我們想像一下，如果情節發生在四分之一個世紀之後，想必他也能在五星運動黨發展得很好。

27　從 2008 年法英出兵遠征以來陷入混亂，其政治的準備不足和造成的有害影響可比 2003

年美英入侵伊拉克（即使 2003 年戰爭造成人員損失的嚴重程度顯然更高）。

28 參見線上附錄。在歐朗德和接任的馬克宏執政時期，法國政府官方立場所根據的《都柏林協議》（根據該協議，難民第一個踏足的歐盟簽約國必須負責審查其政治庇護申請）當然應該改革，但可惜匈牙利和波蘭拒絕配合，使得這項改革無法進行，因此法國繼續將難民驅回義大利。倘若德國在 2015 年也持同樣態度，就不會接待難民達一百萬人。

29 對於這類虛偽作為的其他類似指控也見於民主黨議員考宏指控美國北部的工業和金融菁英，認為他們為廢除奴隸制辯護，只是為了想從廉價的、可隨意利用及丟棄的勞動力中受益，見第六章。

30 例如美國內戰結束時，占領南方的聯邦部隊原本大可以強制廢除種族隔離。這條路徑已經被（太過短暫地）嘗試過，不難想像一連串的事件和個人行動很可能助其成功。同樣地，共和黨原本可以從 1960 年代起就入主白宮，並仰賴更具野心的政治和意識形態的結構，無需訴諸尼克森、雷根或川普實施的種族歧視。

31 參見線上附錄。

32 參見第十一、第十三及第十七章。

33 比較樂觀的看法是假設歐盟解體並放棄其預算、金融和競爭法規，反而可能使左右派的對峙局勢重新形成，左派陣營將找到提議社會和生態政策的緩衝空間，右派陣營則是親商業和反移民。例如，阿馬布爾（B. Amable）和帕隆巴里尼（S. Palombarini）在其著作提出的隱含假設，《資產階級群體的幻覺。社會聯盟和法國模式的未來》（*L'Illusion du bloc bourgeois. Alliances sociales et avenir du modèle français*），同前引書，2017 年。然而，回歸民族國家首先將導致領土之間的普遍競爭加強，最有利於發展本土主義和民族主義勢力。

34 1940 至 1980 年代美國聯邦企業所得稅稅率為 45% 至 50%，1988 年至 1992 降至 34%，然後 1993 年至 2017 年為 35%（還須加上各州的稅率，一般約為 5% 至 10%）。直到 2018 年，美國才得以對抗歐洲調降企業稅的競逐。見第十一章。企業所得稅稅率驟降至 21% 可能引發新一波資本流動。

35 請參閱賽斯（E. Saez）、祖克曼（G. Zucman）的《不公正的勝利》（*The Triumph of Injustice*），同前引書。這些結論是透過應用稅收立法的一般規則得到，甚至沒有考慮到最富有的納稅人專門使用的稅務優化機制。

36 實際上，2018 年與墨西哥和加拿大談判的新貿易協定是原先的《北美自由貿易協議》（NAFTA）複製版，只有適當地加上一些象徵性的些微不同，以說明改變的合理性，例如引入一項條款，稍加增述規定生產汽車零件者雇用的勞動力時薪十六美元以上，違者唯一罰則是徵收 2% 至 4% 的關稅。從財務角度來看，與 2017 年通過的企業所得稅減稅政策相比，該措施實在微不足道。

37 在精神和思想啟發上，我們愈是能夠將 1980 年雷根的當選與 1963 年傅利曼（Milton Friedman）發表的美國貨幣史著作連結起來（此書建立貨幣主義學說；參見第十三章），就愈自然地將 2016 年川普的當選與 1996 年杭亭頓（Samuel Huntington）出版的一本極度川普主義的書連結一起，該書名為《文明的衝擊與世界秩序的重建》（*The Clash of Civilisations and the Remaking of the World Order*），Simon & Schuster 出版，1996 年。法文版書名為《Le Choc des civilisations》，Odile Jacob 出版，1997 年。簡言之，本書假設資本主義與共產主義意識形態的衝突將被文化和身分的戰爭取代，其中文化和身分被視作固定和非歷史的本質（如西方相對於伊斯蘭教、印度教等）。

38 川普對「婆羅門左派」的反對也表現在特定的租稅措施上，他針對大學校長的薪資所得提高稅負（在川普看來，大學校長的薪酬過高，創造就業機會者則相反）以及將博士生享受的註冊費減免視作薪資所得徵稅（該措施最終未通過）。反之，川普要求接受美國軍事保護的各國還清欠款，這種方法顯然是退回到想像中的古代三重功能社會秩序當中

的武士階級和軍事保護費。

39　值得注意的是，義大利五星運動和北方聯盟同樣支持反疫苗措施，因為疫苗與無所不知的菁英（以及貪得無厭的製藥實驗室）有關連。波蘭的法律及公正黨或印度的印度人民黨經常反對研究人員，指控研究人員在挖掘和質疑證據充分的確定事項，侮辱其永恆的波蘭人或印度人身分。波索納洛（Jair Bolsonaro）對巴西研究人員的抨擊，也是此一運動的一部分。

40　從法國政府實際執行的移民和氣候政策來看，這種分歧本身似乎是人為製造的居多。

41　例如法國富人稅儘管存在稅收競爭和管理不善的問題，從 1990 年到 2018 年申報該項徵稅的收入和基礎逐步大幅提高。參見第十四章，以及線上附錄，圖 S14.20。

42　如美國 2010 年針對瑞士銀行採取的《外國帳戶稅收遵從法》（Fatca）類型的措施或華倫（Warren）類型（選擇放棄美國公民身分者，其資產將被課徵 40% 退場稅〔exit tax〕）的聯邦財富稅提案。參見第十一章。

43　同時參見第十一、第十二章。「不斷地更加緊密的聯盟」一詞係參考《歐洲聯盟運作條約》（TFUE）序言的首句，該條約於 2007 年在里斯本與《歐洲聯盟基本條約》（TUE）同時通過。這兩項條約的條文在 2009 年至 2014 年逐步生效，為歐盟目前的法律基礎。2012 年至 2013 年制定預算條約（TSCG，即《經濟暨貨幣聯盟穩定協調與治理公約》）訂定新的赤字法規，並制定《歐洲穩定機制》（MES）以進行補充。2007 年在里斯本通過的條約與 2005 年法國全民公投否決的歐洲制憲條約基本上相同（參見第十四章）。它們只是經過簡單地刪減處理：如刪除「憲法」一詞，舊序言中「自由和不被扭曲的競爭」原則被「公平競爭」原則取代，最重要的是全體經議會通過而非全民公投。有關這些值得參考的各種條文的網頁連結，參見線上附錄。並參閱查爾默斯（D. Chalmers）、戴維斯（G. Davies）、蒙帝（G. Mont）合著《歐盟法律：條文與資料》（*European Union Law. Text and Materials*），劍橋大學出版，2014 年。

44　就技術上而言，是各個不同領域的部長理事會行使立法權（與歐洲議會），而歐洲高峰會（Conseil européen），聚集各國元首和行政首長，由他們選派任命一位主席，再經該主席授權）則專注於主要的政策方針和條約改革。鑑於各部長通常在其政府首領的授權下行事，與其說是真正的政治差異，還不如說是法律和實踐上的差異。

45　適用一致同意規則的還包括共同外交暨安全政策、警察事務的合作、新成員國的加入、歐洲公民身分等。

46　條件多數決的定義如下：提案的通過必須要獲得歐盟 55% 的成員國同意，且這 55% 成員國的人口必須至少占歐盟總人口的 65%。這項規則經過多次辯論後通過，是 2007 年在里斯本通過的《歐洲聯盟條約》的主要創新部分（在已失效的《歐洲憲法條約》之前）。條件多數決自 2014 年起採用。以前所使用的系統是以分配給每個國家的票數作為基礎，該系統定期修改且不斷引發爭議。

47　雖然條約中沒有提到，但該名稱現指歐元區的成員國財政部長會議（即目前歐盟二十八個成員國中採用歐元的十九個國家），該組織自 2008 年至 2009 年金融危機以來影響力愈來愈大。

48　同時回顧一下，在 2008 至 2009 年的金融危機後歐元小組經過不公開的討論所採取的錯誤決定，解釋了為何 2011 年至 2012 年歐洲經濟活動再現衰退的荒謬現象，歐洲幾乎沒有從中復甦。參見第十二章，以及線上附錄，圖 S12.12a 至 S12.12c。歐元小組這種糟糕的表現，顯示該組織不適任的特性，以及缺乏組織審議和做決定的能力。

49　關於這個主題，參閱勞倫（S. Laurens）所著《資本主義經紀人。布魯塞爾的工商界和官僚》（*Les Courtiers du capitalisme. Milieux d'affaires et bureaucrates à Bruxelles*），Agone 出版，2015 年。

50　在此強調，即使是目前為止討論過最具聯邦性質的草案也沒有做到這個地步。特別是

1984 年歐洲議會通過的歐洲聯盟條約草案（稱作《斯皮內利草案》〔projet Spinelli〕）賦予了議會一定程度的重要性，尤其是有權任命和解散歐盟執行委員會，以及首先審查和修改歐盟執行委員會提出的法案和指令，當然，法律和指令也必須經由成員國部長理事會批准完全一致的條款版本（可能在理事會中擴大條件多數決規則的適用範圍）。樂觀的聯邦主義假設（現在仍保持），就是理事會最後會遵守歐洲議會的多數決定，即使還是讓它保有對所有立法的否決權。

51 尤其是，人們有時將美國參議院與歐盟部長理事會做比較，這是不成立的。歐盟部長理事會相當於由各州州長（加州、紐約州州長等）組成的參議院，而且這個參議院是處在兩個州（例如加州和紐約州）占該國國內生產總值一半的情況（歐元區內德國和法國的情況大致如此）。我們敢說這樣的系統會運作得很差，而且這兩位州長可能經常散會，無法做出任何決議。抑或將理事會比作德國聯邦參議院，也同樣缺乏說服力。確切地說，自 1913 年通過了《第十七條修正案》後，美國參議員必須由普選產生；在此之前，參議員由各州立法機構選派。

52 聯邦院的成員是從政黨名單中選出的，他們本身不是各邦立法機關的成員。

53 人民院有三千五百四十五名成員，聯邦院有二百四十五名成員。實際上，這種聯合會議自 1950 年憲法通過以來僅召開過三次，其中一次是在 1963 年通過的《禁止嫁妝法》。

54 參見《歐洲民主化宣言》（*Manifeste pour la démocratisation de l'Europe*），公開發表於 2018 年 12 月，詳情請連結網址：www.tdem.eu。另參見布朱（M. Bouju）、江瑟（L. Chancel）、德拉特（A. L. Delatte）、亨內特（S. Hennette）、皮凱提、薩克里斯特（G. Sacriste）、沃榭斯（A. Vauchez）的《改變歐洲，這是可能的！》（*Changer l'Europe, c'est possible !*），Seuil 出版，2019 年。

55 「歐洲民主化條約草案」（TDEM），詳情亦請連結網址：www.tdem.eu。

56 一般而言，有此意願的國家可以完全自由地簽署雙邊或多邊條約，同時遵守其他的承諾。由於這裡討論的租稅權限不是歐盟的權限，民主化條約可以在不違反現有法規下通過。關於這些問題的法律分析，請參閱亨內特、皮凱提、薩克里斯特、沃榭斯的《探討歐洲民主化條約》（*Pour un traité de démocratisation de l'Europe*），Seuil 出版，2017 年。被稱作「愛麗舍條約」（l'Élysée）的法德雙邊合作條約，在 2019 年年初續簽時成立了法一德聯合議會，由法國國民議會和德國聯邦議院共約一百名成員組成。該議會目前純粹是協商性質，但仍可以被授予此處提到的決策權，並不受限。

57 所提議的稅收採共同稅形式，對企業所得課徵 15% 的共同稅（加上國家方面的最低企業所得稅稅率 22%，總計 37%）；對年收入超過 200,000 歐元的高收入者課徵 10% 的共同稅，超過 400,000 歐元以上課徵 20%（加上目前在國家方面課徵約 40% 至 50% 的高稅率，即最高收入的稅率總計 60% 至 70%）；對高資產的共同稅，超過一百萬歐元課徵 1%，及五百萬歐元以上課徵 2%（再加上財產稅、不動產稅和其他由國家課徵的稅賦，此外還有遺產共同稅，一百萬以上課徵 10%，兩百萬以上課徵 20%）；以及對碳排放徵收共同稅（初始價格為每噸 30 歐元，旨在每年重新評估）。完整詳情請連結網址：www.tdem.eu。這些提案只是為了訂定歐洲大會可能通過的第一個預算案的想法，絕不構成對高收入和資產徵收累進稅的理想表達（我將在下一章討論這個問題）。

58 例如，「歐洲大會」也可以決定將所有收入還給各國，在此情況下，整體配置就能讓成員國對歐洲聯邦的經濟大國課徵更多的稅收，以減輕本國大眾階級和中產階級的稅負，這已經是非常好的一件事了。

59 參見第十四章圖 14.20 和第十五章圖 15.18。

60 這是假設可以修改歐洲國家的憲法以防止成員國退出歐盟，或是與其有關的各種歐洲和國際條約，但在可預見的未來，這項假設似乎不怎麼實際，並會在德國、法國及所有相關國家引起強烈且可能難以抵抗的反對。在美國，憲法沒有授予南方各州退出的可能

性，但這並沒有阻止南方各州嘗試脫離聯邦。在歐洲方面，現階段似乎只有基於成員國自願和可逆的聯盟條約是可能退出的（當然這並不意味未來會永遠一樣）。

61　我們可以想像各政治團體將其內部最積極涉入這些主題的成員派往「歐洲大會」。未來「歐洲大會」的會議次數將少於國家議會（例如每個月相當於有一週的時間），並且盡可能避開國家議會的會期來舉行。

62　歐洲議會在 1979 年開始採用直接普選之前，是由各國國會的代表組成（當時是純粹諮詢性質），這無疑地說明了為何部分自稱是最聯邦主義的歐洲官員（尤其是歐洲議會的成員）對於讓各國議會參與聯邦主義觀念表現得躊躇不前。然而，既然部分由國家議會成員所組成的「歐洲大會」對歐洲預算和稅收的投票擁有最後的決定權（這構成了最強的聯邦主權，並將創造一個與 1979 年以前不同的新局面），這裡主張的選擇方案顯然是站在聯邦主義的觀點。按規定與理事會之間有一個協商程序，若出現分歧，則由「歐洲大會」決定。參見《歐洲民主化條約》（www.tdem.eu），第 8 條。

63　這裡主張的方法，基本上是設想將歐洲主權建立在一種國家政治組織的基礎上，所指的不是國家政府（一向以來都是如此），而是國家議會（可容許表達多元化的意見，並在和平的多數情況下組織審議和決策）。菲舍爾（Joschka Fischer）於 2000 年在洪堡大學（l'université Humbolt）的演講也是以類似的新方法作為基礎（但沒有引起當時法國政府太大的共鳴）。

64　參見線上附錄。

65　特別是，英國獨立黨的領導人在競選期間，每週都在計算由於向歐盟轉移支出而使國民健保署蒙受的資金損失，同時嚴重誇大相關數字。

66　《歐洲民主化條約》，第 9 條。

67　2009 年底，希臘政府公布其赤字為國內生產總值的 12.5%，而非先前所稱的 3.7%。欲詳細瞭解該事件和歐洲反應，請參閱查爾莫斯（D. Chalmers）等人的《歐盟法條文和內容》（European Union Law. Text and Materials），同前引書，頁 704-753。

68　參見第十二章圖 12.10，以及線上附錄圖 S12.10。

69　在此特別說明，各成員國對歐盟預算的貢獻支出是按國民所得（法文簡稱 RNB）比例計算，而國民所得等於國內生產總額加計國外要素所得收入淨額。

70　例如提高到 0.5% 或 1%，若在這方面達成共識，甚至可以更高。

71　對於歐元區以外的地區，如考量到需要大量轉移和投資的東歐國家的話，這顯然不太符合實際。

72　《歐洲民主化條約》（www.tdem.eu），第 10 條。

73　在「公共債務贖回基金」（略帶道德色彩的名稱）中的提案是由德國總理府的經濟顧問委員會於 2012 年提出的，其目標是在二十年或三十年內將總債務存量減少到國內生產總額的 60%，並預先決定償還率（因此要實現基本預算盈餘〔excédent budgétaire primaire〕）。然而，固執地僵守這些無視於情勢變化的決定，既不實際也不可取。

74　根據聯合國匯集的人口和移民數據顯示，在 2000 至 2010 年期間，進入歐盟的移民流量（扣除離境）達到每年一百四十萬人，儘管發生難民潮以及 2015 年達到高峰，在 2010 至 2018 年期間已降至每年七十萬人。美國的情況比歐洲更容易從 2008 年的經濟衰退中復甦過來，其移民流量保持穩定（2000 至 2010 年期間每年一百萬人，2010 至 2018 年期間每年九十萬人）。參見線上附錄，圖 S16.4。平均而言，在 2000 至 2020 年期間，富裕國家的移民流入每年僅占 0.2% 至 0.3%。不同以往的新現象是，這些流入是發生在人口停滯的情況下：目前許多富裕國家每年出生人數不到總人口的 1%，這表示每年 0.2% 至 0.3% 的移民流入最終可能導致本國人口結構發生重大變化。最近的經驗顯示這可能成功誘發操弄政治認同，特別是在沒有實施適當的政策來促進創造就業機會、住房和必要的基礎設施條件下。

75　但是，除了那些「債務顯著低於國內生產總額60%」的國家，否則在這種情況下，赤字可能達到1%。請參閱《經濟暨貨幣聯盟穩定協調與治理公約》（TSCG）第3條。

76　新的財政規定沒有被認真看待的最好證明是，現在仍然有許多歐洲政客繼續提到「3%的規定」，似乎不明白現在的赤字目標是0 .5%。這也說明了急需對這些問題進行民主方式的重新指定。

77　參見第十二章，以及線上附錄，圖S12.12c。為周全起見，2015年7月，希臘被告知如果拒絕這些條件將被逐出歐元區（在任何法律程序外）。

78　希臘激進左派聯盟引起敵意，部分原因是他們領導階層的笨拙舉動，例如在2015年爆發危機期間，他們有時令人感覺好像為了希臘一個的利益就要求破壞已經制定好的規則，然而實際上歐元區公債危機需要的是整體性的解決方案，包括義大利、葡萄牙等也在內，以及建立共同的議會論壇機構，並將限制每個參與國（特別是希臘）的權重。我們有充分理由相信，如果早先歐洲領導人（尤其是法、德領導人）能夠以社會正義為基礎，有提出全面性的解決方案的話，希臘激進左派聯盟的領導階層應該是第一個接受的。最後要說的是，激進左派聯盟激起敵意其實凸顯了一種更普遍的意識形態氣氛，在這當中，後共產主義和極為保守面對經濟和金融問題最引人注意。尤其東歐領導人經常激烈反對激進左派聯盟的言論，認為發現了社會共產主義者的虛假承諾，他們曾經為了這些虛假承諾付出過代價（在非常不同的背景下），況且歐盟舊成員對新加入者本來就態度傲慢（身分認同的衝突在歐洲從未停歇）。從這個觀點來看，有關於梅克爾來自東德一事可能並不完全是傳聞，從看出她在這些問題上的保守主義（加上對於過去歷史有嚴重健忘症，特別是取消了德國在1950年代的債務），還有對來自敘利亞的政治難民採取開放態度。

79　一些比較小的國家像是希臘或葡萄牙等可能會接受較高的基本盈餘目標（目前高達國內生產總額的3%至4%），主要是因為擔憂如果離開歐元區將會處於更糟的情況（鑑於其國內市場規模小以及迫切需要加入歐盟以促進發展）。至於義大利的情況，則是試圖強加過高的基本盈餘很可能會導致無法抑制本國內部要求退出歐元區的壓力。根據定義，所謂達到基本平衡意即一個國家的支出由稅收完全資助，不需要金融市場（因此自給自足的企圖更強烈）。

80　2012年制訂的「歐洲穩定機制」無疑地規避民主制度到了極端程度。「歐洲穩定機制」貸款的條件是與歐洲央行、歐洲執行委員會和國際貨幣基金組織的代表簽署備忘錄，這些貸款涉及相關國家將要進行的改革，可能包括所有項目（健康、教育、養老金、稅收等），而且不受議會監管亦無需公開審議。請參閱查爾莫斯（D. Chalmers）等人的《歐盟法條文和內容》（*European Union Law. Text and Materials*），同前引書，頁741-753。

81　不需要正式規定修訂「經濟暨貨幣聯盟穩定協調與治理公約」，因為其制定的規則並不適用於有關共同債務的條款，如有必要，《歐洲民主化條約》的簽署國將採取這些條款。

82　「歐洲民主化條約草案」賦予「歐洲大會」比現行規定更大的可能性進行監督、公開審理以及確認任命歐洲央行和「歐洲穩定機制」。參見《歐洲民主化條約》（www.tdem. eu），第12至17條。

83　在基本平衡的情況下，債務存量按利息利率的速度增加（因為既沒有償還本金也沒有償還利息，但不會產生額外的債務，除非償還和重組利息），而國民生產總額則按名義增長率（實際增長率和通貨膨脹之和）增長，因此，只有在名義增長率超過利息利率時，兩者（譯注：債務存量和國民生產總額）之間的比率才會下降。但如果兩者相等（在這兩種情況下每年2%），那麼，以國民生產總額百分比表示的債務存量不會減少。

84　在此指出，這樣的規則無論如何都比「經濟暨貨幣聯盟穩定協調與治理公約」設定的0.5%次要赤字規則要寬鬆得多。

85　這也反映了新的審慎規則效應（這成了要求私人金融機構持有大量的安全公共債券的最

佳理由，不過這並不會使私人資產負債表史無前例的規模縮小），尤其在國際範圍內，事實上幾乎沒有像美國和歐洲公共債券一樣安全的金融證券（使得這些國家在全球增長的背景下可以持續占有優勢，當投資人認為全球經濟中較不安全的分額增加，自然會為儲蓄尋求安全的投資標的）。

86 關於歐盟國家創建的一個有趣項目，也就是希望建立一個氣候和生物多樣性銀行（與歐洲投資銀行和歐洲中央銀行合作），請參閱《金融氣候公約》（Pacte Finance-Climat）於2019 年公布有關制定氣候和生物多樣性聯盟的條約草案。整體而言，「歐洲民主化條約草案」主要是為了稅收正義的問題而建立，特別是希望成立「歐洲大會」以便通過共同稅收來資助平衡預算的想法。許多問題（尤其在金融和銀行方面）不夠深入。其目的不是結束討論，相反地，是要在明確的基礎上開放討論，使每個人都可以審理、修改和讓它更豐富完整，比如說利用《金融氣候公約》中提議的要素（不過當中反而可能過於強調銀行的步驟方法和金融借貸，在租稅正義和民主化方面尚嫌不足）。

87 話雖如此，跨國民主帶來的挑戰本身就是既真實又史無前例的。如果基本平衡規則是邁向歐洲公共債務利率共同化的條件，並且還能保持在「歐洲大會」的監管下，那麼對於目前情勢顯然是一個重大改善。

88 在實務上，以零（或幾乎為零）利率和非指數化（non-indexation）實際增長（croissance réelle）或通貨膨脹進行債務重整並延長還款期限，實際上導致幾十年後債務相對於國內生產總額的價值將大幅下降，最後透過部分或全部債務取消便可淡化所引發的問題。例如歷史上德國曾於 1953 年在倫敦會議談判要求凍結外債，最後終於在 1991 年取消債務。參見第十章。在此債權人是西方國家的財團和銀行；從所指過程顯示主要涉及歐洲央行和其他為此目的而設立的組織（例如「歐洲穩定機制」）。

89 例如某些東歐國家（在這些國家的大部分公眾輿論不認同本土主義─保守主義的發展，特別是波蘭的高棄權率即表明了這一點）或北歐國家都很有可能在其他國家如盧森堡和愛爾蘭之前加入這樣的計畫，盧森堡和愛爾蘭自 1990 年代以來政府就投入所有政治資本向公眾解釋國家的未來仰賴租稅傾銷。

90 關於這點的法律分析，請參閱亨內特（S. Hennette）、皮凱提（T. Piketty）、薩克里斯特（G. Sacriste）、沃樹斯（A. Vauchez）的《對於歐洲民主化條約》（Pour un traité de démocratisation de l'Europe），同前引書，頁 15-28。「經濟暨貨幣聯盟穩定協調與治理公約」和「歐洲穩定機制」是在修訂歐洲條約的總體框架之外締結，為簡易的政府間條約，某些國家拒絕加入（特別是英國和捷克），這並不妨礙歐洲法院支持該項做法。

91 關於這套系統，一直被用於美國各州之間分配應稅利潤（profits imposables），而且可能也適用於美國或歐洲國家對其他國家之間，請參閱賽斯（E. Saez）和祖克曼（G. Zucman）的《不公正的勝利》（The Triumph of Injustice），同前引書。另參見第十七章。使用這套系統的核心國家愈強大，愈有可能實施更具野心的國際合作。但最重要的是，它能夠允許一個國家單獨向前邁進，同時對於虛假註冊在不合作國家的利潤也能徵稅。

92 尤其是按銷售額來分配應稅利潤，就等於對所涉的單一國家或多個國家的貨物和服務出口徵收關稅，唯一的特點是這些關稅乃依據相關公司在全球範圍內的利潤比例徵收（若公司沒有實現利潤就不會被徵稅）。

93 這個過程原本在歐洲經濟共同體時期就可以開始進行，在 1957 到 1972 年期間只有六個成員國（法國、德國、意大利、比利時、荷蘭、盧森堡）。當時這些國家可能仍然忙於應付其他問題，特別是在國家左右派政黨輪替的基礎上面對去殖民化和重建政治體系。

94 正如前面所提，要解除大家對於全面性強制徵稅的疑慮，可將全部或部分的共同稅收返還給各成員國，尤其是這樣一來可以資助對社會低階民眾和中產階級的減稅。必要時，可記載在條約內；這不是最理想的選擇，但相較於現有制度，堪稱重大改進。

95 造成歐洲租稅的議會聯盟成立進度如此緩慢的另一個因素，是部分受過高等教育的菁英

（尤其是經濟學家）對民選的議會抱持某種不信任，加上對於非選舉產生的委員會治理及其制定的規定愈來愈認同。

96 這種稱作 A／B 計畫的戰略（A 計畫是與各成員國一致行動改變條約，B 計畫是退出或違抗條約，再與少數國家制定新的條約）主要是在 2015 年希臘危機，德國政府（特別是其財政部長）為了強制希臘接受其觀點，威脅要將希臘逐出歐元區後發展出的對應之策。

97 在此當然不是堅持認為，只要在明確提議歐洲重建的基礎上推選一個法國政府為代表，就足以強制其他國家也接受歐洲重建。不過，看來已經確定的是，一個宣布重新談判歐洲條約的法國政府，如果對於期望實現的目標毫無指示，就像 2012 年總統選舉中社會黨候選人的行為，那麼一旦當選也無法在有利條件下有任何收穫。

98 參見線上附錄，圖 S16.5 及 S16.6。另參閱格辛（A. Gethin）、馬丁內斯—托萊達諾（C. Martinez-Toledano）和摩根（M. Morgan）的《西班牙日益嚴重的不平等和政治分歧》（*Rising Inequalities and Political Cleavages in Spain*），世界不平等資料庫，2019 年。

99 在 2008 年總共有 57% 的加泰隆尼亞選民贊成各地區應該擴張自治權（可能最後達到自決），相較之下，在 2011 年贊成的選民有 61%，2016 年有 59%。在 2008 年至 2016 年期間，儘管加泰隆尼亞的自治權在 2010 年已獲得擴張（本書稍後將會提到），贊成繼續留在西班牙國內擴張區域自治（沒有自決權）的選民比例下降，較多支持自決。在此要特別指出，本次調查中的提問是以適用於西班牙所有區域的體制為基礎。倘若針對加泰隆尼亞未來將採取何種體制的具體問題，加泰隆尼亞選民對自決的支持率高出約十個百分點（在 2017 年至 2018 年高達 45% 至 50%）。

100 2017 年 9 月組織的獨立公投以「贊成」通過（90% 的贊成票對 8% 的反對票和 2% 的棄權票），但投票率為 42%。（譯注：西班牙政府依據憲法法院判決，認定此次公投為非法。）

101 參見第十四章圖 14.20 及第十五章圖 15.18。

102 具體來說在 2018 年，聯邦所得稅稅率為 9.5%（應稅年收入低於一萬兩千四百五十歐元）至 22.5%（高於六萬歐元）。如果地區政府決定對相關的分額採用相同稅率，那麼該地區的納稅人將繳納 19% 到 45% 的總所得稅率。在此情況下，西班牙中央政府和地區政府各分得一半稅收。每個地區也可決定自己的課稅級距和附加稅率，可能高於或低於聯邦稅率。無論如何，每個地區政府都會收到相對應的稅收，不需要再與其他地區分稅。這套新的「地方財政分權化」（décentralisation fiscale）於 2010 年施行於加泰隆尼亞以及西班牙所有地區。另外，2006 年加泰隆尼亞與西班牙議會談判後，舉行公投通過新自治法的其他條例（特別是關於司法區域化，同時也引發激烈爭議），當時西班牙議會以社會黨占多數。但在 2010 年，西班牙憲法法院（Tribunal constitutionnel espagnol）宣布否決該項公投結果。這一事件使得獨派立場更加強硬。

103 從 2011 年開始，這種內部競爭制度也引發了富裕家庭和企業利用租稅傾銷和虛構稅收註冊地的策略，最終可能破壞整體累進制。請參閱阿格拉瓦爾（D. Agrawal）和福萊尼（D. Foremny）的《富人的遷移：論西班牙改革的最高稅率變化引起的遷移》（*Relocation of the Rich : Migration in Response to Top Tax Rate Changes from Spanish Reforms*），巴塞隆納大學—巴塞隆納經濟學院（université de Barcelone-Institut d'économie de Barcelone），2018 年 4 月，請參閱網址：https://ssrn. com/abstract=3281544 或 http://dx.doi.org/10.2139/ssrn.3281544.。

104 聯邦所得稅的最高稅率的確隨著時間而變化很大（1930 年至 1980 年期間平均超過 80%，1980 至 1990 年期間約為 40%），但事實上這些最高稅率對於重分配所發揮的作用一直比聯邦各州的附加稅更大（一般在 5% 至 10% 之間）。

105 在此補充，依目前的歐洲法律和相關法令，完全有可能僅僅為了吸引新納稅人到本國而

降低稅率，例如丹麥針對「外籍人士」的特別優惠稅制。請參閱克萊文（H. Kleven）、蘭德斯（C. Landais）、賽斯（E. Saez）、舒茲（E. Schultz）的〈高所得稅徵的移民和工資效應：來自丹麥外籍人士稅收計畫的例證〉（Migration and Wage Effects of Taxing Top Earners : Evidence from the Foreigners' Tax Scheme in Denmark），《經濟學季刊》（Quarterly Journal of Economics），卷 129，第一期，2014 年，頁 333-378。

106 在挪威發生的例子性質有點不同，顯現出表裡不一致，該國自詡社會民主和高度環保意識，然而為了累積大量財政儲備，卻毫不猶豫地在保護區進行鑽油計畫（只要關心全球暖化的後果絕不會如此行動）。2015 年挪威電視影集《占領區》（Occupied），劇中挪威人因為良心不安終於宣布停止國家生產油氣，結果引起了企圖重新開採的俄羅斯入侵，而在背後支持這一切的竟是歐盟，與其說關心氣候，歐盟更關心的是油氣供應。歐盟被描繪成一個平庸的法國歐盟專員，特別懦弱。

107 參見第十一章及杜里茨（G. Du Rietz）、亨利克森（M. Henrekson）、華登斯特倫（D. Waldenström）的《1885 至 2004 年瑞典繼承和贈與稅》（Swedish Inheritance and Gift Taxation, 1885-2004），載於 M. Henrekson 學術網站，斯坦庫拉（M. Stenkula）編輯，《瑞典稅收：自 1862 年以來的發展》（Swedish Taxation : Developments since 1862），Palgrave Macmillan 出版，2015 年。1991 年至 1994 年自由保守派輪掌政權，利用促進競爭對教育系統也產生了影響。關於 1990 年代初期部分瑞典經濟學家轉向自由主義所產生的影響，請參閱林德貝克（A. Lindbeck）、莫蘭德（P. Molander）、佩爾森（T. Persson）、彼得森（O. Peterson）、沙摩（A. Sandmo）、瑞典堡（B. Swedenborg）、帝格森（N. Thygesen）的《扭轉瑞典》（Turning Sweden Around），麻省理工學院出版，1994 年。

108 參見第十章圖 10.12，以及線上附錄圖 S10.12a 和 S10.12b。2001 年至 2002 年布希政府嘗試廢除美國遺產稅，然後在 2017 至 2018 年川普執政期間再度嘗試，但截至目前為止這些嘗試都沒有成功，部分共和黨人士認為完全廢除太過頭了。不過，由於稅收起徵點已大幅提高，因此減損了一部分實質稅收。

109 在瑞典，社會民主派的政黨於 2005 年廢除了遺產稅，而自由保守派的政黨（2006 年至 2014 年執政）於 2007 年廢除了財富稅。

110 2005 年至 2007 年遺產稅和財富稅的廢除也反映了一些瑞典社會民主派領導人士的看法，即認為該國已經變得平等到不再需要對高資產強制課稅。這項舉措可能是忘記了瑞典一直到二十世紀初還是極為不平等的國家，要長期維持社會最大平等必須仰賴適當的體制。有關於瑞典極度不平等的過去歷史，參見第五章。

111 法國在 2017 年至 2018 年關於廢除財富稅的辯論中，瑞典的例子被大量地引用。法國總有一天會取消遺產稅，這不是不可能的。這項廢除措施的擴散效應在比較不發達的國家更形顯著，因為這些國家自身無法影響全球的資產登記和稅收制度。

112 參見〈柏林「谷歌滾蛋」抗議行動擊敗谷哥〉（À Berlin, le mouvement Fuck Off Google plus fort que Google），《世界報》（Le Monde），2018 年 10 月 26 日。

113 主要是一個名為「創造就業網路」（Job Creators Network）的遊說團體支持川普的公司減稅政策和「對抗社會主義」（Fighting Socialism，為「創造就業網路」的下一個使命，可參考其網站資訊）。該遊說團體於 2019 年初資助一項激烈反對 AOC 的運動，在紐約街頭牆上張貼海報，標題內容為「亞馬遜撤出：兩萬五千個的紐約就業機會喪失。四十億美元的工資損失；一百二十億美元的紐約經濟活動損失。多謝妳做的好事，AOC！」（Amazon Pullout : 25 000 Lost NYC Jobs. $4 Billion in Lost Wages. $12 Billion in Lost Economic Activity for NY. Thanks for Nothing, AOC！）。反對社會主義的議題也在白宮的經濟顧問委員會（Concil of Economic Advisers，簡稱 CEA）列為首要優先議程之一──2018 年 10 月經濟顧問委員會發表的〈社會主義的機會成本報告〉（The Opportunity Costs of Socialism）即為證明──這表明風險問題已得到高度重視，以及意

識形態的鬥爭高度仰賴重要的物質基礎。

114 像這樣的言論是否會導致下一次政黨輪替時制定真正的累進稅政策還有待觀察（假如從民主黨政府的紀錄來看，無法確定這點）。

115 或採用多數制，如英、美選舉。

116 印度共產黨從 1964 年開始分裂成數個組織，包括印度共產黨和印度共產黨（馬克思主義），主要基於俄中分歧和權力征服戰略（與印度國民大會黨或戰略自主〔stratégie autonome〕結盟）。自 1970 年代以來，印共（馬）在幾個印度邦掌權，主要是在西孟加拉邦（Bengale occidentale）和喀拉拉邦（Kerala），普遍而言，左派陣線或包含各左派政黨的左派民主陣線聯盟多以印共（馬）為首。

117 面對日益加劇和來自多方的社會抗議，英迪拉・甘地在 1975 年至 1977 年間在該國實施緊急狀態，這項舉措帶來的作用，使得所有對她不滿的政治團體暫時性團結起來以便在 1977 年的選舉中一舉打敗她。

118 從 1947 年到 1964 年尼赫魯接任總理，然後 1966 年到 1977 年和 1980 年到 1984 年他的女兒英迪拉接任，之後拉吉夫・甘地（Rajiv Gandhi）在他的母親於 1984 年被錫克教貼身保鏢暗殺後，從 1984 年到 1989 年擔任總理。請注意，尼赫魯—甘地家族與聖雄甘地沒有任何關係，聖雄甘地本人在兩次世界大戰期間加入印度國民大會黨，直到 1948 年被一名印度教民族主義者暗殺。

119 通常與印度國民大會黨結盟的政黨也被納入國會聯盟，特別是在「聯合進步聯盟」框架內，主要包括民族主義國大黨、達羅毗荼進步聯盟黨、特倫甘納民族黨和比朱人民黨。請參閱巴納吉（A. Banerjee）、格辛（A.Gethin）和皮凱提的《印度分歧日益擴大？來自 1962 至 2014 年選民結構正在變化的例證》（*Growing Cleavages in India ? Evidence from the Changing Structure of the Electorates 1962-2014*），世界不平等資料庫，工作報告（Working Paper），2019 年 5 月。

120 印度人民黨的名稱可譯為「印度教人民黨」（parti du peuple hindou）或「印度人民黨」（parti du peuple indien）。考慮到 Bharata（婆羅多）是梵語中的印度傳統名稱，而且印度人民黨倡導的是非常清楚的印度教身分的意識形態，第一個翻譯「印度教人民黨」似乎更合理。（譯注：然而臺灣外交部翻譯作「印度人民黨」，故本書遵此譯名）。

121 印度人民黨的盟友泛指與其結盟的政黨，主要在全國民主聯盟（National Democratic Alliance，簡稱 NDA）框架下締結。主要包括濕婆神軍黨、最高阿卡力黨和德拉古之鄉黨。參閱巴納吉（A. Banerjee）、格辛（A.Gethin）和皮凱提的《印度分歧日益擴大？來自 1962 至 2014 年選民結構正在變化的例證》（*Growing Cleavages in India ? Evidence from the Changing Structure of the Electorates 1962-2014*），同前文所引。

122 印度人民黨正式宣布該項稱號，並明確指出 2015 年擁有超過一億一千萬黨員（參見 www.bjp.org），而中國共產黨約有九千萬黨員（參見第十二章）。

123 國民志願服務團全名為「Rashtriya Swayamsevak Sangh」，簡稱 RSS。

124 參閱高瓦克於 1939 年出版的《我們或我們定義的國家定位》（*We or Our Nationhood Defined*）頁 49-50。高瓦克反對伊斯蘭教和表達文化民族主義的激烈程度，讓人不禁想起 1802 年夏多布里昂（Chateaubriand）在《基督教真諦》（*Génie du Christianisme*）所述（參見第七章）。國民志願服務團和印度人民黨有時會透過批評基督徒的言論和行動來凸顯自己（特別是反對基督教傳教士和某些原住民部落信奉基督教的發展）。然而由於對伊斯蘭教的敵視態度，自然地使得幾個世紀以來印度教吸引了眾多低種姓民眾信奉，這在印度的發展脈絡中一直發揮著重要作用（參見第八章）。而國民志願服務團的經典論述之一，即印度教乃唯一可以替代西方意識形態的選擇，特別是對於資本主義和共產主義的意識形態。

125 1948 年國民志願服務團因其中一名舊成員是暗殺甘地的激進分子而遭到禁止；1992 年

該組織激進分子參與破壞清真寺行動再度遭禁；後來法院裁定沒有證據顯示國民志願服務團的領導階層直接參與該項動亂組織，並於 1993 年重新准予合法化。根據印度教人士的說法，巴布里清真寺建於十六世紀，在此之前該址原是一座供奉羅摩的古廟。考古發掘的調查結果顯示該遺址附近存在多種形式的建築，難以判斷現有幾個不同論點各自的真偽。

126 除了破壞清真寺外，這些反穆斯林的暴動，主要動機也與屠宰動物有關，穆斯林被認為以不當方式屠宰動物且不尊重某些節日。參見第八章。

127 參見『「莊嚴誓言書」，2019 年印度人民黨在人民院的競選宣言》（*Sankalp Patra, BJP, Lok Sabha*, 2019）中「文化遺產」部分。此案在法庭上仍有爭議，新的考古發掘主要目的在於確定該址印度教徒和穆斯林可能共同使用過的分布圖。

128 主要包含下列政黨：印度共產黨、印度共產黨（馬克思主義）、社會黨、大眾社會黨、人民平臺聯合派、人民平臺世俗派、全國人民黨、全印草根大會黨。參閱巴納吉（A. Banerjee）、格辛（A.Gethin）和皮凱提的《印度分歧日益擴大？來自 1962 至 2014 年選民結構正在變化的例證》（*Growing Cleavages in India ? Evidence from the Changing Structure of the Electorates 1962-2014*），同前文所引。

129 在實際操作時，社會黨—大眾社會黨和印度國民大會黨這兩個陣營在某些戰略性的邦內和選區內避免相互競爭，在這當中，締結聯盟對抗印度人民黨及其結盟政黨是必要的，但還不至於締結明確的國家聯盟。

130 有關這些結果和所使用的選後調查資料之詳細介紹，請參見線上附錄和巴納吉（A. Banerjee）、格辛（A.Gethin）和皮凱提的《印度分歧日益擴大？來自 1962 至 2014 年選民結構正在變化的例證》（*Growing Cleavages in India ? Evidence from the Changing Structure of the Electorates, 1962-2014*），同前文所引。從 1962 到 2014 年進行的選後調查，其文檔總體上保存完好，遺憾的是在 1980 年代和 1990 年代初期某些文檔遺失及一些調查是有缺陷的。

131 參見第八章，圖 8.2 至 8.5 和表 8.1 和 8.2。至於來自其他宗教的選民（基督徒、佛教徒、錫克教徒等，估計約占總人口的 5%），其平均投票方式接近於穆斯林和低種姓。不過，由於選後調查可用的有效數據過少，無法單獨分析這些其他宗教選民的選舉行為，此處提供的分析已將其省略。請參閱巴納吉（A. Banerjee）、格辛（A.Gethin）和皮凱提的《印度分歧日益擴大？來自 1962 至 2014 年選民結構正在變化的例證》（*Growing Cleavages in India ? Evidence from the Changing Structure of the Electorates 1962-2014*），同前文所引。

132 在 1946 年英國組織的最後一次省級選舉中，依據納貢選舉制（大約 20% 的成年人有投票權，譯注：只有繳納稅額超過一定門檻的公民才是選民），印度國民大會黨取得 80% 的議會席次，其中近 50% 的席次由婆羅門取得，這令阿姆倍伽爾非常憤怒。請參閱特爾通貝（A. Teltumbe）的《種姓共和國。在新自由主義印度教時代思考平等》（*Republic of Caste. Thinking Equality in a Time of Neoliberal Hindutva*），同前引書，頁 143。關於阿姆倍伽爾，他是低種姓政治領袖，在兩次世界大戰期間和 1940 年代與印度國民大會黨發生衝突。參見第八章。

133 參見第八章，以及巴爾提（N. Bharti）的《1951 至 2012 年印度的財富不平等、階級與種姓》（*Wealth Inequality, Class and Caste in India, 1951-2012*），同前文所引。

134 最大的不同是，儘管穆斯林的社會經濟階級略高於官列種姓／官列部落，他們比官列種姓／官列部落更支持左派政黨。

135 1977 至 1980 年的人民黨政府和 1989 至 1991 年的人民平臺政府，他們的決定性貢獻是建立了該委員會，並訂定其他落後階層的配額。參見第八章。特別是賈弗赫洛（Christophe Jaffrelot）對印度種姓民主化的分析。1980 年人民黨聯盟的瓦解，主要由於

支持曼達爾委員會和支持建造印度教寺廟兩派之間的衝突：世俗主義和社會主義的政黨，選擇支持曼達爾委員會發起並執行的其他落後階層配額制度，而印度教民族主義人士則選擇離開該聯盟另組印度人民黨，其最具代表性的目標即是在阿約提亞建造一座印度教寺廟。參見貝里（S. Bayly）的《從十八世紀到現代的印度種姓、社會和政治》（*Caste, Society and Politics in India from the 18th Century to the Modern Age*），同前文所引，頁 297-300。

136 目前變成奶油層（creamy layer）的門檻是每年所得八十萬盧比（這排除了大約 10% 的人口）。參見第八章。

137 在此提醒，北方邦（位於印度北部）是印度人口最多的邦（2018 年有二點一億居民），而且北方邦的選舉在印度高度受到媒體關注。

138 總括而言，我們觀察到在邦一級的政黨動態有非常豐富的多樣性，階級分歧和種姓分歧的重新組合呈現多種變化。在德里，印度國民大會黨於 1998 年、2003 年和 2008 年獲得大眾社會黨的支持並贏得選舉，是依靠大眾階級的選民和移民，而印度人民黨（1993 年勝選）則是在較富裕和反移民的選民中獲得最多選票。請參閱庫馬爾（S. Kumar）精闢剖析的著作《改變中的德里選舉政治。從種姓到階級》（*Changing Electoral Politics in Delhi. From Caste to Class*），Sage 出版，2013 年。主張捍衛公民和反貪腐的印度平民黨則接收了印度國民大會黨和大眾社會黨的大部分傳承和選民，在 2013 年和 2015 年的選舉戰勝印度人民黨，以致遭到聯邦政府的強烈排拒。

139 對於導致 2014 年選舉的戰略及其後果的精闢分析，請參閱賈弗赫洛（C. Jaffrelot）的《莫迪的印度。民族民粹主義與種族民主》（*L'Inde de Modi. National-populisme et démocratie ethnique*），Fayard 出版，2019 年。

140 關於這個主題，請參閱阿克巴（M. J. Akbar）的《印度：內部圍攻。對國家統一的挑戰》（*India : The Siege Within. Challenges to a Nation's Unity*），UBS 出版經銷，1996 年，新版，Roli Books 出版，2017 年。

141 2002 年的暴動起因於印度教徒從阿約提亞返回（他們被動員到阿約提亞建造一座羅摩神廟）途經穆斯林社區時，他們搭乘的火車遭到炸藥丟擲並起火燃燒。時任古吉拉特邦首席部長的莫迪公開指稱整個穆斯林社區必須負集體責任，並暗示訴諸暴力。宗教衝突升溫使得莫迪在 2001 年至 2014 年期間成功連任古吉拉特邦首席部長，並成為他在 2014 年聯邦大選的跳板。請參閱賈弗赫洛（C. Jaffrelot）的《莫迪的印度。民族民粹主義與種族民主》（*L'Inde de Modi. National-populisme et démocratie ethnique*），同前引書，頁 69-75。另請參閱湯姆斯（C. Thomas）的《暴亂和貧民窟。穆斯林在當代印度》（*Progroms et Ghetto. Les musulmans dans l'Inde contemporaine*），Karthala 出版，2018 年。

142 2018 年，也就是在孟買恐怖襲擊事件發生十年後，80% 的受訪者持續認為伊斯蘭恐怖主義是該國的主要威脅。莫迪和前任印度人民黨領袖瓦巴依（Vajpayee）不一樣，他在任期間一直都拒絕參加齋月結束的相關公共儀式，將其視為一種「綏靖策略」，可與張伯倫對納粹的態度相提並論。在 2014 年選舉期間，莫迪將選票比作武器，正如同「蒙兀兒帝國統治時期的弓箭」（des arcs et des flèches sous les Moghols），還經常稱拉胡爾·甘地（Rahul Gandhi）為謝赫扎達（shehzada，蒙兀兒帝國統治時期穆斯林王朝的王儲）。他不斷地利用機會保持宗教對立並喚起群眾對過去穆斯林統治的回憶。請參閱賈弗赫洛（C. Jaffrelot）的《莫迪的印度。民族民粹主義與種族民主》（*L'Inde de Modi. National-populisme et démocratie ethnique*），同前引書，頁 124-143。

143 在法國對於《媒體方》（*Mediapart*）那些記者的指控（被懷疑協助伊斯蘭極端組織，甚至與 2015 年《查理周刊》（*Charlie Hebdo*）恐怖襲擊事件的策畫者有關）的確沒有那麼暴力，但情況卻愈來愈不和平，更廣泛地說，面對右派的仇外、反移民和反難民，凡是捍衛穆斯林信仰和歐洲外來人口的個人或政治運動，經常會被扣上「伊斯蘭左派」的帽

子，顯然與印度人民黨的戰略有異曲同工之妙。

144 經過這些事件後，印度人民黨的民意調查大幅上升。

145 2017 年國民志願服務團領袖巴格瓦特（Mohan Bhagwat）為一項稱作「回家」（Ghar Wapsi）的計畫提出辯護，該計畫旨在重新皈依印度教，說道：「印度的穆斯林也是印度教徒……我們將迷失的兄弟帶回來。他們並沒有主動離開我們。他們是被偷走的，是受到誘惑離開的……現在已經抓到小偷了，每個人都知道我的財產在他手裡。我即將拿回我的財產，沒有必要大驚小怪……我們不需要害怕。我們為什麼要害怕？我們並不陌生。這是我們的祖國。這是我們的故鄉。這是印度教的拉什特拉（Hindu Rashtra，譯注：此乃印度文，意即印度教的民族主義）。」（請參閱賈弗赫洛〔C. Jaffrelot〕的《莫迪的印度。民族民粹主義與種族民主》〔*L'Inde de Modi. National-populisme et démocratie ethnique*〕，同前引書，2019 年，頁 172-173）。

146 甚至於為此建立了一個國家，也就是賴比瑞亞，儘管強迫移民運動根本沒有像那些發起人預想的那樣大規模。參見第六章。

147 全名「Nyuntam aay yojana」，意即「保障基本收入計畫」。（譯注：或譯作「保障最低收入計畫」。）

148 2009 至 2013 年期間醫療保健支出停滯不前，平均約占國民生產總額的 1.3%。2014 至 2018 年期間，教育投資從 3.1% 下降到 2.6%。請參閱巴爾帝（N. Bharti）和江瑟（L. Chancel）的《解決印度的不平等問題。2019 年的競選活動能否應對挑戰？》（*Tackling Inequality in India. Is the 2019 Election Campaign Up to the Challenge ?*），世界不平等資料庫，2019 年。

149 參見巴納吉（A. Banerjee）和皮凱提的〈1992 至 2000 年印度最高收入〉（Top Indians Incomes, 1922-2000），《世界銀行經濟評論》（*World Bank Economic Review*），牛津大學出版，2005 年；江瑟（L. Chancel）和皮凱提的《1922 至 2015 年印度收入不平等：從英屬印度到億萬富翁的印度？》（*Indian Income Inequality 1922-2015 : From British Raj to Billionaire Raj ?*），世界不平等資料庫工作報告系列（Working Paper Series），n° 2017/11。1984 至 1989 年在拉吉夫・甘地（Rajiv Gandhi）的領導下和 1991 至 1996 年在拉奧（Rao）領導下同樣對高收入者實施減稅。另參閱考伯垂（J. Crabtree）的《鍍金王國印度：穿越印度驚人的經濟成長、社會不公、政治裙帶關係與未來的真實內幕》（*The Billionaire Raj. A Journey Through India's New Gilded Age*），Tim Duggan Books 出版，2018 年。（譯注：該書在臺灣有中譯本，由李天心翻譯，晨星出版社，2019 年出版）

150 2019 年社會黨和大眾社會黨計畫倡導的提案，主要是針對超過兩千五百萬盧比（按購買力平價計算約當一百萬歐元）的資產課徵 2% 的聯邦財富稅。大約 0.1% 的印度人口將受到影響（即超過一千萬人），其收入約占國內生產總額的 1%。參見線上附錄。特別一提，1988 年法國在通過「社會安置最低收入法案」（revenu minimum d'insertion，簡稱 RMI）的同時，也實施新的財富稅，該稅收約可支付「社會安置最低收入法案」所需資金。

151 印度人民黨及其全國民主聯盟的結盟政黨在選前即將解散的人民院所有五百四十五個席位中擁有三百三十六個席位（其中兩百八十一席由印度人民黨取得）；2019 年大選後，印度人民黨及其全國民主聯盟獲得三百五十二個席位（其中印度人民黨拿下三百零三席）。

152 同時值得注意的是，在印度，貧困階層的選舉動員仍然非常強大（有時甚至比富裕階層更強大），這與近幾十年來西方選舉民主國家的情況形成鮮明對比。一些研究人員認為，這是由於國家太過軟弱，以至於最富有的人不需要動員起來保護自己免受其害。見卡薩拉（K. Kasara）和蘇里亞納拉揚（P. Suryanarayan）的〈什麼時候富人投票少於窮人，為什麼？解釋世界各地的投票率不平等〉（When Do the Rich Voting Less than the

Poor and Why? Explaining Turnout Inequality around the World)《美國政治科學期刊》（*American Journal of Political Science*），第 59 卷，第 3 期，2015 年，頁 613-627。新政黨（如大眾社會黨）動員大眾階級的能力可能也發揮了作用。

153 參見第八章。2019 年 1 月通過的《憲法修正案》是額外增加 10% 配額（除了保留給官列種姓／官列部落和其他落後階層的 50% 名額之外），為先前未被包含在內的人口（即實際上是以前的高種姓）提供配額，其年收入必須低於八十萬盧比的門檻。在實踐中，除了這個收入門檻（將導致約 10% 的人口被排除在外），還要加上房屋和持有土地面積等其他有關標準，因此，總共約 20% 至 30% 的相關人口被排除在外。從邏輯上講，應用這些規則的同時，應該要有一個比目前更可靠的收入和財富登記系統。請參閱巴爾提（N. Bharti）和江瑟（L. Chancel）的《解決印度的不平等問題。2019 年的競選活動能否應對挑戰？》（*Tackling Inequality in India. Is the 2019 Election Campaign Up to the Challenge?*），同前文所引。

154 有關這些印度經驗更詳盡的討論，請參閱第八章。

155 1891 年後奴隸制（postesclavagiste）憲法明定文盲不得行使投票權，1934 年和 1946 年憲法沿用該規定。1950 年，超過 50% 的成年人仍然沒有投票權。參見第六章。

156 在此特別指出 2018 年大選的極端特殊氣氛，原本被勞工黨提名為候選人的魯拉因為入獄，被司法機關禁止參選。

157 魯拉以前是聖保羅工業區的工會成員，而羅賽芙在接受高等教育之前曾在軍事獨裁時期入獄監禁三年。

158 巴西與印度情況相同，其選後調查的資料數據無法按財富標準對選票進行系統性的解構分析。有關巴西選舉結果的詳細介紹，請參閱格辛（A. Gethin）的《分歧結構與政治分配》（*Cleavage Structures and Distributive Politics*），同前引書，頁 29-41；格辛（A. Gethin）和摩根（M. Morgan）的《分裂的巴西：不平等日益政治化的後見之明》（*Brazil Divided : Hindsights on the Growing Politicization of Inequality*），世界不平等資料庫，2018 年。

159 請參閱格辛（A. Gethin）的《分裂結構與財富分配政策》（*Cleavage Structures and Distributive Politics*），同前引書，頁 38，圖 3.5。請注意，圖 16.15 所示的教育程度和收入影響是在考慮到其他控制變項（包括區域和種族）後進行估算。在缺乏控制的情況下，對屬於教育程度或收入最高的 10% 選民（而不是對最低的 90% 選民）的影響大約是兩倍（約十五至二十個百分點，而非六至十個百分點）。見技術性附件和圖 16.15。

160 參閱摩根（M. Morgan）的《收入分配方法論，援引巴西案例的歷史和體制透視：1926 至 2016 年》（*Essays on Income Distribution Methodological, Historical and Institutional Perspectives with Applications to the Case of Brazil, 1926-2016*），巴黎經濟學院（PSE）和高等社會科學學院（EHESS），2018 年，頁 106，圖 3.5，頁 135-316，圖 3.24 至 3.25。回顧歷史，這是指 1964 年在美國的支持下針對工黨總統古拉特（João Goulart，1953 年在總統瓦爾加斯〔Vargas〕時代末期，曾任勞工部長，當時工資大幅增加）發動政變，1945 至 1964 年間巴西收入不平等逐漸消弭時期因此終止。軍方奪取政權的目的，有很大一部分是為了阻撓社會秩序和私有財產朝向社會化和革命性的發展趨勢。

161 在 2010 年人口普查中，申報「白人」的人口僅占總人口的 48%（2000 年為 54%）。不過，在南部各州白人仍占多數。在聖保羅州以及在最接近烏拉圭和阿根廷的幾個州達到 70% 至 80%，而在巴伊亞州（Bahia）和東北部僅占 20% 至 30%。

162 這是因為巴西聯邦議會選舉適用的制度使得單一政黨很難獲得多數席位（即使是在總統選舉第二輪投票中該政黨的候選人在聯邦一級獲得超過 60% 選票的情況，例如 2002 年和 2006 年的勞工黨）。特別是巴西的聯邦眾議院是由每個州按比例選舉產生，導致眾議院裡各種地方政黨林立

163 根據現有的估計，2002 至 2015 年間，巴西最貧窮的 50% 人口的收入份額從 12% 增加到 14%，然而接下來在中間的 40% 人口的收入份額從 34% 降至 32%，最富有的 10% 人口的收入份額穩占 56%。與此同時，最富有的 1% 人口的收入份額從 26% 上升到 28%。請參閱摩根（M. Morgan）的《在極端和持續集中日益下降的不平等：2001-2015 年巴西結合國民帳戶、調查和租稅數據的新證據》（*Falling Inequality beneath Extreme and Persistent Concentration : New Evidence on Brazil Combining National Accounts, Surveys and Fiscal Data, 2001-2015*），世界不平等資料庫，工作報告系列，nº 2017/12，圖 3-4。

164 在此指出，1945 至 1964 年間巴西的不平等現象下降，當時的國際意識形態更是大有利於累進稅和重分配的實施。

165 在此強調，這種政治意識形態衝突的多維度特性也在中國、俄羅斯、埃及和沙烏地阿拉伯等非多元化選舉民主國家中發生影響。只是它更難以理解、更不容易被看到，或者可說是零碎的，所以不利於集體學習。

166 在 1960 至 1970 年代工黨在庶民階層得票率非常高，在 1970 至 1980 年代年代已經開始集中在教育程度較高的選民，這似乎既反映了全球意識形態背景的轉變（社會主義發展速度喪失），也反映了一邊是歐洲或北美血統（阿什肯納茲猶太人〔ashkénazes〕），另一邊是來自中東或北非（又名米茲拉希〔Mizrahim〕、塞帕爾第〔Sephardim〕）的以色列人之間分歧的演變。請參閱柏曼（Y. Berman）的《1969 至 2015 年以色列政治分歧的長期演變》（*The Long-Run Evolution of Political Cleavages in Israël, 1969-2015*），世界不平等資料庫，2018 年。此外應注意，儘管以色列有勞工主義和議會的傳統，關於所得和財富的租稅數據資料卻幾乎付之闕如。

167 請參閱伍思里希（F. M. Wuthrich）的《土耳其全國選舉。人民、政治和政黨體系》（*National Elections in Turkey. People, Politics and the Party System*）雪城大學出版（Syracuse University Press），2015 年。

168 1960 年代初期，部分的傳統菁英為了避免土地改革，遂將土地轉讓給伊斯蘭宗教財產委員會（waqf），在 2000 至 2010 年間，這些策略仍然是影響著伊斯蘭政黨得票的地理因素。請參閱巴齊（S. Bazzi）、克勒（G. Koelher）、馬克思（B. Marx）的《宗教政治的體制基礎：來自印尼的例證（*The Institutional Foundations of Religious Politics : Evidence from Indonesia*），巴黎政治學院（Sciences Po），2018 年。另參閱譚（P. J. Tan）的〈印尼政黨制度體制化解讀〉（Explaining Party System Institutionalization in Indonesia），收錄於西肯（A. Hicken）、庫洪塔（E. Martinez Kuhonta）的《亞洲政黨制度體制化》（*Party System Institutionalization in Asia*），劍橋大學出版（Cambridge University Press），2015 年，頁 236-259。

169 上述情況也闡明外部影響在政黨動態中的重要性。在印尼還有馬來西亞、泰國和土耳其，冷戰的歷史遺產，以及共產主義和社會主義運動的鎮壓，妨礙了階級分歧形成，並利於宗教政黨興起。在南非，由於西方政府（最近是由川普）捍衛白人地主，不易推動雄心勃勃的土地改革。在以色列方面，如果美國或歐盟決定對巴勒斯坦與以色列的衝突實行政治解決，顯然政治衝突的結構可能會發生巨大變化。

170 就此觀點而言，令人意外的是「左派民粹主義」相關書籍鮮少談論或根本不談能夠克服資本主義的體制形式。儘管這些書籍引起了極大的興趣，但上述社會聯邦主義問題都沒有提及，財產規範、重新定義公司表決權或財富累進稅的問題也都沒有得到解決。請參閱拉克勞（E. Laclau）的《民粹主義的理由》（*La Raison populiste*），Seuil 出版，2008 年；梅龍雄（J.-L.Mélenchon）的《人民時代》（*L'ère du peuple*），Fayard 出版，2014 年；馬弗爾（C. Moufle）的《對於左派民粹主義》（*Pour un populisme de gauche*），Albin Michel 出版，2018 年。這些著作似乎認為，保持人民與菁英的對立最為優先，如此才能動員那些對左右派政權交替的謊言已感厭倦的選民（有時也會被仇外言論煽動）。這

暗示一種假設，那就是程序和體制內容的問題（例如關於歐洲或財產）只要新的勢力平衡建立之後自然得到解決。

第十七章

1　特別是羅爾斯提出的「差異原則」（principe de différence）：「社會和經濟的不平等，只有在符合社會弱勢族群的最大利益時才是合理的」。這項源自《正義論》（Theory of Justice, 1971）的論點，在 1993 年發表的《政治自由主義》（Political Liberalism）中再度被提及和說明。這項理論經常被歸納為「最大最小」（maximin）的概念，即最高的社會目標在於最大化最小的福祉（譯注：在此可理解為「弱勢群體的利益最大化」），羅爾斯也強調基本權利的絕對平等。

2　「人人生而自由並享有平等的權利，且一直保持如此。社會差異只能基於社會的共同效用」。其中第二句常被解釋為替不平等的正當化而鋪路，認為只要滿足工作機會平等的條件，並符合弱勢族群的利益，即使不平等也是公平的。參見皮凱提的《二十一世紀資本論》（Le Capital au XXIe siècle），同前引書，第 766 至 768 頁。

3　羅爾斯理論的主要局限性在於它仍然是相當抽象的，對所涉及的不平等程度和累進稅並未提出明確說明。正因如此，海耶克在其著作《法律、立法和自由》（Law, Legislation and Liberty, 1982）的前言中也自稱和羅爾斯以及他的「差異原則」看法接近，實際上，該原則經常被利用來充當正當理由，辯護高度不平等是一種有效的激勵方法，但這種激勵之說缺乏理由成立。

4　在此介紹的一些思想，特別是關於財產流通以及對遺產和財富徵稅，在精神上與源自法國團結社會主義（socialisme solidariste）的作者如布儒瓦（Léon Bourgeois）和涂爾幹（Émile Durkheim）的思想相近（參見第十一章）。同時值得注意的是，與米德（James Meade）等人提出的「財產所有權的民主制」（property-owning democracy）觀點也有相近之處。問題在於這個觀點（就像羅爾斯的觀點一樣）有時被引用的方式明顯基於保守目的。例如，參見傑克遜（B. Jackson）的〈財產所有權的民主制：簡史〉（Property-Owning Democracy : A Short History），載於奧尼爾（M. O'Neill）、威廉姆森（T. Williamson）編輯的《財產所有權的民主制。羅爾斯及其他》文集（Property-Owning Democracy. Rawls and Beyond），Blackwell 出版，2012 年。在此捍衛的選項，在建構上是以十九世紀以來不同國家的歷史經驗為基礎，因此結合了多種思想傳統。

5　根據國家、法律制度和公司規模，負責決定公司總體政策的組織可採監事會（conseil de surveillance）或簡單的理事會（conseil de direction）形式，以代替嚴格意義上的董事會（conseil d'administration）。

6　請參閱卡熱（J. Cage）的《拯救媒體：資本主義、群眾募資與民主》（Sauver les médias. Capitalisme, financement participatif et Démocratie），同前引書。禁止營利（以及可能禁止轉售股份，至少不得超過一定門檻）反而讓媒體可以從長期以來開放給非營利教育或藝術機構的捐贈減稅措施中受益。稍後我會再談到捐贈及相關租稅制度的問題。

7　例如，對於小公司（員工少於十人），出資額的投票權數上限可能為 90%，然後按公司規模逐漸降低上限，對於最大型公司（員工超過一百人），上限降至 10%。毋庸置疑地，這些上限門檻值得廣泛討論和實際試驗，在此不預設。

8　這種模式尤其造成大學中的不平等日益惡化，應予以糾正，稍後將再討論。

9　失敗的主要原因似乎是，營利邏輯往往會破壞無私和內在動機的價值，而這些價值對此類的機構組織和行業別來說是核心所在。同樣類似的原因，也使得中小學生和大學生以考試成績評鑑的獎學金，常導致非常負面的結果（臨時抱佛腳死背考古題，忽略了考試成績以外的其他所有領域的知識及技能）。

10　參見第十章圖 10.4 和 10.5，以及第十一章圖 11.12 至 11.15。

11　參見第十三章圖 13.8 和 13.9，以及表 13.1。

12　參見第十章圖 10.11 和 10.12。

13　例如，巴菲特在 2015 年繳納了一百八十萬美元的聯邦所得稅，若按其財富估計為六百五十億美元來換算比例，稅率僅為 0.003%。請參閱賽斯（E. Saez）、祖克曼（G. Zucman）的《不公不義的勝利》（*The Triumph of Injustice*），同前引書，頁 155-156。其他國家億萬富翁公開的金額也是類似情況，例如 2010 年代初期法國的貝登古（Liliane Bettencourt）：其應稅收入僅幾百萬歐元，然而實際上其財富高達幾十億歐元。可以考慮的方法是先以其財富為基礎估算其經濟收入（例如採用其財富已實現的收益），再按適用的所得稅率徵稅，但無論如何，前提是要正確申報和登記資產（而非僅針對收入）。

14　除非對於所擁有的財產價值微薄者。但對於擁有多項不動產者，如建築物、倉庫、辦公室等，即使他沒有從中獲得大量收入，也不構成免徵不動產稅或房地產稅的理由，他只需出售其中一小部分資產就足以繳納相關稅款，這也將促進財富有效流通到更積極的業主手中。此為贊成財產稅的經典論據，與任何收入無涉，且至少在某種程度上算是合情合理：如果整套租稅制度取決於所持有的資本，那麼，暫時虧損的公司將與另一個高獲利（持有資本相同）的公司繳納一樣多的稅金，這很可能迫使第一家虧損的公司因為錯誤的原因而破產。這就是為何理想的稅制一定要在財產和收入的徵稅之間找到平衡點。參見線上附錄。

15　關於 18 至十九世紀財產稅的歷史以及財產稅的相關辯論，參見第四章和第十一章。

16　有關於此，請參閱斯皮爾（A. Spire）的《抵抗稅制，依附國家》（*Résistance à l'impôt, attachement à l'État*），Seuil 出版，2018 年。這項調查還顯示，中低階層的納稅人對稅制整體的低累進性有相當準確的感知，甚至對頂端的累退性亦然（考慮到增值稅、燃油稅等間接稅的比重，以及社會捐和扣繳社會保障的部分負擔，如「普遍化社會捐」〔CSG〕，對中低工資造成的負擔，以及高所得者可能的避稅和操縱），還有社會不同階層獲得某些公共支出（特別是教育和醫療健康方面）的不平等現象。另請參見福瑟（M. Forsé）、帕羅迪（M. Parodi）的〈法國人與租稅正義〉（Les Français et la justice fiscale），《法國觀察經濟趨勢雜誌》（*l'OFCE*），第 137 期，2015 年，頁 97-132。關於徵稅結構和累進問題，參見第十一章圖 11.19。

17　關於低、中、高財富的組成，參見第十一章圖 11.17。

18　從理論上講，當引入信貸約束（contraintes de crédit）或資產價值與其收益率的未來變化（在傳輸時無法預測）時，最好以年度財富稅的形式徵收大部分遺產稅。參見賽斯（E. Saez）和皮凱提的〈遺產最適課稅理論〉（A Theory of Optimal Inheritance Taxation），《計量經濟學期刊》（*Econometrica*），卷 81，2013 年第 5 期。

19　參見第四章圖 4.1 和 4.2，以及第五章圖 5.4 和 5.5。我們發現在每個年齡層中，最貧窮的 50% 人口持有的財產在財產總額的占比極低（大約 5% 至 10%）。參見線上附錄，圖 S11.18。

20　參見第十章圖 10.4 和 10.5，以及第十三章圖 13.8 至 13.10。

21　參見第五章及第十一章。相比之下，在美國或南非並沒有發生過將土地重新分配給以前的奴隸（儘管他們沒有領取工資已經工作了幾個世紀，並且北方人為了動員以前的黑人奴隸反對南方人，在內戰接近尾聲時承諾「一頭騾子和四十英畝土地」，也就是大約十六公頃土地），或是分配給種族隔離的黑人受害者（仍然還在進行辯論）。參見第六章、第七章。

22　在歷史進程中，年度財產稅（基於持有的財產）有其他各式名稱，如資產稅、資本稅、財富稅、不動產稅或房地稅等。參見第十一章。我比較喜歡稱其為「財產稅」，因為我認為這樣更能強調它是一種社會關係。此外，稍後我會再談到企業所得稅的作用，在此

已包含在累進所得稅中。

23 其中年度財產稅約 4%，遺產稅約 1%。

24 在此介紹的稅收制度沒有提到間接稅（除了談到糾正負面的外部效應〔externalité〕的間接稅，如碳稅，我將在後面討論）。普遍來說，間接稅（如增值稅）具有極強的累退傾向，我認為用財產、遺產和所得的累進稅取代它們更適合。

25 表 17.1 所示的最低限度標準、稅率和收入是根據 2010 年代末在美國和歐洲觀察到的平均財富和收入分配的基礎計算得出。最低限度標準是以平均財富和平均收入的倍數表示，並且印度、中國和俄羅斯的財富和收入分配（大致上而言）類似，這些國家所需要的適用稅收計畫以產生等量的收入（占國民所得的比例）也非常類似。此處的目的是設定數量級（ordres de grandeur），而不是提供確定的計算結果。一般而言，在財富和收入較集中的國家（如美國），最高稅率可能略微調降仍會產生相同的稅收；反之，在財富和收入集中度較低的國家（如歐洲）則必須將最高稅率略微調升。參見線上附錄。

26 同年齡層人口的規模（指每年年滿二十五歲的人數）目前在歐洲、美國或中國約占成年人口的 1.5%，在印度比例略高一些（該國平均壽命較低）。例如，在法國每年約有七十五萬至八十萬人年滿二十五歲，而成年人口約為五千萬人（2018 年總人口為六千七百萬人）。在前述這些國家裡，私人財富總額約為五至六年的國民所得。因此，用來資助「全民基金」的資金等於每個成年人平均財富的 60%，即相當於每個成年人三年至三年半的平均國民所得，因此，這筆每年分配給占成年人口 1.5% 且年滿二十五歲的年輕人的「全民基金」補助款項，即相當於國民所得的 5%。參見線上附錄。

27 每個成年人每年平均國民所得約為三萬五千至四萬歐元（因此平均財富約為平均年收入的五至六倍）。關於按照資產和資源類型規畫的財富和收入的分配和構成，參見第十一章圖 11.16 和 11.17。

28 目前二十五歲的年輕人平均財富僅占成人平均財富的 30%（且分布非常不均）。參見線上附錄。值得注意的是，在此所提的公共繼承制度也對社會有利，它將使每一代的財產所有權完全平等，因為每個人繼承的年齡平等，而財富也得以年輕化，進而分配經濟力（pouvoir économique）。

29 參見第三章。另請參閱帕里斯（P. Van Parijs）和萬德堡（Y. Vanderborght）的精采著作《公民基本收入。激進提案》（Le Revenu de base inconditionnel. Une proposition radicale），La Découverte 出版，2019 年。

30 請參閱阿特金森（A. B. Atkinson）所著《扭轉貧富不均》（Inégalités），Seuil 出版，2016 年。我在此引用並延伸阿特金森的提議，該提議的獨創性在於將「全民基金」結合雄心壯志的「基本收入」制度及福利國家共同規畫（請注意是與福利國家共同規畫，而非取而代之）。有關「基本收入」和「全民基金」值得參考的相關建議，請參閱帕里斯（P. Van Parijs）和萬德堡（Y. Vanderborght）的《公民基本收入。激進提案》（Le Revenu de base inconditionnel. Une proposition radicale），同前引書。另請參閱阿克曼（B. Ackerman）和奧斯托（A. Alstot）的《利害關係人社會》（The Stakeholder Society），耶魯大學出版（Yale University Press），1999 年。

31 根據阿特金森的提議，由遺產稅資助的「全民基金」（包括在大幅增加遺產稅後），僅占平均財富的 5% 至 10%（目前在英國或法國為一萬至兩萬歐元），接近於現今最貧窮的50% 人口之平均遺產總額，這已經算是顯著提升。而根據我的建議，由遺產稅和年度財產稅共同資助的「全民基金」總額將達到平均財富的 60%（目前在英國或法國實施的約為十二萬歐元）。

32 目前，每年的財產稅（如美國的房地產稅或法國的不動產稅）相當於國民所得的 2% 至3%，而遺產稅則低於 0.5%。平均而言，在歐洲國家不同類型的財產稅稅收（每年或繼承或交易期間課徵的）相當於國民所得的 3%。請參閱《歐盟的稅收趨勢。2018 年版》

（*Taxation Trends in the EU. 2018 Edition*），歐洲執行委員會出版，圖 22，第 41 頁。此處提出的制度，每年的財產稅約為 4% 的國民所得，遺產稅則約為 1% 的國民所得，總計約相當於 5% 的國民所得，但由於比現行稅收具有更高的累進性，將可減少對中低財富者的稅收。

33　特別是，即使遺產稅永遠不如年度財產稅的大量稅收，且必須經過仔細的解釋和特別要求透明化，鑑於近幾十年期間繼承財富占總財富的比重愈來愈高，自然會考慮未來的遺產稅日趨增加。請參閱阿瓦列多（F. Alvaredo）、加賓帝（B. Garbinti）和皮凱提的〈探討繼承財富在總財富中的占比：歐洲和美國，1900 至 2010 年〉（On the Share of Inheritance in Aggregate Wealth : Europe and the USA, 1900-2010），《經濟學刊》（*Economica*），2017 年，第 84 期，頁 239-260。

34　大家可能會想以中位數的倍數來設立稅率，而不是以平均值。問題是財富中位數往往低到幾近於零，所以這不會有太大意義。此外，參考收入和財富的平均值，可以讓我們對所涉的稅收和重分配的程度更容易一目了然。

35　參見第十一章圖 11.12 至 11.15。

36　此外，如果我們嘗試模擬所涉及的各種效應（特別是在不平等、流動性以及鼓勵工作和儲蓄方面），並嚴格遵守這類演練的相關注意事項，可證明理想的遺產稅（以羅爾斯的社會目標）必須設定極高的稅率（70% 至 80% 或更高）。請參閱賽斯（E. Saez）和皮凱提的〈遺產最適課稅理論〉（A Theory of Optimal Inheritance Taxation），同前文所引。同樣地，對最高所得的最適稅率將高於 80%。請參閱皮凱提、賽斯（E. Saez）、斯坦切娃（S. Stantcheva）的〈最高勞動收入的最適課稅：三種彈性的故事〉（Optimal Taxation of Top Labour Incomes : A Tale of Three Elasticities），《美國經濟學報：經濟政策》（*American Economic Journal : Economic Policy*），第六卷，第 1 期，2014 年 2 月，頁 230-271。

37　見第十一章。要注意的是，對所有私人財富（包括金融資產，即總計相當於 500% 至 600% 的國民所得）按 1% 的比例稅率課徵，獲得的稅收相當於 5% 至 6% 的國民所得，從這點證明了此處所規畫的財產和遺產累進稅的稅負並不算過重。

38　請注意，表 17.1 所示稅率是直接適用於該財富或所得級等級之有效稅率（有效稅率和財富或所得額之間呈線性遞增）。有關相應級距財富或所得額之邊際利率，請參見線上附錄。

39　參見第十一章。無價之寶的隱喻最近在電影《黑豹》（*Black Panther*, 2018）中被引用。劇中瓦干達（Wakanda）最後決定將他的財富〔泛合金〔vibranium〕，這個非洲小國因為認真研究和其明智的組織，所以一直很珍惜泛合金的價值）和地球上其他人分享，這與挪威發生的汙染性碳氫化合物形成對比。

40　參見線上附錄。在美國，最富有的 0.001% 人口（二點三億成年人口中約兩千三百人）在 2010 年代後期，其財富在總財富的占比約 6%（即這個群體的每個成員約擁有美國平均財富的六千倍），相對於在 1950 年代至 1980 年代期間其財富在總財富的占比約 1%（約為平均財富的一千倍）。最富有的 1% 人口（約兩百三十萬人），其財富在總財富的占比於 2010 年代後期達到 40%（即約為平均財富的四十倍），相對於在 1950 年代至 1980 年代期間其財富在總財富的占比約 20% 至 25%（為平均財富的二十五至二十五倍）。此處提議的稅收計畫使最富有的 0.001% 人口的財產占比得以降至以前的水準，並在應用十年或十五年後，使最富有的 1% 人口的財產占比也降至以前的水準。

41　關於財富超過十億以上按 5% 稅率和一千億以上按 8% 稅率徵稅，可降低美國財富集中的模擬分析，請參閱賽斯（E. Saez）、祖克曼（G. Zucman）的《不公不義的勝利》（*The Triumph of Injustice*），同前引書，頁 204-208。

42　一般來說，累進遺產稅可適用於每個繼承人所獲得的遺產金額或死者遺贈的全部遺產總價值。我覺得第一種方法較好，也就是我在這裡規畫的方法，它的應用情況主要是對個

人一生獲得的遺產總額，包含贈與和遺產，課徵累進遺產稅。若個人在其一生中獲得相當於平均財富〇‧五倍的遺產（即十萬歐元），將按 5%（五千歐元）課徵遺產稅，取得遺產總額為二十一萬五千歐元（加上十二萬歐元的「全民基金」）。個人獲得的遺產相當於兩倍的平均財富（即四十萬歐元）將按 20% 課徵遺產稅（即八萬歐元），加計「全民基金」，最後取得遺產總額為四十四萬歐元。相對地，個人獲得的遺產相當於五倍的平均財富（即一百萬歐元），將按 50% 課徵遺產稅（五十萬歐元），加計「全民基金」，最後取得遺產總額為六十二萬歐元。表 17.1 所示稅率僅供說明，最後的確定稅率仍需經過詳細討論。

43　在此以個人收入和財產定義，若為夫妻共同收入和財產可除以二再對應適用稅率。有關撫養子女方面，依我看，「基本收入」和家庭津貼制度（在福利國家）比減稅更能有效解決問題。

44　有些國家曾經試圖將資本所得的稅率訂得比勞動所得的稅率更低（如 1991 年的瑞典）導致了不同類別的所得之間完全虛構的轉移，且在經濟上毫無效用，例如從薪資所得轉移到股利所得。有關於此，請參閱賽斯（E. Saez）、祖克曼（G. Zucman）的《不公不義的勝利》（The Triumph of Injustice），同前引書，書中建議對所有的資本所得（包括非上市公司的未分配利潤和上市公司的資本利得）比照勞動所得課徵相同的稅率。

45　特別是「生產性資本」（capital productif）列為免稅資本的想法與事實衝突，因為資本總是以某種方式具有生產性（當然也包括提供住宅用的不動產，也就是說人們可以住在房屋裡生活，這起碼與擁有辦公室或倉庫來生產其他商品和服務一樣是有效用的），勞動也是如此。如果人們開始以這類或那類的資本或勞動有生產力為由，要求予以免稅，那麼我們很可能很快就會沒有任何稅收。

46　在此談的是在政治過渡和新政府上臺後進行的大規模試驗。我沒有忽略在新知識的產生中，地方性的試驗是很重要的。但我認為只有實際大規模的試驗才能對這些問題的認知有決定性的改變。

47　美國聯邦政府之所以有能力執行其決定，通常是憑藉商業利益或國家地緣政治利益的名義行使（或被認為是諸如此類的理由，有時更接近於古代要求戰爭貢品的情形），例如使用制裁來懲罰那些被指控為規避美國對伊朗和其他國家禁運的歐洲大型企業。這種執行能力可藉由更普遍的目標為名義澈底行使，特別是堅決支持對最高所得和財富徵收高度累進稅。

48　尤其是伊莉莎白‧華倫提議對五千萬美元以上的財富課徵 2% 稅率，以及對十億美元以上的財富課徵 3% 稅率。參見第十一章。另參閱賽斯（E. Saez）、祖克曼（G. Zucman）的《累進財富稅如何運作？》（How Would a Progressive Wealth Tax Work ?），Berkeley 出版，2019 年，書中評估這項稅收的收入將超過 1% 的美國國內生產總額。

49　參見第十四章，以及線上附錄，圖 S14.20。同時提醒注意，高額金融資產的增值速度甚至比房地產更快速，而房地產本身的價值增長又比國內生產總額更快速。

50　最明顯的制裁就是，按照個人累進財產稅的適用稅率對有關的公司或法律實體進行徵稅，也就是把該公司當作完全由一個人持有（如果沒有進一步補充資訊的話）

51　上市公司的股東由證券集中保管所（私人組織）和相關銀行進行股東登記。公司若拒絕採取必要措施向法國（或其他有關國家）的稅務機關提供充分股權資訊，將依所造成的損害按比例懲處（可根據現有的國際資產結構估算），並可根據在法國實現的商品和服務銷售徵稅，方式與公司稅相同（參見第十六章）。非上市公司的股東通常都是公司自己認識的，不過可能會有股票估價等其他問題（可根據公司帳目以及可供比較的上市公司價值來估算）。

52　依一般原則，該稅適用於法國居民的全球財富以及任何持有坐落於法國的資產（如住宅或公司）者；這些人都有申報其財富的義務（違者將被處以勸阻性制裁）。如果相關所

有者能證明在另一個國家繳納相等的或更高的財產稅（考慮到目前要解決的問題主要是避免對跨境資產完全沒有徵稅），將可經由相互協議的程序避免重複課稅。

53　根據瞭解，目前法國的不動產稅的稅收約達四百億歐元（接近國內生產總額的 2%），像這樣的改革可以在持續徵稅，不減少稅收的情況下進行，而「富人稅」（ISF）在 2018 年至 2019 年轉型為「不動產富人稅」（IFI）之前貢獻約五十億歐元的稅收（還不到國內生產總額的 0.3%）。鑑於財富集中，最富有的 1% 人口（擁有的財富占總財富的 20% 至 25%）所支付的權重將至少達到一百至一百五十億歐元。若再加上提高遺產稅的累進稅率，這項改革還可以增加更多稅收，用以資助前述的「全民基金」（見表 17.1）。

54　徵收退場稅的理由是，任何人都沒有這項自然權利——即利用特定國家的集體制度、法律制度、教育制度等，從中獲取財富卻毫無回饋的自然權利。2008 年建立的退場稅制度，儘管比美國目前正在討論的稅制寬鬆許多（尤其是僅處理潛在資本利得，而非總財富，還有多項免稅的可能），繼富人稅減為五分之一後，在 2018 年至 2019 年間幾乎完全被取消。

55　正如我們稍後將看到的，儘管在國際化和社會聯邦的框架下進行這樣的發展顯然更佳。

56　有關選定的表述，參見第十一章。

57　可能的表述措辭如下：「法律規定行使所有權的條件，並確保促進所有權的分配，如有需要，得實行累進財產稅及全民基金以達分配之目的。一般而言，稅收應跟據所有公民的支付能力按比例分攤。若以公民實際繳納的稅額占其持有的財產和收入比例來論，富裕公民的這項比例不能低於貧窮公民。根據法律規定的條文，它可能會更高。」

58　在 1896 年的這項裁決中，最高法院以七比一的票數裁定路易斯安那州官弗格森勝訴，原告普萊西是路易斯安那州的一名混血兒（更確切地說是八分之一，因為他的祖先八分之七是歐洲人血統，八分之一是非洲人血統），他試圖違抗 1890 年在該州通過的一條法律，該法律禁止所有黑人進入與白人相同的火車車廂。本案的判決不但具有法律效力，並成了美國種族隔離的法律基礎，直到 1954 年的「布朗訴教育局案」（Brown v. Board of Education）的判決和 1964 至 1965 年期間訂定的《聯邦法律新法》才終於將種族隔離政策廢除。

59　不過在此必須指出，最高法院無法阻止小羅斯福實施高度累進稅制（特別是 1935 年對最高所得設定 75% 稅率的「財富稅」。自從《1913 年的憲法修正案》和在 1910 年代後期大幅提高累進稅率，政治權力可以完全自由地設定稅率已是無可爭辯的事實。

60　美國憲法對此並沒有特別規定，只是根據法律和傳統，最高法院的成員人數固定為九名終身職的法官，沒有年齡限制（如教皇和伊朗最高領袖〔Guide suprême〕的終身制）。1937 年的《司法程序改革法案》（通常被稱為「法院填塞計畫」〔Court-Packing Plan〕）使小羅斯福得以任命最多六名新法官（總統在每一位法官年滿七十歲時可另外任命一位新法官），並藉此改變最高法院的多數，轉而對小羅斯福有利。

61　1937 年這項決定性的裁決被廣泛認為是最高法院歷史上新時代的開始，自此最高法院在經濟生活的議題上，對政府的干預採取比較開放的態度。不過仍然有一點要提醒，國會中的民主黨多數拒絕批准小羅斯福的「法院填塞計畫」（因此無法進行新的法官任命）。民主黨這項做法除了基於憲法上的保守主義，同時也是因為最高法院已經調整了面對威脅的態度。

62　特別是 1976 年巴克萊（Buckley）一案的裁決取消了競選捐款的總額上限原則，2010 年公民聯合會（Citizens United）裁決禁止對企業的政治捐款總額設立上限，2014 年的麥卡臣（McCutcheon）案裁決廢除個人的政治捐款總額限制。請參閱卡熱（J. Cagé），《民主的價碼》（Le Prix de la démocratie），同前引書。另請參閱庫納（T. Kuhner）的《資

本主義對民主政治：政治中的金錢和自由市場憲法》（*Capitalism v. Democracy. Money in Politics and the Free Market Constitution*），史丹福大學出版，2014 年；阿塔納西奧（J. Attanasio）的《政治與資本：拍賣美國夢》（*Politics and Capital. Auctioning the American Dream*），牛津大學出版，2018 年。

63　一般來說，與民主黨關係密切的美國知識分子對於這些憲法問題變得相對保守。關於最高法院，他們往往認為最好的辦法就是讓每位總統按自己的選擇進行任命以恢復原來的平衡（這種平衡在 2016 年被打破，當時歐巴馬原本有一位法官的提名權，然而共和黨占多數的國會杯葛了他的提名權，以利即將上任的川普額外增加一名法官的提名權）。例如我們可以參閱李維茨基（S. Levitsky）和齊布拉特（D. Ziblatt）的《民主國家如何死亡》（*How Democracies Die*），Penguin 出版，2018 年。在該書頁 118 至 119 間，作者嚴格審判小羅斯福的「法院填塞計畫」。然而在 2016 年之前，這種平衡並沒有特別高尚或理性；隨著幾位年長法官的健康狀況以及共和黨和民主黨總統的任期，最高法院的組成有可能澈澈底底改變，並且在幾十年間完全阻礙了政治進程。

64　參見德佈雷（J.-L. Debré）在法國國內廣播電臺（France Inter）的訪談，2019 年 2 月 16 日。

65　在此情況下還有另一個問題，那就是歐朗德政府並不是真的希望通過這項在競選最後一刻做出的承諾，尤其拒絕將其應用在新的所得稅制，即對所有收入的永久性稅制。最後該措施於 2013 至 2014 年間實施，對象是年薪超過一百萬歐元者，並由企業代替個人繳納，作為一種企業特別稅。

66　我將企業所得稅納入累進所得稅，因為這兩種稅合併分析較有利。在理想情況下，企業所得稅可以是從股東股息中扣除的一種所得稅。在實務上，由於缺乏國際合作以及公司最終所有人的透明資訊，一些納稅人逃避資本所得的徵稅，因此在企業稅方面維持直接徵稅極為重要。稍後會再詳加討論。

67　有關不同類型的稅收和公共支出更詳盡的分析，請參見第十、十一章（特別是圖 10.14、10.15 和 11.19）。在一些國家，例如丹麥，社會保障基金的扣繳被正式納入所得稅，因此僅所得稅一項稅收就達到相當於國民所得的 35%。請參閱《歐盟的稅收趨勢。2018 年版》（*Taxation Trends in the EU. 2018 Edition*），歐盟委員會，表 DK. 1，頁 76-77。

68　外部效應是指當個人消費商品或服務因而導致對其他人產生不良的外部影響，最典型的就是汙染或氣體排放的溫室效應。

69　增值稅和其他間接稅當然有可以對某些商品和服務課徵比其他商品和服務較低的稅率，但這和我們對收入或財富直接徵稅相比，其目標對象會粗略許多，無法精確針對某個特定社會群體徵稅。支持增值稅的另一個論點是進口徵稅和出口免稅，然而這並無真實利益，反倒是見證了國際稅收缺乏協調（尤其是歐洲內部的稅收競爭）。稍後會談到利用進口稅彌補國際合作不足的可能辦法。最後要注意的是，實際上增值稅因為一些不明的分配理由，對許多商品和服務（如金融服務或投資商品）給予免稅。真正地對某一領土上產生的所有增值進行徵稅的增值稅，相當於對所有收入（利潤和工資）徵收比例稅，可考慮以此做為所得稅裡的第一個級距。請參閱賽斯（E. Saez）、祖克曼（G. Zucman）的《不公義的勝利》（*The Triumph of Injustice*），同前引書，及有關「國民所得稅」（national income tax）的討論。

70　平均支付金額約為平均稅後收入的 30%，即成年人平均每人國民所得的 16.5%（假設平均所得稅率為 45%，包括社會捐和碳稅在內），如果支付給 30% 的人口，總成本約為國民所得的 5%。參見線上附錄。

71　有關法國在薪資單上自動支付基本收入的詳細說明，請參閱慕特（P. A. Muet）的《公平稅收，這是可以做到的！》（*Un impôt juste, c'est possible !*），Seuil 出版，2018 年。在美

國，肯沃西（L. Kenworthy）最近在其著作《社會民主主義式資本主義》（*Social-Democratic Capitalism*，牛津大學出版，2019 年），頁 210，圖 7.15 中提出一項非常具有企圖心的提案，擬將補貼低收入者收入的「勞動所得稅收抵免」（Earned income tax credit，簡稱 EITC）調升（作為低工資的補充收入）。最重要的區別在於「勞動所得稅收抵免」是針對低收入戶的稅收抵免，仍屬於獨立支付。總體而言，依薪資表自動支付的好處是可以將基本收入的理念連結置入以薪資關係和勞動法及工會法為基礎的公平社會願景。相較之下，單獨支付的基本收入制度——如帕里斯（P. Van Parijs）和萬德堡（Y. Vanderborght）的《無條件基本收入。激進提案》（*Le Revenu de base inconditionnel. Une proposition radicale*），同前引書，他們計畫支付每一位成年人基本收入，與薪資無關——可能會削弱這種連結，最終被利用來助長工作超彈性化和碎片化；同時，稅收水準可能會因此發生強烈的人為膨脹，最終導致福利國家的支出面臨可用資源減少的風險。

72　這顯然並不意味著單靠表 17.1 中僅供說明的稅率級距表，就能解決不平等的問題。重點是要知道在最弱勢群體的利益中，他們的薪資和收入規模會被縮減到什麼程度，這是個一直持續在進行的問題，唯有透過實際試驗才能有更大的進步。

73　在美國，若將私人保險的費用納入扣繳費用中，我們會看到扣繳分析剖面圖急劇上升並明顯呈累退性，不利於中低階民眾。請參閱賽斯（E. Saez）、祖克曼（G. Zucman）的《不公不義的勝利》（*The Triumph of Injustice*），同前引書，第 213 頁。

74　這尤其體現了傅利曼於 1980 年在其著作《選擇的自由》（*Free to Choose*）所表達的基本收入和負所得稅（impôt négatif）的精神。

75　在某些情況下，補償轉移支付（transferts compensatoires）不僅要考慮到收入，還有住宅和居住區的類型，以及是否有大眾運輸等。

76　在此所示課稅級距僅作說明用途，鑑於目前全球平均碳排放量約為每人五至六噸，可依此設定起徵點。不過，若要保持目標限制溫度上升不超過 1.5 至 2℃，應迅速加強實施。（根據現有評估顯示，從今起每人平均排放量必須減至一到二噸，直到本世紀末）。

77　新稅目在推行之初被評為不切實際、太過複雜和專橫苛刻，這是常有之事。十九世紀和二十世紀初的所得稅尤其如此。雖說使用銀行對帳單會產生複雜的隱私問題。然而，在我看來，既然人們都已經學會相信私人的金融機構不會濫用這些資訊，卻拒絕考慮制定一套公共程序讓同樣這些資訊在受控的情況下使用，實在令人費解。

78　我們也可以思考累進碳稅是否應該只適用於個人消費（為了要讓消費者負責任，這麼做似乎是最合乎邏輯的，特別是在富裕國家），或者有沒有可能對個人生產課徵累進稅（例如生產商品和服務的過程製造碳排放，便可對這些商品和服務帶來的個人收入、薪資和利潤等課徵累進稅），在某些情況下這樣可能更有效率。若採比例稅，這兩種徵稅形式（從消費者或生產者）原則上是等價的。然而採累進稅時，情況便不同了。

79　參見第十一、十二章。關於從涂爾幹（Durkheim）社會主義的觀點（而不是馬克思主義），透過教育和知識以實現平等的核心作用，請參閱卡森第（B. Karsenti）、萊米厄（C. Lemieux）的《社會主義與社會學》（*Socialisme et Sociologie*），法國高等社會科學學院出版（Éditions de l'EHESS），2017 年，頁 43-48。

80　學齡前幼兒園在學人數的差異也有影響（原則上是指三至六歲的兒童，但不屬於義務教育，而且每個地方和年分也有所不同，有的從兩歲便可入學），但影響要小得多。這裡提出的評估是以家庭調查為基礎，估計某個年齡層人口的教育程度分布。該方法是根據學校級別（小學、國中、高中等）每年分配固定經費的條件下。有關這些數據構建所有詳細資料可上網查詢。請參閱祖貝爾（S. Zuber）的〈1900 至 2000 年法國公共教育支出的不平等〉（L'inégalité de la dépense publique d'éducation en France, 1900-2000），法國高等社會科學學院（EHESS），2003 年，以及博諾（C. Bonneau）的〈美國教育投資的

集中，與法國比較，1970 至 2018 年〉（The Concentration of Educational Investment in the US (1970-2018), with a Comparison to France），法國高等社會科學學院（EHESS），2019 年。

81　根據官方數據，高等專業學院預備班的每位學生每年獲得一萬五千至一萬六千歐元經費支出，而大學則約為九千至一萬歐元。我們還注意到 2008 至 2018 年期間，對高等教育的每位學生實際投資減少了約 10%，原因在於公共預算並未隨著學生人數增長而加以調整。請參閱《2018 年基準及統計參考資料》（Repères et Références statistiques 2018），國家教育部，2019 年，第 10.5 節，頁 325。另參見線上附錄，圖 S14.11e。

82　在此提醒，遺產最少的 50% 人口幾乎沒有獲得什麼遺產（平均只有一、兩萬歐元），而遺產最多的 10% 人口獲得數十萬歐元的遺產，有些甚至數百萬或數千萬歐元。

83　現有數據顯示，在法國，父母的收入與接受高等教育之間的關聯性沒有美國那麼極端顯著，但仍屬顯著。參見線上附錄。

84　官方估計（高等專業學院預備班每位學生每年獲得一萬五千至一萬六千歐元的經費支出，大學則九千至一萬歐元）實際上在大學獲得的經費當中還包含大學研究實驗室的費用，所以未必每位大學生都能受益，至少對大學新生或較低年級的大學生來說是如此。而在高等專業學院預備班，教師沒有研究任務，其目標專注於專業培訓，這種情況使得兩者在比較上產生了很大的偏差。如果扣除了研究費用，對於大學部的學生來說，每位學生每年獲得的經費不到五千歐元。參見線上附錄。

85　事實上，美國整體教育經費支出（含公立和私立）的集中度明顯超過法國，且在近幾十年來集中度大幅提高，這可能也解釋了為何美國收入不平等加劇。另外要注意的是，現有的數據並沒有完全反映出大學之間以及中小學之間的所有經費不平等，在美國中小學的經費來源大多來自地方稅收。請參閱博諾（C. Bonneau）的〈美國教育投資的集中，與法國比較，1970 至 2018 年〉（The Concentration of Educational Investment in the US (1970-2018), with a Comparison to France），同前文所引。

86　另一個解決方案是要求那些很幸運可以繼續升學到高等教育的人（平均而言較具社會優勢）繳交高額學費，就像新工黨在英國所為（參見第十五章）。問題是這種解決方案不利於清寒家庭的學生，他們可能會因此猶豫是否繼續升學或是擔心入學幾年後負債累累，而背景優渥的學生則可得到父母的經濟支持。所以更好的辦法是要求優渥家庭繳交更多稅收，以造福所有的孩子，而不僅僅是他們自己的孩子。

87　也可以考慮將部分的教育資金用於就學期間的助學金，包括二十五歲之前（二十五歲為法國發放「基本收入」的年齡），而不僅限於免費入學的權利。

88　如果將目前在教育投資中受益最少的 90% 學生的教育支出，提高到與受益最多的 10% 學生一樣（目前在法國約二十萬歐元），那麼額外的成本約為國民所得的 2.5% 至 3%（目前教育總預算相當於國民所得的 5.5% 至 6%）。儘管成本高昂，但並非無法克服，鑑於從 1980 至 1990 年代以來，富裕國家面臨教育投資的難題和危險的停滯，這項做法有足夠的正當理由。參見第十章圖 10.15。

89　參見第十四章，以及班恆達（Asma Benhenda）的研究。弱勢學校每班學生人數較少，但這只能稍微彌補教師薪資相對較低的缺點。

90　特別是各校（主要是高等專業學院預備班）的獎學金名額沒有公開。

91　具體而言，只有獎學金學生（即大約 15% 至 20% 來自清寒家庭的學生）在全國性高中入學網站 Affelnet（或高等教育申請平臺 Parcoursup 的社會配額）中有額外加分，在某些情況下這使得群體融合的機會大為增加，有利於弱勢群體，但對於父母社會地位僅略高一點的群體而言相對不公平。所以發展一套系統以更持續性的方式將父母的收入和社會背景納入考量，顯然會更適合。請參閱法克（G. Fack）、格勒內（J. Grenet）、班亨達（A. Benhenda）的〈在法蘭西島區高中的畫分和分配程序對社會和教育融合的影響，報

告三〉（L'Impact des procédures de sectorisation et d'affectation sur la mixité sociale et scolaire dans les lycées d'Île-de-France, rapport n° 3），公共政策研究院（Institut des politiques publiques），2014 年 6 月。

92 舉例來說，請參閱埃里森（G. Ellison）、帕塔克（P. Pathak）研究的芝加哥公立高中案例，〈基於種族平權法案的種族中立替代方案之效率：芝加哥明星學校的實際案例〉（The Efficiency of Race-Neutral Alternatives to Race-Based Affirmative Action : Evidence from Chicago's Exam Schools），美國全國經濟研究所（NBER），2016 年。

93 請參閱馬傑伊（L. E. Major）、馬欽（S. Machin）的《社會流動與其敵人》（Social Mobility and its Enemies），Pelican Books 出版，2018 年。

94 讓我們期望事情比麥可．楊恩（Michael Young）於 1958 年在《菁英政治的崛起》（The Rise of the Meritocracy）一書中所預測的情況更和平。參見第十三章。

95 關於這一點，請參見第十一章，以及皮凱提的《二十一世紀資本論》（Le Capital au XXI e siècle），同前引書。第十二章表 12.2。

96 要清楚地瞭解背景情況，必須回顧前文，即美國頂尖大學錄取的學生主要來自財產分配上最富有的 1 % 家庭，遠超過來自最貧窮的 60 % 家庭。參見第十五章。

97 如果是以家庭或私人利益為目的的基金會，那麼當然應視作私有財產徵稅。不過，有時候並不容易界定，這就是為什麼制定精確的規則極為重要，特別是針對上述有關基金會的管理（事實上這些基金會不在那些慷慨捐助者的手中），如此才能防範捐助者規避《共同稅法》（droit commun）的財產稅。

98 請參閱卡熱（J. Cagé）的《拯救媒體：資本主義、群眾募資與民主》（Sauver les médias. Capitalisme, financement participatif et démocratie），同前引書。除了支持新的公民參與式媒體發展以外，還必須對幾個壟斷的數位平臺進行公共控管（或者至少加強公共規範），並實施極嚴格的規定以打擊贊助內容和無限擴展的廣告（現在甚至連歷史古蹟外牆都被汙染），並促進民主與平等的討論協商發展成熟。

99 請參閱卡熱（J. Cagé）的《民主的價碼》（Le Prix de la démocratie），同前引書。我對有興趣瞭解的讀者說明一下，卡熱是我的伴侶，但這並不妨礙她寫出優秀的作品，也不妨礙我用批判的精神閱讀她的作品。

100 為促進新的政治團體出現，大家也可以想像公民表達的兩種選擇，一種選擇用於他選擇的政黨的支持度超過 1 % 最低門檻，第二種選擇用於沒有達到最低門檻的情況。

101 請參閱卡熱（J. Cagé）的《民主的價碼》（Le Prix de la démocratie），同前引書。整體來說，令人訝異的是每個國家在政治捐款方面的規定，都是零散且前後不一致，也不尋求借鏡他國的經驗。就像法國禁止法人捐贈，但提出了這種不可思議的制度來直接貼補富人的政治偏好（也有其他國家的政治捐款可減免所得稅，但通常比較不那麼極端）。反觀德國在戰後創立新的政黨公共資助制度和附屬於每個政黨的多元化基金會，專用於產生政治思想和政綱。同時，德國沒有禁止法人捐贈，所以德國各大企業都捐助各黨各派，這與該國對出口和貿易順差規模的立場可能不無關係。

102 目前，像義大利等國的制度，納稅人可向國家指明希望將其繳納的部分稅收（目前是千分之八）用於資助哪一種宗教；而在其他國家，如德國，稅務機關協助徵收宗教稅，信仰宗教的納稅人在申報所得稅時須額外繳納宗教稅（其稅負因此增加，與義大利制度不同）。值得注意的是，在這兩種制度中，伊斯蘭教都被排除在外（在義大利的制度中，穆斯林實際上等於納稅補貼其他宗教），據官方所稱，這是因為公共當局還沒有確定適合接受相關公共資金的穆斯林組織。請參閱梅辛納（F. Messner）的《歐洲宗教的公共資助》（Public Funding of Religions in Europe），Ashgate 出版，2015 年。另請參閱卡熱（J. Cagé）的《民主的價碼》（Le Prix de la démocratie），同前引書，頁 77-78。法國在這方面的制度特別虛偽：原則上宗教沒有公共資金補助，除非是 1905 年之前建造的宗教建築

（剛好主要是天主教堂），以及現有的私立小學、國中和高中（剛好絕大多數是天主教學校）。最後要指出的是，在阿爾薩斯省（Alsace）和摩澤爾省（Moselle），當地的信仰及納稅人資助宗教的特殊制度一直有效實施，但如同其他的宗教公共資助制度一樣，仍將伊斯蘭教排除在外。

103 同時注意，目前對政治和慈善捐款的抵稅措施，事實上等於賦予富人在定義公共利益方面占有更大的權重，類似審查資格制度。如果轉換至「民主平等券」制度將會是一個決定性的進步。至於不願選擇慈善單位的納稅人，也可以選擇按照其他納稅人的選擇意願，按比例分配其「民主平等券」捐助對象，或按照議會討論所確立的公共資金平均分配方式去分配。

104 不過，在英國脫歐以及其他諸如取消債務等複雜且關鍵的問題討論中，我們也注意到，公投只有在事先制定不同施行細則的明確替代方案下，才能發揮效用，它本身需要在適當的架構下進行深入的討論協商。在實務上，既無議會亦無中間機構即擁有自發性直接民主的這種幻想，很容易導致權力沒收（confiscations du pouvoir），其嚴重性甚至比原先要補救的問題更加極端。尤其重要的是，公投活動的籌資模式應明確定義，否則可能受到遊說團體或金融利益集團操控。這些問題都是可以克服的，但必須縝密考量。

105 該提案還包括設立社會配額（quota social），比照印度的實施方式，以確保各種社會背景的代表都能充分參與議會。請參閱卡熱（J. Cagé）的《民主的價碼》（The Price of Democracy），同前引書。亦可經由抽籤制使議會審議呈現社會多樣性，避免配額制度可能連帶產生的汙名化缺點，不過，代價是放棄集體能力（capacité collective），因為公民本來可以運用集體能力，選出最能代表自己的最佳人選（包括在特定的社會背景當中），如果大規模實施抽籤制，這方面的意義將變得相對虛無。

106 例如我在前面提過的，對擁有坐落於法國的住宅或企業的所有人要求申報其所有權，可能會受到質疑，理由是這些申報對資本的自由流動造成太多的限制。然而，要求持有資產的所有實體（無論其歸屬的法律體系）嚴格遵守資訊透明規定是刻不容緩的，此外，必須大力遏止企業主將公司註冊在沒有進行任何實際經濟活動的領土和司法管轄區。目前的「法律衝突規則」（les règles de conflit de droit，即當同一實體受多個法律體系約束時，選定適用之法律規則）對於利用手段規避法律的公司極為有利，因為各國通常允許這些公司透過他們沒有管轄權的實體開展業務。值得注意的是，歐盟法院在一些案件當中，必須對資本流動規則（其中部分規則在《馬斯垂克條約》中沒有準確編纂）進行非常嚴格的解讀，例如德國根據「法定所在地理論」（théorie du siège），對位於荷蘭的實體組織，拒絕承認其法人資格，後來歐盟法院判決德國必須停止援引「法定所在地理論」。請參閱皮斯托（K. Pistor）的《財富背後的法律密碼：法律如何創造財富和不平等》（The Code of Capital: How the Law Creates Wealth and Inequality），同前引書。

107 發展援助在瑞典達到國民所得毛額（RNB）的 1%，在英國達到 0.7%，在德國和法國達到 0.4%。經濟合作暨發展組織（OCDE）設定的官方目標是 0.7%，但瑞典的水準通常被視為隱含的新目標。這些金額大於這些國家支付給歐盟的淨轉移（約為國民所得毛額的 0.2% 至 0.3%），轉移支付的議題在英國脫歐的辯論中產生重要影響。參見第十二章及第十五章。這表示，依據接受國的發展水準不同，人們對於此類援助資金流動的看法也有所不同，當接受援助的國家被認為是特別貧窮時，也許更容易被接受。

108 請注意，《全面經濟貿易協定》（CETA，Comprehensive Economic and Trade Agreement），其名稱本身就意味著這不是典型的貿易協定，而是同時包含了將其轉變為「全面性」經濟協定的措施，實際上這主要是指額外的「投資保護」（protection des investissements）措施——例如投資者在與國家發生爭端時，可以避開普通法法院（tribunaux de droit commun）而訴諸於私人仲裁。很明顯地，雙方對於如何擴展條約的方法，存在一些相互衝突的觀念。

109 國際移民組織正式統計，2014 年至 2018 年期間移民在地中海溺斃的人數達一萬九千名（詳情請參考網站 www.iom.int）。

110 關於建立民族國家（États-nations）起源的共同想像，與印刷傳播的連結關係，請參閱安德森（B. Anderson）的經典著作《想像的共同體：民族主義的起源與散布》（*Imagined Communities. Reflection on the Origins and Spread of Modern Nationalism*），Verso 出版，1983 年（新版，2006 年；編按：繁體中文版由吳叡人翻譯，時報文化，2010 年出版）。儘管民族國家的意識形態獲得成功，但或多或少比較分權的各式各樣帝國和聯邦政體，實際上從未停止發揮核心作用。請參閱波本克（J. Burbank）和庫伯（F. Cooper）的《帝國何以成為帝國》（*Empires in World History*），普林斯頓大學出版（Princeton University Press），2010 年；同前，〈帝國世界〉（*Un monde d'empires*），布詩龍（P. Boucheron）編輯，德拉蘭德（N. Delalande）著作的《論世界歷史》（*Pour une histoire-monde*），法國大學出版社（PUF）出版，2013 年，頁 37-48。另參見第七章，以及庫伯（F. Cooper）研究 1945 年至 1960 年間法蘭西帝國和非洲的聯邦主義論文，及第十章，頁 559-565 有關於鄂蘭（H. Arendt）對帝國和聯邦意識形態的分析。另請參閱貝克（U. Beck）和格蘭德（E. Grande）的《*Das kosmopolitische Europa : Gesellschaft und Politik in der Zweiten Moderne*》，Suhrkamp 出版，2004 年（法文譯本：《論歐洲帝國》〔*Pour un empire européen*〕，Flammarion 出版，2007 年）。

111 2002 年「非洲聯盟」（Union africaine）取代了「非洲統一組織」。2018 年在阿迪斯阿貝巴（Addis-Abeba）舉行的非盟峰會上，通過了貿易同盟的原則和可能的共同稅收，以及一項關於非盟內部人員自由流動的協議。

112 這種跨國正義的規範應考慮各國價格水準的差異（也就是說，「全民基金」應以購買力平價〔parité de pouvoir d'achat〕表示之）。然而，歐洲—非洲或全球層級的正義標準，顯然會導致富裕國家年輕人的全民基金水準明顯降低（大約折半）。比起法國和海地之間引發的國際和跨越幾代人的賠償（réparation intergénérationnelle，或譯「代際賠償」）邏輯，這樣的標準會令人滿意多了（參見第六章）。但只要此類標準尚未落實，而進行賠償得以接近正義的標準，那麼似乎便很難對這些賠償提出反對。

113 請參閱查爾莫斯（D. Chalmers）等人的《歐盟法：條文和資料》（*European Union Law. Text and Materials*），同前引書，頁 475-491。

114 博蘭尼（Karl Polanyi）特別分析的十八和十九世紀英國境內自由流動的發展案例，闡明了這項風險。博蘭尼認為，在十八世紀末之前英國貧窮勞工的低流動性，與實施《濟貧法》以社區為單位核發最低工資以作為補助資金有關。博蘭尼並沒有試圖將這種專制且一點也不慷慨的制度理想化，而是表明在英國，十九世紀統一的全國勞動力市場的建立，與經濟力量的社會瓦解，以及不平等的惡化，是如何同時並進相應而生。

115 如果是與歐盟有關聯的國家公民，包括挪威和瑞士公民，其學費比照歐盟學生。

116 鑑於馬利的收入很低（即使在調整稅率級距以便適用購買力平價原則後），馬利的稅收對該共同基金的貢獻很可能極為有限，而且無疑地明顯低於支付給馬利的發展援助資金。

117 然而必須指明的是，在這裡所提到的情境中，大多數決策和資金將繼續由國家、區域和地方議會決議和管理。而根據我所提倡的參與式和去中心化的社會主義邏輯，在多數情況下，最好依照層級組織審議（例如關於不同語言的課程規畫、地方交通基礎設施、醫療健康系統等）。僅在涉及全球性的公共利益和跨國經濟行為者的稅收時，才必須由跨國層級直接管理。

118 在所有解決方案當中出現一種可能性，那就是英國會發現自己適用的貿易法規，幾乎與脫歐之前完全相同，但卻失去了參與制定這些法規的可能性。無論最終採取何種解決方案，英國與歐盟各國之間的關係形式很可能在未來幾十年仍是公眾討論的主題，最主要

的關鍵在於各國未來是否有能力建立（或不建立）新形式的租稅、社會和氣候聯盟，以及因應貨物與資本自由流動，執行相關的共同發展新規則。

119 參見第十六章，以及賽斯（E. Saez）、祖克曼（G. Zucman）的《不公不義的勝利》（*The Triumph of Injustice*），同前引書。換句話說，如果一家公司的全球利潤為一千億美元，其中 10% 銷售額是在某些特定國家實現，且該國的企業所得稅稅率設定為 30%，那麼這家公司應按其在該國的銷售額比例向該國繳納三十億美元的稅金。有關公司的全球利潤，可透過各種資訊來源進行估算，針對未能提供必要資訊的公司，各國可實施適當的制裁。在此提醒，美國各州之間即以這種方式分配公司的應稅所得。

120 在完全合作和透明的條件下，企業所得稅僅能發揮有限作用：它只是一種所得稅的預繳，從某種意義上說，企業所得稅是根據股東收到的股息和其他收入的總額來計算應繳稅款。但如果在不合作和不透明的情況，企業所得稅的作用就變得重要得多，因為這項預扣往往是唯一也是最後可以扣得的稅款，除非可以確定該企業所得的最終持有人身分。此外，要將它類收入偽裝成公司利潤也是很容易的：在財務顧問的積極幫助下，不論是諮詢活動或版權收入都隱藏在特殊設計的結構中。財務顧問認為這種策略是理所當然的，或者選擇在另一個國家納稅。這就是為什麼必須採取策略以終結低稅競爭，否則擁有這種手段的人可以繼續享受低稅甚至完全免稅。

結論

1 請參閱古迪（Jack Goody）的《歷史的偷竊》（*The Theft of History*），劍橋大學出版，2006 年（法文新版書名：《歷史的偷竊。歐洲如何把自己過去的故事強加於世界其他各國》（*Le Vol de l'histoire. Comment l'Europe a imposé le récit de son passé au reste du monde*），Gallimard 出版，Folio histoire 系列，2015 年）。

2 本書仰賴大量研究者的著作，其中特別值得一提的包括阿爾努（Mathieu Arnoux）、布勞法伯（Rafe Blaufarb）、班特森（Erik Bengtsson）、柯尼歐（Denis Cogneau）、庫伯（Frederick Cooper）、巴雷爾（Nicolas Barreyre）、卡熱（Julia Cagé）、麥格爾（Noam Maggor）、皮斯托（Katharina Pistor）、蘇布拉曼亞姆（Sanjay Subrahmanyam）、格魯金斯基（Serge Gruzinski）、貝里（Susan Bayly）、彭慕蘭（Kenneth Pomeranz）、鄂蘭（Hannah Arendt）、博蘭尼（Karl Polanyi）、羅森波姆（Or Rosenboim）、伍頓（Barbara Wootton）和賈弗赫洛（Christophe Jaffrelot）等，以及其他數十位本書各章中引用的作者。

章節細目（下冊）

圖表目次（下冊）

圖

表

基本詞彙對照

名詞對照

法文版用詞	英文版對應詞	中文版對應詞
actifs	asset	資產
actifs de réserve	reserve assets	儲備資產
actifs financiers	financial assets	金融資產
actifs immatériels	intangible assets	無形資產
actifs publics	Public asset	公共資產
actifs réels	real assets	實質資產
actionnariat public	public shareholding	官股制
actionnariat salarié	employee shareholding	員工入股制
Ancien Régime	Old Regime	舊制度
Anthropocène	Anthropocene	人類世
anti-intellectualisme	anti-intellectualism	反智主義
apports en capital	capital contributions	出資額
assignat	assignat	指券
assouplissement quantitative	quantitative easing	量化寬鬆
balances des paiements	balance of payments	國際收支平衡表
Belle Époque	Belle Époque	美好年代

法文版用詞	英文版對應詞	中文版對應詞
bien public	public good	公共財
biens « réels »	real goods	「真實」資產
biens fondamentaux	fundamental goods	基本善
biens professionnels	professional goods	營業資產
bilans	balance sheets	資產與負債表
Brahmin Left	Brahmin Left	左派婆羅門
cadastre public	public cadastre	公共地籍
caisses sociales	social funds	社會基金
capital fixe	fixed capital	固定資本
capital naturel	natural capital	自然資本
capital productif	productive capital	生產性資本
capital réel	real capital	實物資本
capitation	head tax	新制人頭稅
cens	tax	年貢
censitaire	censitary	納貢選舉制
classe moyenne patrimoniale	patrimonial middle class	資產持有型中產階級
classes populaires	popular class	大眾階級
coefficient de Gini	Gini coefficient	吉尼係數
compte nationale	national accounts	國民所得統計、國民會計帳
contraintes de crédit	credit constraints	信貸約束
contribution des patentes	local business tax	特許稅
contribution foncière	land tax	土地稅
contribution personnelle-mobilière	residential tax	個人動產稅
corvée	corvée	徭役、苦役
courbe de l'éléphant	The elephant curve	大象曲線
création monétaire	monetary creation	貨幣擴張
croissance nominale	nominal growth	名義增長率
déficit primaire	primary deficit	基本赤字
déficit secondaire	secondary deficit	次級赤字

法文版用詞	英文版對應詞	中文版對應詞
dépréciation du capital	capital depreciation	資本減損
Distributive National Accounts, DINA	Distributive National Accounts, DINA	稅後分配式國民所得統計
dotation universelle en capital	universal capital endowment	全民基金
droit de mutation	transfer fees	移轉稅
droit de propriété	property rights	財產權
droits d'enregistrement	registration fees	登記稅
dumping fiscal	tax dumping	租稅傾銷
dumping social	social dumping	社會傾銷
Earned income tax credit, EITC	Earned income tax credit, EITC	勞動所得稅收抵免
économie réelle	real economy	實體經濟
en parité de pouvoir d'achat	Purchasing Power Parity	購買力平價
excédent budgétaire primaire	primary budget surplus	基本預算盈餘
Gilded Age	Gilded Age	鍍金時代
hypercapitalisme	hypercapitalism	超級資本主義
impôt général sur le revenu, IGR	general income tax	綜合所得稅
impôt négatif	negative tax	負所得稅
impôt progressif	progressive tax	累進稅
impôt redistributif	redistributive tax	重分配稅
impôt sur la fortune immobilière, IFI	tax on real estate	不動產財富稅
impôt sur la fortune, ISF	Solidarity tax on wealth	財富團結稅
impôt sur le revenu des valeurs mobilières, IRVM	tax on income from securities	證券所得稅
indice d'Alford	Alford index	阿爾福特指數
intouchable	untouchable	賤民、穢不可觸者
impôt sur les grandes fortunes, IGF	tax on large fortunes	巨富稅
livre tournois	livre tournois	圖爾鎊
lods	lods	土地買賣稅
mansion tax	mansion tax	豪宅稅

法文版用詞	英文版對應詞	中文版對應詞
Merchant Right	Merchant Right	右派生意人
Méritocratie	Meritocracy	成就主義
mutations à titre gratuit	mutations à titre gratuit	無償移轉
mutations à titre onéreux	mutations à titre onéreux	有償移轉
mutations par décès	mutations par décès	死後移轉
néopropriétariste	Neo-Proprietarian	新所有權主義
obligations	obligations	債券
passifs	debt	負債
pauvreté monétaire	monetary poverty	貨幣貧窮
plus-values	capital gains	資本利得
politiques monétaires	monetary policies	貨幣政策
poll tax	poll tax	人頭稅
portefeuilles	portfolio	投資組合
pouvoir régalien	Regalian rights or powers:	治理權
prix des actifs	asset prices	資產價格
produit intérieur net	net domestic product	國內生產淨額
produit national brut	gross national product	國內生產毛額
propriétaire	ownership	（財產）所有權
protectionnisme	protectionism	保護主義
quota social	social quota	社會配額
quotient familial	family quotient	家庭商數
régimes inégalitaires	inegalitarian regimes	不平等體制
réparation intergénérationnelle	intergenerational reparations	代際賠償
répartition primaire	primary distribution	初級分配
revenu factoriel	factor income	要素所得
revenu national brut, RNB	Gross national income, GNI	國民所得毛額
revenu national net	Net national income, NNI	國民所得淨額
revenu primaire	primary income	初級所得
revenue de subsistance	subsistance income	維生所得
sécularisme	secularism	世俗主義

法文版用詞	英文版對應詞	中文版對應詞
signal prix	price signal	價格信號
SMIC	minimum wage	法定最低薪資
socialisme participatif	Participatory Socialism	參與式社會主義
société d'ordres	society of orders	等級社會
société ternaire	ternary societies	三級社會
société trifonctionnelle	trifunctional society	三重功能社會
sociétés de propriétaires	ownership society	所有權社會
soldes budgétaires annuels	annual budget balances	年度預算差額
solidarité fiscale	fiscal solidarity	團結稅
supertax	super tax	附加稅
taille tarifée	taille tarifée	稅則人頭稅
taux de refinancement	refinancing rate	再融資利率
taux effectif d'imposition	effective tax rate	有效稅率
taux marginaux	marginal rates	邊際稅率
taxation confiscatoire	confiscatory tax	沒收稅
taxe d'habitation	housing tax	房屋稅
taxe de compensation familiale	family compensation tax	家庭補助稅
taxe foncière	property tax / real estate tax	不動產稅
taxe proportionnelle	proportional tax	比例稅制
tertiarisation éducative	higher Education	教育高等化
thérapie de choc	shock therapy	休克療法
titres de dette commune	common debt securities	共同債務證券
titres financiers	financial securities	證券
tranche d'imposition	tax bracket	課稅級距
transfert compensatoire	compensatory transfer	補償轉移支付
transfert en nature	transfers in kind	實物補助
transfert monétaire	monetary transfer	現金補助
transferts publics	public transfer	公共補助
World Inequality Database	World Inequality Database	世界不平等資料庫

人名・地名

Abbé Sieyès	西哀士神父
Abdoulaye Wade	瓦德
Abhijit Banerjee	巴納吉
Addis-Abeba	阿迪斯阿貝巴
Alain Poher	波赫
Alan Bullock	布洛克
Alberta	阿爾伯塔省
Alexandria Ocasio-Cortez	寇蒂茲
Alexis Spire	斯皮爾
Alfred de Foville	艾佛烈・德・佛維爾
Allan Harrison	亞倫・哈里森
Allen Hicken	西肯
Alsace	阿爾薩斯省
Altiero Spinelli	斯皮內利
Amartya Sen	阿瑪蒂亞・沈恩
Amory Gethin	格辛
Anand Teltumbe	特爾通貝
André Philip	安德烈・菲利普
Andrei Konchalovsky	安德烈・康查洛夫斯基
Anne Alstot	奧斯托
Anne-Laure Delatte	德拉特
Anthony Atkinson	安東尼・阿特金森
Antoine Bozio	博齊奧
Antoine Lavoisier	安端・拉瓦節
Antoine Vauchez	沃榭斯
Asma Benhenda	班恆達
Atal Bihari Vajpayee	瓦巴依
Attila Lindner	林德納
Ayodhya	阿約提亞

David Cameron	卡麥隆
Delhi	德里
Denis Cogneau	科格諾
Diderot	狄德羅
dieu Rama	羅摩神
Dilma Rousseff	羅賽芙
Donald Trump	川普
Donald Tusk	唐納・圖斯克
Edgar Grande	格蘭德
Eduard Bernstein	愛德華・伯恩斯坦
Edwin Seligman	史利曼
Elizabeth Warren	伊麗莎白・華倫
Emile Boutmy	艾彌爾・卜特米
Émile Durkheim	涂爾幹
Emmanuel Macron	馬克宏
Emmanuel Saez	伊瑪紐・賽斯
Emmanuel Todd	陶德
Enoch Powell	包威爾
Erik Bengtsson	本特松
Erik Martinez Kuhonta	馬丁內斯・庫洪塔
Ernesto Laclau	拉克勞
Eugenio Rignano	里尼亞諾
Evgeny Yakovlev	雅科夫列夫
F. Michael Wuthrich	伍思里希
Fabian Kosse	柯斯
Facundo Alvaredo	阿瓦列多
Ferenc Gyurcsány	久爾恰尼
Fernando Haddad	哈達德
Filip Novokmet	諾瓦科梅
Francesco Guicciardini	法蘭西斯寇・桂察爾迪尼
Francis Messner	梅辛納

Francisco Pizarro	法蘭西斯柯・皮薩羅
François Asselineau	阿斯凌諾
François Bayrou	白伊盧
François Fillon	斐永
François Hollande	歐蘭德
François-René de Chateaubriand	夏多布里昂
Frederick Cooper	弗雷德里克・庫伯
Friedrich Ebert	弗里德里希・艾伯特
Friedrich Hayek	佛烈德利赫・海耶克
Gabriel Koelher-Derrick	克勒
Gabriel Zucman	祖克曼
Gabrielle Fack	法克
Gamal Abdel Nasser	納瑟
Gareth Davies	戴維斯
George McGovern	麥戈文
George Soros	索羅斯
George Wallace	喬治・華萊士
Georges Dumézil	杜梅齊勒
Getúlio Dornelles Vargas	瓦爾加斯
Giacomo Todeschini	嘉寇莫・妥德斯基尼
Gilles Postel-Vinay	吉爾・波斯特－維奈
Giorgio Monti	蒙帝
Glenn Ellison	埃里森
Gordon Brown	布朗
Gregory King	葛雷哥利・金恩
Guido Alfani	基多・阿爾法尼
Guillaume Sacriste	薩克里斯特
Gujarat	古吉拉特邦
Hannah Arendt	漢娜・鄂蘭
Harold Wilson	威爾遜
Harry S. Truman	杜魯門

Haute Volta	上伏塔
Hauts-de-Seine	上塞納河省
Helmut Schmidt	施密特
Henry George	亨利・喬治
Hernan Cortés	艾爾南・科爾特斯
Hervé Le Bras	布拉斯
Huey Long	休伊・朗
Hugo Chavez	查維茲
Ilia Sorvachev	索瓦喬夫
Indira Gandhi	英迪拉・甘地
Indre-et-Loire	安德爾－盧瓦爾省
Irving Fisher	費雪
J. Paul Getty	保羅・蓋堤
Jack Goody	古迪
Jacques Cheminade	瑟米納德
Jair Bolsonaro	波索納洛
James Callaghan	卡拉漢
James Crabtree	考伯垂
James Lanc Buckley	巴克萊
James Meade	米德
Jane Burbank	珍・波本克
Jean Bodin	尚・布丹
Jean Lasalle	拉薩勒
Jean-Claude Juncker	榮克
Jean-Claude Passeron	巴斯宏
Jean-Laurent Rosenthal	尚－羅杭・羅森塔爾
Jean-Louis Debré	德佈雷
Jean-Luc Mélenchon	梅龍雄
Jean-Marie Le Pen	尚－馬利・雷朋
Jeff Bezos	貝佐斯
Jeremy Corbyn	柯爾賓

Lionel Robbins	羅賓斯
Louis-le-Grand	路易－勒－孔高中
Lucas Chancel	江瑟
Luigi Di Maio	迪馬尤
Lyndon Baines Johnson	詹森
Madhav Sadashivrao Golwalkar	高瓦克
Maghreb	馬格里布
Maharashtra	馬哈拉什特拉邦
Manon Bouju	布朱
Marc Morgan	摩根
Margaret Mead	米德
Marine Le Pen	瑪莉寧・雷朋
Mathieu Arnoux	馬諦鄂・阿爾努
Matteo Renzi	倫齊
Matteo Salvini	薩爾維尼
Maurice Duverger	杜瓦傑
Michael Young	麥可・楊恩
Michel Forsé	福瑟
Milton Friedman	傅利曼
Mohan Bhagwa	巴格瓦特
Moselle	摩澤爾省
Narendra Modi	莫迪
Nathalie Arthaud	阿爾多
Nehru-Gandhi	尼赫魯－甘地家族
Nicholas Delalande	德拉蘭德
Nicholas Kaldor	卡爾多
Nicolas Barreyre	巴爾雷
Nicolas Dupont-Aignan	杜邦－艾紐
Nicolas Maduro	馬杜洛
Nicolas Sarkozy	沙柯吉
Nitin Kumar Bharti	巴爾提

Samuel Huntington	杭亭頓
Sanjay Subrahmanyam	蘇柏曼亞姆
Sébastien Le Prestre de Vauban	塞巴斯提安・沃邦
Ségolène Royal	華亞爾
Seine-Saint-Denis	賽納河－聖德尼省
Serge Gruzinski	格魯辛斯基
Shaun McCutcheon	麥卡臣
Silvio Berlusconi	貝魯斯柯尼
Simon Kuznets	顧志耐
Stefanie Stantcheva	斯坦切娃
Stefano Palombarini	帕隆巴里尼
Stéphane Zuber	祖貝爾
Stéphanie Hennette	亨內特
Stephen Machin	馬欽
Steven Levitsky	李維茨基
Strom Thurmond	斯特羅姆・瑟蒙德
Susan Bayly	蘇珊・貝里
Sylvain Laurens	勞倫
Tancrède Voituriez	坦可瑞德・瓦圖利葉
Theresa May	梅伊
Thomas Edmund Deway	杜威
Thomas Jefferson	湯馬斯・傑佛遜
Thomas Paine	托馬斯・潘恩
Timothy K. Kuhner	庫納
Tomasz Zawisza	扎維薩
Tours	杜爾城
Ulrich Beck	貝克
Uttar Pradesh	北方邦
Uttarakhand	北阿坎德邦
Val-de-Marne	馬恩河谷省
Vautrin	沃德林

Viktor Orbán	奧班
Vilfredo Pareto	維弗雷多・柏瑞圖
Walter Scheidel	沃特・席代爾
Willford King	威爾福・金
William Beveridge	貝佛里奇
William Petty	威廉・佩提
Willy Brandt	布蘭特
Yannick Vanderborght	萬德堡
Yonatan Berman	柏曼

書名・文獻名・法案名

A Manifesto for Labour Law	《給勞動法的一份宣言》
A Monetary History of the United States, 1857-1960	《美國貨幣史：1857 到 1960 年》
A Theory of Optimal Inheritance Taxation	《遺產最適課稅理論》
Absence, Substitutability and Productivity: Evidence from Teachers	《缺課、代課與生產力：教師給我們的確切教訓》
Access to Knowledge in the Age of Intellectual Property	《如何在智慧財產權時代掌握知識》
Accounting for Wealth Inequality Dynamics: Methods and Estimates in France (1800-2014)	《如何解釋財富分配的不平等趨勢：法國個案的方法論與估計（1800-2014 年）》
Acte unique européen	《歐洲單一法案》
Affluence and Influence	《富裕與影響》
Africa in the World: Capitalism, Empire, Nation-State	《世界的非洲：資本主義、帝國與民族國家》
After the Tax Revolt: California's Proposition 13 Turns 30	《抗稅運動之後：三十年後回顧加州第十三號公投提案》
American Economic Journal	《美國經濟學報》
American Journal of Political Science	《美國政治科學期刊》
Americanah	《美國佬》
An Uncertain Glory: India and its Contradictions	《不確定的榮耀：印度與其多重矛盾》
Annales. Histoire, Sciences sociales	《歷史與社會科學年鑑》
Au pays des sans-nom. Gens de mauvaise vie, personnes suspectes ou ordinaires du Moyen Age à l'époque moderne	《中世紀到現代社會中的無名小卒、浪子、可疑人物與凡夫俗子》

Authoritarian Origins of Democratic Party Systems in Africa	《非洲民主政黨體系的專制起源》
Avec l'immigration. Mesurer, débattre, agir	《隨著移民潮——測量、辯論、行動》
Before and Beyond Divergence: The Politics of Economic Change in China and Europe	《大分流之外：中國與歐洲經濟變遷的政治》
Between Debt and the Devil: Money, Credit, and Fixing Global Finance	《夾在債務與魔鬼之間：金錢、存款與整頓全球金融》
Between the Empires: Society in India 300 BCE to 400 CE	《帝國之間：公元前三百年到公元四百年的印度社會》
Borrow: The American Way of Debt: How Personal Credit Created the American Middle Class and Almost Bankrupted the Nation	《借貸：美國式的債務：個人信貸如何塑造美國中產階級並差點讓整個國家破產》
Capital Rules: The Construction of Global Finance	《資本規則：打造全球金融》
Capitalism Alone	《只有資本主義的世界》
Capitalism and Slavery	《資本主義與奴隸制度》
Capitalism v. Democracy. Money in Politics and the Free Market Constitution	《資本主義對民主政治：政治中的金錢和自由市場憲法》
Caste in India: Its Nature, Functions and Origins	《印度種姓的本質、功能與起源》
Caste, Class and Power: Changing Patterns of Stratification in a Tanjore Village	《種姓、階級與權力：一個坦賈武爾村莊的階層形態改變》
Caste, Society and Politics in India from the Eighteenth Century to the Modern Age	《印度的種姓、社會與政治，從十八世紀到現代》
Castes of Mind. Colonialism and the Making of Modern India	《心智的種姓：殖民主義與現代印度的塑造》
Changer l'Europe, c'est possible !	《改變歐洲，這是可能的！》
Changing Electoral Politics in Delhi. From Caste to Class	《從種姓到階級：改變中的德里選舉政治》
China's Crony Capitalism: The Dynamics of Regime Decay	《出賣中國：權貴資本主義的起源與共產黨政權的潰敗》
Citizenship between Empire and Nation: Remaking France and French Africa 1945-1960	《游移在帝國與民族之間的公民地位：重塑法國與法屬非洲，1945-1960 年》
Civil Rights Act	《民權法案》
Civilisation matérielle, économie et capitalisme	《物質文明、經濟和資本主義》
Cleavage Politics and the Populist Right	《政治分歧與右派民粹主義》
Cleavage Structures and Distributive Politics	《分裂結構與財富分配政策》
Coercion, Capital and European States, AD 990-1990	《威嚇、資本與歐洲國家，990-1990 年》
Comparative Manifesto Project	《政治宣言比較研究》
Comprehensive Anti-Apartheid Act	《全面反種族隔離法》

Comprehensive Economic and Trade Agreement, CETA	《全面經濟貿易協定》
Compter et Classer. Histoire des recensements américains	《計算、分類:美國人口普查史》
Controlling Credit. Central Banking and the Planned Economy in Postwar France 1948-1973	《信用管制——法國二次戰後 1948 到 1973 年期間的中央銀行制度與計劃經濟》
Crashed. How a Decade of Financial Crisis Changed the World	《崩盤》
De la liberté du travail,ou Simple Exposé des conditions dans lesquelles les forces humaines s'expriment avec le plus de puissance	《論勞動自由,或簡述在哪些條件之下人類力量的表現會是最強而有力的》
Debtor Nation: The History of America in Red Ink	《債務人國度:赤字下的美國史》
Déclaration des droits de l'homme et du citoyen	《人權和公民權宣言》
Democracy in America ? What Has Gone Wrong and What Can Be Done about It	《美國民主?哪裡出錯了,我們可做些什麼》
Démocratisation scolaire, politiques éducatives et inégalités	《學校教育普及化、教育政策與不平等現象》
Dénaturalisés. Les retraits de nationalité sous Vichy	《剝奪國籍——維琪政府時期撤銷國籍的歷史》
Des capitalismes non alignés. Les pays émergents, ou la nouvelle relation industrielle du monde	《不結盟的資本主義:新興國家,或世界的新產業關係》
Die protestantische Ethik und der Geist des Kapitalismus	《基督新教倫理與資本主義精神》
Discriminations religieuses à l'embauche : une réalité	《面試時的宗教歧視:一個千真萬確的事實》
droit commum	《共同稅法》
droit du travail	《勞工法》
Econometrica	《計量經濟學期刊》
Economica	《經濟學刊》
Electoral Systems and Party Systems. A Study of 27 Democracies, 1945-1990	《競選制度與政黨制度——二十七個民主政體的專題研究,1945-1990 年》
Empires in World History	《帝國何以成為帝國》
Essais sur les normes et les inégalités de genre	《論性別的規範與不平等》
Essay in Persuasion	《勸說集》
European Union Law. Text and Materials	《歐盟法律:條文與資料》
Exceptional America. What Divides America from the World and from Each Other	《非比尋常的美國——是什麼讓美國跟世界其他地區相隔開來、又自成一格》
Faut-il brûler Dumézil ? Mythologie, science et politique	《我們該燒死杜梅齊勒嗎?神話、科學與政治》

Fighting Poverty in the US and Europe: A Word of Difference	《在美國、歐洲打擊貧窮：一字之別》
Foreign Account Tax Compliance Act，Fatca	《外國帳戶稅收遵從法》
France de Gauche, vote à droite?	《左派法國，票選右派？》
Free to Choose	《選擇的自由》
From Quincampoix to Ophir: A Global History of the 1720 Financial Boom	《從坎康普瓦到俄斐：1720 年金融暴漲的全球史》
Génie du Christianisme	《基督教真諦》
Global Tax Fairness	《全球稅捐公平性》
Good Economics for Hard Times	《艱困時代的經濟學思考》
Hindouisme et Bouddhisme	《印度教與佛教》
Hindu Law: A New History of Dharmasastra	《印度教律法：一部新的法論史》
Histoire de l'enseignement en France, 1800-1967	《法國教育史，1800-1967 年》
Histoire de l'Afrique du Sud	《南非史》
Histoire du Japon et des Japonais	《日本與日本人的歷史》
Histoire du monde au XIXe siècle	《十九世紀世界史》
Histoire du monde au XVe siècle	《十五世紀世界史》
Holding the Shop Together : German Industrial Relations in the Postwar Era	《一起顧店：戰後德國的產業關係》
Homo hierarchicus. Le système des castes et ses implications	《階序人：種姓制度及其衍生現象》
How Democracies Die	《民主國家如何死亡》
How Would a Progressive Wealth Tax Work?	《累進財富稅如何運作？》
Imagined Communities. Reflection on the Origins and Spread of Modern Nationalism	《想像的共同體：民族主義的起源與散布》
Inde : la démocratie par la caste. Histoire d'une mutation sociopolitique 1885-2005	《印度：藉由種姓而民主，一個社會政治蛻變史，1885-2005 年》
India : The Siege Within. Challenges to a Nation's Unity	《印度：內部圍攻與對國家統一的挑戰》
India, Modernity and the Great Divergence: Mysore and Gujarat (17th to 19th C.)	《印度、現代性與大分流：邁索爾和古加拉特，十七世紀－十九世紀》
India. Economic Development and Social Opportunity	《印度：經濟發展與社會機會》
Inégalités	《扭轉貧富不均》
Inégalités scolaires d'origine territoriales en France métropolitaine	《法國大都會地區地理區域因素造成的教育資源不平等》
Insoutenables inégalités. Pour une justice sociale et environnementale	《無法承受的不平等現象：邁向社會與環境正義》

Islam in the European Empires	《歐洲帝國中的伊斯蘭》
Itinéraire de Paris à Jérusalem	《巴黎到耶路撒冷紀行》
Jobs Act	《就業法》
Journal of Economic History	《經濟史學報》
Journal officiel de l'Afrique occidentale française	《法屬西非公報》
Just Giving. Why Philanthropy Is Failing Democracy and How It Can Do Better	《只求付出——為何慈善事業打擊了民主體制，如何才能做得更好》
Justice agraire	《土地正義論》
Justifier l'ordre social	《如何合理化社會秩序》
L'Autre Face de la Lune. Écrits sur le Japon	《月的另一面：一位人類學家的日本觀察》
L'Éléphant, le Canon et le Pinceau. Histoires connectées des cours d'Europe et d'Asie 1500-1750	《大象、火砲與畫筆：歐洲宮廷與亞洲宮廷關聯史 1500-1750 年》
L'Europe par le marché. Histoire d'une stratégie improbable	《市場的歐洲：關於行不太通的策略的一段歷史》
L'Impôt sur la fortune	《富人稅》
L'Inde de Modi. National-populisme et démocratie ethnique	《莫迪的印度：民族民粹主義與種族民主》
L'Indigénat. Genèses dans l'empire français, pratiques en Nouvelle-Calédonie	《原住民以及此一族群在法蘭西帝國的生成：新喀里多尼亞的做法》
L'inégalité de la dépense publique d'éducation en France, 1900-2000	《1900 至 2000 年法國公共教育支出的不平等》
L'Invention de l'Europe	《歐洲的發明》
L'Invention de la France	《法國的發明》
L'Origine des systèmes familiaux	《家庭體系的起源》
La Boutique contre la gauche	《店鋪抵制左派》
La Cause des propriétaires. Etat et propriété en France, fin XIXe siècle - XXe siècle	《財產所有人的訴訟案——法國十九世紀末到二十世紀的國家與私人財產》
La Chute finale. Essai sur la décomposition de la sphère soviétique	《最後的陷落：蘇維埃世界的解體（評論集）》
La France a-t-elle aboli l'esclavage ? Guadeloupe, Martinique, Guyane 1830-1935	《法國是否廢除了奴隸制？瓜地洛普、馬丁尼克與圭亞那，1830-1935 年》
La France des Belhoumi. Portraits de famille (1977-2017)	《貝勒烏米一家人眼中的法國——側寫這家子 1977 到 2017 年的日子》
La Lutte et l'Entraide. L'âge des solidarités ouvrières	《抗爭與互助團體：工人團結的年代》
La Politique du merveilleux. Une autre histoire du Système de Law	《以奇幻為號召的政策：從另一種歷史觀點解讀約翰・勞的制度》

La Raison populiste	《民粹主義的理由》
La Social-Démocratie ou le Compromis	《社會民主主義，或是一種妥協》
La Société des voleurs. La protection de la propriété socialiste sous Staline	《小偷社會：史達林時代的社會主義財產保障》
La Société ingouvernable. Une généalogie du libéralisme autoritaire	《無法統治的社會——極權作風的自由主義系譜》
La Volonté et la Fortune	《意志與財富》
Land Reform in Mexico, 1910-1980	《墨西哥的土地改革，1910-1980 年》
Latin American Land Reforms in Theory and Practice: A Retrospective Analysis	《拉丁美洲土地改革之理論與實際：回顧分析》
Law, Legislation and Liberty	《法律、立法與自由》
Le Capital au XXIe siècle	《二十一世紀資本論》
Le Capital fictif. Comment la finance s'approprie notre avenir	《虛構的資本——金融如何綁架了我們的未來》
Le Carrefour javanais	《爪哇十字路口》
Le Destin des immigrés. Assimilation et ségrégation dans les démocraties occidentales	《移民的命運——西方民主體制下的種族融合與隔離》
Le Jeu du siècle	《萬延元年的足球隊》
Le Monde	《世界報》
Le Pari du FN	《國民陣線的賭注》
Le Prix de la démocratie	《民主的價碼：一人一票，票票「等值」？》
Le Revenu de base inconditionnel. Une proposition radicale	《無條件基本收入：基進提案》
Le Vol de l'histoire. Comment l'Europe a imposé le récit de son passé au reste du monde	《歷史的偷竊：歐洲如何將其過往強加於世界其他各國》
Legacies of the War on Poverty	《打擊貧窮方案的遺產》
L'ère du peuple	《人民時代》
Les Classes populaires et le FN. Explications de vote	《大眾階級與國民陣線——選情釋義》
Les Courtiers du capitalisme. Milieux d'affaires et bureaucrates à Bruxelles	《資本主義經紀人：布魯塞爾的工商界和官僚》
Les Enfants de la colonie. Les métis de l'Empire français, entre sujétion et citoyenneté	《殖民地的孩子：糾結在從屬臣民與法國公民身分間的法蘭西帝國混血兒》
Les Français et la justice fiscale	《法國人與租稅正義》
Les Hauts Revenus en France au XXe siècle	《二十世紀法國高所得群體研究》
Les Héritiers. Les étudiants et la culture	《繼承人——大學生與文化》

Les Métamorphoses de la question sociale	《社會議題的蛻變》
Les Partis politiques	《政治黨派》
Les Quatre Parties du monde. Histoire d'une mondialisation	《寰宇四方：一種全球化的歷史》
Les Travailleurs de la mer	《海上勞工》
L'Illusion du bloc bourgeois. alliances sociales et avenir du modèle français	《資產階級陣營的幻夢──社會聯盟與法國模式的未來》
L'Immigration en France. Mythes et réalités	《法國移民──迷思與事實》
L'Invention de l'immigré. Le sol et le sang	《發現移民──土地與血源》
Lire et Écrire. L'alphabétisation des Français de Calvin à Jules Ferry	《讀與寫：法國的識字教育，從喀爾文到費希》
L'Islam, une religion française	《伊斯蘭，一門法國宗教》
l'OFCE	《法國觀察經濟趨勢雜誌》
loi Schumer-Heinrich	《舒默－亨利茲法案》
lois fondamentales	《基本法》
Mammon and the Pursuit of Empire: The Political Economy of British Imperialism, 1860-1912	《瑪門與帝國的追尋：英國殖民主義的政治經濟學，1860-1912 年》
Manifeste pour la démocratisation de l'Europe	《歐洲民主化宣言》
Manusmriti	《摩奴法論》
Modernization and Postmodernization: Cultural, Economic and Political Change in 43 Societies	《現代化與後現代化：四十三個社會中的文化、經濟與政治轉變》
National Elections in Turkey. People, Politics and the Party System	《土耳其全國選舉：人民、政治和政黨體系》
National Populism. The Revolt Against Liberal Democracy	《全國性的民粹主義──以暴動反對自由民主制》
Nature and Wealth：Overcoming Environmental Scarcity and Inequality	《自然與財富：克服環境貧乏與不平等現象》
Notre histoire intellectuelle et politique, 1968-2018	《我們的思想史與政治史，1968-2018 年》
Nous ne sommes plus seuls au monde. Un autre regard sur l'« ordre international »	《世界上不再只有我們：以不同眼光看待「世界秩序」》
On the Share of Inheritance in Aggregate Wealth : Europe and the USA, 1900-2010	《探討繼承財富在總財富中的占比：歐洲和美國，1900 年至 2010 年》
Optimal Taxation of Top Labour Incomes: A Tale of Three Elasticities	《最高勞動收入的最適課稅：三種彈性的故事》
Orientalism	《東方主義》
Où en sommes-nous ? Une esquisse de l'histoire humaine	《我們身處何方？人類歷史素描》

Party System Institutionalization in Asia	《亞洲政黨體系制度化》
Party System Institutionalization in Japan	《日本政黨體系制度化》
People's Budget	《國民補助預算案》
Political Liberalism	《政治自由主義》
Politics and Capital. Auctioning the American Dream	《政治與資本：拍賣美國夢》
Poor Law	《濟貧法》
Posséder la nature. Environnement et propriété dans l'histoire	《擁有自然：歷史上的環境與所有權》
Pour un empire européen	《論歐洲帝國》
Pour un populisme de gauche	《探討左派民粹主義》
Pour un traité de démocratisation de l'Europe	《探討歐洲民主化條約》
Pour une histoire des possibles. Analyses contrefactuelles et futurs non advenus	《試論曾經可能的歷史：反事實分析及未至的未來》
Pour une histoire-monde	《論世界歷史》
PrepSchool for Poor Kids : The Long-run Impact of Head Start on Human Capital and Economic Self-Sufficiency	《窮苦小孩的預備學校：啟蒙方案在人力資本與經濟自主的長期影響》
Privatising Russia	《俄國的私有化》
programme de Bad Godesberg	《高德斯堡黨綱》
Progroms et Ghetto. Les musulmans dans l'Inde contemporaine	《暴亂和貧民窟：穆斯林在當代印度》
projet Spinelli	《斯皮內利草案》
Property in Land and Other Resources	《土地與其他資源之所有權》
Property-Owning Democracy : A Short History	《財產所有權的民主制：簡史》
Property-Owning Democracy. Rawls and Beyond	《財產所有權的民主制：羅爾斯及其他》
Proposition 13	《第十三號公投提案》
Propriété privée, Propriété sociale, Propriété de soi	《私有財產、社會共有與擁有自我》
Public Funding of Religions in Europe	《歐洲宗教的公共資助》
Quartiers, égalité, scolarité. Des disparités territoriales aux inégalités scolaires en Ile-de-France	《區里、平等與學校教育——大法蘭西島地區教育資源的區域不均等現象》
Quelques idées sur la création d'une faculté libre d'enseignement supérieur	《對於創辦獨立自主的高等教育學院的幾個想法》
Qu'est-ce qu'un Français ? Histoire de la nationalité française depuis la Révolution	《誰是法國人？法國大革命起法國國籍的歷史》
Racism, Xenophobia and Distribution. Multi-Issue Politics in Advanced Democracies	《種族主義、仇外與所得分配——先進民主體制中幾個政治課題》

Radical Markets: Uprooting Capitalism and Democracy for a Just Society	《激進市場》
Râmâyana	《羅摩衍那》
Rapport sur les inégalités mondiales	《全球不平等報告》
Reflections on the French Revolution	《反思法國大革命》
Renforcer la mixité sociale dans les collèges parisiens	《加強巴黎國中的校內社會混合度》
Republic of Capital : Buenos Aires and the Legal Transformation of the Atlantic World	《資本共和國：布宜諾斯艾利斯與大西洋世界的法律轉型》
Republic of Caste: Thinking Equality in a Time of Neoliberal Hindutva	《種姓共和國：在新自由派印度教徒主義的時代審思平等議題》
Republic of Equals: Predistribution and Property-Owning Democracy	《平等共和國：前分配與有產民主》
Résistance à l'impôt, attachement à l'État	《抵抗稅制，依附國家》
Rethinking India's Oral and Classical Epics: Draupadi among Rajputs, Muslims, and Dalits	《重新思索印度的口傳與經典史詩：拉吉普特人、穆斯林與達利特人心目中的德勞柏婭》
revenu minimum d'insertion, RMI	《社會安置最低收入法案》
Reward Work Act	《獎勵工作法》
Rolling out the Manifesto for Labour Law	《落實勞動法宣言》
Sankalp Patra	《莊嚴誓言書》
Sauver les médias. Capitalisme, financement participatif et démocratie	《拯救媒體：資本主義、群眾募資與民主》
Slavery and Abolition	《蓄奴與廢奴》
Slavery's Capitalism: A New History of American Economic Development	《奴隸制的資本主義：美國經濟發展史新論》
Social Justice Through Inclusion: The Consequences of Electoral Quotas in India	《透過共融達成社會正義：選舉配額對印度的影響》
Social Mobility and its Enemies	《社會流動與其敵人》
Social-Democratic Capitalism	《社會民主資本主義》
Socialisme et Sociologie	《社會主義與社會學》
State Capacity and Economic Development	《國家能力與經濟發展》
State-Sponsored Inequality: The Banner System and Social Stratification in North East China	《國家支持的不平等：中國東北的八旗制度與社會分層》
Swedish Taxation: Developments since 1862	《瑞典的課稅制度：1862 年以降之發展》

Tableau politique de la France de l'Ouest sous la Troisième République	《第三共和時期法國西部的政治版圖》
Tax Evasion and Tax Avoidance	《逃稅與避稅》
Tax Reform	《稅務改革法》
TDEM	《歐洲民主化條約草案》
Teacher Turnover, Seniority and Quality in French Disadvantaged School	《法國低下階層的學校教師異動、年資與素質》
Teaching Staff Characteristics and Spendings per Student in French Disadvantaged Schools	《法國低下階層學校裡的教師特質、以及投資在每個學生上的費用》
The Billionaire Raj. A Journey Through India's New Gilded Age	《鍍金王國印度：穿越印度驚人的經濟成長、社會不公、政治裙帶關係與未來的真實內幕》
The Birth of the Modern World, 1780-1914	《現代世界的誕生，1780-1914 年》
The Cambridge World History of Slavery	《劍橋世界奴隸制度史》
The Career and Legend of Vasco de Gama	《達伽馬：印度總督的傳奇與磨難》
The Citizen's Share: Putting Ownership Back into Democracy	《公民的一份：讓所有權重回民主政治》
The Clash of Civilisations and the Remaking of the World Order	《文明的衝擊與世界秩序的重建》
The Code of Capital. How the Law Creates Wealth and Inequality	《財富背後的法律密碼：法律如何創造財富與不平等》
The Concentration of Educational Investment in the US (1970-2018), with a Comparison to France	《美國教育投資集中的現象（1970-2018 年），比較法國個案》
The Constitution of Liberty	《自由的憲章》
The Distribution of Personal Wealth in Britain	《英國個人財富的分配》
The Economic History of China: From Antiquity to the Nineteenth Century	《中國經濟史：從古代到十九世紀》
The Efficiency of Race-Neutral Alternatives to Race-Based Affirmative Action : Evidence from Chicago's Exam Schools	《基於種族平權法案的種族中立替代方案之效率：芝加哥明星學校的實際案例》
The End of Class Politics? Class Voting in Comparative Context	《階級政治學的終結？階級投票差異的比較性研究》
The Financial Times	《金融時報》
The Global Bourgeoisie. The Rise of the Middle Classes in the Age of Empire	《全球市民階級－帝國時代中產階級的崛起》
The Global Times	《環球時報》
The Great Divergence: China, Europe and the Making of the Modern World Economy	《大分流：現代世界經濟的形成，中國與歐洲為何走上不同道路？》

The Hidden Wealth of Nations	《富稅時代》
The Hollow Crown: Ethnohistory of an Indian Kingdom	《空洞的王冠：一個印度王國的民族史》
The Invisible Hand? How Market Economies Have Emerged and Declined since AD 500	《看不見的手？西元 500 年以降經濟市場的興起與衰退》
The Making of British Socialism	《英國社會主義的誕生》
The Making of Global Capitalism: The Political Economy of American Empire	《製造全球資本主義：美利堅帝國的政治經濟》
The Other Slavery: The Uncovered Story of Indian Enslavement in America	《另一種奴隸制：美洲印第安人被奴役的祕辛》
The Permanent Tax Revolt: How the Property Tax Transformed American Politics	《一而再、再而三的抗稅運動：財產稅如何改變了美國政治》
The Political Mobilization of the European Left 1860-1980: The Class Cleavage	《1860-1980 年歐洲左派的政治動員：階級分裂》
The Politics of Resentment: Rural Consciousness in Wisconsin and the Rise of Scott Walker	《憤世嫉俗的政治策略──威斯康辛州的鄉土意識與史考特・沃克的興起》
The Portuguese Empire in Asia 1500-1700. A Political and Economic History	《葡屬亞細亞帝國，1500-1700 年》
The Race Between Education and Technology: The Evolution of US Educational Wage Differentials, 1890-2005	《教育與科技的賽跑：美國教育因素薪資落差之變遷，1890-2005 年》
The Radical Right in Western Europe	《西歐的極右派》
The Rise of the Meritocracy	《成就主義的崛起》
The Road to Serfdom	《通往奴役之路》
The Stakeholder Society	《利害關係人社會》
The Stern Review：The Economics of Climate Change	《史丹報告：氣候變遷經濟學》
The Three World of Welfare Capitalism	《福利資本主義的第三世界》
The Transformation of European Social Democracy	《歐洲社會民主主義的轉型》
The Unending Frontier: An Environmental History of the Early Modern World	《無止境的疆界：早期近代世界的環境史》
The Wall Street Journal	《華爾街日報》
Theory of Justice	《正義論》
Tordesillas, Slavery and the Origins of Brazilian Inequality	《托爾德西利亞斯條約、奴隸制度與巴西社會不平等的起源》
traité constitutionnel européen, TCE	《歐洲憲法條約》
traité de Maastricht	《馬斯垂克條約》

Traité pour la stabilité, la coordination et la gouvernance, TSCG	《穩定、協調與治理條約》
Traité sur la stabilité, la coordination et la gouvernance, TSCG	《歐洲財政協定》
Trajectoires et Origines. Enquête sur la diversité des populations en France	《歷程與出身——調查法國的多元人口》
Trump, Brexit and the Rise of Populism: Economic Have-Nots and Cultural Backlash	《川普、英國脫歐與民粹主義的興起：一貧如洗、文化反彈》
Un impôt juste, c'est possible !	《公平稅收，這是可以做到的！》
Une histoire populaire de la France. De la guerre de Cent Ans à nos jours	《法國庶民史：從百年戰爭到今天》
Unequal Democracy. The Political Economy of the New Gilded Age	《不平等的民主：新鍍金時代的政治經濟學》
Union Now	《即刻聯盟》
Victory Tax Act	《勝利稅法》
Voting Rights Act	《投票權利法案》
We or Our Nationhood Defined	《我們或我們定義的國家》
What's the Matter with Kansas ? How Conservatives Won the Hearth of America	《肯薩斯州出了什麼問題？保守人士如何深入美國家庭》
Wheel of Fortune. The Battle for Oil and Power in Russia	《命運之輪：俄國的石油與權力之戰》
When Wall Street Met Main Street: The Quest for an Investors' Democracy	《當華爾街遇上皇后區大街：找尋投資者的民主》
Why Nations Fail: The Origins of Power, Prosperity and Poverty	《國家為什麼會失敗：權力、富裕與貧困的根源》
Winner-Take-All Politics. How Washington Made the Rich Richer – And Turned its Back on the Middle Class	《贏家全拿政治：華盛頓當局如何讓富人更富——並背棄中產階級》

Beyond
41

世界的啟迪

資本與意識形態
Capital et Idéologie

作者	托瑪‧皮凱提（Thomas Piketty）
譯者	徐麗松、陳郁雯、陳秀萍、黃明玲
執行長	陳蕙慧
總編輯	張惠菁
責任編輯	洪仕翰、謝嘉豪
行銷總監	陳雅雯
行銷企劃	余一霞
封面設計	徐睿紳
排版	宸遠彩藝

社長	郭重興
發行人	曾大福
出版	衛城出版／遠足文化事業股份有限公司
發行	遠足文化事業股份有限公司
地址	23141 新北市新店區民權路 108-2 號 9 樓
電話	02-22181417
傳真	02-22180727
客服專線	0800-221029
法律顧問	華洋法律事務所 蘇文生律師
印刷	呈靖彩藝有限公司
一版一刷	2022 年 12 月
定價	1500 元（上下冊不分售）

ISBN	9786267052556（紙本）
	9786267052600（EPUB）
	9786267052594（PDF）

ACRO POLIS
衛城 出版

Email acropolismde@gmail.com
Facebook www.facebook.com/acrolispublish

國家圖書館出版品預行編目(CIP)資料

資本與意識形態 / 托瑪.皮凱提（Thomas Piketty)作；徐麗松, 陳郁雯, 陳秀萍, 黃明玲譯. -- 初版. -- 新北市：衛城出版：遠足文化事業股份有限公司發行, 2022.12
面；　公分. -- (衛城Beyond；41)
譯自：Capital et idéologie
ISBN 978-626-7052-55-6(全套：平裝)

1. 資本主義　2. 意識形態　3. 經濟史

550.187　　　　　　　　　　111017076